Johann David Köhler

Im Jahr 1731

Wöchentlicher herausgegeber, historischer Münzbelustigung, Teil 3

Johann David Köhler

Im Jahr 1731
Wöchentlicher herausgegeber, historischer Münzbelustigung, Teil 3

ISBN/EAN: 9783744635554

Hergestellt in Europa, USA, Kanada, Australien, Japan

Cover: Foto ©Andreas Hilbeck / pixelio.de

Weitere Bücher finden Sie auf **www.hansebooks.com**

Johann David Köhlers, P. P.

Im Jahr 1731. wöchentlich herausgegebener

historischer

Münz-Belustigung

Dritter Theil,

Darinnen

allerhand merkwürdige und rare

Thaler, Ducaten, Schaustücken

und

andere sonderbare Gold- und Silber-Münzen

von mancherley Alter, zusammen LXI. Stücke,

accurat in Kupfer gestochen, beschrieben und aus der Historie

umständlich erkläret werden.

Nebst der ersten Forsetzung, des Entwurfs

von einer vollständigen Thaler-COLLECTION

in der Vorrede.

Nürnberg,

im Verlag der Weigel und Schneiderischen Kunst- und Buchhandlung.

Aufs neue bekannt gemacht 1788.

Dem Durchlauchtigsten Fürsten und Herrn,

Herrn

Ludewig Rudolf,

regierenden Herzog zu Braunschweig und Lüneburg, ꝛc.

Meinem Gnädigsten Fürsten und Herrn

Durch-

Durchlauchtiger Herzog, Gnädigster Fürst und Herr!

Ew. Hochfürstl. Durchlauchtigkeit haben diesen schlechten Münzbögen, nach Dero recht Fürstl. Zuneigung zu allen guten Künsten und Wissenschaften, nicht nur den allerersten Gnadenblick gegönnet, und sie Dero Approbation gewürdiget, sondern auch mir mündlich und schriftlich anbefohlen, mit solchen wöchentlich Denenselben unterthänigst aufzuwarten.

Da nun unter göttlichen Gedeihen von selbigen ein völliger Jahrgang zusammen gebracht wor-

worden, so habe ich es um so mehrers meiner Obliegenheit zu seyn erachtet, Ew. Hochfürstlichen Durchl. solche in einem vollständigen Buche gehorsamst zu überrrichen, wobey Dieselben gnädigst erlauben, daß ich mit Vorsetzung Dero Durchlauchtigen Nahmens demselben die gröste Ehre und Zierde zu geben mich unterfange.

Ew. Hochfürstl. Durchl. werde ich aber hiebey, nach der sonst gewöhnlichen Art derer Dedicationen, mit vielen Lobsprüchen von Dero Hohen Hause, von den ungemeinen Heldenthaten Dero preißwürdigsten Voreltern, und von Dero eigenen unsterblichen Verdiensten um das Heil. Römische Reich, ganz und gar nicht beschwehrlich fallen. Das uralte Fürstliche und Gräfliche Hochadliche Haus kan wegen seiner vortreflichsten Abkunft keine grössere Lobserhebung erhalten, als diese, daß es Kayser Rudolf von Habspurg für ein Bein von seinen Beinen, und Fleisch von seinem Fleische, in einer noch vorhandenen stattlichen Uhrkunde öffentlich erkannt. Die Menge der durch lauter große Staats- und Kriegsgeschäfte weltbekannbekannten Fürsten und Grafen von Fürstenberg, läßet sich geschickter in einem ganz besondern Fürstenbergischen Geschichtbuche, als in einer kurzen Anrede, aufführen; und mit was für ungemeiner Sorgfalt, Treue, Fleiß und Eifer Ew. Hochfürstl. Durchl. selbsten beynahe fast ein halbes Jahrhundert hindurch höchster Kayserlichen Majestät in verschiedenen hohen Ehrenämtern ersprießlichste Dienste geleistet, und dabey des gesammten Teutschen Vatterlands Ruhe, Wohlstand und Sicherheit eifrigst befördern helfen, daß kan ich mehr mit einem ehrerbietigsten Stillschweigen bewundern, als nach Genügen ausreden.

Es stärke demnach die allmächtige Kraft des höchsten GOttes Ew. Hochfürstl. Durchlauchtigkeit in Dero großen und unaufhörlichen Bemühungen für des Heiligen Reiches Beste, und laße ferner dadurch viel heilsames zu langwierigen allgemeinen Nutzen bewirket werden. Sie verleihe auch, daß bey höchsterfreulichster Verlängerung Dero sehr erwünschten Lebensjahre Ihr Alter jederzeit möge seyn wie Dero Jugend. Uebrigens wollen

Ew.

Ew. Hochfürstl. Durchl. Dero unverdiente Hulde und holdseeligsten Protection mich ferner gnädigst würdigen, als der ich in unabläßlicher Veneration demüthigst verharre

Ew. Hochfürstlichen Durchlauchtigkeit

Meines Gnädigsten Fürsten und Herrns,

Altdorf den 8. Febr.
1730.

unterthänigst-gehorsamster Knecht
Johann David Köhler P. P.

Was die Fürstliche Rechte und Waffen bezwingen können, ingleichen was Brüderliche Einigkeit einem Fürstlichen Hause für eine starcke Stütze sey, legen uns die Siegs- und Eintrachts-Thaler der Herzoge **Rudolff Augusts**/ und **Anton Ulrichs**/ zu Dero ewig-grünenden Nachruhm vor Augen.

Das endlich Ew. Hochfürstliche Durchlauchtigkeit die Fußstapffen Dero glorreichsten Anherrn höchstpreißwürdigst betreten, und Sie der langwierige Ruhm des Rechts glückseelig machet/ werden die späteste Zeiten, wie die itzige, aus Dero gold- und silbernen Müntzen, mit schuldigster Veneration erkennen.

Da nun, Durchlauchtigster Herzog, gnädigster Fürst und Herr/ dieses Buch dergleichen goldene und silberne Ehren-Gedächtnüße, wie von Dero Durchlauchtigsten Hause, also auch von Kaysern, Königen, und andern Fürsten, in möglichster Kunst vorzeiget/ so wollen Ew. Hochfürstliche Durchlauchtigkeit, nach der Ihnen beywohnenden

(a) Gnade

Gnade gegen alle Wissenschafft, Gelehrsamkeit, und Kunst, auf meine unterthänigste Bitte, sich auch solches nicht mißfallen lassen, sondern demselben einen gnädigsten Anblick gönnen; der ich übrigens Ew. Hochfürstlichen Durchlauchtigkeit eine von GOTT höchst-geseegnet und langwierige Regierung demüthigst anwünsche, und Dero Hochfürstlichen Gnade und Hulde meine Wenigkeit unterthänigst empfehle, als

Ew. Hochfürstl. Durchlauchtigkeit

Meines gnädigsten Fürstens und Herrns

Altdorf
den 31. Martii
A. 1732.

unterthänigst gehorsamster
Knecht

Johann David Köhler.

Vorrede und Erste Fortsetzung des Entwurfs von einer vollständigen Thaler-Collection, nebst einigen zur Thaler-Käntnüß dienlichen Observationibus.

I.

Nach der von mir in der Vorrede des andern Theils der historischen Münz-Belustigung gemachten Abtheilung kommen nun

V. Die Thaler der Könige in Böhmen.

Es ist zwar von einem grossen Patron gegen diese Claße eingewendet worden, 1) daß dieselben in einer Thaler-Collection unter die Königlichen Thaler gehörten. 2) Daß ja fast alle Könige in Böhmen in Seculo XVI. & XVII. auch zugleich Kayser gewesen wären, und folglich könte man keine besondere Claße davon machen. Ich gebe aber dargegen zur freundlichen Antwort, ad 1.) daß der König von Böhmen vornehmlich doch auch als der vorderste weltliche Chur-Fürst des Heil. Röm. Reichs zu consideriren, und also

also dessen Thaler unter den Einheimischen und Chur-Fürstl. Thalern müssen mit angeführet werden. Ad 2) will ich gleich den Unterscheid, der sich zwischen den Kayserl. und Königlichen Böhmischen Thalern gar deutlich äusert, anzeigen.

II.

Die Könige in Böhmen, nach welchen die Thaler zu rangiren, sind folgende:

I. LVDOVICVS regirt von 1516. biß 26.
II. FERDINANDVS I. von 1526. biß 64.
III. MAXIMILIANVS von 1564. biß 76.
IV. RVDOLPHVS von 1576. biß 1612.
V. MATTHIAS von 1610. biß 19.
VI. FERDINANDVS II. von 1619. biß 37.
VII. FRIDERICVS Pfaltz-Graf beym Rhein, Chur-Fürst, und Herzog von Bayern von 1618. biß 21.
VIII. FERDINANDVS III. von 1637. biß 57.
IX. LEOPOLDVS von 1657. biß 1705.
X. JOSEPHVS von 1705. biß 11.
XII. CAROLVS von 1711.

III.

Böhmen hat zwar durch seine reichhaltige Silber-Gruben in Joachims-Thal zu erst Anlaß gegeben, daß grobe Münze, und dicke Groschen, die 2. Loth Silber gewogen, häuffiger, als vorhero, geschlagen worden. Es ist aber dieses nicht von den Königen, sondern von den Grafen von Schlick, geschehen. Dieweil aber doch diese Grafen ihre Bergwerks-Gerechtigkeit unter Königl. Böhmischer Oberherrl. Lands-Hoheit besessen, und dahero auch des Königs von Böhmen Nahmen und Wappen auf die Haupt-Seite ihrer zu erst ausgemüntzten dicken Pfennige setzen müssen, so kan man gar wohl die Thaler-Suite der Könige in Böhmen mit einem Joachims Thaler, der mit der ältesten Jahr-Zahl bezeichnet, anfangen.

IV.

Demnach ist derjenige Joachims-Thaler anzusehen als ein Thaler von König Ludwigen, auf dessen erster Seite der Böhmische Löwe stehet, mit der Umschrifft in alten Buchstaben, die fast wie Mönchs-Schrifft heraus kommt: LVDOVICVS †. PRIMVS †. DEI †. GRACIA †. REX †. BOE-

BOEMIE †. 1520. Die andere Seite enthält den heiligen Joachim in gantzer Figur, der in der lincken Hand einen Stab hält, und bey seinem rechten Fuße den Schlickischen Wappen-Schild stehen hat. Die Umschrifft in gleicher alten Schrifft mit A. ohne Querstrichlein, alten N. und E. ist zweyerley. Inwendig oben um das Bildnus herum ist zu lesen SANCTVS IOACHIM und auswendig gantz herum stehet: ARMA. DNOR. SLI. COMV. STEFANI. ET FRATR. COMITV. D. BASAN. Die Abbildung davon ist zu sehen auf dem Tittel-Blat Tenzels Monatl. Unterredung Jan. 1695. und in Lehmans Histor. *Remarqu. A.* 1702. *P. IV. p.* 281. dergleichen acht Stück wiegen Nürnberger Silber-Gewichts 15. Loth 2. qu. 3. Pfen. und Cölnisch 15. Loth 3. qu. 3. Pfen. und halten 14. Loth 3. qu. 3. Pfen.

V.

Zum Böhmischen Thalern K. Ferdinands I. sind zu rechnen auf welchen 1) auf der ersten Seite der Nahme des Königreichs Böhmen vor dem Nahmen des Königreichs Ungarn stehet. 2) Auf der andern Seite der Böhmische Löwe sich im ersten, und die Ungarischen Quer-Balcken in 2. und 3. Quartier des Wappens sich befinden. 3) Nur ein quadriter Schild mit dem Wappen von Böhmen und Ungarn, mit einen gespaltenen Mittel-Schildlein von Oesterreich und Castilien, ohne einköpffigten Reichs-Adler stehet. Der Schild ist bald mit einer offnen, bald mit einer geschlossenen Krone, bedeckt. Bey der ersten Gattung habe ich auf einen über der offnen Krone, im Rande einen Becher, als ein Müntz-Meisters-Zeichen, gesehen. Auf einen mit der geschloßenen Krone stehet diese Umschrifft, die deutlich anzeiget, daß er für einen Böhmischen Thaler zu haten, dieweil die Tittel von den Böhmen incorporirten Landen, als Schlesien und Mähren, darauf zu lesen. Nehmlich auf der ersten Seite: FERDINAN. D. G. BOEM. HVNG. DAL. CROA. REX. INFA. und auf der andern Seite: HISP. ARCHID. AVST. DVX. BVR. SLE. MAR. M. K. Ferdinand siehet darauf noch gantz jung aus. Mit der Jahr-Zahl habe ich dergleichen keinen ältern als von A. 1529. gefunden, dessen Abriß in Jacobi a Mellen *Sylloge nummorum uncial. p.* 48. befindlich. Die Königl. Thaler mit der offnen und geschloßenen Krone, und mit und ohne den Becher, wägen 8. Stück Nürnbergisch Silber-Gewichte 15. Loth 2. qu. 2. Pfen. Cölnisch Gewicht 15. Loth 3. qu. 2. Pfen. halten 14. Loth 3. qu. 1. Pfen. Die andern mit den einköpffigten Adler wiegen 8. Stück Nürnbergisch Silbet-Gewicht 15. Loth 1. qu. 3. Pf. Cölnisch Gewicht 15. Loth 3. qu. 0. Pfen. halten 14. Loth 0. qu. 3. Pfen.

Von K. Ferdinanden hat man auch Böhmische Gülden-Thaler, auf welchen derselbe einen Reichs-Apffel in der Hand hält mit der eingeprägten Zahl 60.

VI.

Kayser *Maximilian II.* hat zwar auf seinen Thalern, so viel ich noch davon zu Gesichte bekommen, jederzeit in dem Tittel Ungarn vor Böhmen gesetzet, jedoch in den Wappen es anders gehalten, in welchen der Böhmische Löwe mit den Ungarischen Balcken gar offte abwechselt. Dahero halte ich die Thaler, auf welchen die Balcken den ersten Stand haben, für Ungarische, und die, auf welchen der Böhmische Löwe sich im ersten Quartier befindet, für Teutsche, und darunter viele für Böhmische Thaler. Es sind auch von ihm dergleichen Gülden-Thaler vorhanden.

VII.

Von Kayser *Rudolpho II.* hat man zwey Thaler, die augenscheinlich für Böhmische Thaler zu achten sind. Auf dem einen mit der Jahr-Zahl 1639. stehet auf der Haupt-Seiten, bey des Kaysers geharnischten Bildnüß in völliger Statur, unten bey den Füssen, zur Rechten, das Böhmische, und zur Linken das Ungarische Wappen, ohngeacht in dem umherstehenden Tittel Ungarn vor Böhmen gesetzet ist. Auf dem andern von A. 1591. befindet sich der Böhmische Löwe auf dem Rande unter der Schulter des Kaysers. Beede sind beym Hrn. von Mellen *l. c. p.* 81. und 84. zu sehen.

Auf Kaysers *Matthiæ* Böhmischen Thalern ist dergleichen Kennzeichen warzunehmen, besiehe *l. c. p.* 100. & 109.

VIII.

K. *Ferdinands II.* Bömische Thaler sind allzu käntlich, indem sie auf der Brust des zweyköpffigten Reichs-Adlers den Böhmischen Wappen-Schild führen, siehe *l. c. p.* 116. welches seine Nachfolger biß auf jetzige Kayserl. Majestät beständig nachgethan.

K. Ferdinands *II.* Böhmischer Krönungs-Thaler von A. 1617. mit der Devise auf dem Revers, nehmlich mit einer offenen Krone in einem Lorbeer-Kranze, mit der Umschrifft: LEGITIME CERTANTIBVS, stehet in Hist. Remarqu. *P. VII.* A. 1705. *p.* 185.

In eben diesem Buche *P. VI. A.* 1704. *p.* 193. befindet sich K. Ferdinands *III.* sehr rarer Thaler von A. 1629. den er als Ungarischer und Böhmischer König schlagen lassen, mit einem sehr grossen Hals-Kragen.

IX. Von

IX.

Von dem sogenannten Böhmischen Winter-Könige, Pfaltz-Graf und Chur-Fürst Friedrichen beym Rhein, hat man den beruffenen Thaler mit dem verkehrten D. in dem Tittel bey Dei Gratia von A. 1621. dessen Abriß in Lehmans Historisch. *Remarqu.* A. 1702. *p.* 81. und in Hrn. D. Kundmanns *nummis singularibus Tab. I. n.* 1. anzutreffen.

Er hat auch einen Doppel-Thaler von 48. Groschen schlagen lassen mit der darauf gesetzten Zahl 48. welchen Herr Dewerdeck *in Silesia numismat. Lib. I. c. V.* §. 2. *p.* 150. beschreibet.

X.

VI. Die Thaler der Herzoge und Chur-Fürsten zu Bayern haben diese Suite:

I. MAXIMILIANVS erhielte die Pfältzische Chur-Würde A. 1623. und starb A. 1651.
II. FERDINANDVS MARIA regierte von 1651. biß 79.
III. MAXIMILIANVS EMANVEL von A. 1679. biß 1726.
IV. CAROLVS ALBERTVS von A. 1726.

XI.

Von Chur-Fürst Maximilians Thalern gibt es zweyerley Sorten, mit dessen geharnischten Brustbild, und ohne dasselbe. Die erste ist die rarste, vid. Thaler-Cabinet *Cap. XV. n.* 229. 230.

XII.

Vom Chur-Fürst *Ferdinando Maria* hat man auch dessen raren Vicariats-Thaler von A. 1657. dessen Beschreibung in Lehmans Hist. *Remarqu.* A. 1707. p. 121. und im andern Theil der Hist. Müntz-Belustigung *p.* 97. nachzusehen.

XIII.

Auf der andern Seite Chur-Fürsts *Maximiliani* Emanuels ist die Mutter Gottes mit dem JEsus-Kinde, das Wappen haltend, zu sehen, mit der Umschrifft: CLYPEVS OMNIBVS IN TE SPERANTIBVS, dergleichen man auch schon auf Chur-Fürst Maximiliani Thalern antrifft.

Die Chur-Fürstl. Bayerischen Thaler sind alle für rar zu achten.

XIIII.

XIIII.

VII. Die Thaler der Chur-Fürsten zu Sachsen halten diese Ordnung.

I. FRIDERICUS Sapiens. regierte von A. 1486. biß 1525.
II. JOHANNES, dessen Bruder von A. 1525. biß 32.
III. JOHANNES FRIDERICUS, von A. 1532. biß 47. und dann von A. 1552. biß 54.
IV. MAURITIUS von A. 1547. biß 53.
V. AUGUSTUS von A. 1553. biß 86.
VI. CHRISTIANUS I. von A. 1586. biß 91.
VII. FRIDERICUS WILHELMUS, DUX SAXONIÆ lineæ Vinariensis, TUTOR & ELECTORATUS ADMINISTRATOR, von A. 1591. biß 1601.
VIII. CHRISTIANUS II. von A. 1601. biß 11.
IX. JOHANNES GEORGIUS I. von A. 1611. biß 56.
X. JOHANNES GEORGIUS II. von A. 1656. biß 80.
XI. JOHANNES GEORGIUS III. von A. 1680. biß 91.
XII. JOHANNES GEORGIUS IV. von A. 1691. biß 94.
XIII. FRIDERICUS AUGUSTUS von A. 1694.

XV.

Chur-Fürst Friedrichs des Weisen Thaler sind in dreyerley Sorten vorhanden, nehmlich

I. Die er alleine hat schlagen lassen.
II. Die von ihm und seinem Bruder Johanne sind geschlagen worden, und
III. Die er, sein Bruder, Herzog Johannes, und sein Vetter, Herzog Albrecht, und nachdem dessen Sohn, Herzog Georg, zusammen gemünzet haben.

XVI.

Von der ersten Sorte hat man nur das eintzige Stücke, auf der ersten Seite mit seinem Brust-Bild im lincks-sehenden Profil, mit der Drathauben, und starken Barte, und dem Tittel eines LOCUMTENENTIS GENERALIS IMPERII, davon die Abbildung in Lehmans Hist. *Remarqu.* A. 1702. *P. IV. n.* 209. Acht Stück derselben halten 15. Loth 0. qu. 1. Pf. und werden dahero unter die Dalders von Saxen in Don gbe ualueer de gauden ende Zelueren Münte van diuerschen Conigriicken / gedruckt/ te Ghend by Joos Lambrecht *Anno XVcLII.* gerechnet. Ingleichen

chen in den Ordonnantie ende Placcaete van dye Coniclicke May. geoerende van den gauden, en silneren Münten ghe publiciret *A.* 1529. Hingegen Stürmer, der doch in Leipzig geschrieben, und Berg, in ihren Münz-Büchern, ingleichen der zu Antwerpen A. 1580. gedruckte Thresoor offt schat van alle de specien rc. führen dieses Stück nicht an, und haben es also für keinen Thaler gehalten, sondern für einen Schau- und Gedächtnüß-Pfennig, wie Luck *p.* 56. und Tenzel *in Saxonia numism. Lin. Ernest. p.* 17. auch gethan.

Nochweniger also kan ich Hrn. Lehman in Hist. *Remarqu. P.V. A.* 1703. *p.* 377. und Hrn. Lilienthal im Thaler-Cabinet *n.* 234. *p.* 72. beystimmen, die einen andern Thaler-förmigen Pfennig dieses Chur-Fürst Friedrichs von A. 1507. mit dem Tittel: Sacri Romani Imperii Locumtenens Generalis, der an statt dessen Brust-Bild das auf ein Creutz gesetzte Chur-Fürstl. Wappen, und eine gedoppelte Umschrifft um dasselbe zeiget, auch unter die Thaler setzen, dieweil in keinem eintzigen alten Münz-Buch derselbe anzutreffen, deren Verfasser doch genau untersuchet, was für dicke Pfenninge für Thaler zu halten sind oder nicht.

XVII.

Die andere Sorte mit des Chur-Fürstens Bildnüß auf der ersten, und seines Bruders H. Johannis Bildnüß auf der andern Seite von A. 1525. beschreibt Hr Lilienthal im Thaler-Cabinet *n.* 240. *p.* 74. und ist nicht gemein. Acht Stück derselben Nürnberger Silber-Gewicht wägen 14. Loth 0. qu. 2. Pf. und Cölnisches 14. Loth 1. qu. 2. Pf. halten 15. Loth 3. qu. 0. Pf. Auf beeden Seiten ist eine gedoppelte Umschrifft. In der äusseren von dem Tittel stehen 4. Wäpplein, und zwar auf der Chur-Fürstl. Seiten, von Erz-Marschall-Amt, Sachsen, Thüringen und Meissen; auf den Herzoglichen, von Thüringen, Sachsen, Meißen und der Pfalz-Sachsen. Die innere ist der Spruch: VERBVM DOMINI MANET. IN. ÆTERNVM. Diese Thaler kommen in allen Münz-Büchern vor. Berg setzet sie nach damahligen Werth auf 17. Batzen.

XVIII.

In der dritten Sorte gibt es zweyerley Gepräge, die eine mit dreyen Bildnüßen, und die andere ohne die Bildnüße nur mit den dreyen Nahmen.

XIX.

Die Thaler mit den dreyen Bildnüssen sind wiederum dreyerley.

Der erste Thaler enthält auf der ersten Seite des Chur-Fürstens, und auf der andern Seite Herzogs Alberti, und Herzogs Johannis Brust-Bilde gegen einander gestellet. Die Umschrifft der ersten Seite ist: FRIDERICVS, ALBERTVS, IOHANNS. und auf der andern Seite: MONET. ARGENT. DVCVM. SAXONI. Derselbe ist zwischen A. 1486. und 1500. geschlagen, als in welchem Jahre Herzog Albrecht gestorben, und ist der rareste unter allen Thalern Chur-Fürst Friedrichs des Weisen.

Auf den andern Thaler stehet Herzog Georgs Nahmen und Bildnüß vor Herzog Johanns. Die Umschrifft bestehet aus Mönchs-Buchstaben, und heisset auf der ersten Seite: FRIDERICVS. GEORGIVS. IOHANNE. Dieser ist nach den erst angeführten der rareste. Wie dieser Vorzug und Veränderung des Stempels von des Chur-Fürstens und Herzog Johannis Räthen bey der Schneebergischen Berg-Handlung A. 1507. gerüget worden, ist in Reyheri *tr. de nummis argenteis antiquis. c. IV. p. 26.* aus einem glaubwürdigen Bericht zu lesen.

Der dritte Thaler, auf welchem Herzog Johannes die Oberhand behält, mit der Umschrifft 1) FRIDERI. IOHAN. GEORGI. die öffters in Sylben und Buchstaben verändert 2) MONE. ARGEN. DVCVM. SAXON. ist der gemeinste. Denn man kan leicht ermessen, was für eine Menge derselben ist geschlagen worden, da nach Petri Albini Bericht in der Meißnischen Berg-Chronica *Tit. IV. p. 32.* von A. 1471. da die reiche Silber-Gruben zu Schneeberg fündig worden, biß auf das Jahr 1501, binnen 30. Jahren also, den Herzogen zu Sachsen 5199. Tonnen Goldes Gülden oder Thaler, eine Tonne für hundert tausend Thaler 62½. Centner Silber auf eine Tonne Goldes, 1600. Thaler auf einen Centner, einen Centner vor hundert Pfund, und einen Thaler auf 2. Loth gerechnet, alleine zum Zehenden gefallen sind. Acht Stück solche Thaler halten 14. Loth 3. qu. 2. Pfen. Insgemein nennt man sie die **Klapp-Mützen-Thaler**, weil die Bildnüsse Klapp-Mützen aufhaben.

XX.

Die Thaler so Chur-Fürst Friedrich, sein Bruder, und Vetter ohne ihr Bildnüß schlagen lassen, haben auf der ersten Seite das Bildnüß St. Johannis des Tauffers in gantzer Gestalt mit dem Gottes-Lamm auf einem Buch auf den lincken Arm liegend. Umher stehet: MONE. AGEN. DVC. SAXON. Zur rechten Seite in der Umschrifft ist das Wappen von der Grafschafft Brena, und zur Lincken von Thüringen. Auf der andern Seite befindet sich das Chur-Fürstl. Wappen mit einem Helm bedeckt, und der Umschrifft FRI. IOHAN. GEORG. In derselben zur Rechteu ist das

Wap-

Wappen von Landsberg, und zur Linken von der Sächsischen Pfaltz. Herr Schlegel rechnet diese Thaler zu Saalfeldischen Müntzen in seinem *Schediasmate de nummis antiquis Salfeldensibus*.

XXI.

Wer demnach alle besondere Thaler von Chur-Fürst Friedrichen dem Weisen haben will, der muß folgende VI. Stücke zusammen bringen:

I. Den Thaler mit desselben Bildnüß alleine, und dem Tittel S. R. I. LOCUMTENENS GENERALIS.

II. Den Thaler mit des Chur-Fürstens Bildnüß auf der einen, und seines Bruders Johannis auf der andern Seite.

III. Den Thaler mit den 3. Köpffen, Friderici, Alberti und Johannis.

IV. Den Thaler mit der Mönchs-Schrifft, auf welchem Hertzogs Gergens Nahme vor Hertzog Johannes Nahmen stehet.

V. Den Thaler mit den Nahmen und Bildnüssen FRIDERICI, IOHANNIS und GEORGII.

VI. Den Thaler mit dem St. Johanne Baptista.

XXII.

Moller in Freybergischen *Annal. sub p.* 125. gibt zwar vor, daß zum Gedächtnüß der Theilung zwischen Chur-Fürst Ernsten und Hertzog Albrechten zu Sachsen A. 1485. zum allerersten wären gantze Stücken Silber unter beyder Fürsten Bildnüssen und Nahmen gemüntzet worden, die man anfänglich zweyköpffigte Gülden-Groschen, weil einer so viel als einen Rheinischen Gülden gegolte, hernach insgemein Thaler-Groschen, oder Thaler von Joachims-Thal, benennet. Allein Herr Tentzel sagt dagegen in Monatl. Unterred. 1695. p. 1007, daß er weder mit seinen Augen einen solchen alleraltesten Sächsischen Thaler gesehen, noch jemanden wisse, der ihn gesehen habe.

XXIII.

Chur-Fürsts IOHANNIS Thaler hat man auf zweyerley Art; erstlich mit seinem Bildnüß alleine, und hernach mit seinem und seines Vetters, Hertzogs Georgs, Bildnüß.

Die erste Art beschreibt Lilienthal n. 241. und ist rar. Acht Stuck ihrer halten 13. Loth 3. qu. 3. Pf. die andere mit dem Brust-Bild Hertzog Georgs auf der andern Seite von A. 1535. und 37. sind gemein, und wägen ihrer 8. Stück Nürnbergisch Silber-Gewicht 15. Loth 2. qu. 1. Pf. Cölnisch Gewicht 15. Loth 3. qu. 2. Pf. halten 13. Loth 3. qu. 3. Pfen.

XXIV.

Von Chur-Fürst Johann Friedrichen hat man wohl siebnerley Thaler, jedennoch ist darunter kein eintziger vor seinen Unglück, auf welchen dessen Bildnuß alleine zu sehen, sondern der Revers zeiget allemahl auch dererjenigen Fürsten ihre Bildnüsse, mit welchen er Thaler hat schlagen lassen. Man hat zwar ein gantz unvergleichlich Stücke in einfacher, und Doppel-Thaler-Form von denselben von A. 1539. mit dem Spruche: Spes mea in Deo est. Der Augenschein aber von dem sehr erhaben geschnittenen Brust-Bild weiset es, daß solches für eine Medaille, und keinen gangbahren Thaler, zu achten, dahero es auch Herr Tentzel unter dieses Chur-Fürstens Schau-Müntzen gesetzet *in Saxon. numismat. Lin. Ernest. p.* 119. Man wird es auch in keinen alten Müntz-Buch ansichtig. Die siebenerley Thaler aber sind folgende:

I. Ein Thaler mit Hertzog Georgs Bildnüß, Wappen und Tittel.
II. Ein Thaler mit Hertzog Heinrichs Bildnüß.
III. Ein Thaler mit Hertzog Heinrichs, und Hertzog Joh. Ernsts zu Coburg Bildnüße.
IV. Ein Thaler mit Hertzog Moritzens Bildnüß.
V. Ein Thaler mit mit Hertzog Moritzens und H. Joh. Ernsts zu Coburg Bildnuß.
VI. Ein Thaler mit Land-Graf Philipps von Hessen Bildnüß.
VII. Ein Thaler mit seinem Brust-Bild und dem Tittel ELECTOR NATVS.

XXXV.

I. Von dem Thaler, so Chur-Fürst Johann Friedrich und Hertzog Georg zu Sachsen mit einander haben schlagen lassen, hat man zweyerley Sorten. Die erste Sorte ist mit beederseits Bildnuß, und die andere mit beederseits Wappen, ohne Bildnüsse.

XVI.

1) Von denen mit beederseits Bildnüß hat man zweyerley gar merckliche Stempel. Auf dem einen von A. 1535. erscheinet Hertzog Georg mit dem lincken Arm, und aufgehabenen Zeige-Finger in der Hand; In dem andern von A. 1537. ist er ohne lincke Hand zu sehen. Von beeden

den wägen 8. Stück Nürnbergisch S. Gewicht 15. Loth 2. qu. 1. Pfen. Cölnisch 15. Loth 3. qu. 2. Pfen. halten 13. Loth 3. qu. 2. Pfen. Herzog Georg siehet auf diesen Thalern sehr alt aus, hat einen starken Bart, und das goldne Vließ mit der Kette um die Schultern.

Von A. 1536. ist ein zu Annaberg gemünzter Thaler von diesen beeden Herzogen zu Sachsen vorhanden, auf welchen ein Stempel-Riß durch des Chur-Fürstens Schwerd gehet, daß es aussiehet, als wann es zerbrochen wäre, daraus die curieusen Thaler-Liebhaber ungemein viel Wesens machen, und dieses Zeichen, als eine Vorbedeutung der verlohrnen Chur-Würde, ansehen.

XXVII.

2) Auf den Thalern ohne Bildnüß befinden sich auf der ersten Seite drey ins Klee-Blat gestellte Wappen, oben das von Erz-Marschall-Amt, unten von Sachsen und Thüringen, darunter ist zwischen beeden ein T. die Umschrifft ist: IOAN. FRID. ELECT. E. GEORGI. DVX SAXONIE. Auf der andern Seite stehet ein Helm mit den vereinigten Helm-Kleinodien von Meissen und Thüringen, nehmlich den alten Manns-Rumpff, zwischen zweyen mit Fähnlein oder drey-blättrigen Zweigen besteckten Büffels-Hörnern. Umher ist zu lesen: MONETA. NOVA. EXCVSA. ANNO. DOM. 1536. T. Acht Stück davon halten 14. Loth 3. qu. 1. Pfen. Sie sind nicht gemein.

XXVIII.

II. Die Thaler mit des Chur-Fürst, Joh. Friedrichs und Herzog Heinrichs Bildnüssen haben auf dem Avers des Chur-Fürstens Brust-Bild in rechts sehenden Profil, blossen Haupte, mit der rechten das blosse Schwerd über die Achsel haltend, umher ist zwischen den ins gevierdte gesetzten Wäpplein, von dem Erz-Marschall-Amt, Sachsen, Thüringen und Meissen zu lesen: IOHAN. FRI. ELEC. DVX. SAX. F. F. Der Revers zeiget Herzog Heinrichs Brust-Bild im blossen Haupte, mit rechts gekehrten Gesichte, jedoch daß man beede Augen sehen kan, in einer mit Peltz oben breit aufgeschlagenen Schaube, in der rechten Hand das Hefft von Schwerd haltend. Umher ist zu lesen zwischen den ins Gevierdte gesetzten Wäpplein von Sachsen, Thüringen, und der

Pfaltz: HEINRI. DVX. SAX. FI. F. 1541. Man hat auch dergleichen von A. 1539.

XXIX.

III. Den Thaler mit des Chur-Fürstens Joh. Friedrichs Bildnüß auf der ersten, und der Herzoge, Heinrichs und Joh. Ernsts, gegen einander gekehrten Bildnüssen auf der andern Seite, die einander die Hände geben, hat Hr. Lilienthal beschrieben n. 243. und dabey beobachtet, daß in des Chur-Fürstens Tittel in den Worten BVRG. MAGT. im letzten Wort das G. umgekehrt sey. In dem Exemplar, so ich vor Augen gehabt, stehet das verkehrte G. so: MAGƆT.

XXX.

IV. Chur-Fürsts Joh. Friedrichs Thaler mit Herzog Moritzens Brust-Bild im halben Leib sind dreyerley:

Auf den ersten stehet er in einer Peltz-Schauben.
Auf den andern geharnischt und hält die Hand an das angegürtete Schwerd.
Auf den dritten hält er einen Streit-Hammer über die Achsel.

XXXI.

V. Die Thaler Chur-Fürst Joh. Friedrichs mit den Bildnüssen Herzog Moritzens, und Herzog Joh. Ernsts von A. 1541. kommen mit den Thalern mit den Bildnüssen von Herzog Heinrichen, und Herzog Joh. Ernsten gantz überein.

XXXII.

VI. Die Thaler Chur-Fürst Johann Friedrichs, so auf der andern Seite das Bildnüß Land Graf Philipps von Hessen vorstellen, und nach der Uberwältigung Herzog Heinrichs zu Braunschweig, aus dessen Silber-Gruben auf dem Hartz, gemüntzet worden, sind zweyerley, der eine mit SOLI DEO GLORIA auf der Chur-Fürstl. Seite, und mit PARCERE SVBIECTIS ET DEBELLARE SVPERBOS auf der Gräflichen Seite, ist gar sehr rar; der andere ohne dergleichen Sprüche ist gemein. Von beeden gibt Herr Lilienthal n. 245. und 246. umständliche Nachricht. Sie werden insgemein die Schmalkaldischen Bunds-Thaler

ler genennet. Von der ersten Gattung halten achte 14. Loth 1. qu. 2. Pfen. und von der andern 14. Loth 0. qu. 3. Pfen.

XXXIII.

VII. Der letzte Thaler Chur-Fürst Johann Friedrichs, worauf sein Brust-Bild mit einer Schramme im Gesichte auf dem lincken Backen zu sehen, und er sich IO. FRIDER. SENI. NATV. ELEC. SAX. A. 1552. nach seiner Restitution genennet, ist von Herrn Tentzeln *l. c. p.* 199. und Herrn Lilienthal *n.* 289. sattsam beschrieben.

XXXIV.

Chur-Fürsts *Mauritii* Thaler sind darinne von einander unterschieden, daß einige auf dem Revers das Chur-Fürstl. Wappen von 10. Felden mit einem Mittelschild und mit 3. Helmem bedeckt, führen; andere hingegen dasselbe von 4. Feldern und einem Mittelschild, ohne Helm, aber mit 3. in dem Rand gesetzten Wäpplein vorstellen. Wegen der kurtzen Regierung dieses Chur-Fürstens machen sich dessen Thaler gar rar.

XXXV.

Chur-Fürsts *Augusti* Thaler sind die allerhäuffigsten. Man siehet ihn darauf 1) in Chur-Habit bedeckt, und zwar sowohl in gantzen, als halben Gesichte, und 2) geharnischt im blossem Haupte. Auf einigen hält im Revers ein Engel das Wappen.

Von seinem Triumph-Thaler wegen der eroberten Stadt Gotha, hat man zweyerley Gepräge, davon dasjenige, in welchem nach der Umschrifft: TANDEM BONA CAVSA TRIVMPHAT, die Jahr-Zahl MDLXVII. stehet, am seltensten ist. vid. Tentzel *in Saxon. Numismat. lin. Albert. p.* 123.

Von ihm fangen sich die Chur-Fürstl. Begräbnüß-Thaler an. Der seinige zeigt auf dem Avers das geharnischte Bildnüß, und auf dem Revers ist diese Schrifft in 8. Zeilen zu lesen: PIE. IN CHRISTO OBDORMIVIT XI. FEBR. AN. MD. LXXXVI. CVM VIXISSET. AN. LIX. MEN. VI. DI. XI. HO. XII - H. B. vid. Tentzel l. c. *Tab.* 16. *n. V. p.* 206.

XXXVI.

Von Chur-Fürst *Christiano I.* weiß ich keinen sonderbahren Thaler anzuführen, ausser seine Begräbnüß-Thaler von dreyerley Stempeln.

Auf

Auf dem ersten mit des Chur-Fürstens Bildnuß auf dem Avers, lautet der Revers also in 8. Zeilen: OBIIT. XXV. SETEMBRIS ANNO M. D. XCI. HAVD. TIMET. MORTEM. QVI. VTAM SPERAT.

Auf dem andern von gleichen Avers ist auf der andern Seite in 7. Zeilen zu lesen: OBIIT XXV. SEPTEMBRIS ANNO M. D. XCI. IACTVRAM OSTENDET DIES.

Der dritte hat auf der ersten Seite den Chur-Fürstl. Haupt-Wappen-Schild mit dem umherstehenden Tittel, und auf der andern Seite diese Inscription in 8. Zeilen: SINCERÆ IN DEVM ET. PATRIAM. FIDEI. EXEMPLO. POSTERIS. RELICTO. OBIIT. XXV. SEPTEMBRIS. ANNO M. D. XCI.

XXXVII.

Des Administratoris des Chur-Fürstenthums Sachsens, Herzog Friedrich Wilhelms zu Sachsen-Weimar, hieher gehörige zwey Thaler habe ich albereit im andern Theil dieser historischen Münz-Belustigung p. 177. und p. 182. recensirt.

XXXVIII.

Chur-Fürsts Christians II. Thaler sind von dreyerley Gattung.

Die ersten sind in seiner Minderjährigkeit von A. 1591. biß 1601. geschlagen, haben auf der ersten Seite 3. Brust-Bilder / nehmlich seines in der Mitten zwischen seinen beyden Brüdern mit der Umschrifft: CHRISTIAN. IOHANN. GEORG ET AVGVSTVS mit der Jahr-Zahl Auf dem Revers stehet der Chur-Fürstl. Wappen-Schild mit der Umschrifft: FRAT. ET: DVCES SAXON.

Die andere Gattung fängt sich mit A. 1602. an, und geht biß 1604. zeiget auf der ersten Seite des Chur-Fürstens geharnischtes Bildnüß im blossen Haupte biß an halben Leib, das Chur-Schwerdt mit 2. Händen haltend, mit dabey stehenden Helm, umher dessen Tittel, und unten das Schild mit den Chur-Schwerdtern. Auf der andern Seite sind seiner beeden Brüder Bildnüsse und Tittel, und inwendig umher 14. Wäpplein, nehmlich zu oberst und grösser als die andern, das Sächsische, dann zu beeden Seiten gegen einander der Thüringische und Meißnische Löwe, die Adler der Pfaltz Sachsen und Thüringen, der Pleißnische und Orlamündische Löwe, die Landsbergischen Pfähle, die Bernische Schröter-Hörner, die Wappen der beeden Burggrafthümer Altenburg

tenburg und Magdeburg, die Eisenbergischen Binden, und das Regalien-Wappen, und zu unterst die Hennebergische Henne.

Die dritte Gattung hebt von A. 1605. und geht biß 1610. und ist der vorigen gleich nach den Bildnüssen, aber ohne Wäpplein.

Man hat also keinen Thaler, darauf des Chur-Fürstens Bildnüß gantz allein wäre, ausser seinen Begräbnüß-Thalern, die zweyerley sind. Den einen beschreibet Hr. Lilienthal *n.* 254. Der andere hat auf der ersten Seite sein geharnischtes Bildnüß biß über den halben Leib mit dem Tittel. Auf dem Revers stehet das Elogium desselben wie es auf dem ersten Thaler zu lesen, und fängt sich an: PACIFICI. BENEFICI &c.

XXXIX.

Von Chur-Fürsts Johann Georgens I. Thalern sind mir 9. besondere Sorten vorgekommen:

I. Ein Thaler auf der ersten Seite mit seinen Brust-Bild von A. 1611. Auf der andern Seite mit seines Bruders Augusti Brust-Bild, mit dessen Tittel und 18. kleinen Wäpplein umgeben, dergleichen biß 1614. zu sehen.

II Dessen erster Vicariats-Thaler von A. 1612. Siehe den II. Theil der histor. Münz-Bel. p. 73.

III. Dessen anderer Vicariats-Thaler von A. 1619. Siehe Tenzels *Saxon. numismat. Lin. Albert. p.* 426.

IV. Dessen ersten Jubel-Thaler von A. 1617. Siehe Tenzeln *l. c. p.* 412.

V. Dessen anderer Jubel-Thaler von A. 1630. Siehe Tenzeln *l. c. p.* 480.

VI. Der Engel-Thaler von A. 1621. zur Zeit des bösen Geldes, der 40. Groschen gegolten, ob er gleich mehr Kupfer, als Silber, hat. Siehe Tenzeln *l. c. p.* 440.

VII. Der Hennebergische Thaler von A. 1622. mit dem Chur-Fürstl. Tittel und Wappen auf der ersten, und den Hennebergischen Wappen auf der andern Seite, womit der Chur-Fürst den Anfang gemachet, wieder nach dem alten Schrot und Korn zu münzen. Der aber von den Kippern und Wippern, weil er 1½. Thaler werth, so eingeschmoltzen worden, daß er der allerrareste Thaler anitzo ist

VIII. Die Thaler, auf welchen des Chur-Fürstens Bildnüß alleine, die so lange ganz gemeine, biß sie die Münz-Juden vollends einschmeltzen, und mit geringer Scheide-Münze davon die armen Leute betrügen.

IX. Dessen Begräbnüß-Thaler. Siehe Tenzeln *l. c. p.* 518.

XL.

Von Chur-Fürst Johann Georgen II. hat man fünff unterschiedliche Thaler:

I. Mit seinen Bildnüß, Wappen und Tittel.

II. Den Begräbnüß-Thaler/ den er zum Gedächtnüß seiner Mutter Magdalenæ Sibyllæ A. 1682. hat schlagen lassen. Siehe Tenzeln *l. c. p.* 520.

III. Den *Vicariats*-Thaler von A. 1657. von zweyerley Geprägc, siehe den andern Theil der Historischen Münz-Belust. p. 105.

IV. Den Gedächtnüß-Thaler wegen des Englischen Ritter-Ordens von A. 1678. von 1½. Loth. Siehe Tenzeln *l. c. p.* 571.

V. Seinen Begräbnüß-Thaler. Siehe Tenzeln p. 603.

XLI.

Von Chur-Fürst Johann Georgen *III.* kan ich nur dreyerley Thaler anführen:

I. Mit seinem Bildnüß, Tittel und Wappen.

II. Den Begräbnüß-Thaler von seiner Mutter Magdalena Sibylla von A. 1687. Siehe Tenzeln *l. c. p.* 605.

III. Seinen Begräbnüß-Thaler, die zweyerley

1.) Mit dessen Bildnüß und dreyfacher Umschrifft auf der ersten, und einem Elogio, welches den Revers gantz anfüllet. Siehe Tenzeln *l. c. p.* 654.

2.) Mit dessen Devise, einer Fahne mit dem Beyworten: IEHOVA VEXILLVM MEVM. Der Revers enthält ein anders Elogium. Umher stehet der Chur-Fürstl. Tittel.

XLII.

Von Chur-Fürst Johann Georgen *IV.* findet man zweyerley Thaler:

I. Die er gewöhnlicher massen mit seinen Brust-Bild, Tittel, und Wappen prägen lassen, die wegen seiner kurzen Regierung anfangen rar zu werden.

II. Des-

II. Dessen Begräbnüß-Thaler, davon auch zwey Sorten gemacht worden:

1.) Mit seinem Brust-Bild, und dreyfachen Umschrifft auf der einen, und mit einer Inscription auf der andern Seite, siehe Tenzeln *l. c. p.* 673.

2.) Mit einer Pyramide auf jeglicher Seite, und dessen Wahl-Spruch auf der ersten: SOLA. GLORIOSA. QVÆ IVSTA.

XLIII.

Unter Chur-Fürst Friedrichs *Augusti* Thalern werden folgende sechse von den Liebhabern aufgesuchet:

I. Der von A. 1694. auf welchem die Spitze des Chur-Schwerds den Nahmen FRIED. durchschneidet.

II. Der auf die Geburth des Chur-Printzens A. 1696. siehe Hist. Remarqu. A. 1706. p. 337.

III. Der mit der Königl. viermahl gekrönten Chiffre A. II. und in der Mitten mit dem Danebrogs-Ordens-Creutze von A. 1702. siehe Hist. Remarqu. *A.* 1704. *p.* 137.

IV. Der nach niedergelegter Polnischen Krone von A. 1708. mit der gekrönten Chiffre A. R. auf dem Revers.

V. Der Vicariats-Thaler von A. 1711.

VI. Der Begräbnüß-Thaler von der Königl. Frau Mutter A. 1717.

XLIV.

Die Thaler der Chur-Fürsten zu Brandenburg kommen in dieser Ordnung aufeinander:

I. IOACHIMI I. der regiert von 1499. biß 1535. Man hat von ihm Thaler von 1521. und 22. die unter die rarsten Thaler gehören. Siehe Tenzels Monatl. Unterred. *A.* 1695. *p.* 533. und Lehmans Hist. *Remarqu. P. VII. A.* 1705. *p.* 225. Acht Stück derselben wägen Nürnb. S. Gewicht 15. Loth 2. qu. 2. Pfen. Cölnisch 15. Loth 3. qu. 2. Pf.

II. IOACHIMI II. von A. 1535. biß 71. Dessen Thaler mit den Brust-Bild und Weppen von A. 1543. siehe in den andern Theil der Müntz-Belust. p. 121. 428. und einen andern auf 72. Kreutzer ausgemünzten, auf der andern Seite mit dem zweyköpffigten Reichs-Adler, und der Umschrifft: CAROL. V. IMPERA. AVGVSTI.

P. F. DECRE. siehe in Lehmans hist. *Remarqu. P. VI. A.* 1704. *p.* 145.

III. IOHANNIS GEORGII von A. 1571. biß 98. dessen Thaler je älter je seltener. Einer von A. 1576. ist im andern Theil der historischen Müntz-Belust. p. 129. beschrieben worden.

IV. IOACHIMI FRIDERICI von A. 1598. biß 1608. dessen Thaler von A. 1605. siehe in dem andern Theil der historischen Müntz-Belustigung p. 137.

V. IOHANNIS SIGISMUNDI von A. 1608. biß 19. Von ihm stehet ein Thaler von A. 1611. in Histor. Remarqu. *P. VIII. A.* 1706. *p.* 281. auf welchem zu erst die Preußischen, Jülichischen, Bergischen und Clevischen Wappen und Tittel erscheinen.

VI. GEORGII WILHELMI von A. 1619. biß 40. dessen Thaler sind mancherley.

1.) Mit seinen geharnischten Bilde und Teutschen Umschrifften, dergleichen zu Anfang der Regierung geschlagen worden. vid. Tenzel *l. c. p.* 567.

2.) Mit dem Bildnüß in Chur-Habit und Lateinischer Umschrifft.

3.) Mit dem Spruch um das Wappen : ANFANCK BEDENCK DAS ENDE von A. 1628, 29. 34, 39.

4.) Mit dem also auf dem Revers falsch geprägten Wort QVTX. von 1633. bey Hrn. Lilienthal *n.* 362.

5.) Von den feinsten Silber von A. 1637. deswegen der Müntzmeister 2000. Thaler Strafe geben müssen, siehe Tenzeln *l. c. p.* 568.

6.) Dessen Begräbnüß-Thaler, stehet in Hist. Remarqu. *P. IX. A.* 1707. *p.* 17.

IX. FRIDERICI WILHELMI von A. 1640. biß 88.

X. FRIDERICI III. von A. 1688. biß 1713.

XI. FRIDERICI WILHEMI von A. 1713.

XLV.

Chur-Fürst Friedrich Wilhelms des Grossen Thaler von diversen Stempeln haben Hr. Lilienthal in auserlesenen Thaler-Cabinet, und Hr. Heinrich Lübeck vornehmer Gerichts-Verwandter im Kneiphof nach einer Consignation in des erläuterten Preußens *T. I. P.* 9. *n. XXXI. p.* 667. nach den Jahren also colligirt.

I. Von

I. Von A. 1641. auf welchem so wohl das Brust-Bild als das Wappen in einem Blumen-Krantze stehet. Siehe Herrn Lilienthal n. 367. Hr. Lübeck führet von fast gleichen Stempel einen andern de A. 1642. mit der verkehrten 4. darauf aber das Brust-Bild sehr deform ist. Ingleichen einen von A. 1644.

II. Von 1650. Siehe Hrn. Lilienthal n. 368.

III. Von 1651. sind zweyerley Gepräge:

1.) Mit dem geharnischten Brust-Bild in einem Krantze und der Umschrifft: FRID. WILH. D. G. M. BR. S. R. I. C. & EL. Auf dem Revers das Wappen und umher Magd. Pr. I. C. M. S. P. C. V. S. CC. D. B. N. 1651.

2.) Ein sehr schöner Doppel-Thaler mit 25. in gedoppelten Kreyß gesetzten Wäpplein beym Hr. Lilienthal n. 369.

IV. Von A. 1652. auf dem Revers das Wappen zu erst mit den Schildhalten, dergleichen man biß 1663. findet.

V. Von A. 1657. der sogenante *Souverainitäts*-Thaler davon die Beschreibung im ersten Theil der hist. Müntz-Bel. p. 345. nachzulesen. Ist gar sehr rar. Es findet sich ein anderer Thaler de A. 1658. von gleichen Gepräge, nur daß an statt des Adlers unten eine Stadt zu sehen.

VI. Von A. 1660. der Begräbnüß-Thaler von seiner Mutter Elisabetha Charlotta, ist deswegen besonders, weil er auf beeden Seiten nichts als Schrifft hat, und stehet in Hist. Remarqu. *P. IX.* 1707. *p.* 81.

VII. Von A. 1664. der Preussische Huldigungs-Thaler beym Hrn. Lilienthal. n. 373.

VIII. Von A. 1667. der Begräbnüß-Thaler der ersten Gemahlin Louise, Prinzeßin von Oranien. Im Tittel stehet PRINC. ARANS, an statt ARAVS. beym Hrn. Lilienthal n. 374.

IX. Von A. 1670. auf dessen Revers das Wappen mit dem Chur-Hut zwischen zwey Palmzweigen beym Hrn. Lübeck. *l. c. p.* 669.

X. Von A. 1672. mit des Chur-Fürstens Brust-Bild in eigenen Haaren mit dem Lorbeer-Krantz, darunter die Buchstaben T. T. von dem Nahmen des Münzmeisters, Thomæ Tympff, ist der allerschönste Thaler dieses Chur-Fürstens, weil den Stempel Karlstein geschnitten.

XI. Von A. 1675. die zwey Siegs-Thaler von der glückl. Schlacht mit den Schweden als SEPTIMESTRIBVS PRÆDONIBVS, bey Fehrbellin.

Der 1) mit der Inscription auf dem Revers: Justum Suecor. Exercitum &c. ist anzutreffen in dem ersten Theil der hist. Müntz-Bel. p. 353. und dessen verschiedene Stempel sind angeführt p. 360. und im andern Theil p. 418.

Der 2) mit gleichen Avers, aber auf dem Revers ist der Friede mit Helm und Flügeln, in der Rechten das Wappen einen Palmzweig und Lorbeer-Krantz haltend mit der Umschrifft: PAX VNA TRIVMPHIS INNVMERIS POTIOR. Unten ist zu lesen: F. BELLINVM 18. JVNII 1675. Dieser soll seyn geschlagen worden, nachdem man den obigen, wegen obgemeldten Schwedischen Elogii, so den Schweden unleidentlich gewesen, wieder eingeschmoltzen.

XII. Von A. 1677. hat man 1) einen, der dem schönen von A. 1672. gantz gleich, der Stempel aber ist nicht scharff.

2) Einen auf dessen Revers der Adler mit dem Chur-Huth stehet, auf der Brust das Chur-Wappen, und auf den Flügeln die übrigen Wappen zu sehen, mit der Uberschrifft: DEVS FORTITVDO MEA.

3) Einen mit dem Brust-Bild in einer Peruque; Auf dem Revers mit dem grossen Wappen und Schildhaltern, und den vorhero angeführten Beyworten: Um den Rand ist zu lesen: SALVS POPVLI SVPREMA LEX ESTO, beym Hrn. Lilienthal *n.* 378.

XIII. Von A. 1678. 79. 80. ein Thaler, wie der vorhergehende, aber mit der Rand-Schrifft: DOMINE FAC ME SCIRE VIAM, QVA AMBVLEM. Siehe Hamburg. Thaler-Collect. *Tab. I. n. 2. p. 3.*

XIV. Von A. 1688. dessen Begräbnüß-Thaler. Auf dessen Avers das Brust-Bild auf einem Postement zwischen Lorbeer- und Palm-Zweigen und allerhand Rüstungen. Unten am Postement ist zu lesen: N. 6. Febr. 1620. Denatus 29. Ap. 1688. Der Revers enthält einen Palm-Baum der auf vielen Waffen und Mechanischen Instrumenten stehet. Uber demselben ist ein Adler, und ganz zu oberst die Sonne mit der Beyschrifft: VIREBO PROFICIENTE DEO *Ps.* 92.

XLVI.

Von Chur-Fürst Friedrichen III. und Weisen und ersten Könige in Preussen sind diese Thaler zu mercken:

I. Die

I. Die gemeinen Thaler, die er noch als Chur-Fürst mit seinem Symbolo: SVVM CVIQVE hat schlagen lassen.

II. Die mit der viermahl umhergesetzten Chiffre F. III. nach dem Burgundischen Fuß gemünzte Thaler von A. 1695.

III. Der Krönungs-Thaler von A. 1701. stehet in hist. Remarqu. *P. V. p.* 353.

IV. Der Magdeburgische Ausbeuth-Thaler von A. 1701. ist sehr rar.

V. Der Königl. Adlers-Thaler mit ausgesperten Flügeln, den Scepter und Reichs-Apffel in Klauen haltend, und mit der gekrönten Chiffre F. R. auf der Brust von A. 1703.

VI. Der Preußische Ordens-Thaler von 1704. 5. 8. und 12. stehet im historischen Gedächtnüß-Münzen-Wercke des itzigen Seculi A. 1705. p. 455.

VII. Der Thaler mit dem Wappen von Neuffchatel und Valengin von A. 1713. ist gar rar.

XLVII.

Von dem itzo preißwürdigst regierenden FRIDERICO WILHELMO sind diese drey Thaler vorhanden.

I. Mit dem gegen die Sonne fliegenden Adler und der Uberschrifft: NEC SOLI CEDIT von A. 1713.

II. Mit dem Wappen von Neufchatel und Valengin von A. 1714.

III. Mit dem Haar-Zopff von A. 1717. davon Hr. D. Kundmann in *Nummis singularibus p.* 96. mehr Exempel von Königen und Fürsten beybringet. Ich habe im ersten Theil der hist. Münz-Bel. p. 55. gewiesen, daß der grosse Nordische Monarche, K. Canut, allbereit zwey geflochtene Haar-Zöpffe getragen, und daß dieses eine alte Teutsche Helden-Tracht gewesen.

XLVIII.

Die Thaler der Chur-Fürsten zu Pfaltz gehen in dieser Ordnung auf einander:

I. LVDOVICI des Friedfertigen, regiert von A. 1508. biß 44. von dessen Thaler von A. 1525. stehet eine Abbildung in hist. Remarqu. *P. VI. A.* 1704. *p.* 129. ist sehr rar.

II. FRI-

II. FRIDERICI II. von A. 1544. biß 56. dessen Thaler von A. 1548. worauf das erstemahl der Reichs-Apffel zu sehen, recensirt Herr Lilienthal n. 219. Acht Stuck derselben Nürnbergis. G. Gewicht wägen 15. Loth 1. qu. 3. Pfen. Cölnisch Gewicht 15. Loth 3. qu. 0. Pfen. halten 14. Loth 1. qu 0. Pfen. Man hat dergleichen auch von A. 1549. Andere Thaler, die er als Pfaltz-Graf vor der Succession in der Chur-Würde schlagen lassen, sollen unter den Pfaltz-Gräfl. Thalern künfftig angeführet werden.

III. OTTONIS HENRICI von A. 1556. biß 59. Von demselben ist mir niemahls ein Thaler zu Gesichte kommen, zweifle also sehr, ob gar einer vorhanden.

IV. FRIDERICI III. von A. 1559. biß 76. dessen Thaler von A. 1567. mit dem Spruch: HERR NACH DEINEN WILLEN beschreibt Schlegel in *Bibliis in Nummis p.* 310.

V. LVDOVICI von A. 1576. biß 83.

VI. IOHANNIS CASIMIRI, als Vormunds und Chur-Verwesers von A. 1576. biß 92. Dessen Thaler von 1587. mit dem Tittel. EL. P. TVTOR ET ADMI. führet Herr Lilienthal an. *n.* 221.

VII. FRIDERICI IV. von A. 1592. biß 1610. Ein Thaler von A. 1610. mit der Aufschrifft: REGIER MICH HERR NACH DEINEM WORT ist in hist. Remarqu. *P.V. A.* 1703. *p.* 249. zu finden. Daselbst p. 252. wird auch ein anderer Thaler von A. 1592. von ihm angeführet, mit den Worten: PIE. IVSTE TEMPERANTER.

VIII. Pfaltz-Grafs IOHANNIS II. zu Zweybrücken, als Chur-Verwesers, Thaler von A. 1610. mit dem Tittel. TV. ET ADMI. EL. PAL. und der Aufschrifft: VERBVM DOMINI MANET IN ÆTERVM stehet in hist. Remarqu. *P.VI. A.* 1704. *p.* 273. und dessen Vicariats-Thaler von A. 1612. im andern Theil der histor. Münz-Bel. p. 65.

IX. FRIDERICI V. von A. 1614. biß 21. Von Ihm, als Chur-Fürsten, habe keinen gesehen.

X. CAROLI LVDOVICI von A. 1648. biß 80. Dessen Vicariats-Thaler von A. 1657. von zweyerley Stempel siehe im andern Theil der hist. Münz-Bel. p. 89. und 420. und einen andern Thaler von A. 1661. mit seinem Symbolo: DOMINVS PROVIDEBIT in hist. Remarqu. *P. V. p.* 257.

XI. CAROLI von A. 1680. biß 85. Dessen Thaler von A. 1681. mit seinem

nem Wahl-Spruch: SVSTENTANTE DEO, stehet in historischen Remarq. *P. V. p.* 273.

XII. PHILIPPI WILHELMI von A. 1685. biß 90.

XIII. JOHANNIS WILHELMI von A. 1690. biß 1716. Dessen Vicariats-Thaler von A. 1711. ist bekand.

XLIX.

Die Thaler der Chur-Fürsten zu Braunschweig-Lüneburg, gehen also aufeinander:

I. ERNESTI AVGVSTI, der erhielte die Chur-Fürstliche Würde A. 1692. und starb 1698. von ihm hat man zweyerley Thaler:

1.) von A. 1695. auf der ersten Seite, mit seinem geharnischten Brustbild und Tittel, auf der andern mit dem Wappen, das der Chur-Huth bedecket, und einen leeren Mittel-Schild hat. Umher stehet dessen Symbolum: SOLA BONA QVÆ HONESTA.

2.) Dessen Begräbnüß-Thaler von A. 1698. auf dem Avers mit dessen Brust; auf dem Revers mit einer Inscription von dem kurzen Lebens-Lauff in 12. Zeilen, die sich endiget mit den Worten: HAEC META LABORVM.

II. GEORGII LVDOVICI, von A. 1698. biß A. 1727. dessen Thaler sind viererley Gattung:

1.) Mit dem leeren Mittel-Schild und dem Symbolo: IN. RECTO. DECVS. biß A. 1710.

2.) Mit der Kayserl. Krone im Mittel-Schilde, wegen des erhaltenen Erz-Schatzmeister-Amts des H. R. R. von A. 1710.

3.) Der Begräbnüß-Thaler von seiner Mutter Sophia, von A. 1714. beym Herrn Lilienthal. *n.* 481.

4.) Mit dem Königl. Groß-Britannischen Wappen von A. 1714.

III. GEORGII AVGVSTI, von A. 1727.

L.

Nun will ich auch letztens die Anmerkungen und Einwürffe mittheilen, die mir über die Vorrede des andern Theils, in welcher ich den Anfang zu meinen Entwurff von einer vollständigen Thaler-Collection gemacht habe, von einem grossen Patron, und sehr ämsigen und curieusen Thaler-Sammler, sind [illegible] übersandt worden. Ich werde solche Observationes allemahl zu Ende mit G. bemerken, weil sie mir rechte Aurea dicta, oder goldne Aepffel in silbern Schalen sind, und dann und wann meine Entschuldigung beyfügen.

Zu §. V. n. VI.

Die alten schönen Chur-Pfältzischen Thaler solten vorgehen.

Darnach hätte ich inter Electores ultimo loco und a part gesetzet, die *Vicarios Imperii*, denn solche Thaler in eine Scatul gehören, und wohl bey einander gesehen werden. G.

Antwort: Weil ich das Churfürstl. Collegium betrachte, wie es anitzo beschaffen, so habe ich diese Ordnung auch gebrauchen müssen.

Die Vicariats-Thaler habe bey jeglichen Chur-Fürsten eingeschaltet. Jedoch lässet es auch nicht übel, wann man sie besonders samlen, und gleich den Chur-Fürstl. Thaler nnachsetzen, will. Es sind derselben zeben. Die ich den Liebhabern zu gefallen, die sie gerne bey einander hätten, gleich specificiren will:

I. Churfürsts Friderici III. zu Sachsen Thaler, mit dem Tittel. IMPERII LOCVMTENENS GENERALIS. von A. 1507. Siehe hist. Remarq. P. IV. A. 1702. *p.* 209.

II. Pfaltz-Graf Friedrichs von A. 1522. mit dem Tittel: CÆS. MAI. IN IMPERIO LOCVM. TENENS. Eben daselbst p. 217.

III. Pfaltz-Graf Johannis II. zu Zweybrücken A. 1612. in andern Theil der histor. Müntzbelust. p. 65.

IV. Chur-Fürsts Johann Georgens I. zu Sachsen von A. 1612. eben daselbst. p. 73.

V. Der Chur-Sächsische Vicariats-Thaler von A. 1619. mit der Devise: PRO LEGE ET GREGE.

VI. Der Chur-Sächsische von A. 1657. im andern Theil der hist. Müntz-Belust. p. 105.

VII. Der Chur-Bayerische von eben dem Jahre eben daselbst p. 97.

VIII. Der Chur-Pfältzische von dem Jahre, mit und ohne das Chur-Fürstl. Brustbild, eben daselbst p. 89.

IX. Der Chur-Pfältzische von A. 1711.

X. Der Chur-Sächsische von eben dem Jahre.

Zum §. VIII.

Aber, exclusive Saltzburgische, wo trifft man die an, um gantze Fächer damit anzufüllen? Von Brehmen und Magdeburg ist auch die Frage, ob dann die weltliche Ertz-Bischöffe und Bischöffe, scilicet post Reformationem, auch in diese Classe gehörig? Und ich antworte: Nein. Dann wie viel gibts nicht z. E. Bischöffe zu Halberstadt, und zugleich weltliche Hertzoge zu Braunschweig, welche ex hoc principio unter die Bischöffliche Thaler zu setzen wären. Ast inconvenienter. G.

Ant-

Antwort: 1.) Das alte Teutsche Sprichwort muß hier auch gelten: Hat man es nicht schefflicht, so nimbt mans löfflicht. Meine Meinung gehet nur dahin, daß man accurat sortiren soll, wann man gleich von allen Sorten nicht gantze Schubläden anfüllen kan.

2.) Die Magdeburgische, Brehmische, Halberstädtische rc. Thaler, müssen alle für Ertz-Bischöffliche und Thaler so lange gelten, biß sie die geistl. Qualität durch die Secularisation im Westphälischen Frieden A. 1648. abgelegt. Es zeigt auch das darauf stehende Stiffts-Wappen an, daß sie zu keinen Brandenburgischen, oder Braunschweigischen, Thalern zu rechnen, wie ich künfftig in der Ordnung G. G. zeigen werde.

Zum §. IX.

Ad Recensum der Bischöfflichen Thaler **Augspurg**, **Basel**/ **Brixen**/ **Chur**/ **Costnitz**/ **Freysingen**/ **Halberstadt**/ **Lübeck**/ **Minden**/ **Oßnabrück**, Regenspurg/ Sitten/ **Speyer**/ **Straßburg**, **Trient**/ Verden, **Worms**.

Von allen diesen aber dörffte es schwehr hergehen, eine Scatul überhaupt zu samlen, zu geschweigen von jeder Sorte einen. Von denen so einfach unterstrichen (hier mit grober Schrifft gedruckt,) so doppelt, (hier mit gröberer Schrifft gedruckt), die habe im Hochfürstl. Müntz-Cabinet zu Gotha angetroffen. G.

Antwort: 1.) Widerhohle ich das Teutsche Sprichwort, so vorhin angeführt.

2.) Wird sich künfftig zeigen, daß von den Bischöffen zu Sitten doch wohl eine schöne Scatul könne gemacht werden.

Ferner gehören zu den Bischöfflichen Thalern, die *Sede vacante*-Thaler. Deren giebt es von Oßnabrück/ Paderborn/ Münster und Hildesheim. G.

Zum §. XI.

Von Ellwangen habe noch keinen gesehen. Werden ist kein Reichs-Fürst. G.

Zum §. XII.

Von einer Catholischen Aebtißin zu Quedlinburg ist mir noch kein Thaler vorkommen. G.

Zum §. XIV. von 21. Fächern.

Von jedem folgenden Fürsten: Baaden/ Bayern/ Geldern/ Henneberg/ Jülich/ Leuchtenberg, Lothringen/ Lauenburg/ wird ein Fach sehr hart halten. G.

Antwort: Der Thaler-Appetit muß nicht allzugroß seyn, sondern sich nach der Möglichkeit proportioniren. Alle specificirte sind doch Sorten, die ich nicht zusammen legen kan; wann sie gleich nicht volle Fächer geben. Man bringt davon zusammen, so viel als man kan; wenn es gleich hier heissen mag:

Quo plus sunt potæ, plus sitiuntur aquæ.

Zur n. 20. in eben diesem §.

Savoyen. Der gehört unter die Italiänischen. G.

Antwort: Weil der Herzog von Savoyen Sitz und Stimme, wegen Savoyen, auf den Reichs-Tägen zwischen Münden und Leuchtenberg hat; so habe ich ihn mit hieher zu setzen Ursache gehabt, zumahl da derselbe auch das Müntz-Recht bekommen, als er von K. Sigismundo A. 1416. zum Herzog gemachet wurde.

In meinem Cabinet kommt nach den Fürstl. Thalern ein Fach von ausgestorbenen Fürsten. G.

Zum §. XI.

Addatur Löwenstein. Ich habe einen gar saubern Thaler Maximiliani Caroli von A. 1712. G.

Zum §. XVII.

Bey dieser grossen Liste, kan ich gleichwohl einen aufzeigen, der nicht darunter stehet, nehmlich einen extra schönen von Sigismundo Ludovico, Comite a Dietrichstein von A. 1640. G.

Zum §. XVIII.

Ich habe die Classes so: Reichs-Städte/Municipal-Städte, Schweitzerische Städte. G.

Zum §. XIX.

N. 8. Von Erffurt. Sed non spectat, res spectavit unquam ad civitates Imperiales.

Ist die Stadt Coeln beyzusetzen, davon es auch Thaler giebt. G.

Antwort: Wegen Erffurt, will ich meine Gedancken ein andermahl melden.

Nicht alleine Coeln, sondern auch Augsburg, davon so viele recht schöne Thaler vorhanden, ist leider übersehen worden.

Zum §. XX.

Unter den Müntz-Städten ist Halberstadt weggeblieben. G.

Zum §. XXII.

Portugiesische und Türckische Thaler quis vidit? G.

Antwort: Am gehörigen Orte, werde ich dergleichen dicke und Thalerförmige Müntzen schon vorbringen.

Zum

Zum §. XXIV.

Es giebt auch schöne Neapolitanische Thaler von K. Carolo II.

In Hamburgischen Remarqu. P. V. p. 409. stehet ein Thaler von der Republic LVCCA von A. 1616. die in der Serie weggelassen worden.

Savoyen ist ohne allen Zweifel auch hieher zu referiren. G.

Antwort: Der Neapolit. Thaler habe schon Erwehnung gethan.

Für den angezeigten Thaler der Republic Lucca danke schönstens.

Ich habe seit der Zeit auch noch Thaler von dem respective Fürsten und Marggrafen BOZZOLO, SALVZZO, und SPINOLA gesehen.

Zum §. XXIX.

Ad regulam I. Daß alle ausländische Thaler rarer, als die einheimischen seyn sollen, kan unmöglich concedirt werden. Imo viel hundert einheimische sind viel rarer, als so viel ausländische. Uberrime id per exempla comprobari potest. G.

Antwort: Ich gäbe zu, daß öffters ein einheimischer Thaler seltner zu finden ist, als ein fremder. Weil jedoch meine Regel unter andern den Grund hat, daß gemeiniglich grobes Geld aus fremden Landen zu führen scharff verbotten, so bleibt es doch gewiß, daß fremde Thaler schwehrer zu bekommen, als einheimische.

Ad reg. II. Muß heissen biß 1530. ist ein Druck-Fehler. Post illud tempus nequaquam. G.

Ad reg. XV. Diese Regul ist ganz contrair. Denn was über 2. Loth ist, das ist kein Thaler mehr. Imo alle einfache sind æstimabler, als die doppelte. Ob schon es dieser bey weiten nicht so viel giebt, als jener. Wie viel giebts nicht Lüneburgische Bergwercks-Stücke zu 8. 10. Loth, die doch von Münz- und Thaler-Liebhabern gar nicht gesucht werden. G.

Antwort: Die grossen Stücken Geldes, so von Thaler-Silber geschlagen, sind auch für Thaler zu halten. Gleichwie ich ein Gold-Stücke von Ducaten-Golde einen 6. fachen, oder 10. fachen Ducaten nenne, es mag so noch groß seyn. Auf den grossen Lüneburgischen Bergwercks-Stücken stehet noch dazu insgemein mit einem Stempel eingeschlagen, wie viel sie Thaler gelten. Hernach so zeiget auch der flache Stempel-Schnitt schon an, ob es ein Thaler, oder Medaille, sey.

Zum §. XXXI.

Ad reg. I. Es giebt zwar viel neue Thaler die schöner sind, als die alten, jedoch auch gar viele alte und mittlere unvergleichlich schöne Thaler G.

Ad reg. II. Die Schwedische und Englische Thaler übertreffen wohl manche Teutsche Thaler, aber bey weiten nicht alle, oder die mehriste. G.

Ad reg. VII. Meines Erachtens sind die mit wenigen Wappen angenehmer, als mit vielen. Man nehme nur die Brandenburgische, Sächsische, Lüneburgische rc. vor Augen, wie sehen die wegen der vielen durcheinander lauffenden Schilde und Felder nicht so confus und unerkäntlich aus? Ein anders ist, wann z. E. die Schilde in Form eines Creutzes umher stehen, wie auf einigen Dänischen Kronen. G.

Zum §. XXXVI.

Dergleichen Thaler giebt es viererley. Denn ich habe einen Dick-Thaler, auf dessen erster Seite ein gekröntes Brustbild mit der Umschrifft: FRIDERICVS III. ROM. IMP. &c. Auf dem Revers sind drey gekrönte Brustbilder, mit der Umschrifft: MAIM. CAROL. et FERD. RO. CÆS. REG. HISPAN. G.

Zum §. XXXVII.

(Ad verba: Um also diese Suite der Kayserl. Thaler voll zu machen, so muß man von K. Carln V. einen von einer Reichs-Stadt einlegen, auf welchen sein Bildnüß zu sehen.)

Non hoc, massen schicklicher einen von Kayser selbst geschlagenen, obwohl ½. Loth leichtern einzulegen, als einen Städtischen 2. löthigen, utpote peregrinum.

Antwort: Alle andere Thaler mit K. Carls V. Bildnüß sind in fremden Landen geschlagen, und also haben doch die Reichs-Städtische, als einheimische, in einer Teutschen Thaler-Samlung den Vorzug. Jedoch lasse ich auch die Thaler-Naturalisation im Nothfall endlich gelten.

Zum §. XXXIX.

(Ad verba, Die Thaler von den Oesterreichischen Kaysern nach Ferdinando I. sind gemein.)

Aber nicht alle. Z. E. Der sonderlich zierliche und rare Stempel von K. Leopold von 1660. Auch habe noch einen Dick-Thaler von K. Matthia auf seine Krönung, von A. 1612. Mellen neutrum habet. G.

Zum §. XL.

ad n. II. Im Hamburgischen Remarquen ist ein Thaler von Churfürst Wolffgang mit seinem Brustbilde. G.

Antwort: Ich kan ihn nicht darinne antreffen.

ad n. V. Von Churf. Georg Friedrichen habe auch einen doppelten. G.

ad n. VI. Ob gleich Churf. Anshelm Casimir viele Thaler schlagen lassen, so sind sie doch alle saubern Geprägs. G.

ad n. VII. Von Churfürst Johann Philipp hat man noch einen Thaler von A. 1658. auf dessen Revers das Wappen stehet. G.

ad n. VIII. Von Churfürst *Lothario Friderico* habe einen Doppel-Thaler von A. 1624. ganz neu und schön. Zu Gotha im Hochfürstl. Münz-Cabinet ist er auch. Einfach aber habe noch keinen gesehen. G.

ad n. XII. Nebst dem hier benannten habe noch einen de A. 1697. ist von ungemeiner Schönheit. G.

Von dem Mayntzischen Dom-Capitul Sede vacante gibts gar keine. G.

Ad verba: Daß alle Thaler der Churfürsten zu Mayntz vor Anshelm Casimirn für sehr rar zu achten.)

Doch sind die von Johanne Philippo und Anshelmo Casimiro auch nicht gemein. Derer drey folgenden Churfürsten aber, als Lotharii Friderici, Damiani Hartardi, und Caroli Henrici, æque rarissimi sunt. Anselmi Francisci, und Lotharii Francisci, siehet man auch selten. G.

Zum §. LXI.

Ad verba: Daß Lotharius der erste und eintzige Churfürst zu Trier, dessen Portrait auf einem Thaler vorkommt!)

Dieses ist nicht, massen ein Thaler von dem Churfürsten Philippo Christophoro von A. 1624. mit seinem Brustbild vorhanden. G.

Antwort: Dergleichen von 1628. habe im fünfften Stück des dritten Theils dieser hist. Münzbel. p. 33. producirt, und also meinen Fehler selbsten corrigirt.

Ad n. VI. Von Churfürst Carolo Caspare habe einen Thaler von ungemeiner Schönheit mit dessen Brustbild in völligen Gesichte. Auf dem Revers befindet sich das mit dem Chur-Huth bedeckte Wappen mit der Devise: CONSTANTER ET SINCERE, 1666. G.

Ad n. VII. Von Churfürst Johanne Hugone, besitze einen Thaler, mit seinem Brust-Bild en Profil. Auf dem Revers ist sein Wappen wie auf dem Begräbnüß-Thaler, aber ohne Jahr-Zahl. G.

Ad. n. IX. Der Revers ist nicht recht beschrieben. Denn was die K. Helena in den ausgespanten Armen hält, ist Tunica Salvatoris inconsutilis, welche zu Trier aufbehalten wird. G.

Ich wiederhohle hiemit öffentlich meinen schuldigsten Danck für die Mühwaltung, so man sich gegeben, meinen geringen Auffsatz so fleißig durchzugehen, denselben auf das schärffste zu prüfen, und mit so nützlichen und gründlichen Erinnerungen, und Entdeckungen vieler vorkommenden Fehler, Mängel und Gebrechen, so gütig zu verbessern. Viele Augen sehen allerdings mehr, als zwey. Auch das reichste Münz-Cabinet hat nicht alles, und steckt manchmahl noch was bey einem Privato, das einem grossen Fürsten abgehet. Vereinigte Arbeit aber, und zusammen getragener Fleiß, hilfft vielen Defecten ab, und machet alles vollkommen.

Erklärung der Kupfer-Leiste
vor der Dedication.

In einem Saal auf der Erden stehet die Büste Ihrer Hochfürstlichen Durchlauchtigkeit des regierenden Herzogs zu Braunschweig-Lüneburg Herrn Ludwig Rudolffs, auf einem von zwey Stuffen erhöhten rundten Piedestal, an welchem das mit dem Herzogl. Huth bedeckte Hoch-Fürstliche Wappen angemachet, und wird derselben von einer darüber schwebenden, und in die Trompete stossenden Fama der höchstverdiente Lorbeer-Krantz aufgesetzet. Zur rechten Seite kommt ein Berghauer, Wäscher und Schmeltzer mit reichhaltigen Ertzten, von den in Prospect durch die drey Oeffnungen zu sehenden Hartz-Bergwercken, wovon einer eine Multern voller Silber-Stuffen auf die andere Staffel des Piedestals ausschüttet. Zur Lincken befindet sich die Müntze, vorgestellet als eine Weibs-Person, welche das Hoch-Fürstliche Bildnüs ansiehet, und mit der rechten Hand eine Medaille von Ihrer Hoch-Fürstlichen Durchl. den Anschauern zeiget, in der lincken aber eine Waage hält. Vor ihr stehet ein grosses Gefässe voller Herzogl. Braunschweigischen Thaler und Schau-Stücken, dieweil nebst den Churfürsten und Herzogen zu Sachsen, kein Hochfürstl. Hauß im Reiche eine so grosse Menge so schöner Müntz-Sorten hat prägen lassen, als das Herzogliche Haus Braunschweig-Lüneburg. Daneben befindet sich der wilde Mann, der St. Jacobs-Bruder von Compostell, und die Laute, mit welchen Nahmen die reichsten Silber-Gruben auf dem Hartz benennet worden, und deren Figuren auf den schönsten Ausbeuth-Thalern erscheinen. In den beyden Bilder-Blinden, stehet zur rechten die Statue Herzog Anton Ulrichs, als des Herrn Vaters Ihrer Hochfürstlichen Durchlauchtigkeit, und zur lincken des alten Herzog Welphs, des Stamm-Vaters des ganzen Herzoglich-Braunschweigischen Hauses.

Der

Der Wöchentlichen
Historischen Münz-Belustigung
1. Stück den 3. Januarii 1731.

Eine Medaille auf K. Philippen I. in Castilien, Ertz-Hertzogen zu Oesterreich und Hertzogen zu Burgund, mit dessen Devise.

I. Beschreibung derselben.

Die Vor-Seite zeiget dessen geharnischtes Bildnüß im halben Leib, mit der Krone auf dem Haupte und dem Scepter in der rechten Hand, mit dem Tittel: PHILIPPVS I. HISP. aniarum. REX. d. i. Philipp der erste König in Spanien.

Auf der Gegen-Seite erscheinet ein zum Stechen gantz gerüsteter Ritter mit erhabener Lantze auf einem wohlgeschmückten und galoppirenden Rosse in den Rennschrancken, mit der Uberschrifft: QVI VOLET. d. i.

Komm, wem gelüst/
Ich bin gerüst.

2. Historische Erklärung.

Philipp I. König in Castilien, Ertz-Hertzog zu Oesterreich, und Hertzog in Burgund, war die erste Frucht der glücklichen und liebreichen Ehe Ertz-Hertzog Maximilians, nachmahligen Römischen Kaysers, und der Burgundischen Erb-Printzeßin, Mariä, welche denselben zu Brügg in Flandern den 23. Junii, Nachmittags um 3. Uhr A. 1478. zur Welt gebohren, und zwar zu eben der Zeit, als ein Stillstand auf Jahr und Tag zwischen seinem Vater und K. Ludwigen XI. war geschlossen worden; dahero auch derselbe damahls sich noch im Lager befand, um erstlich der Franzosen Abzug aus Cammerich und Hennegau zu erwarten. Die Heil. Tauff-Handlung geschahe 6. Tage drauf den 29. besagten Monats am Petri und Pauli Fest in der Kirche St. Donati daselbst, in welche der neugebohrne Printz mit grosser Pracht getragen wurde. Den Aufzug fieng die bewaffnete Burgerschafft an; Auf diese kamen die Raths-Personen, sowohl von der Stadt Brügg als andern Städten, mit brennenden Fackeln, welchen 15. infulirte Aebte folgeten. Nach diesen erschienen alle anwesende Grafen, Herren, Ritter, Räthe und Hof-Bedienten, und die Deputirten von dem Land-Adel, alle auch mit brennenden Kertzen; dann das Dom-Capitul mit dem Bischoff von Dornyck, und dem Bischoff von Sarepta. Zwey Herolde führeten ferner zwölff andere grosse Herren, und den Herrn von Gruithuisen mit dem goldenen Tauffbecken auf. Alsdann kam die von Adolphen von Cleve, Herrn zu Ravenstein, Petern von Luxemburg, und Herrn von St. Paul geführte verwittibte Hertzogin von Burgund, Margaretha von Yorck, und trug den in einem goldenen Stuck eingewickelten Printzen. Die Tauffe verrichtete der Bischoff von Dornyck, und gab demselben den von den Niederländern so sehr geliebten Nahmen Philippus, den auch schon zwey Hertzoge von Burgund geführet hatten. Die Tauff-Zeugen waren gedachte Stieff-Groß-Mutter desselben, die Hertzogin Margaretha, Kayser Friedrich der Groß-Vater, und K. Heinrich VII. in Engelland; dieser Stellen vertraten der Herr von Ravenstein, und der Graf von St. Paul. Die alte Hertzogin beschenckte ihn mit einer goldenen und mit Edelgesteinen reich besetzten Mantel-Schnalle, der Herr von Ravenstein mit einem schönen Schwerdt, und der Graf von St. Paul mit einem kostbahren Helm. Bey der Zurückkehr nach dem Pallast, stund die Hertzogin auf dem Marckt stille, und hielte den Printzen eine weile in die Höhe, daß ihn alle Leute sehen konten, worauf ein allgemeines Freuden-Geschrey entstand. Der Vater legte ihm darauf den Nahmen eines Grafen von Charolois bey.

Im dritten Jahr seines Alters A. 1481. den 5. May hielte sein Vater das andere Ordens-Capitul der Ritter des goldenen Vliesses, und nahm in selbigen ihn nebst noch sieben andern grossen Herren in demselben auf. Als er zuvor mit gewöhnlichen Ceremonien von dem anwesenden ältesten Ritter, dem Herrn von Ravenstein, zum Ritter geschlagen wurde, so zuckte er auf denselben seinen kleinen Degen, als er ihn den Ritter-Streich mit dem blossen Schwerdt geben wolte, und bezeigte also, als ein kleines Kind, seinen Heldenmuth.

Er hatte darauf das Unglück, seine Mutter A. 1482. den 16. Martii zu verliehren, mit welcher gleichsam alle Einigkeit und Ruhe in den Niederlanden zu Grabe getragen wurde, indem die meisten Provintzien verweigerten, Ertz-Hertzog Maximilian als Vormund dieses seines Printzens zu erkennen, sondern solche selbsten über sich nehmen wolten, mit dem Verlangen, daß der Ertz-Hertzog nur wieder nach Oesterreich gehen möchte. Insonderheit war die Stadt Gent hierinne die eifrigste, und behielte den Printzen und seine Schwester Margareth bey sich, als wie gefangen. Jedoch wurden die Provintzien, das Ober-Brabant, Holland, Seeland, Hennegau, Luxemburg und Namur, anderes Sinnes, und erklärten Ertz-Hertzog Maximilian zum Vormund seines Sohnes. Hingegen bezeigte sich das Nieder-Brabant und Flandern sehr widerspenstig, und hieng sich so gar an Franckreich: Da aber ihr Volck etliche Niederlagen erlitten hatte, und es an dem war, daß Ertz-Hertzog Maximilian Gent belagern wolte, so schlossen sie endlich mit demselben A. 1485. zu Anfang des Julii den Vertrag, daß sie ihn für seines Sohnes Vormund erkennen, und 700tausend Gulden Kriegs-Kosten in gewissen Fristen bezahlen wolten; hingegen solte der Printz Philipp vor seinen vogtbahren Jahren nicht aus den Niederlanden geführet, auch alle Befehle unter beeder Nahmen und gemeinschafftlichen Siegel ausgefertiget werden. Wie denn von der Zeit an Vater und Sohn theils auf einem Thron beysammen sitzend, theils nebeneinander reitend, in den grossen Siegeln zu sehen sind. Beede kamen darauf den 7. Julii wiederum zusammen, indem Printz Philipp seinen nach Gent kommenden Vater vor dem Brügger Thor einholete, bey dessen Annäherung vom Pferde abstieg, und mit entblöstem Haupte denselben empfieng, dieser hingegen ihn aufs freudigste und liebreichste umhalsete.

Nachdem ward Printz Philipp in Mecheln erzogen, unter der Ober-Aufsicht des alten Herrn von Ravenstein, und hatte Ægidium Buslidium, einen sehr gelehrten Mann, zum Lehrmeister, den er nachdem zum Ertz-Bischoff von Besançon gemachet. A. 1486. im Julio hatte er die grosse Freude, zu Löwen seinem alten Groß-Vater, Kayser Friedrichen, das erstemahl die Hände zu küssen, als er das Vergnügen haben wolte, seinen Sohn und Enckel noch einmahl vor seinem herannahenden Lebens-Ende zu sehen und zu segnen. Wie sein Vater A. 1488. von den aufrührischen Städten in Flandern zu Brügge 16. Wochen in gefänglicher Hafft gehalten wurde, so führte ihnen zwar Printz Philipp diese Frevelthat sehr nachdrücklich zu Gemüthe, er konte aber dessen Erledigung nicht ehe bewürcken, als biß denen Rebellen sowohl der Kayser mit der Reichs-Acht und Ausbot, als der Pabst mit dem Bann drohete.

Als er das vierzehende Jahr des Alters erreichet, so erklärte ihn sein Vater zum Oberhaupt des Ordens vom goldenen Vließ, dahero er zu Mecheln in der St. Rumolds-Kirchen A. 1491. den 25. Junii am Heil. Pfingst-Fest eine Ordnungs-Versammlung hielte, und in selbiger seinen Groß-Vater, den Römischen Kayser Friedrich, K. Heinrichen den VII. in Engelland, Hertzog Albrechten zu Sachsen, nebst noch 11. andern vornehmen Herren in diesen Orden aufnahm.

Mit dem zu Ende lauffenden 1494. Jahre endigte sich auch die Minderjährigkeit des 17. jährigen Printzen Philipps; K. Maximilian berief demnach die Brabantische Stände nach Löwen, und stellete ihnen denselben zum Regenten vor. Im Januario des folgenden Jahres geschahe dergleichen in Flandern, Holland, Seeland, und in den übrigen Provintzien, worüber die Niederländer grosse Freude bezeigten, sintemahl von A. 1482. an biß auf diese Zeit sehr unruhig alles gewesen war.

Indem man auch nunmehro auf desselben glückliche und nach den nöthigen Staats-Absichten zu treffende Vermählung dachte, so ließ K. Ferdinand in Arragonien, und seine Gemahlin die Königin Isabella in Castilien, dem Kayser Maximilian eine solche Wechsel-Heurath anbieten, daß der Infant Johannes des Kaysers Tochter Margaretham, und Ertz-Hertzog Philipp die andere Spanische Infantin Johannam heurathen solte. Sie verhofften dabey den Vortheil, daß wann Philippus, als ein schwächlicher jedoch hitziger Herr, ohne Kinder versterben solte, so würden alsdann alle Oesterreichische und Burgundische Lande auf seine Schwester Margaretham, und mithin an die Spanische Monarchie fallen. Jedoch fand sich dabey die grosse Ungleichheit, daß Spanien dabey vieles, Oesterreich aber nichts zu hoffen hatte, weil Philippus nur die andere Spanische Prinzeßin bekommen solte, indem man die älteste, Isabellam, dem König Emanuel in Portugall versprochen hatte. Es war demnach dieses eine sehr schwehre Unterhandlung, die aber doch der kluge Spanische Staats-Minister, Don Juan Emanuel, nach Wunsch seines Königes ausführte: Denn damit es dem Kayser und dem Ertz-Hertzog nicht verdriessen möchte, daß man die erstgebohrne Infantin dem K. Emanuel in Portugall beylegen wolte, so beredete er sie, man habe

allzu-

allzuviel Ehrerbietung für sie gehabt, als daß man dem Ertz-Hertzog hätte die Wittwe des Portugiesischen Infantens Alphonsi antragen sollen, der von Väterlicher Seite aus unächtem Geblüte, und zwar noch dazu aus einer Jüdischen Schusters-Tochter entsprossen, die K. Peters des Grausamen in Portugall Maitresse und K. Johannis des I. Mutter gewesen; woran man sich in Teutschland, da man sehr auf eine gute Abkunfft sähe, absonderlich bey künfftiger Römischen Königs-Wahl, hätte stossen können. Der König in Spanien machte auch ein Auge zu, und kehrte sich daran nicht, daß die Ertz-Hertzogin Margaretha doch schon wäre von K. Carl VIII. ihrem Verlobten verstossen worden, ohngeachtet die hochmüthigen Frantzosen dem Infanten Johanni vorwerffen könten, daß er diejenige hätte haben müssen, die ihr König wieder heimgeschicket. Den stärckesten Nachdruck gab aber diesen Vorstellungen die verstellte Offenbahrung des Geheimnüsses, daß man gewiß wüste, daß die Infantin Isabella unfruchtbar wäre; oder so sie ja Kinder gebähren würde, dieselben doch von einem schwachen und kurtzen Leben seyn würden, mithin würde doch die Infantin Johanna die nächste Cron-Erbin seyn, wann der Infant Johannes ohne Nachkommen sterben solte. Man schlosse demnach diese gedoppelte Heurath ohne ferners Bedencken, und die Prinzeßin Johanna schiffete A. 1496. den 2. Augusti mit einer Flotte von 135. Schiffen nach den Niederlanden ab, und lieff zu Mittelburg in Seeland den 2. Sept. ein. Von dar gieng sie nach Antwerpen, und als sie ihren Weg ferner fortsetzte, kam ihr Ertz-Hertzog Philipp in Lier den 21. Octobris entgegen, woselbst auch von dem Bischoff zu Cammerich, Heinrichen von Bergen die Einsegnung geschahe, und das Beylager vollzogen wurde. Die andern Festivitäten wurden nachdem mit vieler Pracht in Brüssel gehalten.

Gleichwie aber der allweise GOtt menschliche Arglist gar öffters läst einen Fehl gebähren, so geschahe es auch hier; Man hatte mit allerhand Räncken dem Ertz-Hause Oesterreich die Spanische Erbschafft zu entziehen gesuchet, und es geschahe doch, daß solche demselben nach Göttlichem Willen endlich zu theil werden muste. Erstlich nahm GOtt den eintzigen Spanischen Erb-Printzen Johannes A. 1497. den 24. Octobris durch ein hefftiges Fieber von dieser Welt, zu grosser Betrübniß seiner Mutter. Er hinterließ zwar eine schwangere Gemahlin, die kam aber vor Jammer und Hertzeleid einige Stunden nach Absterben ihres Gemahls mit einer todten Prinzeßin zu frühzeitig nieder. Es wurde zwar hierauf die älteste Spanische Prinzeßin noch selbiges Jahr an den König Emanuel in Portugall vermählet, und von den Castilianischen und Arragonischen Ständen zu einer rechtmäßigen Erbin von Castilien und Arragonien erkläret; Alleine sie verschied das

Jahr darauf den 23. Augusti in der Geburt des Printzens Michaels, der so schwächlich und kräncklich war, daß er derselben den 20. Julii A. 1500. in das andere Leben nachfolgete; und also muste doch die Person, so man dem Ertz-Hertzog vorgezogen hatte, gar balde verschwinden, und ihm auf den Spanischen Thron den Sitz räumen.

Der verschlagene Bischoff zu Toledo, Ximenes, der zuvor am meisten dem Ertz-Hertzog die Spanischen Kronen mißgönnet hatte, fieng nunmehro an den Mantel nach dem Winde zu hängen, und suchte die Scharte dadurch auszuwetzen, daß er der Königin Isabella inständigst anrieth, ohne längern Aufschub den Ertz-Hertzog und sein Gemahlin in Spanien zu ruffen, damit ihnen, als nun unfehlbaren Cron-Erben, möchte gehuldiget werden. K. Ferdinanden in Arragonien war zwar die es nicht anständig, weil er seine 60. Jahr alte und bißhero immer kränckliche Gemahlin zu überleben vermeinte; da er dann wieder heurathen wolte, und nicht zweifelte, noch einen Printzen zu erzielen, dem er gantz leichte auch die Castilianische Krone zuzuwenden gedachte, wann der Ertz-Hertzog ausser dem Reiche und den Castilianern gantz unbekant bliebe, die doch lieber einem einheimischen König sich untergeben, als nach einem frembden umsehen würden. Er suchte demnach die angetragene Einladung des Ertz-Hertzogs so lange zu verschieben, als es immer möglich war. Endlich aber sahe er sich doch gedrungen, das Verlangen seiner Gemahlin zu bewilligen.

Als demnach der Ertz-Hertzog die Einladungs-Schreiben, mit seiner Gemahlin bald möglichst nach Spanien zu kommen, erhalten hatte, so konte er, wegen seiner kräncklichen Gemahlin zur See dahin nicht gehen, wie es ihm jedoch am sichersten dauchte, sondern muste auf erhaltene Erlaubnüß von K. Ludwigen XII. seinen Weg durch Franckreich nehmen. Er trat denselben den 4. Nov. A. 1501. an, ward durch Franckreich mit unsäglich vieler Ehrbezeigung und Höflichkeit wider Vermuthen begleitet. Den 29. Januarii des folgenden Jahrs erreichte er Fontarabia. Unterwegens nach Toledo, mitten im April, bekam er die Kinder-Flecken, und muste in dem Dorffe Ollies stille liegen. Endlich den 7. May hielte er seinen Einzug in Toledo. K. Ferdinand empfieng ihn mit einem Gefolg von 6000. Personen eine halbe Meile vor der Stadt, und führte ihn zu der Königin Isabella in den Ertz-Bischöfflichen Pallast. Bald darauf schwuhren ihm und seiner Gemahlin, als ernannten Erben von Castilien, die Stände den Eid der Treue, und geschahe dergleichen auch in Saragossa von den Arragoniern.

Es wurde aber K. Ferdinand zu seiner grösten Bekümmerniß bald gewahr, daß der Ertz-Hertzog, durch sein liebreiches und freygebiges Bezeigen, aller Spanier Hertzen dergestalt an sich zog, daß es unmöglich schiene, dieselben von ihm abwendig zu machen, dahero suchte er ihn bald wieder aus Spanien zu entfernen, und brauchte dazu den Vorwand, daß er mit dem König in Franckreich wegen Napoli einen Vergleich zu Paris in seinem Nahmen persöhnlich treffen solte. Der Ertz-Hertzog bezeigte sich hierzu auch gantz willig, und zwar eines theils, weil er seinen argwöhnischen und gehäßigen Schwäher selbsten gerne ausweichen wolte, andern theils, weil er besorgete, seine unruhige Niederländer dörfften wieder allerhand krumme Sprünge machen, wann er ihnen zu lange aussen bliebe. Dazu kam auch noch, daß er sich eine zeitlang von seiner eifersüchtigen Gemahlin entfernen wolte, von der er unsäglich geplagt ward. Er meinte auch, wann sie nur, wegen ihrer herannahenden Niederkunfft, in Castilien bliebe, so würde der Catholische König wenig gegen ihn daselbst mit seinen Intriguen ausrichten können. Er gieng dahero im Januario A. 1503. wieder durch Franckreich nach die Niederlande, schlosse zu Bleß einen Vergleich mit dem König in Franckreich dahin, daß sein damahls nur zweyjähriger Printz Carl künfftig die älteste Frantzösische Prinzeßin Claudiam ehligen solte, welche ihm zum Heurath-Gut den Frantzösischen Antheil von Napoli mitbringen würde; biß dahin aber solte es bey der zwischen den Arragoniern und Frantzosen gemachten Theilung selbiges Königreichs bleiben. Da aber der Catholische König, diesen Vergleich ohngeacht, die Frantzosen von dannen jagte, so entstand deßwegen der erste offenbare Wiederwille zwischen dem Ertz-Hertzog und demselben, indem jener nach angestammter Teutscher Redlichkeit dergleichen Hintergehungen äusserst mißbilligte.

Immittelst hatte seine Gemahlin den 10. Martii zu Complut den andern Printzen Ferdinand erfreulichst zur Welt gebohren. Sie wolte ihm auch gleich nach gehaltenem Kindbette nachreisen; da ihre Mutter aber dieses nicht zugeben wolte, so wurde sie aus übermäßiger Sehnsucht nach ihrem Gemahl gantz wahnwitzig, und um dieses Ubel nicht zu verstärcken, muste man sie endlich in guter Obsicht und Begleitung den 1. Martii A. 1504. zu Schiffe wieder in die Niederlande gehen lassen. Jedoch war ihre Rückkehr ihrem Gemahl nicht erfreulich, dieweil nicht nur seine tägliche Plage von ihr wieder angieng, sondern weil auch dieselbe den Verlust der Mütterlichen Erbschafft von Castilien nach ihrer Mutter Tod nach sich ziehen könte.

Das letztere wäre auch bald geschehen, wie es der Ertz-Hertzog vermuthet hatte. Denn nachdem A. 1505. den 26. Novembris zu Medina del Campo die Königin Isabella die Augen geschlossen hatte, und ihr Testament eröffnet wurde, so war darinne des Ertz-Hertzogs, der Nachfolge halber, mit keinem Worte gedacht, sondern verordnet, daß wann desselben Gemahlin nicht selbst nach Castilien kommen und die Regierung übernehmen könte, so solte K. Ferdinand dieselbe biß in das zwantzigste Jahr des Alters seines Enckels, des Printzen Carls, verwalten. Ferner solte K. Ferdinand, wegen der dem Königreich Castilien geleisteten grossen Dienste bey der Eroberung des Königreichs Granada, jährlich eine Million aus Castilien, und die Helffte der West-Indischen Einkünffte zu heben haben, wie dann auch ihme die drey der Krone von Castilien einverleibten Großmeisterthümer der Ritter-Orden von Sa. Jago, Alcantara und Calatrava lebenslang bleiben solten. Ximenes hinckte auf K. Ferdinands Seite. Hingegen weil die Castilianer selbsten übel auf das Testament zu sprechen waren, so verhetzte sie des Ertz-Hertzogs getreuster Staats-Minister, Don Juan Emanuel, der auch seine Heurath geschlossen hatte, noch mehrers gegen den Catholischen König, verfügte sich auch eilend nach Flandern, und rieth dem Ertz-Hertzog an, besagtes Testament für falsch und untergeschoben zu halten, und nebst seiner Gemahlin sich für einen König in Castilien öffentlich ausruffen zu lassen, welches auch den 14. Januarii A. 1505. ohne allen Verzug geschahe. Es ließ zwar der arglistige K. Ferdinand durch seinen Gesandten Lopez Conchillo seine Tochter Johannam bereden, daß sie durch eine förmlich ausgestellete Schrifft, ihrer Mutter Testament völlig für genehm hielte. Alleine weil sie eben dazumahl aus Eifersucht und Zorn nicht bey sich selbst gewesen war, so war dergleichen Instrument von schlechter Gültigkeit, Conchillo ward deßwegen gefangen gesetzet, und König Philipp reisete den 8. Nov. benannten Jahres mit seiner Gemahlin zu Wasser wieder nach Spanien. Wegen allerhand Verweilung unterwegs stieg er erstlich den 28. Apr. A. 1506. zu Coronna ans Land. Sein Schwäher erwartete demselben zu Molina, einer kleinen Tagreise von Compostella. K. Philipp aber wandte sich, ohne denselben zu begrüssen, unter sehr grossem Zulauff von Hohen und Niedrigen, so gleich nach Burgos, woselbst er und seine Gemahlin zu Königen ausgeruffen wurden. K. Ferdinand wolte es jedoch nicht auf die äusserste Spitze kommen lassen, sondern both ihm durch den Ximenes einen Vertrag an, welcher den 25. Junii in Villafabla dahin geschlossen wurde, daß Ferdinand sich von der Reichs-Regierung gäntzlich loß sagete, obgedachte drey Großmeisterthümer lebenslang behielte, und jährlich 50000. Thaler aus dem Seiden-Pacht zu Granada zu erheben haben solte. So wurde ihm auch völlig das Königreich Napoli überlassen, ohngeacht auch Castilien zu dessen Uberwältigung vieles beygetragen hatte.

K. Philippus genoß aber das Vergnügen, Castilien zu beherrschen, nicht völlig 1. Jahr, sondern verstarb den 25. Sept. A. 1506. zu Valladolid gantz jähling. Einige geben vor, man habe ihm Gifft beygebracht, die Medici haben aber davon bey der Eröffnung seines Leichnams keine Spuren gefunden. Das Glaubwürdigste also ist, daß er sich den 19. gedachten Monats, nach starcken Ballschlagen, gleich nach eingenommener Mittags-Mahlzeit, bey seinem geliebten Johann Emanuel, durch einen sehr kalten Trunck in die Hitze, ein so hefftiges Fieber zugezogen, welches ihm sein Lebens-Ende im 28. Jahr des Alters beschleunigt. Seine blödsinnige Gemahlin wolte den Cörper lange Zeit nicht begraben lassen, und führte ihn überall mit sich herum, endlich aber wurde derselbe in Granada, das Eingeweide im Carthäuser-Closter Mireflor zu Burgos, und das Hertze in Unser Frauen Kirche zu Brüssel, beerdiget.

Er war ein Herr von einer ungemeinen wohlgestalten Leibes-Bildung, daher man ihm auch den Nahmen des Schönen beygelegt. Er hatte für die Spanier fast zu viel Beredtsamkeit, und war fast biß zur Verschwendung freygebig. Mit seiner Gemahlin führte er eine sehr üble Ehe, indem sie durchaus nicht vertragen konte, daß er lange von ihr war, oder einer andern Dame einen freundlichen Blick gönnete, wie sie dann darüber gantz vom Verstande kam. Zu seinem Symbolo hatte er die Wort: QVI VOULDRA, erwählt, die man auch auf einer Chabraque in seinem grossen Siegel von A. 1500 da er zu Pferde abgebildet, antrifft. Er hat damit seinen Heldenmuth, der einen Kampff mit allen Feinden, so Lust zum streiten hätten, wagen wolte, angedeutet. Vid. Petri Martyris Anglerii *Epistola ad h. aa.* Fugger im Oesterr. Ehrensp. *Lib. VI.* Pontus Heuterus *rer. Belgic. Lib. II. - VI.* Marsolier in der Hist. des *Card. Ximenes*, Oliv. Vredius *in Sigillis Comit. Flandriæ p. 110. seq.*

Der Wöchentlichen
Historischen Münz-Belustigung
2. Stück den 10. Januarii 1731.

Eine einseitige sehr rare Medaille, von der schönen Philippina Welserin, Ertz-Hertzog Ferdinands zu Oesterreich und Grafens zu Tyrol Gemahlin, von A. 1580.

1. Beschreibung derselben.

Es stellet die Medaille der Philippinæ Welserin schönes Brust-Bild in damahliger Tracht und lincks-sehendem Profil vor, mit der Umschrifft: DIVAE PHILIPPINAE. d. i. der seeligen Philippine, welche anzeiget, daß die Medaille nach ihrem Tode gemacht worden.

2. Historische Erklärung.

PHILIPPINA WELSERIN war eine Tochter Frantz Welsers, eines alten Adelichen Raths-fähigen Geschlechts zu Augspurg, welche er mit einer Baroneßin von Zinnenberg erzeuget: Ihr Geburts-Jahr hat noch nicht können erforschet werden. Der gütige Schöpffer hatte sie mit so gantz ungemeiner Schönheit des Leibes begabet, daß D. Georg Roner nicht gugsam Worte finden kan, solche uns folgender massen abzubilden: Si ad exteriores copotis dotes quis respicere velit, quis non in illa insignem & admirandam corporis pulchritudinem celebravit? Quis non in Principe nostra plusquam heroicam totius corporis speciem, procul etiam Principissam ostentantem, laudavit? Quis non eximam illam & decentissimam proceritatem & staturam talem, qualis tantam Principissam decet, prædicavit? Quis non insignem capitis honorem, quis vividum oculorum vigorem, regiam oris dignitatem, cum amabili quadam venustate pariter ac majestate temperatam, summa cum jucunditate non inspexit? Vt mihi plane in hanc Principem nostram omnia naturæ, mentis & corporis bona congesta, meritoque illa vel Serenissimis Reginis & Principissis, D. Elisabethæ, quæ Regi Daniæ potentissimo, D. Mariæ, Hungariæ Regi Ludovico nupta, & D. Leonoræ, quæ Lusitaniæ Regi copulata; imo etiam Beatæ Elisabethæ, Hungariæ Reginæ, quæ Comiti Provinciali Thuringiæ matrimonii lege juncta fuit, conferenda esse videatur. d. i. „Wenn jemand auf die „äusserlichen Leibes-Gaben schauen will, wer hat nicht die ansehnliche und zu „verwundernde Leibes-Schönheit gerühmet? Wer hat nicht an unserer „Fürstin die mehr als heroische Gestalt des gantzen Leibes, und die von wei„ten schon eine Prinzeßin zeigete/ gelobet? Wer hat nicht die vortreffliche „und sehr zierliche Leibes-Länge und eine solche Statur, wie sie einer solchen „Fürstin wohl anstehet, gerühmet? Wer hat nicht die für andern in die Au„gen fallende Schönheit des Hauptes, die Lebhafftigkeit der Augen, den „recht Königlichen Mund, bey welchem sowohl eine liebliche Schönheit als „ernsthafftiges Ansehen vermischet war, mit Anmuth angesehen? Daß mich „dünckt, es sind alle natürliche Gaben, der Seelen und des Leibes in dieser „Fürstin beysammen gewesen, und sie sey mit den Durchläuchtigsten Köni„ginnen, der Elisabeth, welche den mächtigsten König in Dännemarck, der „Mariä, welche König Ludwigen in Ungarn, der Leonorä, welche dem „König in Portugall, ja auch der Hochseeligen Königin in Ungarn, wel„che dem Land-Grafen in Thüringen, vermählet gewesen, zu verglei„chen.

Das allervortrefflichste aber dabey war, daß einen so schönen Leib, auch eine noch schönere Seele belebete. Alle Geschicht-Schreiber, so dieser Philippina Welserin gedencken, bezeugen dieses einstimmig, und machen von ihrem grossen Verstand und ihrer gantz unvergleichlichen tugendsamen Aufführung, sowol im vorhergehenden als nachfolgenden Stand, eben so viel Rühmens, als von ihrer gantz sonderbahren schönen Gestalt. Ihrer so von jedermann

mann gepriesenen ungemeinen Frömmigkeit, Sittsamkeit, Zucht und Erbarkeit war demnach auch ein ungemeines Glücke folgender massen zugedacht.

Der Römische König Ferdinand I. hatte seinen mit Anna, K. Uladislai zu Ungarn und Böheim Tochter, A. 1529. den 14. Junii erzeugten andern Sohn, Ferdinanden, mit sich auf den so berühmten Reichs-Tag zu Augspurg genommen, der von A. 1547. biß auf den letzten Junii des folgenden Jahrs dauerte, und auf welchem so grosse Dinge geschahen: Daselbst bekam dieser junge Ertz-Hertzog von 19. Jahren die schöne Philippine zu Gesichte; bey was für einer Gelegenheit es aber geschehen, davon findet man keine Nachricht aufgezeichnet. Könige und Fürsten sind bey ihren Vermählungen darinne unglücklich, daß sie insgemein durch frembde Augen sich eine Gemahlin erkiesen müssen. Man bringt ihnen zwar ein von den besten Künstlern gemachtes Portrait ihrer Braut, alleine das Gemählde gleicht öffters gar wenig dem Original, indem nicht nur die Mahler mit ihrem geschickten Pinsel dem Frauenzimmer gewöhnlicher massen allzusehr zu flattiren pflegen, sondern es bleibt auch zwischen dem Anblick einer gemahlten und natürlich belebten Schönheit doch ein so grosser Unterschied, als zwischen der Kunst und Natur ist, die zwar dieser nachahmet, aber sie dennoch nicht vollkommen vorstellen, geschweige dann übertreffen kan. Das erste Anschauen also einer so wunderschönen Person brachte Ertz-Hertzog Ferdinanden zu so angenehmen Vorstellungen, als wie jenen Poeten / der alle Schönheiten der Natur vermeinte bey einem wohlgestalten Frauenzimmer angetroffen zu haben, und seine Gedancken davon folgender massen ausdruckete:

Sunt pulchræ sylvæ, sunt pulchra & littora, pulchrum
  Est pratum, in viridi gramina pulchra solo.
Sunt pulchræ gemmæ, sunt astra & sidera pulchra,
  Sunt pulchri flores, est quoque pulchra dies.
Pulchriores sylvis, pia Virgo, littore, prato,
  Gramine, gemma, astris, sidere, flore, die.

Die Schönheit ziehet die Liebe nach sich, wie der Magnet das Eisen; dahero entbrannte auch Ertz-Hertzog Ferdinand in so hefftige Liebes-Flammen, gegen die so schöne Philippine, daß sie gantz unauslöschlich waren. Er seuffzete:

Fax grata est, gratum est vulnus, mihi grata catena,
  Me quibus astringit, lædit, & urit amor.
Sed flammam extingui, sanari vulnera, solvi
  Vincula, etiam ut possem, non ego posse velim.
Mirum equidem genus hoc morbi est, incendia & ictus
  Vinclaque vinctus adhuc, læsus & ustus amo.

Der Graf von Khevenhüller meldet zum unsterblichen Nachruhm der Philippine, daß der Ertz-Hertzog ihre Gegen-Liebe auf unzuläßige Weise nicht habe erlangen können, und traf also auch bey ihr, wie bey allen von einem Tugend-Geist belebten Schönheiten, nicht ein, was Juvenalis Sat. X. v. 297. vor gantz gewiß doch saget:

— Rara est concordia formæ
Atque pudicitiæ.

d. i. Eine schöne Gestalt und Zucht ist selten beysammen anzutreffen. Noch weniger hatte sie gleichen Sinn mit den Mayländischen Dames zur Zeit Hertzogs Galeacii Sfortiæ, welchen Jovius in elogio desselben p. 243. zu jedermans Erstaunen also beschreibet: Ea tum erat ex multo otio luxuriantis seculi conditio, in ipsis præcipue nobilioribus matronis, ut totum pudicitiæ decus ab humanitate aulæ alienum prorsus & subagreste putaretur, ideoque Princeps ad licentiam libidinis proclinatus, & juventæ vigore, venustateque oris supra omnes spectatu dignissimus, procacibus feminarum oculis & desideriis cupidissime deserviret. Erat enim tum vulgatum inter feminas, nullam ex Principis concubitu fieri impudicam. d. i. „Es war zu selbiger Zeit, wegen der „vielen Ruhe, eine solche Frechheit auch bey den vornehmsten Frauens-Personen, daß sie meinten, Zucht und Erbarkeit schicke sich nicht an einen Hof, „und käme zu bäuerisch heraus; dahero der so zur Geilheit sehr geneigte, und „dabey wegen der Blüthe seiner Jugend und guten Gestalt sehr angesehene „Fürst der Lieb-reitzenden Weiber sich nach Belieben bedienen konte: Denn „es hielten die Weiber insgemein dafür, daß keine aus dem Beyschlaf des „Fürstens eine Hure würde.

Es war demnach kein anderes Mittel übrig, wodurch der Ertz-Hertzog seiner so sehr geliebten Philippine konte habhafft werden, als die ehliche Verbindung; weil er aber voraus sahe, daß er dazu schwerlich seines Vaters Einwilligung würde erhalten können, so wagte er es, selbige ohne dessen Vorwissen zu vollziehen. Dieses war auch der eintzige Fehler der auf beeden Seiten bey dieser Liebe zu schulden kam. In welchem Jahre, an welchem Tage, wo und von wem diese Vermählung geschehen, das wird nicht gemeldet. Der Graf Khevenhüller sagt, sie hätten über 30. Jahr miteinander in der Ehe gelebet, und also hätte sich dieselbe A. 1550. angefangen, welches Jahr auch in den meisten Genealogischen Büchern vorkommt. Menlius und Lequile schreiben, diese Verehligung habe über 24. Jahr gedauret, daraus käme etwan das Jahr 1556. Thuanus setzet gar nur 20. Jahr, als er der Philippine Tod ad A. 1580. gedencket, und wäre demnach dieselbe von A. 1560. an zu rechnen: Alleine die letztere Jahr-Zahl kan um deßwillen nicht angenommen werden, weil ihr ältester Sohn Andreas A. 1558. den 12. Decembris

ist

ist gebohren worden. Mir scheinet am glaublichsten zu seyn, daß der Ertz-Hertzog sich seine so sehr geliebte Philippine habe A. 1550. antrauen lassen, indem die allzu grosse Zuneigung und Liebe gegen dieselbe, die so gar den sonst gegen seinem Vater getragenen kindlichen Respect überwogen, unmöglich einen längern Aufschub gelitten; daß aber nicht eher ein lebendiger Zeuge dieser ehlichen Verbindung, als biß nach acht Jahren erfolget, das kan seine andere Ursachen haben.

Es war dieses die erste und letzte ungleiche Heyrath in dem Ertz-Hause Oesterreich, dahero als dieselbe ausbrach, so entrüstete sich K. Ferdinand darüber so sehr, daß er sie für ungültig erklären, und alle aus solcher erzeugende Kinder für unächte zu halten befehlen wolte. Zweiffels ohne wird dergleichen Meinung auch Kayser Carl V. gewesen seyn, zumahl da derselbe damahls so auf seinen Bruder gantz unwillig war, weil er die Römische Königl. Würde seinem Sohn Philippen nicht überlassen wolte. Es durffte dahero auch der Ertz-Hertzog Ferdinand eine lange Zeit dem Vater nicht unter die Augen kommen. Endlich aber wurde derselbe doch durch einen Fußfall begütiget, welchen die gute Philippina demselben A. 1558. in verstellter Gestalt, mit Uberreichung eines Memorials, that, da er dann durch ihre Sittsamkeit und Demuth bewogen wurde, dem Ertz-Hertzog alles zu verzeihen, und dessen Kinder als ehliche Kinder zu erkennen; jedoch weil sie nicht ebenbürtig, so solten sie sich nicht Ertz-Hertzoge zu Oesterreich / sondern nur Marggrafen zu Burgau nennen und schreiben. Mein Vorfahrer, der so sehr belesene Professor Piccart, meldet, daß auch die Oesterreichischen Land-Stände sich erkläret hätten, nimmermehr zuzugeben, daß aus solcher ungleichen Ehe entsprossene Kinder dereinst zur Landes-Folge gelangen solten.

Was diese Miß-Heurath damahls vor Aufsehen in der Welt gemacht hat, kan man aus folgender Erzehlung des Thuani abnehmen, bey welcher aber doch verschiedenes irriges mit unterlaufft, das zu refutiren: Ferdinandus Austriacus, Ferdinandi Cæsaris F. Philippinam Velseram, eleganti ingenio & forma virginem, Patricia familia, ante XX. annos, Augustæ Vindelicorum natam, sibi clam patre inscio sociaverat, quam &, quamdiu illa vixit, legitimæ uxoris loco habuit, & ex ea prolem suscepit. Sed legibus Imperii, & laudabili Germaniæ instituto, quæ maxime omnium nationum honestatem conjugiorum juxta DEI præceptum colit, cum nuptiæ citra parentum, aut eorum, qui parentum loco sunt, consensum contractæ minime legitimæ censeantur, proinde neque Velsera legitima Ferdinandi uxor, neque liberi ex ea suscepti tantæ successionis capaces ab ordinibus provinciarum, quas amplissimas Ferdinandus possidebat, habiti sunt. Itaque Maximiliano Cæsare fratre vivis exemto, cum de bonis inter ejus filios, qui complures erant, dividundis ageretur, ex ordinum sententia etiam ditionum Ferdinandi ratio habita est, & illæ per destinationem tantum fratrum filiis assignatæ sunt, cum ille aliam, præter Velseram, se uxorem habere posse salva conscientia negaret, & Velsera pro legitima uxore, liberique ex ea suscepti paternæ hæreditatis capaces minime haberentur. Ita vivo videnteque patruo fratris filii ejus hæreditatem ceperunt, vixque Ferdinandus ab ordinibus impetrare potuit, ut exiguum castellum ex tam opulento patrimonio detraheretur, quo Carolum grandiorem natu filium ex Velseria natum cum Marchionis titulo donavit. Andreas alter filius, ut in collegium Cardinalium cooptaretur a Gregorio XIII. facile obtinuit, licet is honos non nisi ex legitimo matrimonio procreatis attribui soleat. Sed Romæ, quod inter Germanos ducitur contubernium, pro legitimo matrimonio reputatum est, propterea quod accedente Ecclesiastici ritus autoritate id contractum esset. Ferdinandus, qui ex ea re non mediocriter offenderetur, tamen quamdiu Velsera vixit, dolorem in sinu pressit, quem post illius mortem statim foris eduxit, & de secundis nuptiis serio cogitare cepit, ex quibus vir jam inclinata ætate, si non aliud commodum, saltem hoc se consecuturum sperabat, ut fratris filiis certam successionis suæ, quam jam animo devoraverant, spem e faucibus eriperet. Quanquam secus accidit. Nam cum ille nullos hæredes masculos ex sororis filia reliquerit, potius suorum rationes in dividunda Austriacæ domus hæreditate conturbavit, quam speratum ex ea emolumentum ademit. d. i. „ Ferdinand von Oesterreich, K. Ferdinands Sohn, hatte sich, vor 20. Jahren, mit Philippina Welserin, eines „ Edlen Geschlechtes von Augspurg, und einer an Verstand und Gestalt „ schönen Jungfrauen, ohne Vorwissen seines Vaters, verehliget, sie Zeit „ ihres Lebens für sein ehlich Gemahl erkannt, auch Kinder mit ihr erzeuget. „ Dieweil aber nach den Reichs-Satzungen, und der löblichen Gewohnheit „ der Teutschen Nation, welche unter allen Völckern die Ehrbarkeit der Ehen „ nach dem Gebote GOttes beobachtet, solche Verheurathungen, welche „ ohne Einwilligung der Eltern, oder derjenigen, so an Eltern statt sind, ge„ schehen, nicht für rechtmässig gehalten werden, so ist von den Land-Stän„ den weder die Welserin für Ferdinands rechtmäßige Ehe-Gemahlin, noch „ auch die von ihr erhaltene Kinder für Erbfolgs-fähig in den grossen Län„ dern, welche Ferdinand inne hatte, geachtet worden. Als demnach K. „ Maximilian, Ferdinands Bruder, Todes verblichen, und von der Erb„ Theilung seiner Lande unter seinen vielen Söhnen gehandelt wurde, so „ wurde auch, nach der Stände Begehren, auf Ferdinands Landschafften ge„ sehen, und dieselben, nach einer Anweisung, nur seines Bruders Söhnen, „ nach seinem Tode zugeeignet, dieweil er vermeinte, daß er ausser der Welserin „ keine andere Gemahlin mit guten Gewissen haben könte, die Stände aber sol„ che davor nicht erkennen, auch ihre Leibs-Erben zur Succession nicht zulassen wol-

wolten. Theilten also bey Lebzeiten und im Angesicht des Vaters-Bruders „
die Bruders Kinder dessen Erbschafft unter sich, und konte Ferdinand kaum „
von den Land-Ständen erhalten, daß ein geringes Schloß aus dem so reichen „
Erbtheil gezogen wurde, welches er seinem Erstgebohrnen Sohn von der „
Welserin, Carln, mit dem Marggrafen-Titul schenckte. Der andere Sohn, „
Andreas, brachte bey P. Gregorio XIII. leichte zuwege, daß er in das Car- „
dinals-Collegium aufgenommen wurde, ob gleich diese Würde nur denen „
recht ehlich Erzeugten pfleget zugetheilet werden. Aber zu Rom, erkannte „
man, was unter den Teutschen für eine ungültige Beywohnung geachtet „
wurde, für eine rechtmäßige Ehe, insonderheit weil solche durch dazu ge- „
kommene Priesterliche Trauung vollzogen worden war. Ferdinand, der „
hiedurch nicht wenig beleidiget wurde, verbarg jedoch seinen Unmuth dar- „
über, so lang die Welserin lebte, nach ihrem Tode aber äusserte er ihn „
stracks, und gedachte ernstlich auf die andere Vermählung, aus welcher „
ob er wohl schon bey Jahren, wo keinen andern, doch diesen Vortheil zu „
erlangen verhoffete, daß er seines Bruders Söhnen die gewisse Hoffnung „
der Erbschafft, die sie sich schon feste eingebildet hatten, entreissen mögte. Wie- „
wohl es sich gantz anderst zutrug. Denn da er keine männliche Erben aus „
seiner Schwester Tochter hinterließ, so hat er mehr die Rechnung bey der „
Oesterreichischen Erb-Theilung verwirret, als den daraus verhofften „
Vortheil ihnen entzogen.

Thuanus irret hierinne sehr, daß er vorgiebt, es wäre die Ehe des Ertz-Hertzogs Ferdinands mit der Philippine eine unrechtmässige Ehe geblieben, weil sie ohne Vorbewust und Willen des Vaters geschehen, und dahero nur ein Contubernium gewesen. Er war Præsident im Parlament zu Paris, und hatte also viel mit Juristischen Händeln zu thun, dahero war ihm der Kopff voller Juristischen Wörter, und gebrauchet eine Benennung aus der Römischen Rechts-Gelahrheit von dieser Heurath, die sich gantz dazu nicht schickt. Ferner berichtet er fälschlich, daß Marggraf Carl nur ein eintziges Schloß aus der reichen Erbschafft seines Vaters bekommen, wie gleich soll gesaget werden. So war er auch nicht der älteste Sohn der Philippine, sondern der jüngste.

Als Ertz-Hertzog Ferdinand nach seines Vaters Absterben A. 1564. die Grafschafft Tyrol und Vorder-Oesterreichische Lande in der Theilung mit seinen zwey Brüdern, K. Maximilian II. und Ertz-Hertzog Carln, bekommen, so führte auch seine Gemahlin mit Kayserl. Vergünstigung den Titul einer Marggräfin zu Burgau/ Landgräfin zu Nellenburg/ und Gräfin zu Hochenberg, und lebte er mit ihr in der vergnügtesten Vereinigung zu Insprug, biß sie A. 1580. den 14. Aprilis tödtlich erkranckete, und den 24. drauf an dem Sonn- und St. Georgen-Tag nachmittags zwischen 4. und 5. Uhr ihren Geist sanfft und seelig aufgab, nadem sie kurtz zuvor zu ihrem Beicht-Vater gesagt: Sie sähe den Himmel offen stehen, und ihr die heiligen Engel entgegen kommen. Sie ward den 29. besagten Monats mit einem solennen Leich-Begängnüß in einer von dem Ertz-Hertzog gantz neu-erbauten Capelle bey der Kirche und Closter zum Heil. Creutz daselbst zur Erde bestattet; in welcher er selbsten auch A. 1595. ist beygesetzet worden. Er ließ ihr nachdem ein prächtiges Grabmahl von weissem Marmor verfertigen, das in Merians *Topographie* von Tyrol *p.* 141. in Kupffer zu sehen, und woran folgende Aufschrifft zu lesen:

FERDINANDVS. DEI. GRATIA.
ARCHIDVX. AVSTRIÆ. DVX.
BVRGVNDIÆ. COMES. TIRO
LIS. PHILIPPINÆ. CONJVGI.
CHARISSIMÆ. FIERI. CVRA
VIT. OBIIT. XXIIII. MENSIS.
APRILIS. ANNO. SALVTIS.
MDLXXX.

Noch eine grössere Inscription von ihr ist in eben der Capelle anzutreffen. Des Ertz-Hertzogs Rath, D. Georg Roner, hielte ihr zu Ehren eine schöne Lateinische Lob- und Leichen-Rede, welche zu Augspurg A. 1580. ist gedruckt worden.

Es werden nur zween Söhne von allen Genealogisten angeführet, welche Ertz-Hertzog Ferdinand mit der Philippine erzeuget.

Der erste war Andreas von Oesterreich, gebohren den 18. Dec. A. 1558. begab sich in geistlichen Stand und ward A. 1585. Cardinal Diaconus cum Titulo S. Mariæ novæ, A. 1589. Bischoff zu Costantz A. 1591. Bischoff zu Brixen, A. 1598. Gubernator der Spanischen Niederlande, ferner Abt des Cl. Reichenau und Administrator beeder Fürstl. Stiffter Murbach und Luders. Er starb zu Rom im Jubel-Jahr A. 1600. den 12. Nov. in den Armen P. Clementis VIII. und ward in die Kirche S. Maria dell'Anima begraben.

Der andere war Carl von Oesterreich, Marggraf zu Burgau, Landgraf zu Nellenburg, Graf in Hochenberg, Herr zu Veldkirch, Bregentz und Hoheneck, war A. 1560. an diese Welt gekommen, und hat sich sowohl in Spanischen als Ungarischen Kriegs-Diensten sehr hervor gethan. Nach seines Vaters Absterben hat es gantzer vierzehen Jahr biß A. 1609. angestanden, biß ihm nach dem Väterl. Testament die Marggrafschafft Burgau von seinen Vettern eingeraumet wurde, worauf er zu Güntzburg seine Residentz nahm, und das Schloß gar schön erneuert. Er vermählte sich A. 1601. den 4. Martii mit Hertzog Willhelms zu Jülich, Cleve und Berg vierdten Tochter, und verließ diese Zeitlichkeit zu Uberlingen den 30. Octobr. A. 1618.

Vid. Thuanus *Lib. LXXI. ad a.* 1580. *T. II. p.* 856. & *Lib. CXII. ad a.* 1595. *T. III. p.* 664. Crusius *Annal. Suevic.* P. III. *Lib. XII. f.* 771. Piccartus in *Observ. Hist. Polit. Dec. IX. c.* 1. *p.* 137. Arnold in *vita M. Velseri p.* 18. Khevenhüller P. I. der Conterfet-Kupfferstich der grossen Herrn *tam annal.* K. Ferd. II. *p.* 117. 1. Brandis in Tyrol. Ehrenkräntzl. *p.* 103.

Der Wöchentlichen

Historischen Münz-Belustigung

3. Stück. den 17. Jan. 1731.

Des so gewaltigen Kaiserl. GENERALISSIMI Wallensteiners Ducate, den er A. 1631. als Herzog von Mecklenburg prägen lassen.

1. Beschreibung deßelben.

Die Vor-Seite zeiget dessen geharnischtes Brust-Bild mit gantzem Gesichte, im bloßen Haupte, mit kurtzen Haaren, niedergelegten und mit Spitzen eingefasten Kragen, und mit einer auf der rechten Achsel geknüpfften Feld-Binde. Umher stehet dessen Tittel: ALBERTVS. D. G. DVX. MEGAPOL.itanus. FRIDL.andiæ.

Die Gegen-Seite zeiget dessen aus sieben Feldern und einem Mittelschild bestehendes, mit der Ordens-Kette des goldnen Vlüßes umgebenes, und mit einem Fürsten-Hut bedecktes Wappen. Im 1. Feld ist das Mecklenburgische/ im 2. das Friedländische/ im 3. das Saganische/ im 4. des Fürstenthums der Wenden/ im 5. das Stargardische/ im 6. das Rostockische/ im 7. das Schwerinische Wappen. Der vier-felderigte Mittelschild ist das Wallensteinische, oder besser zu reden, das Waldsteinische Stamm-Wappen, in dessen 1. und 3. goldnen Quartier ein blauer, und im 2. und 3. blauen ein goldner Löwe ist. Umher wird der auf der Vor-Seite angefangene Tittel also fortgesetzet: ET. SAGANI. PRINC.eps. VANDAL.orum. 1631. das ist zusammen: Albrecht/ von GOttes Gnaden Herzog zu Mecklenburg/ Friedland/ und Sagan/ Fürst der Wenden.

2. Historische Erklärung.

Wallensteinische Thaler von zweyerley Gattung sind in dem IV. Theil der Hamburgischen Historischen Remarques p. 241. und 249. die er nemlich sowohl als Hertzog zu Friedland, und als Hertzog zu Mecklenburg, prägen lassen, in Abriß anzutreffen. Es giebt aber auch Ducaten von beederley Sorten von ihm, die sich nicht weniger rar machen, dahero ich einen von der letztern Art hiermit vor Augen legen wollen; sintemahl Wallenstein, als ein auf Ehre, Macht, Pracht, Vorzug, Hoheit und Magnificenz überaus sehender Herr, auch das vom Kaiser erhaltene Recht, goldne Müntzen zu schlagen, ausüben wollen.

Ich will aber dabey anjetzo dasjenige unnöthig nicht wiederhohlen, was am angezeigten Orte von seines Lebens schlechten Anfang, glücklichen Fortgang, und erschrecklichen Ausgang, und seinem wunderswürdigen Steigen und Fall umständlich ist erzehlet worden, sondern weil man insgemein saget, daß die letzte durch der Spanier und Jesuiten Anstifften geschehene Entsetzung von seinem Commando ihn habe zu der meineydigen und desperaten Entschlüssung gebracht, die vornehmsten Generals und Obristen der Kaiserl. Armee an sich zu koppeln, und mit selbigen zu dem Feind überzugehen, so will ich lieber aus dem gründlichen und weitläufftigen Bericht eines Kaiserl. Ministri kürtzlich und gantz zusammen gezogen anführen, daß Wallenstein schon A. 1630. nach seiner ersten Dimission aus Rach-Begierde den Vorsatz gefasset, den Kaiser um Kron und Scepter zu bringen, das Durchlauchtigste Ertz-Hauß gäntzlich auszurotten, sich zum König in Böhmen zu machen, und die übrigen Oesterreichischen Erb-Lande theils unter seine Anhänger und Mit-Gehülffen, theils unter des Kaisers Feinde zu vertheilen. So erschrecklich und fast unglaublich nun dieses Beginnen von einem Mann lautet, den Kaiser Ferdinand II. wie er selbst saget, mit so viel Gutthaten, Gnaden, Freyheiten, Hoheiten und Würden begabet und versehen, als nicht bald jemand seines gleichen geschehen, so gewiß ist es doch, und hat dasselbe durch GOttes allweises und wunderbahres Verhängnüs nichts mehr verhindert, als seine eigene aus bösem Gewissen allezeit vorwaltende Wanckelmuth, zweiffelhaffte Entschlüssung, und Astrologischer Aberglaube.

Als ihn der Kaiser, auf inständiges Anliegen aller Kaiserlich gesinnten Chur-Fürsten und Stände, insonderheit aber des Chur-Fürstens in Bayern, A. 1630. seines Generalats entlassen hatte, und er sich in Böhmen auf seinen Gütern befand, so muste sein Schwager, Graf Adam Erdmann Tertzky, als der König in Schweden in Pommern glücklich gelandet war, einen ihme wohl bekanten, und in Meissen sich aufhaltenden Böhmischen Exulanten, Jarislaum Sesima von Risenburg, zu sich nach Orotschua in Böhmen heimlich beruffen, und

ihm

ihm damahls nur in seinem Nahmen den Antrag thun, daß er dem aus Böhmen entwichenen, und sich zu dem König in Schweden begebenen Haupt Aufrührer, Graf Heinrich Matthes von Thurn, hinterbringen sollte, daß wann der König von Schweden sich mit dem von dem Kaiser durch Abnehmung des Generalats sehr disgustirten Wallenstein in Tractaten einlassen wollte, er gewiß zu demselben treten, und wegen seines grossen Ansehens und Anhangs unter der Kaiserl. Armee, sehr grosse Dienste leisten könte. Dieses geschahe den 16. Febr. A. 1631. Den 18. Jun. brachte Sesina dem Wallenstein die Antwort von dem König, daß er alles thun wollte, was er verlangen würde. Wallenstein sagte darauf: Er biete dem König nachmahls seine Dienste an, jedoch müsse er seine Zeit und Gelegenheit ersehen, zumahl da sich noch nicht der Churfürst von Sachsen mit dem König conjungiret habe. Er sagte dabey: Der Kaiser sähete es gerne, daß er das Generalat wieder über sich nehmen möchte: Alleine wann seine Seele im Abgrund der Höllen wäre/ und selbige dadurch/ daß er dem Kaiser wieder dienen sollte/ erlösen könte/ so wollte er es nicht thun. Tertzky stach dabey dem Sesina ins Ohr, wann der König selbsten sich schrifftlich gegen den Wallenstein erklärte, so würde alles mehrern Glauben finden. Als Sesina hierauf ein Schreiben von dem König an den Wallenstein brachte, worinne er ihm gegen seine Feinde beyzustehen versprach, so wollte doch Wallenstein nicht schrifftlich darauf antworten, aus Furcht, wann Sesina mit dem Gegen Schreiben gefangen würde, so würde derselbe gewiß gespiest, und er und der Tertzky um ihre Köpffe kommen: Er ließ also dem König nur mündlich melden, daß er ihm nach der Conjunction mit Sachsen nur 10. oder 12000. Mann in Böhmen, und den Grafen von Thurn als General-Lieutenant zuschicken sollte, so werde er alsdann schon sehen, was er vor grosse Dinge thun würde.

Nach der Leipziger-Schlacht begehrte der Wallenstein durch den hin und wieder reisenden Sesin von dem König die 10. oder 12000. Mann, nebst ein paar Regimenter Sächsisches Volck, damit der Churfürst mit dem Kaiser keinen besondern Frieden machen möchte. Der König entschuldigte sich aber damit, daß er im Reiche noch einen starcken Feind vor sich habe, und wollte ihm nur 1500. Mann senden, verwieß ihn anbey an die in Böhmen eindringende Sächsische Armada unter dem General Arnheim. Dieses verdroß den Wallenstein nicht wenig, und ob er gleich mit den Sachsen sich nichts anzufangen getrauete, so gab er ihnen doch heimlich alle Anschläge, Prag einzunehmen, und sich in Böhmen auszubreiten.

Wie also dieser erste Anschlag dem Wallenstein zu Wasser geworden, so nahm er zwar das angetragene Generalat vom Kaiser wieder an, jedoch nicht anders als nach den recht vorgeschriebenen Artickeln, in absolutissima forma, aber mit der allervollkommensten Gewalt, und bloß zu dem Ende, nunmehro besser thun zu können, was seine Intention bißhero gewesen.

Diese äuserte sich am meisten A. 1633. da er erfuhr, wie die Spanischen Ministri am Kaiserl. Hofe sehr hefftig wider ihn redeten, und es dahin zu bringen eifrigst trachteten, daß ihm zum anderumahl das Generalat sollte genommen, und dem König in Ungarn gegeben werden. Er begehrte also in den dem Chur-Fürsten von Sachsen im May vorgeschlagenen Friedens-Puncten, daß man ihm zur Kron Böhmen verhelffen sollte, so wollte er allen vertriebenen Herren ihre Güter wieder geben, die Religion frey lassen, und den Pfaltzgrafen restituiren: Ferner wollte er für Mecklenburg und Sagan, und für das, was ihm der Kaiser sonst schuldig, Mähren haben; Er wollte dagegen der Kron Schweden, Sachsen, und Brandenburg einen guten Frieden verschaffen, und mit zusammen gezogenen, und vor Wien geführten Armaden den Kaiser zwingen, solches alles einzugehen. Er äffete aber dennoch nur mit diesen Tractaten Chur-Sachsen, spielte mit dem Feind, wie die Katze mit der Maus, und that mit seiner grossen Krieges-Macht nichts rechts. Als er sich dadurch in übeln Verdacht setzte, und man starck von dem Inhalt der Sächsischen Friedens-Tractaten murmelte, so wendete er sich jähling mit sehr starcken Marchen in Schlesien, und schlug die Schweden unter dem Grafen von Thurn, und General Dubald, den 18. Oct. bey der Steinauer Brücken-Schantz an der Oder aufs Haupt. Der dabey gewesene Spanische Kriegs-Commissarius, Navarro, konte des Wallensteins dabey erwiesene Geschicklichkeit und Tapfferkeit nicht gnug rühmen, und machte dadurch die Ministros und seines Königes Gesandten am Kaiserl. Hofe so irre, daß sie nicht wusten, was sie von demselben glauben sollten. Jedoch bestärckte sie wiederum in ihrer alten Meinung von des Friedlands Schalckheit, daß er den gefangenen Grafen von Thurn, einen Böhmischen Ertz-Rebellen, so gleich ohne alles Entgeld wieder loß ließ, noch mehrers aber, daß er die Kaiserl. Ordre, die vom Hertzog Bernhard von Weimar belagerte Stadt Regenspurg zu entsetzen, nicht befolgete, den Holcka in der besten Operation aus Sachsen ruffete, und auch den Altringer den Sommer über nichts hatte verrichten lassen, und endlich die Kaiserl. Erb-Länder mit den Winter-Quartieren hart beschwehrete, da ihm wäre leicht gewesen, solche auswärts zu nehmen.

Er selbsten setzte sich in Pilsen, und ließ durch den Sesin und Zbubna dem Cantzler Oxenstirn zu Anfang des 1634. Jahrs zu wissen thun, daß er nunmehro gäntzlich entschlossen, sich zum König von Böheim aufzuwerffen, er sollte demnach einen vertrauten Officier zu ihm schicken, mit welchem er abreden wollte, wie die Sache vorzunehmen. Oxenstirn aber ließ ihm zur Antwort wissen, er habe mit dergleichen Antrag den König, den Arnheim, und ihn nun

schon

ihn so offt betrogen: Er wolle ihm also nichts mehr glauben, biß er vom Kaiser recht offenbahr abgefallen wäre, alsdann würde er selbst zu ihm kommen, und alles thun, was er von ihm begehren würde.

Unter dieser neuen Unterhandlung schickte der Kaiser den Hof-Kriegs-Rath von Questenberg an den Wallenstein, und ließ ihm sein Mißfallen bezeugen, daß er wider seine eigene letztere Vertröstung die Erb-Länder nicht der Last der Winter-Quartier überhoben hätte. Er sollte aber deswegen keine Ordonanzen weiter ausgeben, ehe der Kaiser solche approbirt hätte, damit alles mit guter Ordnung geschehen, und die Erb-Länder nicht gäntzlich möchten ruiniret werden. Ferner ließ er ihm anbefehlen, einige Trouppen alsobald gegen Passau, und den daselbst antringenden Feind zu senden, ingleichen, nach der Spanier Begehren, den aus Italien kommenden Cardinal Infante mit 6000. Pferden nach die Niederlande zu begleiten. Diese von ihm mit einem zweifelhafftigen Bescheid abgefertigte Botschafft machte ihn so wurmicht, daß er nun sich es einen gäntzlichen Ernst seyn liesse, seine böse Anschläge auszuführen: Er offenbahrte auch solche dem Obristen Piccolomini, und machte ihn, um ihn auf seine Seite zu ziehen, zum General der Cavallerie, that ihm auch sonsten grosse Verheissungen; dieser aber widerrieth es ihm treulich, und sagte ihm ins Gesichte, daß er ein so gefährliches Werck schwerlich ausführen würde. Ein gleiches geschahe auch von seinem Vetter, Graf Maximilian von Wallenstein.

Nach dem gemachten Entwurff gieng aber sein Vorhaben dahin: Er wollte das Königreich Böhmen sich zueignen, seinem Schwager, dem Tertzky, Mähren, und dem Graf Gallas, Glogau und Sagan, samt allen Eggenbergischen Gütern in Böhmen geben, sollte aber der Fürst von Eggenberg es mit ihm halten, so sollte er die Inner-Oesterreichischen Erb-Länder haben, der Graf von Coloredo sollte mit der Grafschafft Görtz, und der Graf Piccolomini mit der Grafschafft Glatz und allen Sclavatischen Gütern belehnet werden. Dem König in Pohlen wollte er ein gutes Theil von Schlesien, dem König in Franckreich die Grafschafft Burgund und das Hertzogthum Luxenburg, und dem Hertzog von Savoyen Montferrat überlassen; dagegen sollte der Hertzog von Mantua, als ein Æquivalent, Cremona bekommen. Das Königreich Napoli wollte er einem Päbstlichen Nepoten, und dem Groß-Hertzog von Toscana alle in dem Senensischen Gebiete liegende Meerporte einräumen. Wegen des Hertzogthums Mayland stand er an, wem er es zueignen sollte, weil er durch dasselbe einen nicht wollte allzugroß werden lassen. Die Niederländische Provintzien sollten in völlige Freyheit kommen. Es war dieses eine so unbesonnene Vermessenheit, daß wohl dergleichen thörichter Anschlag nie erhört worden, indem ein Oesterreichischer Vasall sich ließ in Sinn kommen, die Kaiserl. und Spanische Macht, welche so vielen Königen und grossen Völckern jederzeit unüber-

unüberwindlich gewesen, so zu überwältigen, daß deren Königreiche und Länder könten in die Rappuse kommen.

Wie man aber nun am Kaiserl. Hofe gar deutlich merckte, daß der Wallenstein mit bösen Dingen schwanger gienge, so schickte der Kaiser den Beicht-Vatter des Ungarischen Königes, einen klugen Spanischen Capuciner, Fr. Diego Quiroga, an den Wallenstein, daß er ihn, unter dem Schein, nochmahls die 6000. Pferde, zu Begleitung des Cardinals Infante Reise zu begehren, recht ausnehmen solte. Er erfuhr aber nichts von ihm, als viele Klagen gegen den Kaiserl. Hof. Der Graf Piccolomini aber eröffnete ihm das Geheimnüß. Ingleichen gab der auf seiner Herrschafft Trinnitz bey Pilsen eine Weile sich aufhaltende Kaiserl. Geheime Rath, Graf Maximilian von Trautmansdorf, auf des schon so verdächtigen Wallensteins Thun und Lassen sehr genau Achtung, und vernahm auch einsmahl selbsten bey einem Besuch aus dessen Munde, daß er vom Kaiser mit nicht wenigerm contentirt seyn wollte, als mit Ober- und Nieder Laußnitz, der neuen Marck, und den Herzogthümern Glogau und Sagan, welche von der Erb-Unterthänigkeit müsten frey gemachet, und dem Ober-Sächsischen Creyß einverleibet werden.

Endlich brachen des Wallensteins gefährliche Practiquen dadurch öffentlich aus, daß er den 11. Jan. A. 1634. 42. Commendanten und Obristen der Kaiserl. Armee nach Pilsen zusammen beruffete, und sich höchlich beschwehrte, daß ihm der Kaiser unmögliche Dinge zumuthete, und die Spanier ihn hefftig verfolgten, ja mit Gifft nach dem Leben trachteten, dahero er lieber selber eher abdancken, als sich durch Undanck und Neid wollte wiederum mit Schimpff und Spott absetzen lassen. Der Feld-Marschall Illo, einer seiner vertrautesten Freunde, gab dabey sämtlich zu bedencken, was ihnen dadurch für Gefahr und Nachtheil zuwachsen könte, daher der beste Rath wäre, den Wallenstein zu ersuchen, seinen Vorsatz zu ändern. Sie thaten auch dieses. Der Wallenstein verlangte aber, daß sie sich dagegen endlich verschreiben solten, bey ihm auch beständig und treu zu halten. In dieser Versicherung stand anfangs die Clausul: So lange der Herzog von Friedland in Kaiserl. Diensten verbleiben würde/ diese ließ aber der Illo bey dem mundirten Exemplar aus, lud alle Anwesende zu Gaste, und legte ihnen solches nach dem Essen, als sie alle toll und voll waren, zur Unterschrifft den 12. Jan. vor. Hierauf befahl ihnen Wallenstein auch, keiner einigen Ordinanz vom Kaiserl. Hofe, ohne sein Vorwissen, mehr zu gehorchen.

Es schmertzte ihn aber nicht wenig, daß nicht nur die Generale, Gallas, Altringer, und Coloredo aussen geblieben waren, sondern daß auch Piccolomini, unter einem listigen Vorwand, kurtz zuvor sich von Pilsen weggemachet hatte. Dahero gab er Ordre, sich ihrer zu bemächtigen. Der Kaiser publicirte aber

dem

den 14. 24. Jan. ein Placat, in welchem der Wallenstein seines Generalats entlassen, und alle Generals, und Obristen angewiesen wurden, indessen dem General, Grafen Matthias Gallas, zu gehorchen. Dabey wurde denenjenigen Obristen und Officirern, die sich bey der den 21. Jan. zu Pilsen geschehenen Versammlung wider Eyd und Pflicht eingelassen, alle Verzeihung versprochen, jedoch aus solcher, nebst dem Wallenstein, noch zwo andere Personen, die sich zu diesem Werck als Rädelsführer vor andern gebrauchen lassen, ausgeschlossen. Es wurden dieselbe zwar nicht benennet, jederman aber wuste [illegible], daß es keine andere, als der Illo und Tertzky, waren. Den 18. Febr. erfolgte noch ein schärfferes Kaiserl. Mandat, mit der heimlichen Ordre, sich des Friedlands, samt seinen obbemeldten zweyen Anhängern, lebendig oder todt zu bemächtigen.

Es war nunmehro auch hohe Zeit daß sich der Kaiser gegen diese in seinem Busen ernehrte Schlange sicher stellete; denn Friedland hatte nicht nur durch den nach Regenspurg abgeschickten Herzog, Franz Albrecht von Sachsen-[illegible]burg, Herzog Bernharden von Weimar den 18. Febr. mit Fürweisung der gemachten Confœderation, nochmahls inständigst ersuchen lassen, alsobald mit seinem Volck an die Böhmische Gränze zur Conjunction zu rücken: sondern er hatte auch die nach Pilsen abermahls beschriebene Obristen und Commendanten den 20 Febr. aufs neue verbunden, bey ihm biß auf den letzten Bluts-Tropffen zu halten; jedoch war dieser neuen Obligation ausdrücklich, ob wohl nur zum Schein, einverleibet worden, daß wider Ihro Kaiserl. Majestät und die Catholische Religion das geringste vorzunehmen, ihm niemahln in Sinn kommen. Hierauf hatte er in Willens nach Prag zu gehen, alles Kriegsvolck den 23. Febr. daselbst zusammen zu führen, und [illegible]ehrung der schuldigen Bezahlung vom Kaiser, endlich mit dem bißhero machinirten [illegible] gänzlich loszubrechen.

[illegible] hinderte ihn aber an der Ausführung dieses Vorsatzes das zu Handen gekommene [illegible] Kaiserl. Patent vom 18. Febr. dahero entschlosse er sich, lieber nach Eger zu begeben, [illegible] welche Gränz-Vestung ein Tertzkysches Regiment zur Besatzung hatte. Er kam daselbst den 24. Febr. an, und sagte unterwegens zu dem Obrist-Wachtmeister Leßle: Wann der Kaiser ihn ferner für seinen Diener nicht haben wolle, so begehre er auch ferner keinen Herrn zu haben, sondern würde hinführo selbst Herr seyn, habe Geld und [illegible], eine Armada in Oesterreich zu führen, und dem Kaiser erkennen zu lassen, daß er ihm unrecht gethan. Seine erste Verrichtung daselbst war, seinen Cantzler an Marggraf Christian zu Culmbach, wegen einer bald möglichst zu haltenden Conferenz, abzufertigen. Den 15. 25. Febr. Vormittags um 10. Uhr setzte der Illo starck an den Obristen Buttler, den Obrist-Lieutenant Gordon, und den Obrist-Wachtmeister Leßle, von dem Tertzkyschen Regiment, daß sie auch eydlich angeloben solten, dem Friedländer vollkommene Treue und Gehorsam zu versprechen, sie baten sich aber deswegen Bedenck-Zeit biß auf den andern Tag aus. Am selbigen solte auch die Burgerschafft zu Eger aufs Rathhaus gefordert, und mit Gewalt genöthiget werden, dem Kaiser abzuschwören. Dieweil nun auch binnen 2. Tagen die feindliche Conjunction geschehen sollte, so entschlossen sich endlich Buttler, Gordon und Leßle, den Friedländer mit seinen Adhærenten hinzurichten, welches auch noch gleich drauf folgende Nacht glücklich geschahe.

Des

Des Wallensteins Nativität-Steller, Jo. Baptista Seno, ein Genueser, den er jährlich mit 1000. Reichsthaler besoldete, hatte ihm A. 1633. vorher gesagt, daß er zwar hoch steigen, aber auch tief fallen würde. Er hat aber geantwortet: **Er achte solches nicht, und würde doch zum wenigsten den Ruhm haben, daß er als König in Böhmen gestorben/ wie Julius Cäsar/ ob er wohl erstochen worden, doch den Ruhm behalte, daß er Römischer Kaiser gewesen.** Es war auch Seno kaum aus des Herzogs Zimmer getreten, als dessen Entleibung erfolgte, und hatte gegen denselben behauptet, daß die Stunde der Gefahr noch nicht vorüber wäre, welches er doch fest geglaubet. Das Königreich Böhmen hatte er sich so feste eingebildet, daß als man ihm sagte, wie bey dem ersten Sächsischen Einbruch in Böhmen, die Krone von Prag sey nach Wien weggeführet worden, antwortete er: **Es schade nichts; er könne sich schon eine andere machen lassen.** Weil er auch besorgte, es dürffte ihm dieselbe der König in Schweden mißgönnen, so sagte er, als er seinen Tod erfuhr: **Es sey gut/ daß er umgekommen; denn es könten doch zwey Hähne auf einem Mist sich nicht vertragen.**

Das allerwunderbahrste bey dem gantzen schändlichen Handel war, daß man am Kaiserl. Hof lange Zeit nicht wuste, wie man mit dem Wallenstein dran war, so gar, daß von den beyden zu Wien sich befindenden Spanischen Gesandten der Comte d'Onate vor ihn, und der Marques de Castaneda wider ihn nach Hofe schrieben; so vertheidigte ihn auch der obgedachte Navarro aufs eifrigste. Nicht weniger hat Hanß Ulrich, Fürst von Eggenberg, des Kaisers allervertrautester und liebster Minister, niemahls den bösen Machinationibus des Wallensteins, als eines alljährigen Kaiserl. Feld-Hauptmanns, Glauben beymessen wollen, und daher auch, als sie ausbrüchig, und er davon überzeuget worden, so hat er sich darüber noch selbiges Jahr zu todte gegrämet. Dieses kam aber daher, weil der Kaiser selbsten den Wallenstein jederzeit gar hoch gehalten, und wie er mit GOtt, in dem gegen ihn ausgegangenen Patent vom 18. Febr. bezeuget, ihm einige Injurien nicht zugefüget, sondern vielmehro mit allen hohen Kaiserl. Gnaden entgegen gangen, auch einige von ihm angegebene Imagination gegen denselben sich nicht in Sinn kommen lassen. Jedoch ist es unglaublich, was der Jesuit Drexelius in seiner Palæstra Christiana P. II. c. 3. §. 2. meldet, daß dem Wallenstein, wann er bey der Kaiserl. Tafel gewesen, des Kaisers Printzen hätten das Hand-Wasser aufgiessen müssen. Denn in eben dem Jahr 1625. da Wallenstein Herzog von Friedland und General-Feld-Marschall ward, wurde auch Ertz-Herzog Ferdinand König in Ungarn, und Ertz-Herzog Leopold Wilhelm Bischoff zu Paßau, von welchen dergleichen Ehren-Bezeigung gegen den Wallenstein also gantz und gar sich nicht einzubilden ist; und in dero vorhergehenden Jahren, kam dergleichen Distinction dem Wallenstein, auf einer weit niederern Stuffe, noch weniger zu. Überhaupt ist dieses auch wider die Oesterreichische Etiqueta, und wiederfähret dergleichen Bedienung von einem Ertz-Herzog keinem gekrönten Haupte, und keinem Chur-Fürsten.

Weil zu Eger dieser Jovialische Mann seinen blutigen Untergang hatte, so alludirte ein Poet also daraus:

> *Ægrum* dira manus telis me conficit *ægre*,
>
> *Ægra* dum me urbis mœnia clausa tenent.
>
> Omnia qui dixit, qui gessit, qui tulit *ægre*,
>
> *Ægrum* illi tumulum, par fuit, *Ægra* daret.

Vid. Kevenhüller T. *XII. ann. Ferdinand. ad a.* 1633. & 34. & P. *II. der Conterfet, p.* 219. Theatr. Europ. T. *III. ad. h. a.* Adlzreiter *P. III, Lib. XIX. annal. Boic.*

Der Wöchentlichen Historischen Münz-Belustigung

4. Stück. den 24. Jan. 1731.

Eine Medaille auf Walthern von Cronberg/ den ersten Administratorem des Hochmeisterthums in Preussen, nach dessen Secularisation, und Meister Teutschen Ordens in Teutsch- und Welschen Landen, von A. 1528.

I. Beschreibung derselben.

Die erste Seite zeiget Walthers von Cronberg Brust-Bild im lincks-sehenden Profil, in einer mit Beltz aufgeschlagen geblümten Schaube, und mit dem Ordens-Creutz auf der Brust, zwischen der getheilten Jahrzahl MDXXVIII. Das Haupt ist mit einem viereckigten aufgestülpten Hut bedecket. Umher ist dessen Tittel in zweyen Zeilen; davon die eine die gantze Medaille umfängt, die andere aber, so gleich über dem Haupte stehet, nur die zwey letzten Worte in sich fasset; also zu lesen: WALTHER VON CRONBERG ADMINI.strator DES HOCHMAIST.er-AMPTS IN PREVSS.en. MAIST.er. TEVTSCH.en ORDENS IN TEVTSCHEN VND. WELSCHEN LANDEN.

Die Gegen-Seite enthält dieses Hoch- und Teutschmeisters geviertdten, mit dem aufliegenden Hochmeisterlichen Creutz bezierten, und mit zwey gegeneinander gekehrten Helmen bedeckten Wappen-Schild, in dessen ersten und vierdten silbern Quartier ist das schwartze Ordens-Creutz; das andere und dritte Feld ist wiederum quadrirt: Nemlich das 1. und 4. Quartier ist gantz roth; das andere und dritte führet 2. Reihen, und in jeglicher 2. silberne und blaue untereinander gesetzte Eisen-Hütlein, als das Cronbergische Stamm-Wappen. Auf dem ersten Helm stehet ein achteckigter, mit so viel Pfauen-Federn an den Ecken ausgeschmückter, weisser Spiegel mit dem Teutschmeisterischen Lilien-Creutz. Auf dem andern Helm sind zwey ausgebreitete mit den Feldern des andern und dritten bezeichnete Flügel. Die Umschrifft bestehet aus den nachdencklichen Worten: ES BELEIBT IN GEDECHTNVS SO LANG GOT WIL.

2. Historische Erklärung.

Als K. Sigismund in Pohlen dem Teutschen Orden wegen der in dem Thorischen Frieden A. 1466. bedungenen, aber von demselben seit A. 1498. verweigerten Huldigung, das Östliche Preussen und Pomesanien abgenommen, und es seiner Schwester Sohn, dem letzten Hochmeister, Marggraf Albrechten zu Brandenburg, als ein weltliches Hertzogthum, zu rechten Erb-Lehen in Cracau A. 1525. den 8. Aprilis verliehen hatte, war des Teutschen Ordens Meister in Teutsch- und Welschen Landen Dietrich von Cleen, welcher bald darauf eine offne Entschuldigung wegen der Handlung und Ubergebung der Land Preussen im Druck ausgehen, und sie auf dem Reichs-Tag zu Speyer A. 1526. austheilen ließ, in welcher er sich anfangs sehr beklagte, daß Marggraf Albrecht zu Brandenburg den Teutschen Orden verlassen und hingelegt, und des Ordens Land Preussen, so bey drey hundert Jahren, mit Hülffe und Zuthun des Pabsts, des Kaysers, der Chur-Fürsten, Fürsten und Stände, und fürnemlich durch den Adel Teutscher Nation, mit grosser Arbeit, Mühe und Blutvergiessen, als ein sonder Zuflucht, Uffenthalt, Spital und Eigenthum, besessen, mit Städten und Schlössern befestiget, und vier Bisthümer darinne errichtet, von dem Orden entäussert, in die Weltlichkeit gezogen, und dem König in Pohlen zu einem erblichen Lehen

gemacht

gemacht habe. Hernach entschuldigte er sich gegen den Pabst und den Kayser, daß solche Veränderung und unerhörte Neuerung ohne seinen, des Meisters zu Liefland, und des Ordens Gebietiger, Rath, Verwilligung und Gefallen geschehen, sondern sie ihn vielmehr dafür getreulich gewarnet, als sie gemercket, daß er damit umgegangen. Letzlich ermahnte er den Teutschen Adel, zu berathschlagen, was deßwegen bey dem Pabst, und dem Kayser auf dem damahligen Reichstage, oder in andere Wege vorzunehmen sey, damit derselbe seines Spitals bey den Landen Preussen nicht also entsetzt bleibe.

Marggraf Albrecht nahm dieses Manifest als eine grosse Verunglümpfung auf, und publicirte dagegen ebener massen durch den Druck, mit einverleibten Teutschmeisterischen Scripto, seine Verantwortung des veränderten Teutschen Ordens, als eines geistlichen Standes, und veräuserten und erblich gemachten Landes Preussen halben, zu Königsberg den 29. Oct. 1526. Den ersten Haupt-Punct behauptete er aus der heiligen Schrifft damit, daß wider GOTT, und der Seelen Heil, kein Orden, Regel, Gesetz oder Pflicht niemand binden solle oder möge. Wegen des andern zeigte er an, daß er aus guten Christl. Ursachen und aus Noth bewogen worden, das verlassene und ohne das verlohrne Land von dem König in Pohlen anzunehmen, als der einen grossen Theil und Oberherrschafft darinne gehabt, zumahl da auch nicht zu vermuthen, wann er sich gleich gemeldten Landes geäussert, daß es dennoch in des Teutschen Ordens Regierung geblieben wäre.

Dieweil aber Dietrich von Cleen voraus sahe, daß dieser Handel sehr weitläufftig werden würde, er aber, als ein alter ausgemergelter Mann, demselben nicht mehr nach Nothdurfft abwarten könte, so beschrieb er die ihm untergebene Land-Commenthur, Raths- und Gemeine-Gebietiger zu einem Capitel nach Mergentheim auf den Sonntag nach St. Lucien selbigen Jahrs, und gab das Teutsch-Meisterthum auf. An seine Stelle wurde Walther von Cronberg, zuvor Commenthur zu Franckfurt, Montags nach St. Thomä erwählet; und von dem Kayser den 18. Januarii des folgenden Jahrs bestätiget.

Es war derselbe aus dem uralten Rheinländischen Reichs-Adelichen Geschlechte von Cronberg aus dem Flügel-Stamm entsprossen, und hatte zu Eltern, Hans von Cronberg, Rittern und Ambtmann zu Oppenheim, und Catharinam von Reiffenberg, Walters und Margareth von Trüffel Tochter. Dieser erhub beym Kayser, im Nahmen seines Ordens, eine sehr schwehre Klage gegen Marggraf Albrechten, daß er das Ordens-Kleid von sich gelegt, sich beweibt, und im weltlichen Stand begeben, und das dem Reiche zugehörige Land Preussen entfrembdet, in Gewaltsam anderer

Leute Obrigkeit gestellet. und solches für sich und seine Erben von der Cron Pohlen zu Lehen empfangen; dahero denselben Kayser des Hochmeister-Amts für unwürdig erklärte, und den 6. Decembris A. 1527. schrifftlich die Meinung des Ordens billigte, daß Walther von Cronberg auch zum Administratorn des Hochmeisterthums ernennet worden, wie dann von selbiger Zeit an kein besonderer Teutsch-Meister mehr gewesen ist. Auf desselben inständiges Anruffen vernichtigte auch der Kayser auf dem Reichs-Tag zu Augspurg den 14. Novembris A. 1530, den A. 1525. zwischen K. Sigismunden von Pohlen und Marggr. Albrechten aufgerichteten Vertrag, nachdem er zuvor Walthern von Cronberg den 26. Julii eben daselbst mit allen Regalien solennissime belehnet hatte. Von den dabey vorgegangenen Ceremonien habe jüngsthin ein alte und damahls gedruckte Relation gefunden, welche ich dem Ende dieses Discurses beygefüget habe, und zwar um so mehr, weil darinne der besondere Umstand angeführet wird, daß der Kayser bey dieser Belehnung auch den Scepter gebraucht habe, da sonsten vorgegeben wird, es hätten die Scepter-Belehnungen der geistlichen Fürsten im Reiche schon unter K. Friedrichs III. Regierung aufgehöret. Es wurde damahls auch ein von diesem Hoch-Meister gemachter Bericht vom Preussischen Abfall allenthalben ausgestreuet. Wie aber Marggraf Albrecht dem an ihm ergangenen Kayserl. Geboths-Briefe, Walthern von Cronberg das Preussische Land gäntzlich wieder abzutretten, keinen Gehorsam leistete, weil er das nicht schuldig zu seyn vermeinte, so verfuhr ferner der Hoch-Meister mit seiner Klage gegen ihn beym Cammer-Gericht zu Speyer; alleine er gab auch auf dessen Vorladung nichts, und ward also von demselben wegen der beharrlichen verweigerten Rechtfertigung seiner Anklage, und wegen seines Ungehorsams den 18. Januarii A. 1532. in die Acht erkläret. Wie sich dagegen der Königliche Pohlnische Orator auf dem Reichstag zu Regenspurg in eben selbigen Jahr mit einer übergebenen Schrifft regete, und den Fortgang der Acht dadurch hindern wolte, daß er darinnen anzeigete Preussen sey ein Land, das von der Cron Pohlen zu Lehen rührete, etliche Hochmeister hätten deßwegen den Königen zu Pohlen Pflicht gethan, und wären Fürsten des Königreichs Pohlen genennet worden, hingegen habe nie kein Hoch-Meister, dann Marggraf Albrecht, die Regalia desselben vom Kayser und Reiche empfangen, so überreichte Walther von Cronberg dem Kayser einen Gegen-Bericht, und erwiese, daß dem König in Pohlen Preussen aus einigen rechtmässigen Grunde mit nichten gebührte, noch auch sein Lehen je gewesen, dahero er solches auch nicht Marggraf Albrechten leihen können. Er bat dahero daß die gegen demselben erlangte Acht möcht bald vollstrecket, und dem Orden zu Wiederbringung des Landes Preussens stattliche Hülffe geleistet werden.

Als hierauf Marggraf Albrecht sich auch im Schmalkaldischen Bund begab, so hatte zwar der Kayser in Willens die Achts-Execution gegen ihn zu veranstalten, jedoch weil ihn Pohlen nicht würde im Stiche gelassen haben, und der Kayser so Kriege genug zu führen hatte, so blieb die Achts-Erklärung ohne Würckung. Auf dem Reichstag zu Augspurg A. 1547. und 48. that zwar der neue Hoch und Teutschmeister, Wolffgang Schutzbar, genannt Milchling, wiederhohlte flehentliche Vorstellung, gegen Marggraf Albrechten mit der Achts-Execution zu verfahren, weil er auch nach Liefland strebte; der anwesende Pohlnische Orator, Stanislaus in Lasco nahm sich aber des neuen Hertzogs in Preussen hefftig an, protestirte auch, daß man die beeden Städte, Dantzig und Elbing, zu dem Reichs-Tag entbotten hätte.

Weil nun also der Hochmeister von Cronberg das verlohrne Preussen seinem Orden nicht wieder herbey zu schaffen vermochte, so machte er auf den A. 1526. 29. 36. 37. und 38. gehaltenen Capituln, zu Erhaltung des Ordens, viele heilsame Satzungen, absonderlich daß kein Land-Commenthur Macht haben solte, ohne Hochmeisterl. Willen und Wissen, ein unbeweglich Guth zu verkauffen, noch in andere Wege zu veräussern, oder dasselbe mit Zinsen oder Gülten zu beschwehren, oder zu verpfänden; Er behauptete auch seinen Sitz und Stimme auf den Reichs-Tägen, gleich seinen Vorfahren, vor allen andern Bischöffen, und starb mit grossen Ruhm A. 1543. den 4. Aprilis. Mit dem auf seiner Medaille gesetzten Spruch hat er sonder Zweiffel anzeigen wollen, daß er und sein Orden den Verlust von Preussen nimmermehr vergessen würden. Vid. Goldast in Reichs-Handlungen p. 149. Hortleder *T. I. Lib. V. c. I.* von Ursachen des Schmalk. Kriegs. Venator im Berichte vom Teutschen Orden, *c.* 3. & 4.

Warhafftig Anzaygung wie die Belechnung dem Administrator des Hoch-Maister-Ampts beschehen zu Augspurg im Jahr nach Christs des HErrn Geburt MDXXX.

Auff egemelten Affter-Montag, der da was der sechs und zwainzigst Julii, deßmals als die zwen Gebrüder Herzogen zu Pomern ire Regalia und Lehen von der Römischen Kaiserlichen Maiestät empfangen hetten, zu derselbigen Stund, ward der Kaiserlich Stuel durch die Verordneten des Hochwirdigsten Fürsten und Herren, Herren Walther von Cronberg, Administrator des Hoch-Maister-Ampts in Preussen, und Maister-Teutsch-Ordens in Teutsch und Welschen landen zum ersten mahl (auch fast prächtlich mit ainer zimlichen Anzal etlicher Graven und Herrn, sampt ihren Dienern) berennt. Aber zuvor und ehe solchs berennen beschach verschuff die Kaiser.

Maie. daß jr die Kaiserlich Kron (so jr Maiestat für und für auf dem Haupt gehapt) abgehept wurde, daß auch alßbald durch den Ertzbischoff und ChurFürsten von Mentz, und Hertzog Fridrichen Pfaltz Graven geschahe, und dermaßen, so bald sy, die Kaiserlich Kron von dem Haupt des Kaisers herabe gethon, ward sy von stund an dem Künig von Behem (als Ertzschencken deß Römischen Reichs) überantwort, nachdem aber jr Künigklich Maie. die Kron in Henden gehapt, ward alßbald durch jr Maiestat Carlen von Limpurg gnannt, als ainen Erbschencken, deß Römischen Reichs die Kron behhendiget, der sy auch ain gutte Weyl vor der Kai. Maie. neben Joachim Marschalck von Bappenhaim (welcher die guldine schayde zu dem Kayserlichen bloßem Schwerdt gehörig, das dann durch Jörg Wolff Marschalcken von Bappenhaim, auff der andern seytten, neben Graff Joachim von Zollern, so den Kaiserlichen Zepter hielt) gehalten.

Und aber nachdem nu der Kaiserlich stuel durch die verordneten des Administrators &c. wie obgemelt zum erstenmal berennt warde, und der Kai. Maie. dieselben Kron widerumb solt auffgesezt werden, Entpfieng der Ertzbischoff von Mentz Chur-Fürst, von dem Erbschencken von Limpurg die Kaiserlich Kron, übergab sy dem Künig von Beheim, derselb truge sy für die Kai. Maie. und verhalff so jrer Maiestat widerumb auff das Haupt zesetzen, die zeyt aber darin Kai. Maie. die Kron nit auff jrem Haupt trug, hette jr Maiestat ain Rottes Samatin schlapheüblein auf, darauff die Kron gesetzt warde, mittler zeyt waren die Verordneten deß Hochmaisters für den Kaiserlichen Stuel kommen, stunden davor abe von jren pferden giengen ye zwen und zwen mit ainander die pruck hinauf für den Kaiserlichen Stuel, Nämlich Graff Ulrich von Helffenstain, Graff Hoyer von Manßfeld, Graff Wolff von Montfort und Graff Johanns von Hohenloe, ist ainer des Teutschen Ordens, Kumpter zu Capfenburg, als sy nun für die Kai. Maie. mit gebürlicher Reverentz komen, knieten sy nyder für jre Maiestat, und fienge der Egemelt Graff Ulrich von Helffenstain an, mit ainer fast verstendtlichen und wol geschickten Rede, mit solchen oder dergleichen Worten, Nachdem Er davor dem Kaiser sein gebührlichen Tittel gegeben, Sagt er, dieweil Marggraff Albrecht von Brandenburg rc. das Hoch-Maister Ampt in Preussen verwürckt, und sich außer dem Orden in Weltlichen standt begeben, darzu auch versprochen unnd zu gesagt, das Hochmaister ampt, so von dem hailigen Römischen Reych zu lehen berürt, daßelbig in gebürlicher zeyt zu entpfahen, das aber nit geschehen, und das Hoch Maister Ampt zu

Preußen

Preußen sampt aller zugehör jrer Kai. Ma. und dem Reych verfallen, und aber jre Kai. Maie. jrem Herren die Administration vorlengst zugestellt mit gnediger vertröstung jenen damit zu belehnen, Derhalben wären sy von gemeltem jrem gnedigsten Herren verordnet jr Kai. Maie. in aller underthenigkait zu bitten, das jre Maiestat sein Fürstlich Gnad gnedigklich belehnen wölle.

Nach Vollendung dieser und anderer zierlicher Wort und bitt, stunde der Ertzbischoff von Mentz Chur-Fürst von seiner Session auff für die Kaiser. Maie. und nachdem jr. Kai. Maie. sich mitt jm underredt, eröffenet der Chur-Fürst von Mentz den vier verordenten und obgenanndten Graven der Kai. Maie. Bevelch, mitt solchen oder dergleichen worten, die Römisch Kai. Maie. wäre willig und genaygt jren Herren mitt dem Hochmaister ampt zu Preußen, mit land und lewten, auch derselben land inn und zugehörden, Recht und Gerechtigkeiten, gnädigklich zu belehnen, derselbigen gnedigen antwort sagt der genant Graff von Helffenstain, an statt deß Administrators, für sich und die mitt Knieten Graven der Kai. Maie. underthenigen danck, wölten auch jren gnedigsten Herren für jre Kai. Maie. personlich bringen, stunden widerumb auff, saßen auff jre Pferde, und nachdem sy zu jrem Fürsten und Herren kamen, ward der Kaiserlich stuel zum anndernmal berennt, und zum dritten berennen brachten sy den Fürsten, und kame mit sein Fürstlichen Gnaden zu Eeren und underthenigen gefallen, ain wol geputzter gezeuge und hauffen, ungefährlich dreyhundert pferd von Graven, Herren, Rittern und vom Adel, sampt jren dienern, het ain yegklicher ain Klaines fenlein in seiner hand, oder aber auff seinem oder des pferdts Kopff.

Und als der gedacht Fürst der Hochmaister personlich zu dem Kaiserlichen stul rennt, würden zu nechst vor dem Fürsten zwen fanen gefürt, nämlich ain Rotten, genannt des Reichs oder plut fan, denselbigen fürt ainer des Ordens, genannt Eberhart von Ehingen, der ander Fan war Weyß, und darinn ain schwartz Creutz, auff dem schwartzen creutz ain guldin creutz, in der mitte deßelbigen Creutz ain schwartzer auffgethaner Adler, und in den vier enden des guldin creutz, an yetlichen ort ein guldin Lilgen, ist des Hochmaisters von Preußen Wappen/ward gefürt durch Herren Diettrichen von Galen, genannt Bleck, des Ritterlichen Teutschen Ordens, Haußkumpter zu Revell, bottschafft des maisters auß Lyfland.

Es war auch der Fürst beklaidt mitt ainem schönen Tallar von Weyssen Damast gemacht, mit großen weytten ermeln, auff der brust ain schwartz guldines creu, sampt dem Adler, in maßen wie obgemelt im fanen gewesen ist, dergleichen auch an sollichs auff seinem Rucken, war fast schön zu sehen. Es ritten auch hinder seiner Fürstlichen Gnad sechs oder acht Landt Kumpter und Kumpter des Ordens, alle vom Adel, waren auch in ganz weyß beklaidt, mit schwartzen creutzen bezaichnet.

Als

Als nun der Fürst mit seinem Gezeugk und Rüstung für den Kaiserlichen stul kam/ stund er abe zu fueß, sampt vielen Graven und Herren, gieng die pruck auff für Kai. Maie. und vor jm wurden getragen die vor angezaigten zwen fanen, und so bald der Fürst für die Kai. Ma. kam, knyet er nider, fieng an selbst personlich zu reden, und Kai. Maie. zu bitten, jne gnedigklich zu belehen rc. Sollichs ward sein Fürstlichen Gnaden auff bevelch Kai. Maie. durch den Ertzbischoff und Chur Fürsten von Mentz genedigklich zugesagt, und nach dem Kai. Maie. das Evangelium buch dargeraicht, und jr Maiestat daßelbig auff jrer schoeß mit baiden henden am obern thayl begreyff, und der Hochmaister seine Hende auff die Wort des halligen Evangeliums gelegt, ward jm der aydt auch durch den Chur-Fürsten von Mentz offentlich fürgelesen, und durch den Fürsten nachgeredt und geschworn, innhalt deßelbigen Ayds, darnach ward Kai. Maie. der plut fan behandiget, und dem Fürsten (daran zu greyffen) dargeraicht, der alßbald über die prucken auß (wie von alther gewonlicher brauch, und auch dißmals darvor mit den Pomerischen fanen beschehen) under das Volck geworffen, dergleichen ward des Ordens fan Kai. Maie. auch behandiget, unnd dem Fürsten daran zu greyffen dargeraicht, unnd auch alßbald über die prucken von dem stuel under das Volck geworffen.

Darnach nam Kai. Maiestat das bloß Schwerdt bey dem creutz, raychet dem Fürsten den Knopff, den begreiff der Fürst und küsset denselbigen / Es war auch dem Fürsten durch angeben des Chur Fürsten von Mentz der Kaiserlich Zepter durch den Kaiser dargehallten daran zu greyffen, dieweyl er ain Weltlicher und auch ain Gaistlicher Fürst ware.

Nach solchem allem ward verordent das ain Kaiserlicher Erhaldt (genannt Germania) offenlich verkunden solt, Rö. Kai. Maie. unser allergnedigster Herr gegenwürtig in jrer Maiestat, were des gnedigen Gemüts und Willens Ritter zu schlagen, und welcher solche (doch der auch des Namens stammen und Herkomens were) Ritterliche Würde zu entpfahen begert, der solt sich alßbald vor der Kai. Maie. erzaigen. Es wurden auch darauff fünff oder sechs mitt Ritterlicher würde begnadt, und alßbald gienge die Kai. Ma. mit sampt den obangezaigten ChurFürsten und Fürsten rc. von dem stul widerumb auff den vorgemelten Sall, legten von jnen das Kaiserlich auch das Künigklich und ChurFürstliche Gwand saßen darnach auf jre Pferde, und ward der Kaiser durch den Künig von Ungern und Behem, und die ChurFürsten und Fürsten mit aller gebürender Reverentz und Eere biß zu jrer Kai. Maie. Hoff verglaidt, daselbst raycht jr Maiestat allen beywesenden ChurFürsten und Fürsten ainem yegklichen sein hand mit frölichen geberd,
wie ainem gnedigen und Tugentreychen Kaiser gebürt
und wol ansteht.

Der Wöchentlichen Historischen Müntz-Belustigung

5. Stück den 31. Januarii 1731.

Ein rarer Gold-Gülden von Hertzog Albrechten, dem Großmüthigen, zu Sachsen.

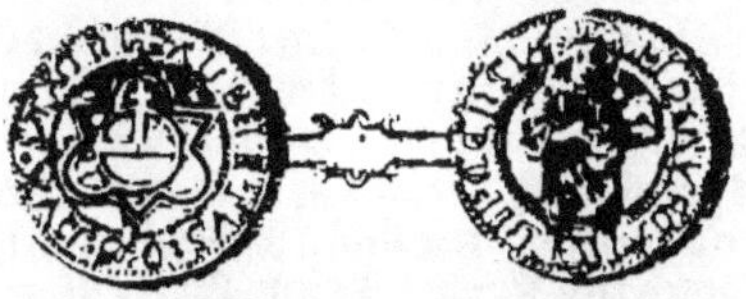

1. Beschreibung deßelben.

Die erste Seite enthält in einer dreyeckigten, und in den Seiten mit Rundungen ausgeschweifften gedoppelten Einfassung einen Reichs-Apffel, als das gewöhnliche Müntz-Zeichen, daß ein Stück Geld nach dem Reichs-Fuß geschlagen sey. Umher stehet der Tittel mit alten Buchstaben: †. ALBERTVS. D. G. DVX. SAXONI. d. i. Albrecht von GOttes Gnaden Hertzog zu Sachsen.

Auf der andern Seite stehet St. Johannes der Tauffer, mit einem runden Schein um das Haupt, in einem langen umgürteten Rock, und zeiget mit der rechten Hand auf das in der lincken Hand haltende Lamm. Zu seinen Füssen ist das Sächsische Wäpplein. Die Umschrifft ist: MO:neta AVREA. LIPCENSI.s. d. i. Leipziger goldne Müntze.

2. Historische Erklärung.

Es hat zwar Herr Tentzel in seiner Saxonia Numismatica die alten Sächsischen Courant-Müntzen nicht geachtet, noch anführen wollen, und dahero auch diejenigen, so von Hertzog Albrechten in Gold und Silber geschlagen worden, mit Fleiß weggelassen, ob er gleich keine alte Medaille von demselben hat aufbringen können; Jedoch würde es zu grösserer Vollständigkeit dieses sonst so schönen Sächsischen Müntz-Wercks gedienet haben, wann er in Ermangelung der Medaillen nur Courant-Müntzen beygebracht hätte. Die Medaillen langen nicht an das Alter der Courant-Müntzen, dahero man öffters in der Historie diese zu Hülffe nehmen muß, wann uns jene abgehen. Wann Hr. Tentzel nicht die auf Churfürst Augusti zu Sachsen Veranstaltung A. 1575. von dem künstlichen Tobias Wost verfertigte Medaille von Hertzog Albrechten vor die Hände gekommen wäre, so hätte er sich entweder mit der gantz neuen Wermuthischen Schau-Müntze von gedachten Hertzog behelffen, oder seine Sächsische Historie aus Gedächtnüß-Müntzen mit einem leeren Felde anfangen müssen, welche dann einem Leib ohne Kopff würde ähnlich gewesen seyn. Es würde aber besser gelassen haben, wann er den Mangel einer Medaille mit einer Courant-Müntze ersetzet hätte.

Mir ist jüngsthin ein wohl-conservirter Rheinischer Gold Gulden von gemeldten glorwürdigsten Hertzog vorgekommen, welchen ich allerdings sowol seinet- als des Alters-halben für würdig achte dieser Müntz-Belustigung einzuverleiben. Es befindet sich derselbe auch in dem Weimarischen Nummophylacio Wilhelmo-Ernestino, wie dessen Abstich in den vom Herrn Secretario Francken herausgegebenen Kupffer-Tafeln Tabula VI. n. 11. bezeuget. Ingleichen ist dessen Abbildung in alten Holländischen Müntz-Büchern von A. 1555. und 70. anzutreffen. So hat ihn auch Herr Schlegel unter seinen alten Saalfeldischen Müntzen Tab. II. n. 2. mit angeführet, und meldet, daß das Gold zu selbigen aus der Reichmansdorffischen Gold-Grube sey genommen worden, welches das darauf stehende Bildnüß St. Johannis des Tauffers anzeige, als welches auch das Wappen von Saalfeld.

Es liegt aber dieses Reichmansdorff in dem Amt Saalfeld Nordwärts, und hat von dem vormahls daselbst gewesenen sehr reichen Gold-Bergwercke den Anbau und Nahmen erhalten. Es soll so viel Gold aus selbigen seyn gegraben worden, daß die Einwohner an ihrer Kirchweih, welche den Sonntag vor Pfingsten eingefallen, bey ihrer Kurtzweil gantz goldene Kugeln und Kegeln gehabt hätten; So sollen auch die Berghauer einsmahls ihrem Landes Herrn versprochen haben, daß wann er sich nur acht Tage bey ihnen aufhalten würde, so wolten sie ihm von lauter gediegenen Gold-Ertzten einen Thron aufrichten, wie er für seine Leibs-Grösse taugte. Es hat sich aber nachdem dieses Bergwerck gäntzlich abgeschnitten; welches, nach einer alten Erzehlung, daher gekommen, weil ein Weib, deren ihr Mann von einem einstürtzenden Schacht erschlagen worden, dasselbe verwünscht habe. Andere melden, es habe ein Berg-Knappe viele kleine Gold-Ertzte verschlucket, welche nachmahls seine Mutter aus seinem Miste wieder ausgelesen; Als er nun wegen dieser diebischen Weise gehenckt worden, so habe die Mutter aus Rache ein halbes Maaß Mohn-Saamen unter zauberischen Beschwörungen

in

in die vornehmste Gold-Grube geschüttet, mit der Verfluchung, daß so viele Mohn-Saamen-Körner in dieselbige gefallen, in so vielen Jahren solte man auch kein Gold-Stäublein daselbst mehr erblicken. Alleine alle diese Erzehlungen gehören in die einfältige Zeit, da man glaubte, der Teufel könte durch einer alten Frau ihr segensprecherisches Gemurmele eben so viel auf dem Erdboden ausrichten, als der allmächtige GOTT. Es kan das Bergwerck aus gantz natürlichen Ursachen aufgehört haben, wann gleich die Zauberey dabey nichts gethan.

Ob auch wohl nach der A. 1485. gemachten Brüderlichen Erbtheilung Salfeld sich in der Thüringischen oder Weimarischen Portion befand, welche Chur-Fürst Ernst erhielte, so kan es doch seyn, daß Hertzog Albrecht seine nach dem Rheinischen Fuß geschlagene Gold-Gülden hat aus dem Salfeldischen oder Reichmansdorfischen Gold-Ertzt prägen lassen, dieweil beede Brüder sich die Fürstliche Nutzung von den Bergwercken in beyden Theilen und Fürstenthumen, wo die damahls waren, und sich hinführo begeben möchten, zugleich zu haben verglichen hatten. Das auf dem Gold-Gülden befindliche Bildnus St. Johannis des Tauffers aber zeiget es nicht alleine an, daß derselbe aus Salfeldischen Golde gemacht sey, indem zu selbiger Zeit dasselbe auf vielen andern Gold-Gulden vorkommt, als auf Nördlingischen und Franckfurtischen mit K. Friederichs III. Nahmen, auf Badenburgischen, auf Brandenburgischen, auf Ingolstädtischen, auf Gröningischen u. s. w. daß auch Herr Schlegel sagt, es sey St. Johannes der Tauffer mit dem GOttes-Lamm, ein so gemeines Zeichen auf den alten Gold-Gulden gewesen, als wie der Reichs-Apffel.

Man hat noch eine andere Art von Gold-Gulden, welche Hertzog Albertus zugleich mit seinen Vettern von der Chur-Linie, Chur-Fürst Friederichen, und Hertzog Johanne hat schlagen lassen, die fast eben so aussiehet. Die Umschrifft ist aber auf der ersten Seite: FRI: AL: IO: D. G. DVCV: SAXON. d. i. Friderici, Alberti, Johannis Ducum Saxoniæ; Unten zu des St. Johannis Füssen stehen die zwey Wäpplein von des Reichs-Ertz-Marschall-Amt, und dem Hertzogthum Sachsen. Die andere Seite hat auch einen Reichs-Apffel, aber auf vier Blättern in einer von vier dreysachen Bögen zusammen gesetzten Einfassung, auf deren vier Winckel so viel Blätter hervor stehen. Umher ist zu lesen: MONE: NOVA: AVR: LIPCENSIS: 1499. d. i. Moneta nova aurea Lipcensis.

Diese Formul bedeutet aber nicht, daß dieser Gold-Gulden von der Stadt Leipzig, sondern in derselben, als einer Lands-Fürstl. Müntz-Stadt, gemüntzet sey. Es hat zwar Marggraf Dietrich von Landsberg vor 30. Marck Silbers dieser Stadt das Opus fabrile Monetæ mit allem Recht und

Eigenthum, so ihm sonsten zugehört, A. 1273. überlassen gehabt. Gleichwie aber derselbe selbsten noch nicht das Recht, goldne Müntzen zu schlagen, vom Kayser erhalten gehabt / welches erstlich an die Marggrafen von Meissen A. 1425. und 54. gekommen, also hat er auch solches derselben nicht einräumen können, mithin ist Leipzig nicht berechtigt gewesen, auch nachdem goldne Müntzen zu schlagen, sondern dieses Recht haben alleine die Marggrafen zu Meissen gebrauchet, jedoch ihr Gold in Leipzig, als einer sichern und guten Müntz-Stätte / müntzen lassen.

Ausser besagten einseitigen und gemeinschafftlichen Rheinischen Gold-Gulden hat Hertzog Albrecht auch nebst seinem Bruder Chur-Fürst Ernsten, und Vettern Landgraf Wilhelm von A. 1465. gute Silber-Groschen von 7½ Loth 4. gr. feinen Silber, 88. Stück auf die Marck, jedes à 12. Pf. schlagen lassen; welche man von der Helm Zierath Horn-Groschen genennet. Auf deren einen Seiten befindet sich das Sächsische Schild mit der Raute und darüber gesetzten Helm in der Umschrifft: E. A. D. G. DVCS. SAX. TVR. L. MARCH. MIS. d. i. Ernestus, Albertus Dei Gratia Duces Saxoniæ, Thuringiæ Landgravii, Marchiones Misniæ. Die andere Seite enthält den Thüringischen Schild mit dem Löwen, und darüber befindlichen Helm, und der Umschrifft: W. D. G. DVCS. SAX. TVR. L. MARCH. MISN. d. i. Wilhelmus &c. dergleichen Groschen findet man noch eher, als Gold-Gülden von selbiger Zeit.

Ein eintzige Silber-Müntze in Thaler-Grösse ist von Hertzog Albrechten auch noch vorhanden, welche er A. 1498. als erblicher Statthalter in Frießland hat schlagen lassen. Auf deren ersten Seite siehet man den auf ein Lilgen-Creutz gesetzten quadrirten Wappen-Schild mit dem Sächsischen Wappen, als einen Mittel-Schild. Im ersten Quartier ist der Thüringische Löwe, im andern der Adler von der Sächsischen Pfaltz, im dritten sind die Landsbergischen Pfäle, und in dem vierdten ist der Meißnische Löwe. Umher stehet ALBERTVS. DVX. SAXONIE. GVB.ernator. FRISIE. Auf der andern Seite ist ein unter einer geschlossenen Krone von zween Löwen gehaltener Schild, mit dem zweyköpffigten Reichs-Adler; Im Abschnitt befindet sich die Jahrzahl 1498. Die Umschrifft ist: DEI. GRACIA. REGES. REGNA'T. d. i. Durch GOttes Gnade regieren die Könige. Herr Schlegel hält diese Müntze für einen Thaler. Herr Tentzel aber meinet es sey nur ein Stuyver, weil er solche in einem A. 1627. zu Antwerpen gedruckten Müntz-Buche nicht anders abgedruckt gefunden. Jedoch nach der Grösse, in welcher sie in Tab. VII. n. 9. des von Herrn Secretario Francken edirten Nummophylacii Wilhelmo-Ernestini vorgestellet ist, kan sie unmöglich ein Stuyver seyn; weil sie einem Thaler an Grösse in der daselbst befindlichen

chen Abbildung gleich kommt. Es müssen also auch kleinere Sorten und Stuyver mit eben diesen Gepräge seyn gemüntzet worden; dergleichen Herr Tentzel in dem Antwerpischen Müntz-Buch beobachtet.

Der grosse Fürst aber, dessen Andencken billig in noch weit grössern Stücken von Gold und Silber hätte sollen verewiget worden seyn, war Albrecht, Hertzog zu Sachsen, der Urheber der Albertinischen oder itzigen Chur-Linie in Sachsen, Chur-Fürst Friederichs des III. und Gütigen, zu Sachsen fünffter Sohn, welchen er mit der A. 1432. Montags nach des heiligen wahren Leichnams-Tag, oder den 23. Junii, sich vermählten Oesterreichischen Printzessin, Margaretha, Hertzog Ernsts des Eisernem zu Oesterreich in Steyermarck Tochter und Kayser Friedrichs III. Schwester, erzeuget hatte. Er war zu Grimma A. 1443. den 27. Junii gebohren, dahero er sich auch auf seiner Reise nach dem heiligen Lande, nur Albrechten von Grimma genennet. Bojemus sagt, er sey am St. Annen-Tag gebohren, der ist aber der 26. Julii. Er will auch in alten Chronicken gelesen haben, daß er an Petri-Kettenfeyer auf die Welt gekommen, welches der 1. Aug. wäre, und also ist dieses grossen Hertzogs Geburts-Tag noch ungewiß. Von seiner Jugend findet man nichts aufgezeichnet, ausser, daß er in dem 12. Jahr seines Alters und im Jahr Christi A. 1455. am Montag vor Kiliani, als den 7. Julii Nachts um die 11. Stunde, von Cuntzen von Kauffungen, nebst seinem ältern Bruder Ernst aus seinem Schlaff-Gemach in dem Schlosse Altenburg ist gewaltsam entführet worden. Er spielte dabey diese List / daß, indem sein Bruder Ernst zu erst von dem Menschen-Rauber aus dem Schlafe gerissen und weggebracht wurde, er sich unter das Bette tieff versteckte, dahero Cuntz von Kauffung an seiner statt einen jungen Grafen von Barby, der mit den Printzen erzogen wurde, in der Eil ergriffe, und denselben wegführte. Als er aber sahe, daß er den rechten, den er haben wollen, nicht ertappet hätte, so kehrte er wieder um, und suchte so lange nach, biß er auch den sich verkrochenen Pr. Albrecht fand, der dann auch mit fort muste. Er eilte zwar mit ihm auf die Böhmische Gräntze zu, ward aber den Tag drauf in dem Walde bey dem Kloster zu Grünhayn von des Chur-Fürsten nacheilender Mannschafft zu erst eingeholet, und durch Hülffe der Köhler der Printz aus seinen Händen entlediget, und er hingegen gefänglich eingebracht.

Nach seines Vaters den 7. Sept. A. 1464. Absterben, reisete er mit seinem Bruder Ernsten nach Neustadt zu seiner Mutter Bruder K. Friedrichen den III. und empfieng nebst denselben von ihm den 29. Junii A. 1465. die Reichs-Lehen; beede Brüder beliebten jedoch eine gemeinschafftliche Lands-Regierung biß A. 1485. H. Albrecht blieb eine Weile am Kayserl. Hofe, und nach einiger Bericht / bey zwey Jahren. Als er wieder heim gekommen / nahm er sich seines von dem Pabst und dem Ungarischen K. Matthia hart geängstigten Schwähers K. Georg Podiebrads an, und halff ihm mit 1000. wohlgerüsteten Reutern. Dieses machte ihn bey den Böhmischen Ständen so beliebt, daß ihn einige A. 1471. nach K. Georgens Tod zum Könige haben wollten. Er gieng auch zu Ende des Aprils mit 5000. Mann biß vor Prag. Alleine da doch die meisten des verstorbenen K. Ladislai Posthumi Schwester Sohn, den Pohlnischen Printzen Vladislaum, lieber sahen, P. Paulus II. ihn von diesem Beginnen auch ernstlich abmahnete, so mochte er endlich selbsten nichts weiters mit den wanckelmüthigen Böhmen zu schaffen haben; bey seinem Abzug wäre er fast von den Cuttenbergischen Berg-Leuten erschlagen worden, als zwischen welchen und seinen Leuten ein grosser Zanck und Tumult aus einer schlechten Ursache entstanden war, woferne er nicht durch Anzündung einer Silber-Gruben sich aus der grossen Gefahr gerettet hätte. Jedoch halff er nebst seinem Bruder und dem Chur-Fürsten zu Brandenburg auf der Zusammenkunfft zu Breßlau A. 1474. König Vladislaum und Matthiam in Ungarn sich also miteinander vertragen, daß Vladislaus Böhmen und die Schlesische Fürstenthümer Schweidnitz und Jauer besitzen, K. Matthias hingegen Mähren / Schlesien und die Laußnitz haben solte; Nach K. Matthiæ unbeerbten Tod solte aber alles wieder an Böhmen fallen. Als H. Albrecht bey dieser Gelegenheit erfuhr, daß man ihn bey K. Matthia verunglimpffet, ob habe er schimpfflich von ihm geredet, so rechtfertigte er sich dieser Auflage halben bey demselben, mit der Versicherung, daß er gewohnt wäre mit der Faust seinem Feind zu begegnen, keinesweges aber mit einem losen Maul, als wie ein böses und zänckisches Weib.

Als A. 1475. der Reichs-Heers-Zug von K. Friedrichen gegen Hertzog Carln von Burgund wegen der Belagerung Neuß geschahe, so führte H. Albrecht das Reichs-Pannier. Nach vollendeten Feldzug trat er nach damahliger Zeiten Gebrauch A. 1476. den 5. Martii mit 119. Personen von Herrn und Knechten eine Wallfahrt über Venedig nach Rom und dem heiligen Grabe an, und kam den 5. Dec. glücklich wieder in Dreßden an. Von 1465. biß 80. hatten beede Brüder in Dreßden mit Weib und Kinder in einem Schlosse zu Dreßden ohne eintzigen Verdruß und Zanck beysammen gewohnet; da sich aber A. 1480. zwischen beederseits Räthen allerhand Mißverständnüß und Zwytracht ereignete, so scheidete sich endlich ein Bruder von dem andern, und nahm Hertzog Albrecht seinen Sitz zu Torgau; worauf auch, als A. 1482. Hertzog Wilhelm zu Weimar ohne männliche Erben verstorben, nach einer 20. jährigen gemeinschafftlichen Regierung A. 1485. Freytags nach Bartholomäi den 26. Aug. in Leipzig eine Landes-Theilung zwischen beeden vorgieng, bey welcher H. Albrecht den Theil zu Meissen erwählete, und dem Chur-Fürsten seinem Bruder der Theil zu Weimar blieb, jedoch muste er diesem noch hundert tausend Gulden heraus geben; Die eine Helffte davon zahlte er ihm baar, wegen der andern aber trat er ihm das Amt Jena ab. Jedoch blieben in Gemeinschafft Sagan, Potbus, Naumburgk, Stoeckau und Pesikau nebst allen Anmarckungen; ingleichen Schneberg und Neustädel, nebst dem in einer Meile herumliegenden Gebürge, drittens die Fürstl. Nutzung n von allen Bergwercken, vierdtens das Ungeld in Meissen, und fünfftens das Schutz-Geld von Erfurt, Mühl und Nordhausen und Görlitz.

Jedoch war H. Albrecht nachdem wenig zu Hause, sondern brachte seine übrige Lebens-Zeit meistens zu Diensten des Hauses Oesterreich im Kriege zu. A. 1477. hatte er allbereit K. Friedrichen gegen den unruhigen K. Matthiam in Ungarn Hülffe geleistet, und that dergleichen auch A. 1487. nach allen seinen Kräfften; wie er dann dabey aus eignen Gelde mit 30. tausend Gulden die murrenden Soldaten vergnügte. Wegen der schlechten Kriegs-Anstalten in Oesterreich muste er zwar mit dem Könige in Ungarn einen Frieden schliessen, so gut er konte, und ihm dabey Nieder-Oesterreich auf Lebenslang überlassen; jedoch wurden dadurch die andern Oesterreichischen Erb-Länder von der gäntzlichen Verheerung, die sie sonsten von den wütenden Ungarn unumgänglich zu gewarten hatten, befreyet; ob schon auch K. Friedrich gar scheel darzu sahe, daß diese Unterhandlung nicht besser abgelauffen.

Am allermeisten ließ sich H. Albrecht von dem Hause Oesterreich in den Niederlanden gebrauchen, und halff diese gantz unbändige Provintzien, mit Darstreckung alles seines Vermögens, seiner Haabe, seines Volcks, ja Leib und Lebens, in der Bottmässigkeit desselben erhalten. Es sind davon alle Niederländische Geschicht-Bücher dergestalt angefüllet, wie derselbe von A. 1488. biß A. 1500. und in den letzten Jahren absonderlich, mit den hartnäckigen Friesländern hat zu kämpffen gehabt, daß auch nur von diesen Helden-Thaten, wobey ihm GOtt jederzeit Glück und Sieg verliehen, einen gantz kurtzen Auszug zu machen, dieser Bogen würde gantz unzulänglich seyn. Er fand dabey auch seines Lebens Ende. Denn als er A. 1500. die Stadt Gröningen belagerte, erkranckte er so hefftig an einem Fieber, daß er sich aus dem Lager muste nach Embden bringen lassen, woselbst er am Sonnabend nach Mariä Geburt verstarb. Die Sächsischen Scribenten setzen diesen Tag auf den 12. Septembris. Aber Eggericus Benigna in seiner Ost-Frießländischen Chronick Lib. III. c. 48. sagt, es sey der achte Tag des Monats Septembris gewesen. Weil nun dieser Mann zu derselben Zeit lebte, auch von keinem Schuß nichts meldet, den H. Albrecht solte vor Gröningen bekommen haben, und daran gestorben seyn, wie doch sonsten insgemein erzehlet wird, so glaube ich ihm in

diesem

diesen beeden Stücken mehr, als andern. Sein Eingeweide ward in einer Capelle der großen Kirche zu Embden beygesetzet, woselbst noch eine küpfferne Tafel mit seinem Wappen-Schild, mit der Ordens-Kette vom goldnen Vließ umgeben, und mit folgender Inscription zu sehen, welche Herr D. Joh. Zach. Hartmann in seiner Dissertatione, darinne er Hertzog Albrechten als ein Muster der Treue gegen den Kayser und das Reich dargestellet, in Kupffer stechen lassen p. 15.

Sepulta a°. salute XV°. XIII. Septembr.
Siste precor gradum † qui transis viator
alberti ducis Saxonie primi gubernatoris frisie
hic exta quiescunt qui post cicambrios
frisiosque triumphos principibus timori
gentibusque tremori fuit †. abi nunc feliciter
et quam miserum sit genus humanum revolve.

Der Leichnam wurde nach Meissen abgeführet, und daselbst Sonntags nach Dionysii den 11. Octobris in dem Dom prächtig zur Erde bestattet. In der Kirchen war die Bahre mit 114. Liechtern, deren jegliches vier Pfund schwer, bedecket, und an jeglichem war ein gemahltes Schildlein von dessen zwölff Landen gehenckt, dabey wurde an 32. Altären Messe gelesen.

Dieser grosse Fürst, welcher mit 50. tausend Mann die gantze Welt creutz-weise durchziehen wollen; welcher alleine von dem streitbahren König Mathia für einen Heer-Fürsten in Teutschland damahls ist gehalten worden; ja welchen man die Ehren-Nahmen eines Achillis, eines Hectors, der rechten Hand des Reichs, eines Reichs-Vormunds, einer Säule des Hauses Oesterreichs, des Großmüthigen, und des Hertzhafften beygeleget; nahm also im 58. Jahr seines Alters seinen Abschied aus dieser Welt, und hinterließ von seiner Gemahlin Zedena oder Sidonia, K. Georg Podiebrads in Böhmen Tochter, die ihm sehr jung und in ihrem 14. Jahre A. 1464. im Majo beygelegt worden, die drey berühmten Söhne, Georgen, Heinrichen und Friedrichen.

Von dem Kayser erlangte er zur Belohnung seiner grossen Dienste A. 1483. den Anfall der Hertzogthümer Jülich und Berg, wann dieselben solten ledig werden; Ertz-Hertzog Philipp machte ihn A. 1491. den 25. Junii zum Ritter des goldnen Vliesses, K. Maximilian verordnete ihn zu seinem Statthalter in Niederlanden, und da er darthat daß er 300000. Gulden von dem Seinigen in dem Frießländischen Kriege aufgewendet, so ward er mit der Erb-Statthalterschafft von Frießland belehnet, welche er und seine Erben so lange besitzen solten, biß diese Summa wieder erstattet worden. Vide Schlegel de nummis Salseldens. Wimpina, Boiemus, Hartmann., Müller *in annal. Saxon.* und in Reichstags-*Theatro* unter K. Friedrichen *III.*

Der Wöchentlichen
Historischen Müntz-Belustigung
6. Stück. den 7. Febr. 1731.

Eine Begräbnüs-Medaille auf den letzten Piastischen Hertzog zu Liegnitz, Brieg und Wohlau in Schlesien, Georg Wilhelm, von A. 1675.

1. Beschreibung derselben.

Die erste Seite zeiget gedachten Hertzogs geharnischtes Brust-Bild mit gantzen, jedoch etwas zur lincken Seite gekehrten Angesicht, mit langen Haaren, einem breiten Uberschlag, und einer auf der rechten Achsel geknüpfften Feldbinde. Die Gestalt ist aber vor einen Printzen von 15. Jahren gar sehr zu starck gemachet, indem er eher einen Fürsten von 30. Jahren gleichet. Unten am rechten Arm stehen die Anfangs-Buchstaben von dem Medalleur, S. K. die ich nicht dechiffriren kan. Umher ist der Tittel zu lesen: GEORG.ius WILHELM.us. D.ei. G.ratia. DVX. SILESIÆ. LIGN.icensis BREG.ensis & WOLAVIENS.is. d. i. Georg Wilhelm Hertzog in Schlesien zu Liegnitz, Brieg, und Wohlau.

Die andere Seite enthält folgende Lateinische Inscription in 16. Zeilen: PIASTI ETNARCHÆ POLONIÆ VLTIMVS NEPOS PRINCEPS XV. VIX. ANNOS NATus. SED TAMEN MAIORENNIS POST NONIMESTRE DVCATVVM REGIMEN DIE XXI. NOVEMB. A. MDCL XXV. SIBI REGIÆ FAMILIÆ NOVEMQ. SECVLORVM SENIO FATALEM FIGIT TERMINVM AMBIGENTE SILESIA NVM PIASTI NATALIBVS PLVS GRATIÆ GEORGII GVILIELMI FATO PLVS LACHRYMARVM DEBEAT. d. i. Piasti, des Pohlnischen Landes-Fürstens letzter Enckel, ein Printz, der kaum 15. Jahr alt, und doch Majorenn gewesen, stecket, nach neun-monatlicher Regierung seiner Hertzogthümer, am 21. Novembr. a. 1675. ihm selbst, seinem Königlichen Stamm-Hause und dessen Alterthum von 9. Seculis ein Ziel, wobey Schlesien in Zweifel stehet, ob es dem Ursprung Piasti mehr Dancks, oder dem frühzeitigen Hintritt des Fürsten Georg Wilhelms mehr Thränen, schuldig seye?

2. Historische Erklärung.

Die alten Schlesischen Hertzoge stammen her von dem Pohlnischen Printzen Wladislao II. K. Boleslai III. in Pohlen mit seiner ersten Gemahlin, der Reußischen Prinzessin Siwislava erzeugten ältesten Sohn. In der Väterlichen Erbtheilung bekam er A. 1139. die Landschafften Cracau, Siradien, Lanzigk, Schlesien und Pommern, muste aber seinen jüngsten Bruder dabey erziehen. Er solte zwar, nach der Väterlichen Verordnung, über seine andere drey Brüder, Boleslaum, Miecislaum und Henricum, die Ober-Herrschafft haben; alleine sie jagten ihn lieber A. 1146. mit Weib und Kinder zum Lande hinaus. Er suchte vergeblich bey K. Conrad III. Hülffe, und muste nach drey-jährigen Exilio auf dem Schlosse Aldenburg, bey Bamberg in Francken A. 1159. sein Leben beschliessen. Seine Gemahlin Adelheyd war Kayser Heinrichs des IV. Tochter, wie der Herr von Sommersberg aus einem Diplomate von ihrem Sohne Boleslao erwiesen. Mit derselben erzielte er drey Söhne, Boleslaum I. Conradum I. und Miecislaum; Diesen halff Kayser Friedrich I. durch seinen starcken Arm wiederum zu Schlesien, die übrigen Väterlichen Länder blieben verlohren. Schlesien aber theilten sie also unter sich, daß Cunrad das untere oder niedere, Boleslaus das mittlere, und Miecislaus das obere Stück bekam. Cunrad starb A. 1179. unbeerbt, und vermachte seinen Antheil Boleslao, welches nicht wenig Mißgunst und Verdruß bey Miecislao verursachte. Boleslaus hatte seinen Sitz in Breßlau, nennte sich einen Hertzog Schlesiens und Herrn von Breßlau, und ist ein Stamm-Vater aller Hertzoge in Nieder-Schlesien

von

von Breßlau / Liegnitz / Brieg / Wohlau / Oels / Schweidnitz / Jauer, Münsterberg, Glogau und Sagan geworden.

Der erste besondere Hertzog zu Breßlau war Heinrich III. ein Sohn H. Heinrichs II. und Frommen, und H. Boleslai I. Urenckel, der solches von seinem zanckſüchtigen Bruder H. Boleslao II. den Kahlen A. 1143. mit vieler Verdrüßlichkeit erhielte. Von seinen Nachkömmlingen war H. Heinrich der VI. der letzte, der sein Hertzogthum, wegen grosser Widerwärtigkeit, dem König in Böhmen Johanni A. 1327. zu Lehen auftrug, dahero solches nach seinen A. 1335. den 25. Nov. erfolgten Absterben demselben heimfiel.

Die Hertzoge zu Schweidnitz entstanden von Bolcone I. einen Sohn H. Boleslai des Kahlen zu Liegnitz A. 1278. welchem sein Bruder H. Heinrich der V. und Dicke zu Liegnitz und Breßlau noch dazu Jauer und Münsterberg einraumte. Sein Enckel von seinem ältesten Sohne Bernhard, Bolco II. war der letzte Hertzog von Schweidnitz, und starb A. 1368. den 28. Aprilis ohne Kinder.

H. Bolconis I. zu Schweidnitz anderer Sohn, Heinrich I., ward der erste Hertzog zu Jauer, nach seines Vaters Tod A. 1302. Sein Sohn Heinreich II. erbte A. 1368. von seinem Vetter Bolcone II. Schweidnitz, worauf Jauer und Schweidnitz mit seiner eintzigen an Kayser Carln IV. A. 1353. vermählten Tochter, Anna, an die Kron Böhmen kam. Er starb A. 1345.

Der dritte Sohn H. Bolconis I. zu Schweidnitz bekam von ihm A. 1302. Münsterberg / und ward A. 1366. ein Vasall von dem Könige in Böhmen; dahero als von seinen Nachkommen der allerletzte H. Johannes in der Schlacht mit den Hussiten bey dem Dorffe Wilhelmsdorff in der Grafschafft Glatz A. 1428. den 26. Dec. um sein Leben kam, so zog K. Sigismund das Hertzogthum ein.

Die Hertzoge von Glogau fangen sich mit Conrado II. dem dritten Sohn H. Heinrichs II. oder Frommen in Breßlau A. 1242. an, der seinen Bruder, H. Boleslaum II. den Kahlen, zu Liegnitz nöthigte, daß er ihm erstlich Crossen und hernach auch Glogau überlassen muste. Seine fünff Enckel von seinem Sohn Heinrich III. theilten das sehr weitläufftige Hertzogthum A. 1312. unter sich, und veräuserten daran vieles an die Kron Böhmen, wie H. Johannes zu Steinau insonderheit A. 1331. mit seinem Rechte an der halben Stadt Glogau that; Zu allerletzt besaß dieses Hertzogthum H. Heinrich IX. der A. 1476. den 21. April. diese Welt verließ.

Von den Hertzogen zu Glogau sind die Hertzoge von Sagan und Oels entsprossen.

Der erste Hertzog von Sagan wurde in obgedachter Theilung der Enckel H. Cunrads II. zu Glogau A. 1312. Heinrich IV. der A. 1329. sein Land

K. Johanni in Böhmen lehenbar machte. Jedoch war Sagan von Glogau noch nicht getrennet, welches erstlich geschahe, als Johannes I. Heinrichs VI. Sohn A. 1395. Sagan behielte, und Glogau seinem Bruder Heinrich VIII. überließ. Mit seinem Sohne, H. Johanne II., endigte sich A. 1504. den 22. Octobris die Linie der Hertzoge von Sagan, nachdem derselbe A. 1472. dem Churfürsten von Sachsen, Ernsten, und seinem Bruder, H. Albrechten, sein Hertzogthum für 55000. Ungarischer Ducaten verkauffet hatte.

Die Oelsnitzische Hertzoge stammen ab von Conrado I., einem Bruder des ersten Hertzogs zu Sagan, Heinrichs IV. dem von des Vaters Erbschafft A. 1312. Oels zu Theil wurde. Seines Vetters H. Boleslai II. zu Liegnitz Gewaltthätigkeit zwang ihm auch A. 1319. durch die Lehen-Auftragung seines Landes bey K. Johanne in Böhmen Schutz und Hülffe zu suchen. Sein Geschlecht ward biß auf H. Conrad VIII. fortgesetzet, der A. 1492. den 22. Sept. seines Lebens-Ende erreichte.

Die Hertzoge in **Ober-Schlesien** zu Teschen/ Oppeln und Ratibor haben zu ihren Stamm-Vater, H. Miecislaum, den dritten Sohn des unglücklichen H. Vladislai II., welchem H. Casimir II. und Gerechte in Pohlen A. 1179. die Landschafft Oschwitz schenckte, um ihm das zu vergüten, was ihm durch seines Bruders Conrads gäntzlich an den ältern Bruder Boleslaum gekommene Erbschafft entgangen war, und also dadurch zwischen den beeden Brüdern wieder ein gutes Vernehmen zu stifften. Er starb A. 1211. den 15. May. Sein Sohn Casimir I. nennte sich einen Hertzog in Schlesien, zu Oppeln und Ratibor. Dessen Sohn Wladislaus I. hatte drey Söhne/ Casimirum II., Boleslaum I. und Przemislaum. Der erste ward bey der Theilung A. 1288. Hertzog zu Teschen/ der andere Hertzog zu Oppeln, und der dritte Hertzog zu Ratibor.

H. Casimirs II. Sohn, Casimir III., ward wegen des H. Teschen A. 1327. K. Johanni in Böhmen lehenbar; und fiel also das Land demselben ein, als A. 1625. mit Friedrich Wilhelm die Hertzoge absturben.

Boleslai I. Hertzogs zu Oppeln Nachkommenschafft hat gedauert biß auf H. Johannem, der A. 1532. den 28. Martii unvermählt aus dieser Welt scheidete, und sein Hertzogthum K. Ferdinanden I. in Böhmen überließ.

Das Hertzogthum Ratibor kam nach Absterben H. Lesconis, Przemislai Sohns, A. 1337. an seine Schwester Annam, H. Nicolai zu Troppau Gemahlin, und war also gar eine kurtze Zeit bey einem Piastischen Printzen.

Am allerlängsten hat an dem Piastischen Fürsten-Stamm in Schlesien der Liegnitzische Ast gegrünet, der in H. Boleslao II. dem Kahlen, einem Sohn H. Heinrichs II. und Frommen A. 1242. entsprossen, und sich mit H. Boleslao III. H. Heinrichs V. oder Dicken, zu Liegnitz, Sohn A. 1296. in

Brieg,

Brieg, und A. 1639. mit H. Christian in Wohlau wiederum vertheilet. Eben dieser H. Christian brachte, nach Absterben seiner beeden ältern Brüder, H. Ludwigs IV. und H. Georgs III. Absterben, ohne Männliche Erben, A. 1663. und 64. Liegnitz, Brieg, und Wohlau wiederum zusammen, und hinterließ solche nach seinem A. 1672. den 18. und 28. Febr. erfolgten Ableben, seinem eintzigen damahls lebenden, und mit Louise, Fürstens Johann Casimirs zu Anhalt-Dessau Tochter, erzeugten Sohn, Georg Wilhelm, der der allerletzte und lieblichste Zweig von dem so alten Piastischen Fürsten-Stamm in Schlesien gewesen.

Es war derselbe den 19. oder 29. Sept. A. 1660. gebohren, und solte in der Heil. Tauffe Piastus geheissen werden, der Hof-Prediger Ursinus machte aber ein Bedencken, demselben einen Heydnischen Nahmen beyzulegen, sonsten würde es eine besondere Fatalität gewesen seyn, wann sich dieses alte Fürstliche Geschlecht mit Persohnen von gleichen Nahmen angefangen und geendiget hätte. Er zeigte so frühzeitig eine so gantz sonderbahre Fähigkeit von sich, daß jederman vermuthete, es würde diese so vortreffliche Frucht zu balde reiff werden und abfallen. Er begriff die Lateinische und Frantzösische Sprache gantz leichte, und fieng auch an Welsch und Spanisch zu lernen. Sein Vater überließ ihn nicht bloß der Aufsicht eines einigen Hofmeisters, sondern untergab ihn etlichen von seinen vornehmsten Räthen zur Direction. Als er denselben im 12. Jahr seines Alters eingebüsset, und nach desselben Testament seine Frau Mutter, nebst drey zugeordneten Räthen, nahmentlich, den Herrn von Schweinitz, Posadowsky und Nostitz über ihn die Vormundschafft führete, so ward er A. 1672. auf die Universität zu Franckfurt an der Oder, zu Fortsetzung seines Fleisses in Fürstl. Wissenschafften, gesendet; von daraus er auch den Chur-Fürstl. Brandenburgischen Hof besuchte. Seine grosse Vollkommenheit des Verstandes bewegte den Kayser, daß er ihn im 14. Jahr seines Alters für Regierungs-fähig erklärte. Er verfügte sich demnach im Frühling A. 1675. selbsten zu dem Kayserl. Hof-Lager nach Wien, und legte die Lehens-Pflicht persöhnlich ab. Er wurde dabey von dem Fürsten zu Schwartzenberg, und dem General-Feld-Marschall, Montecuculi, als Assistenten, zum Kayserl. Thron geführet, und that die bittliche Anrede und Dancksagung mit solcher Geschicklich- und Fertigkeit in Gegenwart des gantzen Kayserl. Hofes, und vieler anwesender Bothschaffter, daß sich jederman darüber verwunderte. Insonderheit bezeigte der Königl. Spanische Ambassadeur, Marchese de Spinola, von ihm: Daß die Christenheit keinen Fürsten von so wenigen Alter, und von so vieler Fähigkeit habe. Nicht weniger Hochachtung brachte er sich sonsten durch seine vortreffliche Qualitäten und kluge Reden daselbst zuwege, davon ich nur zwey Proben anführen will; In einem Discurs mit Kayserl. Majestät, von den mancherley Regierungs-Formen, sagte er: Die Ober-Herrschafft wäre wohl ein herrliches Ding/ aber es wäre doch besser/unter dem Schirm eines so mächtigen und gütigen Kaysers zu seyn. Als ihm ein grosser Prälat fragte: Welches doch die beste Religion wäre? antwortete der Fürst: GOtt und dem Kayser treu seyn.

Nach seiner Heimkunfft trat er die Lands-Regierung mit grossen Frolocken seiner Unterthanen bey der Huldigung an, und ließ Reichsthaler und Ducaten mit seinem Bildnüs, Tittel und Nahmen prägen, darunter man aber wargenommen, daß auf den Viertels-Ducaten in der Jahrzahl 1675. die 5. verkehrt gemacht worden, welches einige für ein Omen seiner kurtzen Regierung angesehen; Gleichwie auch den Traum, in welchem ihm ein alter freundlicher Mann vorkam, der zu ihm sagte: Bitte/was ich dir geben soll? Dem er zur Antwort gab: Ich bitte von GOtt nichts/ als das ewige Leben. Er trug seines Vaters Bildnüs auf einer goldnen Oval-Medaille stets an einem schwartzen Band am Halse, sahe solches öfters bey wichtigen Vorhaben an, und sagte: GOtt behüte mich/daß ich nichts meinem Herrn Vatern unanständiges vornehmen möge. Er wohnte den Berathschlagungen in allen Collegiis unermüdet bey, und gab die schönste Hoffnung des besten Regentens von sich, welche aber dessen schneller Tod, zu grösten Leidwesen seiner Unterthanen, unterbrach. Denn es überfiel ihm noch selbiges Jahr den 5. Novembris ohnweit Brieg auf der Jagd ein hefftiger Frost, daß man ihn kranck aufs Schloß bringen muste. Es brachen hierauf die Blattern aus, welche aber wieder hinein schlugen, und verursachten, daß dieser junge Fürst den 11. oder 21. Nov. seinen Geist sanfft und seelig aufgab. Kurtz vor seinem Ende traumte ihm, er stiege einen Crystallenen Berg hinauf, bis über die Wolcken, und sagte darauf: Ey das war ein schöner Traum/ er wird auch wohl der letzte seyn. Er schrieb auf seinem Tod-Bette folgenden beweglichen Brief an den Kayser:

Pr. Pr.

„ICh bin zwar der allerunterthänigsten Hoffnung und Vorsatzes gewesen, „Ihrer Kayserlichen Majestät, und Dero glorwürdigsten Ertz-Hause, „mich durch langwürige und getreue Dienste wohlgefällig zu machen, und „dieses, was in meiner Jugend annoch nicht zu thun vermochte, mit zunehmenden Alter, in desto vollkommener Devotion, Deroselben darzustellen: Es „scheinet aber, daß bey meiner jetzigen Unpäßlichkeit der Allerhöchste, seinem „unerforschlichen Gutbefinden nach, dieses durch einen frühzeitigen Tod zu „unterbrechen, und mich, ehe ich fast den rechten Anfang solches meines ge„treuen Vorhabens machen können, dieser Sterblichkeit hinwieder zu ent-

nehmen

nehmen, gemeinet sey. Dieser himmlische Rathschluß nun, wie er auch die, so ihm zu folgen „
sich beschweren, wider ihr Belieben nach sich ziehet, also nehme ich, weil ich jederzeit des „
Höchsten Willen für meine eintzige Richtschnur geachtet/ selbige mit unerschrockenem und „
willigem Gemüthe an. Ehe und bevor ich aber solche Schuld der Natur bezahle, so „
will ich hiermit, nebst unsterblichem Danck für all meinem Hause und mir erzeigten Wohl- „
thaten und Kayserlichen Schutz/ Huld und Gunst, dasjenige was Ihro Kayserl. Majest. „
nach meinem Tod die Rechte zueignen, zu Dero Füssen allergehorsamst niedergelegt ha- „
ben/ Ihro Kayserl. Majestät dieses eintzige, um Dero selbst eigenen Kayserl. Flor und Auf- „
nehmens wegen, allerunterthänigst ersuchend, daß Ihro Kayserl. Majestät geruhen wol- „
len / Ihro nicht allein meine Frau Mutter und Frau Schwester, sondern auch meinen „
Vettern, den Grafen Augustum von Liegnitz, (deme nicht allein die anderwärtige Unfä- „
higkeit, als auch die hinterlassene ausdrückliche Provision meines Herrn Vaters anitzo die „
Lehens-Folge zweiffelhafftig machet,) als auch meine getreuen Diener zur gerechtesten „
Beobachtung und Manutenenz empfohlen seyn zu lassen, vornemlich aber meine Untertha- „
nen bey ihren Privilegien und bißherigen Glaubens-Ubungen, in Kayserl. Huld und Gna- „
den allergnädigst zu erhalten, wünschende, daß der allerhöchste Ihro Kayserl. Majest. „
die Jahre, welche sein Göttl. Wille mir verweigert, dafür in Gnaden zusetzen, und an „
Deroselben hochlöblichen Ertz-Hause meinen sich anitzo ereignenden Periodum fatalem „
nimmermehr verhängen / sondern Deroselben männlichen Erben kein Ende und ihrer „
Macht und Siege kein Ziel seyn lassen wolle. „

Er wurde den 20. Januarii A. 1676. in der Fürstl. Stiffts-Kirche zu St. Johannis in Liegnitz zur Erde bestattet, woselbst A. 1677. die verwittibte Hertzogin Louyse eine treff-lich schöne Begräbnüß Capelle hat aufführen lassen, an welcher folgende Inscription zu lesen, die alles in sich enthält, was ruhmwürdiges von dem ausgestorbenen Königl. und Fürstl. Piastischen Geschlechte kan gemeldet werden:

Deo, ossium custodi, piisque Manibus Domus Piasteæ sacrum, quæ Anno Aer. Chr. 725. cum Piasto cœpit, Sarmatiæ XXIV. Monarchas, pluresque PP. Silesiæ CXXIII. Duces, Ecclesiæ VI. Archi- & Episcopos, septentrioni Religionem, literas, regiminis rationem, templa, scholas, urbes, arces, mœnia, per PP. pios, probos, sanctos, fortes, clementes, liberales, dedit, Germaniam a Tartarorum inundatione liberavit, in Christiani optimi, Filio, Georgio Guilelmo ultimo, sed meritis primo principe, die XXI Nov. A. Ch. M. D. C. LXXV. cum ingenti patriæ, Europæ, Cæsarisque luctu, post novem accurate secula desiit, meruitque ut Ludovica, Princeps Anhaltina, ultima Piastæorum Mater, avis atavisque; vel potius posteritati, hocce monumentum Conjugi, Filioque, sibi, Filiæque superstiti Carolinæ, Holsatiæ Duci, A. Ch. M. DC LXXIX. urnas gemens poneret, singulis virtutem pro præcone, mundum Arctoum pro monumento habentibus, nullius ergo indigis, nisi mortalium oblivio, vel ingratitudo saxis citius obmutesceret. d. i. GOtt, dem Bewahrer der Gebeine, und denen „
seel. Verstorbenen aus den Piastischen Hause ist dieses gewidmet, welches An. 725. mit „
Piasto angefangen/ dem Königreich Pohlen 24. Könige, und noch mehr Fürsten, dem „
Lande Schlesien 123. Hertzoge, der Kirche 6. Ertz- und Bischöffe, denen Nord-Ländern „
gelehrte Leute, die Kunst zu regieren, Kirchen, Schulen, Städte, Schlösser, Mauern, „
durch Gottsfürchtige, fromme, heilige, behertzte, gnädige und milde Fürsten gegeben, „
Teutschland von der Uberschwemmung der Tartarn befreyet, mit Christians des Allerbe- „
sten Sohne, George Wilhelm dem Letzten, aber den Verdiensten nach dem ersten Fürsten, „
den 21. Novembris im 1675. Jahre, zu grossen Leidwesen des Vatterlands, Europens „
und des Kaysers/ verloschen, und verdienet hat, daß Louyse, gebohrne Fürstin zu Anhalt, „
die

„ die letzte Piastische Mutter/seinen Ahnen und Ur-Ahnen, oder vielmehr der Nach-Welt, dieses Be-
„ gräbnüs-Mahl, dem Ehe-Gemahl, Sohne, ihr selbst, und der noch lebenden Tochter, Charlotte,
„ Hertzogin von Holstein, Todten-Töpffe, im 1679. Jahr beysetzete, deren jedes die Tugend zu seinem
„ Gedächtnüs-Mahl hatte, und also nichts mehr bedurfft hätte, wann nicht der Sterblichen Ver-
„ gessenheit oder Undanck zeitlicher als die Steine verstummeten.

In dieser Begräbniß Capelle ist in der grossen Cuppel der Thier-Creiß al Fresco gemahlet, an welchen die Sonne auf ihren goldnen Wagen durch die 12. himmlische Zeichen gehet, und beym Krebs stehen bleibet: Dabey ist das Lemma:

Regales periisse domos, fieri astra favillas,
Miraris! Soli stat quoque fixus obex. d. i.
Ach Menschen, sterbliche, was wundert ihr euch viel?
Daß Königlicher Stamm, hier wird zu Staub und Erden,
Ja daß die Sterne auch zu leichter Asche werden,
Hat doch die Sonne selbst, ihr vorgesetztes Ziel.

Unter andern Gemählden ist darinnen auch der 14 jährige Hertzog Georg Wilhelm zu sehen, wie er vom Kayser Leopold die Lehen empfängt, mit der Beyschrifft:

Wilhelmus regimen cum pubertate capessit
Contulit id Cæsar sed Deus omne prius. d. i.

George Wilhelm kriegt noch vor bestimmter Frist,
Die Lehn und volle Macht, daß er sein Land regierte,
Das gab der Kayser ihm, weil er genugsam spührte
Daß GOtt ihm vor der Zeit zu allen ausgerüst.

Ferner stehen daselbst die Bilder Hertzog Christians, seiner Gemahlin Louyse, seines Sohns, Georg Wilhelms, und seiner Tochter Charlotte, vermählter Hertzogin zu Holstein, in Lebens-Grösse, aus Alabaster, vom Rauchmüller gemacht, mit folgenden schönen Beyschrifften: Als

1.) Unter der Hertzogin Louyse: Heu mihi soli! d. i.

Verlaßne Fürstin, ach, dein Hertzog ist dahin!
Ich schau es allzuwohl daß ich gantz einsam bin,
O Himmel solt ich mich nun nicht zu tode weinen,
Denn wenn die Sonne stirbt, wie kan der Monde scheinen.

2) Unter Hertzog Christians: Nescia gnati? d. i.

Schaust du nicht wie dein Sohn die Nacht der Einsamkeit
Durch seiner Tugenden erlauchten Glantz zerstreut.
Ein Printz, wie dieser ist, kan auf den Trauer-Bühnen
Auch seiner Mutter wol zu einer Sonne dienen.

3) Unter Hertzog Georg Wilhelms: At sequor ipse! d. i.

Allein es folgt dein Sohn dir in das Sternen-Dach,
Mein Vater und mein Fürst selbst auf dem Fusse nach;
Doch Hertzogin getrost! sind wir nicht mehr auf Erden,
So wird dir Leopold zu einer Sonne werden.

4) Unter der Printzeßin Charlotte: Spes ubi nostræ! d. i.

O düstre Finsternüß! der Hoffnung Stern und Licht
Ist leider ausgelöscht! Ach hilfft der Himmel nicht
Und läßt in dieser Nacht nur eine Sonne scheinen,
So muß Charlotte sich gewiß zu todte weinen.

Es sind ausser der unsrigen noch mehrere Begräbnüß-Müntzen auf diesen letzten Piasten gepräget werden, davon ihrer viere Herr Dewerdeck in Silesia Numismatica p. 399. beschreibet. Conf. Lohenstein in der Lob-Schrifft dieses Hertzogs. Lucas in Schlesiens curios. Denckwürdigk. p. 1504-18. Sommersberg in Diss. hist. de reb. antiv. Siles. T. I. Scriptor. rer. Siles.

Der Wöchentlichen
Historischen Müntz-Belustigung
7. Stück den 14. Febr. 1731.

Ein sehr rares Goldstück von K. Ferdinand II. in Arragonien, mit dem gantz sonderbahren Ehren-Beynahmen eines Catholischen allerchristlichsten Königes von A. 1495.

1. Beschreibung deßelben.

Die erste Seite stellet des Königes Brust-Bild vor, im rechts-sehenden Profil, mit der Krone auf dem Haupte, zwischen den beeden Buchstaben C. H. und zweyen Sternlein zu beeden Seiten, davon das eine über und das andere unter jeglichen Buchstaben. Umher stehet der Tittel mit alten Gothischen Buchstaben: FERDINANDVS R.ex. DEI GRACIA ARRAGONIE 1495.

Auf der andern Seite stehet der mit einer Krone bedeckte goldne und mit vier rothen Pfählen bezeichnete Arragonische Wappen-Schild zwischen den Buchstaben L. S. und 2. Sternen, wie auf der ersten Seite. Die Umschrifft ist: TRIVNFATOR. ET. CATOLICVS. CHRISTIANISS. imus. d. i. Ein Sieger und Catholischer allerchristlichster König.

Was die Buchstaben C. H. auf der ersten, und L. S. auf der andern Seite bedeuten, das gebe ich aufzurathen.

Das Goldstück wiegt 4. Ducaten, und ist von solcher Seltenheit, daß ich gewiß weiß, daß es von jemand ist in gantz Europa aufgesuchet, und für 8. Ducaten bezahlet worden: Man hat von diesem Gepräge auch noch eine andere und grössere Sorte von 10. Ducaten.

2. Historische Erklärung.

Grosse Potentaten suchen ihren Vorzug vor andern ihres Gleichen nicht nur in dem Besitz grosser Länder, sondern auch in besondern Beynahmen und gantz eigenen grossen Ehren-Titteln; und die Römischen Päbste, gleich wie sie die Gewalt haben wollen, Kayser, Könige, und Fürsten zu machen; also haben sie sich auch beflissen dergleichen Ehren-Beynahmen denenselben beyzulegen, wann sie sich absonderlich um den Päbstlichen Stuhl und die Christl. Kirche vor andern wohl verdient gemacht haben. Ich will dieses anjetzo nicht mit vielen Exempeln beweisen, dieweil der Abdruck von einer sehr raren goldnen Müntze K. Ferdinands in Arragonien schon sattsam solches bezeiget.

Es hatte dieser glorreiche König viele dergleichen recht grosse und ausserordentliche Verdienste aufzuweisen. Er hatte zum öfftern sehr starcke Flotten gegen die Türcken ausgerüstet, und diese Raub-Vögel dadurch von Italien und andern an der Mittelländischen See liegenden Christl. Ländern mächtig abgehalten. Er hatte A. 1479. die wider die Lehre von der Ohren-Beichte, den Ablaß, und die Päbstl. Gewalt über das Fegfeuer und über ein Concilium streitende Lehre eines Doctoris zu Salamanca, Petri de Osma, noch im ausKäumen ersticket. Er hatte A. 1483. die Inquisition in seinem Reiche introduciret, ohngeacht sich die Arragonier sehr darwider gesperret, und dieselbe ihrer alten Freyheit für sehr nachtheilig gehalten, welche in kurtzer Zeit 2000. heimliche Juden und Mahometaner verbrennet. Er hatte fast eine unzehlbahre Menge armer gefangenen Christen aus der Mahometanischen Sclaverey erlöset. Er hatte die liederlichen und ärgerlich-lebenden Geistliche und herumschweiffende Ordens-Leute von beederley Geschlecht, durch Päbstliche Autorität, und anbefohlne bessere Obsicht ihrer Obern und Vorgesetzten zu genauerer Beobachtung ihrer Pflicht und Reguln gebracht, und darunter von Dominicanern und Franciscanern, so sich zu einem bessern Leben nicht bequemen wolten, gantze Heerden zu tausenden aus dem Lande fortgeschaffet / und als ein guter Hirte die Böcke von den Schaafen geschieden; hingegen hatte er der ihres Amts sorgfältig wartenden Geistlichkeit zu ihren entzogenen Einkünfften und Gerechtigkeiten allenthalben geholffen. Er hatte dem durch den schwehren Neapolitanischen Krieg gar sehr ausgebeutelten Pabst Innocentio VIII. A. 1486. auf einmahl zehentausend Ducaten mildiglich geschencket. Er hatte durch seinen Vorgang die Wallfahrten nach Compostell und andere berühm-

berühmte Kirchen und Klöster wieder in bessere Ubung gebracht, und bey selbigen überall reiche Spitäler vor die armen Pilgramme gebauet. Er hatte das gantze Königreich von Granata den Mohren mit unsäglicher Mühe entrissen, und in dem eroberten Lande die alten Bisthümer wieder aufgerichtet. Er hatte die Juden aus Spanien geschaffet. Es hatte ihn und seine Gemahlin Isabella die Entdeckung der neuen Welt, von dem Colon, hauptsächlich nur darum so sehr erfreuet, daß er in selbiger so vielen unglaubigen Völckern Christi Nahmen könte bekannt machen lassen. Denn so berichtet uns der alte Autor *Navig. Regis Hisp. c. 91.* Rex & Regina Hispaniarum nihil magis gerebant in votis, immo supra vota, quam ut almam Christi fidem indies augerent, propterea id eximie observabant, ut hæ gentes, quæ hactenus nomen Christianum ignoraverant, tandem aliquando ope & industria sua scirent, unam esse Christi fidem, extra quam nulla est salus, nec redemtio, inque hujus rei specimen decrevere summis honoribus Columbum prosequi. Er hatte sich vorgenommen, Jerusalem und das heilige Land den Türcken zu entreissen, u. s. m.

Wie er nun wegen dieser häuffigen, löblichen, und dem Pabst und der Christl. Kirche zum besten gereichenden Thaten, gegen dem Pabst Alexandrum VI. das Quid ego erit nobis? d. i. Was wird uns dafür? anstimmete, so schrieb ihm nicht nur derselbe gar sehr viele Lob-Briefe zu, sondern er griff sich auch so an, daß er ihm ausser den dreyen fetten Großmeisterthümern der Spanischen Ritter-Orden von St. Jago, Alcantara, und Calatrava, ex Apostolicæ potestatis plenitudine bey dem von Portugal auf die neue Welt gemachten Anspruch A. 1493. dieselbe zueignete, und das Jahr darauf noch dazu das Recht gab Africam zu erobern, und einen Königl. Tittel davon anzunehmen. K. Ferdinanden waren diese so ansehnliche Geschencke von zweyen so grossen Welt-Theilen, dergleichen noch niemahls ein Monarch dem andern gethan, und über welche sich auch ihre Einwohner sehr verwunderten, noch viel zu wenig vor seine grosse Meriten; Der Pabst aber wuste fast keine noch mehrere Vergeltung auszudencken. Endlich fiel ihm ein, daß er dem so hochverdienten König mit Ertheilung eines sonderbahren, und ihm und seinen Nachkommen stets eigen bleibenden Ehren-Prædicats vollkommen zu frieden stellen wolte. Er war demnach willens, ihm den Beynahmen CHRISTIANISSIMI, des Allerchristlichsten, zu geben. Darein wolten aber die Cardinäle nicht willigen, weil damit dem Könige in Franckreich zu nahe getreten wurde, als welcher schon längst mit diesem Tittel gepranget. Es kam dahero in Vorschlag, daß der Pabst lieber den Tittel eines CATHOLICI wiederum erneuern solte, als welcher schon A. 589. K. Recaredo, A. 740. K. Alfonso I., und A. 930. K. Alfonso VI. theils wegen ihres Eifers in Vertilgung der Arianischen Ketzerey, theils wegen ihrer Siege gegen die Mohren und Saracenen, war beygelegt worden. Damit aber jedoch was neues dazu käme, so setzte der Pabst das Wort HISPANIARVM hinzu, und schrieb ihm also A. 1495. zu: REGI HISPANIARUM CATHOLICO, da er ihn vorhero nur alleine ILLVSTREM, wie alle andere Könige, titulirt hatte. Damit war der König in Portugal nicht zu frieden / und hielte diese Titulatur sich für höchst nachtheilig, weil unter dem Nahmen der Spanischen Reiche auch Portugall begriffen, das aber von K. Ferdinands Herrschafft gantz befreyet wäre.

Die Wichtigkeit dieser Sache erfordert, daß ich solche mit einigen Zeugnüssen tüchtiger Geschichtschreiber bewähre. Philippe de Comines *Lib. VIII. c.* 17. *ad A.* 1496. in seinen Memoires, wann er die höchst-schmertzlichen Trauer-Fälle erzehlet, so das Haus Castilien zu seiner Zeit betroffen, so schreibt er unter andern von K. Ferdinanden und seiner Gemahlin: le Pape mesme, qui soubs l'ombre de la conqueste de Grenade, leur avoit voulu attribuer le nom de *Tres-Chretien*, & l'oster au Roy de France, & plusieurs fois leur avoit escrit ainsi, au dessus de leurs Briefs, qu'il leur envoyoit, & parce qu' aucuns Cardinaux contredisoient a ce titre, leur en donna un autre, en les appellant *Tres-Catholiques*, & ainsi leur escrit encores, & est croire, que ce nom leur demeurera a Rome. Als diese Betittelung kund wurde, so berichtete solche Petrus Martyr *Lib. VIII. ep. CLVII.* dem Ertz-Bischoff zu Granata, Ferdinando a Talvera, mit diesen Worten: Alexander VI. P. M. Regem & Reginam, Dominos Hispaniarum, quod Maurorum sævitiam ex Bethica eruerint, Judæos eliminaverint, Hæreticos attriverint, fidei denique nostræ terminos sua bonitate propagaverint, ex suo plumbato membraneo chirographo *Catholicos* vocat. Novo igitur titulo posthac illorum nomina ornabimus, *Catholicos* appellabimus, & jure merito. Vale Compluti nonis Frebruarii MCCCCXCV. Raphael Volaterranus hat seinem *Comment. Urban. Lib. II. p.* 37. davon dieses einverleibet: Ab Alexandro Pontifice ac Patribus *Rex Catholicus* appellatus, ac omnium consensu lauream inter Principes Christianos meritis & autoritate majorem hodie refert. Des Jo. Marianæ Nachricht hievon lautet also: *de rebus Hisp. Lib. XXVI. c.* 12. Ab Alexandro P. Ferdinandus — *Catholici* cognomentum accepit, in posteros cum regno transfusum stabili possessione. Honorum titulos Principibus dividere Pontificibus R. datur. Erat in more, ut in literis apostolicis adscriberetur: *Regi Castellæ illustri.* Ergo deinde nova indulgentia adscribi placuit: *Regi Hispaniarum Catholico*, non sine obtrectatione & invidia Regis Lusitani, quando Ferdinandus imperio universam Hispaniam non obtineret, ejus tum non exigua parte penes alios Reges. Contentio ab eo tempore excitata ad nostram ætatem tenuit. Majori exarsisse

Gallum

Gallum verisimile est, si quod Comineus ait, Pontifici erat destinatum, *Christianissimi* appellationem, qua Reges Gallos ante aliquot annos simili exemplo in Ludovico XI. Pius II. P. M. honestavit, in Ferdinandum transferre, rerum gestarum amplitudini gratiam consentaneam.

Es ist demnach glaublich, daß K. Ferdinand habe jedennoch, dem König in Franckreich zum Tort, beede vereinigte Tittel auf dieses Goldstück setzen lassen, und zwar eben in dem Jahre, da ihn der Pabst nur alleine mit dem Tittel eines *Regis Catholici Hispaniarum*, wegen der Frantzösischen Cardindle starcken Widerspruch, beehret hat. Er hat aber nachdem das Prædicat *Christianissimus* weggelassen. Denn ich habe noch einen andern Ducaten gesehen, der auf der ersten Seite eben so den Arragonischen Wappen-Schild hat, als wie das Goldstück zwischen den Buchstaben L. S. und darunter stehenden zweyen Sternlein, mit der Umschrifft: FERDINANVS D. G. REX-ARAGONVM. Auf der andern Seite stehet dessen gekröntes Brustbild, zwischen den Buchstaben C. H. wie auf dem Goldstück, und umher ist zu lesen: TRIVMPHATOR. ET. CATOLICVS-REX.

Daß K. Ferdinands Bildnus alleine auf bemeldten beeden goldenen Müntzen erscheinet, und nicht auch zugleich seiner Gemahlin Isabella, wie doch sonst insgemein auf den alten Spanischen Ducaten von der Zeit zu ersehen, das kommt daher, weil dieselben in Arragonien geschlagen worden, wie das Wappen anzeiget. Auf Castilianischen Müntzen hingegen musten beede Bildnüsse, des K. Ferdinands, und der K. Isabellä beysammen, und in den darauf vereinigten Wappen von Castilien und Arragonien, jenes oben an, stehen. Denn der wegen der Regierung gemachte Vergleich lautete unter andern in des Marianae *Lib. XX. c. 5.* also: Vt in Regiis tabulis, edictis, *moneta*, Ferdinandi prius, deinde Isabellæ nomen exprimeretur. Contra in communi clypeo Castellæ insignia Arragoniis potiorem locum occuparent. Hoc gentis prærogativæ, illud Viri dignitati, datum est. Diese beede Königliche Personen führen jedoch den Tittel der Catholischen Könige auf ihrem Grabmahl zu Granata, als auf welchem diese Ehren-volle Inscription zu lesen: MAHOMETICÆ SECTÆ PROSTRATORES, ET HERETICÆ PERFIDIÆ EXTINCTORES, FERDINANDVS ARAGONIÆ, ELISABETHA CASTELLÆ, REGES, VIR ET VXOR VNANIMES, *CATHOLICI* APPELLATI, MARMOREO CONDVNTVR HOC TVMVLO.

Es hätte sich jedoch K. Ferdinand mit eben dem Recht den Beynahmen eines allerchristlichsten Königes zueignen können, als die Könige in Franckreich. Denn da diese bloß deswegen diesen Tittel, als den ihrigen, behaupten wollen, weil die alten Könige von Clodovæo an schon selbigen geführet, so können die Könige in Spanien gleicher massen mit Grund der Wahrheit das von ihren Vorfahren sagen. Scioppius hat dieses in seinem *Consilio Regio p.* 31. mit vielen Exempeln erwiesen, und absonderlich daß eben der Gothische König Recaredus der A. 589. auf dem Concilio zu Toledo zu erst CATHOLICVS ist genennet worden, auch den Beynahmen CHRISTIANISSIMI auf einem andern daselbst gehaltenen Concilio A. 597. empfangen habe; Ingleichen daß auch verschiedene Päbste mit diesem Tittel gegen die Spanische Könige vormahls gar nicht sparsam gewesen. Ja König Johannes II. in Castilien hat sich so gar nicht gescheuet, selbsten in Staats-Handlungen mit Carln VII. in Franckreich sich dieses Tittels zu gebrauchen, wie aus dem Bündnüß zu ersehen, so zwischen beeden A. 1434. zu Madrit geschlossen worden, als worinne dieses zu lesen in Leibnitii *T. I. Cod. J. G. diplomat. p.* 355. Consiliarii Serenissimi ac *Christianissimi* Principis, & Domini nostri Joannis, D. G. Castellæ & Legionis Regis - Inter inclitissimæ recordationis defunctos serenissimum & *christianissimum* Dn. Henricum I. quondam Regem Castellæ & Legionis - & inclitissimæ recordationis serenissimum & christianissimum Regem, Dn. Carolum V. quondam Regem Francorum. -- & postmodum per clarissimæ memoriæ defunctum Serenissimum & *Christianissimum* Dominum, Joannem, avum - dicti Domini nostri Johannis. Es geschahe sonder Zweifel auch daher, weil es allzu bekandt war, daß man solchen Tittel den Königen in Spanien ohne alles Bedencken jederzeit gegeben hatte, daß A. 1482. in einer vor dem Pabst Sixto IV. gehaltenen Lob-Rede von den glücklichen Kriegen K. Ferdinands mit den Mohren, gar öffters auch dieser Beynahme gehöret wurde; Ich will aber nur zwey Stellen daraus anführen: Hæc est Victoria, quæ vincit mundum fides nostra. Cujus sententiæ non immemores *Christianissimi* Principes, Ferdinandus Rex, & Elizabeth, Regina Hispaniarum illustrissimi. Ingleichen Anno salutis Dominicæ LXXXII. supra MCCCC. - adversus Mauros Granatenses - *Christianissimi* Principes Ferdinandus & Elizabeth tum religionis augendæ, tum avitæ possessionis recuperandæ gratia expeditionem felicissimam movere cœperunt.

Nicht nur alleine aber bey den Spanischen Königen ist der Tittel CHRISTIANISSIMVS üblich gewesen, sondern man hat denselben auch fast allen andern Christlichen Potentaten beygeleget. Von den Römischen Kaysern, den Königen in Engelland, Schweden, Böhmen, Pohlen, und Ungarn hat deßwegen der sehr belesene Herr Pfeffinger *in notis ad Vitriar. T. I. p.* 379. *sq.* viele Zeugnüsse beygebracht.

Die Franzosen haben also gar nicht Ursache wegen dieses Tittels ihrem Könige einen so grossen Vorzug zuzueignen, zumahl da sie selbsten nicht wissen mit was vor Recht denn derselbe ihrem König vornemlich gebühre, und woher ihn derselbe bekommen. Mein berühmter Herr Antecessor, Mollerus, hat

hat in der Dissertatione *de Titulo* CHRISTIANISSIMI sieben Meinungen davon angeführet. Mr. de Camps, Abbé de Signy, hat A. 1720. mit dem neuesten Frantzösischen Historico, dem Pere Daniel, einen hefftigen Streit angefangen, daß dieser gesagt, P. Pius II. habe erst K. Ludwig dem XI. und seinen Nachfolgern diesen Tittel A. 1469. erblich zugestanden, als er die Sanctionem pragmaticam aufgehoben, und beweiset hingegen aus allerhand Urkunden, daß dieser Tittel von K. Clodovæo an, sey allen Königen in Franckreich gegeben worden. Der P. Daniel hat aber in seiner Vertheidigung gegen denselben geldugnet, daß er statuirt, K. Ludwig der XI. habe den Tittel Allerchristlichst dem P. Pio II. zu dancken; denn in seiner Historie schreibe er, daß der Pabst diesen Tittel in der Person Ludwigs des XI. den Königen in Franckreich, als eine besondere Prærogativ, zu eigen gemacht habe. Er gibt auch nicht zu, daß sein Gegner sattsam erwiesen habe, daß die Könige in Franckreich, von des Clodovæi Zeit an, diesen Tittel mit Ausschliessung aller andern Christl. Könige geführet hätten. Daß aber auch der P. Daniel hierinne unrecht habe, daß K. Ludwig XI. diesen Tittel von ermeldten Pabst eigenthümlich empfangen, ist aus der Epistola CCCLXXXV. dieses Pabsts an K. Carl VII. zu ersehen, in welcher er schreibet: Habitus es, carissime fili, devotissimus Princeps fidei & religionis nostræ præcipuus: nec immerito ob Christianum nomen a progenitoribus tuis defensum nomen Christianissimi ab illis hæreditarium habes. Da also der Pabst selbsten sagt, es habe K. Carl VII. schon von seinen Vor-Eltern den Nahmen Allerchristlichst ererbet, so kan er solchen ihm nicht erst verliehen haben. Bleibt es also dabey, daß die besten Frantzösischen Geschicht-Schreiber selbsten nicht anzeigen können, wenn und wie ihre Könige zu denselben gekommen.

Dieweil es aber doch die Ehrgeitzigen und neidischen Spanier sehre verdrießt, daß der König von Franckreich nunmehro alleine der Allerchristlichste heissen soll, so behaupten sie doch, den Frantzosen zum Trotz, daß der Nahme Catholisch vortrefflicher sey, als der Nahme Allerchristlichst. Sie sagen dahero: Das Wort Catholisch sey von so vollkommener Bedeutung, daß nichts könne hinzu gesetzet werden, und leide dahero auch keinen Superlativum. Es sey von solcher Weitschafft und so grossen Innbegriff, daß es nach seiner Griechischen Bedeutung so viel heisse als allgemein. Es sey aber ein Axioma: Qui totum dicit, nihil excludit, wer alles sage/ der schliesse nichts aus, dahero habe man auch jederzeit gesagt: Ecclesia *catholica* und nicht catholicissima, gleichwie man auch spreche Concilium universale, nicht universalissimum. Das Wort Catholisch sey auch von solchen grossen Nach-

druck

druck und Bedeutung/ daß man es auch von der Christl. Kirche in dem Apostolischen Glaubens-Bekänntnüß gebraucht habe: Credo in Spiritum Sanctum & sanctam Ecclesiam Catholicam. Ein jeglicher an Christum glaubiger Mensch habe zu erst ein Christ geheissen, da aber Jrrthümer in die Kirche eingerissen wären, so habe man die Rechtglaubigen Catholische genennet; denn unter dem Christen-Nahmen würden auch die Jrr- und Falsch-Glaubigen verstanden; darum schreibe Pacianus *in libro contra Novatianos*: **Christianus** mihi nomen est, **Catholicus** cognomen. Illud me nuncupat; Illud ostendit. Hoc probat; Illud significat. Alle Arrianer hätten Christen geheissen; Catholische hingegen, so die reine Lehre von der ewiglich-wesentlichen GOttheit Christi behalten und vertheidiget. Es folge dahero nicht, daß ob gleich ein jeder Catholischer ein Christe sey, daß auch ein jeder Christe ein Catholischer wäre rc.

Was erreget aber nicht die Eitelkeit der Tittel für allerhand Streitigkeit! Jch mercke hiebey nur an, daß die Spanier dem Worte CATHOLICVS den Superlativum gar nicht absprechen dürffen. Denn der alte Scriptor *vitæ St. Cæsarii, Episcopi Arelatensis*, sagt von dem Frantzösischen Könige Childeberto, er habe gehabt regnum catholicissimum. Ein mehrers beyzusetzen, und insonderheit davon, ob K. Ferdinand auch billig den Tittel verdienet habe, wenn man ihn nach abgezogener Larve in seiner eigentlichen Gestalt betrachtet? leidet der Raum nicht. Jedoch muß ich von dem auch auf diesem Gold-Stücke gebrauchten Tittel, TRIVMPHATOR, dieses noch anführen, daß auch sonsten die Spanischen Könige mit selbigen stoltziret. Denn K. Alfonsi VII. gewöhnliche Titulatur war: Ego Idelphonsus, felix, inclitus *Triumphator*, ac semper invictus, divina providentia totius Hispaniæ fortissimus Imperator.

Der Wöchentlichen
Historischen Münz-Belustigung
8. Stück. den 21. Febr. 1731.

Ein sehr rarer Kayserl. Siegs-Thaler auf die erste Zertrennung des Schmalkaldischen Bundes A. 1546.

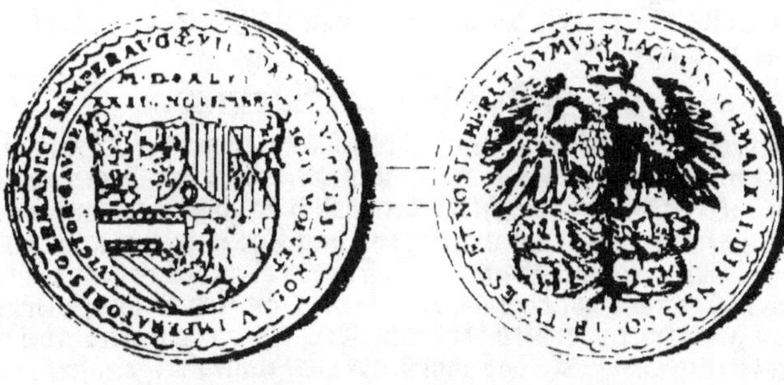

1. Beschreibung deßelben.

Die Haupt-Seite führet den quadrirten Spanisch-Oesterreichischen Wappen-Schild; dessen erstes Quartier enthält die wechsels-weise auch ins gevierdte gesetzte Wappen von Castilien und Leon. Das andere zeigt die nebeneinander gesetzte Wappen von Arragonien und Sicilien, zwischen welchen unten in einem dreyeckigten Feldlein das Wappen von Granata erscheinet. Das dritte faßt in sich oben das Oesterreichische und alt Burgundische Wappen. In dem vierdten stehet oben das neu Burgundische, und unten das Brabantische Wappen. Auf diesen beeden untern Quartieren liegt ein in die Länge herabgetheilter Mittel-Schild, mit dem Wappen von Flandern und Tirol. Umher stehet eine gedoppelte Schrifft, und zwar erstlich ausserhalb: VICTORIA. INVICTISS.imi CAROLI V.

IMPERATORIS. GERMANICI. SEMPER. AVG.usti. Zum andern: Innerhalb ist über dem Schild zu lesen: M. D. XLVI. XXII. NOVEMBRIS, und zu beeden Seiten des grossen Wappen-Schilds, als zur Rechten: VICTOR GAVDET, und zur Lincken: VICTVS MOERET. d. i. Sieg des unüberwindlichsten Carls des Fünfften, des die Teutschen besiegenden Kaysers, allezeit Mehrers des Reichs 1546. den 22. Tag des Novembers. Der Sieger freuet sich; der Besiegte trauret.

Die Gegen-Seite zeiget den zweyköpffigten Reichs-Adler, der in jeden Schnabel einen Kopff hält, an welchen ein Strick herab hängt, der sich unten an dem Schwantze viermahl um vier Städte herum schlinget, jedoch zerrissen ist. Uber dem Reichs-Adler schwebet die Kayserl. Krone. Die Umschrifft ist: LAQVEVS SCHMALCALDIENSIS CONTRITVS EST ET NOS LIBERATI SVMVS. d. i. Der Schmalkaldische Strick ist entzwey, und wir sind frey.

2. Historische Erklärung.

Mit dem Anfang des 1546sten Jahrs zeigete nicht nur der König von Engelland den von ihm Abschied nehmenden Gesandten der Protestantischen Fürsten und Stände in Teutschland verträulich an, daß sie nunmehro balde würden einen unausbleiblichen Krieg von dem Kayser zu gewarten haben, sondern es wurde auch der allgemeine Ruff davon allenthalben immer stärcker. Dahero hielten nicht nur noch im Januario die Protestanten eine Zusammenkunfft in Franckfurt, sondern der Land-Graf schrieb auch den 24. besagten Monats an den Granvella, daß ihm so gar aus Italien vergewissert würde, wie der Kayser und der Pabst dem zu Trient angesetzten Concilio mit vereinigten Waffen nunmehro den Nachdruck geben würden, welches ihm auch darum wahrscheinlicher wäre, weil der Kayser sowohl mit Franckreich einen Frieden, als mit den Türcken einen Stillstand getroffen habe, und doch so starck Volck anwürbe, damit er zehen tausend Mann mit nach Regenspurg bringen könte, wie man öffentlich sagte. Solte er und seine Bunds-Verwandte durch seine Feinde beym Kayser sehr angeschwärtzet worden seyn, so möchte er sie bester massen entschuldigen, und den Kayser bey friedlichen Gedancken erhalten. Granvella meldete ihm dagegen den 7. Febr. daß der Kayser weder mit dem Pabst einen Bund gemachet hätte, noch Werbungen anstellete. Es sey derselbe ein sehr fried-liebender Herr, und habe zu gütlicher Beylegung der Religions-Streitigkeit auch das Religions-Gespräche in Regensburg veranlasset, wohin er selbsten nebst wenigen Gefolge bald gehen würde.

Der Kayser befand sich dazumahl in Geldern, und war fälschlich berichtet worden, daß die Protestanten zu Franckfurt gegen ihn gefährliche Anschläge geschmiedet hätten; welche Verunglümpffung aber der Land-Grafe in einem Schreiben an den Reichs-Vice-Cantzler, Navium, ablehnte. Ein gleiches thaten die sämtl. Protestantischen Stände, mit einer nach Utrecht an den Kayser abgeschickten Gesandtschafft, welche zugleich dem Ertz-Bischoffen und Chur-Fürsten zu Cöln, Hermannen, Grafen von der Wied, das Wort reden solte. Dieweil aber auch kurtz zuvor das Colloquium zu Regenspurg schlecht abgelauffen war, so verwieß ihnen der Kayser ernstlich, daß sie wider alle seine so gütigen Ermahnungen und Verbot, biß anhero so weit um sich gegriffen hätten, daß es nunmehro seine Kayserliche Autorität erforre einmahl scharff zum Rechten zu sehen. Er brach auch im Mertz wieder nach Teutschland auf, und in Speyer kam den 28. selbigen Monats der Landgraf zu Hessen zu ihm, und wiederhohlte alles mündlich, was er vorher schrifftlich hatte an die Kayserl. Räthe gelangen lassen. Er begegnete ihm zwar auf das gnädigste, mit der Versicherung, daß wegen der Schlüsse der zu Trient versammleten Väter den Augspurgischen Confessions-Verwandten keine Gewalt wiederfahren solte. Jedoch bezeigte er sein grosses Mißfallen über den Ertz-Bischoff zu Cöln, der mit seiner unternommenen Reformation auf eine Religions-Aenderung abzielte. Wegen des der Protestanten Ruhe und Sicherheit befestigenden Speyerischen Reichs-Schlusses von A. 1544. gerieth der Landgraf mit dem Granvella in einen Wort-Wechsel, weil dieser demselben hart anzapffete, und sagte, der Kayser habe sich dazumahl in die Zeit-Läuffte schicken müssen; man habe aber solchen sehr gemißbrauchet. Der Kayser verlangte zwar auch inständig von dem Landgrafen, daß er persöhnlich auf den Reichs-Tag zu Regenspurg erscheinen solte; Er entschuldigte sich aber wegen der grossen Unkosten, versprach jedennoch, solchen durch seine Gesandtschafft zu beschicken.

Mit dem Anfang des Junii eröffnete der Kayser den Reichs-Tag zu Regenspurg; es hatten sich aber von den Protestantischen Fürsten nur Hertzog Moritz zu Sachsen, Hertzog Erich zu Braunschweig, und die Marggrafen Hans und Albrecht zu Brandenburg, welche der Kayser in sein Bündnis zog, persöhnlich eingefunden; von den andern waren ihre Gesandten zugegen, welches der Kayser ihnen sehr übel auslegte. Wie nun diese den 16. Junii den Kayser wieder befragten, auf wen die grossen Kriegs-Rüstungen angesehen wären? so gienge der Kayser deutlicher mit der Sprache heraus, und sagte, daß die gehorsamen Stände sich alles Gutes zu ihm zu versehen hätten; mit den Widerspänstigen aber, und die unter dem Schein der Religion allerhand Unruhe und Empörung anrichteten, müste er nunmehro, nach Erforderung seines Amts und des Rechts, verfahren. Noch nachdrücklicher gab er dieses Hertzog Ulrichen von Würtemberg, und den Reichs-Städten Straßburg, Nürnberg/ Augspurg und Ulm in einem Rescript vom 16. Junii zu verstehen.

Auf diese Kriegs-Posaune ruckten den 21. Junii Hertzog Ulrich und seine verbündete Oberländische Städte den 21. Julii von Ulm mit einer ziemlichen bißhero in Bereitschafft gehabten Armee zu allererst ins Feld, und Sebastian Schertel eroberte mit einem Theil derselben den 10. Julii die veste Ehrenberger Clause, ohne einen Schuß Pulver, und wolte ferner auf Insprug loßgehen, um dadurch zu verhindern, daß dem Kayser keine Völcker aus Italien zukommen möchten: Es wolte ihm aber dieses nicht gelingen, weil der Commendant zu Trient, Castelalto, selbigen Ort so gleich starck besetzt hatte. Hingegen nahm der von Heideck mit einem andern Corpo Dillingen und Donawerd ein. Wann sie mit diesem Volcke / so 15. tausend Mann zu Fuß, und tausend Mann zu Roß ausmachte, stracks auf Regenspurg gezogen wären, so hätte der von Volck damahls noch gantz entblößte Kayser von dar entweichen müssen, und wäre dieser wichtige Donau-Paß auch in ihre Hände gekommen, dahero dieses für das erste Versehen der Schmalkaldischen Bunds-Verwandten in diesem Kriege gehalten wird.

Der Chur-Fürst zu Sachsen und Landgraf zu Hessen bezeugten zwar in einem d. d. Ichtershausen den 4. Julii an dem Kayser abgelassenen Schreiben ihre Unschuld, daß sie derselbe für ungehorsame Fürsten halten wolte; bekamen aber keine Antwort, und liessen hierauf nicht nur den 15. Julii einen wahrhafftigen Bericht und summarische Ausführung in Druck ausgehen, warum ihnen zu Unschulden aufgelegt würde, daß sie Römischer Kayserl. Majestät ungehorsame Fürsten seyn solten, daß sie auch keines sträfflichen Ungehorsams beziehen möchten werden, anders, denn daß sie von dem heiligen Evangelio nicht könten abstehen, noch ihre Lehre dem Pabst und seinem partheyischen Trientischen Concilio zu richten unterwerffen; sondern brachen auch mit ihren vereinigten Völckern zu Ausgang des Monats Julii nach der Donau zu ihren Bundsgenossen auf.

Indessen hatte der Kayser den 26. Junii mit dem Pabst zu Rom Paulo III. ein Bündnüß geschlossen, daß er ihm zweymahl hundert tausend Cronen, nebst 12. tausend Mann zu Fuß, und fünffhundert zu Roß, die er 6. Monat unterhalten solte, zu diesen Krieg geben solte; und daß er ihm verwilliget, von dem halben Theil aller Kirchen in Spanien eine Jahrs-Nutzung einzunehmen, und auf diesen Krieg zu verwenden, ingleichen für fünffmahl hundert tausend Cronen Spanische Kloster-Güter zu eben dieses Krieges Unkosten zu verkauffen; Nicht minder hatte der Kayser Hertzog Moritzen zu Sachsen, mit Versprechung der Sächsischen Chur-Würde, dahin gebracht, daß

daß er auf seiner Seite in diesem Kriege stehen, und seines Vetters / des Churfürsten Land / selbsten einnehmen solte, das er ihm zu Lehen geben wolte. Wie er nun die Schmalkaldischen Einungs-Verwandte gegen sich im vollen Anzug sahe, so erklärte er den 20. Julii zu Regenspurg den Chur-Fürsten zu Sachsen und Landgrafen zu Hessen in die Acht / als solche die 1) alle Kayserliche Unterhandlung in zwiespältigen Religions-Sachen, samt Beförderung gemeinen Friedens, ungehorsamlich vor sich und andere bißhero gehindert, 2) die ihre Mit-Glieder des Reichs mit Krieg überzogen, und von Land und Leuten verjagt, 3) Stiffter und Prälaturen, auch Graf- und Herrschafften des Reichs, neben dem gefreyten Adel unter sich gezogen, auch sonsten andere hoch- und niedere Stände mehr, ihrer Obrigkeiten, Güter, Renten und Gülten eigens Gewalts vielfältig entsetzet. 4) Des Reichs und anderer Stände Unterthanen unter dem Schein der Religion in Schutz und Schirm genommen, 5) etliche Stände von Reichs-Tägen abgehalten. 6) Das Cammer-Gericht verhindert, ja gar aufgehoben, und 7) Bündnüsse mit ausländischen Potentaten gemachet.

Sie schwiegen aber hiezu nicht stille, sondern publicirten erstlich den 11. Augusti ein Verwahrungs-Schrifft ihrer hoch-genothdrängten und verursachten Kriegs-Rüstung halben, und in folgenden September zwey Verantwortungen und Wiederlegungen auf die Kayserl. Achts-Erklärung.

Als nun der Kayser die Armee der Schmalkaldischen Bundsgenossen von 80tausend Mann Fußvolcks, neuntausend Reutern, und hundert Stück Geschützes an der Donau vor sich sahe, so besetzte er Regenspurg mit 4000. Mann, und gieng mit dem übrigen wenigen Volcke, so er bey sich hatte den 3. Augusti nach Landshut, um daselbst die herbeyruckenden Italiänischen und Spanischen Trouppen zu erwarten; wie dann auch bald darauf unter dem Commando des Octavii Farnese der versprochene obbemeldte Päbstliche Succurs, und unter dem Lanoi 6000. Mann alter Spanischer Völcker aus Mayland und Napoli glücklich ankamen. Den 14. besagten Monats sandte der Churfürst zu Sachsen und Landgraf zu Hessen dem Kayser ihre erste Verwahrungs-Schrifft durch einen Edel-Knaben und Trompeter zu, welche aber derselbe nicht annahm, sondern die Uberbringer mit dem Hencken bedrohete. Er verzohe auch daselbst nicht lange, sondern brach mit den erhaltenen Völckern den 15. Augusti wieder nach Regenspurg auf, und wandte sich von dar den 26. nach Ingolstadt. Die Schmalkaldischen Alliirte zohen ihm auf dem Fusse nach, und als sie sich gantz nahe gegen ihn gesetzet / so schickten sie ihm einen Fehde- und Ausforderungs-Brief ins Lager, worinne sie ihn Carln, der sich den fünfften Römischen Kayser nennet / betittelten, und zu wissen machten, daß weil derselbe mit Un- „
bestand und Ungrund ausgegossen, daß er willens wäre sie ihres Ungehorsams halben, „
dessen sie nicht überwiesen, zu bestraffen, darunter aber anders nichts / dann die Aus- „
tilgung Göttl. Worts, und ihrer wahren Christlichen Religion gemeint sey; So erschie- „
nen sie jetzo vor seinem Läger, und wären seiner gedraueten, doch unverschuldten, Straffe, „
auch der Execution seiner vermeinten Acht / so er gegen sie, wider sein Eyd und Pflicht „
habe ausgehen lassen, gewärtig: Sie hofften aber, der allmächtige GOTT, deß die Sa- „
che sey, darum er sie zu straffen vorhabe, werde auf ihrer Seiten seyn, und sie dafür mit „
Gnaden behüten. „ So ließ sich auch der Landgraf verlauten: daß es nunmehro an dem sey, daß er den Kayser innerhalb drey Monat entweder aus Teutschland wolte vertreiben, oder in Hafften bringen. Dahero er zu dem Churfürsten sagte: Wann er nun das Commando alleine hätte, als damahls wie er den Hertzog zu Würtemberg wieder in sein Land eingesetzet, so wolte er den Feind, ehe er sich recht verschantzen könte, nur mit zwey Regi-

mentern anfallen, und gänzlich aus dem Felde schlagen. Der Churfürst zu Sachsen hielte aber dieses Unternehmen für allzu kühn und gefährlich, und wolte nicht darein willigen, obwohl viele behaupten, wann er hierinne dem Landgrafen gefolget, und diese andere Haupt-Gelegenheit, den Kayser anzufallen, nicht aus den Händen gelassen hätte, so würde dieser Krieg auf seiner Seite ganz anderst abgelauffen seyn. Dieweil sie aber doch das Kayserl. Lager nicht vergeblich ansehen wolten, so beschossen sie dasselbe vom 30. Augusti biß den 2. Septembr. aus hundert und eilff grossen Stücken unnachläßlich, daß dergleichen hefftiges Schiessen weder in Schlachten und Belagerungen zuvor niemahl erhöret worden, wie dann, ohne die Kugeln die nicht gefunden seyn worden, weil sie entweder das Lager nicht erreichet, oder über selbiges weg gegangen, ein tausend und sieben hundert im Lager sind aufgehoben worden. Der Kayser, der allenthalben im Lager zu tapfferer Gegenwehr nöthige Anstalt machte, kam dabey selbsten etlichemahl in grosse Gefahr. Eine Kugel fiel einsmahls so nahe vor ihm nieder, daß wann sie wieder aufgesprungen wäre, so würde sie denselben unfehlbar beschädigt haben; Es ward ihm auch ein Hartschier an der Seite erschossen. Ferner ward gar nahe bey ihm einem das Fähnlein aus der Hand, und zweyen Officiern das Pferd tod, geschossen; Jedoch geschahe sonsten durch das starcke Schiessen den Kayserl. wenig Schaden, indem viele Schüsse über das Lager giengen, dieweil die Stücke auf einer Höhe gepflanzet waren. Dahero gab auch der Schertel dem Land-Grafen zur Antwort, als er ihm den 1. Septembris zu Abends einen goldnen Becher reichte, und denen eins zutranck, die sie denselben Tag mit ihrem Geschütz erschossen hätten: Er wisse nicht, was für weidliche Leute heute gefallen wären; aber das wisse er wohl, daß die Lebendigen keinen Fußbreit heute zurücke gewichen wären. Wie dann auch, des unaufhörlichen Canonirens ohngeacht, die Kayserl. mit beharrlichen Fleiß, so Tags als Nachts, mit Schanzen so lange fortfuhren, biß sie mit dessen Befestigung fertig waren.

Da also hier die Schmalkaldischen Bunds-Genossen nichts weiter auszurichten vermeinten, so wolten sie sich gegen den Herrn von Büren wenden, der aus den Niederlanden dem Kayser zehen tausend Fußknechte, und 4000. Reuter zuführete, und bey Maynz allbereit glücklich den Rhein passiret hatte, ohne daß solches der von dem Landgrafen dahin postirte Graf von Oldenburg hätte verwehren können. Sie begaben sich dahero über Neuburg, und Donawerd nach Wembding. Der Kayser befahl aber den Herrn von Büren, ihnen auszuweichen, und seinen Weeg über Nürnberg und Regenspurg zu nehmen, welcher dann auch glücklich den 15. Sept. bey Ingolstadt zu demselben stieß.

Nach dieser andern Verstärckung brach der Kayser auch von Ingolstadt auf, eroberte den 19. Sept. Neuburg, und verfolgte den Sachsen und Hessen biß Nördlingen. Den 4. Octobris hatte der Kayser in Willens sie anzugreiffen. Sie hatten sich aber auf einer Höhe vor der Eger so wohl gelägert, daß er ihnen auch wegen des starck eingefallenen Nebels unmöglich beykommen konte; wiewohl viele Kayserl. Generale, darunter vornemlich der von Büren, sehr übel damit zu frieden waren, daß es nur bey etlichen Scharmützeln geblieben, und zu keiner Haupt-Schlacht kam. Darauf ließ sichs der Kayser angelegen seyn, den Bunds-Verwandten die Donau von Donawerd biß Ulm zu nehmen, welches den 12. Octobris durch die Eroberung von Donawerd, und dann ferner von Dillingen, Lauingen, und Gundelfingen geschahe. Weiters rückte der Kayser den 13. biß Suntheim, einem Dorff an der Brenz, nur drey Meil Wegs von Ulm gelegen; und war in Willens durch die Belagerung von Ulm die Bunds-Verwandte aus ihren vortheilhafften Lager zu locken; diese waren aber schon indessen nach Giengen aufgebrochen, und hatten in Ulm dreytausend Schweizer, und 1500. andere Knechte gelegt. Dahero änderte der Kayser sein

Vor-

Vorhaben, und bezog den letzten Octobris sein altes Lager wieder, zwischen Laningen und Dillingen, damit ihm die Zufuhr des Proviants nicht könte benommen werden. Bey diesem Ausbruch liessen die Bundsgenossen abermahl den Vortheil vorüber, den Kayser anzugreiffen/ob sie wohl aus dem Würtenbergischen mit 15000. Mann waren verstärckt worden, und hingegen vom Kayser der Farnese mit etlichen Italiänischen Trouppen / weil sie der Winter-Campagne ungewohnt, wieder nach Hause eilete.

Aus dem neuen, sehr bequemen, wohlverwahrten, und mit aller Nothdurfft gnugsam versehenen Lager, setzte der Kayser den Bunds-Verwandten durch stetige Ausfälle hart zu, und ließ ihnen durch die ausgeschickte leichte Reuterey den Proviant abschneiden, daß sie in fünff Tagen kein Brod hatten. Dieweil nun auch die gehoffte Frantzösische Hülfse ausblieb, die Nieder-Sächsische Städte und die Hertzoge in Pommern sich nicht gebührend angriffen, und auch die Nachricht einlief, daß sowohl Hertzog Moritz zu Sachsen, als K. Ferdinand aus Böhmen, dem Chur-Fürsten ins Land gefallen wären, und allenthalben den Meister spieleten, so begunte den Bunds-Verwandten der Muth sehr zu sincken; und liessen dahero den 13. Nov. durch Adam von Trotten, Marggraf Hansen zu Brandenburg ersuchen, daß er bey dem Kayser ihnen einen billigen Vertrag und Frieden auswürcken möchte. Des Kaysers Antwort erstreckte sich aber auf dieses Anbringen dahin: So Sachsen und Hessen sich mit ihren eigenen Personen, auch allen ihren Haab und Gütern, in ihrer Majestät Gnad und Ungnad gäntzlich ergeben würden, so wäre Ihre Majestät zum Frieden nicht ungeneigt / wo aber nicht, so bedürffe es weiter keiner Unterhandlung.

Hierauf beschlossen sie den 16. Nov. zu Giengen ein Winter-Läger von 8000. Mann zu Fuß, und tausend Reutern, unter dem Commando des von Heydeck und des Schertels, zu hinterlassen, welches der Hertzog von Würtemberg und die Oberländische Städte unterhalten solten, sie aber brachen den 22. gäntzlich auf. Der Kayser setzte ihnen so gleich mit der Reuterey biß Heidenheim nach, weil er sie aber wohl postirt antraff, so getrauete er sich nicht, sie anzugreiffen, zumahl da auch eine so gewaltige Kälte dazumahl einfiel, daß die Soldaten es nicht länger ausdauern konten im Felde zu stehen. Der Landgraf zu Hessen gieng zum Hertzog von Würtenberg; der Churfürst von Sachsen aber gelangte über Gmünd mit der Armee den 12. Dec. zu Franckfurt an, zwackte dieser Stadt 9000. Gold-Gülden, dem Churfürsten zu Maynz 40tausend / und dem Abt zu Fulda auch eine grosse Geld-Summa ab, und zog alsdann wieder in sein Land.

Dem Kayser gnügte, daß er also die Schmalkaldischen Bunds-Verwandte ohne Schlacht zertrennet, und wiederum nach Hause getrieben hatte, worauf sich alle bey dem Bund gestandene Reichs-Stände an ihm ohne allen Verzug ergeben musten, als den 26. Nov. Bopffingen und Nördlingen; den 1. Dec. Dünckelspühl, den 2. Rotenburg, den 12. Franckfurt am Mayn, den 16. Halle, den 19. Ulm, den 24. Heilbrunn, den 12. Januarii 1547. Kempten / Memmingen, Biberach, Ißny, Wangen und Ravensburg, den 19. Eßlingen, den 27. Augspurg, und den 18. Martii Straßburg. Einige darunter musten grosse Geld-Straffen geben; als Ulm hundert tausend Gold-Gülden, Franckfurt 80tausend, und Memmingen 50tausend. Alle musten heilig angeloben, von dem Schmalkaldischen Bund abzustehen, und sich enthalten, das geringste bey ihrer Submission von der Religion zu gedencken, sonsten hätte es ihnen der Kayser für ein Mißtrauen ausgelegt, alldieweil er sich schon erklärt hatte/daß der Religion wegen der Krieg nicht geführet würde. Denn hätte ihnen der Kayser die Religions-Freyheit abgeschlagen, so wäre es wider seine schrifftliche Versicherung gewesen; Hätte er sie aber ihnen mit ausdrücklichen Worten verstattet, so

würde

würde er es mit dem Pabst verderbet haben, als der festiglich vermeynte / daß durch diesen Krieg die Evangelische Lehre solte ausgerottet werden.

Nebst den Reichs-Städten mußten auch nach dem Abzug des Churfürstens zu Sachsen und Landgrafens zu Hessen von Giengen, die beeden grossen Fürsten, als Churfürst Friedrich zu Pfaltz den 29. Decembris zu Heilbrunn, und Hertzog Ulrich zu Würtemberg den 4. Martii 1547. zu Ulm dem Kayser fußfällige Abbitte thun, den Schmalkaldischen Bund fahren lassen, und grosse Geld-Bussen erlegen.

Es traff demnach vollkommen ein, was K. Carl der V. von der Schmalkaldischen Bunds-Verwandten Armeé geurtheilet / als er sie das erstemahl bey Ingolstadt ansichtig geworden; daß nemlich die Uneinigkeit, und der Mangel am Geld und guten Rath sie balde, und eher als die Waffen, auseinander treiben würde. Der Landgraf zu Hessen verstund den Krieg zu führen besser als der Churfürst zu Sachsen, und doch wolte ihm dieser nicht das Commando völlig überlassen, dahero entstand lauter Jalousie, Uneinigkeit und Mißtrauen unter ihnen, wodurch die beste Gelegenheit öffters versäumt wurde, dem Feinde Abbruch zu thun.

Zum Andencken alsso dieser ersten Zertrennung des Schmalkaldischen Bundes ist das auf diesem Bogen in Abriß stehende sehr rare Thaler-Stück, vermuthlich in Augspurg, geschlagen worden. Die beeden Häupter, so der zweyköpffigte Adler im Schnabel hält, deuten sonder Zweiffel den Churfürsten zu Sachsen, und den Landgrafen zu Hessen an; und die unten mit dem zerbissenen Strick umschlungene Städte, diejenige Reichs-Städte, welche in dem Schmalkaldischen Bund gestanden, aber von dem im Felde die Oberhand behaltenden Kayser waren gezwungen worden, sich von selbigem loß zu sagen. Die Umschrifft ist genommen aus Psalm. CXXIV, 7. In Luckii *Sylloge. Numismat. elegantior. ab A. 1500. usque ad A. 1600. p. 119.* stehet eine Klippe, deren eine Seite mit dem zweyköpffigten Adler und der Devise vollkommen mit diesen Thaler überein kommt. Auf der andern Seite stehet das Burgundische Feld-Zeichen, nemlich ein in den 4. Winckeln mit dem Feuereisen aus der Ordens-Kette vom goldnen Vließ besetztes Andreas-Creutz, mit der Umschrifft: MDXLVI. XXII. NOVEMBRIS. Ist also der 22. Tag des Novembris, als der Tag des Abzugs der Schmalkaldischen Armee von Giengen, durch diese zwey Medaillen, als ein merckwürdiger und grosser Siegs-Tag, der Nach-Welt angepriesen worden. Etliche Reichs-Städte aber liessen zu selbiger Zeit, zu Bezeigung ihres Respects, auf ihre Thaler prägen: REDDITE, QVAE SVNT CAESARIS, CAESARI, ET QVAE DEI DEO. d. i. Gebet dem Kayser / was des Kaysers ist, und GOTT was GOttes ist; Ingleichen über den Reichs-Adler: SVB VMBRA ALARVM TVARVM ABSCONDE ME: Verbirg mich unter den Schatten deiner Flügel. Auf einer Kayserl. Gedächtnüß-Müntze von der Gefangennehmung des Chur-Fürstens zu Sachsen / und Land-Grafens zu Hessen soll dieser Spruch zu lesen seyn: AD ALLIGANDOS REGES IN COMPEDIBVS EORVM, ET NOBILES EORVM IN MANICIS FERREIS, aus dem Psalm. CXLIX, 8. d. i. Ihre Könige zu binden mit Ketten, und ihre Edlen mit eisern Fesseln. Es ist mir aber dergleichen noch nie zu Gesichte kommen. Vid. Sleidanus *Lib. XVII. & XVIII.* d'Avila *P. I.* 1-153. Faletus, *Lib. I.-IV.* Mar-tonsius *in hist. de B. Schmalcald.* Hortleder *T. II. Lib. III.*

Der Wöchentlichen Historischen Münz-Belustigung

9. Stück den 28. Febr. 1731.

Der drey Waldstädte Ury / Schwytz und Underwalden Gedächtnüs-Müntze / auf den bey Novara von den Frantzosen den 6. Junii A. 1513. erhaltenen vortrefflichen Sieg.

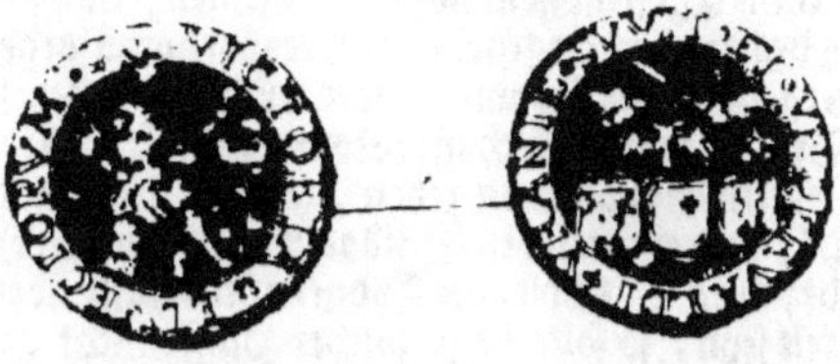

I. Beschreibung derselben.

Die erste Seite zeiget einen auf einem Harnisch sitzenden, und zur lincken Seite sehenden gantz geharnischten Mann, der in der rechten Hand ein hinter sich gekehrtes blosses Schwerdt hat, und die lincke Hand empor hält; vor seinen Füssen ist ein Streit-Beil, oder Helleparte, mit der Umschrifft: VICTORIA. ELVECIORVM.

Auf der andern Seite stehen die Wappen-Schilde der drey Waldstädte neben einander in einer Reihe, als das 1. mit einem schwartzen Auer-Ochsen-Kopff mit rothen Hörnern und Rinck in der Nase wegen Ury; das 2. mit einem silbern Creutzlein in dem Ober-Winckel des rothen Feldes, wegen Schwytz; und das 3. mit einem Schlüssel, dessen doppeltes Schließ-Blat aufwärts gekehrt ist, mit abgewechselten Farben des von roth und Silber quer-getheilten Felds, wegen Underwalden. Uber den Schilden ist der zweyköpffigte Römisch-Teutsche Reichs Adler, über welchem die Päbstl. zwey Schlüssel creutzweiß gelegt zu sehen. Umher ist zu lesen: VRANIE. SVIT.ii ET. VNDERWALDI. d. i. Der Waldstädt Ury / Schwytz und Underwalden.

2. Historische Erklärung.

Es hatten die Schweitzerischen Eydgenossen A. 1512. Mittwochs nach dem Heil. Weynacht-Tag den durch Franckreichs Macht vertriebenen Hertzog Maximilian Sfortia in das Hertzogthum Mayland, als seine Freunde, Nachbarn und Bundsgenossen, mit gewaffneter Hand unter folgenden Beding wieder eingesetzet; daß er ihnen deßwegen bezahlen solte, 1) sogleich zweymahl hundert tausend Ducaten, und dann acht Jahr lang fünff und zwantzig tausend Ducaten, auf bestimmte Ziel, zu Zürch oder Lucern; 2) jährlich am ersten Januario viertzig tausend Ducaten, als eine ewige Pension und Dienst-Geld / 3) daß er ihnen die Herrschafften Lugano, Locarno, Domo, und Val Oscella erblich zu besitzen, und 4) die Zoll-Freyheit durch das gantze Hertzogthum biß an den Stadt-Graben zu Mayland verliehe. Hingegen versprach die Eydgenossenschafft, denselben, und seine Nachkommen, bey dem Besitz des wieder eingegebenen Hertzogthums gegen jedermänniglich zu schützen, dergestalt, daß wann er ihrer Hülffe vonnöthen hätte, so wolten sie ihm nach Bedürffen Mannschafft zukommen lassen, jedoch in seiner Besoldung, als einem Hauptmann zehen, einem Lieutenant sechs, einem Fähndrich sechs, und einem jeden Soldaten fünffthalben Rheinische Gülden monatlich zu bezahlen; Solte die Eydgenossenschafft aber selbsten in einem Krieg verwickelt seyn, so solte sie zu solcher Hülffe nicht gehalten seyn, und der Hertzog vielmehr derselben fünffhundert Reuter, halb Kürassierer, und halb leichte Männer, auf seine Kosten derselben zu senden.

Nun ließ es sich zwar hierauf der König von Franckreich, Ludwig der XII. auf 4. Tagleistungen zu Lucern A. 1513. sehr angelegen seyn, die Eydgenossenschafft von dem Hertzog zu Mayland wiederum abzuziehen, und räumete nicht nur derselben die beeden Schlösser Lugano und Locarno, nebst Bezahlung achtzehen hundert Cronen, ein, sondern versprach auch eine Verehrung von hundert und zwantzig tausend Kronen, so unter die Gemeinden gleich auszutheilen wären, und sechs tausend Francken den zugewandten Orten, wann sie ihm an seinem Erb-Recht auf Mayland nicht weiter hindern würden. Er gab ihr dabey zu bedencken, daß sie dieses Hertzogthum in dessen Gewalt gegeben hätte, der vielleicht gegen die Nation sich mehr wiederwärtig bezeigen würde, als sie von ihm fälschlich vermuthete.

Es widerstunde ihm aber in diesem Gesuch sowohl die Kayserliche als Päbstliche Bottschafft, und ermahnte die Eydgenossenschafft bey dem heiligen Bund beständig zu verharren, und den Frantzösischen bösen Practiquen nicht Platz zu geben; dahero auch dieselbe des Königs in Franckreich Gesandten den 1. Aprilis zur Antwort gab: Es wäre ihr zwar der angetragene

Friede

Friede mit Vorbehalt des Pabsts, des Kaysers, und anderer Bundsgenossen, gar angenehm; es solte aber der König erstlich die im Mayland noch inne habende Schlösser ihnen übergeben, auch sich gäntzlich dieses Hertzogthums und der Grafschafft Asti verzeihen; ingleichen solte er auch keine Kriegs-Knechte von ihnen, ohne ihrer Obrigkeit Gunst und Willen, in Sold nehmen.

Wie nun hierüber der König sehr unwillig ward, und die grösten Anstalten machte, sich wiederum mit Gewalt gedachten Hertzogthums zu bemächtigen, so ließ Hertzog Maximilian Sfortia seine Furcht und Gefahr der Eydgenossenschafft durch seinen Vettern, Johannem Mariam Sfortia, Ertz-Bischoffen zu Genua, und Franciscum Stampa, seinen Rath, sehr beweglich vorstellen, und bitten, seinen Leib, Land und Gut, als das Ihre zu achten, ihn für ihren Sohn zu halten, und seine gnädige Väter zu seyn, da er hingegen des Erbietens wäre, als ein getreuer Sohn, alles, so seiner Person und seines Hertzogthums wegen ihnen versprochen worden, allen Vermögen nach, gutwilligst zu leisten.

Die Eydgenossen erkannten gar wohl, daß ihnen die Freundschafft und der Schutz des Hertzogs zu Mayland, wegen der jährlich zu hebenden starcken Pension sehr einträglich wäre, und versprachen ihm also, bey einem neuen Anfall von Franckreich vier tausend Mann zuzuschicken. Als auch die Nachricht einlief, daß die Frantzosen wiederum Mayland mit einer grossen Macht überzogen hätten, so veranstalteten sie, daß solchen noch acht tausend Mann folgeten, zu welchen der Kayser tausend Pferde, ein gut Feld-Geschütz, und alle Monat sechzehentausend Gulden geben solte; und wie diese auch noch dem sehr in Aengsten seyenden Hertzog zu wenig schienen, und er durch seinen Rath, Hieronymum Morum, noch um 5000. Mann anhalten ließ, so bewilligte ihm die Eydgenossenschafft 6000. Mann. Man hatte Anfangs in Willens mit 4000. Mann den Frantzosen entgegen in die Dauphine zu rücken, und sie von den Mayländischen Einfall abzuhalten; dieweil man aber auf die Kayserl. Verstärckung lange vergeblich wartete, so war indessen die Frantzösische Heers-Macht ungehindert fortgegangen, und in dem Hertzogthum eingebrochen.

Es bestund dieselbe aus 19000. Teutsch- und Welschen Fuß-Knechten, 3420. Kürassirern, und 1400. leichten Reutern. Ihre oberste Feldherrn waren, der Herr de la Trimouille und der junge Trivultio. Diese eroberten so gleich, nebst den Städten Mayland und Genua, alle haltbahre Orte, biß auf die Städte Novara und Como, indem die Lombarden sie überall mit beeden Händen annahmen, und von ihren Hertzog abfielen. Zu rechter Zeit waren noch die ersten 4000. Eydgenoßische Völcker angekommen, mit welchen sich der Hertzog in Novara gezogen. Weil nun darinne die Frantzosen unter dem alten Trivultio A. 1500. den 11. Apr. seinen Vatter in ihre Hände gebracht, so glaubten sie gäntzlich, sie hätten nunmehro auch daselbst den Sohn recht in der Falle, daß er ihnen nimmermehr entwischen könte; und gedachte also der junge Trivultio eben die Ehre aufzuheben, als wie sein Vater, davon er so gar dem Könige in seinem Schreiben Versicherung gab. Sie rückten daher unverzüglich mit der gantzen Armee vor diese Stadt, und waren die Soldaten so muthig, daß sie schryen: By Gotts Marter! wir haben die Küh-Mäuler im Stall gejagt / sie müssen itzt einmahl herhalten. Einige wenige von Schweitzern wurden zwar feige, und wolten sich zurücke nach Arona begeben. Die meisten aber stelleten ihnen vor, daß ihnen der Rückweeg schon verrennt, und es weit rühmlicher wäre, dem Feind durch eine so schändliche und gefährliche Rückkehr den Muth nicht zu vergrössern, sondern unerschrocken alle Stürme abzuwarten, zumahl da sie ja noch eine grosse Verstärckung von den Ihrigen gewiß zu gewarten hätten.

Den vierdten Tag des Junii feuerten die Frantzosen von dem frühen Morgen biß um drey Uhr Nachmittag alles grobe Geschütz ohne unterlaß auf Novara ab, und schossen die Mauer an einem Ort bey dreyssig Klaffter lang nieder, durchlöcherten sie auch an vielen andern Orten überaus sehr. Ob nun schon dieselben zu funfftzigen in einem Gliede hätten durch diese grosse Oeffnung in die Stadt eindringen können, so getraueten sie sich doch keinen Sturm zu wagen, zumahl da sie mit Erstaunen wahrnahmen, daß nicht nur die hertzhafften Schweitzer, ihnen zur grösten Verachtung, noch dazu hatte die gantze Zeit der Belagerung, überall die Thore offen stehen lassen, sondern auch sich immerfort auf freyer Gassen ordentlich gestellet zeigeten, um der Feinde Anlauffen in der grösten Bereitschafft allemahl zu erwarten. Es zeigte sich der Heldenmuth der Belagerten auch damit, daß als die Frantzosen ihr gröstes Stück gegen das unverschlossene Haupt-Thor gepflantzet, und damit sehr hefftig unter den dafür postirten Hauffen geschossen hatten, einige behertzt ausfielen, die Frantzosen davon, nach starcken Gefechte, wegtrieben, es mit sich in die Stadt nahmen, und daraus dem Feind grossen Schaden thaten. Als der Feldherr Trivultio sich einem Stadt-Thor näherte, und mit sehr glimpfflichen Worten die Eydgenossen sich zu ergeben aufforderte, hieß ihn der Hauptmann, Benedict von Weingarten, sich hinweg packen, und an dem Ort sein bestes thun, wo er hin bestellet wäre. Dieser Trivultio war auch sehr zornig über seine Soldaten, daß sie zu einen Sturm so schlechte Lust bezeigten, und verwieß es ihnen derb, daß sie grosse Humpen Weins auf sieben oder acht Schweitzer einander zuträncken, wann sie aber mit ihnen fechten solten, so bezeigten sie schlechten Muth, und hörte die Prahlerey auf.

Den

Den fünfften Junii, an einem Sonntag, bekam Trivultio Nachricht, daß sich 8000. Schweitzer annäherten, dahero hielte er für rathsam, sich eine viertel Meil Weegs zurück zu ziehen, und in ein besser Lager hinter vieles und dicke Gestäude zu setzen, damit er nicht zwischen Roß und Wand läge. Es ruckten auch diese noch selbigen Abend an, und kamen grösten Theils ungehindert in Novara. Unterwegens hätte sie die falsche Nachricht, daß ihre Landsleute sämtlich von dem Frantzösischen Heer wären erschlagen worden, fast dahin gebracht, daß sie wieder heim gekehrt wären; sie hatten sich aber doch endlich großmüthig entschlossen fortzuziehen, und die Ihrigen entweder todt oder lebendig aufzusuchen. Darauf hatte man ihnen wieder gemeldet, sie dürfften nicht so eilen, die Ihrigen hätten mit keinem Feind zu thun; sie hatten sich aber dennoch nicht aufhalten lassen, sondern ihren Weeg so eiligst fortgesetzet, als es sich thun lassen.

Als sich nun die Eydgenossene in Novara so verstärckt sahen, so faßten sie den tapffern Schluß, mit anbrechenden Tag, als den 6. Julii, an einem Montag, auszufallen, und die Frantzosen anzugreiffen, ehe sie sich noch einschantzen könten. Sie brachen demnach nach Mitternacht in allem bey zehen tausend auf, und theilten sich in zwey Hauffen. Der grössere von sieben tausend griff den Feind an, wo er sein Feld-Geschütz gestellet hatte, welches zwar sehr starck auf denselben loßdonnerte, er achtete aber kein Feuer, sondern setzte mit aller Gewalt an den Feind, bemächtigte sich des Geschützes, wendete solches gegen denselben um, und machte mit den Helleparten und Schlacht-Schwerdtern eine grosse Niederlage, indem alle Stösse und Streiche tödtlich waren. Die Frantzösische Reuterey hielte sich zwar ungemein tapffer, und durchdrang etlichemahl die Eydgenossen, sie hielten sie doch aber endlich mit etlichen mitgenommenen Karn-Büchsen zurücke. Nicht weniger fiel der kleinere Hauffe auf einer andern Seite den Feind muthig an, und trennte denselben auseinander, daß endlich derselbe nach einem dreystündigen Gefechte allenthalben völlig in die Flucht gebracht wurde. Sie schenckten dabey keinem eintzigen das Leben, wann er sich gleich gefangen geben wolte, sondern schlugen auch im Nacheilen auf der Flucht, alles was sie antraffen, ohne Mitleiden auf das grimmigste zu Boden.

Es blieben also auf dem Platz von den Frantzosen zehen tausend, etliche setzen 15000. sowohl Reissige als Fuß-Volck, und der Eydgenossen zweytausend, andere sagen nur 1400. Mann, und darunter der Hauptmann Benedict von Weingarten. Die Beute von Gold, Silber, und andern kostbaren Gut, war sehr groß. Ein eintziger Edelmann von Schaffhausen hatte sechs und dreyßig Seckel voll lauter Gold-Kronen bekommen, davon ihm ein Schneider-Bursch zween Seckel gestohlen, welcher in der Tortur bekannte,

kannte, daß in selbigen sechstausend und sechshundert Kronen gewesen. Man bekam an Geschütz 14. Haupt-Stücke, 23. halbe Schlangen, 1200. Hacken-Büchsen, mit aller dazu gehörenden Rüstung, die gantze Wagenburg, viele Fahnen, Rosse, Harnisch, allerhand Gewehr, und sonsten viele vortreffliche Sachen.

Jovius, Guicciardinus, Serranus, und andere sagen, es sey der Oberste Hauptmann, sowohl in Novara, als in dieser Schlacht, Mottinus gewesen. Städtler aber, der die Erzehlung Ludwig Schwinckharts, eines des grossen Raths der Stadt Bern, welcher diesem Krieg beygewohnt, gelesen, sagt, daß sie hierinne einen Irrthum begangen, indem Jacob Matti / sonst Mutri genannt, aus dem Liviner Thal gebürtig, ingleichen wegen seines Aufenthalts in Ury, auch Jacob von Ury benahmset, kein Hauptmann, sondern sonsten ein tapfferer Land-Mann gewesen, der zu diesem Angriff zum ersten gerathen habe; Wie dann auch Guicciardinus ihm eine gar schöne Anrede, nach Art der alten Historicorum angedichtet, womit er seine Landsleute zu demselben angefrischet, und auch in dem Treffen geblieben ist. Die vornehmsten Befehlshaber aber waren, Conrad Engelhart von Zürch / dem die Fahne des ersten Auszugs anbefohlen worden, Benedict von Weingarten / und Bartholomäus Mey von Bern. Der sonst so berühmte Hauptmann von Hohensax war damahls noch mit seinen Rotten zurücke.

Dieser so vortreffliche Sieg, welchen die Schweitzer gantz allein, ohne einige Beyhülffe frembder Mannschafft, und in geringer Zahl befochten, indem sowohl die Kayserl. Reuterey ausgeblieben, als auch die Spanische Hülffe aus dem Neapolitanischen von den Frantzosen durch Geld war abwendig gemacht worden, erhöhete derselben Ehre, Ansehen und Ruhm, unter allen Europäischen Potentzen noch mehr. Guicciardini schreibt dahero, es wäre die Ehre dieses Krieges, zu der grösten Schande aller andern Völcker, nicht den Frantzosen, nicht den Teutschen, nicht den Spaniern, nicht den Venetianern, sondern allein den Eydgenossen bestimmt gewesen. Viele hätten auch, wann sie den grossen Anschlag, die augenscheinliche Verachtung des Todes, die Tapfferkeit im Streiten, und den glücklichen Ausgang dabey erwogen, diese That fast allen so herrlichen Thaten der alten Griechen und Römer vorziehen wollen; Sie hätten sich dadurch in solche Reputation gebracht, daß man sie nicht mehr für Söldner, Vieh-Hirten und schlechte Leute, sondern als Männer angesehen, die mit ihrer Tapfferkeit den grösten Völckern könten ein Schrecken einjagen, die in einer wohl-eingerichteten Regiments-Verfassung stünden, und wachsam wären alles dasjenige zu beobachten, was ihres gemeinen Wesens Sicherheit und Nutzen beträfe. Petrus Martyr Anglerius fängt seinen Bericht davon d. d. XVIII. Junii, A. 1513.

aus

aus Valladolid also an: Lib. XXVI. ep. 523. Parva manu sæpe legisti Romanos hinc, Athenienses inde, maximas hostium copias profligasse. Nil unquam memini me legisse in re bellica majus, quam inter Gallos accidit & Elvetios. Als die Eydgenossen diese glückliche Schlacht dem Kayser berichteten, so antwortete er ihnen folgender massen gnädigst:

Maximilian von GOttes Gnaden Römischer Kayser.

Ehrsame liebe getrewe, wir haben ewer Schreiben und darinn den Sieg, „ so unsere liebe getrewe gegen unsern und ewren Feinden, den Frantzosen „ in Mayland, erlangt und erfochten haben, vernommen, deß seynd wir „ als solches etlicher massen hievor an uns gelangt, und itzt aus ewer Verkün- „ digung noch mehr, mit euch gnädiglich ergötzt und erfrewet. Dem All- „ mächtigen solchen Siegs Lob und Danck sagende, demütigst Bitt und Hoff- „ nung, in solcher ob uns und euch zu halten, und uns fürter Gnad mitzu- „ theilen, unsern Willen zu Austrag und Ruh berührter und andrer unsrer „ Feinden Anfechtung zu erlangen. „

Daß aber Wir, nach gethaner Beredung, nicht Handhülff geschickt, „ hat gemacht, daß nichts endlichs beschlossen worden, der Einfall zu gäch, „ und wir auch nöthiger Geschäfften zu den Königen von Ungern und Poland „ haben gemüssen. Des Gelts halb achten wir seye, oder werde nach den „ Monat zu Meyland geben, und als ihr Uns dabey anzeigt, wie ir auf sol- „ chen Sieg von Stund an noch acht tausend Knecht den andern zuschicken „ wollet, dem Krieg ein Ende zu machen, mit Begehr euch ein Reisigen „ Zeug, das Geschütz, und die Summ des Gelts, deren wir euch durch un- „ sere Räth jüngst vertröst, verordnen. Darauf thun wir euch zu vernem- „ men, daß wir ewers Fürnemmens gut gefallen haben, und sind vor zukunfft „ ewer Bottschafft entschlossen gewesen, euch einer Meynung zu berichten „ und zu bewerben, die zu solchem ewerm fürnemmen wol dienet, und euch „ dabey ewers Begehrens Gestalt und Gelegenheit fürzuhalten, und haben „ deßhalben unser instruction auf unser Räth zu euch verordnet, an euch be- „ gehrende, wann die zu euch kommen, daß ihr euch darauf so treulich/ gut- „ willig und fürderlich beweisen, als unser gnädige Zuversicht zu euch ste- „ het. Das wollen wir in allen Gnaden gegen euch erkennen. Geben in un- „ ser und des heiligen Reichs Stadt Wurmbs am zwantzigsten Tag Junii „ A. 1513. unsers Reichs im acht und zwantzigsten. „

Gleich nachdem kamen noch acht tausend Mann der Ihrigen bey den Eyd- genossen zu Novara an, dahero macheten sie sich den erhaltenen Sieg sehr wohl zu Nutze, und giengen gleich auf die Stadt Meyland loß, die ihnen

zwey-

zweymahl hundert tausend Ducaten erlegen muste. Von dar, als Prosper de Columna mit vierhundert Küraßirern, und vierhundert leichten Pferden von dem Vice-Re in Napoli zu ihnen gestossen, brachen sie den 10. Junii gen Vercelli auf, und brachten den ihren Feind anhängig gewesenen Hertzog von Savoyen, durch einen freundlichen Vertrag, zu Bezahlung funffzig tausend Kronen. Als sie ferner nach Ivreé fortruckten, geriethen sie an den letzten Hauffen der fliehenden Frantzosen, und jagten derselben vierhundert in das Wasser. Hierauf nahmen sie das Städtlein S. German ein, und verheerten es gäntzlich, dahero der Marggraf von Montferrat sich auch mit hundert tausend Ducaten aussöhnte; ingleichen erkaufften die Bürger zu Asti ihre Sicherheit mit hundert tausend Kronen. Von dem Hertzog zu Mayland bekam jeder Soldat, zur Vergeltung der so grossen Rettung, vier monatlichen Sold, nemlich zwey wegen des Zugs vom Hause, einen wegen der Defension von Novara, und einen wegen der Schlacht, worauf das Eydgenoßische Heer mit vielem Geld, Gut und Ehre wieder heim zog.

Es haben die Schweitzer nachdem niemahls mehr dergleichen vollkommenen Sieg erfochten, dahero ich auch diese Gedächtnüs-Müntze von keinem andern Sieg verstehen kan. Es deutet solchen auch die bey dem sitzenden Mars befindliche Streit-Axt an, indem Städtler ausdrücklich meldet, daß der Schweitzer gute Streit-Aexte dabey das allerbeste gethan, und die feindliche Schlacht-Ordnung am meisten getrennet. Daß aber nur die drey Wappen und Nahmen von Ury, Schwytz und Unterwalden, und nicht auch der übrigen 10. Cantons darauf zu sehen, kommt vielleicht daher, entweder weil diese dreye die ältesten Haupt-Orte unter den Eydgenossen, als die A. 1315. den Anfang zu den Bund gemachet; oder weil sie alleine haben diese Gedächnüs-Müntze prägen lassen, zumahl da ihnen dreyen auch gantz alleine die Landschafft Bellentz, welche Bellentz, Palenza und Riviera in sich begreifft, zum Eigenthum durch diesen Sieg bestätiget wurde. Den Reichs-Adler haben zu selbiger Zeit die Eydgenossen gar fleißig auf ihre Müntzen setzen lassen, als ein Zeichen, daß sie zum Römischen Teutschen Reiche gehörten. Die Päbstlichen Schlüssel stehen deßwegen dabey, dieweil ihnen solche P. Julius II. in den übersandten zwey grossen Haupt-Paniern, die im Stumpff abgebildet sind, gegeben, als er sie zu Beschirmern der heiligen Kirchen A. 1512. solenniter declariret, wie man denn sie auch zuvor auf keiner Schweitzerischen Müntze antreffen wird.

Vid. Petrus Martyr *ep.* 523. Guiccardini *hist. lib. XI. p.* 75. Jovius *hist. lib. XI. p.* 371. Stumpf. *hist. Helvet. lib. XIII. c.* 37. Stædtler *lib. IX. adh. a. p.* 483-492.

Der Wöchentlichen
Historischen Müntz-Belustigung
10. Stück. den 7. Mart. 1731.

Eine Medaille auf den so beruffenen PETRVM ARETINVM.

I. Beschreibung derselben.

Die erste Seite zeiget dessen Brust-Bild im rechts sehenden Profil, im blossen Haupte, langen Bart, damahliger Tracht, und umgehangenen goldnen Kette, mit der Umschrifft: DIVVS PETRVS ARETINVS. d. i. Der göttliche Petrus von *Arezzo*.

Die andere Seite stellet die Wahrheit unter der Gestalt einer zur rechten Seite gekehrten, gantz nackenden, und auf einem Felsen sitzenden Weibs-Person, vor, wie sie von einem hinter ihr stehenden geflügelten Genio gekrönt wird, mit der rechten Hand auf einen vor ihr liegenden, und sie ansehenden Satyrum zeiget, auf solchen den rechten Fuß setzet, und den über ihr in einer Wolcke erscheinenden Jovem ansiehet. Der Satyrus bedeutet sonder Zweiffel die Unwarheit und Schmeicheley. Die Umschrifft ist: VERITAS ODIUM PARIT. d. i. Die Warheit gebieret Haß.

2. Historische Erklärung.

PETRUS von Arezzo, einer Stadt im Florentinischen Gebiet, gebürtig, war Anfangs ein Buchbinder, legte sich aber nachdem, als er seine grosse Scharffsinnigkeit merckte, auf die Studia, und brachte es zu einer grossen Vollkommenheit in der Dicht-Kunst und Beredtsamkeit. In der erstern hatte er die beste Anführung von dem Nicolo Franco, einem berühmten Poëten, gegen welchen er aber sich so undanckbar bezeigte, daß derselbe ihm seine schlechte Erkänntlichkeit in etlichen sehr beissenden Epigrammatibus verwieß. In was für einen Stand und Bedienung er gelebet, oder wo er seine meiste Lebens-Zeit zugebracht, habe ich nirgends finden können. Daß er kein Geistlicher gewesen, ist daraus abzunehmen, weil er im Ehestand gelebet, und zwey Töchter erzeuget, für die er ein Heyrath-Gut erbettelt. Er hat sich am meisten durch seine Satyrische und unkeusche Schrifften in gebundner und ungebundner Rede bekandt gemacht / und weil er absonderlich mit seiner freyen Feder geistliche und weltliche, hohe und niedere Persohnen ohne Verschonen angetastet, so hat er sich damit in das Ansehen gesetzet, daß man ihn IL FLAGELLO DE PRENCIPI, die Geissel der Fürsten, genennet. Diejenige Könige und Fürsten also, welche wolten von ihm unangefochten bleiben, die musten ihm, der gemeinen Sage nach, das Laster-Maul mit grossen Geschencken zustopffen. Boissard meldet, daß ihm K. Carl V. eine sehr schöne goldne Kette, deren Glieder wie lauter Ohren gebildet gewesen, gesendet habe; und daß dergleichen K. Franciscus I. in Franckreich auch gethan, dessen Kette aber aus lauter zusammen gesetzten goldnen Zungen bestanden, wodurch sie ihn auch gegen sich gantz stumm gemachet hätten. Er stoltzieret in einem Schreiben Lib. VI. epistol. f. 115. selbsten damit, daß die Fürsten, die ihr Volck so unaufhörlich mit Schatzung belegten, ihm, da er doch ihr Sclave, und ihre Geissel wäre, Tribut abstatten müsten. Seine Worte sind: Che piu? i Principi, da i popoli tributati di continuo, tuttavia me, loro schiavo & *FLAGELLO*, tributano. Er scheuet sich also nicht in diesem Brief / den er doch an einen nahen Anverwandten des Pabsts Julii III. den Herilia del Monte geschrieben, sich selbsten eine Fürsten-Peitsche zu nennen.

Ich habe niemahls etwas von diesen Stachel-Schrifften, womit Aretino Könige, Fürsten, und grosse Herren angegriffen, können zu lesen bekommen, und kan also nicht melden, wie dieselben eigentlich beschaffen gewesen, und was er für sinnreiche oder schmähliche Einfälle dabey gehabt; Es hat jedoch der Gesandte von Urbino, M. Gianiacopo, gemeinet, Aretino sey zu seiner Zeit nöthiger gewesen, als die Predigten: l'Aretino e piu necessario a la vita humana, sind seine Worte, che le predicationi, dieweil er die Warheit den Fürsten wiederum bekandt gemachet, deren Ohren lange Zeit nur gewohnt gewesen, der Falschheit, Schmeicheley, und Unwarheit Gehör zu geben; daß auch die Tugenden und Verdienste treuer und eifriger Diener wären von ihren Herren gebührend erkannt und belohnet worden, das habe man der scharffen Feder des Aretino zu dancken.

Da jedoch Aretino selbsten erkennet, daß da die meisten grossen Herren selbiger Zeit, sich nicht vor dem Zorn GOttes gefürchtet hätten, wie sie sich dann hätten so sollen vor dem Wüten seiner Feder fürchten? La maggior parte, schreibt er in seinen Briefen, Lib. VI. f. 120. de i gran maestri non temono l'ira di Dio, & temeranno il fuore de la mia penna? Da auch seine sechs Bücher von Briefen sehr viele an Könige/ Fürsten, Cardinäle, Generale und andere grosse Herren abgeflogene Bettel-Briefe in sich enthalten, in welchen er mit der schändlichsten Niederträchtigkeit und Schmeicheley ihre Freygebigkeit zu bewegen, und seine Armuth mit den kläglichsten Worten vorstellig zu machen suchet, so müssen doch die Geschencke so häuffig bey ihm nicht eingelauffen seyn, als man insgemein vorgiebt.

Es ist auch für eine blosse Prahlerey und thörichten Wahn zu achten, daß Battista Tornielli ihm folgender massen zugeschrieben: Non sapete voi, che non la penna vostra in mano havete soggiogato piu Principi, ch'ogni altro potentissimo Principe con l'arme? La penna vostra si puo dir che v' ha fatto trionfator quasi di tutti i Principi del mondo, che quasi tutti vi sono tributarii & come infeudati. Meritareste esser chiamato, *Germanico*, *Pannonico*, *Gallico*, *Hispanico*, & finalmente insignito di quei titoli, quali si davano a gli antichi Imperadori Romani secondo le provincie per loro soggiogate: che se quelli soggiogavano le provincie per forza d'arme, & per esser piu di loro potenti, non era gran meraviglia, maggior meraviglia assai è che un privato inerme, haggio soggiogato infiniti potenti: che l'un potente l'altro non e meraviglia. Er will den Aretino überreden, er habe mit seiner Feder sich mehr Fürsten unterwürffig gemachet, als ein andrer mächtigster Fürst mit seinen Waffen. Seine Feder sey allen schröcklich und fürchterlich, jedoch auch denenjenigen angenehm und lieblich, denen sie sich freundlich erzeige. Seine Feder habe ihn zum Besieger aller Fürsten in der Welt gemachet, daß sie ihm nun alle zinsbar und gleichsam seine Lehens-Leute wären. Er verdiente, daß er, wie die alten Römischen Kayser von den überwundenen Völckern, auch den Tittel des Teutschen/ des Ungarischen/ des Frantzösischen/ und des Spanischen, bekäme. Das sey auch kein Wunder, daß dieselbe durch ihre Kriegs-

Macht die Länder bezwungen hätten; aber das sey weit ein grösser Wunder, daß er, als ein schlechter und unbewaffneter Mann, unzehliche Potentaten sich unterwürffig gemacht habe.

Daß dieses aber ein leere Einbildung sey, ist daher zu ersehen, dieweil in Italien Fürsten waren, die gantz und gar keine Furcht vor den bißigen Aretino bezeigten, sondern nach dem Bericht des Ghilini in seinem *Theatro Parte I. p.* 192. als er dieselben durchgezogen, ihn durch etliche Personen wacker abprügeln liessen, daß er also nicht eine Peitsche der Fürsten, sondern ein gepeitschter Kerl von den Fürsten gewesen. Es gienge ihm also wie jenem hochmüthigen Spanier im Flanderischen Kriege, der, um seinen Feinden einen rechten Schrecken einzujagen, stets auf seinen Hosen den fürchterlichen Nahmen gestickt trug: Il Castigatore de los Fiamengos. Als ihn aber die Holländer gefangen bekamen, so liessen sie ihn in eben den Hosen am Galgen hängen, und trennten nur das re aus, so lasen alle Leute Castigato, und ward also aus einen Züchtiger ein Gezüchtigter. Als auch Aretino auf den grossen Pietro Strozzi von Florentz ein schimpfflisches Sonetto gemacht hatte, welches anfieng:

Mentre il gran Strozzi arma virumque cano.

so bedrohete ihn dieser, daß er ihn wolte dafür auch in seinem Bette ums Leben bringen lassen, wodurch er dann gar kleinlaut und so furchtsam wurde, daß er sich nach Venedig flüchtete, und auch daselbst nicht getrauete jemahls aus seinem Hause zu gehen. Er ist daselbst A. 1556. im 65. Jahr seines Alters verstorben. Freher setzet in seinem Theatro viror. eruditor. seinen Tod zehen Jahr später hinaus in das Jahr 1566. Bayle aber zeigt im Dictionaire hist. & critique T. I. p. 305. daß Aretino die Dedication von dem letzten Theil seiner Briefe im October A. 1555. geschrieben habe, und daß Ruscelli in seinem A. 1557. herausgegebenen Rimario sage, in dem beygefügten Vocabulario, im Wort Rosta: Mio Aretino di buona memoria. Er ist in der Kirche St Lucæ begraben worden. Es ist aber daselbst die Grabschrifft gar nicht anzutreffen, die man sonst von ihm aufgezeichnet findet, und die in drey Sprachen also lautet:

Lateinisch:

Condit Aretini cineres lapis iste sepultos,
Mortales atro qui sale perfricuit.
Intactus DEUS est illi, causamque rogatus,
Hanc dedit, *ille*, inquit, *non mihi notus erat.*

Welsch:

Qui giace l'Aretin amaro tosco
Del sem'human, la cui lingua trafisse

Et vivi & morti : d'Iddio mal non disse,
Et si scuso, co'l dir : *io no'l conosco.*

Teutsch:

Mein Leser stehe still, hier lieget Aretin,
Er konte jederman recht durch die Hechel ziehn/
GOtt hat er nur allein unangetast gelassen/
Weil man doch unerkannt nichts auf der Welt kan hassen.

Oder:

Hier lieget Aretin, dem wenige gewogen,
Weil sein vergallter Kiel auf jederman gericht.
Fragst du, warum er GOtt im Himmel nicht durchzogen?
Ich hätts gethan/spricht er, jedoch ich kennt ihn nicht.

Seine böse Art von jederman das übelste zu reden, hat auch verursachet, daß ihm Mersennus *in Commentari. in Genesin p.* 1830. ingleichen Voëtius, und Spizelius zum Verfasser des gotteslästerlichen Buches von den dreyen Ertz-betrügern der Welt machen. Da aber dergleichen Höllen-Brut, so wie sie beschrieben wird, GOtt Lob, niemahls in der Welt gewesen, sondern der Ruf davon nur aus der falschen Päbstl. Beschuldigung K. Friedrichs II. entstanden, so ist es offenbahr, daß man dem Aretino hierinne zu viel gethan. Denn eine andere Scarteque, so in Frantzösischer Sprache, als eine abgestohlne Ubersetzung von dergleichen gottlosen Schrifft, hier und da herum fleugt, enthält Neuigkeiten in sich, von welchen Aretino nichts kan gewust haben.

Ausser seinen Läster-Schrifften von grossen Herren, hat er sich auch mit unkeuschen Büchern einen sehr üblen Ruff bey der erbaren Welt gemachet. Denn seine Ragionamenti enthalten sehr unzüchtige Beschreibungen in sich. Er hat sie selbsten Capricci titulirt. Denn der andere Nahme ist ihnen in der andern Edition von A. 1584. in 8. gegeben worden/ wie Bayle deutlich erwiesen. Daß er sie auch selbsten zu erst heraus gegeben, ist daraus zu sehen, daß A. 1551. Joachimus Perionius, ein Benedictiner, die unflätige Schreib-Art des Aretino in einer Lateinischen Rede scharff bestraffet. Man hat es aber demselben sehr vor übel gehalten, daß er sich deßwegen mit dem Aretino eingelassen, indem ein Ordens-Mann und Geistlicher lieber solche Bücher gar nicht hätte lesen sollen. Es bestehen die Ragionamenti in zweyen Theilen, jeder hält drey Gespräche in sich. In welchem Jahre sie eigentlich das erstemahl zum Vorschein gekommen, hat noch nicht können entdecket werden, dieweil sonder Zweiffel auf der ersten Edition weder Jahrzahl, noch Ort, stehet. Ferner hat Aretino unter zwantzig von dem Julio Romano gezeichnete, und hernach in Kupffer gestochene, leichtfertige Figuren, Sonetti geschrieben, von denen Boissard billig geurtheilet, daß sie verdienet hätten, mit dem Verfasser, verbrannt zu werden. Ob aber gleich dieses nicht geschehen, so berichtet doch Ant. Laurentius Politianus *in dialogo de risu p.* 78. daß Aretino, als er von seinen Schwestern, so öffentliche Huren waren, habe greuliche Unfläthereyen erzehlen hören, so sehr darüber gelachet habe, daß er mit dem Stuhl, auf welchen er gesessen, zurücke geschlagen, und das Gnicke gleich gebrochen habe, daß man ihn tod aufgehoben, welches wohl ein erschröckliches Lebens-Ende von einem solchen abscheulichen Zoten- und Possenreisser.

Er war jedoch auch so keck, daß er seine unverschämte Feder zu geistlichen Sachen ansetzte, und eine *paraphrasin* des ersten Buches Mosis, und der sieben Buß-Psalmen, das Leben Christi, seiner Mutter Mariä / der Heil. Catharinä, des Heil. *Thoma* von *Aquino*, und einen Spiegel der Wercke GOttes, verfertigte. Es soll aber nichts elenders können gelesen werden, als die geistl. Schrifften des Aretino, weil sie weder Krafft noch Safft haben. Sein aufgeweckter Geist, seine muntere Gedancken, seine geschickte Ausdrückung derselben, seine bewegliche Vorstellung der Affecten ist in solchen gar nicht anzutreffen. Es hat auch sein unreine Seele bey frevelhaffter Unternehmung solcher devoten Arbeit, dem guten Geist, der doch dabey am meisten würcken muß / nicht Raum geben können. Denn er schrieb dieselben mitten unter der Beschäfftigung mit andern liederlichen und weltlichen Schrifften, wie er selbst sagt in der Dedication des andern Theils seiner piacevoli Ragionamenti: Eccoui la i Salmi, eccoui la historia di Christo, eccoui le comedie, eccoui il dialogo, eccoui i volumi divoti & allegri, secondo i soggetti, & ho partorito ogni opere quasi in un dì, e per che si fornisca di vedere cio che sa far la dote, che si ha ne le fasce, tosto udiransi i furori de l'armi, e le passioni d'amore, che io douerei lascias di cantare per descrivere i gesti di quel Carlo Augusto, che inalza piu gli huomini a consentire, che se gli huomini a consentire, che se gli dica huomo, che non abassa gli Dei a non sopportare, che se gli dica Iddio, e quando io non fossi degno di honor veruno, mercè de le inventioni, con le quali de l'anima a lo stile, merito pur qualche poco di gloria per havere spinto la verita ne le camere, e ne le orecchie de Potenti ad onta de l'adulatione, e de la menzogna.

Freher und Moreri haben sich demnach fälschlich beredet, daß Aretino solche geistliche Bücher nach seiner durch die empfangenen Prügel-Suppen von grossen Herren, verursachten Bekehrung, und kurtz vor seinem Lebens-Ende, geschrieben. Denn sein böses Gewissen trieb ihn so gar an dieselben nicht unter seinen eigentlichen, sondern unter den verdeckten Nahmen des Partenio Etiro, als worinne die Nahmens-Buchstaben versetzt sind, heraus zu geben. In den Menagianis ist p. 266. folgendes artiges Epigramma von seinen paraphrasirten Buß-Psalmen zu lesen:

Si

Si ce livre unit le destin
de David & de l'Aretin
dans leur merveilleuse science,
Lecteur, n'en soit pas empéche,
qui paraphrase la péche
periphrase la penitence.

Da also nun Aretino ein solcher lästerhafftiger und unflätiger Mensch gewesen, so ist es höchlich zu verwundern, daß man ihm doch den so vollkommenen Ehren-Nahmen eines göttlichen Mannes gegeben. Wer solches zu erst sich unterfangen, und diese Boßheit begangen, ist unbekandt. Der unter den angenommenen Nahmen Barbagrigia versteckte Buchdrucker, der A. 1584. die Ragionamenti wieder aufgelegt / nennet ihn schon also auf dem Tittel-Blat, welches also lautet: La prima parte de Ragionamenti di M. Pietro Aretino, cognominato il Flagello de Prencipi, il Veritiero, e'l *DIVINO*. Drunter stehet eben das Lemma, so auf der Medaille zu lesen: Veritas odium parit. Daß ich dahero auf die Gedancken komme, es habe derselbe auch die Medaille inventiret. Jacobus Gaddius *de scriptoribus non ecclesiasticis T. I. p.* 13. meinet, es habe sich Aretino selbsten den Nahmen Divinus um deßwillen angemasset, weil er, wie GOtt, die höchsten Häupter, ohne Ansehen ihrer Majestät, mit seiner freyen Zunge bestraffet, die sonsten von niemand können gezüchtiget werden, und an welche sich auch sonsten niemand waget. Ich will zwar dieses nicht gäntzlich in Abrede seyn, weil seiner Vermessenheit und Einbildung von sich nichts zu viel gewesen. Mich bedünckt aber doch, es habe der kluge Montaigne die Ursache dieser aus der Einbildung der Italiäner von ihrer Lebhafftigkeit und schönen muntern Schreib-Art entsprossenen abendtheuerlichen Benennung besser eingesehen, und sich mit gutem Grunde darüber folgender massen geärgert in seinen *Essais lib. I. c.* 51. Platon a emporte ce sur nom de *DIVIN* par consentement universel, qu' aucun n'a essuyé luy envoir; & les Italiens, qui se vantent avec raison d'avoir communement l'esprit plus eveillé & le discours plus sain, que les autres nations de leurs tems, en viennent d'estrener l'Aretin, auquel sauf une facon de parler bousie & bouilloneé de pointes ingenieuses a la verité, mais recherchées de coin & fantastiques, & outre l'eloquence en fin telle, quelle puisse estre, je ne vois pas, qu'il y ait rien au dessus des communs auteurs de son siecle, tant s'en faut, qu'il aproché de cette divinité ancienne. d. i. Plato hat den Zunahmen eines Göttlichen durch allgemeinen Beyfall davon getragen, um welchen ihn zu beneiden sich niemand unterstehen wird, und die Italiäner, die sich insgemein mit Grund rühmen, daß sie gemeiniglich einen aufgeweckten Geist haben, und einen verständigern Discurs, als andere Völcker von der Zeit führen / die haben solchen dem Aretino gegeben, bey welchem

welchem ausser einer Art spöttisch und hitzig mit einigen scharffsinnigen Stachel-Reden die Warheit zu sagen, die doch weit gesucht und fantastisch sind, und ausser einer Beredtsamkeit, die endlich so ist, als sie seyn kan, ich nichts sehe, das etwas habe, so über andere Autores selbiger Zeit wäre. So viel fehlet, daß sie die alte Göttlichkeit erreiche.

Boissard, und aus demselben Moreri, gedencken noch einer andern Medaille, die auf den Aretino sey gemacht worden, und also ausgesehen. Auf der ersten Seite ist sein Bildnüs, mit der Umschrifft: IL DIVINO ARETINO. Die andere Seite stellet ihn auf einen Thron sitzend vor, und wie zu seinen Füssen viele Königliche und Fürstliche Gesandte stehen, die ihm mit der grösten Submission allerhand Geschencke überreichen. Umher ist zu lesen: I PRINCIPI TRIBVTATI DA I POPVLI TRIBVTANO IL SERVITOR LORO. d. i. Die Fürsten / die von ihren Völckern mit Tribut verehret werden / geben ihrem Diener Tribut. Boissard hat dahero diese Unterschrifft unter des Aretino Portrait gesetzet, so dem unsrigen völlig gleichet:

Principibus populi pendunt tributa: ab eisdem
Pendi sueverunt quæ Tibi Principibus.

Es ist mir dergleichen Medaille noch nicht zu Gesichte kommen. Ich halte vielmehro dafür, sie sey aus derjenigen Prahlerey erdichtet worden, die sowohl der thörichte Aretino von sich selbsten, als sein Fuchsschwäntzer Tornielli, obberwehnter massen von ihm ausgesprochen.

Meines erachtens ist auch die Gegen-Seite von unserer Medaille nicht wohl inventiret; sondern man hätte darauf vielmehro vorbilden sollen, wie Aretino wegen seiner auf grosse Herren gemachte Satyren wäre derb abkorwatschet worden, so würde man besser haben sehen können, wie sich die Uberschrifft: Veritas odium parit, darzu geschicket hätte. Könige und Fürsten vertragen nicht gerne, wann die Historici ihre Fehler, Untugenden, und böse Thaten, ohne eintzigen Zusatz, so aufschreiben, wie sie jedermann gesehen oder gehöret; noch weniger aber können sie leiden, wann sie die Poeten darüber mit sehr empfindlichen Redens-Arten noch verhöhnen, und jederman zum Spott machen. Vid. Boissard *P. I. Icon. p.* 267.
Bayle *l. c.* & autt. cit.

Der Wöchentlichen
Historischen Müntz-Belustigung
11. Stück. den 14. Mart. 1731.

Eine Medaille auf die in Churfürstl. Brandenburgischen anselnlichen Diensten gestandenen vortrefflichen sieben Brüder von Danckelmann.

1. Beschreibung derselben.

Die erste Seite zeiget das Sieben-Gestirn am Himmel, über einer Landschafft, in welcher von weiten eine grosse Stadt zu sehen, ingleichen ein schiffbarer Strom, Feld und Wald, mit dem Lemmate aus des Horatii *Lib. II. od.* 2. *v.* 18. INTAMINATIS FVLGET HONORIBVS. d. i. Es gläntzet mit unbefleckten Ehren. Zur lincken gantz unten stehen die Anfangs-Buchstaben des Medailleurs, R. F. d. i. Raymundus Faltz.

Die andere Seite enthält eine Lateinische Inscription von 8. Zeilen, die deutlich auf derselben zu lesen, und zu Teutsch also lautet: Dem Siebengestirn der Brüder, welche dem allerbesten und grösten Fürsten, Friedrichen III. Chur-Fürsten zu Brandenburg/ sich und alle das Ihrige, nach der alten Weise, der Soldurier gewidmet haben. Zu unterst stehet ein Kranich, und hält mit dem rechten aufgehabenen Fuß einen Stein, welches Bild der Wachsamkeit die Freyherrn von Danckelmann in ihren Wappen führen. Die Medaille wiegt in Silber 4. Loth.

2. Historische Erklärung.

Daß sieben Brüder mit gleicher Geschicklichkeit, Treue und Eifer einem Fürsten in grossen Aemtern gedienet haben, ist so was besonderes, daß dieser so seltenen Begebenheit Ruhm-volles Gedächtnüs allerdings eine schöne Medaille von der so künstlichen Hand des unvergleichlichen Faltzens verdienet hat. Es ist aber das Danckelmännische Geschlechte keinesweges durch die zu einer Zeit in Brandenburgischen hohen Diensten gestandene sieben grosse Brüder erstlich empor gebracht worden, sondern es hat schon vor längst unter den alten Adel in Westphalen herrlich geblühet. Johann von Danckelmann, der Eiserne, oder Kürisser genannt, weil er den Harnisch fast nie vom Leibe gebracht, war gebohren im Jahr 1490. zu Telgt im Hochstifft Münster, bekleidete ansehnliche Würden in mancherley Kriegs-Diensten, war unter den Kayserl. Völckern, welche A. 1517. Rom mit stürmender Hand einnahmen, half A. 1534. die Belagerung der Wiedertäuffer in der Stadt Münster wohl einrichten, war vor St. Lutgeri Thor postiret, und verlohr bey dem grossen Ausfall des fantastischen Prophetens, Joh. Matthäi von Harlem, ein Auge. Er war verehliget mit Gertraut von Langen, eines alten Westphälischen stiffts-mäßigen Geschlechts, und starb A. 1548. Bernhard von Danckelmann, der A. 1583. verschieden, lebte im Ehestand mit Elisabeth Loding, deren Schwester, Barbara, Heinrich Falcken zum Venhauß, Drosten zu Rhene und Bevergerne im Münsterischen, zum Gemahl gehabt. Johann von Danckelmann begab sich der Religion wegen aus dem Münsterischen in Ober-Yssel, starb A. 1629. zu Vollenhoven, und hatte zur Ehe-Gattin Barbaram Müntz, deren Mutter, Elisabeth von Beveren, gewesen; von ihren Brüdern kommet die ansehnliche Familie der Beveren zur Devesburg und Havigs-Beck im Münsterischen her.

Sylvester von Danckelmann, war Chur-Fürstl. Brandenburgischer und Fürstlich-Orangischer Rath, Landrichter und Gograf in der Grafschafft Lingen, und hat den Ruhm eines sehr gelehrten und klugen Mannes, welcher A. 1640. ein Project zum general-Frieden in Teutschland und den Niederlanden verfertiget, welches A. 1641. auf dem Reichstag zu Regenspurg Graf Alexander von Vehlen dem Kayser übergeben, der es gnädigst angenommen und erkannt. Barlæus hat ihm *lib. II. Miscellaneorum p.* 572. diese Lob-Schrifft verfertiget:

Ad

Ad amplissimum Virum,

SILVESTRVM DANCKELMANN,

Territorii Lingensis Judicem.

Linga potens, Batavûm bellis illustris & armis,
per varias Martis capta, recepta, vices.
Nassoviædos prisca Domus, quæ juncta Cheruscis
innocuis Amasis læta rigaris aquis.
Non jam belligeras in proxima rura phalanges
Evomis, & Frisio vis gravis esse solo.
Neutra places, motusque truces & prælia nescis,
Nec veteri nobis more cruenta noces.
Nempe alio felix jam possessore triumphas,
Et tua Pieridum moenia cultor habet.
Bella legit, sed nulla cupit, turmasque Quiritum
Volvit. At has terris gaudet abesse suis.
Totus in historia veterum est, Romamque recenset,
& transacta Ducum tempora mente notat.
Dum paci vacat Astrææ & Mavortia quondam
limina vult Themidi jam patuisse suæ.
Sunt Phœbi, quas fulmineus Mars condidit, arces,
claraque Bellonæ regia facta Claros.
Mutasti Lingæ faciem, *Vir magne*, Ducumque
area judiciis annuit æqua tuis.
Quæ fuit Auriaci statio, quæ Regis Iberi,
Judice tam facili, tam quoque Linga mea est.

Es hatte derselbe zur Gemahlin Beatam von Derendahl, mit welcher er funffzig Jahr in der Ehe gelebet, und sieben Söhne gezeuget, welche alle zu hohen Würden bey dem Churfürsten zu Brandenburg gelanget.

Der mittelste von diesen war Eberhard, der A. 1643. auf diese Welt gekommen. Dessen gute Gestalt und aufgeweckter Geist versprachen gleich viel grosses von ihm, wie er dann auch in den Wissenschafften so ungemein zunahm, daß er im zwölfften Jahr seines Alters auf der Universität Utrecht mit gröstem Lobe de Jure emphiteutico disputirte; Nach vollbrachten Studiis Academicis durchreisete er etliche Reiche und Länder der cultivirtesten Völcker, lernete ihre Sprachen mit der grösten Fertigkeit, und alles was sie wohlanständiges in ihren Sitten hatten, und machte sich dadurch so geschickt, daß er A. 1663. im zwantzigsten Lebens-Jahre zum Hofmeister des sechs-jährigen Printzen Friedrichs, des andern Sohns Churfürst Friedrichs Wilhelms zu Brandenburg, vor vielen andern ausersehen ward. Wozu er ihn angeleitet, das hat der Herr von Besser in der kurtzen Beschreibung des Lebens des Freyherrns von Danckelmann also ausgedrucket:

Dein Herr begriff nicht nur viel schwehre Wissenschafften,
Von denen Er gelehrt selbst bey Gelehrten heist;
Es musten auch in Ihm die Sitten-Lehren hafften/
Durch die Er sich als Herr auch über sich erweist.
Es weiß gantz Brandenburg und ist dir auch verbunden
Daß Friedrich weis und fromm/ gerecht und gütig ist.
Du hast in Ihm vermehrt/was du in Ihm gefunden:
So daß du unsers Glück's Vermehrer worden bist.
Denn Fürsten gleichen zwar den reichen Edelsteinen/
Die ihren Glantz und Werth mit auf die Welt gebracht;
Doch scheinet nicht der Glantz/ und kan nicht eher scheinen/
Als biß des Künstlers Hand ihn sichtbar hat gemacht.

Daß ihm dieses wichtige Amt durch gewöhnliche viele Hof-Cabalen muß sehr sauer gemacht worden seyn, und daß er dabey manchen rauhen Wind und Sturm hat erfahren müssen, dabey er sich doch aber gantz unerschrocken bezeigt, und alles für seinen Printzen gewagt habe, das ist aus folgender Strophe itztbemeldten Poetens abzunehmen:

Doch was ward täglich dir für neue Furcht erweckt/
Wie sehr befliß man sich/ Ihn auf dich zu verhetzen?
Mit was Bedrohungen dacht man dich abzuziehn?
Du aber/ weit gefehlt/ dich davor zu entsetzen
Du wagtest noch dazu dein Haab und Gut für Ihn.

Ein Schreiben aus dem Haag d. d. 11. Martii 1711. welches den Danckelmann unter dem Nahmen des Philocles in dem Telemaque abbildet, meldet: Er habe seinem Printzen, ehe er im Stande gewesen, ihm grosse Faveurs zu erweisen, seine Güter aufgeopffert, ja gar sein Leben mehrmahlen für denselben in Gefahr gesetzet.

Nach Absterben des ältern Bruders, Caroli Æmylii, den 27. Nov. 1674. ward Printz Friedrich Chur-Printz, und mit im geheimen Rath gezogen; Danckelmann wolte also von ihm Abschied nehmen, alleine er wurde von ihm nicht dimittiret. Es fehlte dennoch aber auch nachdem nicht an Verfolgung, ob er schon dabey die Staats-Affairen recht kennen lernte. Der Herr von Besser singt davon also:

Wer weiß nicht was dein Fürst/als Chur-Printz, ausgestanden,
Wie aller Boßheit Grimm auf Euch verschworen war?

Da

Da halff Behutsamkeit/ um nicht gewiß zu stranden
Du bliebst behertzt in Noth / bedachtsam in Gefahr.
Hiebey hat noch dein Printz zwölff Jahr im Rath gesessen,
Wo auch der grosse Staat durch eure Hände lieff.
Dadurch habt ihr den Grund des gantzen Meers durchmessen/
Und kein Geheimnüs blieb Euch mehr darinn zu tieff.
Des Hauses Nutz und Recht / des Hofes krumme Räncke,
Der Fremden List und Trug, der Händel Schlauigkeit
Entdeckten sich vor Euch wie die erforschten Bäncke.
Und so verwaltest du dein Amt von langer Zeit.

Als A. 1687. der Chur-Printz so einen hefftigen Steckfluß bekam, daß ihm schon der Athem ausblieb, kein Leib-Medicus aber eine Aderlässe wagen wolte, so ließ solche Danckelmann dennoch durch einen geschickten Chirurgum vornehmen, und erhielte dadurch denselben beym Leben. Dahero es nachdem der Chur-Fürst öffters gerühmet, daß er dieser guten Resolution das Leben zu dancken habe.

A. 1688. den 29. Aprilis, nach dem Tode seines Herrn Vaters, gelangte Friedrich zur Churfürstl. Regierung, und wolte sogleich seinem so treuen und lieben Danckelmann das vornehmste Staats-Ruder in die Hände geben, seine Modestie deprecirte aber solches äusserst, und vergnügte sich mit der geheimen Raths-Würde, rieth auch dem Chur-Fürsten an, die alten geheime Räthe seines Herrn Vaters beyzubehalten; jedoch wurde auf sein Angeben die Ordnung eingeführt, daß die jüngern geheimen Räthe zu erst ihre Stimmen gaben, und die ältesten zu letzt. Ferner disponirte er seinen Herrn dahin, daß er alles erlittene Unrecht großmüthigst vergaß, und gutes Vernehmen im Churfürstl. Hause auf allen Seiten beybehalten wurde.

Es war eine Würckung von seinem für des Reichs Wolfahrt und Ehre sehr besorgten Ministerio, daß sich Churfürst Friedrich nicht nur in dem neunjährigen Frantzösischen Krieg von 1689. biß 1697. so sehr angriff, und den von seinem Vater erworbenen grossen Ruhm der Brandenburgischen Waffen dadurch vermehrte, daß er selbsten in Person zu Felde gieng, Rheinbergen, Kaysersweth und Bonn eroberte / und nach der unglücklichen Schlacht bey Fleuri den zweyten Feindl. Einbruch hemmete; sondern auch dem Kayser eine ansehnliche Hülffe nach Ungarn schickte, welche unter dem General Barfuß den herrlichen Sieg bey Salankement befechten half.

Die Glückseeligkeit der Brandenburgischen Lande beförderte Danckelmann durch den Flor der Manefacturen und Commercien, und machte, daß durch gelinde Regierung viele Familien nützlicher Leute in solche gezogen wurden. Er halff dieselbigen durch die Graffschafften von Limburg, Lingen, Tecklenburg, und durch die Geyerischen Güter vermehren; richtete gute Policey an, und halff die Verschwendung bey Gastereyen abschaffen. Durch seine scharffe Einsicht wurde der mißgebrauchten Gewalt der Unter-Obrigkeit Einhalt gethan. Seinem Chur-Fürsten hinterbrachte er die Wahrheit von allen in der Regierung ihm nöthig zu wissenden Sachen, und begleitete dieselben mit solchen trifftigen Vorstellungen, die zwar mit allem gebührenden Respect verknüpfft waren, jedoch gar keine Flatterien hatten. Er legte durch die Erhaltung der Kayserl. Einwilligung den Grund zu der Königl. Preusischen Würde; und ließ sich auch sonsten angelegen seyn, seines Chur-Fürstens Ehre und Reputation allenthalben zu vergrössern. Er erhielte die Churfürstl. Einkünffte und Domainen in guten Stande, und besorgte das Finanz-Wesen so vorsichtig, daß die Unterthanen mit unmäßigen Auflagen nicht beschwehret wurden, jedoch Geldes genug zu dem geziemenden Churfürstl. Staat, und allen grossen Unternehmungen allemahl vorhanden war. Zu Diensten beförderte er nur würdige Leute, dahero der Churfürst bezeugte: Er habe ihm niemahls einen untüchtigen Menschen vorgeschlagen. Insonderheit liebte und ehrte er gelehrte Männer, und diese bestrebten sich dahero auch wieder seinen Ruhm in ihren Schrifften auszubreiten. Zur Probe dessen will ich nur ein schönes Carmen von dem Petro Francio anführen:

Salve, nobilium decus virorum,
magni maxime Principis minister,
Dankelmanne, Tuæ domus, Tuæque
Gentis gloria, quo Sicambra tellus,
quo Germania nunc superbit omnis,
Salve, Castalidum decus sororum,
Te res Teutona, Beroliniumque
Gaudet præside, maximusque Princeps,
magni progenies superba Benni.
Tuis consiliis, Tuoque ductu,
Princeps optimus usque crevit, & jam
dolis, insidiis, malaque fraude
& discrimine liberatus omni,
securus solio sedet paterno.
Tu belli moderator atque pacis
pacis artibus, artibusque belli
cives instruis, & laboriosa,
ut stellas humeris Atlas, torosis
rerum pondera sustines lacertis.
Tu leges populo, novosque cultus
Tu mores populo tuos dedisti.
Per Te cana fides, pudorque, per Te
descendit Themis, aureumque seclum
& mundi facies redit prioris.
Tu moles operum, polo minantes
lapsas erigis, excitas recentes,
jamque pulchrius elegantiusque
urbis tecta nitent, suumque lumen
jactant aeriæ sub astra turres.
Tu fines Domini tui per omnes,
more Principis, aureique solis,
in omnes pariter benignus oras,
docto Principe sic jubente, doctis
passim virginibus, patrique Phœbo,
ædes extruis, omnibusque longe
saxis, marmoribus perenniora
venturo monumenta ponis ævo.
Tu viros ubicunque literatos,
Tu dulces Heliconios alumnos,
largo munere congiarioque,
ipso Principe sic volente, donas.
Salve, Castalidum decus sororum,
salve, nobilium decus virorum,
magni maxime Principis minister,
Te Germania, te Sicambra tellus,
Te Phœbus pater & novem sorores,
Dankelmanne, canant; Tuumque nomen
in mundi latus omnis, ultim... ...ue
spargant carmine posteros Po...

Er hat auch folgendes Epigramma zu seinen Ehren verfertiget:

Pru-

Prudenti num consilio res staret, an armis?
lis vetus. Armatam pax bona poscit opem.
Exsuperat tamen indomitum Prudentia Martem,
Ille feris similes nos facit, illa DEO.
Optabat bis quinque alios bellator Atrides
Mente pares Pylio consiliisque seni.
Peliden docto Chiron formabat in antro:
Gaudebat Cynea cretus Achille suo.
Stat Dankelmanno Brenni domus, & Tua, Princeps,
Consilio tanti resque salusque Viri.
Quod Chiron fuit Æacidæ, quod Nestor Atridæ,
Quod Pyrrho Cyneas, Hic, Frederice, Tibi est.

Danckelmann bewegte nicht nur seinen Churfürsten zu grossen Geschencken, für die Gelehrten, sondern er selbsten erwieß sich auch sehr freygebig gegen dieselben, welches Francius noch in einen andern Epigrammate also preiset:

Crebra dat Aonis Fredericus dona Poëtis:
Hac eadem larga das, Everarde, manu.
Vt dispar dandi modus est, fortunaque dispar,
Par tamen est ratio, causaque, dantis amor.
Gratia, Dankelmanne, Tibi; Tibique, optime Princeps,
Tu mihi Mecænas, Tu mihi Cæsar eris.

Danckelmann verstund aber nicht nur Staats-Sachen, sondern er hatte auch fast von allen andern schönen und nützlichen Wissenschafften ein grosse Erkänntnüs. Dieses sagt der Herr von Besser mit folgenden Worten:

Wann der Regierungs-Last sich nun dein Fürst erlassen,
Und etwan sein Gespräch auf Werck und Künste fällt,
Wie dieser Bau zu thun / wie dieser Stein zu fassen,
Wie man den Garten pflantzt, wie man dem Wilde stellt,
Wie diese Schilderey / diß Marmel-Bild zu setzen,
Was dieses kluge Buch, was diese Lob-Schrifft werth.
Das alles / und noch mehr weist du so wohl zu schätzen /
Als hättest du dich selbst von jeder Kunst genährt.
Als sollest du allein, dieweil in deinen Busen
Wir alle Wissenschafft vereint beysammen sehn,
Des Hofes und des Staats / der Künstler und der Musen /
Durch deinen treuen Dienst für alle Diener stehn.

Bey allen diesen grossen Qualitäten war er von der so ungemeinen Mäßigung, daß er sieben gantzer Jahre sich weigerte die Würde eines Premier-Ministre und Ober-Præsidentens anzunehmen, biß er endlich den so wiederhohlten Befehl seines Churfürstens A. 95. gehorsamen muste. So schlug er auch den vom Kayser Leopoldo eigenbewegl. und gratis angetragenen Reichs-Grafen-Stand beständig aus, und begnügte sich mit dem Freyherrl. Character. Eben so wenig wuste er von Geld-Geitz. Der Churfürst schenckte ihm beym Antritt seiner Regierung hundert tausend Reichsthaler, weil ihm aber diese Ausgabe auf einmahl zu groß dünckete, so erhub er solche nach und nach von den angefallenen Lehen-Gütern; so wolte er auch die von dem Churfürsten angebotene Grafschafft Spiegelberg nicht annehmen.

Dem allen aber ohngeacht muste er endlich auch den Unbestand des Hof-Glückes erfahren, und wolte dahero den Nachstellungen seiner Feinde ausweichen, und sich nach A. 1697. den 22. Nov. erhaltenen Abschied mit einem Jahr-Geld von zehentausend Reichsthalern auf seine Güter begeben; seine Feinde beschuldigten ihm aber einer unzuläßigen Correspondenz mit einem Potentaten, bey welchem er in Dienste treten wolte / dahero ward er den 10 Decembr. selbigen Jahres zu Neustadt arretiret, nach Spandau gesetzet, und von dar im Martio A. 1698. auf das Schloß Peitz an der Spree in der Nieder-Laußitz geführet. Man zog ihm auch alle Güter ein und gab ihm endlich davon A. 1707. jährlich zweytausend Thaler zu geniessen. Einige sagen er sey A. 1707. nach der Geburt des ersten Königl. Enckels Friedrich Ludwigs, wiederum in seine Freyheit kommen; andere aber melden, es sey solches A. 1713. nach [illegible] König Friedrichs Tod geschehen. Nach seiner Erledigung hat er biß A. 1722. gelebet, da er den 31. Apr. im 79. Jahr seines Alters aus dieser Zeitlichkeit abgefordert worden.

Wie seine Brüder in der Geburts-Ordnung nacheinander gefolget, habe ich nirgends aufgezeichnet gefunden; ja so gar auch nicht allen ihre Nahmen. So viel also mir davon bekandt will ich setzen:

Sylvester Jacob Freyherr von Danckelmann, war Churfürstl. Brandenburgischer Cammer-Gerichts-

Gerichts- und Consistorial-Præsident, und geheimer Rath, wohnte als gevollmächtigter Abgesandte der Josephinischen Römischen Königs-Wahl und Krönung A. 1690. bey, und starb den 12. Aug. 1695.

Daniel Ludolf Freyherr von Danckelmann, gebohren 1648. den 8. Oct., studirte A. 1659. auf dem Gymnasio zu Steinfurt, und A. 65. zu Heidelberg, reisete darauf mit dem Grafen von Lippe-Schaumburg in die Länder, ward bey Marggraf Ludwigen zu Brandenburg Hofmeister, dann Churfürstl. Regierungs-Rath zu Halberstadt, ferner Cammergerichts-Rath zu Berlin, A. 88 Maitre des requêtes, A. 91. würckl. geheimer Etats- und Kriegs-Rath, General-Kriegs-Commissarius, Curator der Universität Halle, A. 98. Præsident des Fürstenthums Halberstadt, und nach drey Jahren Præsident im Berlinischen Consistorio, starb den 14. Febr. 1709.

Nicolaus Bartholomäus Freyherr von Danckelmann, geb. 1650. den 25 May, war Churfürstl. Brandenburgischer geheimer Staats-Rath, und Præsident der Regierung vom Hertzogthum Magdeburg.

Georg Freyherr von Danckelmann.

Der Herr von Besser stimmet von diesen sieben grossen Brüdern dieses an:

Dein Vater hatte mehr, als viel verlangen könten,
Er hatte sieben Söhn', und alle bey dem Staat:
Drey sind geheime Rath, und drey sind Præsidenten,
Des allerjüngsten Amt ist Cantzler seyn und Rath.
Gewiß wer dieses sieht, kan sicher von ihm preisen,
Was jener von ihm schreibt in kräfftigen Latein:
Das gantze Griechenland hatt' ehmahls sieben Weisen,
An seinen Söhnen hat sie Danckelmann allein.

Er zielt mit den letzten Worten auf das Epigramma des Barlæi, welches unter dem Kupfferstich des Vaters von diesen sieben Brüdern also lautet:

Integra miretur Sapientes Græcia septem,
Hic uni videas tot bona rara Patri.

Der Herr von Besser vergleichet dieselben auch folgender massen mit dem Sieben-Gestirn:

Die Sterne des Gestirns, die man die Sieben nennet,
Sind unter sich vereint durch allgemeinen Glantz:
Und ob der eine schon was aufgeklärter brennet,
Sind sie doch alle Stern, und machen einen Krantz.
Ihr müsset allerseits, ob du gleich öffters, rathen.
Doch wie du eigentlich geschickt zu rathen seyst,
Sieht man am füglichsten aus deines Fürsten Thaten,
Die Teutschland danckbarlich vor allen andern preist.

Das allersonderbareste bey diesen Brüdern war, daß sie ihre grossen Aemter nicht sowol der Gunst ihres daselbst zu erst in die Höhe gestiegenen Bruders, Eberhards, als vielmehro ihrer eigenen Würdigkeit zu dancken hatten, die Churfürsts Friedrichs Augen und Gnade auf sie zoge. Der Herr von Besser hat dieses auch also gar schön ausgedrucket:

Wenn wo Begnadungen, wenn Aemter auszutheilen,
Schlägst du nicht alsobald die Deinen dazu vor.
Man sieht dich auch damit nicht auf die Deinen eilen,
Die Freunde bringest du am wenigsten empor.
Hast du doch selbst hierinn die Brüder nicht geschonet,
Ob ihnen ihr Verdienst gleich keiner läugnen kan,
Wenn Friedrich, der gerecht, sie nicht für sich belohnet,
Wie würdig sie auch sind, du hättst es nicht gethan.
Du widersprachst wohl gar um nicht auf dich zu laden,
Als wärest du durch sie, dir wohl zu thun, gemeint.
Was überall sonst hilfft, solt einem bey dir schaden,
So sehr ist dein Gemüth dem Eigennutze feind.

So lange demnach die Welt von König Friedrichs, des Weisen, glücklichen Regierung sprechen wird, so lange wird sie es auch als ein gantz ungemein Glücke bewundern, daß er unter seinen Staats-Ministris sieben vortreffliche Söhne eines wackern Vaters gehabt.

Anitzo blühet noch der unverwelckliche Danckelmannische Ruhm in Herrn Friedrich Carln Freyherrn von Danckelmann, ältesten Evangelischen und allerersten Reformirten Kayserl. Reichs-Hof-Rath, und in Herrn Wilhelm, Freyherrn von Danckelmann, Kayserl. Rath und Cammer-Gerichts-Assessore zu Wetzlar, præsentato vom Ober-Sächsischen Creyß den 8. Junii A. 1721. Suum cuique decus posteritas rependet.

Der Wöchentlichen
Historischen Münz-Belustigung
12. Stück. den 21. Mart. 1731.

Ein rarer Metzischer Thaler des Cardinals und Bischoffs ROBERTI DE LENONCOVRT, von A. 1551.

1. Beschreibung deßelben.

Auf der Vor-Seite erscheinet des Cardinals Bildnüs im blossen Haupte mit einer Glatze, und sehr langen Capuciner-Bart, im lincks-sehenden Profil. Die Umschrifft heist: ROBERTVS. CARD.inalis DE. LENONCOVRT.

Auf der Gegen-Seite kniet der heilige Blut-Zeuge Stephanus, in dem Habit eines Diaconi, mit aufgehabnen Händen, zur rechten Seite gekehrt. Zu dessen beeden Seiten befindet sich ein mit einem Creutz bezeichnetes, und mit dem Cardinals-Hut bedecktes Wappen-Schildlein. Das erste ist von dem Bisthum Metz, ein goldenes Creutz im rothen Feld; und das andere ist von dem Hause Lenoncourt, ein ausgekerbtes rothes Creutz im silbern Feld. Oben über ihm zur Rechten im Rande ist eine segnende Hand. Umher stehet: SANCTVS. STEPHANVS. METENSIS.

2. Historische Erklärung.

Die Familie von LENONCOVRT hat den Nahmen von einem Schloß und Herrschafft zwischen Nancy und le Garde, und hält für ihren Stamm-Vater Udalricum, Graf Gerhards von Elsaß Bruder, von welchem das heutige Hertzogliche Hauß Lothringen herkommt. Sie machet denselben zu einen Fürsten von Nancy, und beruffet sich deßwegen auf einen alten Stifftungs-Brief, der sich also anfängt: Ego Odolricus, Princeps Nanceianæ villæ, dedi Adventinæ ecclesiæ, assensu germani mei Ducis, duos mansos in dominicatos de pertinentiis meis de Nancejo, quos possederant Comes inluster, & pius pater meus Adalpredus., & prædecessores sui, Hugo, Arnoldus & Folmarus Comites -- A. 1067. Alleine der neueste und beste Geschicht-Schreiber von Lothringen, der Abt Calmet zu St. Leopold in Lothringen, ziehet in seiner Histoire ecclesiastique & civile de Lorraine T. I. Lib. XX. n. XI. p. 1104. diese Abstammung mit guten Grunde im Zweifel. Denn Gerhard III. von Elsaß hat zwar auch einen Bruder gehabt der Ulrich geheissen, laut einer Urkunde des Bischoffs Adalberonis zu Metz, die er der Abtey Saint-Tron A. 1065. gegeben, darinne stehet: Dominus Odelricus, frater Ducis Gerardi. Alleine diese zwey Brüder hatten zu Eltern Gerharden II. und Giselam, wie aus folgendem alten Schenckungs-Brief des Klosters Epternach zu ersehen: Ego Gerardus, divina gratia Lotharienstum Dux, rogatu Domini Henrici Regis, ejusque matris, Dominæ Imperatricis Agnetis, & uxoris meæ Hadvidis, filiique nostri Theodorici - reddidi ecclesiæ St. Villibrordi allodium quoddam in Villa Hinga ut habeatur ibidem in perpetuum memoria mei, & uxoris meæ Hadwidis, filiique nostri Theodorici, & annuatim fiat solenniter anniversarius dies patris mei Gerardi, matrisque meæ Gislæ - Actum publice in castello Sirk III. id. April. anno ab incarnat. Domi MLXVII. indict. V. Hingegen da jenes Ulrichs von Nancy Vater Albrecht, und seine Mutter Mathilde genennet wird, so trifft dieses gar nicht miteinander überein. Die Lenoncurtischen Genealogisten sagen, dieser Albrecht sey A. 1033. und sein Sohn Ulrich A. 1070. d. 1. Martii verstorben, und in die Kirche St. Georgii zu Nancy begraben worden, woselbst noch sein Grabmahl und Wappen zu sehen sey, wie es die von Lenoncourt geführet. Ein Diploma Bischoffs Udonis zu Toul von A. 1069. hat post Gerardum, Lotharienfium Ducem, Luthulphum Comitem, Haymonem Comitem *Odelricus de Nancejo* unterschrieben; Es stehet auch unter den Zeugen einer Confirmatio der Güter der Abtey de Saint Evre la Terre de Viller-le-sec vom Graf Friedrichen von Toul de A. 1071. nach verschiedenen Advocatis, Villicis und Scabinis fast gantz zu letzt Signum *Odelrici de Nancejo*, ingleichen ein Chirographum conventionis der beeden Abteyen de

Saint

Saint Arnon & de Bouxieres aux Dames von A. 1073. post Signum Friderici Comitis signum *Odelrici Advocati de Nancelo.* Es ist also zwar gewiß, daß ein Ulrich Besitzer von Nancy gewesen, dieser aber hat kein Bruder von Hertzog Gerharden zu Lothringen seyn können.

Dieses Ulrichs von Nancy Sohn ist Hermann, grand Senéchal von Lothringen gewesen, der A. 1123. noch gelebet, und einen Sohn, Simon, hinterlassen, welcher fünff Söhne erzeiget, nahmentlich: Drogonem, Vautier, Hartmannen, Paulinum, und Jacobum. Drogo de Nancy ist sehr bekandt in der Lothringischen Historie. Er war der geheimste Minister Hertzogs Matthæi I. in Lothringen, dahero Hertzog Simon II. in einem Diplomate von Anno 1176. ihm also characterisirt: Homo potens & nobilis in diebus suis, Drogo videlicet de Nancei, qui patris mei Senechallus extiterat, & fidelis auricularius secretorum. Er vertauschte A. 1155. Nancy mit den Schlössern und Herrschafften Rosieres, Lenoncourt, le Ban de Moyen & Haussonville an den Hertzog zu Lothringen, jedoch mit Vorbehalt des Tittuls von Nancy, und der Landvogtheylichen Würde oder des Senechallats. Die Worte in dem darüber errichteten Instrument lauten also: Die XI. Decembris 1155. Drogo, Princeps supremus & possessor Nanceianæ civitatis, dederat Duci Lotharingorum Mosellanicorum castrum suum de Nanceio, villam subter illud constructam, & appenditias earum, in escambium castri & Castellaniæ Roseriæ salinitæ, curtis Leonis comitis, Banni medii castri, & Essonisvillæ, reservavitque sibi Senescalchum & posteris suis nomen de Nanceio. Er ward nachdem ein Mönch im Kloster Beaupre; das Geschlecht aber ward von seinen beyden Söhnen, Simon und Vautier, fortgepflantzet.

Aus demselben war entsprossen *ROBERTUS DE LENONCOURT*, ein Sohn Theodorici de Lenoncourt, Herrns von Vignory. Er begab sich im geistlichen Stand, und bekam theils wegen seiner vornehmen Familie, theils wegen seiner Gelehrsamkeit und tugendhafften Lebens, gar bald fette Pfründen. Zu erst ward er Prior des Cluniacenser Stiffts de la Charite, an der Loire; denn Abt zu Burbeaux, eines Cistercienser-Klosters, wie auch des Stiffts St. Remigii zu Reims. Als sein Onckel Robertus de Lenoncourt das Ertz-Bisthum Reims aufgab, so erlangte er auch dasselbe, und ward ferner Bischoff zu Chalons an der Marne. K. Franciscus I. schickte ihn als seinen Ambassadeur an Carln V. und brachte ihn zur Belohnung vom Pabst Paulo III. A. 1538. d. 20. Decembr. den Cardinals-Hut zuwege, sub titulo St. Anastasii. Er hat nachmahls diesen Tittel noch zweymahl verändert, und zwar cum titulo St. Apollinaris & St. Cæcilii. Bey dem Pabst hatte er sich so beliebt gemacht, daß er bey dem Ertz-Stifft Reims vier Bisthümer und drey grosse Ertz-Bisthümer zu gleicher Zeit administriren durffte, nemlich das Bisthum

thum Reate in Italien, das Bisthum Chalon in Champagne, das Bisthum Metz, und das Bisthum Auxerre. Die Ertz-Bisthümer waren Ambrun, Arles und Toulouse. Das Bisthum Metz überließ ihn nur in Spiritualibus der Cardinal von Lothringen, Carolus A. 1551. dagegen er das Bisthum Chalon seinen jungen Vettern Philippo de Lenoncourt resignirte. Er hielte seinen Einzug in Metz, den 8. Julii besagten Jahres, und nahm in Gegenwart vier Bischöffe und fünff Aebte, Besitz von der Dom-Kirche; weil nun binnen 63. Jahren kein Bischoff in Metz residiret hatte, so ward er von allem Volcke mit vielen Freuden aufgenommen, lase darauf auch den 1. Nov. am Fest Allerheiligen pontificaliter eine Messe in der Dom-Kirche, dergleichen in 86. Jahren daselbst auch von keinem Bischoffe war gehöret worden.

Weil er dem König in Franckreich so viel geistlicher Würden zu dancken hatte; so halff er 1552. den 9. Apr. die Stadt Metz dem Connetable de Montmorenci in die Hände spielen, indem er den Burgermeister, Franciscum de Gournay, und andere Raths-Persohnen mehr, durch seinen guten Freund, Robert de Heu, gantz Frantzösisch gesinnet machte, daß sie nur aus verstellter Einfalt gedachtem Connetable einen Durchzug mit etlichen Edelleuten und einer Fahne von seiner Leibwacht verstatteten, der sich aber dabey des Thors und folglich der gantzen Stadt bemächtigte. Nachdem also dieselbe ihre Freyheit völlig verlohren, so lösete der Cardinal A. 1553. den 7. Octobr. das vormahls an sie für 1200. Frantzösische Pfund versetzte Müntz-Recht ein, und verlegte dann die Müntz-Werckstatt nach Vic. Es ist also dieser Thaler desselben von A. 1551. noch in des Stadt-Raths zu Metz Müntz-Hause geschlagen worden. Man hat noch einen andern Thaler von ihm, der auf der ersten Seite diesem auf dem Bogen sich præsentirenden gantz gleich ist; Auf der andern aber stehet sein Wappen mit dem Cardinals-Hut bedeckt, und mit der Umschrifft: IN. LABORE. QVIES. d. i. In der Arbeit Ruhe. Als Cardinal ist er viermahl ins Conclave geruffen worden, nemlich bey den Wahlen P. Julii III. A. 1550. P. Marcelli II. A. 1555. P. Pauli IV. A. 1555. und P. Pii IV. A. 1555. Er blieb nicht länger als biß A. 1553. Bischoff zu Metz. Denn als auf einem falschen Ruff von seinem Tode, so gleich der Cardinal von Lothringen des Bisthums Metz nach seiner Reservation sich völlig wiederum angemasset, aber ob er auch schon sogleich wiederum Francisco de Beaucaire de Peguillon überlassen hatte, so betrübte er sich darüber so sehr, daß er sich in sein Stifft de la Charite an der Loire begab, und daselbst sein Leben in aller Stille und Andacht A. 1562. den 22. Februarii beschlosse. Er war so ein freundlicher und gütiger Mann, daß man ihn nur le bon Robert, d. i. den guten Ruprecht, genennet. Vid. Meurisse *dans l'hist. des Eveques de l'Eglise de Metz p. 617. seq.* Belcarius *Lib. XX. rer. Gallic.* Ciaconius

conius *in vitt. Pontif. & Card.* T. III. p. 646. Calmet. *l. c.* T. III. Lib. XXXIII. §. 37. *col.* 41.

Das Bisthum Metz hat, nach der ältesten Tradition, der Heil. Apostel Petrus gestifftet, welcher dahin S. Clementem, einen Römischen Patricium und Consulem, gesendet, das Evangelium zu erst zu predigen. Es hatte derselbe zu Gefehrten bey sich Coelestem einen Diaconum, und Felicem einen Sub-Diaconum, und hielte sich anfangs in einer Wildnüs bey Metz auf, in welcher Gegend nachdem die Abtey Gorze ist gebauet worden. Er baute daselbst eine kleine Capelle zu Ehren des Heil. Petri, und führte ein stilles Leben als wie ein Einsiedler. Als nun einsmahls ein von den Hunden sehr gejagter Hirsch sich in seine Höle reterirte, und aus derselben auf keine Weise wieder zu bringen war, so wurde dieses von den Jägern dem König zu Metz berichtet, der sich selbsten in dem Wald verfügte, und mit Augen ansahe / daß die Hunde gantz unvermögend waren, dem in der Hütten des Heil. Clementis sich befindenden Hirschen was anzuhaben. Worauf er diesen Wunder-Mann mit sich in die Stadt nahm, der daselbst einen in dem grossen Schau-Platz sich aufhaltenden grimmigen Drachen in der vorbey fliessenden Seille ersäuffte, welchen man aber auf die Ausrottung des Heydenthums deutet, die Einwohner in der Christlichen Lehre unterrichtete, die Königliche Tochter und viele andere Persohnen vom Todten erweckte, und vier Kirchen erbaute, als St. Petri, St. Stephani, welche hernachmahls zur Cathedral-Kirchen geworden, St. Johannis des Tauffers, und noch eine in welcher er begraben, die in neuern Zeiten von dem Heil. Felix ist benahmet worden. GOTT gab ihm die Nahmen seiner Nachfolger, nach ihrer Würdigkeit, Amts-Eifer und Aufführung in goldene / silberne, küpfferne, und bleyerne Platte gegraben. Er lebte daselbst als Bischoff 25. Jahr, und ist den 23. Novembris verschieden. Sein Leben hat Paulus Diaconus A. 775. beschrieben, welches in der Bibliotheck des Klosters St. Arnulfs zu Metz ist aufbehalten worden. In der Abtey St. Symphoriani hat man noch eine weitläufftigere Lebens-Beschreibung von demselben gefunden, in welcher gemeldet wird, daß man bey Eröffnung seines Grabes folgendes in Marmor eingegrabnes Epitaphium angetroffen:

FLAVIVS. CLEMENS. CONSVL. ROMANORVM.
APOSTOLVS. ET. EPISCOPVS. MEDIOMA-
TRICORVM. HOC. VIGERICVS. PRIMICERIVS.
ET. ABBAS. FINGENIVS. LEGERVNT.
DVM. SCRINIVM. EIVS. APERIENTES.
SACRATISSIMVM. EIVS. CORPVS. INCORRVPTVM.
ATQVE. INTEGRVM. REPERERVNT.

Der Abt Fingenius der Abtey St. Felix, oder heut zu Tage St. Clemens, dessen hier gedacht wird, hat A. 978. gelebet. St. Clementis Gebeine hat A. 1090. der Bischoff Herman mit grosser Solennität erhoben. Der Abt zu Lobe, Herigerus, der im zehenden Seculo das Leben des Heil. Ursmari beschrieben, gedencket des H. Clementis folgender massen:

Clara Dionysio tum Gallia Parisiensis
Credula Divini suscepit semina verbi,
Et Clemens Mediomatricum missus ad urbem
Edocet in solum vicinos credere Christum.

Sonsten hat kein alter Scribent dieses S. Clementis erwehnet, sein Nahme kommt auch in den alten Litaneyen der Dioeceß von Metz nicht vor, und die ihn in neuerer Zeit an-

(M) 3 führen,

führen, vermengen ihn mit St. Clemente Romano. Dahero kan auch die Zeit nicht gewiß ausgemacht werden, wann er sein Bisthum zu Metz angefangen; zumahl da in dem ältesten Catalogis Episcoporum Metensium die Jahre nicht bezeichnet sind, wie lange ein jeder Bischoff gewesen, sondern die findet man nur in den neuen Verzeichnüssen.

Von seinen Nachfolgern ist die richtigste und vollständigste Liste, die sonst nicht überall angetroffen wird, folgende:

II. S. Cœlestis, regierte 15. Jahr, starb d. 14. Octobr.
III. S. Felix, regierte 42. Jahr 6. Monat, st. 21. Febr.
IV. S. Patiens, regierte 14. Jahr, st. 9. Januarii.
V. Victor I. regierte 9. Jahr, 2. Monat, st. 22. Sept.
VI. Victor II. regierte 3. Jahr, 2. Monat, st. 23. Sept.
VII. S. Simeon regierte 30. Jahr, st. 21. Febr.
VIII. Sambucus, regierte 18. Jahr, st. 14 Sept.
IX. Rufus, regierte 28. Jahr, st. 7. Oct.
X. Adelphus, regierte 17. Jahr, st. 29. Aug.
XI. Fronimus, oder Firminus, regierte 45. Jahr, st. 18. Augusti.
XII. Legontius, regierte 34½. Jahr, st. 18. Febr.
XIII. S. Autor, regierte 29. Jahr, st. 10. Aug.
XIV. Expletius, regierte 16. Jahr, st. 30. Julii.
XV. Urbitius, regierte 49. Jahr, st. 21. Martii.
XVI. Bonolus, oder Donolus, regierte 3½. Jahr, st. 9. Oct.
XVII. Terentius oder Adherentius, regierte 20. Jahr, st. 29. Oct.
XVIII. Gossolinus, oder Consolinus, reg. 29. Jahr, st. 31. Julii.
XIX. Romanus, regierte 26. oder 36. Jahr, st. 13. Apr.
XX. Frominus, oder Fronimus, regierte 20. Jahr, st. 27. Julii.
XXI. Gramatius, regierte 25. Jahr, st. 26. Apr.
XXII. Agathimber, regierte 12. Jahr, st. 12. May.
XXIII. Hesperius oder Sperus, st. A. 542. den 23. Augusti.
XXIV. Villicus, st. A. 568. den 27. Apr.
XXV. Petrus, st. A. 578. den 27. Sept.
XXVI. Ægulphus oder Agiulphus, st. A. 601. den 23. Nov.
XXVII. Arnoaldus, st. A. 608.
XXVIII. Papolus, st. A. 614. den 21. Nov.
XXIX. S. Arnulphus danckte ab A. 629.
XXX. S. Goëricus, oder Godericus, wird auch Abbo genannt, st. 647. den 1. Octobris.
XXXI. Godonus, st. A. 658. den 8. May.
XXXII. S. Clodulphus, st. A. 649. den 8. May.
XXXIII. Abbo, starb den 15. Apr.

XXXIV.

XXXIV. Aptatus, reg. 2. oder 7. Monat.
XXXV. Felix, regierte 9. Monat.
XXXVI. Sigibaldus, reg. von A. 707. bis 742. st. 26. Oct.
XXXVII. Chrodegangus, st. A. 767. den 6. Martii, nach ihm war eine Vacanz von 2½. Jahren.
XXXVIII. Angelramus, von A. 768. bis 791. st. 26. Oct. nach ihm war eine Vacanz von 27. Jahren und 4. Monat, und Crotoldius war indessen Choro-Episcopus.
XXXIX. Gondulphus, von A. 818. st. 822. den 7. Sep.
XL. Drogo, st. A. 855. den 8. Dec.
XLI. Adventius, st. A. 873. den 31. Aug.
XLII. Wala ward erwählt A. 876. st. A. 882. den 10. Apr.
XLIII. Robertus oder Rupertus ward erwählt A. 889. st. A. 916. den 2. Jan.
XLIV. Wigericus oder Widricus, st. A. 927. den 1. Martii.
XLV. Benno oder Benedictus, ward von Hungarn vertrieben, A. 927. st. A. 940.
XLVI. Adalbero I. ward erwählt A. 927. st. A. 964. den 23. Apr.
XLVII. Theodoricus I. st. A. 984.
XLVIII. Adalbero II. st. A. 1005.
XLIX. Theodoricus II. aus dem Hause Luxemburg, st. An. 1047. den 21. April.
L. Adalbero III. st. A. 1072.
LI. Hermannus, st. A. 1090.
LII. Burchardus, st. A. 1090.
LIII. Poppo, st. A. 1103.
LIV. Adalbero IV. ward A. 1115. vertrieben.
LV. Theogerus, danckte ab A. 1120.
LVI. Stephanus, aus dem Hause Bar, st. A. 1163.
LVII. Theodoricus III. aus dem Hause Bar, st. A. 1171.
LVIII. Fridericus de Pluvoie, st. 1180.
LIX. Gerardus, A. 1201.
LX. Bertrandus, st. 1210.
LXI. Conradus I. von Scharffeneck, st. A. 1218.
LXII. Johannes I. von Aspermont, st. A. 1238.
LXIII. Jacobus, aus dem Hause Lothringen, st. A. 1260.
LXIV. Philippus de Florenges, danckte ab A. 1264.
LXV. Wilhelmus de Trainel, st. A. 1269. den 4. Jan.
LXVI. Laurentius, st. A. 1279.

LXVII.

LXVII. Johannes II. ward A. 1284. Bischoff zu Lüttich.
LXVIII. Burchardus d'Avesne, st. A. 1296.
LXIX. Gerandus de Relanges, st. A. 1301.
LXX. Renatus von Bar, st. A. 1316.
LXXI. Henricus Delphinus, danckte ab A. 1324.
LXXII. Ludovicus de Poitiers, st. 1327.
LXXIII. Ademarus de Monteil, st. 1361.
LXXIV. Johannes III. de Vienne, st. A. 1382.
LXXV. Tillemannus Ludovicus Foisz de Bottembourg.
LXXVI. Theodoricus Bayer von Boppart, st. 1384. den 16. Jan.
LXXVII. Petrus von Luxemburg / Cardinal, st. 1387.
LXXVIII. Radulphus de Coucy wurde Bischoff zu Noyon A. 1415.
LXXIX. Conradus Bayer von Boppart, st. A. 1459.
LXXX. Georgius von Baden, st. A. 1484.
LXXXI. Henricus II. von Lothringen, resignirte A. 1501.
LXXXII. Johannes von Lothringen, Cardinal, st. A. 1550.
LXXXIII. Nicolaus von Lothringen, Cardinal, danckte ab, A. 1545.
LXXXIV. Carolus I. von Lothringen, Cardinal, resignirte A. 1550.
LXXXV. Robertus de Lenoncourt, begab sich zu Ruhe, A. 1553.
LXXXVI. Franciscus de Beaucaire, resignirte A. 1568.
LXXXVII. Ludovicus von Lothringen, Cardinal, st. 29. Martii 1598.
LXXXVIII. Carolus II. von Lothringen, st. 24. Nov. 1607.
LXXXIX. Anne de Peruse d'Escars, Cardinal de Givry, st. 19. Aug. 1612.
XC. Henricus de Bourbon Marquis de Vernueil, danckte ab A. 1652.
XCI. Julius Mazarini, Cardinal, danckte ab A 1658.
XCII. Franciscus Egon, Graf von Fürstenberg, danckte ab A. 1669.
XCIII. Wilhelm Egon, Graf von Fürstenberg, ward postulirt, konte aber die Päbstl. Bulla nicht erhalten, und ward Bischoff zu Straßburg.
XCIV. Georgius d'Aubusson de la Feuillade, st. 1697.
XCV. Henricus Carolus de Cambout de Coislin, ist anjetzo Bischoff.

Vid. Chronicon Metensium Episcoporum in d'Achery Spicileg. Meurisse, l. c. Calmet.

Der Wöchentlichen
Historischen Müntz-Belustigung
13. Stück den 28. Martii 1731.

Der allerletzte Bischöffliche Metzische Thaler des Cardinals Carls von Lothringen, von Anno 1557.

1. Beschreibung des Thalers.

Die erste Seite zeiget des Cardinals Brust-Bild im blossen Haupte, mit kurtz-geschornen Haaren, im linck-sehenden Profil, und dem umher stehenden Tittel: CAROLVS. CARD.inalis DE. LOTHOR.ingia. SAC.ri IMP.erii PRIN.ceps. d. i. Carl Cardinal von Lothringen, des heil. Reichs Fürst.

Auf der andern Seite stehet der Heil. Märtyrer Stephanus in einer ovalen Einfassung, mit einen runden Schein um das Haupt, in der Kleidung eines Diaconi, in der rechten einen Stein, und in der lincken einen Palmzweig haltend. Die Umschrifft ist: S. STEPHANVS PROTHOMAR.tyr. d.i. Der heilige Stephanus der erste Blut-Zeuge. Unten im Abschnitt ist die Jahrzahl 1557. und unter derselben des Müntzmeisters Zeichen B. befindlich.

2. Historische Erklärung.

Dem jüngsthin angeführten Thaler des Bischoffs und Cardinals Roberts Lenoncourt von Metz, folget billig dieser Thaler des Cardinals Carls von Lothringen, weil solcher der allerletzte Thaler, welchen ein Bischoff von Metz hat schlagen lassen, wie aus folgenden zu sehen seyn wird.

Carl, Cardinal von Lothringen, war der dritte Sohn Claudii von Lothringen, und ersten Hertzogs von Guise, den er mit der Antoinette von Bourbon erzeuget hatte. Seine höhere Abkunfft ist aus seinen beygefügten 16. Ahnen zu sehen. Er ward gebohren zu Joinville den 17. Februarii, an einen Freytag, A. 1524. und von Jugend an zum Geistlichen Stand bestimmet. Er studirte zu Paris im Collegio von Navarra, begab sich nachdem an Königs Francisci I. in Franckreich Hofe, und wuste sich durch seine gute Aufführung bey ihm in solche Gnade zu setzen, daß er ihm A. 1539. das Ertz-Bisthum zu Reims gab, ob er schon dazumahl nur 15. Jahr alt war. Sein Onckel, der Cardinal Johannes von Lothringen, nahm ihn als Bischoff zu Metz A. 1548. zu seinen Coadjutor an, und er erlangte auch nach dessen Tod A. 1550. den 21. Junii als Bischoff die Possession von diesem Bisthum. Als er aber sogleich ein grosses Anstand-Geld verlangte, so wurde ihm dasselbe, als eine ungewöhnliche Sache, von dem Dom-Capitul verweigert. Er erlangte über dieses noch acht sehr reiche und ansehnliche Abtheyen, als die zu Gorze, Cluny, Saint-Denys, Fescamp, zu Saint Remis in Reims, zu Mar-montier, zu Montier en Derf, und zu Saint-Urban. P. Paulus III. machte ihn den 27. Julii A. 1547. zum Cardinal sub titulo St. Cæcilii, da er den Nahmen des *Cardinals* von *Guise* annahm, nach dem Todte seines Onckels aber solchen mit dem Tittel des Cardinals von Lothringen verwechselte.

K. Franciscus setzte ein solches Vertrauen in seine Geschicklichkeit, daß er ihn seinem Sohn und Nachfolger, König Heinrichen II., zu seinem vornehmsten geheimen Rath vorschlug; dieser befolgte auch seines Vaters Rath, gönte ihm seine Vertraulichkeit, und schickte ihn A. 1548. nach Rom, um die Frantzösischen Angelegenheiten zu besorgen; daselbst lernte er Ignatium de Loyola kennen, dem er alle Gewogenheit und Schutz versprach. A. 1551. übergab er in spiritualibus das Bisthum Metz Roberto von Lenoncourt, behielte sich aber die Administration desselben in weltlichen, und die Einkünffte lebenslang vor, und daß ihm, nach seinen Absterben, auch die geistliche Verwaltung wieder zufallen sollte. Der Pabst übergab ihm zu gleicher Zeit die Legation in den 3. Bisthümern, Metz, Toul und Verdun. A. 1561. wohnte er dem so berühmten Religions-Gespräche zwischen den Catholischen und Hugenotten zu Poissy bey, und nachdem ihm Pabst Paulus IV. den Cardinalsnals Tittul St. Apollinaris beygelegt, schickte ihn K. Carl IX. mit einem grossen Gefolg von Prälaten und Theologis A. 1562. auf das Concilium zu Trient. Als er von dar wieder zuruck kommen, sendete ihn der König nach Spanien, um König Philippo II. sein Mitleiden über das Absterben der Königin Isabellæ, einer Schwester K. Carls IX. abzulegen, und zugleich eine Vermählung zwischen seinem Könige und der Ertz-Hertzogin Elisabeth, K. Maximilians II. Tochter zu stifften, und als dieselbe zu stande kam, so verrichtete er ihre Krönung A. 1571. zu St. Denys, wie er dann auch die Ehre hatte drey Könige in Franckreich zu krönen, als A. 1547. Henricum II., A. 1559. Franciscum II., und A. 1561. Carln IX.

A. 1572. reisete er nach Rom ins Conclave, und halff P. Gregorium XIII. erwählen. Bey seiner Zuruckkunfft traff er den nach Absterben seines Bruders, K. Carls IX. aus Pohlen, zu Besteigung des Frantzösischen Throns, wieder gekommenen K. Heinrichen III. zu Avignon an, und starb daselbst den 26. Decembris A. 1574. Sein Hertz ward in der Abtey St. Petri zu Reims, in welcher seine Schwester, Renata de Guise, Aebtißin war, und sein Leichnam in der Dom-Kirche in eben selbiger Stadt, beygesetzt; bey seinen in der Carthäuser-Kirche zu Avignon gehaltenen Leichen-Begängnüs, hielte ein berühmter Doctor Theologiæ, Nicolaus Boucher, eine Lob-Rede von ihm, welche gedruckt ist.

Er hatte ein sehr gutes Ansehen, war wohl gewachsen / hatte eine breite und grosse Stirne, länglicht Gesichte, und rechte majestätische Gebärden. Er hatte sehr wohl studirt, war sehr beredt, hielte sehr schöne Lateinische Reden, und machte auch einen guten Lateinischen Vers; dahero ihn die Poeten seiner Zeit den Mercurium, wie seinen Bruder Franciscum den Martem, nenneten. Der Cantzler Olivier sagte öffters, er wäre le Monstré de la Nature, Prodigium naturæ, ein Ungebeuer der Natur. Er liebte gelehrte Männer recht sehr, war nirgends lieber als in ihrer Gesellschafft, zog sie stets an seine Tafel, und hielte dabey ihre Gespräche von allerhand Wissenschafften für eine rechte Gemüths-Labung. Es mochten nun diese bey in Lateinischer, Italiänischer, und Spanischer Sprache gehalten werden, so war es ihm einerley. Er halff sehr darzu, daß eine Universität A. 1548. durch eine Bulle Pabsts Pauli III. und K. Heinrichs II. Privilegium zu Reims, und A. 1572. zu Pont a Mousson angerichtet ward, damit er an beeden Orten bey seinen Aufenthalt eine rechte Wahl in seinen Umgang mit gelehrten Leuten halten konte; So stellte er auch, auf hierzu erlangten Königl. Befehl eine grosse Reformation der Universität zu Paris an, und schaffte auf derselben viele eingeschlichene Mißbräuche nach angestellter Untersuchung schleunigst ab, die deren Wachsthum und Blüthe eine lange Zeit gehindert hatten. In Reims stifftete er von seinem Vermögen ein Seminarium Clericorum, und suchte daraus seine Diöceß mit tüchtigen Priestern zu versehen. In seinen Amts-Verrichtungen erwieß er einen sonderbahren Eifer; er laß täglich seine Messe, welches von vielen Bischöffen seiner Zeit kaum in etlichen Jahren einmahl geschahe; er weihete Priester, firmete, predigte, visitirte seine Diöceß, hielte Synodos, stellete öffentliche Gebeter und Processiones an. Sein Leben war sehr exemplarisch, er verrichtete selbst vor seiner Tafel die Benediction und das Gratias, er hielte seine zwey Fasttäg in der Wochen unverbrüchlich, er theilte mit eigner Hand vieles Almosen aus / trug sehr offt ein härines Buß-Kleid, wohnte den Processionibus mit blossen Füssen bey, und was dergleichen äusserlich Bezeigen mehr war, das den Leuten in die Augen fiel. Er hatte seine vier jungen Vettern, seiner beeden Brüder Söhne, die Printzen von Guise, d'Aumale, de Maine, und d'Elbœuf, stets bey sich, er mochte nun bey Hofe, oder in seinem Ertz-Bisthum und Abtheyen, oder auf der Reise seyn, und ließ sie, wie in einem Collegio, in Sprachen, in der Historie, in der Religion, und andern dienlichen Wissenschafften, von recht ausgesuchten und sehr starck salarirten geschickten Lehrmeistern unterweisen, auf welche er fleißige Aufsicht hatte.

Dem allen aber ohngeacht, machen sonsten die Geschicht-Schreiber selbiger Zeit, gar ein übles Portrait von ihm, und sind mit seiner Aufführung gantz und gar nicht zu frieden. Thuanus insonderheit nennet ihn Virum multis & raris animi simul ac corporis dotibus præditum, sed levitate insita & omnem modum supergressa ambitione non solum Galliæ, sed suis fatalem, adhæc summe tota vita inæqualem, & in prosperis insolentem & in adversis fractum, d.i. einen zwar mit vielen und seltenen Gemüths- und Leibes-Gaben versehenen Mann, der aber mit seiner angebohrnen Leichtsinnigkeit, und alle Masse übersteigender Ehrsucht, nicht nur alleine Franckreich, sondern auch den Seinigen, zu lauter Unglück bestimmt gewesen; der über dieses in seinem gantzen Leben eine ungleiche Aufführung gehabt, und im Glück übermüthig, in Widerwärtigkeit niedergeschlagen, sich bezeiget. Jedoch ist Thuanus hierinne irrig, daß er schreibt, es seye der Cardinal von Lothringen am St. Matthiä Tag, den 24. Febr. gebohren worden, an welchen auch K. Franciscus I. bey Pavia gefangen worden, und also eben der Tag an welchen das Frantzösische Glück abzunehmen angefangen, habe auch der Anfang des Lebens bey einem Franckreich so schädlichen Manne seyn müssen. Denn alle bewährteste Frantzösische Genealogisten sind hierinne übereinstimmig, daß der 17. Februarii, und nicht der 24. der Geburts-Tag des Cardinals de Lorraine gewesen.

Weil

Weil er seine natürlichen guten Qualitäten sattsam kennete, so war er auch gantz in sich selbst verliebt, und strebte stets nach hohen Dingen. Er gerieth hierüber in solche Gemüths-Unruhe, daß er sich niemahls über seinen gegenwärtigen Zustand vergnügt bezeigte, sondern unterhielte immer in sich ein inbrünstiges Verlangen nach zukünfftigen und gantz ungewissen Dingen. So wohl seine hohe Geburt, und durch Wissenschafften sehr gestärckte vortreffliche Gemüths- und Leibes-Gaben, als auch und vornemlich die nahe Schwägerschafft mit K. Francisco II. der seiner Schwester, der Schottländischen Königin, Mariæ, Tochter, Mariam A. 1559. ehligte, brachten ihn bey Hofe in so grosses Ansehen, daß keine wichtige Staats-Handlung vorfiel, zu welcher er nicht gezogen wurde, dabey er abermahl sein Absehen mehr auf die Vergrösserung seiner Ehre und Autorität, als auf des Königes und des Königreichs Beste richtete. Absonderlich bezeigte er zu einer Kirchen Reformation gar grosse Lust, und wird dahero auch beschuldiget, als ob er Anfangs der in der Augspurgischen Confession verabfaßten Christlichen Lehre gar geneigt gewesen, auch Hertzog Christophen zu Würtemberg versprochen hätte, zu deren Beförderung in Franckreich alles anzuwenden. Nun war es zwar an dem, daß der Cardinal in dem Religions-Gespräche zu Poissy den Hugenotten zumuthete, sie solten die Augspurgische Confession unterschreiben, so wolte man ihre Religions-Ubung dulten; alleine es war darunter dieser Staats-Streich verborgen, daß aus der verweigerten Unterschrifft der Augspurgischen Confession die Protestanten in Teutschland um so mehr erkennen möchten, daß sie die Hugenotten nicht für Glaubens-Genossen zu halten, und dahero sich auch nicht für verbunden zu achten hätten, denselben Beystand in ihren erregten Unruhen zu leisten. Er war auch einer der vornehmsten Anstiffter dieses Colloquii, und hatte es absonderlich dahin gebracht, daß der junge König und die Königl. Mutter, wie auch der Hertzog von Orleans, und alle Magnaten des Hofes, die Gedult hatten, demselben persöhnlich beyzuwohnen; nur damit seine Beredsamkeit, und Geschicklichkeit in disputiren, so grosse und viele Zeugen haben möchte; zumahl da er sich den Sieg vor dem Streit versprach; ohngeacht viele Theologi des Königes Gegenwart äusserst widerrathen hatten, damit seine zarte Ohren nicht mit allerhand von der Catholischen Kirche abweichenden Lehren möchten angefüllet werden. Da es sich in selbiger so weitläufftig mit dem disputiren anlassen wolte, so proponirte der Cardinal Bezæ, und den andern Reformirten Theologis, nur die beeden Artickel von der Kirche und dem heil. Abendmahl, mit dem Bedeuten, wann darinne keine Vergleichung könte getroffen werden, so dürfften sie an keine Toleranz, Ruhe, und Sicherheit gedencken. Absonderlich verwiese er dem Bezæ derb seine greuliche Redens-Art: Carnem & sanguinem

 Christi

Christi non plus in *cœna* quam in *scena*, aut etiam in *cœno* esse; und da auch Beza nicht eher die Augspurgische Confession unterschreiben wolte, als bis eben dergleichen der Cardinal gethan hätte, und noch darzu mit seinen harten Expressionen in Verlaugnung der Gegenwart des wahren Leibes und Blutes JEsu Christi im Heil. Nachtmahl nicht an sich hielte, sondern öffentlich sagte: Christus wäre so weit von dem Heil. Abendmahl entfernet, als der Himmel von der Erde, so lieff diese gantze Handlung fruchtloß ab. Der Cardinal faste darauf auch einen solchen Haß gegen die Hugenotten, daß er in einer Predigt vor dem König behauptete, sie wären ärger als die Teuffel. Denn diese erkennten die Gegenwart Christi allenthalben, jene aber läugneten sie im Heil. Abendmahl.

Nicht weniger wuste der Cardinal de Lorraine seine Person auf der Kirchen-Versammlung zu Trient wohl zu spielen. Denn bald stellete er sich an, als wolte er nicht eher von dannen reisen, und solte es auch noch zwey Jahr währen, es wären dann alle Religions-Streitigkeiten abgethan; bald ward er anders Sinnes, und drohete, gleich den andern Tag, mit hinterlassener Protestation, von dannen weg und heim zu gehen. Bey einer Session heuchelte er dem Pabst ungemein, und gab seine Meinung mit verzwickten Worten; in einer andern Session gieng er dem heil. Vater fast ohne allen Respect zu Leibe, und entdeckte die Mißbräuche des Röm. Hofes mit solcher Freyheit, als wenn Beza an seiner Stelle gewesen wär. Er hielte einsmahl ein lange Rede von der Kirchen Gewalt, und führte darinne mit grosser Geschicklichkeit aus, daß Christus den Bind- und Löse-Schlüssel nicht Petro, sondern der gantzen Kirche anvertrauet habe, welche Petrus damahls repræsentiret. Er bewiese diesen Satz mit einer Stelle des Augustini, der gesaget, es wären die Schlüssel, non uni personæ, sed unitati übergeben worden. Aus den Worten Christi: Ubi duo vel tres congregati fuerint in nomine meo, in medio ipsorum ero: d. i. Wo zwey oder drey versammlet sind in meinem Nahmen, da bin ich mitten unter ihnen; urgirte er die Autorität der Conciliorum auch über den Pabst. Nicht weniger behauptete er, daß die Anordnung und Einsetzung der Bischöffe an gewisse Oerter eines Göttlichen Rechts und Befehls sey. Er erkannte selbsten, daß es dahero unrecht wäre, daß ein Prælat mehr als ein Bisthum hätte, und schalt hefftig auf die erfundenen Commendas, Uniones ad vitam, & Administrationes, dadurch man, wider alle alte Kirchen-Satzungen, viele Beneficia einer Person gäbe, dabey es jedoch das Ansehen haben solte, als ob sie nur ein eintziges Beneficium hätte, womit man aber nur der Göttl. Majestät und Verordnung recht spottete, ohne zu bedencken, daß der Heil. Paulus sagete: Nolite errare, DEus non irridetur; quæ enim seminaverit homo, hæc & metet: Irret euch nicht, GOtt lässet sich nicht spotten; Denn was der Mensch

Mensch säet, das wird er erndten. Am allermeisten aber ärgerte er sich darüber, daß man Römischer Seits mit allerhand Verzögerungen die versammleten Väter müde zu machen suchte, daß sie endlich alles bewilligen möchten, was man haben wolte, und daß man auch in der geringsten Kleinigkeit erstlich zu Rom anfangete, ehe deßhalben ein Schluß gemachet würde. Da es auch verlautete, der Pabst wolte das Concilium wieder aufschieben, weil es schiene, ob würden einige widersinnische Köpffe so leichte nicht unter einen Hut zu bringen seyn / so drohete er ungescheut, daß man alsdann in Franckreich ein Concilium Nationale halten würde, bey welchen sonder Zweifel auch die Teutsche Geistlichkeit erscheinen würde; Er bedauerte jedoch dabey sehre, daß man alsdann gar schlecht auf den Römischen Stuhl sehen dürffte.

Wie diese Stimme vor des Pabsts Ohren kam, so ersuchte er den Cardinal aufs freundlichste nach Rom zu kommen. Der Cardinal folgte auch dieser Väterlichen Stimme als ein gehorsamer Sohn, und gieng im October A. 1563. nach Rom. Der Pabst empfieng ihn mit ungemeiner Liebe und Hochachtung, und gab ihn so gar eine Visite, welches jederman als was ausserordentliches und gantz ungewöhnliches bewunderte. Im November langte er wieder in Trient an, und halff alsdann den 4. Decembr. das Concilium endigen; Er stimmete dabey selbsten voller Freudigkeit die gewöhnlichen Acclamationes und Schluß-Wünsche an. Fra Paolo sagt aber / daß ihm dieses nicht wohl wäre ausgelegt worden: Quod plerisque argumentum levitatis cujusdam, sind seine Worte, & vanitatis habebatur, parumque ex tanti Præsidis & Principis dignitate, in ministerio servire, quod Diaconis potius Concilii conveniebat, quam Archi-Episcopo & summæ existimationis Cardinali. Es geschahe auch auf sein Einrathen, daß man ohne speciale Benennung einer Person die Bann-Flüche in die Schlüsse des Concilii setzte, damit die mächtigen Häupter der Protestanten dadurch noch mehr möchten irritiret werden. Die Endigung des Concilii beschleinigte er aber damit, daß er vorstellete, es müsten doch einmahl die Catholischen Christen bald gewiß wissen, was sie glauben solten, nachdem sie biß anhero von so vielen Leuten in der Christlichen Glaubens-Lehre wären irre gemacht worden. Es wäre höchstnöthig, daß das der Römischen Kirche so nachtheilige Interim in Teutschland ehestens aufgehoben würde. Man könte auch auf keine andere Weise einem gewiß bevorstehenden Concilio Nationali in Franckreich bevor kommen.

Wie er wieder heim kam, so klagten ihn seine Feinde heftig an, daß er dem Pabst so vieles wider die alte Freyheit der Frantzösischen Kirche nachgegeben hätte; er rechtfertigte sich aber damit, daß in der zehenden Session alle Rechte seines Königes und alle Privilegia Ecclesiæ Gallicanæ wären reserviret worden. Er setzte sich auch damit aufs neue in die Königliche Gnade / daß er der Königl. Mutter anrieth, zu Bestreitung der Kriegs-Unkosten gegen die Hugenotten, die Kirchen-Güter anzuwenden, und die Einkünfften etlicher reichen Klöster dem Adel einzuräumen, der dem Könige in diesem Kriege die besten Dienste leisten würde. Er machte sich aber dadurch bey der Geistlichkeit so verhaßt, daß er bey seiner letzten Zurückkunfft von Rom in Avignon einen Brief von einer unbekandten Hand bekam, in welchem er beschuldiget wurde, daß die Geistlichkeit mehr Schaden von ihm durch seine dem Hof gegebenen bösen Anschläge zu gewarten hätte, da er doch ihr Freund seyn wolte, als von dem Coligny, dem öffentlichen Feind und Verfolger der Catholischen Kirchen; welchen Verweiß er sich dann so zu Gemüthe soll gezogen haben, daß er darüber aus Gram erkrancket und den 23. Dec. A. 1574. gestorben. Andere aber melden, man habe ihn durch Gifft in das andere Leben auf solche Weise befördert, daß man ihn einen schönen und wohlriechenden Beutel zugeschicket, welchen der damahls so famose Gifftmischer, Mathurinus Garnier dergestalt vergifftet gehabt, daß ihm der Geruch das Gehirne verdorben. Andere sagen es sey solches durch den Dampff einer vergiffteten Wachs-Fackel geschehen, die man ihm des Nachts bey einer Procession der Geißler vorgetragen. Er fieng schon an in Lyon sich nicht wohl zu befinden, und bekam grosse Kopff-Beschwerung; dahero er das cupio dissolvi & esse cum Christo, ich begehre aufgelöset, und bey Christo zu seyn / öffters anstimmete, und zwar wie Thuanus redet, sive serio sive ad ostentationem. Das Journal de Henry III. sagt, er habe auf seinem kurtzen Krancken-Lager öffters des Teuffels als des lieben GOttes Nahmen im Munde geführet, und nach seinem Todte sey so ein erschröcklich Ungewitter von Donner und Blitzen entstanden, als man sich niemahls sonsten erinnern können.

Weil er mit Einwilligung des Dom-Capituls A. 1558. den 12. Mertz das Müntz-Regale und alle andere Gerechtigkeiten / in der Stadt Metz, so ein Bischoff sonsten gehabt, dem König in Franckreich überlassen, so halte ich diesen Thaler für den allerletzten von einem Bischoff zu Metz. Vid. Eloge de ce Cardinal par Boucher, Meurisse p. 615. Thuanus *Lib. XXVIII. ad a.* 1561. & *Lib. LIX. ad a.* 1574. Paul. Sarpius *in hist. Concil. Trid.* Calmet. *T. III. Libr. XXXIII.* §. 33.

Ahnen-Tafel, Carls, Cardinals von Lothringen.

Carolus Cardinal von Lothringen, Ertz-Bischoff von Rheims / Bischoff zu Metz, Abt zu St. Denys, † 23. Dec. 1574.	1. Claudius von Lothringen, erster Hertzog von *Guise*, † 12. Apr. 1550.	1. Renatus Hertzog von Lothringen und Barr, † 8. Dec. 1508.	1. Friedrich Gr. von *Vaudemont*, und *Joinville*, † 1470.	1. Anton Graf von *Vaudemont*, † 1447.
				2. Maria Gr. von *Harcourt*, verm. 1417 † 19 Apr. 1476.
			2. Jolanda von *Anjou*.	3. Renatus König in Napoli, Hertzog von *Anjou*, geb. 15. Jan. 1408. † 10. Julii 1480.
				4. Isabella Hertzogin von Lothringen, vermählt 1420 † 1453.
		2. Philippine Hertzogin von Geldern.	3. Adolph Hertzog von Geldern † 1477.	5. Arnold Herr von Egmond, ward Hertzog von Geldern † 1473.
				6. Catharina Hertzogin von Clev.
			4. Catharina von Bourbon.	7. Carl I. Hertzog von Bourbon.
				8. Agnes Hertzogin von Burgund / verm. 1426. † 1476.
	2. Antonia von Bourbon, Gr. von *Vendôme*, verm 12. Jun. 1513. † 20. Jan. 1583.	3. Franciscus von Bourbon, Gr. von *Vendôme*, † 3. Oct. 1495.	5. Johann de Bourbon, Graf von *Vendôme*, † 6. Jan. 1477.	9. Ludwig de Bourbon, Graf von *Vendôme*, † 1447. 20. Dec.
				10. Johanna von *Montfort*, Frau von *Laval*.
			6. Isabella von Beauveau, vermählt 1454	11 Louis de *Beauveau*.
				12. - - - - -
		4. Maria von Luxenburg / Gr. von St. Paul.	7. Petrus Comte de *St. Paul*.	13. Louis de Luxenbourg, *Comte de St. Paul*.
				14. Johanna von Barr.
			8 Maria von Savoyen.	15. Ludovicus H. von Savoyen, † 29. Jan. 1465.
				16. Anna de *Lusignan*.

Der Wöchentlichen
Historischen Müntz-Belustigung
14. Stück. den 4. April. 1731.

Ein schöner Thaler von dem Bischoff zu Passau/ Raymund Ferdinand, Grafen von RABATTA, von A. 1717.

I. Beschreibung deßelben.

DJe erste Seite zeiget dessen Brust-Bild im lincks-sehenden Profil, in gewöhnlicher Bischöfflicher Tracht, mit einer Peruque, und dem umher stehenden Tittel: RAYMVND.us FERD.inandus D. G. EPISC.opus PASSAV.iensis.

Auf der andern Seite stehet dessen runder und quadrirter Wappen-Schild, mit zweyen aneinander gesetzten Hertz-Schildlein. Es sind dieselben erstlich des Passauischen Hochstiffts Wappen, nemlich ein rother aufgerichteter Wolff im silbern Feld, und zum andern das Wappen des Hauses Rabatta, nemlich zwey rothe ausgebreitete Flügel im silbern Feld. In dem grossen Schild ist im 1. und 4. goldnen Quartier der schwartze, zweyköpffigte, und gekrönte Reichs-Adler, als ein Kayserl. Gnaden-Zeichen, und im 2. und 3. ein aufgerichteter rother Karn von vier Rädern im silbern Feld, wegen der Anverwandtschafft mit dem Paduanischen Hause de Carraria. Der Schild ist einge-

eingefast mit einer rothen und runden Bordure, welche Creutzweiß, oben, unten, und zu beeden Seiten mit einem goldnen Büffels-Kopffe besetzet, wegen des Hauses Foix in Franckreich, mit welchen die Rabatta in Verwandtschafft stehen. Das gantze Wappen bedeckt eine offne Königl. Krone, und hinter derselben stecken Creutzweise zur rechten der Bischoffsstab, und zur lincken das Schwerdt; Oben über der Krone raget das Bischöffliche Creutz hervor. Die Umschrifft ist: SAC.ri ROM.ani IMP.erii PRINC. EX COMITIBVS DE RABATTA. 1717. d. i. Des Heil. Röm. Reichs Fürst, aus dem Geschlecht der Grafen von Rabatta.

2. Historische Erklärung.

Die Familie von RABATTA ist vormahls eine der ansehnlichsten in der Stadt Florentz gewesen. Von dar hat sich *Antonius* von Rabatta, ein eintziger Sohn Johannis, mit dem Zunahmen Vanni in Friaul begeben, und K. Carln IV. gegen K. Ludwigen aus Bayern gedienet. Er hatte fünff Söhne, davon blieb der älteste, *Nicolaus*, zu Florentz, und ward als Bottschaffter seiner Stadt sowohl an die Stadt Venedig, als an K. Carln IV. geschicket; die andern aber, als Michael, Johannes, Peter und Bernhard zogen mit dem Vater. Michael ward Vitzthum in Friaul, und vom K. Ruperto den von Venedig hart bedrängten Francisco Carrariæ, Herrn zu Padua, mit einiger Mannschafft zu Hülffe gesendet. Er erlangte hiedurch die Vermehrung seines Wappens mit dem Carrarischen Karn, und setzte sich auch bey K. Ludwigen in Ungarn in grosse Gunst, daß er ihm viele wichtige Staats- und Kriegs-Sachen anvertrauete. Johannes war Lands-Hauptmann in Görtz; Peter Domherr zu Padua und Ferrara, und Bernhard Domherr zu Aquileja. Die Familie ward aber hauptsächlich vom Nicolao zu Florentz fortgepflantzet. Dessen ältester Sohn *Antonius* war zweymahl Gonfaloniere daselbst, Commissarius zu Pisa, und Abgesandter an den Hertzog zu Urbino, und andere Fürsten; und hat mit seiner andern Frauen Catharina Rederotti drey Söhne gezeuget, darunter *Michaël* von Rabatta mit Margaretha Bartoli vier Söhne gehabt, von denen Nachkommen in Florenz vorhanden gewesen. Der jüngere Sohn Nicolai, Bernhardo erzielte Johannem *Alexium*, der sich in die Grafschafft Görtz wendete, und A. 1450. von Johann Grafen von Görtz mit dem Schlosse Dorimberg belehnet ward. Dessen erstgebohrner Sohn Bernhard bekam vom K. Maximiliano I. An. 1490. verschiedene Lehen, und verehligte sich mit Doriguzza, Freyin von Dorimberg. Von seinen zwey Söhnen hat sich der jüngste, Joseph, nur verheurathet, und zwar mit Lucretia Hoferin von Duino; und war ein Vater von dreyen Söhnen, Bernhardo, Josepho und *Alexio*.

Joseph

Joseph von Rabatta war bey den Ertz-Hertzogen Ernst und Ferdinanden zu Grätz in grossem Ansehen, und wurde als Bothschaffter sowohl an die Republic Venedig, als am P. Clemens IIX. geschicket, da auch dieser unter dem Commando seines Nepotens / Johannis Francisci Aldobrandini, ein ansehnliches Corpo dem Kayser gegen dem Türcken zu Hülffe sendete, zu welchen auch der Groß-Hertzog von Florentz seinen Bruder Johannem de Medices mit einigen Völckern stossen ließ, so führte er solches als Ober-Kriegs-Commissarius durch Istrien. A. 1599. ward er zum Vitzdom in Crain bestellet, und als die rauberischen Uskocken den benachbarten Venetianern und Türcken mit ihren unaufhörlichen Plackereyen sehr beschwehrlich fielen, und fast gar nicht von der Landes-Herrschafft sich mehr bändigen liessen, dieselbe aber doch von den Nachbarn deßwegen mit Krieg sehr bedrohet wurde, so schickte der Kayser und Ertz-Hertzog Ferdinand ihn als Commissarium nach Zeng, um diesen schädlichen Gesindel mit Gewalt allen Einhalt zu thun. Er ließ demnach vierhundert Häuser der Uskocken anstecken und jagte die Haupt-Anstiffter aller Unruhe und Einfälle in benachbarte Gegenden aus dem Lande, darunter absonderlich Daniel Barbo, Hauptmann zu Zeng, war, der zu allen Unfug und Plünderungen durch die Finger gesehen hatte, um seinen Antheil auch davon zu bekommen, und ein relegirter Venetianer, Martinus Comte de Possidaria, der absonderlich die Uskocken seiner Republic auf den Hals gehetzet, ward enthauptet. Diese Bestraffung erkannte die Republic Venedig so danckbarlich, daß sie dem Rabatta eine schwehre goldne Kette von zehentausend Reichsthalern zuschickte, welche er aber nicht eher, als mit Ertz-Hertzog Ferdinands Bewilligung / annahm. Aus den übrigen Uskocken hatte er eine Compagnie errichtet, die er zu der Kayserl. Armee in Ungarn schicken wolte. Unterwegs aber verleitete der landes-verwiesene Daniel Barbo ihren Hauptmann Janiza zu einer Empörung. Dahero er wieder zurücke gieng, mit dem grösten Ungestümm in Zeng einbrach, und im ersten Anlauff den 31. Decembr. A. 1602. den Rabatta von den Aufrührern in seinem Zimmer mit zwey Schüssen massacriren ließ. Sagredo sagt, die erbitterten Uskockischen Weiber wären dabey von solcher Wuth gewesen, daß sie des Entleibten Blut mit der grösten Begierde, als einen Labe-Trunck gesoffen, ja aus den vielen Wunden recht ausgesauget, endlich den Leichnam gar in Stücken zerrissen, und roh aufgefressen hätten. In der Kirche der Conventualen zu Görtz ist ihm dahero folgendes Epitaphium gesetzet worden:

Me gens, quam domui, crudeli funere mersit,
Sæpius ut domitor calce necatur equi.
Vltimus ille dies mihi, qui fuit ultimus anni,
Annum communem finiit atque meum.

Hæc animi fideique vigor mihi fata pararunt,
Quæ successori lumina cauta dabunt.
Justitiæ liqui, sceleris tu, Segnia, signa:
Fama mihi superest, Cæsaris tibi.
En, FERNANDE; fidem servavi sanguine teste,
Sic pro Principibus claudere fata decet.

Weil er grosse Feinde am Kayserl. Hofe hatte, so blieb seine Tödtung gantz ungerochen. Er war auch Commissarius bey der A. 1600. angefangenen Religions-Reformation, und halff nach seinen sehr grossen Eifer und der angebohrnen Strenge, die auch in viele Weise die Uskocken empfunden hatten, die Evangelischen allenthalben ausrotten. Er hinterließ von seiner Gemahlin Cassandra von Formentinis zwey Söhne / Johannem und Antonium. Johannes erzeugte mit Terentia von Coloredo nur eine Tochter, Cassandram, welche des Grafen Frantzens von Lantieri und Paratico Gemahlin geworden.

Mit Antonio gieng der Familie von Rabatta ein neuer Glantz auf. Denn K. Ferdinand II. brauchte ihn als seinen Bottschaffter an die Republic Venedig, und etliche Italiänische Höfe, und machte ihn A. 1634. zum Reichs-Grafen, wie auch zum Cämmerer, geheimen Rath, und Stadthalter zu Gradisca. Er brachte auch das Erb-Stallmeister-Amt in der Grafschafft Görtz auf seine Familie, und hatte zur Gemahlin, Felicitas, Gräfin von Coloredo, eine fruchtbahre und glückliche Mutter von 8. wackern Söhnen, und 4. Töchtern. Dieselben waren

I. Joseph, ward in seiner Jugend ein Maltheser Ritter, ferner Ertz-Hertzogs Carls Josephs, K. Ferdinands III. jüngsten Sohns, Obrist-Hofmeister, Kayserl. Cämmerer, und Guardi-Hauptmann, und endlich vom Kayser, nach dem Tode Otto Friedrichs, Grafens von Buchheim, den 9. Apr. A. 1664. zum Bischoff zu Laybach ernennet; Er nahm von diesem seinem Bisthum dem 3. Sept. noch selbigen Jahrs Besitz, stund demselben überaus wohl vor, starb A. 1683. den 28. Febr. und ward den 1. Mart. in die Dom-Kirche begraben, woselbst sein Epitaphium also zu lesen:

OMNI VIVENTI CONSTITVTA
JOSEPHVS RABATTA
HVIVS ECCLESIÆ XII. ANTISTES
FVIT VOBISCVM.
OBIIT XXVIII FEBRVARII
M DC LXXXIII
VOS HIC EXPECTAT.

II. Ludwig, Graf von Rabatta, war Kayserl. Cämmerer und Lands-Hauptmann in der Grafschafft Görtz.

III.

III. **Ferdinand**, Graf von Rabatta, war Ertzhertzog Ferdinands zu Jnsprug Cämmerer.

IV. **Michael**, Graf von Rabatta, blieb als Obrister über ein Regiment Kürassierer in der Schlacht bey Villa viciosa in Portugall.

V. **Rudolph**, Graf von Rabatta, Kayserl. Cämmerer, General-Feldmarschall / Gouverneur von Croatien, und von A. 1686. General-Kriegs-Commissarius, hat dem Kayser unvergleichliche Dienste in dem Ungarischen Kriege geleistet. Das Portefeuille de Mr. L. D. F. so zu Cöln A. 1695. gedruckt, sagt, daß er eine ungemeine Wissenschafft von dem Unterhalt der Trouppen, Eintheilung der Winter-Quartiere, und Kriegs-Disciplin, eine grosse Vorsicht für alles das jenige, was zur Nothwendigkeit einer Armee gehöret, und eine besondere Geschicklichkeit gehabt, alles, was er nur gewolt, aus einem Lande zu ziehen, ohne die Einwohner deßwegen zu verderben, womit er die Teutschen sehr beschämet, die mit ihrer grossen Equipage, und Begierde zu plündern, in zwey Monaten mehr ruinirten, als eine andere Nation in einem gantzen Jahre. Dahero, als der K. Leopold dem Hertzog von Lothringen fragte / wer bey der A. 1686. zu unternehmenden andern Belagerung von Ofen die Versorgung der dazu brauchenden Armee von 94600. Mann übernehmen solte? und derselbe antwortete, daß solches Rabatta thun würde, so ruffte der Kayser gantz freudig aus: Ergo Buda nostra est. P. Innocentius XI. wolte auch die grossen Geld-Subsidia, so er dem Kayser zum Türcken-Krieg bezahlte, in keine andere, als in des Rabatta Hände, kommen lassen; Sein A. 1688. erfolgter Tod, wurde von dem gantzen Kayserl. Kriegs-Heer gar sehr bedauert, welchem unter seinem General-Kriegs-Commissariat es niemahls, weder an Lebens-Mitteln, noch an Ammunition, gemangelt. Er war mit Petronella, des Kayserl. General-Feld-Marschalls und Grafens Gottfrieds von Helfters Tochter, vermählet, die ihm einen Sohn **Rudolph** gebohren, der in der Schlacht bey Zenta A. 1697. als Rittmeister sein Leben verlohren.

VI. **Hieronymus**, Graf von Rabatta, diente anfangs als erster Cämmerer, und Hauptman dem Groß-Hertzog von Toscana, der ihn auch in Gesandtschafft, sowohl an dem König in Franckreich, als an P. Clementem IX. schickte, und ihm zum St. Stephans-Ritter machte. Hernachmahls aber trat er in Kayserl. Dienste, als Cämerer u. Obrister.

VII. **Frantz Carl**, Graf von Rabatta, war Domherr zu Passau und Olmütz.

Von den vier Töchtern Grafens Antonii waren dreye glücklich vermählet: 1) *Perla*, mit einem Herrn von Rinaldi zu Trevigo, 2) Elisabeth, mit dem Marchese Caprara zu Vicenza, und 3) *Theresia*, mit Graf Joh. Philipp von Thurn. Die 4) *Cassandra*, war eine Closter-Frau bey St. Clara zu Görtz.

Der achte Sohn Grafens Antonii, **Johann Bernhard** / Graf von Rabatta, Kaysers Leopoldi Cämmerer und Land-Obrister in der Grafschafft Görtz, ist von seiner Gemahlin, **Isabella / Gräfin von Thurn**, der Stamm-Vater aller noch lebenden Grafen von Rabatta. Dessen ältester Sohn, **Anton**, war Kayserl. Cämmerer und würcklicher geheimer Rath, und mit Cæcilia, Gräfin von Rinds-Maul vermählet, hat aber keine Kinder. Der andere Sohn, Joseph / Graf von Rabatta, Freyherr von Dorimberg, Herr zu Canal und Wildhausen, ist Kayserl. Cämmerer, würcklicher geheimer Rath, und General zu Carlstatt in Croatien, ward unter die Nieder-Oesterreichischen Land-Stände A. 1717. den 6. Julii aufgenommen. Seine Gemahlin ist, Josepha **Eleonora**, Georg Sigismunds, Grafens Katzianers, Freyherrns zu Katzenstein und Fladiuck, und Polyxenæ Gräfin von Herberstein, Tochter, von welcher gebohren

1. *Aloysius*, Graf von Rabatta, Kayserl. Cämmerer, starb zu Carlstatt an Blattern den 26. Junii A. 1721. war vermählet von A. 1720. den 13. May, mit Maria Anna, einer

Tochter Aloysii Thomæ Raymundi, Grafens von Harrach und Roran, Rittern des goldnen Vlüeß, Kayserl. würckl. geheimen Raths, Land-Marschalls und General-Land-Obristens in Oesterreich unter der Ens, und itzigen Vice-Re in Napoli, und Mariæ Cæciliæ Gräfin von Thanhausen.

2. *Philipp*. Graf von Rabatta, war Maltheser Ritter, und starb auch an Kinds-Blattern in Carlstatt.

Ferner 3. Töchter, 1) Polyxena, eine Gemahlin Nicolai Grafens von Petazzi, 2) Sylvia, und 3) Felicitas.

Der dritte Sohn, Graf Joseph Bernhards von Rabatta, Philipp, ist Kayserl. General-Wachtmeister, und hat zur Gemahlin Thereliam, Gräfin zu Strasoldo, und folgende Kinder: 1) Isabellam, 2) Antonium, 3) Raymundum, der jung zu Passau gestorben, 4) Ludovicam, 5) Sylviam, und 6) Mariam Annam.

Der vierdte Sohn, war RAYMUND FERDINAND, dessen Geburt sein Vater in das Verzeichnüß seiner Kinder mit diesen Worten eingezeichet: Anno 1659. die quarta Februarii natus mihi filius Raymundus Ferdinandus; DEus conservet eum ad majorem suum honorem & gloriam, pro beneficio publico, augmento & ornamento meæ Domus. d. i. Im Jahr 1659 den 4. Hornung ist mir ein Sohn, Raymund Ferdinand, gebohren; GOtt erhalte ihn zu seinen grossen Ehren und Preiß, zum allgemeinen Nutzen, Aufnehmen, und Zierde meines Hauses; welcher väterlicher Wunsch an ihm reichlich erfüllet worden. Er ward dem geistl. Stand gewidmet, studirte zu Laybach, Wien und Rom, bekam ein Canonicat zu Olmütz und Passau, resignirte aber das erste wieder, und ward wegen seiner grossen Verdienste A. 1713. den 18. Januarii zum Bischoff und Fürsten in Passau erwählet. Das Collegium Societatis Jesu zu Passau gratulirte ihm zu dieser Würde, mit einer prächtig gedruckten Schrifft, von 12. Bögen in groß Folio, und 6. Kupffer-Platten auf halben Bögen; welche den Tittel führet: Aquila grandis magnarum alarum gentilitius gentis Rabattææ typus; zu welcher Invention der Adler in dem Rabattischen Wappen Gelegenheit gegeben. Auf den Tittul-Blat halten das Portrait des Bischoffs zwey Engel, in deren Trompeten - Fahnen zu lesen: 1) Quasi aquila super domum Dei. *Osea* 8. v. 1. 2) Expandet alas suas. *Jerem*. 49. v. 22. Oben scheinet am Himmel das Gestirn des Adlers mit dem Lemmate: Non uno sidere fulget.

Das erste Kupffer-Blat stellet vor Aquilam Rabattæam gentilitiis alis fortitudinis evolantem ad suprema in bello officia immortali cum laude obita; Das Sinnbild ist ein Adler, der auf einen darnieder liegenden Ochsen sitzet, und ihn in dem Kopff hacket, daß das Blut herunter fleußt; mit der Devise: Animis & viribus æquis. *Virgil. Æneid.* 10. darunter stehet dieses Epigramma:

Viribus o quantis, animis quibus involat ales,
Ut rostro ut curvo sauciet ungue caput.
Immugit taurus tam crebro læsus ab ictu
Prociduusque atro sanguine fœdat humum.
Vincere sic hostes, & aperto sternere campo,
Rabbatææ Aquilæ jam prope ludus erat.
Europæ raptor metuas: nec cornua jactes:
Nondum animi, nondum, quo premat, unguis abest.

In der Ausführung wird erzehlet, wie sich die Grafen von Rabatta durch Tapfferkeit in Kriegs-Diensten in die Höhe geschwungen.

Das andere Kupffer-Blat bildet ab: Aquilam Rabattæam gentilitiis alis prudentiæ elevantem se ad suprema in toga munia summa cum gloria administrata. Es ist dabey ein auf einem

einem hohen Felsen sitzender, und mit gebückten Kopffe nach dem Raub schauender Adler vorgebildet/mit der Uberschrifft: Tam cernit acutum. *Horat. Satyr.* 3. und der Unterschrifft:

Rupe super celsa, Jovis armiger, excubat ales,
Ac oculo in patulos expatiatur agros.
Despicit hinc, notis an forte lepusculus arvis.
Aut vitreo exiliat squammea præda sinu.
Si cura hæc laudi est: quanta non digna Rabatta
Est aquila? an geminam non ferat ista biceps?
Illa prior tantum, quæ sunt, circumspicit: ista.
Quæ sunt, quæ fuerant, quæque futura, notat.

Dabey wird erzehlet, was für ansehnliche Staats-Aemter die Rabatta verwaltet, und sich dadurch empor gebracht.

Das dritte Kupffer-Blat zeiget Aquilam Rabattam, gentilitiis alis zeli pro bono publico evectam ad splendorem magni nominis in civili ac ecclesiastico statu, in dem Bilde eines Adlers der gerade gegen die hellstrahlende Sonne mit unverwandten Augen auffliegt, mit der Uberschrifft: Solis fervor alit. *Claudian.* Unten ist zu lesen:

Quæ volitat liquidis respublica plumea campis,
Mox iterum penna remige radet humum.
Sola aquila in solem imperterrita lumina figit,
Sola aquila hoc solo deperit igne frui.
Hæc quoque quæ geminas Rabattis explicat alas
Principe se solum sidere pascit avis.
Sol illi est zelus: Zeli dum carpitur æstu,
Et cœlum in terris invenit illa suum.

Es wird hierauf gerühmet, mit was für grossen Eifer in ihren geistl. und weltl. Aemtern die Rabatta das allgemeine Beste jederzeit beobachtet, und sich dadurch einen grossen Ruhm erworben haben.

Das vierdte Kupffer-Blat ist gewidmet Aquilæ Rabattæ, gentilitiis alis veræ pietatis exaltatæ ad summos divorum honores prosapiæ suæ ab ecclesia indultos, und stellet vor, wie das hellglänzende Gestirn des Adlers am Himmel von einem Observatorio mit einem Tubo betrachtet wird, mit der Devise: Perenni sidere clara. *Ovid. Met.* 8. Unten stehet das Epigramma:

Quod decus o nitidi, quæ numina, lumina cœli!
Quam Mars hinc rutilat, quam micat inde Venus!
Lux illa est Aquilæ: Pietas olim intulit astris:
Hū ea perpetuo sidere clara nitet.
Gentis Rabattæ typus est: pietate magistra
Longius e terris hanc suus ardor agit.
Jamque inter Divos cognata luce triumphat:
Æmula perpetuum gens quota lumen alit?

Es werden dabey viele Proben von der Frömigkeit und Gottesfurcht der Rabatta angeführet, und wird absonderlich die grosse Devotion eines Carmeliters Aloysii Rabattæ gelobet.

Das fünffte Kupffer-Blat handelt de Aquila Rabattæ, alis gentilitiis omnigenæ virtutis elevata in celsissimo S. R. I. Principe Raymundo ad exemptam infulam Passaviensem, und stellet einen in der Lufft fliegenden Adler, als den König des unter ihm schwebenden Heeres aller Vögel, vor, mit der Uberschrifft: Emitur sola virtute potestas. *Claud.* Unten ist zu lesen:

Expli-

Explicat hic pictos ales Junonius orbes,
Hic galeata caput pangit alauda melos.
Surrigit hinc collum phœnix, plumisque tumescit
Inde suis cygnus, psittacus inde suis.
Omnibus his aquilam virtus præfecerat: unum
Hanc dominum reliquæ tot venerantur aves.
Quanta queat virtus, Raymundi consule fastos:
Exhibet in solo hoc quidquid ubique potest.

Dieser vortreffliche Bischoff hat aber seine Regierungs-Jahre nur auf eilffe gebracht, und ist den 25. Octobris A. 1722. gestorben.

Seine Schwestern waren:

1) *Felicitas*, eine Gemahlin Ferdinandi, Grafens zu Coloredo, sie starb zu Udine in Friaul A. 1707. den 3. Febr.

2) *Sylvia*, eine Gemahlin Aloysii, Grafens von Thurn.

3) *Maria Anna*, eine Gemahlin Carls, Grafens von Lanthieri.

Vid. Bucelini P. III. p. 183. Valvasor in der Ehre des Hertzogth. Crain. Sciffert in der Stamm-Tafel. Sagredo in *Porta Ottomannica*.

Ahnen-Tafel.

Raymund Ferdinand, Graf von *Rabatta*, geb. 1659. den 4. Febr. erwöhlt zum Bischoff zu Passau A. 1713. den 18. Jan. † 25. Oct. 1722.	1. Joh. Bernhard Graf von *Rabatta*.	1. Anton erster Graf von *Rabatta*.	1. Joseph von *Rabatta*.	1. Joseph von *Rabatta*.
				2. Lucretia Hoferin.
			2. Cassandra von *Formentinis*.	3. Ludwig von *Formentinis*.
				4. Elisabeth von *Janis*.
		2. Felicitas von *Colloredo*.	3. Ludwig von *Colloredo*.	5. Marius von *Colloredo*.
				6. Terentia von *Colloredo*.
			4. Perla Gräfin von *Polcenigo*.	7. Christoph Graf von *Polcenigo*.
				8. Felicitas de *Valvasone*.
	2. Isabella Gräfin von Thurn und *Taffis*.	3. Joan. Philipp Graf von Thurn und *Taffis*.	5. Raymund VI. Graf von Thurn und *Taffis*.	9. Frantz Graf von Thurn.
				10. Lucretia Gräfin von *Arco*.
			6. Ludovica Hoferin von *Duyna*.	11. Matthias Hofer von *Duyna*.
				12. Lucretia Gräfin von *Arco*.
		4. Eleonora von *Gonzaga*.	7. Fridericus Marchese de *Gonzaga*.	13. Prosper Marchese de *Gonzaga*.
				14. Isabella de *Gonzaga*.
			8. Isabella de *Gonzaga*.	15. Fridericus de *Gonzaga*.
				16. Silvia Gräfin von *Collalto*.

Der Wöchentlichen
Historischen Müntz-Belustigung
15. Stück den 11. Aprilis 1731.

Eine Japonische goldne Müntze / genannt KOBANI.

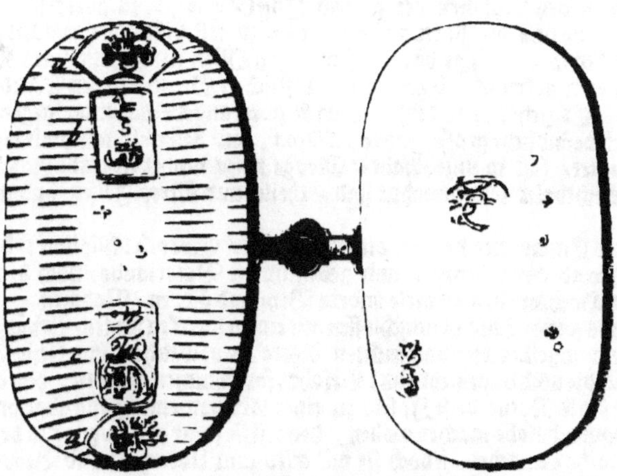

I. Beschreibung derselben.

Die Haupt-Seite enthält vier die Länge herab in Einfassungen eingeprägte Schrifften, davon die 1. und 4. mit a. bezeichnet, das Wappen oder Ehren-Zeichen des Götzen-Kaysers in Japon ist; welchen man Dairi nennet. Die andere Schrifft b. zeiget den Werth dieser goldnen Müntze an. Die dritte Schrifft c. ist der Nahme des Müntzmeisters in der Stadt Jedo, oder in der Stadt Suruga, der heisset Midsſugu.

Die Neben-Seite weiset in der Mitten nur das Zeichen des Ober-Aufsehers aller goldnen und silbern Müntze in gantz Japon.

Die sowohl auf der ersten als andern Seite vorkommenden kleinen Zeichen, sind von Privat-Personen, welche dieselben einschlagen, damit sie leicht erkennen können, ob ein Kobani schon in ihren Händen gewesen oder nicht.

Es gilt ein Kobani 23. Holländische Gülden, oder 11½. Reichsthaler.

2. Historische Erklärung.

JAPON ist die grosse hinter China zwischen dem 31. und 42. Grad der Breite gelegene Insel. Unter den Europæischen Scribenten gedencket derselben der im Seculo XIII. lebende grosse Voyageur, Marcus Paulus, von Venedig, unter den Nahmen der grossen Insel Zipangri, zu allererst. Nachdem haben sie uns die Portugiesen A. 1542. zu erst bekandt gemachet. Sie erstreckt sich in die Länge von Westen gegen Osten in Gestalt eines Kinnbackens, deren gekrümter Theil in der Östlichen Gegend gegen Norden sich wendet. Es gehören zu derselben noch zwey andere darunter gegen Sud-West sich befindliche grosse Inseln, Sikokf, und Saikokf, wie auch viele andere kleinere fast in unzehlbahrer Menge rings umher liegende Inseln, die theils fruchtbahr und bewohnt sind, theils nur Meer-Felsen sind und öde liegen.

Die Einwohner nennen dieselbe in ihrer Sprache Niphon, das ist: Den Grund der Sonne, und geben ihrem Vaterlande, nach den angebohrnen Hochmuth, noch viele andere Bey- und Ehren-Nahmen.

Das gantze Land ist umschlossen mit einem starcken Felsen-Gebürge, und einem sehr ungestümmen und seichten Meere, auf welchem nur kleine Schiffgen, und die noch dazu nicht ohne Gefahr, fortkommen können, daß es scheinet, daß die Natur diese Inseln zu einer Art von einer gantz abgesonderten Welt dadurch habe machen wollen, dieweil sie zwar den Zugang zu denselben sehr schwehr gemachet, jedoch sie mit allen zum Unterhalt und Bequemlichkeit des Menschlichen Lebens nothwendigen und angenehmen Dingen sehr reichlich versehen, daß sie demnach keiner Handlung mit auswärtigen Völckern gantz nicht vonnöthen hat.

Das Land ist zwar durchgehends bergigt, steinigt, und unfruchtbahr, jedoch die unverdrossene Arbeit der Einwohner hat es so zubereitet, daß es ihnen an Lebens-Mitteln nicht fehlet. Auch auf den Felsen, und ungebauten Oertern wachsen Pflantzen, Früchte und Wurtzeln, die sie zur Speise zuzubereiten wissen, und da sie überhaupt sehr mäßig und sparsam leben, so findet eine so ungemeine grosse Menge derselben allemahl gnug zu essen. Das anschäumende Meer gibt ihnen dazu sehr viel Fische, Krebse und Muscheln.

Es

Es sind daselbst viele Flüsse, Bäche und Seen süsses Wassers, welche von den starcken Regen-Güssen im Junio und Julio sehr anlauffen. Die Jahrs-Zeiten daselbst sind so beschaffen, daß man nur von sehr kalten Winter, und sehr heissen Sommer weiß, in welchen hefftige Ungewitter von Donner und Blitzen sehr gemein, und ob auch schon es sehr öfftere und starcke Erdbeben giebt, wie dann A. 1703. in Jedo mehr dann 200 tausend Menschen lebendig vergraben worden, und sehr viele rauchende und Feuer-auswerffende Berge die umliegende Gegend sehr beschädigen, so halten doch die Japoneser ihr Vaterland für eine glückseelige Insel. Sie hat Gold, Silber, sehr viel Kupffer, Zinn, Eisen, Stein-Kohlen, Schwefel, wie dann in Mineralien der gröste Landes-Reichthum bestehet. Man findet darinnen Agath, Jaspis, Perlen, Naphta. An deren See-Küsten wird viel Saltz aus Meer-Wasser gemachet, so giebt es auch an einigen Orten grauen Ambra.

Es wachsen daselbst viele sehr nutzbahre Bäume, als Maulbeer-Bäume zur Nahrung der Seiden-Würme, Kadsi, oder Bäume aus deren Rinde Papier, Stricke, Zeuche und Tücher gemacht werden; Urusi, Firnüß-Bäume, aus deren weißlichten Safft man allen Firnüß machet, womit man alles Haus-Geräthe überziehet. Eine Art von Lorbeer-Bäumen, deren Rinde den Zimmet fast gleich kommt; Kampffer, Thee, Feigen, Castanien, Pistazien, Eichen, Oranges- und Citronen-Bäume. Der Baum Sansio hat eine Rinde und Blätter von einen so Gewürtzhafften Geschmack, daß sie ihnen an statt des Ingwers und Pfeffers dienen. Tannen und Cypressen sind die gemeinsten in den Wäldern.

Der Ackerbau wird so ungemein wohl und fleissig getrieben, daß man nicht ein Zoll breit Land antrifft, den man nicht besäet hätte, und so gar alle Berge von unten biß auf die höchste Spitze. Der Reiß ist das mehreste so ausgesäet wird, weil er die meiste Speise der Einwohner. Er kommt an nassen und sumpffigten Orten am besten fort, und machen sie dahero die Felder mit vielen Wasser-Gräben sehr fruchtbar. Es wird der Japonische Reiß für den allerbesten in gantz Asien gehalten, und ist so nahrhafft, daß ein klein wenig gar leichte sättiget. Man kocht ihn dicke, und isset ihn an statt des Brods; von dem was übrig bleibet, siedet man eine Art starcken Biers, so sie Sacki nennen. Die andern Arten von Feld-Früchten sind Gersten, die nur für die Pferde und das Vieh gebraucht wird, Weitzen, daraus sie Kuchen backen, Bohnen, die sie nach den Reiß nebst den Rüben am meisten essen.

Vierfüßige Thiere, so wohl wilde als zahme sind wenig in Japon anzutreffen. Denn weil sie wegen der geglaubten Wandelung der Seelen aus einem Leib in den andern, kein Fleisch essen, so treiben sie auch nicht groß die Viehzucht. Jedoch haben sie Pferde, Rinder und Kühe, die sie theils zum fahren und tragen auf den Reisen, theils zur Feld-Arbeit brauchen. Esel, Maul-Esel, Kamele, Elephanten sind ihnen gantz unbekannt. Die Portugiesen und Holländer haben Schaafe und Ziegen hinein gebracht, davon sind in der Provintz Firando noch einige übrig. Die Bauern in der Landschafft Firen halten eine kleine Anzahl Schweine der Chineser halber, von denen sie diese auch zu erst bekommen, und die ihnen solche auch jährlich wieder abkauffen, dieweil sie das Schwein-Fleisch am liebsten essen. Obschon das Land voller Ratzen und Mäuse ist, und sie auch sehr schöne stutzschwäntzige Katzen haben, so sind doch die Murner gewohnt, sich lieber von dem Weibs-Volck liebkosen und ätzen zu lassen, als dieselben zu fangen und zu fressen.

Von wilden Thieren sind die meisten Gemse, Haasen, Säue, wilde Hunde und Füchse, von welchen sie glauben daß sie vom Teufel belebt sind. Affen gibt es wenig, die aber sehr gelehrig. In den Nordlichen Provintzen trifft man auch kleine Bären an. Von Löwen, Tiegern und Panterthieren, noch andern reissenden Thieren weiß man da nichts. So finden sich auch gar wenig gifftige Schlangen.

Haus-Feld-und Wald-Geflügel ist daselbst in grosser Menge; es wird aber wegen obbemeldten Aberglaubens keine Art gegessen. Darunter werden vor allen hoch gehalten die Hähne, als Zeit-Messer und Wetter-Propheten, und die Kraniche, wegen ihres langen Lebens, dahero sie auch niemand ohne erhaltene Kayserl. Erlaubnüß tödten darf, und die Bauern und Fuhrleute, wann sie solche nennen, sagen allemahl: O Tsurisama; d. i. Grosser Herr Kranich. Eine Nachtigall von einer recht schönen Stimme, wird gar öffters für 20. Kobani, oder 460. Holländische Gülden verkaufft.

Unter den Fischen sind einige Arten von kleinen Wallfischen, den Reichen und Armen am nutzlichsten.

Die Japoneser sind nicht ursprünglich Chineser, wie man insgemein glaubt; denn sie haben nichts gemeines in der Sprache mit denselben, weder in der Bedeutung, noch Zusammensetzung und Aussprache der Worte, sie haben auch gantz andere Characteres und Buchstaben. Die Chineser sprechen das H wohl aus, die Japoneser aber können ihm keinen andern Laut geben, als dem F. So gehets auch mit dem D. und R. das die Japoneser deutlich uns nachsprechen, in dem Munde der Chineser aber, absonderlich zu Nanking, klingen diese Buchstaben wie ein L. Die Japonische Sprache lautet wohl, indem ihre Sylben nur aus zwey oder drey Buchstaben bestehen. Die Chinesische aber thut dem Gehöre wehe, weil sie mit vielen Consonantibus und gantz singend ausgesprochen wird. So sind auch die Japoner in ihren Eigenschafften, Sitten und Gebräuchen von den Chinesern gantz unterschieden. Diese sind von einer stillen und bescheidenen Gemüths-Art, und lieben ein

ein stilles und beschauliches Leben, sind aber doch dabey Ertz-Betrüger und Wucherer. Jene hingegen haben ein gantz unruhigen Sinn, der sie zu lauter Krieg, Empörung, Mißtrauen, Ehr-Begierde, und andern grossen Unternehmungen antreibet. Ihre Religion, ihre Weise zu leben, zu essen, zu trincken, zu schlaffen, sich zu kleiden, zu grüssen, u. s. w. ist gantz anderst als der Chineser. Dahero es Kämpffern gantz glaublich vorkommt, daß Japon vielmehro von den ersten Asiatischen Völckern, die sich nach der Verwirrung der Sprachen zu Babel, zerstreuet/ sey angebauet und bevölckert worden; wozu hernach etliche Colonien aus den benachbarten Corea und China gekommen, wie auch, wenn Leute auf den sehr gefährlichen Meer durch Schiffbruch ans Land geworffen worden. Es zeiget dieses die verschiedene äusserliche Leibes-Gestalt der Japoneser; denn obgleich das gemeine Volck kein gutes äusserliches Ansehen hat/ sondern grosse Köpffe, breite Nasen, dicke Augenbraunen/ dicke Füsse, und eine kleine dicke unförmliche Statur hat; so sind doch Personen von alten und vornehmen Familien besserer Statur und Proportion, und kommen den Europäern fast bey. Die Japoner empfinden es selbsten auch übel, wann man sie für Nachkömmlinge der Chineser halten will, sie halten sich vielmehr für eine alte Götter-Brut, die in ihrem Reiche jung geworden.

In den gemeldten dreyen Inseln, welche unter den allgemeinen Nahmen Japon begriffen, sind über 13000. Städte, 909858. Dörffer, und 146. feste Schlösser anzutreffen.

Die Einwohner wissen ihre Landes-Regenten von den allerältesten Zeiten, die weit über den Biblischen Anfang der erschaffenen Welt gehen, mit vielen Fabeln her zu erzehlen. Denn zu allererst sollen sieben grosse himmlische Geister nacheinander eine unermeßliche Anzahl Jahre geherrschet, und sehr blutige Kriege geführet haben. Nachdem aber der letzte Isanagi Mikotto die Göttin Isanami geehliget, und mit ihr einen Sohn Ten Sio o Dai Sin gezeuget/so haben fünff halb-Götter nach ihm 2342467. Jahre regieret; mit welchen sich auch die fabelhaffte Regenten-Historie von Japon endiget. Nach diesen wissen die Japoner von keinem Beherrscher, sondern jede Familie ist unter ihren Haus-Vater ein lange Zeit gestanden; biß endlich auf Veranlassung der Chineser, die eines Monarchischen Regiments gewohnt, sie auch einen allgemeinen Regenten über sich gesetzet. Darzu nahmen sie aus dem Geschlechte und Nachkommen des oberwehnten ersten halb-Gottes Ten Sio o Dai Sin 660. Jahr vor Christi Geburt, einen klugen, gelehrten und tapffern Mann/ Nahmens Synmu, neunten denselben Dairi, d. i. einen Kayser, und übergaben ihm die höchste Gewalt, sowohl in dem Götzen-Dienst/ als in allen weltlichen Dingen; Er war schon 78. Jahr alt, regierte dennoch 79. Jahr, starb im 157. Jahr seines Alters, und im 580. Jahr vor Christi Geburt. Er hat eine gute Regierungs-Form angerichtet, und die Nation durch Gesetze, Wissenschafften und Künste civilisirt. Weil er von einem halb-Gott abstammete, hat man ihn und alle seine Nachkommen für heilig, ja fast für göttlich, gehalten. Von ihm also an biß auf Anno 1693. haben 114. Dairi aus einem Geschlechte geherrschet; und ihren Sitz in der Stadt Miaco genommen. Dieweil sie es aber nachdem ihrer eingebildeten göttlichen Majestät für unanständig gehalten/ sich viel der weltlichen Reichs-Sachen anzunehmen, so überliessen sie deren Besorgung weltlichen vornehmen Herren, die sie zu ihren Statthaltern und Unter-Regenten machten, und behielten nur vor sich die Bestellung des Götzen-Dienstes, und die Entscheidung der Religions-Händel, und führten dabey ein sehr wollüstiges Leben.

Als nun hernachmahls aus den Statthaltern grosse Fürsten und Landes-Herren wurden, welche nicht nur gantz keine Ehr-Furcht und Gehorsam mehr dem Dairi erwiesen, sondern auch durch unter sich geführte Kriege das Reich sehr verwüsteten; so machte der 80ste Dairi Takakura den tapffern Joritomo zu seinem Seogun, oder obersten Feldherrn, welcher mit einer starcken Armee die Rebellen zur alten Unterthänigkeit brachte. Joritomo aber bekam durch das Commando der Armee eine so grosse Gewalt, daß er alle weltliche Reichs-Handlungen von A. 1179. biß 99. verwaltete, welche Macht denn auch die folgenden Feldherren behielten, jedoch also, daß sie als Diener und Befehlshaber des Dairi anzusehen waren, obwohl auch einige sie für weltliche Kayser ansehen.

Endlich unter dem 107. Dairi Ookimatz schwung sich Fide Josi, eines Bauern Sohn, der in seiner Jugend ein Kellner bey einem vornehmen Mann, und nachgehends ein Soldat gewesen, durch seinen Verstand und Muth so empor, daß ihm der Dairi, nachdem Nobunanga der 18ste oberste Feldherr von dem Joritomo an, war erschlagen worden, A. 1585. zum Quanbuku, d. i. zu der andern Person nach sich, oder zu seinem obersten Statthalter ernannte, und ihm sowohl das Commando über die Armee, als die Verwaltung aller weltlichen Reichs-Geschäffte völlig übergab. Diese anvertraute Kayserliche Gewalt eignete er sich aber gäntzlich und erblich zu, also, daß er nicht mehr von dem Dairi dependirte, sondern sich selbst zum höchsten Monarchen in Japon machte. Dem Dairi ließ er in seiner Würde, Ehre, Ansehen und Gewalt in Religions-Sachen, als höchsten Götzen-Pfaffen, und gab ihm seinen reichlichen Unterhalt. Um die vielen Landes-Herren aber völlig unter das Joch zu bringen, stellte er sich an, als wolte er die nah gelegene Tartarische Landschafft Corea erobern, und dadurch sich einen Weeg zur Bezwingung von China bahnen. Er schickte dahero A. 1592. dieselben mit einer zahlreichen Armee dahin, und ließ sie gantzer sieben Jahr lang einen vergeblichen Krieg mit den Tartarn führen, und alle ihr Vermögen an Volck und Geld dabey zusetzen. In ihrer Abwesenheit nahm er ihre Weiber und Kinder zu sich in seine feste Residentz, unter dem Schein, damit sie in guter Sicherheit wären; und behielte sie nachdem beständig zu Geisseln. Nach ihrer Zurückkunfft räumte er diesen auf solche Weise sehr geschwächten Printzen unter dem Beding ihre Länder wieder ein, daß sie ihm für ihren alleinigen Ober-Herren erkennen, und jährlich zu Bezeigung ihrer schuldigen Ehrerbietung zu bestimmter Zeit an seinem Hofe erscheinen solten, da sie auch ihre Weiber und Kinder besuchen könten. Um das gemeine Volck in beständigem Gehorsam und Ruhe zu erhalten, machte er die strengsten Gesetze, welche die Verbrecher nicht mit Gelde, sondern am Leibe, und meistentheils mit dem Tode unverzüglich bestraffen, wobey niemahls eine Begnadigung zu hoffen. Nachdem er also sowohl die hohen als niedrigen Japoner unter seine Füsse gebracht, so wolte er auch die von den Portugiesen eingeführte fremde Sitten und Gebräuche, und absonderlich das Christenthum, ausrotten, welches alles von den Portugiesen herkam, weil er vermeinte, daß dadurch seine neue Regiments- und Policey-Forme könte verhindert werden; Alleine dieses konte er nicht völlig bewerckstelligen, indem ihm der Tod A. 1598. den 16. Decembr. st. n. übereilte. Kurtz zuvor veränderte er seinen Nahmen und nannte sich Taiko, d. i. grosser Herr, welchen er auch nun in der Japonischen Historie führet.

Er hinterließ das von ihm errichtete weltliche Kayserthum in Japon seinem eintzigen unmündigen Sohn Fide Josi, unter der Vormundschafft seines Favoritens und vornehmsten Staats-Ministers, Ijejas Sama, welcher ihm unter einem mit seinem Blute unterzeichneten Eide versprechen muste, daß er denselben in die Regierung unverzüglich einsetzen wolte, wenn er das gehörige Alter würde erreichet haben. Allein ob dieser ihm schon seine Tochter vermählte, so empörte er sich doch gegen ihm, und brachte ihn durch die Belagerung in dem Schlosse Osacca zu solcher Verzweifflung, daß er sich A. 1615. mit allen seinen getreuen Bedienten selbsten verbrannte.

Ijejas Sama risse also das weltliche Kayserthum an sich, und wie er schon als Vormund und Reichs-Gouverneur alle Staats-Maximen des grossen ersten Kaysers Taiko vollkommen befolget hatte, also beobachtete er dieselben auf das sorgfältigste, als er den Kayserl. Thron völlig bestiegen, welchen er auch seinem Sohn und Nachkommen befestiget.

Absonderlich haben alle diese weltliche Kayser es endlich dahin gebracht, daß die durch die Portugiesen in Japon fortgepflantzte Christliche Religion, durch unsägliches Blut-vergiessen ist vertilget worden. Das letzte Blut-Bad geschahe zu Simabara in der Provintz Fisen, allwo A. 1638. an einem Tage, welcher war der 12. Aprilis, 37. tausend Christen jämmerlich hingerichtet wurden. Die Portugiesen, welche aus einen von dem Capitain Moro zu Nagasaki an den König von Portugall geschriebenen, von den Holländern aber aufgefangenen, und dem Printzen zu Firando überlieferten Brief, einer angestiffteten grossen Conspiration gegen den Kayser in Japon überwiesen worden, verlohren zugleich alle Freyheit, ferner ins Reich zu handeln, und wurden aus demselben unter unausbleiblicher Todes-Straffe, auf ewig verbannisiret; welches so scharff beobachtet wurde, daß als der König von Portugall von Macao aus, A. 1640. eine prächtige Gesandtschafft, zu Aufrichtung einer neuen Freundschafft, nach Japon abschickte, so wurden dem Ambassadeur und seinem Gefolg von 60. Personen, ohne alle Barmhertzigkeit, und Beobachtung des Völcker-Rechts, die Köpffe vor die Füsse geleget. Etliche gantz geringe Bedienten ließ man wieder heim ziehen, damit sie sagen konten / warum ihre Herren nicht wieder zurücke kämen. Die Holländer hatten aus Rachgier den Portugiesen dieses Unglück angerichtet, weil sie dieselben als Spanische Rebellen, und See-Rauber, bey den Japonern verunglimpffet hatten.

Hierauf sperrete der Kayser auch sein Reich, und verbot sowohl allen seinen Unterthanen den Ausgang aus demselben, als allen andern fremden Völckern den Eingang in dasselbe unter Verlust des Lebens. Damit kein Japoner aus demselben kommen kan, so müssen alle ihre Schiffe am Hintertheil gantz offen seyn, und also kan sich damit niemand in das hohe Meer wagen, sondern muß nur am Ufer bleiben. Die eintzigen Holländer haben die Erlaubnüs behalten, jährlich einmahl für 10. und eine halbe Tonne Goldes Holländischer Gülden, gewisse vorgeschriebene Waaren dahin zu bringen, und unter gesetzter Taxa zu verkauffen. Sie werden aber bey ihrer Ankunfft auf der kleinen Insel Desima bey Nagasaki eingesperrt, und als Gefangene gehalten, und gewinnen, nach Abzug aller grossen Unkosten, so sie dabey haben, worunter hauptsächlich die grosse Gesandtschafft ist, so sie alljährlich nach Jedo zum Kayser um Erneuerung ihres Privilegii schicken müssen, die ihnen auch 20. tausend Thaler kostet, kaum 40. biß 45. pro cento. Die Chineser hatten vor dem auch eine freye Handlung nach Japon, weil sie dahin allen Götzen-Dienst, alle Wissenschafften, und Künste gebracht; seit dem aber denen Japonern kund worden, daß die Jesuiten in China sich feste gesetzet, und Christliche Bücher in Chinesischer Sprache haben drucken lassen, so hat man denenselben auch auf gleichen Fuß, wie den Holländern, ihre Handlung eingeschräncket.

Japon ist demnach anitzo eine rechte Terra inhospitalis, welche von fremden Menschen und Waaren keine zu sich kommen lässet, als die es verlangt, und auch von seinen Einwohnern gar niemand, von Lands-Gütern aber nur rohes Kupffer, Kampffer, Por-

celain,

celan, lackirte Sachen, gemahlt Papier, eingemachte Früchte, Toback, Thé, und etliche tausend Koban; ausser Lands kommen lässet.

Nach oberzehlter letzten Revolution, bleibt der Dairi, als Götzen-Kayser, zu Miaco, und hat die weltliche Ober-Herrschafft über Japon verlohren, welche nun völlig in den Händen des weltlichen Kaysers, der zu Jedo residiret, und bey einer sehr klug und wohl eingerichteten Policey mit der grösten Strenge das gantze Reich beherrschet; jedoch hält er dabey den Dairi, als einen heiligen Mann, in grossen Ehren. Den itzigen Kayser Thunajosiko haben seine Nativität-Steller beredet, er sey unter dem himmlischen Zeichen des Hundes, wie sie es in ihrer Astronomie nennen, gebohren; dahero er ein Verbot im gantzen Reiche ergehen lassen, daß nicht nur kein Hund darff todt geschlagen werden, sondern auch, daß in allen Gassen der grossen Städte eine gewisse Anzahl derselben muß ernähret werden, die niemand unter grosser Leibes-Straffe nur beleidigen oder schlagen darff, wann er auch von einem angefallen oder gebissen wird, sondern er muß alsdann denselben bey dem Gassen-Hauptmann verklagen, der alleine die Macht hat ihn abstraffen zu lassen. Wann diese Bestien kranck werden, so müssen sie, in dazu erbauten besondern Häusern, auf das fleissigste verpfleget werden, und wann sie verrecken, so müssen sie auf die Gipffel der Berge und Hügel getragen und daselbst eingescharret werden. Einem Japonier wurde es aber einsmahls gar sauer, ein solch Aas auf seinem Buckel auf einen hohen Berg zu tragen; dahero beschwehrte er sich aus Ungedult mit sehr vielem Fluchen über diese Kayserl. Verordnung, sein Gefehrte aber sagte zu ihm: Du Narr, dancke du vielmehr den Göttern, daß der Kayser nicht unter dem Zeichen des Pferds gebohren ist, sonst würde dir die Last noch saurer werden.

Die Japoner haben mehr Gold- als Silber-Müntze, dahero ist auch den Holländern erlaubet, jährlich etlich tausend Kobange mit heraus zu nehmen, und ist ein eigener Kayserlicher Officier bestellet, Kammaba Nakama genannt, der alles vor die Waaren empfangene Silber-Geld gegen Kobangs verwechselt; dabey müssen die Holländer doch den Schaden leiden, daß da ein Kobang von 55. biß 60. Maas oder Momi Silber-Gelds zum höchsten jährlich gilt, so müssen sie ihn um 68. Maas annehmen. Die Japoner haben die Kobange lieber, die zu Jedo geschlagen, und tieffe Linien haben; sie legen sie auf die blosse Brust, und wann sie daran ein wenig hängen bleiben, so hält man dafür, daß sie eine gnugsame Probe ausgestanden haben. Sie haben noch eine Sorte von einer grössern goldnen Müntze, die Obani genannt wird, und 10. Kobani gilt, wiegt aber derselben nur 9¾; Auf derselben siehet man auch das Ehren-Zeichen des Dairi an vier Orten gegeneinander über gesetzet.

Alles jetztoerzehlte habe ich aus des berühmten D. Engelberts Kämpffers, des Grafens zu Lippe Leib-Medici in Lemgau neuester natürl. weltl. und Götzen-Historie des Reiches Japon gezogen, welche er als Medicus zweyer Gesandtschafften, so die Holländische Ost-Indische Compagnie von Batavia aus A. 1691. und 92. an dem Japonischen Kayser nach Jedo abgehen lassen, aufgesetzet, und in derselben alle Fehler der vorhergehenden Reise-Beschreibungen und Nachrichten von diesem Reiche, insonderheit des Carons und Montani, verbessert. Wir haben dieses vortreffliche Werck dem Baronet Hans Sloane, Præsidi des Collegii Medicorum zu Londen, und der Königl. Societät der Wissenschafften, wie auch obersten Medico der Königl. Trouppen zu Landen; der es nach dem Tode des Verfassers an sich gehandelt, und durch Joh. Caspar Scheuchzern in Englischer und Frantzösischer Sprache Anno 1729. hat publiciren lassen.

Der Wöchentlichen
Historischen Münz-Belustigung
16. Stück. den 18. April. 1731.

Eine MEDAILLE auf den grossen Chur-Brandenburgischen General-Feld-Marschall, Georg, Freyherrn von Derfflinger.

I. Beschreibung derselben.

Die Haupt-Seite zeiget desselben sehr erhoben gemachtes geharnischtes Brust-Bild, im blossen Haupte und lincks sehenden Profil, mit dessen Tittel: GEORG. FREYHERR. V.on. DERFLINGER. C. B. S. H. H. P. V. F. C. G. F. M. G. K. R. V. O. G. V. A. D. V. A. O. Z. R. H. A. G. P. W. V. C. Von den eintzeln Buchstaben nach dem Nahmen kan ich nur die ersten errathen, was sie sagen wollen, nemlich: Churfürstl. Brandenburgl. Statt-Halter Hinter-Pommerns Vnd Fürstentbums Camin/ General-Feld-Marschall/ Geheimer Kriegs-Rath/ Vnd Ober-Gouverneur Von Allen Den Vestungen/ Auch Obrister Zu Roß/ ꝛc. Unter dem Abschnitt des Arms stehet des Medailleurs Nahme I. HöNN.

Die Gegen-Seite enthält den oben an einem mit den Gipfeln zusammen gebeugten Lorbeer- und Palm-Baum angebundenen und mit einer Freyherrlichen Krone bedeckten Derfflingischen Wappen-Schild von vier Feldern, mit einem Mittel-Schildgen. In dem ersten und vierdten Feld sind zwey Creutzweiß über einander gelegte Commando-Stäbe, dafür ich diese Figur ansehe. Das andere und dritte Feld ist tierzé en pointe, oder mit aufsteigender Spitze drey getheilet. In den obersten beeden Theilen sind zwey Leoparden-Gesichte, in dem untersten ein Palm-Zweig. In dem Mittel-Schildgen befindet sich ein lincks sehender Adler, mit ausgebreiteten Flügeln und Füssen. Uber dem Wappen-Schild ist der viele Strahlen von sich herab werffende Nahme GOttes Jehovah. Die Beyschrifft ist: A DEO ET VIRTVTE SPLENDOR. d. i. **Von GOtt und der Tapfferkeit der Glantz.** Unter dem Wappen zur rechten beym Lorbeerbaum lieget der mit dem rechten Arm auf eine Trommel sich steiffende, und in der lincken Hand einen Commando-Stab haltende Mars, hinter dessen Rücken eine Fahne und eine mit dem Brandenburgischen Adler bezeichnete Standarte zu sehen. Zur lincken bey dem Palmbaum lieget der Hercules mit seiner Keule und Löwen-Haut. Im Abschnitt darunter ist zu lesen: HIS MAIORIBVS. d. i. **Durch diese Voreltern.** Die Medaille wiegt in Silber $4\frac{1}{2}$ Loth.

2. Historische Erklärung.

Edel gebohren seyn ist was sehr vortreffliches und rühmliches; die adeliche Herkunfft durch Wissenschafft, Tugend, und Tapfferkeit zu zieren und zu erhalten, ist noch vortrefflicher und lobwürdiger; sich aber selbsten durch Wissenschafft, Tugend und Tapfferkeit in den Adel-Stand zu setzen, übertrifft alles vorhergehende, und ist am allerglorreichsten zu achten. Unser Teutschland hat vor vielen andern Ländern die unvergleichliche Ehre und den immerwährenden Ruhm, daß es in allen diesen drey Classen eine grosse Menge sehr berühmter Männer ausstellen kan. Zu denenjenigen, die sich durch Tapfferkeit und Tugend geadelt, und in die grösten Ehren-Stellen geschwungen haben, gehöret vornehmlich der so berühmte Chur-Brandenburgische General-Feld-Marschall, **Georg, Freyherr von Derfflinger.**

Es war derselbe von Geburt bürgerlicher Herkunfft, der gemeinen Sage nach, eines Schneiders Sohn in Böhmen, und A. 1606. im Martio gebohren. Weil ihn GOtt zu weit was grössers ausersehen, als daß er von seines Vaters ehrlichem Handwerck hätte sollen sein Stücke Brod bekommen, so trieb ihn keine Noth oder Zwang, sondern eigene natürliche Lust und Neigung, selbsten gar zeitlich im Krieg, im welchem er als ein gemeiner Reuter zu dienen anfieng. Jedoch kan man nicht melden, ob er erstlich unter der

Kay-

Kayserl. oder Sächsischen Armee gestanden, und als ein Gefangener zu Schwedischen Kriegs-Diensten genöthiget worden, oder ob er solche freywillig erwehlet. Weil K. Gustav in Schweden A. 1630. auf den Teutschen Boden gekommen, und Derfflinger doch schon A. 36. als Obrist-Lieutenant zu Roß unter dem Feld-Marschall Bannier gestanden, als er bey Werben über die Elbe gieng, um dem Chur-Fürsten zu Sachsen ins Land zu fallen, so muß er nothwendig vorhero lange sich schon in andern Kriegs-Diensten haben hervor gethan. Er jagte bey selbigem Marche nur mit 200. Pferden die Sachsen aus Halle und der Moritzburg, ohngeacht in der Stadt der Obrist-Lieutenant von Wolfframsdorff mit 600. Mann zu Fuß, und ein Frantzösischer Obrister mit 13. Compagnien Dragonern lag, auch Fabian von Ponickau mit 500. Musquetiern die Moritzburg inne hatte. A. 1637. war er unter den 4. Regimentern, welche unter dem Obristen Pful in Thüringen ruckten, und die Kayserl. daraus vertrieben. Er griff damahls mit dem Obrist Carl Gustav Wrangel die feindliche Cavallerie bey Meinungen an, und nöthigte sie, nach hartem Widerstand, von dar zu weichen. Er wurde hierauf von dem Feld Marschall Bannier zu Eintreibung der Brandschatzungs-Gelder in Thüringen gelassen. Es setzte aber der Obriste Druckmüller mit 1000. Croaten und 1500. Teutschen Reutern in aller Stille zwischen Halle und Merseburg über die Saale, überfiel ihn in Hattstad, eine Meile von Mansfeld, hieb 400. Mann nieder, nahm 500. gefangen, worunter 6. Rittmeister, und viel andere Officier, bekahm 6. Standarten, 2000. Reit- und Bagage-Pferde, und 200. dergleichen Wägen, daß Derfflinger kaum mit 60. Pferden entkommen konte.

Er wurde jedoch bald darauf Obrister, und da sich nach des Banniers Tod A. 1641. die in Nieder-Sachsen befindliche Schwedische Armee von 16000. Mann in solchem armseeligen Zustand befand, daß die Soldaten die Pferde mit Sattel, Zeug, und das Gewehre verkauffen musten, um nur Geld zu Lebens-Mitteln zu bekommen, so war Derfflinger von solchem Ansehen, daß er, nebst dem Obristen Mortaigne, von derselben an den von dem neuen Feld-Marschall Torstensohn voraus geschickten Staats Rath Gruben nach Hamburg im Augusto abgesendet wurde, das schon daselbst liegende Geld zu erpressen, von welchen sie auch 60000. Reichsthaler, zu einiger Befriedigung der Soldaten, mit zurücke brachten. Die Dähnen hatten zwar ausgesprenget, es würde der ankommende Torstensohn die wegen des Geld-Mangels so schwierigen Soldaten hart abstrafen, es hatten aber dieselben durch dieses falsche Vorgeben die den Schweden dienende Teutsche Mannschafft nur zum stärckern Durchgehen verreitzen wollen, sintemahl der den 4. Octobr. zu Stralsund angekommene Torstensohn eben diese beede ihm von der Armee biß dahin entgegen geschickte Obristen aufs freundlichste empfieng, und durch sie den Soldaten alle baldige Bezahlung versprechen ließ.

Es setzte derselbe auch ein solches Vertrauen in den Derfflinger, daß, wie der Siebenbürgische Fürst Ragotzi den Schweden ein Bündnüß gegen den Kayser antragen ließ, er dieses geheime und wichtige Werck ihm und dem Obristen Plettenberg zu vollziehen auftrug, welche als abgedanckte Officier, die sich anderwärts um Dienste umsehen wolten, A. 1642. durch Pohlen ohne Hindernüß nach Siebenbürgen reiseten, und auch von dar mit guter Verrichtung zurücke kahmen. Derfflinger wurde hierauf auch nach Schweden versendet, um der Königin von allem mündliche Nachricht zu ertheilen, die ihn, als ältesten Obristen zu Pferde bey ihrer gantzen Armee, zum General-Major erklärte. Seine Kriegs-Verrichtungen, biß zum erfolgten Westphälischen Frieden, sind nachdem gantz unbekant.

A. 1654. verwechselte Derfflinger die Schwedischen Kriegs-Dienste mit den Brandenburgischen, und erhielte von dem Churfürsten zu Brandenburg auch die Würde eines General-Majors. In dem A. 56. ausgebrochenen Pohlnischen Kriege, in welchem der Churfürst anfangs sich in die Zeit schicken, und es mit Schweden halten muste, eroberte Derfflinger das in einem Morast liegende feste Kloster Prement, und erschlug darinnen 500. Mann; ingleichen bekahm er das an der Schlesischen Gräntze liegende Städtlein Pomst, in welchem 600. Pohlen ums Leben kahmen. Er wurde auch noch selbiges Jahr General-Lieutenant, und A. 58. General-Feld-Zeugmeister, und Geheimer Kriegs-Rath. Wie sich der Krieg aus Pohlen nach Dännemarck zog, so war Derfflinger auch unter den Brandenburgischen Völckern, welche der Churfürst dem König in Dännemarck zu Hülffe sendete, und die Insel Alsen, und Tönningen besetzten.

Endlich ward Derfflinger A. 1670. General-Feld-Marschall, und schickte ihn der Churfürst A. 74. nach dem Haag, um durch Hülffe des Printzens von Oranien das Holländische Bündnüß zum Stande zu bringen, in welchem die General-Staaten, nachdem sie mit Cöln und Münster Frieden geschlossen hatten, dem Churfürsten nicht in allen und jeden zu Willen seyn wolten. Der Churfürst wolte 20000. Mann gegen Franckreich stellen, die Holländer verlangten aber nur 15000. Mann, und wolten diese nur halb bezahlen; Derfflinger muste derhalben bald wieder von dar aufbrechen. Es kahm jedoch dasselbe, nachdem auch der Kayser und der König von Spanien demselben beygetreten, den 21. Jun. oder 1. Jul. A. 1624. zu Cöln an der Spree zu seiner Richtigkeit.

Vermöge dieses Bündnisses brach der Churfürst selbsten mit einer Armee von 16000. Mann, nemlich 10000. Mann zu Fuß, 5000. Mann zu Roß, und tausend Dragonern, wel-

che

che Derfflinger als General-Feld-Marschall führte, im Augusto nach dem Ober-Rhein durch das Eichsfeld, den Thüringer Wald, und über Schweinfurth auf. In der Reichs-Stadt Heilbron hielte er den 11. Sept. mit dem Churfürsten von der Pfaltz, Hertzog Georg Wilhelm zu Zelle, dem Hertzog von Lothringen, und dem Kayserl. General, Alexandro Bournonville, einen Kriegs-Rath, was gegen den Feind vorzunehmen. Der Churfürst von der Pfaltz meinte, man solte Philippsburg belagern, weil die Helffte der Besatzung kranck darnieder läge, und an Holtz und Wasser Mangel litte; die Eroberung dieses Orts würde gantz Schwaben und Francken in Sicherheit setzen. Allein die Betrachtung der schon späten Jahrs-Zeit, und der Mangel des groben Geschützes, hiessen diese Belagerung biß auf eine bequemere Zeit verschieben. Es wurde vielmehr beschlossen, näher an den Rhein zu rücken, und die Frantzosen, unter dem Turenne, zu einer Schlacht zu nöthigen; welches dann auch von dem Churfürsten unverzüglich geschahe, der glücklich über den Rhein gieng, und sich bey Straßburg mit der Kayserlichen und Reichs Armee vereinigte. Wie er darauf dem Feind zu Leibe gehen wolte, so sagte der Bournonville, daß solches wegen der vielen engen Wege nicht geschehen könte, welches aber nachdem falsch befunden wurde. Wie also der Churfürst zu Bletzheim sich lagern muste, so wolte ihm der Bournonville keine Roß-Mühlen zukommen lassen, ohngeacht er etliche hatte, die gar nicht gebraucht wurden. Ehe man also zwey von Straßburg bekommen konte, so mangelte es denen Brandenburgern 4. Tage am Brod. Den 8. Octobr. gieng endlich, ohne feindliche Hinderung, die gantze allirte Armee über den Fluß Breusche, die Kayserl. machten den rechten, und die Brandenburgischen Völcker den lincken Flügel aus. Derfflinger erkundigte sich des feindlichen Lagers, und fand dasselbe an einem gantz niedern Ort, erfuhr auch durch einen Gefangenen, daß solches nicht über 18000. Mann starck wäre. Der Churfürst wolte also die gute Gelegenheit, mit dem Feinde zu schlagen, nicht verabsäumen. Bournonville machte aber allerhand Ausflüchte, um eine Schlacht zu vermeiden, und wendete insonderheit ein, daß man wegen des darzwischen sich befindenden Grabens und der Steinbrüche nicht füglich an den Feind kommen könte. Da aber der Churfürst den Graben mit Brücken belegen, und die Stein-Gruben ausfüllen und einebnen ließ, so wolte ihm doch Bournonville nicht folgen. Der Churfürst forderte jedennoch den Feind durch drey Stück-Schüsse zum Treffen aus; worüber Bournonville so mißvergnügt ward, daß er dem Churfürsten sagen ließ: Er würde noch machen, daß es zum schlagen mit dem Feind kommen würde, da doch eben zu dem Ende der Churfürst über den Rhein gegangen war. Wie ferner Derfflinger noch einmahl recht erforschet hatte, daß dem Feind sehr wohl beyzukommen wäre, wenn man absonderlich eine vorliegende Höhe bald einnähme, von welcher man demselben mit Stück-Schüssen grossen Schaden zufügen könte; so wolte doch Bournonville dazu nicht willigen, sondern sagte, der Feind würde alsdenn ihnen vor dem Gesichte vorbey nach Unter-Elsaß gehen; welches aber nicht geschehen konte, weil die Kayserl. Dachstein und Mutzigen besetzt hatten, und der Feind hätte müssen vor ihren Augen mit grosser Mühe und Gefahr über die Breusche setzen. Derfflinger bestand also im Kriegs-Rath nachmahls darauf, daß man eine solche gute Gelegenheit nicht verliehren solte, dem Feind Abbruch zu thun, man wolte ihm aber kein Gehör geben, dahero er voller Zorn und Verdruß aufstand, und demselben nicht länger beywohnen wolte. Es geschahe auch nachdem, daß, weil Bournonville niemahls wegen des feindlichen Angriffs mit dem Churfürsten eines Sinnes seyn wolte, Turenne seinen Vortheil ersahe, und sich bey nächtlicher Weile in bessere Sicherheit zohe.

Je verdrüßlicher also dem heldenmüthigen Derfflinger der Ober-Rheinische Feldzug gewesen war, je erfreulicher war es ihm hingegen, daß sein Churfürst A. 1675. im Junio so schnell von dortiger Gegend ausbrach, um die Schweden, die ihm indessen, da er in der Rettung des Vaterlandes begriffen gewesen, in das Marggrafthum Brandenburg eingefallen waren, und dasselbe auf das erschrecklichste verwüstet hatten, daraus zu vertreiben. In dem den 11. Jun. deswegen zu Magdeburg gehaltenen Kriegs-Rath gieng des Derfflingers Meinung dahin/ die an der Havel sich postirende sichern Schweden unvermuthend zu überfallen. Als demnach den folgenden Tag abends von dar der Ausbruch mit aller Cavallerie und allen Dragonern geschahe, welchen 1000. Musquetier auf 146. grossen Wägen folgeten, und man den 15. dito mit anbrechenden Tag Ratenau, einen festen und von den Schweden wohl besetzten Paß an der Havel, erreichte, so ruckte Derfflinger mit einiger Mannschafft an die erste Havel-Brücke, und gab sich für Schwedisches Volck aus, das von einer Brandenburgischen Parthey verfolget würde. Als nun die Zug-Brücke niedergelassen wurde, drang er so gleich hinein, und eilte, nach niedergemachter Wache, auf die grosse Havel-Brücke zu, welche aber die Schweden, als sie die Brandenburger erkanten, theils aufzogen, theils abwarffen. Jedoch eroberten indessen auf der Land Seite die dahin mit 600. Mann commandirte Canne und Canowski das andere Thor, und Götze und Dönhoff setzten tapffer noch auf einer Seite bey der Mühle an, bemeisterten sich also endlich dieses Orts völlig. Ehe aber doch dieselben durchbrachen, muste Derfflinger mit seinem angeruckten Regiment ein grosses Feuer von dem Feind ausstehen. An dem darauf bey Fehrbellin den 18. Jul. gegen 7000. Mann Schwedischer Infanterie und 4000. Mann Cavallerie befochtenen vollkommenen Sieg, hatte Derfflinger auch grossen Antheil. Es ist aber diese Schlacht allbereit im 45. Stück des ersten Theils dieser historischen Müntz-Belustigung beschrieben worden.

So kan ich auch hier nicht weitläufftig erzehlen, wie glücklich nachdem der Churfürst zu Brandenburg den Pommerischen Krieg geführet, wobey er sich beständig seines tapffern Derfflingers treuen Rath und Commande bedienet/ sondern ich will nur kürtzlich anführen, in welcher Begebenheit vornehmlich sich dieser streitbahre Held hervor gethan. Es gehöret also hieher der so glücklich verrichtete Entsatz der Festung Wolgast. Es schmertzete die Schweden sehr, daß dieser mit aller Nothdurfft versehene, und so vortheilhafftig am Peene-Strom gelegene Ort, der für den Haupt-Schlüssel zu Stetin gehalten wurde, den 9. Nov. A. 1675. an Brandenburg übergegangen war, dahero solte solchen der Feld-Marschall Mardefeld, mit Anfang des 1676sten Jahrs, mit einer aus Stralsund, Gripswald, und Anklam gezogenen Armee, und mit der von Wißmar ausmarchirten Besatzung wieder wegnehmen. Er eroberte auch die Insel Usedom/ und die Schwiner-Schantze, nach neuntägiger Belagerung, und ruckte alsdann vor Wolgast, welches er mit 36. Canonen und 4. Mörsern von 12. Batterien beängstigte, und damit eine sehr grosse Oeffnung in die Befestigungs-Wercke machte. Ein starcker Frost kahm seinem Vorhaben sehr zu statten, als welcher den Fluß und die See mit so starckem Eiß besetzte/ daß gantze Compagnien über dieselben sicher gehen konten. Er nahm zwar dahero einen hefftigen Sturm gantzer zwey Stunden lang vor, wurde aber von dem Commendanten, dem Obristen Hallard, mit grösser Gewalt abgetrieben/ daß die Contrescarpe gantz mit Todten bedeckt lag. Es hatte viel geholffen, daß der Commendant die Wälle mit Wasser begiessen lassen, und sie also dadurch wegen Glateißes gantz unersteiglich gemacht. Man verstattete zwar den folgenden Tag den Schweden, auf ihr Bitten, ihre Todten abzuhohlen, worunter der Obriste Oxenstiern, vier Capitains, und unter denselben der junge Mardefeld/ und über 400. Gemeine, waren, jedoch musten sie dieselben vorhero ungestört entkleiden, und die liegengebliebenen Sturm-Leitern einziehen lassen. Als aber diesem ohngeachtet Mardefeld noch einen Sturm versuchen wolte, und dazu den Anfang mit starckem Feuer-einwerffen machte, so gieng Derfflinger diß seits der Peene, mit denen in Mecklenburg und Prignitz stehenden Brandenburgischen, Kayserlichen und Dänischen Truppen unter dem Metternich und dem Arensdorff, über Tribsees und Damgarten auf ihn loß, und zwang ihn, mit Hinterlassung vieler Todten und Gefangenen, die Belagerung in gröster Eil und Unordnung aufzuheben. Zu gleicher Zeit kahm jenseits der Peene auch der General-Major von Schwerin, mit einem Theil der in Hinter-Pommern stehenden Brandenburgischen Mannschafft, über das zugefrohrne Frische-Hoff, herbey, und verjagte die Wangelin- und Buchwaldische Regimenter, so auf dieser Seite Wolgast eingeschlossen hatten; von beeden Seiten wurde der vertriebene Feind mit stetigem Einhauen biß Stralsund begleitet; Wolgast aber mit frischem Volcke, Lebens-Mitteln, und Ammunition genugsam versehen.

Das Kriegs-Glück war den gerechten Brandenburgischen Waffen so günstig, daß endlich die Schweden in Pommern nur Stralsund und Grypswalde übrig behielten. Der Churfürst machte aber A. 1678. Anstalt, auch diese beede Städte in seine Gewalt zu bringen. Zu der Eroberung von Stralsund muste er sich den Weg durch die Eroberung der Insel Rügen bahnen. Er setzte demnach seine Armee den 10. 20. Sept. bey Peenemünde in 110. Schiffe mit Seegeln, und 140. Bothe oder Chalouppen, und wolte anfangs nach Palmerort gehen, und den Feind dahin locken, nachmahls sich auf Putbuß wenden, und daselbst aussteigen; eine grosse Wind-Stille verhinderte aber dieses Vorhaben. Es lief jedoch die Nachricht ein, daß die Dähnen bey Wittau glücklich gelandet, dahero der Churfürst dieselben nicht lange der feindlichen Gewalt unter dem General Königsmarck wolte ausgesetzet lassen, sondern suchte ans Land zu steigen, wo es sich nur schicken wolte, welches ebenfalls glücklich geschahe. Von der Churfürstl. Armee commandirte das Corps de Bataille der Churfürst selbsten, unter ihm der Feld-Marschall Derfflinger, und unter diesem der General-Lieutenant Götze; den rechten Flügel der General-Major Schöning, und den lincken der General-Major Hallart. Der Graf Königsmarck liesse sich zwar mit seiner Cavallerie auf den nah gelegenen Bergen sehen, und schosse aus 2. Stücken auf die Brandenburger; als sie aber auf ihn in voller Schlacht-Ordnung loßgiengen, so zog er sich eilends zurücke. Derfflinger lag ihm aber stetig in Eisen, nahm ihm eine Standarte, ein metallin Stück, und bey 200. Gefangenen ab, und als er bey der alten Fehr-Schantze die feindliche Confusion beym Ubersetzen nach Stralsund sahe, eroberte er dieselbe mit Sturm, hieb im ersten Anfall über 100. Mann nieder, und machte 700. Mann zu Kriegs-Gefangenen.

Nachdem die Schweden aus Pommern und allen andern ihren Teutschen Ländern durch Brandenburg und seine Bundsgenossen vertrieben waren, so zeigten sie ihre letzten Kräffte in diesem Kriege, durch einen Einbruch aus Liefland durch Curland, mit heimlicher Vergünstigung der Pohlen, in das Hertzogthum Preussen. Es gelunge aber derselbe dem General Horn eben so übel, als wie dem Wrangel in der Marck Brandenburg. Denn der unermüdete Churfürst ließ sich auch zu Anfang des 1679sten Jahrs die strengste Kälte nicht abhalten, in Begleitung des Chur-Printzens und des Derfflingers, mit seiner gantzen Armee so wohl über das gefrohrne Frische als Curische-Haff den sich auf seinen erschollenen Anzug in grösten Schrecken zurückziehenden Schweden eiligst nachzugehen, welchen sehr seltenen Zug über zwey breite Meer-Busen Derfflinger überaus vorsichtig veranstalten halff.

Der Churfürst belohnte auch desselben Verdienste sehr wohl, und machte ihn zum Statthalter des Hertzogthums Hinter-Pommern, und Fürstenthums Camin, und zum Ober-

Gouver-

Gouverneur aller Festungen. Ferner geschahe durch seine Vorschrifft, daß den Derfflinger der Kayser A. 1674. den 10. Mart. in den Reichs-Freyherrlichen Stand erhub. Alle diese hohe Ehren-Stellen und Würden liesse er sich zwar keinesweges schwülstig und stoltz machen, jedoch empfand er es gar sehr, wenn man ihm seine bürgerliche Ankunfft verrucken wolte, dahero er einem von seinen Neidern, der ihm seinen ersten Stand vorgeworffen hatte, mit der grösten Freundlichkeit mit diesen Worten begegnete: Er habe das Instrument an der Seite, damit er dessen Verdienste ausmessen könte. Er machte es demnach wie der grosse Römische Feld-Herr Marius, der von dem neidischen und ihm das Bürgermeister-Amt zu Rom mißgönnenden Adel sagte: Contemnunt novitatem meam; Ego illorum ignaviam. Mihi fortuna; illis probra obiectantur. Quanquam ego naturam unam & communem omnium existumo, sed fortissimum quemque generosissimum. – Quod si iure me despiciunt, faciant idem maioribus suis, quibus, ut mihi, ex virtute nobilitas coepit. Invident honori meo: ergo invideant labori, innocentiæ, periculis etiam meis: quoniam per hæc illum cepi. Verum homines corrupti superbia, ita ætatem agunt, quasi vestros honores contemnant: ita hos petunt, quasi honeste vixerint. – Non possum, fidei caussa, imagines, neque triumphos, aut consulatus maiorum meorum, ostentare; at si res postulat, hastas, vexillum, phaleras, alia militaria dona, præterea cicatrices adverso corpore. Hæ sunt meæ imagines, hæc mea nobilitas, non hæreditate relicta, ut illa illis, sed quæ ego meis plurimis laboribus & periculis quæsivi. – Neque literas Græcas didici. Parum placebat eas discere, quippe quæ ad virtutem doctoribus nihil profuerunt. At illa multo optuma Reipublicæ doctus sum, hostem ferire, præsidia agitare, nihil metuere, nisi turpem famam, hiemem & æstatem juxta pati, humi requiescere, eodem tempore inopiam & laborem tolerare, &c. d. i. „Sie verachten meinen neuen Stand, und ich ihre Faul„heit. Mir wird das Glücke, und ihnen Schande, vorgeworffen; ob ich wohl dafür halte, „daß wir alle einerley und gemeinschafftliche Natur haben, so ist doch der tapfferste der edel„ste. Wann sie mich mit Recht verachten, so thun sie eben das, was ihre Vorfahren, bey „welchen, wie bey mir, der Adel von der Tapfferkeit entsprungen. Sie mißgönnen mir meine „Ehre; derohalben mißgönnen sie mir doch auch meine Arbeit, meinen unsträfflichen Wan„del, und meine Gefährlichkeiten, denn durch diese habe ich jene bekommen. Diese von „Stoltz aber gantz eingenommene Menschen führen ein solches Leben, als ob sie eure Ehren„Stellen verachteten; sie verlangen sie doch also, als ob sie ehrbar lebten. Ich kan zwar, „dieses zu bewähren, keine Ahnen, noch Triumphe, noch bürgermeisterliche Würden meiner „Voreltern aufweisen; aber wenn es solte erfordert werden, Spiese, Fahnen, Pferdzeug, „und andere Soldaten Geschencke, über dieses Narben von am Vorder-Leibe empfangenen „Wunden. Das sind meine Ahnen, das ist mein Adel, den ich nicht ererbt habe, wie sie den „ihrigen, sondern den ich durch meine sehr viele Mühe und Gefahr gesuchet habe. Ich habe „auch die Griechischen Wissenschafften nicht gelernet. Es hat mir nicht gefallen sie zu ler„nen, weil sie ihren Lehrmeistern zur Tugend nichts genutzet. Aber ich bin in weit was bessern „zum gemeinen Wesen unterrichtet worden, den Feind zu schlagen, Besatzungen zu comman„diren, nichts zu fürchten, als einen schändlichen Nahmen, Frost und Hitze, eines wie das „andere, zu vertragen, auf dem harten Erdboden zu schlafen, zu gleicher Zeit Hunger und „Arbeit ausstehen, u. s. w. „ Es scheinet, als wann der Revers von dieser Medaille wäre aus dieser Rede des Marii beym Sallustio gezogen worden.

Es lebte der Feld-Marschall Derfflinger in vollen Ehren und Ansehen biß A. 1695. da er den 4. Febr. im 89. Jahr seines Alters zu Berlin, nach grosser Abnahm seiner Lebens-Kräffte, sanfft und seelig verschieden. Insgemein sagt man, es sey dieser grosse Kriegs-Held am Tage Victoriæ verschieden; alleine der fällt nach den ältesten und besten Martyrologiis und Kalendariis auf den 23. Dec. Vid. Theatr. Europ. *ad h. a.* Pufendorf *in hist. de reb. Suevic. & Frid. Wilh. El. Brandenb.* Sannov. im letzten Ehren-Dienst Georgs Freyherrns von Derfflinger.

Der Wöchentlichen
Historischen Müntz-Belustigung
17. Stück den 25. Aprilis 1731.

Zwo MEDAILLEN auf des in Dantzig grosse Unruhe erregenden D. ÆGIDII Strauchens Erledigung aus der Cüstrinischen Verhafftung von A. 1678.

I. Beschreibung derselben.

Die erste Seite der ersten Medaille zeiget D. Strauchens Brust-Bild im lincks sehenden Profil, wie er vor seiner Gefangenschafft ausgesehen, ohne grossen Bart, im geistlichen Habit, und das Haupt bedeckt mit einem Käpplein. Oben herum ist dessen Nahme zu lesen: ÆGIDIVS STRAVCH. SS. TH. D. und unten herum mit kleinerer Schrifft: A. 1675. D. 30. SEPT. GEDAN.o. PROFECT.us. d. i. Aegidius Strauch/der heiligen Gottesgelahrheit Doctor/ ist im Jahr 1675. den 30. Septembris von Dantzig abgereiset.

Auf der andern Seite stehet wiederum sein Bildnüß in gleicher Gestalt, jedoch mit etwas magern Gesichte und einem langen Bart, wie er nach seiner Gefangenschafft gestaltet gewesen. Oben herum ist auch dessen voriger Tittel; Unten aber ist zu lesen: A. 1678. D. 20. IVLII. REDIIT. d. i. Ist im Jahr 1678. den 20. Julii wi der gekommen.

Die erste Seite der andern Medaille ist der vorigen gantz gleich im Portrait und Tittel der ersten Seite, und ist nur die Unterschrifft weggelassen, daher o man es für unnöthig gehalten, sie wiederum in Kupffer vorzustellen.

Die andere Seite derselben aber enthält D. Strauchens Wappen, in welchem ein aus einem dreyfachen Felsen hervorgehender Blumen-Strauch zu sehen, mit der Uberschrifft: NAT. 1632. d. i. gebohren 1632. und der Unterschrifft in vier Zeilen: A. 1675. D. 30. SEPTEMB. GEDANO PROFECT9. A. 1678. M. IVLII REDIIT. Diese heisset auf Teutsch eben das, was unter den Portraits der ersten Medaille gestanden. Darunter liegt ein Lorbeer- und Palmzweig Creutzweiß über einander.

2. Historische Erklärung.

Es kan nichts ärgerlichers seyn, als wann diejenigen, welche GOtt selbsten mit dem schönen und angenehmen Tittel der Friedens-Bothen beehret, Friedens-Stöhrer abgeben, und die Kirche und den Staat durch ihren hochmüthigen Eigensinn und ungezähmte Zancksucht, ohne göttlichen und weltlicher Obrigkeit Befehl zu respectiren, auf das greulichste zerrütten. Es hat dieses die sonst in ihrer Regiments-Form sehr wohl eingerichtete Stadt Dantzig in dem abgewichenen Seculo leider genugsam erfahren in derjenigen grossen Zwiespalt und Unruhe, welche D. Aegidius Strauch daselbst zwischen dem Magistrat, dem Ministerio, und der Burgerschafft erreget, und welche ihr nicht nur eine schwere Verantwortung bey dem König in Pohlen, ihrem höchsten Ober-Herrn, sondern auch viele Ungunst und Feindschafft bey Benachbarten zugezogen, ja balde verursachet hätte, daß sie wäre mit einer starcken Pohlnischen Besatzung beschweret worden, welche Last sie vielleicht lange Zeit würde haben tragen müssen, ja welche sie auch gar leicht um ihre alte Freyheit hätte bringen können. Der wahre, und aus den von beeden Theilen publicirten Actis kurtz zusammen gezogene Verlauf dieses Unheils ist dieser.

Es hatte der Rath zu Dantzig den wegen seiner Gelehrsamkeit und vielen

len heraus gegebenen nützlichen Schrifften sehr berühmten Wittenbergischen Professorem publicum, Doctorem Theologiæ, und Assessorem der Theologischen Facultät, Ægidium Strauchen, nach Hintritt D. Maukischens zum Rectorat des Gymnasii und Pastorat bey der Kirche zur H. Dreyfaltigkeit A. 1669. den 23. Oct. beruffen, welche beede Bedienungen er auch noch zu Ausgang selbigen Jahres angetreten. Obwohl nun dessen Hefftigkeit und Schärffe aus seinen Anti-Calixtinischen Schrifften der Rath allbereit ersehen, und dahero denselben erinnern hatte lassen, daß zu der Dantziger Kirchen Erbauung und Ruhestand eine mehrere Mäßigung und Glimpff vonnöthen seyn würde, so hatte er sich doch zu denselben alles Guten versehen, weil er seinen Collegis in einem Schreiben zugesaget: „Er wolte erweisen, „daß er ein treues, friedliebendes, und allein GOttes Ehre und des Nächsten „Wohlfarth zu befördern begieriges Hertz habe. Die vielfältigen Versu„chungen, welche GOtt bißhero verhenget, hätten verursacht, daß er gewoh„net sey, ehe Unrecht zu leiden, als Unrecht zu thun.„

Allein man erfuhr gar bald von ihm das Widerspiel, indem er sich nicht nur gegen seine Collegen, so wohl im Gymnasio als in der Kirche, die er, als ein aufgeblasener grosser Professor, nicht für voll ansahe, sehr murrisch, widerwärtig und unverträglich; sondern auch gegen seine Obrigkeit sehr hartnäckig, ungehorsam und widerspenstig bezeigte. Insonderheit redete er grosse Anzüglichkeiten auf der Cantzel, brachte viele unnöthige Streitigkeiten vor, zog Sachen ein, die dahin nicht gehörten, und beflisse sich, alles Erinnerns von Magistrats wegen ohngeacht, einer beständig fortgesetzten über alle die maßen hefftigen und bittern Widerlegung der Römisch-Catholischen, wodurch des Königl. Pohlnischen Hofes grosser Haß und Unwillen auf die Stadt, und andere Evangelische Glaubens-Genossen auf dem Lande und in dem Reiche gezogen ward. Dahero geschahe es auch, daß als er auch über dieses seine also genannte A. 1670. 71. und 72. gehaltene Purims-Predigten in Alt-Stetin hatte im Druck ausgehen lassen, so ließ der Ertzbischoff von Gnesen A. 1673. in der Königl. Cantzley eine Citation ausfertigen, in welcher der Rath zu persönlicher Gestellung des D. Strauchens vor das Königliche Assessorial-Gerichte evociret wurde, mit dem scharffen Schlusse, weil D. Strauch, den vielfältigen Confœderationen zuwider, die von allen Ständen der Cron, wegen Freyheit der Religion, in öffentlichen Reichs-Tägen aufgerichtet, und mit Königlichen Eyden bestärcket sind, durch welche der öffentliche Friede und Ruhestand aller der Christlichen Religion zugethanen versichert ist, den Frieden durch unnöthige münd- und schrifftliche Läster- und Schmähe-Reden gestöret, und grossen Haß und Feindschafft unter Christen erreget, so solte er sein Unterfahen mit Thurm-Strafe, Achts-Erklärung, und Confiscation seiner Güter, oder wie die durch dennoch nicht moderirten Elenchum verursachte widerhohlte geschärffte Citation lautete, mit Leib- und Lebens-Strafe, zu verbüssen haben, und der Rath, im Fall er D. Strauchen nicht stellen würde/ solte, bey oberwehnter Strafe, vor ihn gehalten seyn zu antworten.

Der Rath ließ ihn hierauf ernstlich verwarnen, sich der harten und bittern Redens-Arten in seinen Predigten und Schrifften gegen die Römisch-Catholischen, zu Verhütung alles besorglichen Unheils und Gefahr, zu enthalten; Er blieb aber auf seinem Kopff stehen, und beschuldigte den Rath und das Ministerium wegen dieser Verwarnung in seinen Predigten des Syncretismi. Uber dieses erbitterte er den Königlichen Hof gegen die Stadt dadurch noch mehr, daß er nicht nur den auf Verordnung des Raths zu schuldigsten Ehren des abgelebten K. Michaels in allen Kirchen angeordneten Trauer-Sermon für seine Person declinirte, sondern auch in seiner dazumal am 26. Sonntag nach Trinitatis gehaltenen Amts-Predigt von der Seligkeit derer, die ausser unserer Kirchen sind und sterben, handelte, welches jederman, nach dem Umstand der Zeit/ auf die in Zweifel gesetzte Seligkeit des jüngst verstorbenen Königes applicirte.

Es hatte ihn ferner der Rath ersuchet, bey der Introduction des neuen Professoris Schelwigs, GOtt für den von der Cron Pohlen wider den Türcken befochtenen grossen Sieg bey Chocim öffentlich Danck zu sagen; an statt der Gratulation aber brach er in seiner Rede, zu jedermans Erstaunen, in diese Worte aus: „Wolte GOtt, daß diese Erzehlung „warhafftig und beständig, nicht aber ein erlogenes Gedicht seyn möge von der Victoria wi„der den Feind, welcher ehender überwunden seyn soll, als er vielleicht gesehen seyn mag.„

Als bey der Beerdigung des Diaconi Heinii bey der Heil. Dreyfaltigkeits-Kirchen der Rath das von D Strauchen begehrte dreymahlige Geläute aus trifftigen Ursachen nicht verstattete, so gebrauchte derselbe bey der kurtz darauf erfolgten Neu-Jahrs-Wunsch-Predigt die stachelichte Worte: „Den Heil. Lehr-Stand setze ich voran/ ob gleich die tägliche „Erfahrung sattsam lehret, wie unwerth der Orden Aaronis in den Augen der Welt Kinder „sey. Sagte vormahls der Apostel Paulus: Ich halte dafür, GOtt habe uns Apostel für „die geringsten dargestellet &c. so triffts auch warlich dieses Orts ein. Denn ihr wisset selbst, „und habt es ehegestern erfahren, daß wann die Diener Christi bey ihrem schweren Amte die „Lebens-Kräffte aufgesetzet, und sich endlich zu todt geprediget haben, so will man sie bey „ihrer Beerdigung des dreyfachen Geläutes nicht würdigen, welches doch andern verstat„tet, die doch gleichwohl ein so heiliges Amt nicht haben, als den Seelsorgern vertrauet ist. „Ob nun gleich meinem seel. Herrn Collegen ehegestern nur einmahl ist geläutet worden, so „soll er dennoch sein dreyfaches Geläute, welches er so wohl als jemand verdienet, haben, „und will ich ihn, als anjetzo, zum andernmal beläuten, da ihr dann nicht einen blossen „Schall, sondern verständige Worte hören werdet. So klinget nun die Glocke des Heil. „Geistes: Die Aeltesten/ die wohl vorstehen/ die halte man zwiefacher Ehren werth/ son„derlich die arbeiten im Wort und in der Lehre. Höret ihr wohl den Glocken-Klang? Es „sollen die wohlverdienten Prediger nicht geringer geachtet werden, als die kein so hohes Amt „zu verwalten haben. Zum drittenmahl soll bey Bedienung der Vacanz von mir geläutet „werden.„

Wie schimpf- und verächtlich D. Strauch auch sonst den Rath ausgetragen und verunglimpffet, das wurde aus etlichen an seinen vertrauten Freund, den wegen gedoppelten Ehebruchs abgesetzten Gripswaldischen Professorem, Gerbrechten, abgelassenen Schreiben kund, welche man nach dessen Verunglückung auf der Heraus-Reise nach Schweden unter seinen an dem Putziger-Strande zu Land getriebenen Sachen gefunden. In denselben hatte er

gemel-

gemeldet, daß die Practica Gedanensis in Judicialibus, multiplex & sacræ auri fami exposita wäre; daß der von dem Evangelisten eingeführte Richter, der sich für GOtt nicht fürchtete, noch für einigen Menschen scheuete, in Dantzig, ohne Anzündung einer Fackel, gefunden werden könte; daß im Beruff zum Predig-Amt der Genitivus und Dativus decliniret werden müste; daß bey Vocation einer gewissen Person zum Ministerio, ein silberner Stab mit dem vermeinten Hirten-Stab wäre vertauschet worden/ u. s. w. Er hatte auch in gedachtem Schreiben gar deutlich spühren lassen/ wie abgünstig er der Cron Pohlen sey, und vieler gut Schwedisch gesinneten in Dantzig Meldung gethan.

Wie aber nun D. Strauch auf keine Weise zu gelindern und bessern Gedancken konte gebracht werden, sondern immer hefftiger seinen ungezähmten hitzigen Affecten nachhienge, und den gebührenden Respect des Raths aus den Augen stellete, so ließ ihm derselbe durch den Præsidenten Schrödtern in dessen Behausung, in Beyseyn noch zweyer Raths-Herren und eines Secretarii, den 28. Dec. A. 1673. nach Vorhaltung seiner bißherigen mißfälligen Exorbitantien in XIX. Puncten/ endlich andeuten, wie es dem Rath, sich desselben Humor zu accommodiren, gar bedencklich, desselben Wiedersetzlichkeit zu weichen, unanständig, und das unzeitige Syndiciren über alle Actiones und des Magistrats führende Aemter unerträglich, und durch fernere Connivenz das gröste Unheyl über sich und gemeine Stadt zu ziehen, unverantwortlich falle. Wannenhero könte der Rath nunmehro nicht geübriget seyn, sich dieses Verdrusses, und die gemeine Stadt des unausbleiblichen Schadens, zu überheben, und ihm seines Predig-Amtes und Profession ex nunc gäntzlich zu erlassen, immassen er sich von nun an, so wohl der Cantzel, als der Catheder, zu enthalten habe.

D. Strauch gab hierauf zur Antwort: Was ihm vorgehalten worden, das beträfe sein Amt und seine Person; wegen seines Amtes habe er keinem Menschen, sondern bloß dem HErrn JEsu, der ihn am jüngsten Tage, wie auch alle, die ihn deßfalls richteten, urtheilen würde, Rede und Antwort zugeben. Was aber die personal a delicta belangete, würde er sie leicht beantworten können, wann dazu Ort oder Zeit wäre. Man procedire mit ihm, wie mit dem Herrn Christo/ welcher unverhört verdammet worden. Er gieng jedoch ad specialia, und vertheidigte sich gegen alle Anschuldigungen, und schlosse seine Verantwortung damit: Er wolle thun, was Christus gesaget: Wann sie euch in einer Stadt verfolgen, so fliehet in eine andere, und schüttelt auch den Staub von euren Füssen. Wie er dann auch würcklich, um ja hierinnen auch eine rechte Apostolische Weise zu zeigen, weil man sonsten wenig Apostolisches an ihm verspühren konte/ den einen Fuß bewegte, und mit dem Schnupftuch die Schuhe abstäuben wolte, es war aber zu allem Unglück kein Staub darauf. Zu allerletzt berief er sich auf das Gericht GOttes, für welches er seine Herren Patronos, und alle, die den Schluß gegen ihn gemacht, citirte.

Es geschahe aber hierauf/ daß sich die Elter-Leute der vier Haupt-Gewercke von der Bürgerschafft des entlaßenen D. Strauchens eifrigst annahmen/und um seine Beybehaltung den 2. Jan. A. 1674. supplicirten. Wie deswegen die Raths-Deputirte mit denselben in des Præsident Schrödters Hause den 4. dito in Unterredung begriffen waren, so versammleten sich, wie D. Strauch selbsten nach Wittenberg berichtet, bey die 16000. Mann, welche mit dem grösten Ungestümm, Wüten, Toben, und angedrohter Gewalt, den Præsidenten und Rath nöthigten, zu Verhütung grössern Unfugs und einer gäntzlichen Empörung, ihnen den kurtzen Schluß schrifftlich zu geben: „Weil E. Rath siehet, daß die Wercke den Herrn „D. Strauchen wieder in seine vorige Stelle gesetzet haben wollen, als will es E. Rath ge„schehen lassen, daß er hinführo, so, wie vorhin geschehen, wieder predigen möge.„ Dieser abgetrotzte Schluß wurde ihm des Nachts um 12. behändiget, und er kahm den 6. Jan.

als dem Heil. Drey-Königs-Fest wieder auf die Cantzel, machte den Eingang seiner Predigt aus Actor. V, 34. und stellete, mit Beyseitsetzung des ordentlichen Evangelii, aus Jerem. XXXVIII, 1-14. vor, den Propheten Jeremiam auf der Cantzel, in der Grube, und im Vorhofe des Gefängnüß.

Hiermit hatte jedoch die Unruhe noch kein Ende, sondern es fieng sich erstlich ein gewaltiger Feder-Krieg an, der die Gemüther zu beeden Theilen in die gröste Verbitterung gegen einander brachte. Denn weil D. Strauch in obbemeldter und folgenden Predigten, seine Restitution, als ein göttliches Werck, gepriesen, und dabey das Ministerium angestochen hatte, als ob dasselbe sich seiner bey der ergangenen Absetzung nicht hätte erbarmen, noch annehmen wollen, da doch dasselbe allerdings auch den 3. Jan. eine Supplication vor denselben hatte übergeben wollen, aber daran durch die dazwischen gekommene leidige Tumult-Sache war verhindert worden; so wolte dasselbe diese gewaltsame und bey nächtlicher Weile dem Rath abgenöthigte Wieder-Einsetzung des D. Strauchens, nach der Heil. Schrifft und aller Evangelischen Lehrer Urtheil, nicht für rechtmäßig erkennen, und ihn ferner für einen ordentlich beruffenen Pastorem der Kirche zur H. Dreyfaltigkeit halten, welche Meinung dasselbe nicht nur dem Rath schrifftlich übergab, sondern auch auf den Cantzeln Amts- und Gewissens halben dem Volck aus der Heil. Schrifft gründlich zeigete, daß um des Evangelii, und eines Lehrers willen, wider die Obrigkeit kein Aufruhr zu erregen sey, sondern in solchen Fällen ordentliche Mittel zu gebrauchen wären, und man lieber Unrecht leiden, als Unrecht thun solte.

D. Strauch hingegen suchte sich sehr zu rechtfertigen, und zwar erstlich mit einer am Sonntag Septuagesima gehaltenen Predigt von dem verstossenen und wieder zugelassenen von dem himmlischen Hausvatter gemietheten Arbeiter im Weinberge, und vors andere mit einer publicirten und an 5. Theologische Facultäten abgefertigten Specie Facti von demjenigen, was Theophilus von dem Rath und Ministerio in der Stadt Samaria den 28. Dec. A. 1673. am unschuldigen Kinder Tage, erlitten. Diesen folgeten noch siebenzehen andere Scripta, in welchen er den Rath und das Ministerium mit groben Verleumdungen hefftig angriffe, dahero solche von dem Rath durch öffentlichen Anschlag für gifftige und aufwieglerische Schmäh- und Läster-Schrifften erkläret, und deren Einbringung, und Verkauff unter gebührender Bestrafung verbothen wurde. Es ließ aber D. Strauch nicht nur alleine seine Wuth gegen den Rath und das Ministerium der Stadt Dantzig aus, sondern fiel auch alle diejenigen Theologischen und Juristischen Facultäten, und die Ministeria in ansehnlichen Reichs- und andern Städten mit den gröbsten Injurien an, die in ihren wohl abgefasten Responsis seinen groben Unfug, und unrechtmäßige Wieder-Einsetzung nicht gebilliget hatten. Wie denn absonderlich er dem Nürnbergischen Ministerio, wegen dessen den 27. Nov. 1674. ertheilten gründlichen Antwort, auf die XV. von dem Dantziger Ministerio in der Streit-Sachen an dasselbe gelangte Fragen, in der darauf fälschlich betittelten Freund-Amts-Brüderlichen special-Erinnerung an das Collegium Theologicum der Universität zu Kiehl und an dasselbe, sehr boßhafft, grob und ehrenrührisch begegnete, und dabey so gar auch einen hochlöblichen Magistrat freventlich antastete.

Nachdem aber dieser unruhige und böse Mann nach seiner gewaltsamen Restitution über anderthalb Jahr in Dantzig abgetobet, und auch hatte das dem Rath ex Privilegio Casimiriano zukommende Jus patronatus anfechten helffen, so merckte er, daß doch endlich seine Sache übel ablauffen möchte, wann nach der Königlichen Krönung die von ihm zwischen dem Rath und der Burgerschafft erregte gefährliche Streitigkeiten genau untersucht werden solten, dahero trachtete er in Zeiten aus dem Labyrinth zu kommen, und von dar wegzugehen, ehe

ein

ein stärckeres Ungewitter auf ihn loßbrechen möchte. Dazu fand sich eine erwünschte Gelegenheit, als ihm A. 1675. von der Königlich Schwedischen Regierung in Vor-Pommern eine Theologische Profession und Stelle im Consistorio zu Gryphswalde angetragen wurde. Indem er aber im Begrif war dahin zu gehen, so brach der Krieg zwischen Schweden und Brandenburg aus, daß er also nicht wuste, was er thun solte. Es lief jedoch an ihn unvermuthet eine andere Vocation zum Pastorat zu S. Jacob in Hamburg ein, welche er auch annahm, und zu Ausgang des Septembris A. 1675. nach erhaltenen Brandenburgischen und Dänischen Päßen seine Reise zur See dahin, auf einem für 600. Thaler erkaufften Schiffe, mit alle seinem Gut antrat, nachdem er vorhero seiner Gemeine versprochen, daß wann sie ihn, nach entschiedener Patronats-Streitigkeit, wieder verlangen würde, so wolte er sich ihrem Begehren nicht widersetzen.

Als er nun den 27. Sept. st. v. die in Hinter-Pommern gelegene Stadt Colberg vier Meilen hinter sich gelegt hatte, so hohlten ihn zwey mit Soldaten besetzte Both ein/ hieben seines Schiffs Mast und Seegel ab, und führten ihn mit seiner See-krancken Frauen und allem Haab und Gut nach Colberg. Daselbst ließ der Gouverneur und General-Major, Baron von Schwerin, alle dessen Sachen auf das schärffste durchsuchen, unter dem Vorwand, ob geschehe dieses auf Veranlassung der Dantziger, wegen eines versetzten Kleinods von 10000. Reichsthalern, und eines gewissen Diarii. Als man aber nichts gefunden, und er auch endlich den Kauf-Brief des Schiffes bestätiget, so gab ihm der Gouverneur einen neuen Paß/ und ließ ihn mit zwey von 8. Pferden bespanten Wägen, die ihn nach Hamburg führen solten, wieder abreisen. Nach dreyen Stunden aber ward er auf Ordre des Fürsten zu Anhalt zu Stargard wiederum angehalten, und von dar endlich nach Cüstrin auf das Schloß in starcke Verwahrung gebracht; Daselbst wurde er gar hart gehalten/ und ihm anfangs kein Buch, ausser die Bibel, ja endlich auch nicht Feder und Dinte, zugelassen. Die Ursache dieser Verhafftung war, weil er, wie Puffendorff meldet, allerhand feindselige Anschläge solte gegen den Churfürsten geschmiedet, und die Dantziger Bürger allzu Schwedisch gesinnt gemachet haben. Die Hamburger Gemeine zu S. Jacob schickte zwey Deputirte um seine Erledigung nach Berlin, dieselben wurden aber nicht einmahl vorgelassen. Er selbsten ließ eine bewegliche Supplication um die andere aus seinem Gefängnüß, an den Churfürsten, an die Churfürstin, an den Fürsten zu Anhalt, und an den Gouverneur zu Cüstrin, den Burggrafen von Dohna, abgehen, und warnete den Churfürsten, dem grossen GOtt nicht nach den Augen zu greiffen, noch sich eines Predigers Fluch aufzuladen/ der gewaltigen Nachdruck habe. Er fand aber allenthalben verschlossene Ohren, dahero er endlich so ungedultig ward, daß er den Churfürsten einen Pharaonem nante/ sich aber dadurch nur noch härteres Bezeigen zuzog. Die Pohlen gönten ihm dieses Unglück hertzlich, und sagte der Woywode von Culm, Gninski, zum Chur-Brandenburgischen Gesandten Hornbeck am Pohlnischen Hofe: Der Churfürst solte Strauchen nur feste halten, er würde sonsten doch noch mehr Unruhe anrichten. Er hielte einen solchen Mann, der das Volck aufwiegelte, und Blutvergiessen anrichtete, für einen Feind des menschlichen Geschlechts, den jederman angreiffen dörffte. Es wurde auch eine Weile alles so stille von demselben, daß viele in Dantzig festiglich glaubten, er habe gar aus der Zeit in die Ewigkeit wandern müssen. Da man aber das Gegentheil erfuhr/ so versprachen die Dantziger dem König von Pohlen 100000. Rheinische Gülden, wann er Strauchen ihnen wieder schaffen würde. Der König Johannes Sobieski wolte ein so grosses Geschencke nicht gerne aus den Händen lassen, und schickte dahero im October A. 1677. den Obristen Gurka an den Churfürsten, und verlangte D. Strauchen loß zu geben, weil ohne seine Gegenwart Dantzig nicht könte beruhiget diget werden. Es habe derselbe den Churfürsten weder mit Worten noch Wercken beleidiget; er sey auch nicht sein Landskind. Einen unbewehrten Mann, der von einer in Freundschafft mit dem Churfürsten stehenden Stadt zu der andern habe reisen wollen, habe er nicht gefangen nehmen können. Der Tittel eines Schwedischen Raths mache ihn zu keinen Feind, weil er nur ein Consistorial- und kein Staats-Rath sey. Der Churfürst aber verweigerte denselben loß zu lassen, weil er von so unruhigen und rachgierigem Gemüthe wäre, daß er bey seiner Zurückkunfft nach Dantzig trachten würde, die Hölle selbst gegen den Churfürsten zu bewegen. Die Königliche Autorität und Klugheit würde schon sonsten wissen der Stadt Dantzig Ruhestand wieder herzustellen. Wenn der Schwedische Krieg geendiget seyn würde, so wolte er ihn doch dem König zu gefallen wieder lauffen lassen. Absonderlich besorgte der Churfürst, daß wann nach der Loßlassung des D. Strauchens in Dantzig ein neuer Lerm entstehen solte, so würde der König in Pohlen unter dem Vorwand den Rath gegen die Burgerschafft zu schützen, etliche tausend Mann in die Stadt rucken lassen, welches ihm allzu nachtheilig für der Stadt bißherige Freyheit schiene.

D. Strauch muste demnach biß A. 1678. in Cüstrin in Verhafft bleiben, biß sich endlich der Churfürst durch eine von der Stadt Dantzig abgeschickte sehr ansehnliche Gesandschafft, nach vielem Bitten und Vorstellen, bewegen ließ, denselben den 9. Julii besagten Jahres, nebst allen seinen Gütern, seines Arrests zu entschlagen. Anfangs forderte er zwar eine starcke Caution von der Stadt, da sie aber vorstellete, daß sie als eine unter der Königlich Pohlnischen Landesherrlichen Hoheit stehende Stadt dergleichen Bedingungen nicht angeloben könte; so erließ ihr auch der Churfürst dieselbe. Jedoch muste D. Strauch endlich versprechen, wegen des bißherigen Arrests sich auf keine Weise zu rächen. Den König in Pohlen verdroß es nicht wenig, daß ihn der Churfürst auf sein Begehren nicht frey gelassen hatte, damit er hätte von den Dantzigern besagte Geld-Summa einziehen können, der Churfürst hatte aber besondere Staats-Ursachen, dergleichen fetten Bissen dem König nicht zu gönnen.

D. Strauch langte also den 20. Julii in der Gefährtschafft der Dantziger Abgeordneten, zu grösten Frolocken der Einwohner, unter volckreicher Einhohlung auf etliche Meilen von der Stadt, in Dantzig wiederum an; es kahm darauf ein Vergleich zwischen dem Rath und der Burgerschafft, und zwischen dem Ministerio und D. Strauchen zu Stande, in welchem bedungen wurde, daß alles bißhero vorgegangene auf ewig abgethan und vergessen seyn solte. Krafft desselben wurde ihm eine neue Vocation zu seinen vorigen Aemtern übergeben, welche er auch den 8. Sept. wiederum antrat, und sich ferner friedlich und gelinde biß an sein den 13. Dec. A. 1682. erfolgtes Lebens-Ende bezeigte. Er hatte sich in seinem fast dreyjährigen Gefängnüß einen langen Bart wachsen lassen, welchen er nachdem beständig behalten, dahero er auch in solcher gedoppelten Gestalt auf der einen Gedächtnüß-Müntze vorgestellet worden.

Ohngeacht D. Strauch so vieles fremdes Feuer in des HErrn Heiligthum getragen, und damit sich und andern sehr grossen Schaden zugezogen hatte, so hat ihm doch ein gleich eifriger Amts-Bruder dieses unverdiente Epicedium gemachet:

Heroem deflemus. Abi vulgaria quisquis
    Strauchii in exequiis funera credis agi.
Non hominis vox ista fuit, cum fulmina sparsit,
    Namque erat in cathedra totus utraque Deus;
Frenduit humano stygius sub schemate Pluto.
    Atque ignem, ferrum, vincula, lora quatit.
Sed tamen ille tuum, Pluto, devicit avernum.
    Carceris & risit vincula, Calve, tui.
Cedite vos, quotquot priscorum gesta piorum
    Quæritis, & veterum sancta trophæa Patrum.
Cedite. Martyrii divo date Strauchio honores,
    Europa ad tantam stat stupefacta necem.
Posteritas stupeat! Namque invictissimus Heros
    Martyr ubique fuit, Victor ubique fuit.
Jam capit æternæ victricis signa coronæ
    Quando petit stygias calva tyrannis aquas.

Vid. varia Acta publica in controv. Strauchiana. Vitæ curric. Strauchii *subj. conc. funebr.* Pufendorf. *de reb. Brandenb. XIII, 59 XIV, 5 XV, 23. XIV, 66.* Theatr. Europ. *T. XI. p.* 1346.

Der Wöchentlichen
Historischen Münz-Belustigung
18. Stück den 2. May 1731.

Ein sehr rarer Thaler von dem grossen Schwedischen Reichs-Cantzler, Axel Oxenstierna, von A. 1634.

1. Beschreibung deßelben.

Die erste Seite zeiget dessen Brust-Bild im blossen Haupte mit gantzem Gesichte, vor welchem unten dessen mit einer Barons-Kronen bedeckter Wappenschild stehet, der zwey auf der Stirne noch stehende Ochsen-Hörner in sich enthält. Umher ist dessen Tittel also zu lesen: I.llustris D.ominus. D.ominus. AXEL.ius. OXENSTIERNA. L.iber. B.aro. I.n. K.imitho. D.ominus. I.n. F.iiholm. T.idoeoen. E.ques. R.egni SV.eciæ. C.ancellarius. L^{EG}.atus. I.n. G.ermania. S.uevia. F^{C} Franconia. ET. E^{V}.angelicorum. D^{IR}.ector. d. i. Der Wohlgebohrne Herr/ Herr Axel Oxenstierna/ Freyherr in Kimitho/ Herr in Fiiholm/ Tidöön/ Ritter/ des Königreichs Schweden Cantzler/ Gesandter in Teutschland/ Schwaben/ Francken/ und der Evangelischen Director. Oder man kan die letzten abgekürtzten Worte in dem Tittel, wenn man einen Fehler des Eisenschneiders erkennen will, auch also lesen: L^{EG}.atus. I.n. G.ermania

S.uperiore. FOEDeris. (an statt FOED.eris) EV.angelici. DIR.ector. Gesandter in Ober-Teutschland, und des Evangelischen Bündnüsses Director. Um sein Bildnüß, das A. 1633. in Kupffer gestochen worden, stehet dieser Tittel: AXELIVS. OXENSTIERNA. L. B. IN. KIM. DN. IN FIHOLM. ET. TYD. EQ. S. R. M. REGN. SVEC. GEN. CANCELL. ad. EXERC. PER. GERM. LEG. IBID. FOED. EVANG. DIR.

Auf der andern Seite ist ein nach der rechten aufgericht fortschreitender gekrönter Löwe mit ausgeschlagener Zunge, und in die Höhe geschlagenen Schwantze, der in der rechten Pfote ein blosses Schwerd zum Hieb empor hebet, und in der lincken eine Königl. Krone hält. Uber demselben erscheinet der viele Strahlen von sich werffende Nahme GOttes יהוה Die Umschrifft ist: ROBORE DIVINO CORONATVS VINCIT LEO. d. i.

Gekrönt mit unsers GOttes Krafft,
Ist der Löwe stets sieghafft.

2. Historische Erklärung.

Von den vielen und wichtigen Staats-Handlungen des grossen Schwedischen Reichs-Cantzlers, AXEL OXENSTJERNS, ist nicht ein eintzler Bogen, sondern ein gantzes dickes Buch zu schreiben; dahero ich auch jetzo nur erzehlen will, warum derselbe auf diesem Thaler des Evangelischen Bündnüsses Director genennet wird.

Es war sein König, Gustav Adolph, wie gleich nach der ersten glücklichen Leipziger Schlacht, also vornehmlich kurtz vor seinem Ende, damit umgegangen, die sämtlichen Evangelischen Stände des Teutschen Reichs, zu besserer Fortsetzung des Krieges mit gemeinschafftlichen Kräfften, in ein genauer Bündnüß zu bringen; es hatten sich aber deßwegen immer sehr viele Schwierigkeiten ereignet. Um aber doch dazu einen Anfang zu machen, so hatte er die vier obern Creyse, den Fränckischen, Schwäbischen, und die beeden Rheinischen, in einem Ausschreiben aus Arnstadt im November 1632 nach Ulm zusammen beruffen, um zu berathschlagen: 1) Welchergestalt eine engere Vereinigung der Stände, so wohl mit der Kron Schweden, als unter ihnen selbst, anzurichten. 2) Wie man sich in Verfassung einer Armee stellen solte, um damit so wohl den Creyß zu beschützen, als den Feind anzugreiffen. 3) Wie und durch was Mittel solche Armee zu unterhalten, und richtig zu besolden, damit darauf gute Kriegs-Zucht, zu Sicherheit der Strassen, Erhaltung der Handelschafft und des Acker-Baues, möge angestellet werden. Die in jeglichem benandten Creyse angesessene Stände wurden dadurch auch zu einer besondern Creyß-Conferenz veranlasset, dergleichen von den Fränckischen den 1. Novembr. zu Würtzburg geschahe, um sich wegen dieser vorgeschlaschlagenen drey Puncte zu bedencken, und einer einhelligen Stimme zu vergleichen. Weil nun den König der in die Chursächsischen Lande von der Donau eilfertig vorgenommene Feldzug verhinderte, der angesetzten Ulmischen Zusammenkunfft persöhnlich beyzuwohnen, so bevollmächtigte er den Reichs-Cantzler Oxenstiern, auf selbiger mit den Ständen alles abzuhandeln. Alleine unterwegens zu Hanau bekahm dieser die erschreckliche Post, daß der König den 6. Nov. in der Schlacht bey Lützen umgekommen.

Dieser plötzliche und dem Schwedischen Zustand im Teutschen Reiche höchst gefährliche Todes-Fall machte diesem grossen Staats-Ministro, ohngeacht sonst seinen auch schwehren und vielen Reichs-Sorgen, die erste schlaflose Nacht, und verursachte, daß der Ulmische Vier-Creyß Tag unterblieb. Er setzte jedennoch seine Reise nach Franckfurt eiligst fort, und beschied etliche Abgeordnete von gemeldten vier Creysen zu sich, welchen er nachdrücklich vorstellete, wie doch nunmehro das beste und heilsamste Mittel wäre, sich auf das eifrigste durch einmüthige Zusammensetzung der Gemüther zu bearbeiten, daß die vorgeschlagene Puncte auf das eheste möchten zu Stande gebracht werden. Er wolte dahero sich bestreben, die Churfürsten zu Sachsen und Brandenburg, nebst den andern Ständen der beeden Sächsischen Creyse, auch zu einem Beytritt zu bewegen, damit der bißherige Krieg, entweder durch die Waffen, oder durch gütliche Handlung, zu dem lang gewünschten, ehrbarn, sichern und durchgehenden Frieden glücklich könne hinausgeführet werden.

Hierauf gienge er über Würtzburg zurücke nach Erffurt, und berichtete von dar nach Schweden, wie der Zustand der Schwedischen Sachen in Teutschland nunmehro beschaffen wäre, und was er zu Franckfurt mit gedachten Creyß-Abgeordneten abgeredet, und bat sich dabey neue Anweisung und Vollmacht aus. Dieselbe erfolgte so bald als nur möglich war, und ward er zugleich zum bevollmächtigten Minister und Gesandten, so wohl an alle Reichs-Stände, als auch an benachbarte Könige und Republiquen, und insonderheit bey den Schwedischen in Teutschland stehenden Armeen, erkläret, und seiner klugen Einsicht die völlige Einrichtung des Kriegs- und Friedens-Wesen überlassen. Der dabey besonders abgeschickte Graf, Peter Brahe, eröffnete ihm mündlich, daß nach des Königes Tode die Sachen zwar ein gefährliches Ansehen hätten; jedoch würde es der gantzen Schwedischen Nation höchst schimpflich seyn, wann man so gleich wolte die Hände sincken lassen. Man müste demnach mit erneuerten Bündnissen die Protestanten an sich fester zu knüpfen trachten, und sich nicht ohne erhaltene gnugsame und sichere Befriedigung und Schadloßhaltung voneinander trennen lassen. Ja es wäre rühmlicher, wann die Schweden mit der grösten Gewalt aus Teutschland getrieben würden, als wann sie selbsten aus Zaghafftigkeit daraus zurücke wichen. Vornehmlich solte er trachten, die an der Ost-See gelegenen Vestungen mit gebohrnen Schweden wohl besetzt zu behalten, damit ein sicherer Zugang und Eintritt in Teutschland der Kron Schweden jederzeit offen bliebe.

Oxenstiern bat sich demnach schrifftlich eine Unterredung mit dem Churfürsten zu Sachsen in Erffurt aus; der beschied ihn aber zu sich nach Dreßden, und meinte, ein Schwedischer Edelmann könte einem Churfürsten schon nachreisen, wann er was bey demselben anzubringen hätte. Wie er dahin kahm, und sagte, daß er sich bey dem Churfürsten, als einem der vornehmsten Schwedischen Bunds-Verwandten, erkundigen wolte, was nunmehro nach dem Tode seines Königes anzufangen, und wie der Krieg weiter fortzusetzen wäre? so bekahm er zur Antwort, daß es sehr gut würde gethan seyn, wann die Sachsen auf einer, und die Schweden auf der andern Seite, durch einen Einbruch in Böhmen und Mähren, dem geschlagenen Feind ferner zu Leibe giengen, um ihm keine Zeit zu lassen, daß er sich wieder erhohlte. Jedoch müsse man auch den angebotenen Frieden nicht ausschlagen, und sich zu einem gewissen Endzweck verstehen, um welchen man den Krieg führte. Oxenstirn versatzte, daß ein allgemeiner Friede, wodurch der Evangelischen Religion, und der Reichs-Stände Freyheit gesichert würde, die Absicht der Schwedischen Waffen wäre; jedoch hätte man sich vorzusehen, daß man dabey nicht geäffet würde. Damit nun dieses nicht geschähe, so wolte er dreyerley Vorschläge thun: Entweder, es solten alle Evangelische Stände mit der Kron Schweden in ein Bündnüß zusammen treten, und sich deren Direction, jedoch mit Zuziehung etlicher Stände Kriegs-Räthe, wie bey des Königes Leben, untergeben; oder man wolte zwey Theile machen, deren einen die Kron Schweden, den andern der Churfürst zu Sachsen, jedoch mit gemeinschafftlichem Rath und Hülffe, in allen zu dirigiren hätte. Oder drittens, wann man meinte, daß man des Schwedischen Beystandes nicht mehr benöthiget wäre, so solte man die Schweden mit einer gebührlichen Vergeltung nur wieder heim ziehen lassen, und sie jedoch in den künfftigen Frieden mit einschlüssen. Der Churfürst wolte sich aber darauf nicht herauslassen, und entschuldigte sich, daß er erstlich darüber sich mit dem Churfürsten zu Brandenburg besprechen müste. Oxenstirn erfuhr aber nachgehends von andern, daß der Churfürst sich nimmermehr der Direction eines Auswärtigen in Reichs-Sachen unterwerffen würde; und daß man auch nicht geglaubet, daß man sich würde vereinigen können, welche Stände die eine oder die andere Parthey ausmachen solten; man hätte zugleich besorget, daß wenn man sich deßwegen vereiniget hätte, so würde doch Oxenstirn allenthalben die Oberhand zu behalten suchen; noch weniger habe

der

der Churfürst auch ausdencken können, woher die begehrte Schwedische Belohnung zu nehmen.

Nach dieser schlechten Verrichtung zu Dreßden verfügte sich Oxenstirn nach Berlin, und fand daselbst besseres Gehör. Dann der Churfürst versicherte nicht nur beständig bey der Kron Schweden zu halten, und sich eines oder des andern Standes Absonderung nicht irre machen zu lassen, sondern ermahnte auch die gesamte Fürsten und Stände des Rheinischen, Fränckischen und Schwäbischen Creyses in einem freundlichen Schreiben d. d. 4. Febr. A. 1633. alles Mißtrauen, Spalt- und Trennungen zu verhüten, und sich aufs fleissigste angelegen seyn zu lassen, die Kron Schweden bey gutem Willen zu erhalten, und sich von selbiger nicht abzusondern.

Oxenstirn erfuhr zu gleicher Zeit, daß Hertzog Friedrich Ulrich zu Braunschweig einen Convent des Nieder-Sächsischen Creyses, ohne sein Vorwissen, nach Lüneburg ausgeschrieben hätte. Weil er nun vermeinte, man würde auf selbigem, nach der Veranlassung von dem Churfürsten zu Sachsen, suchen, sich von der Kron Schweden zu trennen, und seine Kriegs-Anstalten vor sich zu machen; so beschwehrte er sich darüber bey dem Hertzog, und behauptete, daß ein Creyß-Tag, ohne Zuthun der Kron Schweden, nicht hätte können angesetzt werden, als welche anjetzo das Ertz-Stifft Magdeburg inne hätte, bey welchem das Recht hafftete, die Creyß-Täge auszuschreiben. Dabey bedrohete er, solchen mit Gewalt zu verhindern, wann er nicht unterbleiben würde; dahero derselbe auch nicht vor sich gieng. Jedoch machte dieses die Schweden bey den Sachsen noch verhaster, als Leute, die selbsten die Stände an ihren zukommenden Reichs-Befugnüssen hindertten, wann sie meinten, es brächte es ihr besonder Interesse nicht anders mit sich, und doch sich für Beschützer der Reichs-Freyheit ausgäben. Absonderlich legte es der Churfürst zu Sachsen, als der Churfürst zu Brandenburg, eben des Oxenstirnischen Vortrags wegen, ihn in Dreßden besuchte, dem Oxenstirn für eine angemaste, recht dictatorische Gewalt aus, daß er aus unzeitigem Argwohn, mit der härtesten Bedrohung, den Nieder-Sächsischen Creyß-Tag gehemmet. Nicht weniger stieg es demselben sehr zu Gemüthe, daß, als er gegen Brandenburg gedachte, wie er selbsten eine allgemeine Zusammenkunfft der Protestanten für höchst nöthig hielte, und solche veranstalten wolte, Brandenburg erinnerte, daß wegen derselben Direction erstlich man mit dem Oxenstirn übereinkommen müste; dagegen er aber vorstellete, daß durch dergleichen Direction die Schweden alle willkührliche Gewalt in Kriegs- und Friedens-Handlung, nach beliebigem Eigennutz zu schalten und zu walten, an sich rissen; welches weder er, noch andere, vertragen könten. Es sey ihm auf dem Leipziger-Convent die Direction des Evangelischen Wesens

sens zugesprochen worden, die wolte er sich auch nicht entziehen lassen; welches letztere jedoch Brandenburg nicht zugestehen wolte, sondern sich gleich Würde und Ansehen bey solchen billiger massen zueignete.

Oxenstirn bekahm von allen diesem Wort-Wechsel Nachricht, und kehrete sich an des Churfürstens zu Sachsen gegen sich gefasten Widerwillen gantz und gar nichts, sondern verlegte die Zusammenkunfft der vier Obern Creyse nach Heilbronn, weil, wegen der indessen näher gerückten Bayerischen Völcker, gar unsicher nach Ulm zu kommen war, wozu er den ersten Martii A. 1633. in einem Ausschreiben d. d 8. Januarii anberaumte. Wie dasselbe an den Hertzog zu Würtemberg gelangte, so stellete der Cantzler, Löffler, demselben in pleno consilio vor, daß dieses ein so wichtiges Werck sey, dergleichen in etliche hundert Jahren nicht vorgekommen, welches auch wider die Pflichten lauffe, so man dem Kayser und dem Reiche geschwohren. Eine ausländische Potenz beschreibe die Stände zu einer Tagsatzung in solcher Materia, die expresse contra fundamenta Imperii lauffe, nemlich von einem Krieg zu handeln, der gegen den Kayser und die Reichs-Stände zu führen. Man solte erstlich von dem Oxenstirn vernehmen, was er bey Chur-Sachsen und Brandenburg ausgerichtet, und wie die Consilia daselbst gefallen. Dieses wohlgemeinte recht patriotische Bedencken ward aber nicht beobachtet. Denn es erschien der Hertzog zu Würtemberg und der Marggraf zu Baden, und viele Grafen und Herren, und die andern Stände durch dero gevollmächtigte Abgesandten und Bothschafften in ziemlicher Anzahl in Heilbronn, ingleichen fand sich auch Pfaltzgraf Carl Ludwig dabey ein.

Am achten Martii that Oxenstirn daselbst im Teutschen Hause, welches er bezogen, in der Tafel-Stuben, nach einem gemachten weitläufftigen Eingang von Rechtfertigung und glücklichen Fortgang der Schwedischen Waffen gegen den Kayser, wodurch die Evangelische Sache wieder einiger massen empor gebracht worden, den Vortrag dahin, daß weil keine allgemeine Zusammenkunfft aller Evangelischen Churfürsten und Stände habe veranstaltet werden können, so habe er doch die wegen Hintritt seines Königes aufgehobene Tagsatzung zu Ulm unverlängert wieder vor sich gehen lassen wollen, und wolte ihnen also sieben Puncte zu bedencken und zu berathschlagen vorlegen.

1) Daß die sämtliche Evangelische Churfürsten, Fürsten und Stände der versammleten vier obern Creyse zusammen sich mit einander verbünden solten, mit starckem Versprechen, nicht von einander abzutreten, biß die Wiedereinsetzung derselben, auch der Reichs-Grund-Satzungen Beobachtung erhalten worden seye, und der Kron Schweden eine gebührende Satisfaction geschehen, viel weniger sich in einige particular-Tractaten mit dem Feind einzulassen.

2) Ob

2) Ob nicht rathsam, wegen allerhand zugefügten Unrechts, den Kayser und Liga öffentlich für Feinde zu declariren, und so lange zu halten, biß der Kron Schweden und den beleidigten Ständen zulängliche Genugthuung geschehen?

3) Wie viel müsten Armeen dem Feind entgegen gestellet werden, wie hoch sie gestärcket, und woher das Volck genommen werden solte?

4) Was vor Mittel dazu vonnöthen, woher solche genommen, und welchergestalt sie solten zusammen getragen werden?

5) Wie ein rechtes Directorium zu bestellen, und sonsten gute Verfassung zu machen?

6) Daß schärffere Kriegs-Zucht gehalten, der Land-Friede wieder hergestellt, und die Handelschafft wieder gängig gemacht werde.

7) Wann man die Kron Schweden ferner dabey gebrauchen wolte, so wäre zu erwägen, wie weit sie dazu zu ziehen, und was sie sich deßwegen zu getrösten habe?

Weil die Evangelischen fast gantzer zehen Tage in der Berathschlagung über ihre Erklärung wegen dieser Puncte, unter der Direction des Pfaltzgrafens zubrachten, so war Oxenstirn so begierig dieselben den 17. Martii, an einem Sonntag, zu vernehmen, daß er auch nicht ehe zu Mittag essen wolte, dahero sie ihm auch solche, ohne sauber abgeschrieben, übergeben musten. Er war aber gar nicht zu frieden, als er sahe, daß sie nicht nach seinem Sinn eingerichtet war, und man wegen Ausbringung einer neuen Armee so sparsam gegangen, auch alles so auf Schrauben gestellet hatte. Er fieng demnach an über alle Puncte mit den Ständen mündlich zu conferiren. Er stellete ihnen vor, daß sie entweder aus rechter Befugniß, oder unrechtmässig, als Rebellen, gegen den Kayser den Krieg führeten, weil aber jenes wäre, so solten sie sich kein Bedencken machen, den Kayser für einen Feind zu declariren. Ingleichen gäbe man ihm zwar das Directorium, alleine was man ihm mit der einen Hand geben wolte, das nähme man ihm wieder mit der andern, indem man ihme Gegenschreiber und Controlleurs an die Seite setzen wolte. Endlich erbothe er sich, weil man so gar schwehr zu einem beliebigen Schluß zu bringen wäre, selbsten denselben schrifftlich zu entwerffen, und den Ständen zu ihrer Einwilligung und Verbesserung vorzulegen. Als dieses den 25. Martii geschehen war, so dauchte doch den Ständen vor besser, einen Special-Abschied von 22. Puncten aufzusetzen, darinnen es bey dem Verbündnüß mit Schweden in generalibus verblieb, und des Kaysers nicht in specie, sondern unter dem Wort des Feindes gedacht wurde. Dadurch ward aber Oxenstirn so unwillig, daß er den Ständen durch den Pfaltzgraf zuentbiethen ließ: Er wüste nicht, ob er den von ihnen aufgesetzten so betittelten Bey-Abschied in Schertz oder Ernst aufnehmen solte. Alle 22. Artickel, ohne einen oder zwey, wären so beschaffen, daß sie sich nicht practiciren liessen, sondern vielmehr das Werck über den Hauffen würffen; wenn man dieselben auch recht besähe, so könte man wohl zwey, drey, oder mehrmahl 22. ja wohl 300. daraus machen, damit sich aber nichts richten lasse. Die Stände solten sich aber nicht aufhalten, sondern nur sagen: sie begehrten sich mit der Kron Schweden weiter nicht einzulassen, daß er derselben auf einen andern Weg helffen könte. Es bekümmere ihn allein, daß er die Zeit so vergeblich zugebracht, und sich der Welt Judicio habe so lange müssen unterwerffen; die würde ihn zwar darüber auch verlachen;

solches

solches und dergleichen sey aber vor ihme Königen und grossen Printzen widerfahren, darum er es, als einer von Adel, auch könne ertragen. Weil man immer die Unmöglichkeit zur Entschuldigung gebrauchte, so sey vergebens, ferner vom Werck zu reden; man solte aber auch den Feind mit der Impossibilität schlagen.

Diese und dergleichen nachdrückliche Vorstellungen brachten endlich die Stände auf andere Gedancken, und deren Confœderation mit der Kron Schweden völlig, nach des Oxenstirns Wunsch, Sinn und Meinung zu Stande, welche den 13. April folgenden Inhalts geschlossen wurde:

1) Vereinbahrten sich die Stände der vier Creyse untereinander noch enger, und darauf sämtlich mit der Kron Schweden, getreu, fest, und einmüthiglich dahin, daß die sämtliche Confœderirte bey einander so lang treulich halten wolten, biß die Restitution der Evangelischen Stände erlangt, in Religious- und Profan-Sachen ein sicherer Frieden erhalten, auch der Kron Schweden gebührende Satisfaction geschehen sey. Anbey solten der Stände Particular-Bündnüsse mit Schweden hierinnen nicht aufgehoben, sondern vielmehro bekräfftiget seyn.

2) Weil die Kriegs-Verfassung ohne ein Haupt-Directorium nicht bestehen könte, so würde aus Respect gegen die Kron Schweden, und wegen seiner vortrefflichen Qualitäten, der Reichs-Cantzler Oxenstirn, als gevollmächtigter Schwedischer Legatus, ersuchet, dasselbe auf sich zu nehmen.

Da demselben solche Last allein zu tragen beschwehrlich, so ward 3) für gut befunden, demselben ein Consilium formatum von qualificirten Personen aus den vier Creysen mit genugsamer Instruction beyzuordnen, mit deren Gutachten der Director alle wichtige Sachen zu berathschlagen und zu schlüssen, doch daß dem Directorio in Kriegs-Sachen die endliche Resolution verbleiben solle. Zu mehrerer Erleichterung des Directorii ward auch verglichen, daß in jedem confœderirten Creyß ein Creyß-Rath anzuordnen, welcher vom besagten Directorio und dem Consilio formato dependiren solte.

4) Solte kein Confœderirter sich mit dem Gegentheil in einige Friedens-Tractaten einlassen, ohne Vorwissen des Directorii, oder widrigenfalls für einen Feind gehalten werden.

5) Solte man in den Creysen, biß zu Erlangung des Friedens, nothwendige und mit aller Zugehör wohl versehene Armeen halten, und zu deren Sustentation Cassen und Magazine aufrichten.

6) Solte das Directorium dahin sehen, daß gute Kriegs-Disciplin allenthalben gehalten würde.

7) Versprachen die Stände sämtlich, wegen des so willig geleisteten grossen Beystandes, die Kron Schweden bey der Possession deren im Reich occupirten feindlichen Lande, biß zu erhaltener gebührender Satisfaction, erhalten zu helffen.

Ferner ward auch beschlossen, daß keinem Evangelischen Stand eine Neutralität weiter solte gestattet werden; dieweil nicht billig wäre, daß etliche hinter dem Berg hielten, und des Glückes Ausgang erwarten wolten, da andere Gut und Blut für die gemeine Freyheit und Religion aufsetzten, obwohl dieselbe der Landgraf zu Hessen-Darmstadt, und der Pfaltzgraf zu Neuburg sehr suchten zu erhalten.

Dieses war nun der so berühmte Heilbronnische Bund, von welchem die Kron Schweden und Oxenstirn so viel Ehre und Gewalt im Teutschen Reiche zu haben vermeinten. Es war aber derselbe vielmehro der rechte Stein des Anstossens, und der Anfang aller Trennung unter den Protestanten, indem der Churfürst zu Sachsen dergleichen Eingriff in sein bißanhero gehabtes Directorium des Evangelischen Wesens nimmermehr vertragen konte, und sich es höchst verkleinerlich hielte, sich von einem Schwedischen Edelmann befehlen zu lassen; welcher Verdruß also den Pragischen Frieden veranlassete.

Oxenstirn setzte sich hierauf in Franckfurt, und führte mit seinem Consilio formato das erhaltene Directorium, biß dieser Herrlichkeit die Nördlinger Schlacht A. 1634. ein baldiges Ende machte.

Vermuthlich ist demnach dieser Reichsthaler damahls demselben zu Ehren, als eine Gedächtnüß-Müntze, geschlagen worden, wie denn, nach Ausweiß des Heilbronnischen Protocolls, in dem Schluß dieses Convents, bey der Dancksagung, demselben auch das Churfürstenthum Mayntz und die Chur selbst solte angetragen werden. vid. Acta publica in Londorpii T. *IV. Lib. II. c. XXVII.* Pufendorf rer. *Suec. Lib. V.* Theatr. Europ. *ad h. a.*

Der Wöchentlichen
Historischen Münz-Belustigung
19. Stück. den 9. May. 1731.

Auswurf-Müntze bey K. Sigismunds III. in Pohlen und Schweden erster Vermählung mit der Oesterreichischen Ertzhertzogin Anna, A. 1592.

1. Beschreibung derselben.

Die erste Seite zeiget zwischen der Jahrzahl 1592. zwey Palmbäume, welche ein darzwischen flüssendes Wasser zwar von einander scheidet, die aber doch mit den Aesten zusammen reichen, mit der Umschrifft: AMOR DISTANTIA IVNGIT. d. i.

Die Liebe würckt in fernen Palmen-Zweigen/
und kan/ was sonst getrennt ist/ zu sich neigen.

Auf der andern Seite sind zwey Adler, nemlich zur rechten der Teutsche Kayserl. Reichs-Adler, und zur lincken der Königl. Pohlnische, welche mit den Füssen das unten stehende Oesterreichische Wappen halten. Umher ist zu lesen: POST ANIMOS SOCIASSE IVVABIT. d. i.

Die Gemüther zu vereinen
wird hernach erfreulich scheinen.

2. Historische Erklärung.

K. Sigismund III. in Pohlen und Schweden hat unter andern auch dieses besondere, daß er sich mit zwey leiblichen Schwestern aus dem Oesterreichischen Ertz-Hause vermählet. Beede waren Ertzhertzog Carls in Steyermarck, mit der Bayerischen Prinzessin, Maria, seiner Schwester Tochter, erzeugte Töchter. Die erste hieß ANNA, gebohren zu Grätz A. 1573. den 16. Augusti, war unter ihren 15. Geschwistern die andere in der Geburts-Reihe, und die älteste von den 9. Töchtern ihrer Eltern. Es mißfiel den Pohlen anfangs gar sehr, daß, als sich K. Sigismund in dem 19. Jahr seines Alters zu heyrathen entschlosse, er seine Augen auf eine Oesterreichische Ertzhertzogin richtete. Sie hielten ihn in Verdacht, als ob er in Willens habe, wieder in sein väterliches Königreich Schweden zu gehen, und Pohlen hingegen dem Ertzhertzog Ernesto, K. Rudolfs ältern Bruder, in die Hände zu spielen, und zu dem Ende ihm seine Schwester, Annam, zu vermählen. K. Sigismunds Sinn und Meinung gieng aber vielmehr dahin, durch diese gedoppelte Vermählung die fast verloschene alte Freundschafft zwischen dem Königreich Pohlen und dem Ertzhause Oesterreich wiederum zu erneuern und zu befestigen. Viele Pohlnische Magnaten waren aber Oesterreich so gehässig, daß sie diese Verheyrathung auf alle Weise zu verhindern trachteten, und nicht nur alleine vorhatten, die Gräntzen mit starcker Mannschafft zu besetzen, und die Königliche Braut nicht ins Reich zu lassen, sondern auch gar von einer neuen Wahl eines Piastens schwatzten.

K. Sigismund ließ sich aber diesen Widerwillen, den insonderheit der Groß-Cantzler Zamoisky bezeigte, im geringsten nicht in seiner gegen die Ertzhertzogin gefasten Liebe abhalten, sondern sendete den Cardinal und Bischoff zu Vladomir, Radzivil, mit einem ansehnlichen Gefolg von andern vornehmen Herren, als Freywerber, an K. Rudolfen nach Prag ab, welche 82. Kutschen, darunter 12. mit 6. Pferden, und die übrigen mit 4. Pferden bespannet, und 280. wohlgeputzte Reit-Pferde bey sich hatten. Sie langten A. 1592. den 13. Martii in Prag an, und giengen ferner nach Wien, um von dar die Königliche Braut abzuhohlen. Ihre Ankunfft geschahe daselbst den 1. May, und als gleich darauf dieselbe nebst ihrer verwittibten Frau Mutter auch angekommen, so geschahe nach gewöhnlichen prächtigen Verlöbniß-Ceremonien, der Ausbruch von dar nach Crackau. Der Kayser hatte ihr den Bischoff zu Breßlau, und den Landgrafen zu Leuchtenberg, der Obrister Land-Hofmeister in Böhmen war, als seine Gesandten zugeordnet, die sie dem König übergeben solten.

Den 16. besagten Monats erreichten sie die Stadt Crackau, vor welcher eine halbe Meile auf einer schönen Ebne 4. Türckische Gezelte, 2. für den König, und 2. für die Königl. Braut, etwan 8. Schritt von einander, aufgeschlagen waren; darzwischen war ein mit rothen goldenen Stück oben bedeckter,

deckter, an Seiten aber offener Gang auf vier Säulen, daß man von einer Seite zu der andern bequem gehen konte. Wie der König die Nachricht von der Annäherung seiner Braut bekahm, so gieng er derselben mit 4000. Mann zu Roß, so alle in Sammet und Seiden, auch einige in goldenen Stuck gekleidet waren, und mit eben so viel Mann zu Fuß, in Teutscher braunen Kleidung, mit weissen Schnüren, biß an diese Zelte entgegen. Um den Mittag kahm die Königl. Braut mit ihrer Frau Mutter daselbst an, und ward so gleich nach dem Absteigen in die angewiesenen Gezelte geführet, um ein wenig auszuruhen, und sich zu erquicken. Als dieses geschehen, trat der König, in Begleitung des Kron-Vice-Cantzlers, und des Bischoffs von Ploczko, ingleichen der alten Königin von Pohlen, seiner Mutter Schwester, K. Stephani Bathori Wittwe, und seiner Schwester, der Königl. Schwedischen Printzessin Anna, unter besagten Gang oder Himmel, und ward ihm so gleich durch die erwehnten beeden Kayserl. Gesandten die Ertzhertzogin Braut zugeführet, wobey der Kron-Vice-Cantzler eine schöne Lateinische Empfangs-Red und Gratulation ablegte, welche der Bischoff zu Breßlau gleichmässig beantwortete. Der König empfieng auch seine Braut aufs freundlichste, und führete sie in den kostbahren Braut-Wagen, worauf der Einzug in die Stadt und in das Schloß Crackau in dieser Ordnung erfolgte:

1) Die Bürgerschafft zu Crackau, zwey tausend Mann starck, unter acht Fahnen getheilt, alle in violet-blauen Röcklein, mit fliegenden Fahnen, Trummeln und Pfeiffen. Sie ward von vier hundert Heyducken, unter zwey Fahnen in gleicher Staffirung, und mit einer Türckischen Music begleitet. Diese alle wurden von dem Kron-Unter-Marschall aufgeführet, und auf den Strassen und Gassen durch die Vorstadt, und Stadt biß in das Schloß zu beyden Seiten abgetheilet und gestellet, um zu verhüten, daß der Einzug wegen des Zulaufs einer unzehlichen Menge Zuschauer, durch einige Unordnung und Antringen nicht verhindert würde.

2) Der reisige Zug, und zwar erstlich eine Rotte mit blauen Röcklein, und weissen Hütlein mit schönen Kranich-Federn geschmückt; dem folgeten zwey hundert Cosacken in grünen Röcken, mit kurtzen und langen Feuer-Röhren bewehret, und mit einer blauen Fahnen, in welcher ein rothes Creutz. Nach diesen eine Rotte in rothen Röcklein, mit langen Rohren in den Händen, und einer Türckischen Music. Dieser folgeten die Speer-Reuter, mit kleinen Fähnlein oben an den Speeren, und auch einer Türckischen Music. Nach denen kam ein anderer Hauffen dergleichen Speer-Reuter, mit Flitschen an den Pferden, und Trompeten und Paucken. Diesen folgete eine andere Rotte mit sehr langen Speeren, und schönen Türckischen Feder-Büschen. Dann kahm eine Rotte in gantzen silbern Stück gekleidet, welcher

man schöne geschmückte Pferde nachführete. Ferner eine Rotte in rothen Sammet gekleidet, mit Kranich-Federn geziert, die Trompeten und Paucken führete. Dann eine andere Rotte mit schönen Rohren. Wiederum eine andere Rotte in schwartzen Sammet gekleidet, der mit silbern Sternen besetzt war. Noch eine andere Rotte in rothen Kleidern, welche theils mit Rohren, theils mit Bogen und Pfeilen, versehen war, deren Köcher mit silbern Zindel bezogen.

3) Nach solchen ritte einer in einem gantz goldenen Pantzer, welchem ein kostbar geschmücktes Pferd, und Trompeter und Paucker auf zwey Cameelen nachfolgeten; ingleichen sechs auserlesene ledige und über die massen schön geputzte Pferde, welche in rothen und mit silbern Schnüren bebrämten Sammet gekleidete Laquayen führeten.

4) Vier hundert Teutsche Reuter mit rothen Feld-Zeichen und Trompeten und Paucken.

5) Ein Zug Pohlen, theils in grünen und blauen silbern Stück, theils in rothen Sammet, gekleidet, mit weiten Ermeln von den zärtesten weissen Hembdern, die vorne mit Gold ausgemachet.

6) Eine Rotte Reuter die theils Luchs-Häute, theils Türckische Teppiche, und Schwanen auf den Häuptern hatten, und Speere und goldene und silberne Fahnen führeten.

7) Noch eine solche theils in rothen Sammet, theils in goldenen Stücken, und sehr schönen Kranichs-Federn.

8) Vornehme Teutsche und Pohlnische Herren, bey welchen die Polacken den Teutschen zur lincken Seite ritten.

9) Ein in rothen Sammet gekleideter Polack, der die auf diese Vermählung geprägte Gedächtnüß-Müntze in Gold und Silber unter das Volck warff.

10) Der König in Italiänischer Kleidung auf einem vortrefflichen, und schön geschmückten Roße, mit hundert Trabanten, die alle Kleider von rothen Sammet mit gelb damastenen Ermeln hatten, wie auch gelbe Strümpffe und Federn, und mit zwölf Laquayen in rothen Sammet mit silbernen Posamenten versetzt.

11) Die Königl. Braut und ihre Frau Mutter, in einem vergoldten und mit rosinfarben Sammet überzogenen Wagen, daran das Eisenwerck alles vergoldet, und der Himmel mit goldenen Rosen besäet, der 4000. Reichsthaler gekostet, welchen acht schöne Türckische Castanien-braune Pferde zogen, deren Geschirr mit rothen Sammet überzogen, und mit starck vergoldten Buckeln beschlagen.

12) Der Königl. Braut eigener starck vergoldter Wagen mit sechs Pferden, gantz leer.

13) Die alte Königin, und des Königs Schwester in einem gleich kostbahren Wagen.

14) Noch viertzig andere Wägen theils mit Frauenzimmer, theils mit andern vornehmen Hochzeit-Gästen.

Es waren drey schöne Ehren-Pforten aufgerichtet, die erste vor der Vorstadt, mit dieser Aufschrifft:

Serenissimæ Principi Annæ Austriacæ,
Reginæ Poloniæ, divinis auspiciis
urbem ingredienti S. P. Q. C.
subjectionis & observantiæ ergo
posuit.

Darunter stunden diese Verse:

Ingredere o felix hæc regna & mœnia Crachi,
Illustre Austriaci germinis, *ANNA*, genus.
Felix, quæ pacem populis & fœdera firma,
Gentibus apportas, dulcis amicitia.
Euge, *SIGISMUNDO* victori Gratia nubit,
Montibus in celsis edita Pannoniæ.
Quid? nisi chara salus nobis & copia rerum
Speranda est stirpis dignæ propago suæ?

Auf dem Marckt war die andere Ehren-Pforte, mit diesen Aufschrifften auf der ersten Seite:

Zur Rechten.

Divam, non hominem, referens lectissima Virgo,
Sis felix, fausto hæc limina tange pede.

In der Mitten.

Progredere Austriacas inter pulcherrima Nymphas,
Delitiæ sponsi virgo futura tui.

Zur Lincken.

Expectata venis regali sede thronoque
Digna hominum pridem iudicioque Dei.

Auf der andern Seite waren folgende zu lesen:

Zur Rechten.

Quam visi fuerant anni exhaurire trecenti
Hæc iterum surget destina sorte Domus.

In der Mitten/ unter dem Jagellonischen oder Litthauischen Reuter.

Surget & has iterum placide moderabitur oras
Imperiumque ultra proferet oceanum.

Zur Lincken.

Huic superi haud rerum metas, haud tempora, ponent,
Sarmatica æternum regna Jagello regat.

Nach diesem prächtigen Einzug war den 17. May Ruhe-Tag. Den 18. ward das Frohnleichnams-Fest gewöhnlicher massen in Königlicher Gegenwart begangen. Der 19. und 20. ward mit grosser Zurüstung zum Königl. Beylager zugebracht, und der Tartarischen Bottschafft Audienz gegeben. Den 21. ward die Vermählung in der Schloß-Kirchen zu Cracau folgender massen vollzogen. Der König ward im Königlichen Schmuck mit der Krone auf dem Haupte, den Scepter in der rechten, und den Reichs-Apffel in der lincken Hand haltend, von dem Cardinal Radzivil, und dem Bischof von Cracau dahin geführet. Vor dem König gieng der Marschall mit dem blossen Schwerd. Die Königliche Braut hielte in zurückfliegenden Haaren, auf welchen ein schönes Kräntzlein gehefftet war, und in einem gantz weissen und reich mit Perlen gestickten Kleide, zwischen dem Bischof zu Breßlau, und dem Landgrafen zu Leuchtenberg ihren Kirchgang. Nach der Messe laß der Bischof zu Cracau die Päbstliche Bestätigung dieser Heyrath ab, und gab darauf die Königl. Personen zusammen. Ferner wurde die neue Königin so gleich auch gekrönet; beede neue Eheleute empfiengen zuletzt das heilige Sacrament, worauf der König einen von Adel zum Ritter schlug. Dieses alles geschahe unter starcker Music, und Loßbrennung des grossen und kleinen Geschützes. Die Königin wurde mit der Königl. Krone auf dem Haupte aus der Kirche geführet, und ihr der Scepter und der Reichs-Apffel vorgetragen. Bald darauf gieng man zur Tafel. An der Königl. Tafel saß das Königl. Braut-Paar, der Cardinal Radzivil, der Bischof zu Cracau, und der Bischof zu Breßlau an des Königes Seiten; dann die alte Königin, der Braut Mutter, die Schwedische Printzessin, der Landgraf zu Leuchtenberg, und seine Gemahlin an der Königin Seite. Zur rechten Seiten dieser Tafel stand eine andere, an welcher die Churfürstlichen und Fürstlichen Abgesandten, nebst etlichen Pohlnischen Bischöffen und Herren speiseten. Den ersten Tag ward der Hertzogl. Bayerische Gesandte, weil sein Principal des Hauses Oesterreich nächster Bluts-Freund, an den obersten Platz gesetzet, als aber der Chur-Pfältzische Gesandte dagegen protestirte, so ward es nachmahls geändert, und behielte dieser allenthalben den ersten Sitz und Stand nach dem Kayserlichen Gesandten.

Den 22. May ward nach der Tafel ein Tantz gehalten, und auf den Abend ein Feuerwerck geworffen, worauf das Beylager erfolgte.

Den 23. überreichte man der jungen Königin noch vor Essens mit Lateinischen Orationibus folgende Hochzeit-Geschencke:

1) Wegen des Königes, zwo schöne Halsbänder mit köstlichen Kleinodien, ein Crystallen Thrülein, worinnen eine Schnur sehr grosser Perlen und andere Kleinodien.

2) Wegen des Kaysers, ein Halsband und Kleinod.

3) Von der alten Königin, ein Halsband, Kleinod, und perlinne Schnur.

4) Von der Schwedischen Printzessin, ein Halsband und Kleinod.

5) Wegen des Churfürstens von der Pfaltz, ein Halsband und Kleinod daran das Bildnüß der Treue mit 29. Diamanten zierlich versetzt.

6) Wegen des Churfürstens zu Sachsen, ein Halsband und Kleinod.

7) Wegen des Hertzogs in Bayern, ein schöner Becher mit getriebener und geschmeltzter Arbeit, auf 3000. Cronen schwer pur Gold.

8) Wegen des Marggrafens zu Brandenburg und Hertzogs in Preussen, ein Halsband und Kleinod, und wegen des Preussischen Lehns besonders, eine Ketten mit Edelgesteinen.

9) Wes

9) Wegen des Ertzbischofs zu Gnesen, zwey vergüldte Dopplet.
10) Der Bischof zu Breßlau, zween Becher mit Deckeln.
11) Der Bischof zu Culm, einen Becher mit einem Deckel.
12) Ein anderer Bischof, einen vergoldeten Becher.
13) Der Woywode Lambsintzki, ein Kleinod von Edelgestein und Perlen.
14) Der Woywode von Brzest, einen vergoldten Hirsch mit Corallinen Gewicht.
15) Der Woywode von Kiov, acht doppelte goldene Köpff.
16) Der Woywode von Posen, zwey übergüldete Dopplet.
17) Ein anderer Woywode, einen Becher mit einem Deckel.
18) Der Graf von Lenschin, einen Pelican mit Steinen an einer Ketten.
19) Der Cron-Vice-Cantzler, einen schönen Becher.
20) Der Litthauische Vice-Cantzler, ein Dopplet.
21) Die Stadt Crackau, acht schöne verguldete doppelte Köpff.
22) Die Stadt Posen, ein verguldtes Gieß-Becken und Kanne.
23) Die Stadt Lemberg, einen vergüldeten doppelten Kopff.
24) Die drey Preußische Städte, Dantzig, Elbing und Thoren, ein Halsband und Kleinod, einen grossen Becher mit einem Deckel, darinnen hundert goldene Pfenning, jeder von zehen Ducaten, ein übergüldt Dopplet, zween grosse vergüldte Becher in einem drey hundert Goldgülden, und ein silbern zum Theil vergüldt Handbecken und Kanne.
25) Die Stadt Riga in Liefland, zween vergüldte Becher mit Deckeln, in einem 100. Goldgülden.
26) Die Jüden zu Crackau, zween Becher mit Deckeln, samt einem Gießbecken und Kanne.

Nach diesen angenommenen Geschencken giengen alle frölich zur Tafel, und nach derselben zum Tantz.

Den 25. May ward ein gantz besonders angestellter Tantz auf einem hierzu schön zubereiteten und herrlich ausgeputzten Saal von 100. Schritten in die Länge und 42. in der Breite gehalten. Oben war derselbe auf 25. Schritt um zwo Stuffen erhöhet, und mit rothem Tuch bedeckt, auf welcher Erhöhung zu Ende, die junge Königin nebst ihrer Frau Mutter, und des Königes Schwester, auf mit goldenen Stück belegten Stühlen sassen. Neben ihnen die Seite herab zur rechten waren auch den Chur- und Fürstl. Gesandten ihre Sitze angewiesen. Die Wände des Saals waren mit bundfärbigen Taffent behänget, und der Himmel mit blauen Schetter überzogen, und durchaus mit goldnen Sternen besetzet. Die Länge herab hiengen vier Zeilen Leuchter, und zwar in jeder Zeile 25. Leuchter, ein jeder mit 8. Lichtern bestecket. Ferner waren auf den Seiten 20. Engel angemachet, und mit Gold, Silber und seidenen Gewand ausgeschmücket, deren ein jeder eine weiße wächserne Fackel in beeden Händen hielte. Die so viele angezündete Lichter machten die Sterne an dem Himmel auch schimmern, daß der Saal allenthalben voller hellen Glantz und ungemein schön anzusehen war. Auf der einen Seite des Saals war eine Bühne aufgerichtet und mit rothem Tuch überzogen, auf welcher bey 1000. Zuschauer stunden und saßen.

Als nun jederman an seinem Platz sich befande, und der Saal gantz frey und leer war, da that sich unter einer starcken Music der Venus-Berg hervor, auf welchem ein Thurm von 5. Stockwercken stand, in welchem viele Lichter branten. Der Berg gieng biß mitten in den Saal, und wendete sich etlichemahl herum. Wie er wieder stille stand, öffnete sich die Pforte des Thurms, und giengen einige welsche Comödianten heraus, so allerhand kurtzweilige Reden wechselten, und dadurch grosses Gelächter verursachten. Als diese wieder hinein gegangen waren, kahm ein Ritter heraus, in einer Kleidung von güldenem Stück, und hatte einen Scepter in der Hand. Dieser foderte

etliche

etliche Diener heraus, da dann erstlich 60. Schweitzer mit Hellepartem, zum andern 10. Mohren mit brennenden Fackeln, drittens 8. singende Knaben in weissen Kleidern, vierdtens 4. in goldnen Stück gekleidete Ritter heraus kahmen, welche etliche Instrumental-Musicos mit sich brachten, und darauf auf Welsche Manier Galliarden Curranten und dergleichen vor der Königin tantzten. Hierauf foderte der erste Ritter noch mehr Diener heraus, da dann wieder 12. Mohren mit brennenden Fackeln, und 8. schön geputzte Jungfrauen hervor kahmen, welche auch gantz zierlich tantzeten, und zwar erstlich alleine, hernach mit den vorigen Rittern. Endlich foderte der Ritter mit dem Scepter die Königin zum Tantz auf, und tantzte allein mit derselben, und nachdem ein anderer Ritter mit der Schwedischen Printzessin, worauf auch das andere Frauenzimmer tantzte, daß mit dieser Lustbarkeit biß Morgens um 3. Uhr zugebracht wurde. Nach vollendeten Tantze zogen alle Personen, die heraus gekommen, in ihrer Ordnung wieder in den Thurm, der denn mit dem Venus-Berg wieder hingieng, wo er hergekommen war.

Den 27. ward auf dem Abend zu Hof ein Fuß-Thurnier mit folgenden Aufzügen gehalten:

1) Ein Wagen auf welchem die Gerechtigkeit und andere Tugenden sassen, und hatte die Tapfferkeit einen grossen lebendigen Löwen vor sich auf dem Wagen stehen.

2) Ein Felsen, auf welchen ein springender Brunn, darinnen drey Sirenen schwammen, und lieblich sungen.

3) Zwey Männer, die auf Delphinen ritten.

4) Neptunus auf einer grossen Muschel um und um mit Wellen bedecket, die sich nachmahls zertheilten; da er die Königin anredete, und ihr Glück wünschete.

5) Ein Mann auf einer Schild-Kröte reitend.

6) Ein grosser Berg mit Felsen und Bäumen.

Dieser Aufzug geschahe auch in dem obbemeldten Tantz-Saal, in dessen Mitte ein hölzerner Blancke aufgerichtet war, darüber die Ritter mit einander zu streiten hatten, welche der König und ein Schwedischer Graf zu beeden Seiten mit Schwerdtern und Spiesen anführten. Nach geendigtem Thurnier flohe ein Feuer-speyender Drache auf die Blancken, und zündete dieselbe an, welche auch mit Schwärmern und andern Lust-Feuern angefüllet waren, womit sich auch diese Kurtzweil endigte.

Den 28 ward ein Thurnier zu Pferd auf dem Marckt zu Crackau angestellet, dabey diese Schau-Gerüste erschienen.

1) Atlas und Hercules, welche eine grosse Welt-Kugel auf den Händen trugen.

2) Eine Brigantine oder Raub-Schiff voller Türcken, welchen zwo Cameele mit Mohren folgeten, auf jeden Cameel saßen zwo Männer, deren zwo einen Knaben auf den Achseln stehen hatten, der die eine Hand in die Seiten setzte, und in der andern ein schön güldenes Trinck-Geschirr hielte.

3) Ein Haußmann mit Ochsen und Pflug und aller Feld-Geräthschafft.

4) Ein grosses Schiff mit Segeln, worauf Trummelschläger, Pfeiffer und Soldaten sassen.

5) Der Altar der Eintracht, darauf etliche Tauben waren. Derselbe war von lauter Feuerwerck gemacht.

6) Ein Wagen, welchen ein siebenköpffigter Lindwurm zog. Vorher gieng ein Löwe, welchen wilde Männer begleiteten. Denselben folgte eine Music auf einem von Auer-Ochsen mit versilberten Hörnern gezogenen Wagen.

7) Ein Wagen von vier Einhörnern gezogen, darauf etliche Nymphen sassen; ihm folgete ein lediges geflügeltes Pferd.

8) Ein von drey geflügelten und Feuer-speyenden Drachen gezogener Wagen, der hinten und vornen auch dergleichen Drachen-Köpffe hatte. Die Räder waren auch von lauter Feuerwerck gemachet. Auf selbigen stunden vornen drey Göttinnen, so die Drachen mit Zäumen regierten. Mitten im Wagen war die Fama, die in die Trompete bließ; hinden saß ein König.

9) Ein grosser Berg von lauter Feuerwerck zugerichtet, darinnen eine schöne Music.

10) Eine Galeere mit Mast-Bäumen und Rudern, an welchen 14. gefangene Türcken sassen.

Auf dem Platz wurde von dreyen Partheyen scharff gerennet, darauf fiengen sie an Copyen zu brechen, biß die Nacht einbrach, und allen hochzeitlichen Freudens-Bezeugungen ein Ende machte.

K. Sigismund zeugete mit dieser seiner Gemahlin 3. Söhne und 2. Töchter, darunter Vladislaus IV. der bey seinem Leben 1610. zum Czaar von Rußland, und nach seinem Tod 1632. zum König in Pohlen erwehlet ward. Es überfiel aber dieselbe den 31. Jan. 1598. ein hefftiges Hertzklopffen und Fieber, daran sie ihren Geist folgenden Tags Nachmittag um 1. Uhr aufgeben muste. Sie war eben hoch schwanger, dahero man sie nach ihrem Tod so gleich öffnete, und die noch lebendige Frucht von ihr nahm, welche ein Printz war, und so gleich auch mit dem Nahmen Christoph getauffet wurde, der aber in einer Stunde darauf verschied. Der König vermählte sich darauf nach Päbstl. Dispensation mit ihrer andern Schwester, Constantia, von welcher er 7. Kinder bekommen, darunter war der unglückl. König Johann Casimir. vid. Piasecius ad h. a. Kevenhüller in annal. Ferd. Tom. III. ad a. 1592. S P. I. der Portraits p. 120. Heberer Itinerar. Lib. IV. c. 5--9.

Der Wöchentlichen
Historischen Müntz-Belustigung
20. Stück den 16. May 1731.

Ein OSELLO des so berühmten DOGE zu Venedig, FRANCISCI MOROSINI, von A. 1690.

1. Beschreibung deßelben.

Die erste Seite stellet den sitzenden heiligen Evangelisten Marcum vor, welcher als der vornehmste Schutz-Heilige der Republic Venedig dem vor ihm knienden Hertzog eine Standarte, auf welcher ein geflügelter Löwe zu sehen, übergiebt. Umher ist zu lesen: S.anctus. M.arcus. V.enetus. FRAN.cisco. MAVROCE.no. D.uci. d. i. Der heilige Marcus zu Venedig dem *Francisco Morosini*, Hertzogen. Im Abschnitt stehen die zwey Anfangs-Buchstaben von dem Müntzmeister P. P.

Auf der andern Seite ist der geweihte Hut, und das geweihte Schwerd zu sehen, welches dem tapffern Morosini der Pabst A. 1689. zugesendet, mit der Umschrifft: NON ALIA FRVITVR VICTORIA LAVDE. d. i.

Gar kein andrer Ehren-Ruhm
Ist des Sieges Eigenthum.

Im Abschnitt ist zu lesen: ANNO III. d. i. im dritten Jahre, nemlich der Regierung dieses Hertzogs.

2. Historische Erklärung.

Es waren die Hertzoge zu Venedig sonsten gewohnt gewesen, alljährlich am Neuen-Jahrs-Tage allen in den grossen Rath kommenden Edelleuten eini-

einiges zahmes und wildes Geflügel austheilen zu lassen; dieweil aber solches öffters in solcher Menge, oder zum wenigsten doch nicht bey so grosser Anzahl von gleicher Güte, nicht konte zusammen gebracht werden, so ward unter der Regierung des Hertzogs, Antonii Grimani, A. 1522. den 13. May in dem grossen Rath beschlossen, daß an statt dieses Victualien-Geschenckes hinführo der Hertzog einen alljährlich neu geprägten silbernen Schau-Pfenning austheilen solte, welcher dahero auch OSELLO genant wurde, und von der Zeit an ist üblich gewesen. Es lassen die Oselle die Proveditori alle Ragioni vecchie schlagen, jedoch auf Unkosten des Hertzogs. Ein Osello ist an Venetianischer Währung 3. Lire und 15. Soldi, welches bey einem halben Thaler oder 45. Kreutzer nach unserm Gelde, ohngefähr beträget.

FRANCISCVS MOROSINI, dessen Nahmen dieser Osello führet, hatte zum Vater Petrum Morosini, Procuratorem S. Marci, und das Licht dieser Welt erblicket A. 1618. Er bezeigte von seiner ersten Jugend an grosse Lust zum Seewesen, und begab sich zeitlich nach Griechenland, woselbst er von der untersten Staffel anfieng auf den Galeeren zu dienen. A. 1638. in dem zwantzigsten Jahr seines Alters schlug er sich mit einem Türckischen Corsaren so tapffer herum, daß der General Capelli von ihm öffentlich urtheilte: Er würde einmahl ein grosser See-Held werden. Er zeigte auch sonsten bey andern Gelegenheiten seine Geschicklichkeit und Tapfferkeit so sehr, daß ihn die Republic von einer Ehren-Stelle zu der andern, unter ihren See-Officirern, beförderte. A. 1651. war er schon Capitain der Galleazzen, und halff den 7. Jun. zwischen der Insel Pario und Nixia, unter dem Generalissimo der Venetianischen See-Armada, Aloysio Mocenigo, gegen die Türckische Flotte von 70. Galleen, 8. Maonen, und 40. grossen Schiffen den herrlichen Sieg besechten, in welchem 4. der grösten Türckischen Schiffe zu Grunde gerichtet, und 16. gefangen genommen wurden, auf welchen 3500. Mann und 230. Metallene Stück sich befanden. Mocenigo ward zwar gleich anfangs erschossen, Morosini aber rettete nicht nur dessen Galleazze, sondern ließ sich auch besonders mit dem Renegaten Mustapha, der ein Schiff von 64. Stücken und von 500. auserlesener Soldaten commandirte, in ein besonders hartnäckiges Gefechte ein. Es hieß derselbe vorhero Nicolo Natalino aus Friaul, und war ein See-Capitain unter den Venetianern gewesen, war aber aus dem Hafen Suda mit einem Schiff voller Ammunition zu den Türcken übergegangen, hatte den Christlichen Glauben verläugnet, und die Türcken in der Kunst grosse Schiffe zu bauen besser unterrichtet. Dahero trieb ihn sein böses Gewissen zu einer verzweiffelten Gegenwehr an; der tapffere Morosini bemächtigte sich aber doch endlich seines Schiffes und seiner Person lebendig, welches absonderlich dem Senat sehr erfreulich zu vernehmen

nehmen war, weil dieser Mammelucke sonsten den Christen würde noch grossen Schaden zugefüget haben.

Es würde allzu weitläufftig fallen, wann ich anführen wolte, wie sich nachdem Morosini in den Diensten seiner Republic zur See vortrefflich erwiesen, welches alleine nur daraus abzunehmen, daß er von dem sechzehenden Jahr seines Alters an sich beständig auf den Galeeren befunden, und keinen Fuß eher wieder in seine Vater-Stadt gesetzet, als biß er solches mit den grösten Ehren thun konte; dahero will ich nur kürtzlich erzehlen, was er als Capitain-General verrichtet. Er gelangte zu dieser Würde das erstemahl A. 1657. und machte man an eben dem Tage, da die Wahl-Stimmen vor ihn ausfielen, seinen Vater zum Procurator S. Marci. Er befand sich dazumahl in Candia, und suchte selbiges Jahr den Türcken etliche Inseln wegzunehmen, es überfiel ihn aber bey der Insel Scarpanto ein so grosser See-Sturm, daß drey Galeeren und eine Galeazze zerscheiterten. Die übrigen Schiffe brachte er bey Stampalia wieder zusammen, und schiffete dann nach Cerigo, wo ihn 12. Päbstliche und 10. andere von den Cardinälen, und andern vornehmen Römischen Häusern verstärckten. Er hatte hierauf einen Anschlag Canea zu überrumpeln, weil die Türckische Besatzung darinnen gar schwach war, und ihm die mißvergnügten Einwohner alle hülffliche Hand versprachen; weil aber die beeden Generale, Franciscus de Villa nova, und Jacob Gremonville, sich um das Commando bey dem Anfall zu Lande zanckten, so ward dieses Vorhaben den Türcken noch in Zeiten entdecket. Er suchte nachdem den Capitain-Bassa im Archipelago allenthalben auf, konte ihn aber doch niemahls zu einer rechten See-Schlacht bringen.

A. 1660. war der Republic vornehmstes Absehen dahin gerichtet, weil die Türcken in Ungarn und Siebenbürgen sich gar sehr beschäfftigten, die Insel Candia wiederum von denselben zu reinigen; man wolte dahero Canea angreiffen, und Morosini durchstrich zu dem Ende unaufhörlich den Archipelagum, damit keine Zufuhr in diese Vestung geschehen möchte. Man war aber theils zu schwach dazu, theils brauchte man auch das frische Volck noch nöthiger in dem schon angefochtenen Candia, weil die Besatzung darinnen durch Kranckheiten sehr hatte abgenommen. Dieweil aber die Türcken wegen der besorglichen Belagerung von Canea 4000. Mann aus Neu-Candia eiligst hatten dahin abgehen lassen, so ließ Morosini einen starcken Ausfall auf Neu-Candia thun, der auch anfangs so glücklich sich anließ, daß die darinnen befindliche Türcken gäntzlich verjaget wurden; wie sich aber die Soldaten allzu zeitlich aufs Beutmachen begaben, und sich nur 30. Türckische Reuter wieder von weitem blicken liessen, so meinten die Beutmacher, die gantze Türckische Armee käme gegen sie angezogen, und liefen aus Furcht und

Schrecken in der grösten Unordnung wieder auf die Vestung loß, darüber aber von dem nacheilenden Feind 1300. niedergehauen wurden, und 109. sonsten in der Flucht ums Leben kahmen. Die Frantzösischen Hülffs-Völcker hatten dabey den grösten Verlust erlitten, dahero klagten sie den Antonium Barbarum, einen Venetianischen Capitain, an, daß unter ihm sich das Plündern angefangen habe. Als ihn Morosini deswegen zur Rechenschafft forderte, so wolte er vor ihm nicht stehen, sondern machte sich heimlich nach Venedig, und wuste sich so zu rechtfertigen, daß er von aller Schuld und Strafe freygesprochen wurde. Nun hätte ihn Morosini selbsten lassen durchwischen, wann er sich ihm nur zur Verantwortung gestellet hätte; alleine da Barbaro sein Ober-Commando so verschmähet hatte, so verdroß ihn dieses so sehr, daß er noch selbiges Jahr seine Ablösung von dem Senat begehrte, unter dem Vorwand, wie durch 23jährige See-Dienste seine Gesundheit gar sehr abgenommen hätte, und dahero auch dieselbe erhielte.

Als er demnach A. 1661. wieder heimgekommen, so war zwar anfangs ein grosser Zulauf, um seine Person kennen zu lernen, von welcher man bißhero so viele Helden-Thaten gehöret; es fanden sich aber bald etliche Neider und Feinde, welche ihn wegen übler Verwaltung seines Regiments anklagten, und den Senat bewogen, daß er durch den nach Candia abgeschickten Stephanum Magnum eine scharffe Nachfrage deßwegen anstellen ließ. Man fand aber alle Beschuldigungen falsch, und seine Ankläger bestanden in Schimpff und Schanden. Er bekahm hierauf A. 1662. das Commando über die Armee in Dalmatien, die aber nur das Land bedecken, dem Feind daselbst aber nicht zu Leibe gehen durffte. Wie es nachdem mit der Vestung Candia immer je mehr und mehr auf die Neige kahm, und die Türcken ihr hefftiger zusetzten, so ließ sich Morosini bewegen A. 1667. zum andernmahl Capitain-General über die Flotte zu werden, und erneuerte dadurch des Vaterlandes gute Hoffnung, wegen Erhaltung dieser Haupt-Vormauer der Christenheit. Als er nach Candia kahm, wolte Antonius Barbaro haben, er solte sich in den Archipelagum begeben, und mit einem Theil seiner Flotte die Türckischen mit Volck, Ammunition und Getreyde beladenen Schiffe von Canea und Candia abzuhalten suchen, mit dem andern Theil aber der Flotte die Türcken anderwärts angreiffen, damit sie nicht alle ihre Macht nach Candia überschiffen mögten. Der General de Villa nova hingegen verlangte, er solte als Generalissimus in Candia bleiben, und sich mit der Flotte nicht weit entfernen, als durch welche die beste Hülffe denen Belägerten geschehen könte. Er erwehlte demnach die Mittel-Strasse, und ließ die Helffte von der Flotte vor Candia, mit der andern begab er sich in die See, und that den Türcken auf allerhand Weise sehr vielen Schaden. Absonderlich machte er sich den 7.

Mart.

Mart. 1668. an den Türckischen Corsaren Durazzo, der 12. Galeeren commandirte, bey S. Pelagia auf der Küste von Candia, mit 20. Galeeren, der drey gantzer Stunden lang sich hefftig wehrete, aber durch diese Kriegs-List endlich überwunden ward. Es ließ nemlich Morosini jeglichem Soldaten auf seiner Galeere bey einbrechender Nacht eine brennende Fackel in die Hand nehmen, und auf das geschwindeste auf die feindliche Haupt-Galeere zurudern, worüber die Türcken in solchen Schrecken geriethen, daß die Venetianer solche leicht ersteigen konten. Morosini eroberte damahls fünf feindliche Galeeren, bekahm auf selbigen 400. Türcken gefangen, und erlösete 1200. Christen aus der Sclaverey, dahero ihn der Rath zum Ritter von S. Marco machte. Es befand sich demnach Morosini bald auf der Flotte, um die Türcken aufzusuchen, bald in Candia, um zur Gegenwehr alle Anstalt zu machen. Der Groß-Vezier erkante auch wohl, daß dieser Held eintzig und allein ihn an der Eroberung dieser Vestung hinderte, dahero bot er ihm die gantze Wallachey und Moldau, vor ihn und seine Nachkommen, nebst einer grossen Summa Goldes, an, wenn er dieselbe übergeben würde. Morosini schlug aber alles dieses großmüthig aus, und ließ ihm zur Antwort wissen: Wann es ihm verdrüßlich würde, Candia so lange vergeblich zu belagern, so solte er sich zu einem billigen Frieden verstehen; verlangte er aber doch Herr davon zu werden, so solte er es durch Tapfferkeit, und nicht durch Verrätherey, weiter versuchen.

Die gantze Beschreibung von der Belagerung Candia in dem letzten Jahre giebt auf allen Blättern dem Morosini das Zeugnüß, daß er alles mögliche gethan, um diese Vestung zu erhalten; er muste aber doch endlich der weit grössern feindlichen Gewalt weichen, zumahl nachdem die neue Frantzösische Hülffs-Völcker von 8000. Mann, unter dem hitzigen Ducs de Noailles und de Beaufort, den 20. Jul. 1669. in einem Ausfall sehr unglücklich gewesen waren. Morosini hatte denselben getreulich widerrathen, dieweil die Frantzosen noch nicht wüsten, wie mit den Türcken zu fechten, und sie auch der Gegend, wo sie dieselben anzugreiffen gedachten, noch nicht kundig waren. Das Frantzösische hitzige Geblüte muste aber vertoben, worauf die übrigen, ohne weiter was rühmliches vorzunehmen, wieder heimschiffeten; dergleichen auch Rospigliosi mit den Päbstlichen Trouppen that. Wie demnach die Türcken Meister von allen Befestigungs-Wercken waren, und allbereit auch ein grosses Stücke von der Stadt-Mauer niedergeschossen hatten, so muste endlich Morosini denselben mehr einen Stein-Hauffen, als eine Stadt, den 6. Sept. überliefern. Wie in dem Kriegs-Rath wegen der Ubergabe berathschlaget wurde, gieng zwar des Grimaldi Meinung dahin, man solte alles, was man könte, zu Schiffe bringen, und dann die noch übrige

Stadt anzünden; alleine die kurtze Zeit liesse dergleichen nicht so geschwind bewerckstelligen, man konte auch unmöglich alles so fortbringen; über dieses konte man Wind und Wellen nicht so in der Gewalt haben, wie man wünschete. Anfangs verlangte Morosini von dem Groß-Vezier, der Sultan solte der Republic eine andere Vestung vor Candia abtreten. Dieser aber begehrte dagegen: Die Venetianer solten nicht nur die Vestung, sondern auch alle andere noch besitzende feste Oerter in der Insel räumen, alles in Dalmatien und Albanien eroberte wieder abtreten, alle Belagerungs-Unkosten tragen, jährlich 12000. Ducaten Tribut geben, und mit dem ersten Gesandten 300tausend Realen nach Constantinopel senden. Wie alles so mißlich zu einem billigen Vergleich aussahe, so ließ Morosini noch 3. glückliche Minen sprengen, welche denn den Groß-Vezier zu andern Gedancken brachten.

Es hatte zwar die Republic den Morosini wegen seiner so tapffern Vertheidigung von Candia abwesend zum Procurator S. Marci, über die gewöhnliche Zahl derselben, ernennet; als er aber A. 1670. nach Hause gekommen war, so klagte ihn Antonius Corraro öffentlich mit der grösten Hefftigkeit an, daß er Candia ohne besondere Einwilligung des Senats den Türcken übergeben habe. Er habe also eher das Leben verwürcket, als daß man ihn einer neuen ausserordentlichen Ehre solte fähig achten. Er nante den mit den Türcken gemachten Frieden, Pace monstruosa, conclusa senza autorita, sendita con amarezza; Pace senza cantar il Te Deum. Der König in Franckreich habe den Noailles mit der grösten Ungnade angesehen, daß er sich bey Candia so schlecht gehalten, und den Morosini wolte man noch belohnen, daß er diese Vestung in die Hände des Groß-Veziers, ohne Vorwissen des Senats, überliefert. Man solte nur recht Nachfrage halten, so würde man schon erfahren, wie Morosini sein Commando verwaltet hätte, wie er mit den zu dem Candianischen Krieg bestimmten Geldern umgegangen wäre, und was er vielleicht für Geschencke von dem Groß-Vezier bekommen hätte. Wann auch dieses nicht wäre, so wäre ihm doch nicht frey gestanden, sich einer rechten ungebundenen Königl. Gewalt bey der Ubergabe von Candia anzumassen. Weil nun viele gerne sahen, daß ein so angesehner Mann, als Morosini, etwas gedemüthiget, und angehalten würde, von seinem Thun und Lassen Rede und Antwort zu geben, so machte man noch dazu den Corraro zum Avogador, dahero derselbe, wegen seines Amtes, noch schärffer an den Morosini setzte, und auf alle Weise es dahin zu bringen suchte, daß er die Procuratori-Würde nicht behalten möchte.

Es nahm sich aber der Nobile Johannes Sagredo des Morosini nachdrücklich an, und sagte: Man solte erstlich denselben überweisen, daß er unrecht gethan, ehe man ihn der schon vor vier Monath ertheilten Würde entsetzen wolte, sonsten würde man ärger handeln, als die Juden, die den HErrn Christo seiner Kleider nicht eher hätten berauben, und solche die Kriegs-Knechte unter sich theilen lassen, als biß sie ihn durch der Hohenpriester und des Römischen Landpflegers Verurtheilung hätten an das Creutz gebracht: Gl' Ebrei, waren seine Worte, vollero servare gl' ordini della giustitia, lo condussero inanzi a giudici, lo presentarono à Caifas & a Pilato; E' vero che lo spogliarono della veste e se la divisero, ma non gli ela levarono se non doppo crocefisso. Er setzte hinzu, wie man glauben könte, daß Morosini, der von seiner ersten Jugend an des Vaterlandes Nutzen

gegen

gegen den Erb-Feind besochten, der acht Wunden alleine in dem Candianischen Kriege bekommen, der so lange, als nur immer möglich gewesen, die so starcke Türckische Macht vor Candia aufgehalten, endlich hätte entweder zaghafft oder treuloß handeln können? Die Ubergabe sey nicht nur mit Einwilligung des gesamten Kriegs-Raths geschehen, sondern er habe auch dazu die Vollmacht des Senats in Händen gehabt, welche ihm aufgetragen, bey den äussersten Umständen der Stadt, nach seinem weisen und patriotischen Gutachten zu handeln, und nur auf Erhaltung der Flotte zu sehen.

Wie durch diese vollkommene Entschuldigung die Gemüther in dem grossen Rath so sehr zertheilet wurden, daß sich alles zu einer grossen Trennung und Uneinigkeit in der Republic anließ, so trat der alte Senator, Michael Foscarini, auf, und sagte: Daß es zwar mit den Gesetzen der Republic übereinkähme, daß Corraro auch den grösten Mann unter ihnen zur Verantwortung gefordert hätte; jedoch wäre das unbillig, daß man solchen, ehe er noch eines Lasters überführet wäre, auf eines eintzigen Mannes Anschuldigung, gegen so viele unzehliche Zeugen seines Wohlverhaltens, einer Ehren-Stelle berauben wolte, welche ihm der Senat, nach seiner weisen Gerechtigkeit, die keinen Ubelthäter belohnte, beygeleget hätte. Man schimpffete auf solche Weise nicht einen einigen eintzeln Mann, sondern die gantze Republic, als ob dieselbe einen so grossen und glücklichen Feldherrn und See-Helden, der so lange Zeit ein Schrecken der Ottomannischen Pforte gewesen, ungehört, und ohne alle Untersuchung, so gleich verdammen solte. Noch betrübter aber würde es seyn, wann darüber die so nöthige Einigkeit im gemeinen Wesen, bey so gefährlicher Zeit, solte gestöhret werden.

Es brachten diese kräfftige Vorstellungen es zwar dahin, daß Morosini Procurator S. Marci blieb, jedoch muste, auf Befehl des Senats, Franciscus Erizzo genau untersuchen, 1) Wie die Gegenwehr in Candia bey der Belagerung beschaffen gewesen. 2) Wie die Kriegs-Cassa verwaltet worden. Bey dem ersten Punct fand man an dem Morosini gar nichts auszusetzen; bey dem andern Punct sahe man, daß der Schreiber des Kriegs-Zahlmeisters einige Rechnung verfälschet hatte; der aber dieser Schalckheit überführet, und Morosini Ehrlichkeit hierinnen auch erkant wurde.

Wie die Republic A. 1684. abermahls den Türcken-Krieg anfieng, so ward Morosini zum drittenmahl zum Capitain-General ernennet, und commandirte eine Flotte von 6. Galeazzen, 22. Venetianischen, 7. Malthesischen, 5. Päbstlichen, und einer Florentinischen Galeeren. Mit dieser eroberte er den 6. Augusti die Insel S. Maura, und die gegen über auf dem festen Lande gelegene Stadt Xeromero, ferner mit einer Kriegs-List Prevesa. Die folgende Jahre fiel er Morea an, und nahm Coron, Modon, Napoli di Romania, Lepanto, Corintho, das Castell Tornese, Misitra, und Athen, ein. Der Rath ließ ihm dafür zur Belohnung sein von Metall gegossenes Brust-Bild in dem Saal der Decemvirorum setzen mit dem Elogio:

FRANCISCO MAVROCENO
PELOPONNESIACO
VIVENTI
SENATVS.

d. i. Francisco Morosini, dem Uberwinder der Halb-Insel Morea, hat dieses Bildnüß noch bey dessen Leben der Rath gesetzet. Wie man denn auch noch keinem eintzigen Capitain-General von dem eroberten Lande einen Beynahmen öffentlich gegeben hatte.

Nachdem A. 1688. der Doge, Marcus Antonius Justiniani, verstorben, so ward er einstimmig abwesend an seine Stelle erwehlet. Der Secretarius Zuccari brachte ihm davon den

3. Junii

1. Junii die Nachricht, als er sich eben in Porto Porro befand, um die Malthesischen und Florentinischen Galeeren zu erwarten. Er nahm die überbrachte Hertzogliche Kleinodien, als il Corno und den Scepter, in dem Angesicht der gantzen Armee an, und wäre zwar gerne dabey des Commando entlediget gewesen. Es gefiel aber der Signoria, daß er dasselbe noch eine Weile dabey behalten solte, jedoch wurden ihm zwey Senatores, Hieronymus Grimani, und Laurentius Donati, zugeordnet, deren einstimmige Meinung er in allen wichtigen Handlungen befolgen solte. Seine vornehmste Unternehmung war hierauf die zu Wasser und Land veranstaltete Belagerung von Negroponte, diese gieng aber nicht glücklich von statten, weil die Teutschen Völcker den Winter nicht davor bleiben wolten. Weil er dabey auch selbsten seine Gesundheit sehr zugesetzet, so muste ihn die Signoria endlich seines schweren Amtes entledigen, und ihm verstatten, nach Venedig zu kommen. Der Rath hohlte ihn den 4. Jan. 1689. auf dem Bucentauro mit grossen Frolocken des Volcks ein, der Pabst Alexander VIII. übersandte ihm durch seinen Camerlengo, Michael Angelo de Conti, einen geweiheten Hut und Degen, welcher dahero auch auf diesem Osello vorgestellet worden, und er meinte, nunmehro bey seinem erlangten hohen Alter seine übrige Lebens-Zeit in Ruhe zu beschlüssen; dieweil aber nachdem die Republic keinen Sieg mehr von den Türcken hatte erhalten können, und dieselbe mit seinem Nachfolger, Girolamo Cornaro, wegen der vergeblichen Belagerung von Canea, sehr übel zu frieden ware, so nöthigte dieselbe den Morosini in seinem 74. Jahr, A. 1692. das Capitain-Generalat zum vierdtenmahl zu übernehmen. Ehe er den 24. Jun. A. 1693. abschiffete, gieng er nicht in den gewöhnlichen Ceremonien-Kleidern des Doge, sondern gantz geharnischt, mit dem Commando-Stab erstlich in die S. Martz-Kirche, welches ihm zwar einige übel auslegen wolten, weil der ehemalige Doge, Henricus Dandoli, ein Crucifix in der Hand gehabt habe, als er zu dem Constantinopolitanischen Krieg ausgebrochen. Morosini entschuldigte sich aber mit dem Befehl des Senats, der ihn nicht als Doge, sondern als einen Capitain-General, in seinem Aufzug habe sehen wollen. Ehe er aber bey dieser Seefahrt was wichtiges unternehmen konte, erkranckte er an hefftigen Stein-Schmertzen, an welchen er auch zu Napoli di Romania den 8. Jan. A. 1693. seinen Geist aufgab. Sein Leichnam wurde nach Venedig gebracht, und den 29. Martii in der Hertzoglichen Capelle zu S. Marco mit grossen Pracht begraben. Auf sein Grabmahl ließ der Senat nur diese Worte setzen: FRANCISCO MAVROCENO PELOPONNESIACO SENATVS.

In diesem weltberuffenen Mann stritten gleichsam alle vortreffliche Eigenschafften und Tugenden eines grossen Capitain-Generals mit einander um den Vorzug, als Tapfferkeit, Vorsicht, Unverdrossenheit, Erfahrung, und Geschicklichkeit geschwind und klug zu rathen. Er sahe zwar als ein Soldat aus, hatte aber dabey vieles angenehmes äusserliches Wesen, und war von einer grossen Beredsamkeit. Den Wind verstand er so gut, als der beste Schiffmann. Er hielte sehr scharffe Kriegs-Zucht, belohnte aber auch diejenigen, so sich vor andern wohl erwiesen, aus seinem eigenen Beutel. Mit den Teutschen Völckern hat er überaus streng verfahren, und hat sie zu härtern Diensten angehalten, als sie ausstehen konten. Geschahe ihm deßwegen eine Vorstellung, so war seine Antwort: Sono pagati, sie sind bezahlt. Er ließ sich den Neid, die Mißgunst, und daher entstehende Undanckbarkeit etlicher seiner Mit-Bürger nicht abhalten, dem Vaterlande bey allen Nothfällen zu dienen, wann man es von ihm verlangte, und wie er die erste Kräffte seiner Jugend demselben gewiedmet, also thate er auch solches willigst mit dem allerletzten Vermögen seines hohen und schwachen Alters. Er wird von den Türcken auch so hoch und werth, als selbst von den Venetianern, geachtet, als welche sich seiner noch öffters, mit der grösten Ehrfurcht, erinnern, und nicht wünschen, daß sein Helden-Geist wiederum einen Morosini beleben möge. vid. Nani *Lib. V-XI.* Foscarini *ad h. aa.* Gratianus *de gestis Fr. Mauroceni, & in hist. Veneta ad h. aa.*

Der Wöchentlichen Historischen Müntz-Belustigung

21. Stück. den 23. May. 1731.

Eine MEDAILLE auf K. CARL GUSTAVS in Schweden erstaunenswürdige Passirung des gefrohrnen Belts, A. 1658.

1. Beschreibung derselben.

Die erste Seite enthält des Königes sehr erhaben gemachtes, geharnischtes, und mit umgehangenen Gewand geziertes Brust-Bild, im lincks sehenden Profil. Umher ist dessen Tittel zu lesen: CAROL.us. GVST.avus. D.ei. G.ratia. SVE.corum. GOT.horum. VAND.alorum. REX. d. i. Carl Gustav/ von GOttes Gnaden der Schweden/ Gothen und Wenden König. Unter dem Arm ist des berühmten Karlsteins Nahmens-Zeichen.

Auf der andern Seite ist die Passirung des gefrohrnen Belts von der Königlichen Armee abgebildet, wie solche von der Insel Fühnen biß auf Seeland geschehen, welche beede Nahmen auch dabey zu lesen. Die Uberschrifft ist: NATVRA HOC DEBVIT VNI. d. i.

Auf dem breiten Belt zu wandern
Gönnt die Natur sonst keinem andern.

Die Medaille wiegt in Silber 3. Loth. Im Abschnitt stehet die Jahrzahl 1658.

2. Historische Erklärung.

Die Beobachtung der Zeit und Gelegenheit fördert alles menschliche Unternehmen am allermeisten, dahero auch dadurch im Kriege jederzeit dem Feinde der gröste Abbruch geschehen ist. K. Carl Gustav in Schweden hat auf diese Weise sein grostes Kriegs-Glücke gemachet, und niemahls unterlassen das Eisen zu schmieden, weil es heiß gewesen, ob er sich wohl dabey sehr offt in die allergroste Gefahr eingelassen. Unter allen seinen grossen Kriegs-Thaten zeiget hievon am allermeisten dessen zu Anfang des 1658sten Jahres über den befrohrnen Belt geschehenes schnelles Eintringen in die Dänischen Inseln, von Fühnen an biß in Seeland, wodurch er alles in den grösten Schrecken gesetzet, und den so vortheilhafften ersten Rothschildischen Frieden erzwungen.

Es war demselben nicht genug, daß er die Dähnen A. 1657. nicht nur aus Brehmen wieder zurücke geschlagen, und aus Holstein, Schleßwig, und Jütland, nach der glücklichen Eroberung von Friedrichs-Oede, gäntzlich vertrieben hatte, sondern er nahm sich auch feste vor, dieselben, so bald als sich es fügen würde, in den Inseln, wohin sie ihre Zuflucht genommen, heimzusuchen. Dahero befahl er dem in Jütland den Winter über stehen gebliebenen Feldherrn, Wrangel, aus Wißmar, so viel er nur konte, Schiffe zusammen zu bringen, und auf solchen, wo der Belt am schmälsten, Trouppen nach Fühnen überzusetzen. Indem er nun mit dieser Sache gar sehr beschäfftiget war, so fiel gleich mit Eintritt des Jahrs 1658. eine so gewaltige Kälte ein, die alle Flüsse, und so gar auch den Belt, mit starckem Eiß und Schnee bedeckte, und also dem König allenthalben einen bequemen Weg und Brücken machte, dahin zu gehen, wohin er nur wolte. Er befahl demnach, daß die aus Jütland zur Bedeckung Pommerlandes auf dem Weg begriffene Völcker wieder zurücke kehreten, und er begab sich den 9. Januarii von Wißmar nach Kiel, und hielte daselbst mit den dahin beruffenen Generals einen Kriegs-Rath, wie nunmehro bey so guter Gelegenheit der Einbruch in Fühnen zu veranstalten. Ob nun gleich die Kälte schiene etwas nachzulassen, so beharrete doch der König bey dem Vorsatz, den Winter über die Soldaten nicht hinter dem Ofen sitzen zu lassen, sondern auf alle Weise sein Vorhaben auszuführen, weil dadurch dem Krieg ein baldiges Ende würde gemachet werden. Wrangel muste demnach alle in Jütland sich befindliche Völcker den 26. Januarii bey Friedrichs-Oede zusammen ziehen, und bey

Kiel

Kiel blieb Pfaltzgraf Philipp von Sultzbach mit 15. Regimentern stehen, um acht zu haben, wann etwan unvermuthet etwas aus Teutschland sich gegen dieses Unternehmen regen solte, und auch Würtzen und Müllern, denen Pommern überlassen war, zu Hülffe zu kommen, wann die Pohlen und Kayserlichen indessen diese Provintz anfallen würden.

Den 27. Januarii nahm zwar die Kälte um ein grosses zu, der starck dabey wehende Ost-Wind brach aber, absonderlich am Strande, das Eiß auf; der König kahm jedoch über Gottorp und Hadersleben nach Heilsen, und nachdem Wrangel sich erkundiget, daß von dar biß an die kleine Insel Bransoe das Eiß dick genug wäre, die Armee zu tragen, so ward den 30. Januarii, da indessen die Kälte nicht nur beständig angehalten, sondern auch gar sehr gewachsen, der Heers-Zug über den gefrohrnen kleinen Belt, mit aller Feld-Artillerie, vorgenommen. Bey demselben führeten der Marggraf von Baden und Claudius Tott den rechten Flügel, und Wrangel das Ober-Commando, dergleichen der König bey dem lincken Flügel behielte, welchen er dem Fabian Bernd anvertrauete. Das Fuß-Volck stand unter Jacob Casimir de la Gardie, und dem Vavasor. In Friedrichs-Oede blieb nur das Wester-Gothische Regiment zurücke, damit die Dähnen indessen sich des von der See-Seiten gantz offenen Ortes nicht wieder bemächtigen könten. Dieweil doch das Eiß an allen Orten nicht von gleicher Dicke war, dahero es auch schon an verschiedenen Orten, als Wrangel vorhero solches erforschen lassen, eingebrochen war, und dadurch schon etliche Leute und Pferde ums Leben gekommen waren, so veranstaltete der König diesen höchst gefährlichen Zug überaus vorsichtig, und ließ die Soldaten eintzeln, sehr weit auseinander, marchiren, die Reuter musten von den Pferden absitzen, und dieselben hinter sich nachführen, biß sie über den Strohm des Meeres waren, allwo das Eiß am dünnesten. Es geschahe jedennoch, daß zwo gantze Compagnien Reuter vom Waldeckischen Regiment, der Königliche Leib-Wagen, und des Frantzösischen Gesandten Wagen durch einen grossen Eißbruch in dem Angesicht des Königes versuncken, ohne daß man ihnen hätte zu Hülffe kommen können. Die grosse Oeffnungen und Löcher, so hier und dar noch angetroffen wurden, belegte man mit Balcken und Bretten. Die sämtliche Bagage hatte man eben aus der Besorglichkeit in Jütland zurück gelassen, damit das Eiß nicht eingebrochen werden möchte.

Von Bransoe rückte man fort auf das Vorgebürge und Städtgen Ivernöes auf der Insel Fühnen, bey welchem der Dähnische Obriste, Seestädt, mit einem Regiment, und einiger Land-Militz postiret war, welcher sich sehr grosse Mühe gab, das Eiß am Strande so wohl aufzuhauen, als mit vielen abgeschossenen Stück-Kugeln zu zerbrechen, welche aber gar öffters abglitschten, und den anrückenden Schweden mehr, als dem Eiße, Schaden thaten. Ohngeacht er sich auch sonsten tapffer wehrete, so umringeten ihn doch die Schwedischen Vor-Trouppen unter den Obristen Borneman und Wrangel, und nahmen ihn gefangen. Als die gantze Armee glücklich nachgekommen, so traf sie den Obristen, Jonas Hadersleben, mit einem Corpo von 3000. Reutern, 700. Teutschen Musquetirern, und 1500. Bauern an, welches sich zwar hinter einigen Sträuchen, und Zäunen zur Gegenwehr stellete; jedoch gar balde der Menge weichen, und sich biß auf 300. Mann, so noch entkahmen, gefangen geben muste. Der König kahm dabey zweymahl in gar grosse Gefahr. Dann erstlich fiel vor ihm und dem General-Quartiermeister, Dahlberg, eine grosse Stuck-Kugel in einen Schnee-Hauffen nieder, und warff die Schnee-Flocken so gewaltsam um sich, daß der König dadurch an dem lincken Auge etwas beschädiget ward. Hernachmahls befand sich unter währenden diesem Gefechte der König nebst gedachten Dahlberg eine lange Weile gantz alleine auf einem Hügel, und tummelten sich um ihn herum etliche feindliche Escadrons, biß endlich der Dahlberg des Obristen Lübeckers Regiment zur Bedeckung des Königes herbey ruffte.

Nach diesem erhaltenen gedoppelten Sieg ließ der König die übrigen Dähnischen Trouppen in Fühnen aussuchen, und bekahm Fabian Bernd in Schwinburg 500. Reuter, und Ascheberg zu Foburg 450. Fußgänger. Der Obriste Lübecker verfolgte die aus der obigen Schlacht entflohene 300. Mann biß auf die im grossen Belt gelegene kleine Insel Sprö, und versicherte bey seiner Zurückkunfft den König, daß von dar aus eben so eine gute Eiß-Brücke biß nach Seeland gienge. Bey Nyborg lagen 4. Dähnische Kriegs-Schiffe eingefroren, davon Wrangel gerne auch Meister geworden wäre. Ihr Commendant, Peter Bredal, hielte ihn aber nicht nur mit dem groben Geschütz davon ab, sondern arbeitete sich endlich auch mit der grösten Mühe loß, und kahm glücklich, zu jedermans Verwunderung, nach Coppenhagen. Die Haupt-Stadt in Fühnen, Odensee, öffnete dem anrückenden König so gleich die Thore, in welcher er den daselbst sehr kranck darnieder liegenden General, Ulrich Christian Guldenlöwen, nebst fünf Reichs-Räthen, als Otto Kragen, Gunde Rosenkrantzen, Heinrich Rantzauen, Georg Brahen, und Ivar Winden, gefangen bekahm. Als dieselben ohne Degen vor dem Könige, als demüthige Gefangene, erschienen, befahl er ihnen, solche wieder anzulegen, weil ihre Würde es nicht anderst mit sich brächte. Zum Rosenkrantz sagte er hiebey gantz höhnisch: Er würde ihm doch damit schlechten Schaden thun, dieweil derselbe vorhero den König in etlichen Schrifften gar hart angegriffen hatte. Noch lieber aber wäre dem König das schöne von allerhand Lebens-Mitteln angefüllte Magazin, die 60. Canonen, und

der

der grosse Vorrath von Ammunition, den er daselbst auch in seine Hände bekahm. Die Soldaten bereicherten sich nicht weniger durch grosse Beute, indem man alles aus Schleßwig und Jütland dahin geflüchtet, und nimmermehr gemeinet hatte, daß dahin so bald ein Feind würde kommen können, als den noch vor vier Tagen der offene See-Strom davon abgehalten.

Der König berathschlagete sich hierauf mit seiner Generalität, wie nun ferner nach Seeland zu kommen wäre. Corfitz Ulfeld, der sich von Dännemarck zu Schweden kurtz zuvor geschlagen hatte, ermahnte denselben, den geraden Weg über dem grossen Belt, bey der Insel Spröe vorbey, dahin zu nehmen, so würde er den König von Dännemarck so überfallen, daß er schwehrlich seinen Händen würde entgehen können. Die andern Generale widerriethen dieses aufs äusserste; dieweil man gantzer vier Teutsche Meilen auf dem unsichern See-Eiß zu marchiren hätte, welches der veränderliche Wind, und ein kurtzer Sonnenschein gar leicht so mürbe machen könte, daß die gantze Armee dadurch zu Grunde gienge, auf welcher doch anjetzo des Reichs Wolfarth bestünde. Man würde auch bey der späten Nachwelt die schändliche Nachrede haben, daß man durch eine rechte Tollkühnheit sich selbsten in das Verberben gestürtzet. Ja es würden auch die Feinde Anlaß nehmen, sie sämtlich mit denen im rothen Meer ersäufften Egyptiern zu vergleichen. Es ward demnach beschlossen, der Sicherheit halben lieber einen Umweg über die Inseln Langeland und Laaland zu nehmen. Ehe aber der König denselben antrat, empfieng er von dem zu Coppenhagen sich befindenden Englischen Abgesandten, Philipp Meadowe, einen Currier mit einem Schreiben, in welchem er ihm, im Nahmen des Königes von Dännemarck eine Friedens-Handlung und Stillstand anbot, indem derselbe die Reichs-Räthe Gersdorf und Schell, als seine bevollmächtigte Ministros, dahin hinsenden wolte, wohin sie der König verlangte. Das erstere verwilligte der König, und schlug zum Conferenz-Ort entweder die Insel Spröe, oder Rudköping auf Langeland vor, davon der König in Dännemarck einen Ort erwehlen möchte, das letztere Verlangen aber verweigerte er. Als hiebey König Carl Gustav vernahm, daß des Englischen Gesandten Expresser ohne eintzige Gefahr habe aus Seeland nach Fühnen über den gefrohrnen grossen Belt kommen können, so entschlosse er sich, nochmahls einen Zug über das Eiß zu wagen.

Er brach demnach den 5. Febr. Nachts von Schwenburg nach Langeland mit der Cavallerie auf, und weil die Kälte etwas nachgelassen, so fand er zu seiner grösten Besorgnüß, daß das Wasser an etlichen Orten schon Schuch tief über dem Eiße stand. Von dar gieng er des folgenden Tages noch 3. Meilen über das Eiß nach Grünstädt in Laaland. Er hatte anfangs gemeinet, der mit der Infanterie in Nyburg zurückgelassene Wrangel solte suchen über Spröe nach Corsaer in Seeland zu kommen, so bald als er würde die Königliche Ankunfft in Laaland vernommen haben; alleine der König ward nachdem anders Sinnes, und befahl dem Wrangel, daß er ihm mit dem Fuß-Volck und der Artillerie folgen solte. Das in Laaland gelegene, und mit 5. Bollwercken und einem gedoppelten Graben befestigte Städtgen Naßcov, worinnen 1500. Mann Land-Militz, und 75. Mann, so wohl von ordentlichen Fuß-Volck, als Reutern, lagen, machte anfangs gute Anstalt zur Gegenwehr. Auf Ulfelds Vorstellen aber, daß so das gantze Königreich nunmehro in der Schweden Gewalt gekommen wäre, ergab sich solches den 7. Febr. und fand man darinnen 45. Stück grobes Geschützes. Ingleichen warden 40. Dähnische Reuter aufgefangen, die sich hinein werffen wolten. Den 8. besagten Monats setzte der König seinen March von Sarcöping auf Nycöping in Falster fort, und erwartete daselbst den Wrangel, welcher den 11. dito bey Stubcöping endlich sehr erwünscht zu ihm stieß; worauf die gantze Armee den folgenden Tag zu Wordingborg in Seeland glücklich anlangete. Der König nahm das Haupt-Quartier zu Tostrup, zwey Meilen von Coppenhagen, und postirte einige Cavallerie auf einer Höhe gantz nahe vor dieser Stadt, zum grösten Schrecken der Einwohner.

Die zur vorstehenden Friedens-Handlung in Rudcöping gevollmächtigte Dähnische Ministri begegneten dem siegreichen König bey seiner Ankunfft in Seeland, daher er dieselben mit sich nach Tostrup kommen ließ. Ulfeld suchte zwar den König mit der allerscheinbahrsten Hoffnung von nunmehro baldigen und gäntzlichen Bezwingung des Dänischen Reichs, von den Friedens-Tractaten abzuhalten, und rieth ihm, ohne alles Verweilen auf Coppenhagen geraden Weges loß zu gehen, so würde er die Stadt in der ersten Furcht und Verwirrung gewißlich einbekommen; es sey dieselbe schlecht, und noch nicht allenthalben befestiget; es wären noch wenig Stücke auf dem Walle; sie sey mit Lebens-Mitteln für eine so grosse Menge hinein gelauffenes Volck gar nicht versehen; und noch dazu mit einem gegen den König sehr schwürigen Adel angefüllet; und bezeige auch das Volck eine grosse Verbitterung gegen den Adel, dahero keine Zusammensetzung der letzten Kräffte gar nicht zu vermuthen. Dieses und dergleichen mehr war dem König sehr nach seinem Sinn und Gedancken geredet, der anfangs auch dafür hielte, es würde ihm doch zum unsterblichen Ruhm gereichen, wann er die beeden Nordischen Reiche Schweden unterwürffig machte, und ein grosser König von gantz Scandinavien würde. Er würde alsdann keinem Kayser und König in Europa an Macht und Ansehen weichen. Alleine als derselbe dabey wohl erwägete, daß er mit einer so kleinen Armee von 3000. Mann zu Fuß und 9000 zu Pferde Coppenhagen nicht angreiffen könte; daß er zwar nach Seeland gekommen wäre, jedoch weder in Schonen, noch Norwegen, einen festen Fuß hätte, und noch mißlich aussähe, selbige Länder sich auch unterwürffig zu machen, zumahl wann die Engelländer und Holländer solche beschützen würden, wie es das Ansehen hätte; daß gantz Europa dergleichen Zuwachs Schweden nicht gönnen würde; und wann er auch endlich über alle seine Feinde und Neider triumphirte, und Dännemarck an Schweden glücklich brächte, daß um der bessern und bequemern Lage willen Schweden doch endlich nur als eine schlechte Zugehör könte geachtet, und der Königliche Sitz nach Coppenhagen verleget werden, so entschlosse er sich, lieber alle ungewisse Hoffnung fahren zu lassen, und vielmehr mit einem sehr vortheilhafften Frieden dem Schwedischen Reiche langwierige Ehre, Sicherheit, Vergrösserung und Nutzen zu schaffen. Ulfeld hatte auch nur um deßwillen dem König die gäntzliche Unterwerffung Dännemarcks angerathen, weil er verhoffte, daß, bey einer wieder erfolgten Vereinigung der drey Nordischen Kronen, die Dähnen leichtlich würden den Vorzug und die Oberhand, wie vormahls,

behal-

behalten können. Oder wann auch der König lieber in Schweden bliebe, so würde er ihn doch zum Dähnischen Vice-Re machen. Sein Haupt-Absehen war dabey, König Friedrichen und sein gantzes Hauß um Kron und Scepter, aus Rachgier gegen denselben, und doch dabey seiner Nation einen Vortheil zuwege, zu bringen.

Der König ernante ihn doch, dem König in Dännemarck zum grösten Verdruß, zu seinem Minister, nebst Steen Bielcken, bey der angestellten Friedens-Negotiation, dagegen zwar Gerstorf und Scheel protestiren wolten, sie musten aber auch hierinnen dem unveränderlichen Willen des vor den Thoren von Coppenhagen stehenden Siegers sich unterwerffen, und erbitterten dadurch den Ulfeld nur noch mehr, daß er dahero bey den Friedens-Tractaten ihnen auch sehr höhnisch begegnete, und die Saiten überaus hoch spannete. Denn als sie anfangs sehr gute Worte ausgaben, und versicherten, daß Dännemarck die Königliche Güte und Generosité würde ewig zu rühmen Ursache haben, wann der König in Schweden alles schon eingenommene Land, ohne alle Satisfaction, wieder abtreten, und einen beständigen Frieden eingehen würde, so schüttelte Ulfeld nur den Kopff, und gab gar keine Antwort drauf. Sie bothen ihnen ferner eine ansehnliche Summa Geldes an, von welchem Ulfeld aber auch nichts hören wolte, sondern ihnen sagte: sie solten einmahl ernstlich zu reden anfangen. Wie sie nun darauf sich erklärten, daß ihr König endlich gesonnen wäre, Schonen, Halland, und Bleckingen der Kron Schweden abzutreten, so gab Ulfeld zur Antwort: das liesse sich zwar hören, allein K. Carl Gustav verlange noch dazu die Inseln Bornholm, Anholt, Leßö, Hüen, und Saltholm; in Norwegen, Bahuß, Aggerhuuß, und Nidroß, Finmarck, Lappland, und Wardhuß mit dazu gerechnet; in Teutschland Ditmarschen, und die Grafschafft Pinneberg; ferner begehre er die Helffte des Sund-Zolls, gleich baar eine Million Reichsthaler, 12. equippirte Kriegs-Schiffe, die gäntzliche Befreyung der Schwedischen Schiffe vom Sund-Zoll, und noch etliche andere Puncte, daß dahero diese Anforderung der Englische Minister selbsten für gantz unbillig erkante. Der König empfand aber dieses Urtheil so übel, daß er sich deßwegen bey dem Protector, Cromwell, über ihn beschwehren wolte. Meadowe bath jedoch, wegen dieser Ubereilung, den König um Verzeihung, und besänfftigte ihn dergestalt, daß er ihm zehen tausend Thaler für seine bey dieser Friedens-Negotiation gehabte Mühe schenckete. Die Dähnischen Ministri baten nach der ersten Conferenz, um ihrem König Nachricht von allem geben, und seine Entschlüssung vernehmen zu können, nur um drey Tage Stillstand, der König wolte ihnen aber nicht so viel Stunden verwilligen, und befahl vielmehro in ihrer Gegenwart, daß seine Trouppen näher an Coppenhagen rücken solten.

Niemand war bey diesem schwehren Verhängnüß unerschrockener, als K. Friedrich III. in Coppenhagen, ohngeacht er nur bey 2000. Mann Cavallerie, kaum 800 Mann Infanterie, und etwan ohngefehr 1000. Matrosen, bey sich hatte, indem seine gantze Armee von den Schweden schon war ruiniret worden. In Schonen stunden auch nicht mehr als 3. Compagnien, die man hätte in die Stadt ziehen können. Es befand sich zwar eine starcke Anzahl Bürger, viele Studenten, ingleichen eine grosse Menge Handwercks-Pursche, und hinein geflüchteter Bauern, noch in der Stadt; das waren aber in Waffen gantz ungeübte Hauffen, sintemal binnen hundert Jahren man keinen Feind so nahe ins Hertze des Königreichs hatte eindringen gesehen. Dem ohngeacht, wie die Gesandten den 15. Febr. mit so harten Friedens-Puncten wieder zurücke kahmen, so wolte sich der König eher entschlüssen mit aller bewehrter Mannschafft einen Ausfall zu thun, und mit den Schweden eine Schlacht zu wagen, als einen so schmählichen und nachtheiligen Frieden sich aufbürden zu lassen. Der General Tramp stärckte denselben in diesem Vorsatz, und hatte im Willens die gantze umliegende Gegend

gend mit Feuer zu verwüsten, damit den Schweden alle Lebens-Mittel möchten benommen werden. Der Reichs-Rath aber wiederrieth dem König auf das nachdrücklichste des Königreichs Heil noch in grössere Gefahr zu setzen, dahero solte man lieber etwas, als alles, verliehren, und sich in die unglückliche Zeit schicken, die auch künftig alles wieder ändern könte.

Wie die Gesandten beederseits hierauf wieder zusammen kahmen, so bezeigten sich zwar die Schwedischen anfangs, als ob sie bey allen vorigen Puncten steiff und fest beharren wolten, und der König that, als ob es ihm ein rechter Ernst wäre, nun gleich Coppenhagen anzufallen: allein weil er besorgte, daß die Dähnische Alliirte den König doch nicht würden in der äussersten Noth stecken lassen, sondern ihm auf allen Seiten würden suchen Lufft zu machen, er auch würcklich sich nicht in dem Stande befand, Coppenhagen entweder zu belägern oder zu bestürmen, der harte Winter auch abzunehmen begonte, und die See wieder bald offen werden würde, so hielte er es für rathsamer, die härtesten Puncte fahren zu lassen, und sich mit demjenigen zu begnügen, zu welchem sich die Dähnen am leichtesten verstehen würden, dahero endlich der Friede den 18. Febr. zu Stande kahm, und des Tages darauf von beeden Königen ratificirt wurde.

Derselbe war dieses Inhalts 1) Dännemarck überließ Schweden die Provintzien Schonen, Halland und Blecking, Bornholm, Bahuß, Drontheim, und alle Rothschildischen Güter und Gerechtigkeiten auf der Insel Rügen, 2) versprach es dem Hertzog zu Holstein Satisfaction zu schaffen, und den beeden Ulfelden ihre Güter wieder zu geben, 3) dem König in Schweden 2000. Reuter zu überlassen, 4) allen præjudicirlichen Bündnüssen zu entsagen, 5) keine feindliche Schiffe durch den Sund zu lassen, 6) die zu Friedrichsburg befindliche und den Schweden schimpfliche Tapeten wegzuthun, 7) Schweden hingegen wolte alles eroberte Land evacuiren, und ließ 8) alle Anforderung wegen des Hertzogthums Brehmen auf Ditmarschen, Delmenhorst, und verschiedene Adeliche Güter in Holstein auf ewig fahren. Die Gesandten kahmen nachdem wieder in Rothschild zusammen, und brachten das Friedens-Instrument in gehörige Verfassung. Wie solches Gersdorf unterschrieb, so wünschete er, daß er niemahls hätte schreiben gelernet.

Auf den so wunderwürdigen Zug K. Carl Gustavs mit seiner Armee von 12000. Mann über den gefrohrnen kleinen und grossen Belt hat J. Bergenhielm folgendes nette Epigramma verfertiget:

Semideos, quid Roma tuos, quid Græca vetustos
    Laurigeros iactas, nomina magna, Duces?
Maior in Arctoo consurgit gloria mundo,
    Subque Lycaonis sidere vincit heros
Rex Sueonum Carolus Gustavus vindice ferro
    Hostes prosternens æquora transit equis.
Admittunt placide Regem Neptunia regna,
    Victoremque stupet Cimbrica vincta Thetys
Successus tantos veniens mirabitur ætas
    Nec facile inveniet transitus iste fidem.
Calcarunt fluvios alii, mare sternitur illi
    Talis Hyperboreo laurea digna Duce.
Esse Deo carum quis post hæc ambiget illum,
    Naturæ illustrat quem famulantis opus.

Ein anderer Schwede hat bey der Gelegenheit vermeinet unserm Herrn GOtt einen gantz besondern Ehren-Nahmen beyzulegen, wann er ihn PONTIFICEM MAXIMUM, den allergrösten Brückenmacher, genennet.

Der Frantzösische Ambassadeur, Terlon, welcher K. Carl Gustaven stets auf diesem Zug begleitet, meldet, daß ihm wegen der grossen Gefahr, in welche sich derselbe begeben, die Haare offt zu Berge gestanden; es habe es ihm auch der König selbsten nicht verneinet, daß er dieselbe gar wohl erkenne, er müsse es aber für den Seinigen verbergen, damit er sie nicht zaghafft mache, weil es doch einmahl gewagt sey, wie dann auch die Losung war: JEsu hilff! vid. Pufendorf *de rebus Caroli Gustavi Lib. V.* Memoires du Chevalier Terlon *p.* 81. *sq.* Theatrum Europ. *ad h. a.*

Der Wöchentlichen

Historischen Müntz-Belustigung

22. Stück den 30. May 1731.

Ein sonderbahrer Gold-Gülden Kayser Friedrichs des Dritten mit seinem Denckspruch A. E. I. O. V.

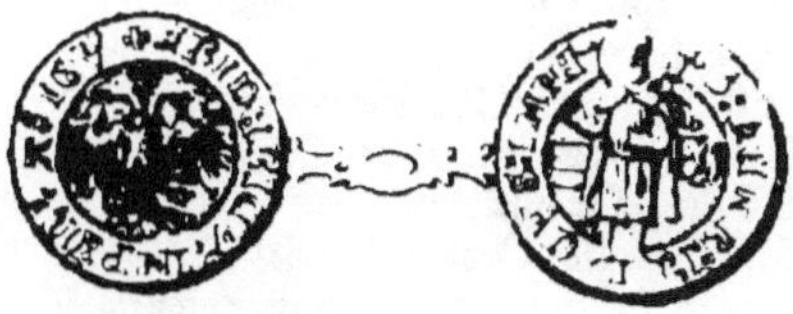

1. Beschreibung deßelben.

DIe erste Seite enthält den zweyköpffigten Reichs-Adler, mit der Umschrifft: ✠. FRIDERICV.s. IMPER.ator. A E I O V.

Auf der andern Seite stehet das völlige Bildnüß Kayser Heinrichs des Ersten oder Heiligen, mit einem runden Schein um den Kopff, und einem Scepter in der lincken Hand, zwischen den Wappen von Oesterreich und Steyermarck, mit der Umschrifft: S.anctus. HENRE.i.CVS. IMPE.rator.

2. Historische Erklärung.

Es ist eine gantz bekandte Sache, daß K. Friedrich der III. seinen erwehlten Denckspruch mit den fünff selbst-lautenden Buchstaben A. E. J. O. U. hat auszudrücken pflegen. Nicht weniger ist auch den Kennern der Teutschen Alterthümer wissend, daß dieselben in dieses Kaysers grossen und kleinen Siegeln, und so gar in seinem Hand-Petschafft anzutreffen, wie dieses deren schöne Abzeichnungen, so Böckler der Historie des Æneæ Sylvii von diesem grossen Kayser beygefüget, sattsam bezeigen. Es kommen auch dieselben auf vielen Gebäuden, auch andern Monumentis von demselben, und sonderlich in dessen Monogrammate, und auf dessen prächtigen Grab-Mahl in der St. Stephans-Kirche zu Wien, vor. Auf einer Müntze aber von demselben habe ich solche noch nicht gesehen, als auf gegenwärtigem Gold-Gülden, dahero ich ihn für würdig geachtet diesem Wercke einzuverleiben.

Es hat K. Friedrich mit diesen fünff Vocalibus allen gelehrten Leuten ein Rätzel aufgegeben, worüber sie sich sehr die Köpffe zerbrochen, ehe sie die Auflösung von Ihm selbsten bekommen. Der bekandesten Auslegungen davon sind viertzig, die nach der Ordnung des Alphabeths in der Lateinischen Sprache also lauten:

1. Absque Efficacia Ira Omnis Vana.
Alienata est Imperatoris Optimi Vendicare.
Amici Erunt Ibi, Opes Vbi.
Amici Estote Ipsi Opportuni Vobis.
5. Amico Eget Intimo Omnis Vir.
Amicus Est Immensa Opulentia Verus.
Amor Elaboratioque Improba Omnia Vincunt.
Amor Est Ibi, Oculus Vbi.
Aquila Electa Iuste Omnia Vincit.
10. Aquila Electa Imperatorem Ottomannicum Vincet.
Aquila Est Imperatrix Orbis Vasti.
Aquila Est Invictissima Omnium Volucrum.
Aquilæ Est Imperium Orbis Vniversi.
Aquila Evestigans Iugulat Oculate Vincendo.
15. Aquila Evigilans Iugulat Orbem Vincendo.
Aquila Excellit Inter Omnes Volucres.
Aquila Ex Istro Ovanter Volat.
Aquila Expergiscens Iugulat Omnia Vincendo.
Aquila Exsuscitata Inimicis Ostendet Virtutem.
20. Archidux Electus Imperator, Optamus, Vivat.
Archidux Electus Imperator Optime Valeat.
Argentum Exponenti Innumeri Occurrunt Vernæ.
Ars Est Ignaris Odiosa Viris.
Augur Existimabitur Interpretans Ordinem Vocalium.
25. Aula Exeat Integre Optans Vivere.
Aula Exulat Integritas, Oditur Veritas.
Auro Esse Ignoras Omnia Venalia.
Aurum Examinat Ignis, Oracula Veritas.
Austria Ecclesiæ Imperioque Observandissima Vsque.
30. Austria Erit Imperans In Orbe Vltima.

Austria Erit In Orbe Vltima.
Austria Est Imperii Oculus Venustus.
Austria Et Imperium Optime Vnita.
Austria Excipit Inimicos Obviis Vlnis.
35. Austria, Exosis Invidiosa, Odio Virescit.
Austria Exterminabit Ismaelis Oppugnationem Validam.
Austria Extenditur In Orbem Vniversum.
Austria Extremis Imperabit Oppidis Vrbibusque.
Austriaci Erunt Imperatores Orbis Vltimi.
40. Austriacum Erit Imperium Orbi Vltimum.

Unter diesen so vielen Auslegungen machen sich die allerwenigsten mit einem sinnreichen Verstand angenehm. Die meisten hingegen kommen gantz abgeschmackt, widersinnisch und gezwungen heraus, ob sich gleich die Autores die Nägel sehr darüber mögen abgebissen haben. Die Adler sind absonderlich dabey von der lieben Einfalt gar sehr gerupffet worden. So hat man auch den Vocalem V. gar offt in den Consonantem V. wider die Intention des Kaysers verwandelt; als welcher lauter Vocales, und also keinen Consonantem, erwehlet.

Die Teutschen Ausleger haben weit vernünfftiger und geschickter davon geredet, als die Lateinischen Wort-Placker, die ein Hauffen ungereimt Zeug zusammen getrieben, und den Symbolischen Vocalibus die gröste Gewalt angethan haben. Es lautet gantz wohl:

Auf Erden Ist Oesterreich Vnsterblich.
Aller Ehren Ist Oesterreich Voll.

Wie das grosse Bündnüß zwischen dem Kayser, dem Pabst, dem König in Pohlen, dem Churfürsten zu Baiern, und der Republic Venedig wider den Türcken geschlossen ward, kahm folgende auf dieses Kayserliche Symbolum abzielende Inscription zum Vorschein:

Bonum Omen
ex
Augustissimæ Domus Austriacæ
Inscriptione
A. E. I. O. V.
Austriaci Erunt Imperii Ottomannici Victores.
Sed quando?
Tunc,
quando A. E. I. O. V. fient Consonantes.

Nempe
quando in unum fœdus contra Turcam
convenient
Austriaci, Emanuel, Johannes, Odeschalcus, Veneti.

Nachdem sich die Welt lange genug gemartert hatte, den wahren Sinn K. Friedrichs sehr danckler Denck-Spruch-Buchstaben zu erforschen, so entdeckte denselben endlich der Kayserliche Bibliothecarius, Petrus Lambecius, aus des Kaysers eigener Handschrifft, zum grösten Spott der bißherigen vielen ungeschickten Ausleger derselben. Denn er zeigte in seinem A. 1666. gedruckten Diario Sacri Itineris Cellensis p. 14. an, daß in der Kayserlichen Bibliotheck zu Wien Kayser Friedrichs tägliches Hand-Buch anzutreffen, in welchem er von dem zwey und zwantzigsten Jahr seines Alters an, alles mit eigener Hand aufgezeichnet, was er täglich entweder gethan, oder ihm sonsten begegnet sey. Es fängt sich dasselbe also an:

Dis Puech ist angefangen nach Kristi gepurd tausend jar / vierhundert jar / darnach in dem siben und dreißigen jar / amb Sambstag nach Sand Jörgen tag mit mein Selbs hand.

Bald darauf ist folgendes zu lesen:

Bey welchem bau / oder auf welchem Silber geschir / oder andern Klainoten der strich und die Fünff buchstaben stehen /

A. E. I. O. V.

Das ist mein Herzog Friedrichs des jüngern gewesen / oder ich hab dasselbig bauen oder machen lassen.

Dabey stehet auch diese Lateinische und Teutsche Erklärung mit desselben eigener Hand geschrieben:

AUSTRIÆ EST IMPERARE ORBI UNIVERSO.

ALLES ERDREICH IST OESTERREICH UNTERTHAN.

Hiemit fallen also alle andere oben angeführte, guten Theils unschickliche und übel getroffene, Auslegungen dieses Kayserlichen Rätzels gäntzlich weg.

weg. Lambecius mercket hiebey an, daß Alles Erdreich hier nicht genommen werde in sensu generali & politico, sondern speciali & theologico, secundum metonymicum Sacræ Scripturæ sensum, sintemal in selbiger die Beherrschung der Welt vom Anfang derselben den vier Monarchien, der Babylonischen, der Persischen, der Griechischen, und der Römischen beygeleget werde, nach der allgemeinen Auslegung der Prophezeyhung Daniels von den heiligen Kirchen-Vätern. Ob nun auch gleich einige scharffsinnige Historici von der Bedeutung des grossen Regenten-Bildes bey dem Daniel gantz andere Gedancken hegen, so ist doch das gewiß, daß das Durchlauchtigste Ertz-Hauß Oesterreich, nach ererbter grossen Spanischen Monarchie, in allen vier Theilen der Welt so viele Länder besessen, daß man auch von demselben mit Fug und Recht sagen können, daß demselben ein sehr grosses Theil von dem Erdboden unterthan gewesen. Der in den Welt-Sachen gar sehr unerfahrne Menage hätte also in seinen Menagianis über dieses Kayserliche Symbolum gar nicht so sehr spötteln dürffen, sintemahl er und seine Lands-Leute in ihren öffters fast recht gotteslästerlichen Schmeicheleyen König Ludwigen dem XIV. tausendmahl mehr beylegte, als mit mehrern Bestand der Warheit K. Friedrich von seinem Ertz-Hause gerühmet.

Nachdem eine lange Zeit verflossen, in welcher man fast gar nicht mehr an diese Kayserliche Buchstaben gedacht, so erneuerte deren Gedächtnüß die höchsterwünschte Geburt des der Erden leider nur gezeigten Ertz-Hertzog Leopolds A. 1716. Denn als dazumahl jederman, der die Wohlfarth und Ruhe der gantzen Christlichen Welt sehnlich verlangte, und dem Durchlauchtigsten Ertz-Hause Oesterreich eine unaufhörliche Nachfolge Männlicher Kron-Erben biß an das Ende der Welt treu-eiferigst anwünschete, seine frölichste Devotion in allerhand geschickten Inventionibus, gleichsam mit einem allgemeinen Wettstreit, bezeigte, so gaben K. Friedrichs glorreiche Denckspruchs-Vocales einem grossen Musagetæ unserer Zeit, C. F. ab H. in W. Anleitung zu diesen guten Gedancken und Wünschen:

Austriaco Extende Infanti, Omnipotentia, Vitam!
Augusta Elisabetha Impleverat Optima Vota.
Austrius Extollat Iason Optabile Vellus.
Austriacum Exurgentem Illustret Olympus Vbique.
AVstrIacæ EMIneant ILLIbato OrDIne VIres.

Dieser Apollo belebte auf seinem Parnasso noch zwey andere Musen, daß sie auch nach seinem löblichsten Exempel auf ihren Saiten dem neugebohrnen Purpur-Printzen folgenden Zuruff anstimmeten, als D. I. G. B.

Aureus Exurgens Impertiet Omnibus Vmbram.
Austriaco Enatis Inserviit Orbis Vterque.
Acrior Existes Inimicis Omnibus Vltor.

Und C. G. S.

Archiduci Eveniant Iteratis Omina Votis.
Austriaca Efflorescit Inexhausto Omine Virtus.
Austriacorum Excelsior Imperet Omnibus Vnus.
Austriacis Enascens Imperia Optimus Vnit.
Austriaco Exorto, Imperii Ornamenta Vigescunt.
Austriaci Exoptato Incremento Omnia Vincent.
Altior Excrescens Impleverit Omnia Vota.
Austriacis Electis, Imperii Ordo Valescit.
Austrius Exurgens Inimicos Opprimet Vltor.
ArchIDVCI EnIteant, InsIstente OMIne, Vota!

Welchen er noch diese ungebundene Zeilen beygefüget:

Archidux, Elisabetha Imperatrice Ortus, Vivet.
Austriaci Explent Imperando Omnium Vota.

Alles Erspriesset In Oesterreichs Vermehrung.

Insgemein findet sich auch eine schnatternde Ganß unter den lieblich thönenden Schwanen ein; und das geschahe auch dazumahl. Dann ein einfältiger Schuster in W. über dessen Hauß-Thür das Bild St. Lucä und die Buchstaben A. E. I. O. V. von alten Zeiten her zu sehen waren, ließ bey seiner Illumination, als ein anderer Hanß Sachse, diese Reimen anschreiben:

A. E. I. O. U.
Was sagt Sanct Lucas dazu?
U. O. I. E. A.
Ein Kayserlicher Prinz ist da!

Sonsten wird auch unserm Kayser Friedrich dieses Symbolum vom Reusnero und andern Symbolographis zugeeignet: RERVM IRRECVPERABILIVM FELIX OBLIVIO. d. i.

Glücklich ist/
der vergist/
was nicht zu erlangen ist.

Ich kan es aber nicht davor annehmen. Denn ob wohl eben dieser Spruch auch auf einer alten gemahlten Tafel zu sehen, welche von diesem Kayser mit seinem Monogrammate auf der Nürnbergischen Reichs-Veste, in dem so genannten Kaysers-Zimmer zur grösten Zierde aufbehalten wird, so stehet doch

doch auch auf selbiger das A. E. I. O. V. und da der Kayser selbsten dieses für sein eigentliches Wahr- und Denckzeichen hat gehalten wissen wollen, so kan man ja kein anders dafür ausgeben. Der weise Kayser war ein sonderbahrer Liebhaber von schönen Sprüchen, und hat nicht nur diesen, sondern noch viele andere mehr zu seiner guten Erinnerung in sein obbemeldtes Tag-Buch aufgezeichnet, als:

Rerum irrecuperabilium summa felicitas est oblivio.
Vbi Amor, ibi oculus; ubi dolor; ibi manus.
Veteri inimico reconciliato non confidas in æternum.
Felix, quem faciunt aliena pericula cautum.
Dominium & connubium nolunt habere socium.
Iustitia sine misericordia est severitas.
Misericordia sine justitia est pusillanimitas.
Grata superveniet, quæ non sperabitur hora.

Und in Teutscher Sprache kommen daselbst unter andern folgende vor:

Wer da bill (will), das im geling,
Der sich selb zu seinem Ding.

* * *

Es sey kurtz oder Lang
Lieb ist laides anfang
Wer lieb hat an (ohn) Laid
Dem ist wohl auf meinem aid.

* * *

Ich hab nie hören sagen,
Daz zwen hund an (ohn) greinem nagent.
Doch nagent offt zwen hund umb ain pain
Daz ieder maint, er habs allain.

Wer wolte aber also diese so mancherley Sprüche, weil sie von dem Kayser zu seinem moralischen und politischen Nachsinnen auserlesen worden, für Kayserliche eigentlich so genannte Wahlsprüche halten?

Ausser diesem Symbolo wird von einigen K. Friedrichen auch eine Devise, oder Symbolum Heroicum, attribuiret, nemlich, ein ausgestreckter geharnischnischter Arm, welcher ein blosses Schwerd hält, und solches auf ein offenes Buch setzet, das auf einem Tische lieget, mit dem Lemmate:

HIC REGIT, ILLE TVETVR.

d. i.

Verstand und tapffre Hand
Regiert und schützt ein Land.

Ich halte dieselbe aber für eine Invention einer neuern Zeit.

Der auf dem Gold-Gülden vorkommende zweyköpffigte Adler zeiget an, daß derselbe nach seiner Römischen Krönung, und den 17. Martii A. 1452. geschlagen worden; denn vor derselben hat er nur den einköpffigten geführet, wie alle seine Siegel ohne Ausnahme ausweisen.

Warum aber auf dem Revers Kayser Heinrich der Heilige stehe, davon will ich mir die Belehrung von einem andern Müntz- und Antiquitäten-kundigen Manne dienstlich ausgebeten haben. Denn sonsten ist dieses Kaysers Bildnüß nur auf Bambergischem Gelde anzutreffen.

Endlich muß ich noch mit anführen, daß Hertzog Johann Friedrich II. zu Sachsen auch die fünf Vocales zu seinem Symbolo erkohren, und dieselben also ausgeleget:

Allein Evangelium Ist Ohne Verlust.

Wolte GOtt aber, daß dieser Fürst den Verlust seines Landes nicht um des Grumbachischen bösen Handels willen hätte erleiden müssen. Vid. Reusnerus *in Symbol. Impp. Class. III. n. XXXVII. p.* 227. Fugger *Lib. V. c.* 41. im Ehrensp. Lambecius *in Diario sacri Itin. Cellens. p.* 16. *sq.* Schwarzii *ep. de divi Frid. V. Imp. Symbolo elementario.*

Der Wöchentlichen
Historischen Müntz-Belustigung
23. Stück. den 6. Junii. 1731.

Ein rarer Thaler von K. Maximilian dem Ersten mit den Bildnüßen seiner beeden Enckel, von A. 1518.

I. Beschreibung deßelben.

Die erste Seite stellet K. Maximilians I. Brust-Bild vor, wie es auf einem andern Thaler von ihm in Mellens *Sylloge nummorum Vncial. Impp. & Archiduc. Austr. n. VI. p. 26.* allbereit zu sehen ist, jedoch hier im lincks sehenden Profil; nemlich mit einem Baret auf dem Haupte, in einer um die Schuttern mit Peltzwerck breit aufgeschlagenen Schaube, und mit der umgelegten Ordens-Kette des güldenen Blüßes. Umher ist zu lesen: MAXI.milianus. ROM.anorum. IM.perator. ARCH.i. DVx. AVST.riæ. ET. DO.minus. TERR.arum. OCCI.dentis. ORI.entis. d. i. Maximilian Römischer Kayser/ Ertzhertzog zu Oesterreich/ und Herr der Abend- und Morgenländer.

Auf der andern Seite sind die beeden gegen einander gestellten Brust-Bilder der beeden Brüder, K. Carls und Ertzhertzogs Ferdinands zu sehen, und zwar K. Carl mit einem Baret auf dem Haupte, in einer aufgeschlagenen Peltz Schaube, und mit umgehengter Ordens-Kette des güldenen Vlüßes; Ertzhertzog Ferdinand aber im blossen Kopffe, und in einer glatten aufgeschlagenen Schaube, und einer Hals-Kette, an welcher ein Creutzlein henget, dessen Perl er mit der rechten Hand berühret. Umher ist zu lesen: SVI. NEPO.tes. CAROL.us. HISPA.niæ. AC. FERTI.nandus. SICIL.iæ. RE.x. oder REges. T. AV. BV. d. i. Seine Enckel/Carl in Spanien/ und Ferdinand in Sicilien/ Könige ꝛc. Die drey letzten abgekürtzten Worte, macht der eintzelne Buchstaben T. dunckel. Man mag denselben entweder für ET, oder TERRARVM auslegen, daß also die folgende Worte hiessen entweder AVstriæ, BVrgundiæ, oder AVstriacarum, BVrgundicarum, so kommt doch kein richtiger Verstand heraus. Es wird daran die Ungeschicklichkeit des Stempelschneiders Schuld seyn, welcher entweder die Worte nicht recht abzumessen gewust, die zur Umschrifft gehöret, und also eines wegen Enge des Raums weglassen müssen, oder dessen Nachlässigkeit sonsten etwas übersehen, wie er denn auch FERTINAND mit dem T. fälschlich geschrieben.

2. Historische Erklärung.

Kayser Maximilians höchstschmertzlichen Verlust seines eintzigen mit der Burgundischen Maria erzeigten Sohnes, König Philipps in Castilien, linderten gar sehr die von demselben hinterbliebene beede Enckel, Carl und Ferdinand, als welche die fast gesunckene Hoffnung von dem geseegneten Fortpflantzen und Wachsen des durchlauchtigsten Ertz-Hauses Oesterreich wiederum aufrichteten, und ihm das gedoppelt ersetzten, was er an ihrem Vater so frühzeitig eingebüsset. Es war auch für diese beede Printzen ein grosses Glücke, daß ihre beeden Groß-Väter von Väterlicher und Mütterlicher Seite noch am Leben waren, als sie ihrer Eltern auf einmahl beraubet wurden, und zwar des Vaters durch den natürlichen Tod, A. 1506. den 25. Sept. zu Burgos, und der Mutter, durch ihre aus Eyfer- und Miltzsucht entstandene Blödsinnigkeit, die sie zu allem Umgang im menschlichen Leben gäntzlich untüchtig machete; die also die Vormundschafft über sie übernehmen konten, daß sie nicht eintzig und allein in ihrer zarten Jugend unter die eigennutzige Besorgung und Führung ihrer Räthe und Diener hätten kommen müssen.

K. Maximilian wurde zwar dieselbe so wohl von den Castilianern, als Niederländern, sehr schwehr gemachet. Beede Völcker besorgeten, die Teutschen Staats-Räthe möchten unter der Kayserlichen Verwaltung bey dem Regierungs-Ruder die Oberhand gewinnen, wobey ihnen der gewöhnliche

liche Haß gegen alle Ausländer wunderliche Grillen beybrachte. Einige Castilianischen Grandes giengen demnach damit um, aus sich einen Reichs-Verweser zu erwehlen, unter welchen sich der Hertzog von Medina Celi einen grossen Anhang machte. Dieses stund aber dem Ertz-Bischof zu Toledo, Francisco Ximenes, nicht an, der bey der Königin Isabella kurtz zuvor alles gegolten, und nunmehro demjenigen nicht in die Hände sehen wolte, der vorhin unter seinen Befehlen gestanden war, er trachtete also die Reichs-Verwesung lieber K. Ferdinanden in Arragonien in die Hände zu spielen. Es ward verglichen, daß die Entscheidung dieses Streits von den Reichs-Ständen in einer Versammlung geschehen solte. Er eröffnete dieselbe mit einer nachdrücklichen Rede, in welcher er den Deputirten von allen Ständen zu Gemüthe führete, daß die Reichs-Verwaltung niemand von rechtswegen zukähme, als entweder dem Kayser, oder dem König von Arragonien, jedoch habe man dabey genau zu erwägen, welches Administration Castilien am heilsamsten seyn könte? Er hege zwar, sagte er, vor dem Kayser allen schuldigsten Respect, jedoch müste er nach seinem patriotischen Eifer offenhertzig sagen, daß dem Vaterlande mit dessen Reichs-Verwaltung sehr übel würde gerathen seyn. Denn ob er wohl ein glücklicher, kluger, und bey der gantzen Christenheit in grossem Ansehen stehender Monarche sey, so liesse ihm doch die Kayserliche Regierung nicht zu, daß er sich von Teutschland entfernete, und persönlich nach Castilen kähme. Er würde ihnen demnach einen Teutschen Fürsten zum Statthalter schicken, der in den Sitten, Rechten, Gewohnheiten, und Gebräuchen Castiliens gantz unerfahren, und dabey von unerträglichem Hochmuth und Geitz wäre, der alles unter Kayserlicher Autorität nach seinem Gutdüncken thun, und dabey trachten würde, den fremden Schaafen, als ein Miedling, nicht nur die Wolle zu nehmen, sondern ihnen gar das Fell über die Ohren zu ziehen. Der angebohrne Widerwille der Castilianer gegen die Teutsche Nation würde dadurch um ein grosses vermehret, und zu allerhand gefährlichen Unruhen gereitzet werden. Der Kayser selbsten suche dabey nur sich zu bereichern, und sey gewohnet, alles zusammen gebrachte Geld unnützlich anzuwenden, und unnöthig zu verschleudern. Man könte sich auch von seiner Macht, wegen der allzu grossen Entfernung, keiner Hülffe gegen die sich wieder hefftig in Africa regenden, und zu einem starcken Einfall zu rüstenden Mohren getrösten; demnach würde Castilien von der Kayserlichen Reichs-Verwaltung gewissen Schaden, und gar keinen Vortheil haben; der sterbende K. Philipp habe dieses in seinem aufrichtigen Hertzen selbsten erkant, und so ein schlechtes Zutrauen zu seinem Vater gehabt, daß er ihm nicht einmahl die Erziehung seiner Kinder überlassen, sondern solche dem König in Franckreich anbefohlen hätte; man solte

 also

also vielmehro die Augen hiebey auf den König in Arragonien richten; denselben habe die Königin Isabella schon in ihrem Testamente zum Regenten in der Minderjährigkeit ihrer Enckel erkläret; Castilien habe ihm schon so grosse Wohlthaten und Hülff-Leistungen allbereit zu dancken, daß es die schändlichste Undanckbarkeit seyn würde, wenn man ihn bey dieser Ehre übergehen wolte. Die Castilianer kenneten ihn so wohl, als er dieselben, und er würde also nichts wider ihre Rechte und Freyheiten vornehmen. Sein starcker Arm sey nicht nur nahe, sondern auch sein blosser Nahme sey schon den Mohren so erschrecklich, daß alleine der Ruff von dieser abermahligen Vereinigung Castiliens und Arragoniens dieselben in ihrem feindlichen Unternehmen stöhren, und solches gäntzlich hintertreiben würde.

Diese Vorstellung fand grossen Eingang in den Gemüthern der Clerisey, der Ritter der drey Castilianischen Orden, deren Großmeisterthum der König in Arragonien schon aus dem Testament der K. Isabella hatte, und der Bürgerschafft, welche Ximenes vorhero schon gewonnen, dieweil derselbe ihnen eine grosse Furcht, so wohl vor einem neuen Anfall der Mohren, als der schädlichen Præpotenz des herrschsüchtigen Adels, beygebracht, ohngeacht beedes von demselben nur erdichtet war.

Die Grandes und der andere grosse Reichs-Adel hielte alleine seine Einwilligung zurücke, dieweil Don Emanuel, K. Philipps Liebling und geheimster Staats-Minister, sie suchte vor den Kayser zu stimmen, nachdem er aus dem Vertrag des Ximenes ersehen, wie sehr derselbe beflissen wäre, die Reichs-Verwaltung dem König in Arragonien zuzuwenden. Er stellete denselben absonderlich recht fürchterlich vor, wie alle diejenige grossen Zorn und Ungnade von dem König in Arragonien würden zu gewarten haben, die sich vormahls desselben Vorhaben so sehr widersetzet, und ihn in Castilien nicht hätten dulten wollen, wann er nun doch diesen Scepter auf eine Weile überkommen würde.

Ximenes erfuhr diese erregte Furcht von dem Hertzog von Alba, den er auf seine Seite gezogen, und benahm solche dem Adel, durch die Versicherung, daß K. Ferdinand so großmüthig wäre, daß er die alten Widerwärtigkeiten schon längst vergessen hätte; wenn ihm auch solche wieder ins Gedächtnüß kommen solten, so würde er doch eher dabey an des Adels Treue gedencken, womit er seiner Königin beygethan gewesen, und denselben deswegen hochachten, als daß er eine Beleidigung daraus machen, und sich nunmehro, da er die Gewalt in Händen hätte, zur Rache reitzen lassen solte. Geschähe es aber dennoch wider Vermuthen, weil sich auch Könige mit dem Glück änderten, daß K. Ferdinand wegen des vormahligen Widerspruchs dem Adel harte zu begegnen suchen solte, so wolte er alsdann mit seiner gantzen gen Clerisey, die auch die Bürgerschafft nach sich zöge, auf des Adels Seite treten, und demselben die anvertraute Königliche Gewalt eben so leichte wieder abnehmen, als er solche mit des Adels Einwilligung ihm verliehen. Auf diese Versicherung erklärte sich endlich auch der Adel, daß K. Ferdinand wiederum die Interims-Regierung in Castilien führen solte.

Ehe er dieselbe völlig übernahm, that er noch einen Zug nach Napoli. Kayser Maximilian schickte dahin einen Gesandten an ihn, welcher ihm vorhalten muste: daß die Administration des Königreichs, in Vormundschafft seines Enckels, Carls, dem Kayser mit dem grösten Recht zukäme, und könten ihn die Stände nicht zum Regenten begehren. K. Ferdinand gab aber demselben zur Antwort: daß, so lange die Königin Johanna, Caroli Mutter lebete, der das Königreich Castilien von ihrer Mutter, Isabella, vermacht worden, könne die Regierung weder Carln, noch dem Kayser, zukommen. Als der Kayserliche Gesandte dagegen einwendete: daß die K. Johanna, wegen Mangel des Verstands, ja nicht regieren könte, so sagte K. Ferdinand, daß er dann, als ihr Vater, ein näheres Recht zur Reichs-Verwesung in ihrem Nahmen hätte, als der Kayser, ihrer Kinder Groß-Vater, welches ihm auch seine sterbende Gemahlin, die K. Isabella, in ihrem Testament zugesprochen. Wie damit der Kayserliche Gesandte sich noch nicht wolte abweisen lassen, sondern ferner behauptete, daß K. Ferdinand der Königin Isabella Testament vor sich nicht mehr anführen könte, weil er zur andern Vermählung geschritten, so beruffte sich Ferdinand wiederum auf der Castilianischen Stände Willen und Verlangen, welchen der Kayser nichts einzureden hätte, und gab dem Gesandten zu verstehen, daß er ihn in seinem Gesuch weiter nicht anhören würde.

K. Maximilian trieb nichts, als die Sorge vor seine Enckel, an, sich so eifrig um die Administration von Castilien, nach seines Sohns, K. Philipps, Tod, zu bewerben, weil er gänzlich überzeugt war, daß der Staats-listige K. Ferdinand denenselben die Spanische Monarchie mißgönnete, und in der Absicht sich auch zum andernmahl, mit der achtzehenjährigen Frantzösischen Gräfin, Germana de Foix, A. 1506. zum Aergerniß von gantz Europa, weil er ihrer Groß-Mutter, Eleonorä, die an Gastonem, Grafen von Foix, verehliget worden, leiblicher Bruder war, vermählet hatte, daß er noch von dieser seiner so jungen Gemahlin einen Infanten bekommen möchte, welchem er zum wenigsten das Arragonische und Neapolitanische Reich vererbete. Und gewiß, wann der A. 1509. im May-Monat mit derselben erzielte Printz, Johannes, nicht gleich nach der Geburt gestorben wäre, so würde es gefährlich vor Kaysers Maximilians Enckel mit der Spanischen Erb-Folge ausgesehen haben. So ließ aber die allweise und mächtige Göttliche Vorsehung, welche Oesterreich einmahl zum Spanischen Thron erkohren hatte, alle diese demselben höchst nachtheilige Anschläge in der ersten Blüthe ersticken.

Wie nachdem K. Ferdinand sich aller Hoffnung zu noch einem Erb-Printzen beraubet sahe, so gedachte er doch auf solche Weise die weitläufftigen Spanischen Reiche von der

Teut-

Teutschen Oesterreichischen Linie zu trennen, daß er seinem jüngsten Enckel, Ferdinanden, in seinem zu Burgos gemachten Testamente zu deren Universal-Erben einsetzte. Es war derselbe zu Alcala in Neu-Castilien A. 1503. den 10. Martii gebohren; er hatte von ihm den Namen bekommen; er war daselbst erzogen worden; er redete eher Castillanisch als Teutsch; man hatte ihn zu Spanischen Sitten angewöhnet; sein ernsthafftes Wesen kam völlig mit der Grandezza der Castilianer überein. Seinen ältern Enckel, Carln, den man bey seines Vaters Leben den Hertzog von Luxenburg nennte, weil er zu Gent in Flandern auf diese Welt gekommen, hatte K. Ferdinand niemahls mit Augen gesehen. Er war von seiner zartesten Kindheit Niederländischen Herren untergeben worden, die ihn zu der freyen Burgundischen Lebens-Art angeführet, welche von der Spanischen Auffuhrung gantz unterschieden, und der Frantzösischen, die den Castilianern so verhaßt war, gantz gleich kahm; seine erste Sprache war auch die Frantzösische. Dahero war K. Ferdinands erste Meinung, daß derselbe in den Niederlanden und Oesterreich bleiben solte, zumahl da er den Niederländern sehr gehäßig war, und nicht leiden konte, daß sie einen Fuß in Spanien setzten. Wie dieses kund wurde, so wolten diese nicht leiden, daß der jüngere Infant dem ältern solte vorgezogen, und das Recht der ersten Geburt so gar aus den Augen gesetzet werden. Sie sendeten dahero den Dechant von Löwen, Hadrianum, nach Spanien, um diesen Anschlag zu hintertreiben, und weil sie selbsten nicht glaubten, daß der mehr in scholastischen Streitigkeiten, als Staats-Handlungen geübte Hadrian was Gutes ausrichten, und den hartnäckigen König in Arragonien auf andere Gedancken zu bringen vermögend seyn würde, so suchten sie den guten Mann nur dadurch von Carls Seite zu entfernen, und ihm ein Fall-Bret zu legen. Was aber dieser in der That einfältige Mann nicht bewürcken konte, das that abermahls die allgewaltige Göttliche Schickung. Denn wie K. Ferdinand schon einen Fuß im Grabe hatte, so überfiel ihn wieder von der einsmahl schon im Sinn gehabten Spanischen Universal-Monarchie ein süsser Traum, der ihn dahin brachte, sein Testament zu ändern, und seinem ältern Enckel alle seine Königreiche und Länder in vollkommener Vereinigung zu überlassen, damit er hiedurch in Stand gesetzet würde, dasjenige auszuführen, woran ihn allerhand unhintertreibliche widrige Zufälle, und zuletzt der ihm noch allzu zeitlich kommende Tod, verhindert hatte.

Dieweil also Ertzhertzog Ferdinand von den Spanischen Reichen gar nichts bekahm, so war Kayser Maximilian gesonnen, die angewachsene Oesterreichische Macht also unter seine beede Enckel zu vertheilen, daß Carl dann die Spanische Monarchie alleine behalten solte; auf Ferdinanden aber wolte er die Römisch-Kayserliche Würde zu bringen suchen, und ihm die Niederlande und Oesterreichischen Provintzien gäntzlich zueignen, damit das Ertz-Hauß Oesterreich zwo mächtige Potentaten zu einer Zeit hätte. Der Cardinal von Sitten befand aber dieses Vorhaben nicht für gut, weil dergleichen Zertheilung die Oesterreichische Gewalt so sehr schwächte, daß sie ihren Erb-Feinden gegen Osten und Westen nicht mehr gewachsen wäre. Je mächtiger hingegen ein Kayser an eignen Land und Leuten wäre, je nützlicher wäre er der gantzen Christenheit, und je grösserer Widerstand könte von ihm dem Türcken geschehen. Er rieth ihm demnach, dergleichen Gedancken fahren zu lassen, und vielmehro dahin zu trachten, daß König Carl auch Römischer Kayser würde, so würde sein Ertz-Hauß den höchsten Gipffel der Ehren und Ansehens unter Christlichen Potentaten erreichet haben, und allen Widerwärtigen Trotz bieten können, welchem wohlgemeinten Rath der Kayser auch Beyfall gab.

Den Niederländern muste Kayser Maximilian anfangs auch nachgeben, als sie die Vormundschafftliche Regierung an sich rissen; es kahm ihnen aber doch, als A. 1508. der

Geldrische Krieg ausbrach, und auf der andern Seite Franckreich zu gleicher Zeit losschlagen wolte, auch das Volck fast gar nicht mehr zu bändigen war, darüber die Reue an, daß die Stände der sämtlichen Provintzien ihn durch eine abgeschickte ansehnliche Botschafft wegen dieser Versagung um Vergebung baten, und zu Ubernehmung der Regierung zu sich beruffeten; wiewohl es doch auch nachdem deshalben dem Kayser an grossen Verdrießlichkeiten nicht mangelte.

Sonsten ist aus einem Diplomate, welches Müller in seines Staats-Cabinets erster Eröffnung Cap. I. p. 1. entdecket, mit Verwunderung wahrzunehmen, daß K. Maximilian A. 1515. bey der Zusammenkunfft zu Wien mit K. Wladislao II. in Ungarn, und K. Sigismundo in Pohlen, des erstern neunjährigen Printzen, Ludwigen, zu seinem Sohn angenommen, seinen beeden Enckeln, die er auch darinnen seine Söhne nennet, an die Seite gesetzet, jedoch ohne Nachtheil ihres Oesterreichischen Erbtheils, und ihn über dieses zu seinem und des heiligen Reichs Statthalter-General, und Nachfolger im Kayserthum dergestalt ernennet hat, daß er bey der Statthalterschafft, so lange als der Kayser leben würde, bleiben, nach dessen tödtlichen Abgang aber von denen Churfürsten zu einem Römischen König und künfftigen Kayser erwehlet und gekrönet werden solte. Weil dieses eine gantz unglaubliche Sache zu seyn scheinet, so will ich die hieher gehörige Worte des Diplomatis selbsten mit hieher setzen:

Licet amplam in Domino fiduciam habeamus, serenissimos Principes, Dominum Carolum, & Infantem, Dominum Ferdinandum, filios nostros charissimos, nihil unquam prætermissuros, sed omnia pro exaltatione & incremento orthodoxe fidei acturos, -- Quo tamen id per ipsos eo melius & uberius exhibeatur -- opere pretium duximus, ipsis serenissimum Principem, Dominum Ludovicum, Hungarie & Bohemie Regem, Marchionem Moravie, Principem Electorem, filium & fratrem nostrum charissimum, pro tertio, in nomine sancte & individue Trinitatis addere, in quo ternario numero omnis perfectio constituta esse dinoscitur - Et licet, idem - Ludovicus Rex nobis & eisdem serenissimis filiis nostris - sit arctissimo vinculo sanguinis constrictus - tam ex propinquitate, quam ex connubio ipsius cum serenissima filia nostra Maria - nihilominus cupientes ipsum adhuc arctiori vinculo nobis & eisdem filiis nostris constringere - consensu - Wladislai, Hungarie & Bohemie Regis, patris, & Sigismundi, Polonie Regis, - motu proprio - & de plenitudine potestatis nostre Cæsaree prefatum - Ludovicum in filium nostrum arrogamus, & in familiam nostram Austriacam adscimus, & numero eorum filiorum nostrorum aggregamus, & tenore presentium adscribimus, sine tamen prejudicio successionis eorundem - Principum D. Caroli & Infantis D. Ferdinandi, ac sororum suarum, filiorum & nepotum nostrorum charissimorum, servato ordine & consuetudine clarissime domus nostre Austrie. Qui filii nostri cum in regendis-tot amplissimis ipsorum regnis- & - in expeditione contra infideles satis superque distinebuntur, & nos etiam ubique esse non possumus in tam amplo imperio, & ne aliqua pars ejus fructu necessarie providentie nostre careat, confisi de magnitudine animi, probitate morum, & excellenti indole ejusdem - Regis Ludovici, filii jam nostri arrogati charissimi, ipsum, in partem solicitudinis nostre evocatum,

faci-

facimus & ordinamus nostrum & Imperii sacri Vicarium generalem, vita comite, & post fata in eodem Imperio legitimum successorem nostrum - dantes eidem filio & Vicario plenam - facultatem, qua uti consueverunt - alii, qui pro tempore Vicarii Generales extiterunt. Post vero decessum nostrum potestatem nostram Imperii in ipsum transferimus & traducimus, sicuti in nos per predecessores fuit translata, tenore presentium requirentes - Regem Boemie - & reliquos - tam seculares quam ecclesiasticos Principes Electores - ut approbantes hujusmodi constitutionem, electionem, translationem, & decretum nostrum, eundem - Ludovicum filium arrogatum - cum primum contigerit, nos coronam imperialem adipisci, & si ante ab hac luce contigerit nos migrare, post obitum nostrum in Regem Romanorum, & futurum Imperatorem eligant & coronent - Datum in civitate nostra Vienna die vicesima mensis Julii anno Dom. M. D. XVto. &c.

Es lautet darinnen gar paradox, daß Ludwig bey seines Vaters Leb-Zeiten schon König in Ungarn und Böhmen, Marggraf in Mähren, und Churfürst genennet wird, daß mit einem neunjährigen Printzen der Kayser seine Staats-Sorgen theilet, und ihn zu seinem General-Statthalter ernennet; daß ihn ferner der Kayser zu seinem Nachfolger im Reich erkläret, daß er von den Churfürsten verlangt, daß sie diese seine Verordnung und Ubergebung der Kayserlichen Würde vor genehm halten, und so bald, wann er entweder die Römische Krone noch erlangen, oder aus dieser Welt scheiden, würde, denselben zu einem Römischen König erwehlen und krönen solten. Dem ohngeacht ist und bleibt dieses doch eine ächte Urkunde, welche eine sonderliche Unterhandlung, die Cuspinian, der doch diese Kayserl. und Königl. Wienerische Zusammenkunft in einem Diario beschrieben hat, damahls verschweigen müssen, offenbahret. Sie wird aber auch von dem Churfürstl. Sächs. Secretario, Spalatino, in seinen Annalibus ad eundem annum mit diesen Worten bestätiget: „In diesem Jahr seynd zu „Wien beyeinander gewesen der Röm. Kayser Maximilian, König Wladisla Vater, König Ludwig sein Sohn, zu Hungarn und Behem Könige, und König Sigmund von Pohlen, und haben ein Bündnüß mit einander gemacht, und untereinander sich verschrieben, „daß König Ludwig zu Hungorn und Behem hinfür sol Statthalter und Vicari Röm. Kay. „Mai. seyn, und das nach des Röm. Kays. Maximilians tödtl. Abgang bemeldter König „Ludwig und sonst kein ander soll Röml. König werden, seyn, und bleiben, und daß bemelte „Könige und Cardinál, nach K. Maximilians Tode sollen darob seyn bey den Churfürsten des „heil. Röm. Reichs, daß man in diesem fall keinen andern nicht welen soll zum Röm. König, „dan König Ludwigen zu Hungarn und Behem.„ Es war K. Maximilians Meinung nicht, das Römische Teutsche Reich auf den Ungarischen Ludwig zu vererben, sondern er recommendirte ihn nur den Churfürsten zum Römischen König. Es muß aber bald nachdem dieser gantze Vertrag seyn wieder aufgehebt worden, dieweil der Kayser A. 1518. auf dem Reichs-Tag zu Augspurg für seinen Enckel, K. Carln, scharf arbeitete, um ihn noch bey seinen Leb-Zeiten zum Römischen König zu machen, welches ihm aber nicht glücken wolte.

Ubrigens ist als was gantz sonderbahres auch anzumercken, daß der Infant und Ertzhertzog Ferdinand auf dem Thaler ein König von Sicilien genennet wird, welcher Tittel ihm von keinem eintzigen Historico beygeleget wird; nirgend auch Meldung geschicht, daß ihm sein Brud r Sicilien abgetreten habe, oder ihm nur erlaubet, sich einen König davon zu schreiben.

Vid. Petrus Martyr ep. 305. Fugger L. VI. Roo Lib. XII. Heuterus Austr. VII. Marsollier in hist. Ximenes.

Der Wöchentlichen
Historischen Müntz-Belustigung
24. Stück. den 13. Junii. 1731.

Eine schöne MEDAILLE auf den letzt verstorbenen Römischen Pabst BENEDICTUM XIII. von A. 1726.

I. Beschreibung derselben.

Die erste Seite zeiget das Päbstliche Brust-Bild im gewöhnlichen Päbstlichen Habit, im lincks sehenden Profil, mit dessen umher stehenden Nahmen: BENEDICTVS XIII. PONT.ifex. MAX.imus. Unter dem Arm ist des vortrefflichen Hedlingers Nahme.

Auf der andern Seite ist die Römisch-Catholische Kirche, in einem mit zwo Stuffen erhabenen Stuhl sitzend, abgebildet, und steiffet ihr müdes Haupt auf den rechten Arm, in der lincken Hand aber hält sie das Päbstl. Creutz; zur rechten stehet ein Genius, und hält eine Rose zu dem den Kopff unterstützenden rechten Arm. Unten am Stuhl lehnet der Päbstliche Wapenschild, über welchem die Päbstliche Schlüssel herab hangen. Im Prospeckt speck ist ein rundter Tempel zu sehen. Die Umschrifft ist: FVLCITE ME FLORIBVS. d. i. Unterstützet mich mit Bluhmen; aus Cantic. II, 5. Im Abschnitt stehet die Jahrzahl MDCCXXVI. Die Invention ist von der Orsinischen Rose hergenommen.

2. Historische Erklärung.

Der letzt verstorbene Pabst, Benedict XIII. war aus dem uralten und vornehmen Römischen und Neapolitanischen Hause Orsini entsprossen, von dessen Ursprung, Fortpflantzung, Ausbreitung und Glantz Francesco Sansovino eine eigene Historie von neun Büchern, zu Venedig A. 1565. in folio gedruckt, geschrieben, welches sich jederzeit mit grossen Familien durch glückliche Heyrathen verbunden, und dahero eine grosse Menge aus seiner Sippschafft entsprossene Könige, Hertzoge, Fürsten und Marggrafen aufweiset, und mit achtzehen canonisirten Heiligen, so vielen Cardinälen, und fünf Päbsten pranget, zu geschweigen der vielen und grossen Männer, welche hohe und ansehnliche Staats- und Kriegs-Aemter bey vielen Potentaten mit dem grösten Ruhm bekleidet.

Seine Eltern waren Ferdinand III. Orsini, zehender Hertzog von Gravina, Fürst zu Solafra und Vallata, Graf zu Muro, und Johanna de Frangipanis della Tolfa, eine Tochter des Hertzogs de Crumo, von welchen er A. 1649. den 2. Febr. an Mariä Lichtmeß zu Rom gebohren. Diese Geburts-Stadt ist in den Jahr-Büchern des Prediger-Ordens aufgezeichnet, die hierinnen für unfehlbar zu halten, und ist dahero denjenigen Scribenten kein Glaube zu haben, die bald Napoli, bald Gravina, dafür angeben. Es ist in Italien bey grossen Herren nicht ungewöhnlich, den kleinen Kindern beyderley Geschlechts, wenn sie aus den Windeln kommen, und die erste Kleidung empfangen, einen solchen Ordens-Habit anzulegen, welchen ihre Eltern für andern hoch halten; dahero geschahe es auch, daß die Hertzogin von Gravina, weil die Prediger-Mönche bey ihr sehr viel galten, diesen ihren erstgebohrnen Printzen, das erstemahl als einen Dominicaner kleidete. Als derselbe etwas älter wurde, bezeigte er ein solch Belieben an dieser geistlichen Kleidung, daß er solche nicht nur beständig trug, sondern auch sich ausbath, daß in solcher die bey ihm die Aufwartung habende Edel-Knaben allemahl erscheinen musten. Wegen seiner grossen natürlichen Fähigkeit faßte er die Studia humaniora mit der grösten Lust, und seine kindliche Belustigungen waren beständige Nachahmungen allerhand Kirchen-Gebräuche und Priesterlicher Verrichtungen. Diese seine Neigung zum geistlichen Stand nahm so sehr zu, daß, als er gegen das zwantzigste Jahr erwuchse, er in den Dominicaner-Orden zu treten suchte. Seine Eltern sahen dieses sehr ungerne, weil er der erstgebohrne unter ihren Kindern war, und ihr nechster Vetter, der Hertzog von Bracciano zu Rom, ohne Erben sich befand, dahero gedachten sie vielmehro, ihn im weltlichen Stand zu erhalten, und ihm, zur Fortpflantzung ihres Hauses, eine anständige Gemahlin beyzulegen. Die Neapolitanischen und Sicilianischen Dominicaner weigerten sich dahero auch, ihn, wider Willen seiner Eltern, in ihren Orden aufzunehmen. Um aber doch zu seinem Vorsatz zu gelangen, so bath er sich von seinen Eltern die Erlaubnüß aus, Italien zu besehen, und absonderlich in Venedig seine Studia fortzusetzen. Daselbst aber entdeckte er sein Verlangen dem Provincial des Prediger-Ordens in der Lombardie, Vincentio Mariæ Gentile, welcher ihn endlich nicht länger aufhielte, sondern den 12. Aug. A. 1667. einkleidete, dahero er auch zu dessen Ehren-Angedencken den Nahmen Vincentius Maria annahm. Die Eltern beschwehrten sich sehr hierüber bey P. Clemente IX. der ihn deswegen zu sich nach Rom kommen, und mit ihm eine scharffe Probe anstellen ließ. Er fand aber endlich selbsten, daß er von dem einmahl erwehlten Stand nicht abzubringen wäre.

Er absolvirte darauf zu Napoli die Philosophie, und zu Bonnonien die Theologie, und bekahm, nach erhaltener Laurea zu Venedig, eine Professur zu Brescia. Wie er aber sich anschickete dieselbe zu verwalten, und zugleich die Fasten-Predigten zu thun, so machte ihn P. Clemens X. aus dem Hause Altieri, als ein Anverwandter von dem Hause Orsini, A. 1672. den 22. Febr. zum Cardinal.

Die Nachricht hievon, welche andere gar sehr würde erfreuet haben, setzte ihn vielmehro in die gröste Betrübnüß, und wolte er diese Würde, aus Furcht der ewigen Verdamnnüß, so gar nicht annehmen, daß ihn weder das Zureden seiner Ordens-Brüder, noch der Cardinäle, Palavicini und Rosetti, hiezu bewegen konten, biß ihm endlich der Pabst nach seiner Autorität befahl, seine Widersetzlichkeit dem ewigen Hohenpriester aufzuopffern, und seiner so erbaulichen Demuth den schuldigen Gehorsam unverzüglich beyzufügen. Jedoch legte er nachdem seinen Ordens-Habit nicht ab, und beobachtete auch alle dessen Regeln so streng, als wann er nur ein blosser Mönch noch gewesen wäre. Der Pabst machte ihn auch so gleich zum Prefetto della Congregatione del Concilio, er gab aber dieses einträgliche Amt selbsten wieder auf, als er A. 1675. Bischof zu Manfredonia wurde. Unter P. Innocentio XI. vertauschte er A. 1680. dasselbe, der gesunden Lufft halben, mit dem Bisthum zu Cesena, und endlich machte ihn dieser Pabst A. 86. zum Ertzbischof zu Benevento. Daselbst wurde er, als den 5. Jun. A. 1688. der Ertzbischöffliche Pallast durch ein Erdbeben über den Hauffen geworffen ward, in der augenscheinlichsten Todes-Gefahr wundersam erhalten. Er gieng damahls mit einem

Edelmann in einem Zimmer des obern Stockwercks, an dem heiligen Abend des Pfingst-Festes, um halber ein und zwantzig an der Uhr, auf und ab, und wolte abwarten, wann man ihn zur Vesper abruffete, als das gewaltige Erdbeben das Hauß zerrisse, und er durch die zerbrochenen Böden mit diesem Edelmann in die unterste Scheuer-Kammer hinunter fiel. Sie wurden beede zwar von den herab gefallenen Steinen bedecket, jedoch nur der Edelmann erschlagen. Uber des Ertzbischoffs Kopff aber kahm einiges Rohr zu liegen, welches ihm gleichsam zu einem Dach diente. Auf selbiges fiel ein Nußbaumenes, und mit Schrifften und das Leben und Wunder-Thaten S. Philippi Nerii vorstellenden Bildern angefülltes Kästgen, welches aber im Fallen aufgieng, daß alle inliegende Sachen und Bilder um den unten steckenden Ertzbischof ausgestreuet wurden. Ob gleich auch dieses offene Kästlein durch ein grosses Marmorsteinernes Thür-Gesims war sehr beschwehret worden, so empfand doch der darunter sich befindende Ertzbischoff keine mehrere Niederdrückung. Nach anderthalb Stunden kahm der Pater Lector seines Ordens, Bonnaccorsi, und der Domherr, Farella, herbey gelauffen, und zogen ihren auf ihr ängstliches Ruffen und Schreyen Antwort gebenden Ertzbischoff glücklich unter den Ruinen hervor. Er war an dem Haupt, an der rechten Hand, und dem rechten Fuß verwundet worden, hatte auch die Augen voller Staub bekommen. Dem ohngeacht begab er sich noch selbigen Tag auf das freye Feld bey Monte Sarchio, ermahnete und tröstete das dahin geflohene Volck.

A. 1719. solte er, nach Absterben des Cardinals Acciajoli, Decanus des Cardinals-Collegii werden; weil er aber lieber in seiner Kirche zu Benevent, als in Rom, lebete, so überließ er gantz gerne dem Cardinal Astalli diese Würde, und weigerte sich auch deswegen A. 21. das Vice-Decanat anzunehmen. Sein aufrichtiges Gemüth trieb ihn ferner an, in dem nach P. Clementis XI. Tod gehaltenen Conclave das Haupt der 16. Zelanten zu werden, welche einander eydlich angelobten, bey der vorseyenden Pabst-Wahl, weder auf gekrönter Potentaten Recommendation und Exclusion, noch auf Freundschafft und zu hoffenden Nutzen, sondern alleine auf des Römischen Stuhls wahres Beste, zu sehen.

Nachdem P. Innocentius XIII. A. 1724. den 7. Martii verstorben, thaten sich in dem Conclave, unter den 52. versammleten Cardinälen, zwo Haupt-Factiones hervor, die Albanische von 19. Cardinälen, so von den 52. Creaturen P. Clementis XI. noch übrig geblieben, und etliche zwantzig Zelanten, welche einander sehr zuwider waren. Die Albanischen stimmeten auf den Cardinal Olivieri, und hatten ihm auch die Gunst des Königes in Franckreich zuwege gebracht. Die Zelanten brachten die Cardinäle Paolucci, Corsini, und Piazza in in Vorschlag; man hatte auch ein Absehen auf den Imperiali, Gozzadini, und Pamphili. Es gieng aber bey allen, wegen der Vereinigung der Wahl-Stimmen, sehr schwehr her. Einige Cardinäle lieffen des Nachts zusammen, und suchten unter sich heimlich einen anständigen Pabst zu machen; der Cardinal Orsini passete ihnen aber auf, und verwieß ihnen diese ungebührliche Zusammenkünffte auf das schärffste, wie er dann auch ein neun tägiges Gebet mit einer Fasten bey Brod und Wasser gehalten, um die Harmonie der Cardinäle zu erbitten. Es verstrichen also zwey Monat und neun Täge, ehe die Cardinäle eines Sinnes werden konten. Endlich redete der Cardinal Cinfuegos dem Cardinal Camerlingo Albani, der damahls 38. Stimmen dirigirte, beweglich zu, daß er sich den Zelanten, wegen der anwachsenden Sonnen-Hitze, nicht länger widersetzen möchte; der fiel denn endlich nach Benennung fünff Cardinäle, die alle dem Cinfuegos nicht anständig waren, auf den Cardinal Orsini, von welchem man damahls auf einem hin und wieder in Rom angeschlagenen Zettel gelesen:

Il cielo vuol Orsini,
Il popolo Corsini, &c.

d. i.

Der Himmel selbsten will nur den Orsini haben,
Hingegen sagt das Volck: Mich soll Corsini laben.

Als nun mit demselben auch der Cardinal de Rohan zu frieden war, so bekahm er in dem den 29. May gehaltenen Scrutinio vier und viertzig Stimmen, zu welchen man in den Accessen noch sechse zehlte, die übrigen zwo geschahen durch die erste Adoration.

Es war aber niemand seiner Wahl mehr zuwieder, als er selbst. Er verbarg sich über zwey Stunden, und trachtete die Flucht zu nehmen, wann er nur hätte aus dem Conclave kommen können. Er warf sich mit vielen Thränen zu den Füssen der Cardinäle, und bath sie auf das inständigste, ihn dieser Last zu überheben. Wie alles Bitten vergebens war, so schützte er ein Canonicum Impedimentum vor, welches er nicht anzeigen könte, und in welchem ihn auch niemand dispensiren könte. Endlich ließ man den Pater General des Dominicaner-Ordens, Pipia, hohlen, der ihm, als sein jederzeit hochgeachteter Oberer, nach dem angelobten Ordens-Gehorsam, anbefahl, die Päbstliche Würde anzunehmen. Er gab sich den Nahmen Benedicti XIII. weil der letzte Pabst aus seinem Orden Benedictus XI. geheissen. Er war dazumahl 75. Jahr alt, und wegen seines sehr mässigen Lebens bey guten Leibes- und Gemüths-Kräfften. Seinen Orden hielte er so werth, daß er sagte: nunmehro wolte er zwar in dem öffentlichen Leben einen Pabst abgeben, vor sich aber dennoch Frater Vincentz Maria jederzeit seyn und bleiben, dahero er auch noch den Abend, als man ihn in den Vaticanischen Pallast gebracht, auf seinem gewöhnlichen Bette die Nacht-Ruhe einnahm, auch alles prächtige Hauß-Geräthe beyseite setzen, und nur Stroh-Stühle in sein Zimmer bringen ließ. Hierauf durffte gantzer drey Tage kein Mensch zu ihm kommen, damit er, wie er sagte, in ungestöhrter Andacht mit GOtt recht überlegen könte, wie er seine neue Regierung veranstaltete, und was für hohe und niedrige Bediente er sich erwehlen solte. Den 4. Junii, an dem heil. Pfingst-Fest, erfolgte die Päbstliche Krönung mit gewöhnlichen Ceremonien, und den 12. dito hielte er sein erstes Consistorium, da er in seiner Anrede anführete, daß zwar die heil. Schrifft sagte: Glorietur frater humilis in exaltatione sua, d. i. Ein niedriger Bruder solle sich über seine Erhöhung freuen; er habe aber Ursache, über die ihm aufgetragene Würde, bey der Empfindung seiner Schwachheit und Mängel, sich zu betrüben und zu erschrecken, weil ihn diese Erhebung gar würde stürtzen können, jedoch freuete er sich darüber, daß er nun erwünschte Gelegenheit und Gewalt überkommen, die Sitten der Christen durch die wieder zu erneuernde Zucht und Erbarkeit unter der leichtsinnigen Geistlichkeit zu verbessern, und zu der alten Heiligkeit wieder zu bringen.

Es waren dieses nicht vergebliche Worte, sondern er ordnete so gleich eine besondere Congregation von den Cardinälen, Zondedari, Ptolomei, Beluga, Paolucci, und Pico, an, welche, nach einem von dem Pabst selbst gemachten Entwurff, die Reformation unter der Clerisey so gleich vor die Hand nehmen muste. Ihre üppige Pracht in Kleidung, Bedienung, Hauß-Geräthe, Carossen, und andern mehr, und absonderlich die Perruquen, fielen dem Pabst am ersten in die Augen, dahero von ihm die Ablegung derselben, und die geziemende Modestie geistlicher Kleidung, sehr ernstlich anbefohlen wurde. Es kam zwar den galanten jungen Geistlichen Aebten, und Seminaristen gar hart an, daß sie biß um ein Uhr Abends, nach der Italiänischen Uhr, in langen Kleidern gehen, oder in eine Strafe von zehen Scudi, und zehentägigen Gefängnüß verfielen; ingleichen murreten viele Clerici deperrucati gar sehr, daß sie nun ohne einen gekräuselten Kopff einher treten solten, wann sie anders von ihren Pfründen nicht wolten suspendirt seyn; der Pabst aber kehrte sich an ihr Einwenden und Murren gar nicht, und lag so gar auch den Cardinälen hart an, daß sie auch ihren Staat vermindern, nur 9. Livrey-Bedienten haben, und keine vergoldte Carosse gebrauchen solten, bey welchen er aber nicht nach Wunsch durchdringen konte, jedoch brachte er es so weit, daß keiner in seiner Gegenwart mit einer Perruque erschiene, wolte er anders kein ungnädiges Auge haben. Da auch der Pabst selbsten einige prächtige Päbstliche Aufzüge abschaffen wolte, so wolten diese Verminderung der Päbstl. Hoheit die Cardinäle nicht zugeben, dahero er auch den 24. Sept selbigen Jahrs, wie seine Vorfahrer, mit eben der stattlichen Cavalcade, von der Kirche S. Johannis in Laterano Besitz nehmen muste.

Zwo Sachen machten hierauf dem Pabst grosse Freude, erstlich, die von dem Kayser, jedoch ohne Nachtheil der darauf hafftenden Reichs-Rechte, den 20. Febr. A. 1725. wieder eingeraumte Stadt und Vestung Comachio, wornach seine beeden Vorfahren vergeblich geseufftzet hatten; und zum andern, daß der Cardinal Noailles in eben dem Sinn, und auf eben die Art, als der Pabst, die Constitution Unigenitus angenommen, dessen Beyspiel bald noch mehrere Appellanten folgeten.

Ferner vergnügte ihn, daß er bey dem wieder angebrochenen Jubilæo den 24. Dec. am Vorabend des Geburts-Festes unsers Heilandes, die heil. Pforte bey S. Peter öffnen, und den 24. Dec. folgenden Jahrs wieder schlüssen lassen konte; und zwar dieses um so mehrers, weil ihm diese Ehre Don Fabio Carraccioli A. 1699. in der Zuschrifft des auf seine Unkosten und Befehl herausgegebenen Tractats de indulgentiis sacri anni des P. Viva Soc. Jesu mit diesen Worten geprophezeyet: Dum dignitatem tuam, vel rerum a te gestarum amplitudinem animo complector, non sine aliquo fortasse numinis afflatu, sic statuendum censeo: Te, qui nunc libris de anni sancti jubilæo privatis auspiciis ad publicam utilitatem foro committi imperas, post quinque lustra Pontificia autoritate diploma de anno sancto indicendo promulgaturum. - - Augurium tam felix & faustum Christiano orbi ex Tuo ipso nomine, in oraculum purissimi anagrammatis auspiciis deducto, sumitur:

En Programma:

VINCENTIUS MARIA ORSINUS DOMINICANUS.

En Oraculum:

VIR MIRUS, SCANDO IN VATICANUM SINE NISU.

Um der feste vorgenommenen Verbesserung des Kirchen-Wesens einen desto stärckern Nachdruck zu geben, schrieb der Pabst ein Concilium Provinciale den 24. Dec. 1724. aus, auf welchem sich alle der Römischen Diœces, und dem Römischen Stuhl unmittelbahr unterworffene Ertzbischöffe, Bischöffe und Aebte in der Lateranischen Kirche auf den weissen Sonntag das folgende Jahr einfinden solten, dahero es Lateranum XIII. genennet wird. Es verzog sich aber dessen Eröffnung biß auf den 17. April. Die proponirte Puncte wurden in sieben Sessionibus abgehandelt, und dasselbe den 29 May beschlossen. Einer von den Haupt-Puncten war, daß die Bulla Unigenitus, als eine Richtschnur des Glaubens, angenommen wurde. Der Pabst hatte in Willens, auf selbigen nur den sechs Cardinal-Bischöffen Sitz und Stimme zu geben; die übrigen wolten sich aber, als Päbstl. Räthe, und weil dieser Synodus in Rom gehalten wurde, davon nicht ausschlüssen lassen. Sie gebrauchten sich anbey ihres Ansehens so sehr, daß sie einige vorgelegte Puncte gäntzlich mißbilligten, auch den Schlüssen dieses Synodi die gantze Kirche nicht unterwerffen wolten. Es endigte sich derselbe den 29. May, und ward, nebst dem Pabst, von 32. Cardinälen, 5. Ertzbischöffen, 39. Bischöffen, 3. Aebten, und von 35. Bevollmächtigten der abwesenden Bischöffe und Aebte, unterschrieben.

Alle andere Handlungen dieses Pabsts bestehen in Bischöffl. und Priesterl. Verrichtungen, als Priester, Kirchen, Altäre und Glocken weihen, Meß lesen, die Sacramenta administriren, predigen, catechisiren, Mönche und Nonnen einkleiden, und dergleichen. Die von diesen geistl. Verrichtungen übrige Zeit wandte er auf Besuchung der Spitäler, in welchen er öffters selbsten die Krancken speisete, den Pilgramen die Füsse wusch, ihnen die Nägel abschnitte, und sonsten die geringste Handreichung that; dahero die Italiäner von ihm sagten: er sey zwar ein guter Priester und frommer Mann, aber ein sehr schlechter Pabst gewesen, der bey allen seinem Elisäischen Eifer jedoch das Kirchen-Regiment gar sehr vernachlässiget, und nicht beobachtet, was ein Pabst thun soll. Absonderlich machte er sich damit sehr verhaßt, daß er ein Hauffen Neuerungen im Kopff hatte, welche sich nicht ins Werck richten liessen, oder wenn sie auch geschehen wären, doch von schlechtem Nutzen würden gewesen seyn. Also wolte er die Anzahl der Cardinäle biß auf 80. vermehren, und gedachte nicht, daß, je mehr Stimmen bey der Pabst-Wahl wären, je schwehrer würden sie zu vereinigen seyn. Ingleichen wolte er in einer Bulla verordnen, daß nicht allemahl aus dem Cardinals-Collegio müsse ein Pabst erwehlet werden, wodurch aber desselben Ansehen und Würde eine grosse Verringerung erlitten hätte. Dahero war es kein Wunder, daß ihm die Cardinäle öffters gar hefftig widersprachen, und sich seinen meisten Vorhaben äusserst widersetzten, zumahl, als er sich gäntzlich seinem Liebling, dem Cardinal Coscia, überließ, und dessen Willen mehr folgete, als allen guten Rathschlägen des Sacri Collegii. Es gieng dem frommen Vater zwar einmahl die Galle so sehre über, daß er zu dem Cardinal Ptolomei sagte: Weil sie ihn wider seinen Willen zum Pabst gemacht hätten, so müsten sie ihm nun auch wider ihren Willen gehorchen. Alleine da der Pabst von dem Coscia leiden konte, daß er die Päbstlichen schrifftlichen Ordres in kleine Stückgen zerriß, und den Uberbringern, oder Sollicitanten, vor die Füsse warf, wann sie ihm nicht anständig waren; so muste er es auch von den Cardinälen vertragen, daß sie ihm öffters sehr derbe Verweiße gaben, und sich nach seinen Befehlen nur richteten, wann sie ihnen beliebten, und dabey nichts auszusetzen funden.

Die

Die übelste Nachrede machte diesen Pabst, daß die Päbstl. Cammer unter ihm in die gröste Armuth gerieth, und es ihr immer an Gelde fehlte, nur die nöthigsten Kosten zu bestreiten. Er vor seine eigene Person verursachte derselben zwar einen schlechten Ausgang. Seine Mahlzeit kostete niemahls über 6. Bajocci, deren zehne ungefehr drey gute Groschen machen. Er trug beständig ein Kleid von grober Wolle. Seine wenige Livrey-Bediente musten mit dergleichen vorlieb nehmen. Der Geld-Mangel kahm aber daher, daß er ungemein vieles auf die Erbauung neuer, und die Ausbesserung alter Kirchen, Klöster, und Altäre, und deren kostbare Auszierungen, verwendete, und seine Favoriten mit den Einnahmen und Ausgaben nach Belieben schalten und walten liesse, die dann sich vornehmlich bereicherten, und die Päbstl. Kammer so ausleerten, daß, obschon das Römische Volck, und alle Unterthanen in dem Kirchen-Staat gar starck mit neuen Auflagen beschwehret wurden, dannoch nichts erklecken konte. Dazu kahmen noch die Beneventiner, welche als Heuschrecken vollends ausfehrten, was diese übrig liessen. Denn obwohl der heil. Vater den Nepotismum, als was unheiliges, gar sehr verabscheuete, und dahero seinem Vetter nicht einmahl den Cardinals-Hut gab, so war er doch diesen seinen Schaafen aus dem ersten Stalle, die er bey 42. Jahr lang mit dem sanfften Hirten-Stabe geweidet, und mit welchen er in einem zweymahligen grossen Erdbeben die äusserste Lebens-Gefahr ausgestanden hatte, mit einer so anhaltenden zärtlichen Liebe beygethan, daß er sie auch, als der allgemeine Hirte der Römischen Kirche, auf das überflüssigste versorgte, und sie zweymahl persönlich besuchte, welche beyde Reisen, ob er sie nur als ein Dominicaner anstellen wolte, doch der Päbstl. Cammer mehr als ein hundert tausend Scudi kosteten; indem sie alleine dem Cardinal Coscia das letztemahl 30000. Scudi zahlen solte.

In den Symbolis Malachiä wird von diesem Pabst gesagt: MILES IN BELLO, ein Soldat im Kriege. Wie dieses auszulegen davon sind mancherley Gedancken. Einer hat die Erklärung in der Rose des Orsinischen Wappens wollen gefunden haben, und hat dieselbe in folgendes Epigramma verfasset:

En, rosa, flos mediis miles Benedictus in armis
Gratus odor, spinis non nisi tacta nocet.

Ein anderer sinnreicher Poet treibt diesen artigen Schertz, weil wenig militarisches an diesem Pabst zu finden gewesen:

Miles is *in bellis* prædicitur esse futurus
Qui nunc Pontificis munia magna subit.
En Ursinus adest, quo non est mitior alter,
Languet enim trepidus decrepitusque senex.
Non erras Vates? non, sed librarius errat,
Imbellis Miles, scribere debuerat.

Von einem Jesuiten habe ich diese Deutung gehöret:

Indixit fictis Benedictus bella capillis
In bello Miles sic Benedictus erit.

Ich meine aber dieser Pabst habe zu fechten genug gehabt, mit den Cardinälen, die ihm in allen zuwider waren, absonderlich in der dem König von Sardinien ertheilten Kirchen-Freyheit; mit dem König von Portugall, wegen des dem Nuntio Bichi verweigerten Cardinals Huts; mit den Jesuiten, da er den Dominicanern, über der Lehre des Heil Augustini und Thomæ Aquinatis feste zu halten, eifrigst anbefohlen; mit der üppigen Clerisey die er zu bessern Sitten bringen wolte, u. s. w. Es war auch hohe Zeit daß er endlich den 21. Febr. A. 1730. aus dieser Zeitlichkeit abschiede, sonsten würde er noch mehreres zu streiten bekommen haben, indem endlich gantz Rom über seine unwürdige Schoß-Kinder schwürig ward. Er hatte 5. Jahr, 8. Monat und 21. Tage auf dem Päbstl. Stuhl gesessen, und gelebet 81. Jahr und 19. Tage. Wie sehr er sich sein bischöffl. Amt hat angelegen seyn lassen, ist alleine daraus abzunehmen, daß er 380. Kirchen, 165. feste- und 630. bewegliche Altäre geweihet. Die Anzahl der von ihm gemachten Cardinäle in der kurtzen Regierung belaufft sich auf 28. Ein unbekandter Poet hat ihm diese Grabschrifft gesetzet:

Hier ruhet Benedict ein Pabst von guten Sitten,
Der Perruquier Ruin, kein Freund der Jesuiten,
Die dannoch seinen Sinn nach ihrem Sinn bestritten,
Er hat den Almanach mit Heiligen vermehrt,
Noailles noch am Ziel den Lebens umgekehrt,
Und dem Dominico manch guten Tag beschehert.
Sein Thun bestand in Kirch, Altär, Capellen weihen,
Nun ihn der Tod gerafft zu seinen dürren Reihen,
Darf auf den heilgen Stuhl kein Frater mehr sich freuen.

Vid. *Icon mentis & cordis Benedicti XIII. P. M. Aug. Pipia Ordinis Fr. Prædicat. Magistri General. præceptum & notificatio de electione ejusd. cum excerpt. ex hist. Ord. Prædicat. de vita & aliis ejusd.* Europ. Fama.

Der Wöchentlichen Historischen Müntz-Belustigung

25. Stück. den 20. Junii. 1731.

Gar rare Erfurthische Gedächtniss-Müntze auf den Tod K. Gustav Adolfs in Schweden, von A. 1634.

I. Beschreibung derselben.

Die erste Seite stellet den auf einem von zwey geflügelten Pferden gezogenen Triumph-Wagen im blossen Haupte sitzenden, gantz geharnischten, mit einem Mantel umgebenen, und mit dem ausgestreckten rechten Arm ein blosses Schwerd in die Höhe haltenden König vor; über welchem eine aus einer viele Strahlen von sich werffenden Wolcken hervorgehende Hand einen Lorbeer-Crantz hält. Im Abschnitte stehen in einem zwischen der Jahrzahl 1634. befindlichen Schildgen die Chymischen Zeichen von Saltz und Schwefel, als ein Zeichen des Müntzmeisters Weissmantels in Erfurth. Umher ist der Tittel zu lesen: GVST.avus. ADOLPH.us. D.ei. G.ratia. SVEC.orum. GOT.horum. VAND.alorum. R.ex. M.agnus. PRIC.Princeps. FIN.landiæ. DVX. ESTHON.iæ. ET. CARE-

L.iæ. DNS.Dominus. INGRIÆ. d. i. Gustav Adolf, von GOttes Gnaden der Schweden/ Wenden/ und Gothen König/ Groß-Fürst in Finland/ Hertzog in Esthen und Carelen/ Herr in Ingermanland.

Auf der andern Seite wird in einer achteckigten ablänglichten Einfassung der mit aufgehabenen Händen liegende und mit Königl. Kleidern angethane Leichnam vorgestellet, wie dessen Seele von zwey Engeln in den Himmel getragen wird, aus welchem, unter dem Nahmen Jehovah, zwischen vielen Strahlen, die Stimme gehet: EVGE. SER.ve. FIDELIS. Ey du getreuer Knecht. Umher befinden sich acht zierlich eingefaste Oval-Schilder, über deren sieben in dem äussern Rand des Thalers sich Baldachin befinden. Dieselben enthalten folgende Inschrifften: 1. MONVMENTVM REGIVM. Aussen herum stehet in einer Krümme: Den 6. Novemb. 1632. 2. IN ANGVSTIIS INTRAVIT. 3. PIETATE AMAVIT. 4. HOSTES PROSTRAVIT. 5. REGNVM DILATAVIT. 6. SVECOS EXALTAVIT. 7. OPPRESSOS LIBERAVIT. 8. MORIENS TRIVMPHAVIT. Umher im äussern Umkreiß ist zu lesen: VITA MIHI CHRIST.us. MORS. MEA. DVLCE. LVCRVM. PHIL. I. v. xxi. Diese Lateinische Umschrifften heissen auf Teutsch also: 1. Königliches Grabmahl. 2. Er hat die Regierung in Gefährlichkeiten angetreten. 3. Väterlich geliebet. 4. Die Feinde erlegt. 5. Das Reich erweitert. 6. Die Schweden erhoben. 7. Die Untergedrückten befreyet. 8. Sterbend gesieget. Das Leben ist mir Christus. Mein Tod ein süsser Gewinn.

2. Historische Erklärung.

Es enthält dieser Thaler auf seiner Gegen-Seite alle die Lobsprüche, welche auf K. Gustav Adolfs Grabmahl in der Rittersholm-Kirche zu Stockholm zu lesen, wie aus Loccenii *Hist. Suec. Lib. IX. p. 606.* zu ersehen. Es lauten dieselbe vortrefflich, und sind auch so unwiedersprechlich, daß solche die Zeugnüsse vieler grosser Männer, die doch nicht von seiner Religion gewesen, selbsten bestätigen. Majolino Bisaccioni in *memorie historiche della Mossa d'Armi di Gustano Adolfo in Germania nel l'anno* 1630. *in Venetia* 1642. in 4. schreibt von ihm: Visse nella sua irreligione religiosissimo -- Riprese una volta, e non molto prima del suo morire, i suoi, che troppo lo idolatrassero, ed attribuissero a lui, e non a Dio, le vittorie. d. i. Er war bey seinem Unchristenthum/ wie ein verblendter Italiäner zu reden pflegt, jedoch der allerchristlichste König. Er straffte einsmahls/ und nicht lange vor seinem Ende/ die Seinigen/ daß sie mit ihm rechte Abgötterey trieben/ und ihm/ und nicht GOtt/ den Sieg zueigneten. Er sagt ferner: Er sey dem Rauben und der Weiber-schändung todtfeind gewesen, und habe diese Laster an seinen

Sol

Soldaten sehr hart bestrafft, auch sonsten unter seinem Kriegs-Heer so gute Zucht und Ordnung gehalten, daß jedermann spühren können, wie sehr er der Gerechtigkeit beygethan gewesen. Item. Er sey in Franckfurt am Mayn mit blossem Kopffe eingeritten, um den Leuten, die ihn gegrüsset, und Ehrerbietung bezeiget, recht zu dancken, und sich gegen dieselben wieder höfflich zu bezeigen. Er habe mit dieser Müntze gleichsam die Hertzen aller Leute gekauffet.

Vittorio Siri versichert in seinen *Memorie reconditi*, daß P. Urbanus VIII. bey der erhaltenen Nachricht von des Königs Tod, gesagt: Er sey wohl ein tapfferer Held/und hochqualificirter König/gewesen. Als darauf ein Cardinal geantwortet: Er habe aber die Catholische Kirche in Teutschland verfolget, und solte man sich erinnern, daß die Gothen vor tausend Jahren Rom eingenommen und verheeret hätten; so habe der Pabst versetzet: Es wäre ihm dieses nicht unbekand; allein es wäre erst hundert Jahr, daß die Spanier in Rom ärger, als die Gothen, gehauset hätten.

Wann der tieffsinnige Spanier, Didacus Saavedra, den ungemein glücklichen Fortgang der siegreichen Waffen K. Gustav Adolfs bey sich erwäget, so bricht er in diese Worte aus in *Idea Principis Christiano-Politici Symbolo LXXXVIII. p. 325.* Illud Sueciæ fulmen, e Septentrionis exhalationibus ortum, intra dies paucos de Imperio triumphavit, totumque paene orbem terrore complevit, & glande unica plumbea trajectum mox disparuit. d. i. „Derjenige aus„ den Nordischen Ausdünstungen entstandene Blitz, hat binnen wenig Ta-„ gen das Reich besieget, und fast die gantze Welt mit Schrecken angefüllet,„ und nachdem er von einer eintzigen bleyern Kugel ist durchschossen worden,„ ist er verschwunden.„

Carolus Caraffa *in Commentario de Germania sacra restaurata p. 476.* fället das kurtze, jedoch nachdem durch die Erfahrung bestätigte, Urtheil von demselben: Parem Gustavo Suecia nullum, reliquus orbis paucos dabit. d. i. Desgleichen wie K. Gustav gewesen, wird Schweden niemand, und die„ übrige Welt wenige hervorbringen.„

Der Pere Maimbourg in der *Histoire du Lutheranisme p. 266.* hat von ihm dieses aufgezeichnet: Gustaue Adolphe reduisant tout sous sa Puissance & menaçant deja Italie & Rome, qui avoit tout a craindre de cet Alaric, si Dieu, qui se voulut servir quelque tems de ce terrible fleau, pour punir l'Allemagne, ne l'eust bientost jette par terre, comme il fit a la journée de Lutzen, par ce coup fatal, qui l' y fit perir sans neammoirs cesser de vaincre. Prince â la verite, qui a plus acquis de gloire, que ses predecesseurs. d. i. Gustav Adolf, indem er„ alles unter seine Gewalt gebracht, drohete schon Italien und Rom, wel-„ ches von diesem andern Alarich alles zu fürchten hatte, wann GOtt, der„

„sich einige Zeit dieser schrecklichen Peitsche bedienen wolte, sie nicht hätte „bald auf die Erde geworffen, wie geschahe in der Schlacht bey Lützen, durch „den tödtlichen Schuß, der ihm zwar das Leben nahm, nichts destoweniger „ohne aufzuhören zu siegen. In Warheit, ein Fürst, der mehr Ehre erlangt „hat, als alle seine Vorfahrer.„

Battista Nani in seiner *historia della Republica Veneta Lib. IX. p.* 490. hält es für schwehr, wann man dieses grossen Königes Tugenden zusammen ansiehet, ob seiner Kriegs- oder Staats-Wissenschafft der Vorzug beyzulegen sey? Seine Worte sind diese: Stando le sue virtu consolidate & unite non si sopeva discernere, se alla militare peritia, o alla civile attribuirsi dovesse le palma.

Der Graf von Khevenhüller schreibet im **Ersten Theil der Conterfet-Kupfferstich der regierenden grossen Herrn zu Zeiten K. Ferdinando** *II. p.* 184. „Ob wohl König Gustav Adolf des Römischen Kaysers Feind „gewesen, so hätten doch seine ansehnliche Partes, Valor, und Vernunfft bey „jedem Witzigen Mitleyden verursachet, daß er durch drey Schüsse in der „Schlacht bey Lützen geblieben, und der Kayser selbst habe seinen Tod be„trauert, und gewünscht, daß dieser Herr seine Kriegs-Erfahrenheit, Valor, „und Tapfferkeit in guter Freundschafft mit Ihrer Majestät wider den Tür„cken hätte anwenden mögen.

Unter den auf dem Thaler sich befindenden Lobsprüchen, ist vornehmlich der merckwürdig: SVECOS EXALTAVIT. **Er hat die Schweden erhöhet oder groß gemachet.** Es haben dieses auch einige Reichs-Räthe zu Zeiten K. Carl Gustavs in der Berathschlagung wegen eines neuen Krieges mit diesen Worten in Pufendorfii de rebus Caroli Gustavi Lib. I. §. 50. gar wohl erkant: Equidem Sueciam antehac felicia bella gessisse, ac victricibus Gustavi Adolfi armis e contemtu vindicatam, atque ita firmatam, ut facile vicinorum arma eludere valeat. - - Quin hostes ipsos velut januam fortunæ Sueciæ aperuisse, dum eam contemnunt. d. i. „Es hätte Schweden vormahls auch „glückliche Kriege geführet, und sich durch die sieghaffte Waffen Gustav „Adolfs wieder aus der Verachtung gesetzet, und dergestalt befestiget, daß „es nun leichte der benachbarten Waffen spotten könne; die Feinde selbsten „hätten Schweden zu diesem Glücke die Thür aufgethan, daß sie selbiges „verachtet.„ Wie denn K. Ferdinand II. sagte, als er K. Gustav Adolfs Ankunfft auf dem Teutschen Boden vernommen: **Er habe wiederum ein FEINDLE bekommen.** Der General Tilly aber antwortete demselben in allerunterthänigstem Respect: Daß dieses ein grosser und gewaltiger Feind wäre, der von Jugend auf den Degen schon sehr glücklich geführet habe.

Elias Pufendorf stimmet gedachtem Urtheil der Reichs-Räthe in seinen *Anecdotes de Suede*, oder *Histoire secrete des changemens arrivez dans la Suede sous le regne de Charles XI.* bey, und schreibt p. 66. „Schweden war von alten Zeiten her ein armes Königreich gewesen, und seine, als in einem„ Nordischen Winckel eingeschlossen lebende, Einwohner bekümmerten sich„ wenig um die Händel der andern Theile von Europa, gleichwie man auch„ in andern Ländern sich wenig um die Sachen bekümmerte, die solches Kö-„ nigreich angiengen. Gustavus Adolphus war der erste, und nach dessen„ Tode, die Regenten des Staats und seine Generals, welche den Ruhm„ dieses Königreichs weit ausbreiteten, und es in ein solches Ansehen brach-„ ten, daß es von einem grossen Gewicht in allen Europäischen Händeln„ seyn konte. Weil jedoch diese Grösse, wozu es so schleunig gestiegen, nicht„ so wohl von seinen eignen Kräfften, als von der sonderlichen Tapfferkeit„ und Tugend Gustaphi Adolphi, ingleichen von der Beschaffenheit, da-„ rinnen die damahligen Reichs-Stände in Teutschland sich befanden, her-„ rührete; so sahen die Klugen wohl vorher, daß, nachdem sich die Gestalt„ der Sachen verändert, Schweden nicht lang in demselben Zustand würde„ bestehen können ꝛc.„

Der berühmte Medailleur, Sebastian Dadler, hat eine Medaille von 10¼ Loth in Silber geschnitten, die dieser Müntze gantz gleich kommt. Auf der ersten Seite sitzet der König auf einem Triumph-Wagen von geflügelten Pferden gezogen, in der rechten Hand das Schwerd, und in der lincken die Bibel, haltend, darinnen geschrieben: VERBVM DOMINI MANET IN ÆTERNVM. Zu beeden Seiten setzen ihm die Religion und Beständigkeit einen Lorbeer-Crantz auf. Oben lieset man über einer Menge flüchtiger Feinde: ET VITA ET MORTE TRIVMPHO. Die Umschrifft ist: DVX. GLORIOS.us. PRINCEPS. PIVS. HEROS. INVICT.us. VICTOR. IMCOMPARAB.ilis. TRIVMPH.ator. FELIX. ET. GERM.aniæ. LIBERATOR. A. 1634. Auf der andern Seite liegt der König eben so, wie er auf dem Thaler zu sehen; es stehen auch die Worte drauf: EVGE SERVE FIDELIS. Im Prospect aber treibet ein Engel mit einem feurigen Schwerd die Feinde fort, mit der Uberschrifft: VEL MORTVVM FVGIVNT. Aussen herum ist der Königliche Tittel zu lesen.

Wie viel Thaler und Medaillen vom K. Gustav Adolfen vorhanden, kan man aus folgendem mir übersandten wohl eingerichteten Project eines sehr schönen Wercks sehen, welches einen danckbahren, und dabey alle Sorge und Fleiß anwendenden, Verleger erwartet, und verdienet.

Beschreibung
Des von dem F. S. G. C. A. R. J. H. S. J. C. gesammleten Königlich-Schwedisch-Gustav-Adolphischen Müntz-Cabinetgens, nach dessen XV. Tafeln, durch welche zugleich die höchstrühmliche Thaten und Lebens-Lauf dieses unvergleichlichen Königs und Heldens Gustavi Adolphi kürtzlich mit vorgestellet werden.

Tab. I.

Enthält in sich 16. Stück, und zwar diejenigen Thaler und Müntzen, so nach dieses, niemahls genug zu preisenden, Königes, den 9. Dec. A. 1594. erfolgten hohen Geburt, A. 1611. angetrettenen Regierung, und A. 1617. zu Upsal mit grossem Frolocken geschehenen Crönung, und A. 1613. und 1617. mit dem König in Dännemarck und Moscau errichteten Frieden, mit der denen damahligen Schwedischen Müntzen gewöhnlichen Inscription: Designatus Princeps hæreditarius. Welche Worte auf einigen auch ausgelassen, und Gloriæ Altissimo suorum refugio, nebst: Salvator mundi salva nos, in Schweden gepräget worden. Jngleichen ist auch auf dieser Tafel die A. 1620. auf dessen Vermählung und Crönung Dero Frau Gemahlin, Mariæ Eleonoræ, Churfürst Joh. Sigismundi in Brandenburg Tochter, mit der Inscription: A Deo destinata, geprägte Medaille, befindlich.

Tab. II.

Bestehet aus 10. Stücken, deren einige, auf den in Annis 1620. geführten, und A. 1629. geendigten Polnischen Krieg, worauf der Elbingische Doppel-Thaler, und die auf die Belager- und Eroberung Riga, und A. 1630. in Teutschland auf der Jnsul Rügen geschehene Anlandung, so die Inscriptiones: Riga devicta &c. Aurum contemne &c. Item. Von Mitternacht ich komm herein. Item. Das Aug des Herrn sehe mich an in Gnaden 2c. Item. Non exoratus exorior &c. Item. Privata relinquo, publica defendo, zeigen, geschlagen worden.

Tab. III.

Hat 9. Stück, und gehören auch theils noch zu denen obigen Tab. præc. beschriebenen, theils aber stellen das zwischen dem König und Churfürsten Joh. Georgio I. in Sachsen A. 1631. errichtete Bündnüß mit der Aufschrifft: Einträchtigkeit/ verzehret alles Leyd. 2c. Item. Chursachsen und König zu Schweden/ durch Gottes Krafft uns retten aus Nöthen/ vor.

Tab.

Tab. IV.

Zeiget 11. Stück, auf welchen allen die vor der Leipziger-Schlacht gegebene Königliche Parole: GOtt mit uns / zu lesen, und also auf diese den 7. Sept. A. 1631. gehaltene erstere Leipziger-Schlacht gepräget worden. Besonders aber weiset diese Tabell die grosse Medaille auf welcher die völlige Leipziger-Schlacht zu sehen.

Tab. V.

Enthält 10. Stück, so auch auf die erste Leipziger-Schlacht, mit der Inscription: Deo & victricibus Armis, heraus kommen.

Tab. VI.

Bestehet aus 8. Stücken, so noch auf die erste Leipziger-Schlacht gepräget worden. Wie dann die Inscriptiones: Für GOttes Wort das Schwert ich führ ꝛc. Item. Mit GOtt und ritterlichen Waffen ꝛc. Item. *Victoria* vor Leipzig. Item. Miles ego Christi. Item. Das Aug GOttes des Herrn sehe mich an in Gnaden ꝛc. klar erweisen.

Tab. VII.

Auf dieser befinden sich 22. Stück, worunter 6. Thaler, als 4. mit der Umschrifft: Dextra tua Domine, und 2. mit der Inscription: A Domino factum est istud, nicht minder einige Ducaten, worauf des Königs Brust-Bild und gewöhnliche Umschrifft zu sehen. Jedoch sowohl Ducaten und Thaler sämtlichen diversen Gepräge oder Stempels, auch alle, ausgenommen ein Thaler mit des Medailleurs Weißmandels Signo des Sulphuris & Mercurii bezeichnet, woraus erhellet, daß solche zu Erfurth durch Hertzog Wilhelm von Weymar und damahligen Gouverneur in gedachten Erfurth dem König zu Ehren und Andencken der Leipziger Schlacht, und ihrer der Erfurther selbst eigener darauf erfolgten Befreyung von der bißherigen Ligistischen Last A. 1631. gepräget worden, und ist dabey auch der Groschen von diesem Signo A. 1622. gepräget.

Tab. VIII.

Weißet 13. Stück, und zwar diejenigen Thaler, Batzen und halbe Batzen, so der Sage nach bey Ereberung Würtzburg A. 1632. sind gepräget worden, worunter ein deßwegen besonderer Ducat, weilen darauf der König geharnischt mit der Crone auf seinem Haupte und Degen in der Faust stehend zu sehen.

Tab. IX.

Enthält 14. Stuck, auf welchen der König theils ohne theils mit der Königin zu sehen ist, und zeiget das darauf befindliche Augspurgische Wappen, daß solche in Augspurg, und vielleicht, als ihm diese Stadt gehuldigt, gepräget worden. Wiewohl 2. Ducaten auch die Jahr-Zahl A. 1633. &

34.

34. haben, so aber voriger Meinung nichts benimmt, vielmehr die standhaffte Treue und Liebe gegen ihm bezeiget.

Tab. X.

Bestehet aus 14. Stücken, meistens nur mit des Königs verzogenen Namen auf dem Revers, so vermuthlich als Schau-Stücke, und sonderlich zu München, unter das Volck vertheilet, und ausgeworffen worden.

Tab. XI.

Hat 12. Stück, worunter die schöne grosse ovale Nürnbergische aus 16. Loth bestehende Schau- und Gedächtnuß-Medaille, ingleichen die zu dieser Begebnuß bey Nürnberg gehörigen Medaillen, auf welchen meistens die Worte: Hie Schwert des HErrn. Item. Der Sieg komme von GOtt rc. zu lesen.

Tab. XII.

Enthält in sich den eintzigen grossen auf des Königs den 6. Nov. A. 1632. durch eine zwar hohe, doch falschen Freundes, Hand bey Lützen im 38sten Jahr seines siegreichen Alters erfolgten Todt, in Kupffer gestochenen Nummum Sigerodianum, auf dessen einer Seite der König auf dem Parade-Bett liegend, auf der andern Seite aber auf einem Triumph-Wagen gen Himmel fahrend, zu sehen.

Tab. XIII.

Bestehet aus 12. Stücken, so alle noch mit des Königs Tod, meistens nach vorhergehender Art, jedoch durch kleinere Stempel gepräget sind. Nebst diesen sind dreyerley Sorten auf dieser Tafel von denen Medaillen, auf deren Revers die Inscription: Stans acie pugnans. Item. Die Medaillen mit dem Phoenix, und der Umschrifft: Perit, ut vivat, zu sehen.

Tab. XIV.

Weiset 15. Stück, und darunter sonderlich zweyerley Thaler mit der Aufschrifft: Ich bin ein guter Hirt/ und dergleichen dreyerley Ducaten von A. 1632. 33. und 34. ferner noch dreyerley Medaillen mit Stans acie pugnans. Item. Christus dux, ergo triumphus. Item. Menschen-Kind/ meynest du daß diese Bein wieder lebend werden. Item. Sein unsterblich Lob dem Tod siegt ob. Letzlich auch Caroli Gustavi Crönungs-Medaille: a Deo & Christina.

Tab. XV.

Auf dieser sind einige Schau-Stücke nebst einem Nürnberger Teller von Zinn zu sehen, in dessen Mitte der König zu Pferd, und auf dem Rand umher dessen hohe Generalität. Item. Des Königs-Bildnuß in einem Kirschkern sehr nett und künstlich geschnitten. Item. In einer Capsul in Wachs pousiret, nicht minder verschiedene Kupfer-Stücke von dem König, dessen Generalität, und dieses Kriegs Interessenten. Item. Effigies aller Könige in Schweden auf einer Tabell rc.

Der Wöchentlichen
Historischen Müntz-Belustigung
26. Stück. den 27. Junii. 1731.

Ein nicht gemeiner Rheinischer Goldgülden von Kayser Ruprechten, zwischen A. 1400. und A. 1410.

1. Beschreibung deßelben.

Die erste Seite enthält den einköpffigten Römischen Reichs-Adler, mit den zu dessen Füssen gesetzten beeden Wappen-Schildgen von der Rhein-Pfaltz und dem Hertzogthum Bayrn, und der Umschrifft: RVPERT.us. ROM.anorum. REX. SP.Semper. AVGV.stus. d. i. Ruprecht/ Römischer König/ allezeit Mehrer des Reichs.

Auf der andern Seite stehet in völliger Gestalt St. Johannes der Tauffer, um sich habend einen härinnen Mantel, mit dem Gottes-Lamm auf der lincken Hand, in welcher er auch ein erhaben Creutz hält. Die rechte Hand aber hebt er zum segnen in die Höhe. Uber seiner rechten Schulter ist wiederum der Pfältzische Löwe zu sehen. Umher stehen die Worte: MONETA. HEIDELBG.Heidelbergensis. d. i. Heidelbergische Müntze.

2. Historische Erklärung.

Ich bin ein grosser Liebhaber, wie überhaupt vom alten Gelde, also insonderheit von alten Goldgülden, und lasse dahero keinen eintzigen, der mir vorkommt, gerne entwischen, ohne ihn recht genau zu betrachten. Neue Müntzen zeigen leider nur von den immer je mehr und mehr schlimmer werdenden Zeiten, und haben auch keinen so grossen Nutzen in der Historie. Ich kan dahero nicht gnugsam rühmen die grosse Höflichkeit vieler gutwilligen Gönner und Freunde, welche mir immer ein schönes Stücke nach dem andern, zu besonderer Vergnügung meiner Curiosität, und grossen Beförderung meiner Arbeit, dienstgeflissenst darbiethen, indem sie wohl wissen, daß ich solches ihnen nicht abbettele, noch dergleichen Schätze zu sammlen beflissen bin. Ich achte es dahero auch nicht, wann andere mit ihrem gesammleten Vorrath von neuen Medaillen so rar thun, und mir keine, zu Fortsetzung dieser Müntz-Bögen, communiciren wollen, unter dem nichtigen Vorwand, daß solche dadurch allzu gemein würden. Ich gönne ihnen gantz gerne, daß sie sich mit diesen göldnen Aepffeln für sich alleine belustigen, versichere aber doch, wann ich so grosses Belieben dazu hätte, daß mir dieselbe schon durch einen andern Canal eben so reichlich zuflüssen solten, als wie die alten Müntzen, deren eine eintzige, obschon auch in ihren Augen die unansehnlichste, mir lieber und anständiger ist, als zehne von den neuen Schau-Pfenningen, als welche öffters weiter nichts anreitzendes, womit sie den Leuten in die Augen fallen, an sich haben, wegen der übel gerathenen Invention und schlechten Kunst, als den vergänglichen Glantz.

Der auf diesem Bogen vorgestellte Goldgülden ist aus altem Rheinischen Golde geschlagen. Dasselbe ist von den ältesten Zeiten her bekand, wie aus den Stellen des Nonni Panopolitani, und des Weissenburgischen Mönchs, Ottfrieds, in Freheri *Originibus Palat. P. II. c.* 17. zu ersehen, dahero der Rhein, wegen des mit sich führenden Gold-Sands, einen grössern Vorzug vor andern Flüßen erhalten.

Wie solcher zu unsern Zeiten zu Seltz und andern Orten gewaschen werde, erzehlet der Chur-Pfältzische Cantzley-Registrator, Michael Heberer, in seiner Reiß-Beschreibung, betittelt: *Aegyptiaca Servitus Lib. I. c. 5. p. 32.* folgender massen: „Erstlich richteten sie am Staden des Rheins in die drey
„zusammen gefaste ungehobelte Bretter, so auf den Seiten mit Leisten ver-
„wahret, etwas schregs auf, warffen viel Sands, den sie in unsern Beyseyn
„aus dem Rhein mit Hawen holeten, auf die gemeldten Bort, oder Bretter,
„und wenn die Bretter ziemlich gehauffet waren, nahmen sie mit langen
„Schöpffen Wasser aus dem Rhein, und flötzten den Sand wieder von den
„Brettern herunder.

„Da der grobe Sand aller herunder war, blieb der reineste und schwehr-
„ste Sand, darunder das Gold vermischt, zwischen den rawen spreißen haff-
„ten, biß sie solches hernacher zu sonder traut mit grossen Fleiß abwuschen,
„und in einen höltzern Napffen, so darunter gestelt, flotzten. Als sie nun sol-
„ches einmahl oder etlich gethan, samleten sie innerhalb zweyen Stunden
„ungefehr, des ausgewaschenen Gold-Sands, uff ein Vierling voll, trugen

den

den zu Hauß, uns weiter zu weisen, wie sie das Gold daraus zusammen„ brächten.„

Da sie nun zu Hauß kahmen, macheten sie ein zimlich Kohlfeuer, und„ stelleten den Goldsand in einem irdin Gefäß darauf, wärmten denselben,„ und so bald er ein wenig erwärmete, liesse sich hin und wider das Gold mit„ kleinen Körnlein scheinbarlich sehen.

Solche kleine Körnlein vermengt heraussen zusammen zu fassen, und„ von dem Sand zu scheiden, brauchten sie lebendig Quecksilber, dessen sie ei-„ nen gewissen Theil, ihrer Erfahrung nach, unter den Sand mengten; da-„ mit samleten sie alles Gold, so unter den Sand vermenget, ja auch das ge-„ ringste Körnlein, zusammen in ein Klümplein, also daß das Gold seinen„ Schein verlohr, und die weisse Farbe des Quecksilbers an sich zoge. Sol-„ ches Klümplein nahmen sie heraus, und klopfften es in der Hand zwischen„ den Fingern mit einem Messerrücken in die Runde zusammen, biß es etwas„ hart wurde, und das Ansehen hatte wie ein ziemliche Kügele, oder kleiner„ Kluckern, welches Kügelein sie nachmahls in einen glüenden Tigel warf-„ fen, der im Feuer darzu bereitet stunde.„

Darinnen liessen sie es eine kurtze Zeit, und so bald sie es heraussen tha-„ ten, war das Quecksilber verschwunden, und bekahme das Kügelin die na-„ türl. scheinbahre, und glitzende Goldfarb, wie es dann auch pur und fein„ Rheinisch Gold ist.„

Dieses Gold-Kügele, so in unserm beysein innerhalb vier Stunden„ aus dem Grund des Rheins genommen und gefertigt, wuge ungefehr zween„ Goldgülden, dessen der Burgundische, als zuvor unglaublicher Sachen, sich„ höchlich verwundert, auch solch Gold-Kügelin gern erkaufft, und thewr„ gnug bezahlet hette. Aber die Leute so es machen, und die Goldgründe„ von Churfürstl. Pfaltz der Enden inn hatten, dorfften niemands anders„ als ihrer Herrschafft, solch Gold zukommen lassen.„

Ausser der Rheinischen Goldwäsche haben sich sonsten vor dem noch an- dere reichhaltige Gold- und Silber-Gruben in der Rhein-Pfältzischen Landschafft aufgethan, daß es den Pfaltzgrafen beym Rhein gar nicht schwehr gefallen, eine Menge gold- und silberne Müntzen prägen zu lassen. In ei- nem alten Pacht-Brief des Abt Anshelms im Kloster Lorsch de A. 1094. ste- het: De monte, ubi argentum foditur, I. Marca; von dem Berg, daraus Sil- ber gegraben worden, bekomme er ein Marck. Die Dominicaner zu Col- mar haben in ihrem Jahrbuche im Jahr 1292. aufgezeichnet: Mineram auri apud Heidelberg inventam, man habe Gold-Ertzt bey Heidelberg gefunden.

Nach der Pfältzischen Scribenten Bericht haben die Pfaltzgrafen beym Rhein die Bergwercks-Gerechtigkeit Kayser Friedrichen II. zu dancken, der solche Pfaltzgraf Ludwigen A. 1219. den 26. Nov. in Nürnberg verliehen. Die Kayserliche Urkunde hievon hat Gewold zu erst aus dem Bayerischen Archiv hervorgebracht, aus welchem Freher, Goldast, und Tolner solche ihren Schrifften einverleibet. Deren Auszug lautet also: Fridericus II. D. G. Romanorum Rex - notum facimus - quod nos attendentes - obsequia, quæ - Ludovicus, Dux Bavariæ, Palatinus Comes Rheni, majestati nostræ exhibuit - de mera liberalitate nostra donavimus sibi & heredibus suis, & in rectum feudum concessimus, omne genus metalli, tam in auro & argento, quam in aliis, quod in terris patrimonii & feudi sui fuerit repertum, cum omni iure & utilitate exinde perveniente, & quam nos & Imperium percipere deberemus. d. i. „Friedrich II. „von Gottes Gnaden Römischer König, thun kund, daß wir angesehen die „gehorsamste Dienste, welche Ludwig, Hertzog in Bayern, Pfaltzgraf beym „Rhein, unserer Majestät erwiesen, und haben ihm und seinen Erben ge„schenkt, und zu einem rechten Lehn verliehen alle Arten der Ertzbrüche, so wohl „in Gold als Silber, und andern, welche in den Landen seines Erbtheils und „Lehns möge können gefunden werden, mit allem rechte, und daraus kom„menden Nutzen, und welchen wir und das Reich geniessen solten.„

Dem Herrn Cantzler von Ludwig scheinet bey Behauptung seiner sonderlichen Meinung, daß auch noch vor der goldnen Bulla K. Carls IV. die Landes-Herren, nicht eines Kayserlichen Privilegii halben, sondern ihrer Landes-Hoheit wegen, jederzeit die Bergwercke in ihren Landen gehabt hätten, im ersten Theil seiner vollständigen Erläuterung gedachter göldenen Bulle p. 811. unter andern das dem Pfaltzgrafen am Rhein, Ludwigen, wegen der Gold- und Silber-Bergwercke in seinem Lande verliehene Privilegium, ein sehr wiedrig lautender Brief zu seyn, jedoch sucht er sich, nach seiner ungemeinen Fertigkeit, nach den vorgefaßten Meinungen, ohne alles fernere Überlegen, durch alles gleich durchzufahren, damit zu helffen, daß er meldet: „Es „könne dieses Diploma darum niemand irren; dann schon anderswo von ihm „ausgeführet worden, daß der Ober- und Nieder-Rhein, wo diese Pfaltz„grafschafft gelegen, keinen Hertzog gehabt, folglich dem Kayser darinnen „alle Stücken der Landes-Hoheit zukommen wären. Wie dann eben des„wegen der Kayser in denen Rheinischen Landen, als seinen Tisch- und Ta„fel-Gütern, alles dasjenige, und mithin auch die Bergwerck, genossen, so, „wie selbige ein Landsherr, der Landes-Hoheit wegen, in einer andern Pro„vintz, gebrauchet hätte. Und weil des Reichs-Hoff-meister, der Pfaltzgraf „am Rhein, sich anfangs von blosen Cantzeley- und Gerichts-Sporteln erhal„ten müssen: Als hätten die Kayser selbigen nachhero seine Einkünfften zu „vermehren gesuchet, und an selbigen ein Regale nach dem andern übertragen, „biß endlich der Pfaltzgraf alles einzgler Weise wegbekommen, und sich in „den völligen Besitz der Landes-Hoheit gebracht hätte. Es

Es kan wohl nichts verkleinerlichers ausgedacht werden, als dieser erdichtete Ursprung der so hochgewürdigten Pfaltzgrafschafft bey Rhein. Es ist aber dieses die Gewohnheit des Herrn Cantzlers, daß er nur groß machet, was er nur groß haben will, es mag nun dessen Anfang noch so schlecht gewesen seyn, und daß er hingegen alles zu erniedrigen pfleget, was in seinen Augen, aus besondern Absichten, ein verächtlicher Erdwurm seyn und heissen soll, und wann es GOtt, die Kayserlichen Privilegia, und Reichs-Satzungen, noch so hoch gesetzet, und mit allen nur ausdencklichen Vorrechten versehen hätten. Dieweil aber der offenbahren Warheit zu widersprechen dennoch schwehr fället, so machet er sich ein Hauffen Chimærische Vorstellungen, und fasset daraus falsche Vorurtheile, welche doch die Richtschnur aller seiner Beurtheilung in den wichtigsten Sachen seyn müssen. Ich will mich aber anjetzo über das von dem Herrn Cantzler angeschuldigte bößliche Aufkommen des Pfaltzgrafens beym Rhein nicht weiter ärgern, ob er schon Ihn nicht anders vorstellet, als einen schlimmen Gerichts-Verwalter, der nach und nach seines Gerichts-Herrn Rechte und Güter so an sich zu ziehen weiß, daß er endlich aus einem Diener und Beamten ein Herr und Inhaber derselben wird, der alte Herr aber mit leeren Händen fortgehen muß; denn in der Pfaltz sind auch gelehrte Männer, die ihres Churfürstens und Landes-Herrn so sehr beleidigte Ehre zu rechter Zeit schon werden zu vindiciren wissen. Ich will vielmehro kürtzlich die Ausflucht des Herrn Cantzlers beleuchten, wegen des angeführten von K. Friedrichen II. erhaltenen Pfältzischen Bergwercks-Privilegii. Wie? ist denn die Rhein-Pfaltz, so Hertzog Ludwig und sein Sohn, Otto, in Bayern, bekommen, damahls noch eine Kayserliche Domaine gewesen? und hat nicht schon zu selbiger Zeit der Pfaltzgraf bey Rhein einen grossen Hertzog des Reichs abgegeben, der an dem Rheinstrohm so wohl eigenthümliche Länder, als Reichs-Lehn-Stücken, besessen? Ich darf den Beweiß gar nicht weit herhohlen, sondern der leuchtet jederman im gemeldten Kayserlichen Privilegio in die Augen; denn darinnen stehet klar, daß ihm der Kayser die Bergwercke verleihe in terris patrimonii & feudi sui. Das Land also, das Pfaltzgraf Ludwig entweder erblich, oder Lehns-weise, besessen, das kan kein Kayserliches Tafel-Gut gewesen seyn.

Jedoch ich unterstehe mich, des Herrn Cantzlers der Kayserl. Majestät so nachtheiligen Lehrsatz, daß die Bergwercks-Gerechtigkeit den Hertzogen eigenmächtig, und nicht aus Kayserlicher Begnadigung, zustehe, auch auf eine andere Art und Weise, mit dessen gütiger Erlaubnüß, zu widerlegen, und dessen Nichtigkeit zu zeigen. Ich behaupte nemlich, daß obbemeldtes Kayserl. Privilegium Ludwig, nicht als Pfaltzgraf beym Rhein, sondern als Hertzog in Bayern, bekommen habe. Eben dieser Kayser Friedrich machte ihn zwar auf dem Reichs-Tag zu Regensburg A. 1215. zum Pfaltzgrafen beym Rhein; wegen der starcken Gegenwehr aber des geächteren Pfaltzgraf Heinrichs aus Sachsen konte er nicht eher zum Besitz der Rhein Pfaltzgrafschafft gelangen, als biß sein Sohn, Hertzog Otto, des mit männlichen Erben nicht versehenen Pfaltzgrafs Heinrichs Tochter, Agnes, A. 1228. sich vermählet hatte. Dahero auch dieser, und nicht er, für den ersten würcklichen Pfaltzgrafen beym Rhein, aus dem Hertzogl. Bayerischen Hause, gehalten wird, nach den alten Reimen beym Münster *in Cosmograph. Lib. III. c. 361. p. 882.*

OTTO der erst Pfaltzgraf bey Rhein
Hätt Pfaltzgraf Heinrichs Töchterlein,
Mit Manheit er sie erfecht,
Der Pfaltz-Chur blieb sein Geschlecht.

Da also Hertzog Ludwig in Bayern mehr dem Nahmen, als der That nach, Pfaltzgraf beym Rhein gewesen, so hat er auch in den Rheinlanden, die damahls noch in den Händen Pfaltzgraf Heinrichs von Sachsen waren, kein Kayserl. Privilegium, wegen der Ertz Gruben, bedurfft, sondern er hat solches für sein Hertzogthum Bayern erhalten. Denn daß die Jahrzahl 1229. wie sie Tolner in demselben anführet, falsch sey, hat allbereit auch der so accurate Pfältzische Historicus, Herr Professor Joannis, in den *Notis ad Append. prior.* des *Parei Hist. Bav. Palat p.* 439 wahrgenommen. Es schicket sich auch die Redens-Art in terris patrimonii & feudi sui besser auf das Bayerische, als auf das Pfältzische, Land. Denn was hätte doch Hertzog Ludwig am Rhein für terras patrimoniales haben sollen? Möchte man sagen: Pfaltzgraf Heinrich verlohr durch die Acht so wohl die Erb- als Lehen-Stücke, und beedes verliehe der zornige K. Friedrich II. dem neuen Pfaltzgrafen, Hertzog Ludwigen; die Erb-Stücke schenckte er ihm, als eigene Güter, wieder, und die Reichs Lehen verliehe er ihm Lehens-weise. Allein so hatte der durch seinen Vater unglücklich gemachte Pfaltzgraf, Heinrich, daselbst keine Erb Portion, sondern er machte, als ein Ankömmling, sein Glücke, A. 1194. durch die Heyrath mit Pfaltzgraf Conrads aus dem Hohenstauffischen Hertzogl. Schwäbischen Hause, Printzessin Agnes, wider Wissen und Willen des Kaysers, der ihm dieses Auffkommen, aus einem Weiblingischen Erb-Haß gegen alles Welphische Geblüte, nicht gönnete, jedoch muste er, nach der einmahl heimlich vollzogenen Heyrath, alles geschehen lassen. Hatte denn nun Pfaltzgraf Heinrich Erb-Güter in selbiger Gegend, so hatte er sie von seiner Gemahlin, und hinterließ sie also wieder seiner eintzigen Tochter. Jedoch, wie gesagt, obige Redens-Art von den Erb-Ländern lässet sich geschickter auf Hertzog Ludwigen in Bayern appliciren. So ist auch dieses Privilegium unter den Bayerischen Urkunden gefunden worden, und keineswegs unter den Pfältzischen.

Hier-

Hiermit hat also der Herr Cantzler einen unumstößlichen Beweiß von einem grossen Hertzog im Teutschen Reiche, der nicht aus seiner vermeinten Landes-Hoheitl. Gewalt, sondern aus Kayserl. Concession, die Bergwercks-Freyheit gehabt, weil er die Rhein-Pfaltz mit so geringschätzigen Augen ansiehet, und dieselbe noch zu K. Friedrichs II. Zeiten für kein Hertzogthum halten will. Denn so fähret er in seinem Raisonnement am angezeigten Ort fort: „Gantz anders aber verhält sich die Sache mit den geschlossenen Hertzogthümern in Teutschland; denn diese alle ihre Landes-Hoheit mit eins, und, ehe man noch einen Kayser gemacht, durch Wahl der Landes-Stände, A. 912. überkommen, folglich, was sich nachhero, als sie ein gemeinsames Ober-Haupt, den König oder Kayser erwehlet, demselbigen nicht übergeben, behalten haben.„ Er widerhohlet also sein so unrichtiges und gefährliche Folgerungen nach sich ziehendes Haupt-Principium seines Teutschen Staats-Rechts, daß nemlich die Hertzoge unsers Reichs gar nichts von dem Kayser haben, sondern er vielmehro alles von ihnen bekommen. Hippolythus a Lapide, und der unter dem Monzambano verkapte Pufendorf haben diese ungegründete Lehre zu erst auf die Bahn gebracht, von welchen sie auch der seelige Herr Geheime Rath Thomasius angenommen gehabt, nachdem aber, als er eines bessern überführet worden, solche, zum beständigen Nachruhm seiner starcken Einsicht, öffentlich abgelegt und widerruffen. Der Herr Cantzler liebet aber lauter Paradoxa juris publici, welche er mit der Schmincke unbekandter Warheiten beschöniget, und stincken ihn die heilsamen Lehr-Sätze an, welche nach den bewährten Zeugnüssen unserer Teutschen Geschicht-Schreiber, und den deutlichen Reichs-Grund-Gesetzen, so wohl dem Haupte, als den Gliedern unsers Reichs, dasjenige, was einem jedem gebühret, im richtigen Maaße beylegen. Es wird die Nachwelt am besten urtheilen, nach welchen Principiis unsers Römischen Teutschen Reichs Verfassung und Wohlstand am längsten gedauret habe, und von welches Academischen Lehrers Grab man dermahleinst sagen soll, was Lipsius in *monitis & exemplis polit. Lib. II. c.* 10. von dem Grab K. Lotharii, ob wohl unverschulteter Weise, ausgesprochen: Bone Lothari, Manes tui per me quiescant. Sed rosæ aut lilia sepulcrum tuum non ornent, qui tot tricas & spinas nobis sevisti!

Jedoch es sind noch andere Dinge von K. Ruprechts aus der Pfaltz Goldgülden zu mercken: Er wird auf denselben nur REX ROMANORVM, oder Römischer König, genennet, weil er zu Rom nicht ist gekrönet worden. Er hatte zwar in Willens die Römische Krone zu empfangen, und trat dahin A. 1401. im Monath September den Zug über Trident an, aber der von K. Wentzeln gemachte neue Hertzog zu Mayland, Johannes Galeazius Visconti, ließ ihn nicht durch. Die Kayser hatten vor dem dadurch, daß sie sich des

Tittels

Tittels eines Römischen Kaysers vor der Römischen Krönung enthielten, und sich nur mit dem den Schein nach etwas geringern Tittel eines Römischen Königs abfertigen liessen, den Päbsten ein grosses Recht in die Hände gespielet. Denn diese bildeten sich dadurch ein, daß sie durch ihre Krönung, und nicht die Teutschen Reichs-Stände durch ihre Wahl, den Kayser machten. Es hat aber selbsten der doch sonsten für Ehre, Hoheit und Macht des Päbstl. Stuhls sehr eifernde Cardinal, Nicolaus Cusanus, denenselben hierinnen folgender massen widersprochen in Libr. III. Concord. Cath. c. 4. Unctio & coronatio, quas etiam legimus aliis Regibus tribui, nec arguunt in Papa maioritatem supra ipsam electionem confirmandam, vel infirmandam, vel supra ipsum etiam Imperium, quoad temporalia: Sicut nec unctio, quæ fit Remis, aut coronatio ipsiusmet Imperatoris per Archiepiscopum Coloniensem Aquisgrani, & hoc ex eo, quia legitur Ottonem I. ab Archiepiscopo Moguntinensi Hildeberto, Aquisgrani in Regem Alemanniæ & Francorum coronatum, de consensu & voluntate Principum, & totius populi Alemanniæ, Saxoniæ & Franciæ. Sic etiam legitur ab Hergero, Archiepiscopo Moguntinensi, unctionem & diadema, mortuo Conrado, Rege Henrico I. de communi omnium consensu oblatam, qui recepto diademate, noluit inungi, quia dixit se indignum. Ex quibus patet, unctionem & diadema nihil præstare Imperiali potestati. Insignia enim illa, quasi ad majestatem sacram, quæ Imperio inest, ostendendam, materiali visibili subiecto Imperii cum ceremoniis impenduntur, ut sint signa prædicantia admirandam illam potentiam, sicut similia in Romano Pontifice videmus fieri. Tamen ante omnia talia Papa est post electionem. Nomen etiam, quod in coronatione per Papam Imperatori impenditur, mutatur, ut prius Rex, & postea Imperator vocetur, nihilominus potentiam imperandi prius in eo fuisse arguit, ut notissimum est.

Nicht weniger haben selbsten die Reichs-Stände, nach dem deswegen bey der Streitigkeit K. Ludwigs aus Bayern veranlaßten Churfürsten, Verein, durch die zu Franckfurt A. 1338. öffentlich kundgemachte Reichssatzung sich gegen diese ungegründete Päbstliche Autorität großmüthig gesetzet, und darinnen das ewig-gültige Gesetze gemachet: Ut electus in Imperatorem ex sola electione censeatur & habeatur ab omnibus pro vero & legitimo Imperatore. Sie nennen die gegenseitige Assertion pestiferum Dogma, und sagen: daß derjenige, so solcher hinführo beypflichten würde, das Laster der beleidigten Majestät begienge, und ipso iure & facto, aller Reichs-Lehen, Ehre und Würden verlustig seyn solte.

Dem ohngeacht hat man diesen heilsamen Rathschluß in der kurtz darauf unter K. Carln IV. gemachten goldnen Bulle so wenig beobachtet, daß darinnen fast auf allen Blättern von dem Rege Romanorum in Imperatorem promovendo, geredet wird.

Kayser Ruprecht führet dahero auch nur den einköpffigten Adler, weil er nicht eher zweyköpfig geworden, als biß die Kayserliche Krönung zu Rom geschehen.

Von der Stadt Heidelberg, deren auch auf dem Goldgülden gedacht wird, verspahre ich, wegen Mangel des Raums, anderwärts deshalben was zu gedencken.

Der Wöchentlichen
Historischen Müntz-Belustigung
27. Stück. den 4. Julii. 1731.

Eine sehr rare goldne Müntze vom Kayser Ludwigen aus Bayern, mit dem zweyköpffigten Reichs-Adler, von A. 1346.

1. Beschreibung derselben.

Die erste Seite stellet den Kayser auf einem nach Gothischer Bau-Zierath mit sechs Thürmgen ausgeschmückten Thron sitzend vor, mit einer Lilien-Krone auf dem Haupte, in der rechten ein Schwerd, und mit der lincken den darneben gestellten dreyeckigten Schild, mit dem zweyköpffigten Adler, haltend. Umher ist dessen Tittel zu lesen: LVDOVICVS: DEI: GRA:tia. ROMANORVM: IMP:erator. d. i. Ludwig/ von GOttes Gnaden Römischer Kayser.

Auf der andern Seite zeiget sich in einer aus vier Bögen zusammen gefügten, und inwendig und auswendig an Ecken und Winckeln mit dreyblätterigten Klee besetzten, Einfassung, ein in der mitten, und an den vier Enden mit vierblätterigten Rosen beziertes Creutz, das an jeglichem Ende noch mit drey Klee-Blättern gezieret. Die Umschrifft ist: XPC:Christus. VINCIT: XPC: Christus. REGNAT: XPC: Christus. INPERAT. d. i. Christus überwindet; Christus herrschet; Christus gebeut.

Diese Gold-Müntze wiegt 1¼. Ducaten reichlich und ist von Ducaten-Gold.

2. Historische Erklärung.

Es hat diese sehr rare goldne Kayserl. Müntze der Herr von Ludwig/ Cantzler der Universität Halle, durch Communication des Freyherrn von Cniphausen, Königl. Preussischen Staats-Ministri, in dem *Tomo IIX. Reliquiar. Manuscript. in præfat. appendicula I. p. 55.* zu erst wieder hervor gebracht, und sie p. 56. als Signiferum primum Aquilæ bicipitis ab Originibus Imperii Romani, oder den allerersten Pfenning, mit dem zweyköpffigten Reichs-Adler, vom Ursprung des Römischen Reichs, sehr angepriesen. Dessen erster Anblick hat zwar bey mir eben so ein Erstaunen, als wie bey dem Herr Cantzler, erwecket, und ich bekenne es aufrichtig, daß ich lange Zeit in den Gedancken gewesen, es habe derselbe eine alte Flandrische goldne Lowize, die eben so aussiehet, und die ich unten beschreiben will, zu Gesichte bekommen, und weil die letztern Tittel-Wörter durch den vielen Gebrauch und Länge der Zeit, etwan auf selbiger gar sehr vergangen gewesen, aus den überbliebenen Strichen einen ROMANORVM IMP. muthmaßlich erkünstelt. Dieser Verdacht ist durch die in des Herrn Cantzlers Einleitung zu dem Teutschen Müntz-Wesen mittler Zeit *Cap. VIII. §. 7. p. 59.* vorkommende Historie und Abbildung des angegebenen küpffernen Hirten-Pfennings erregt worden, indem Herr Rath Moser in seiner 31. Anmerckung *p. 32.* nicht nur meldet, daß dieser Hirten-Pfenning in allem mit der kleinen Kupffer-Müntze der Reichs-Stadt Buchhorn übereinkomme, und also entweder eine dergleichen Buchhornische Müntze seyn könne, oder der Hirte müste dieses Buchhornische Gepräge nachgeahmet haben; sondern ich habe auch bey eben dem von dem Herrn Rath Moser angeführten guten Freunde, der ihm die erste Anzeige und Entdeckung davon gethan, den Augenschein eingenommen, und habe auch selbsten etliche solche Buchhornische Heller, die jederman bey der Gegeneinanderhaltung so gleich auch für des Herrn Cantzlers vorgelegten Hirten-Pfenning ansehen wird. Jedoch nachdem mir jüngsthin in dem auserlesenen Müntz-Cabinet einer vornehmen Frau in Nürnberg, deren Gütigkeit ich aufs danckbahrlichste zu rühmen habe, eben diese Kayserliche Müntze zu meinem grösten Vergnügen aufgestossen, welche so wohl conservirt ist, daß darauf der Kayserliche Tittel deutlich zu lesen; so bedaure zuvörderst sehr, daß mich das plaisante Hirtens-Müntz-Histörgen zu einem solchen Argwohn verleitet, und gebe dahero, zu Bezeugung dieser meiner hertzlichen Reue, dem Herrn Cantzler hierinnen zu viel gethan zu haben, einen sehr accuraten Abriß von derselben, wie solche mir selbsten vorgekommen. Dieweil ich aber doch so unglücklich bin, daß ich des Herrn Cantzlers Erklärung von diesem goldnen Pfenning nicht fassen

kan,

kan, so wird mir erlaubet seyn, erstlich dieselbe anzuführen, und derselben meine wenige Meinung davon beyzufügen; den Ausspruch davon will ich dem in der Historie und Müntzen erfahrnen Leser überlassen.

Der Herr Cantzler sagt p. 55. es sey dieses ein Nummus, wann er ächt, wie er meinet, certe admirabilis, & singularis omnino, imo utilis ad argumenta canæ veritatis, ein gewiß recht vortrefflicher, und allerdings sonderbahrer, ja zu Beweißthümern der alten Warheit recht nützlicher Pfenning. Er fragt dann p. 58. ob man nicht meinen könte, daß Kayser Ludwig solchen habe in der Marck Brandenburg zu der Zeit schlagen lassen, als ihm dieselbe Anno 1319. offen geworden? und daß also der zweyköpffigte Adler ein Anzeigen sey, daß dieselbe nicht eine Kayserliche, sondern Brandenburgische Land-Müntze sey, vornehmlich weil er das Schwerd, als das Chur-Schwerd, in der rechten Hand halte, an statt des Scepter, oder des Reichs-Apffels, welches sonsten selten auf den Käyserl. Müntzen gefunden werde. Jedoch will er endlich lieber dieselbe wegen der Majestät des Kayserl. Throns, und der Umschrifft auf der Gegen-Seite, pro Auro coronario, oder für eine Römische Krönungs-Müntze halten. Denn das Lemma: CHRISTUS VINCIT. CHRISTUS REGNAT. CHRISTUS IMPERAT. habe Er, als ein wieder des Pabstes Willen zu Rom gekrönter Kayser darauf gesetzet, weil er durch die Hülffe Christi allen Nachstellungen des Pabstes entgangen sey. Er habe auch, wegen der Widerwärtigkeit mit dem Pabste, und den Häuptern der Stadt Rom, welche sich seiner Kayserl. Krönung wiedersetzet, vielleicht lieber auf dieser Müntze das Schwerdt, als den Scepter, in der Hand führen wollen. Daß aber mit Weglassung der Zahl IV. und SEMPER AUGUSTUS. der Kayserl. Tittel so abgekürtzt sey, das wäre wegen des kleinen Raums geschehen.

Ich halte dafür, K. Ludwig habe diese goldne Müntze prägen lassen, als er, nach Ableben des letzten Grafens in Holl- und Seeland, Wilhelms IV. ohne Männliche Erben, diese Lande in einem öffentlich gehaltenen Lehen-Gerichte A. 1346. dem Reiche für heim gefallen erkläret, und solche seiner Gemahlin Margareth, als gedachten Grafens Schwester, schenckte. Der zu selbiger Zeit lebende Domher zu Utrecht, Johannes de Beka sagt davon in seiner Chronic von den Utrechtischen Bischöffen, in dem Leben des XLVII. Bischoffs Johannis IV. in edit. Buchelii p. 119. also: Interea Ludovicus Imperator, audita jam nece Wilhelmi Comitis, pro tribunali sedens in ornamentis Imperialibus, exquisivit æquirectam justitiam a plerisque Romani regni Principibus, quorum dictante sententia, decretum est, quod Hollandiæ principatus Romano vacet Imperio pro eo, quod Wilhelmus Comes absque liberis discessit a sæculo. Quem extunc principatum idem Cæsar donavit Imperatrici Margaritæ, suæ conjugi, quæ germania fuit eidem Wilhelmo Comiti. His itaque gestis, eadem Imperatrix apparatu pulcherrimo mox ad Hollandiam descendit, fidelitatem cunctis incolis juravit, homagium de vasallis suis accepit, libertates & gratias omnibus ampliavit, benevolas trevgas cum Trajectensibus fecit, & in Bavariam exinde rediens, Comitatus Hannoniæ, Hollandiæ, Zelandiæ, & Fresiæ gubernandos Wilhelmo, duci Palatino, suo filio, commendavit. Der Mönch zu Neuß, der die grosse Niderländische Chronick aus vielerley Chronicken zusammen getragen, wiederholet *in Tom. III. Vrßlifii. p.* 302 eben diese Worte. Es kan nichts bessers zu Erklärung dieser Müntze angeführet werden, als diese Stelle. Denn man siehet auf selbiger den Kayser in Kayserl. Ornat auf dem Lehn-Thron sitzen. Er führet ein Schwerd in der Hand, welches bey Lehn-Handlungen üblich. An statt des Gräfl. Holländischen Wappen Schildes, der sonst an eben der Stelle auf Holländischen Müntzen befindlich, wie in des Cornelii van Alkemade Müntz-Buch der Grafen von Holland Tab. XXV. und XXVI. zu ersehen, stehet das Reichs-Wappen, anzuzeigen, daß nunmehro diese Graffschafft dem Reich erledigt sey. Mr. le Blanc hat dem Herr Cantzler gäntzlich überzeuget, daß diese Müntze in ihrem Revers gantz nach der Frantzösischen Art gemacht sey. Und es ist auch unwiedersprechlich, daß die Niederländischen Printzen und Grafen, so wol wegen der Nachbarschafft, als wegen der Handlung, in ihrem Geld, prägen auf das fleissigste die Könige in Franckreich nachgeahmet haben, davon die alten Müntz-Bücher häuffig zeigen. Nur ein eintziges vor allen in die Augen fallendes Exempel anzuführen, so ließ König Philipp der Schöne A. 1310. eine goldne Müntze mit dem GOttes-Lamm und der Umschrifft: AGNUS DEI, QVI TOLLIS PECCATA MUNDI, MISERERE NOBIS, schlagen, die Agnel, oder Agnelet genennet wurde. Graf Willhelm der V. von Holland ließ dergleichen auch machen, die man *Goude Lammen* hieß, besiehe den Alkemade Tab. XXV. und p. 86. Als die Turonischen Groschen noch gäng und gebe waren, so haben die ältern Grafen von Holland mit gleicher Umschrifft sie nachgeschlagen, besiehe den Alkemade Tab. XIX. XX. XXII. Kayser Ludwig also, der den Holländern, nach Abgang ihrer Grafen, des Reichs Hoheit und Ober-Botmäßigkeit über sie zeigen, jedoch dabey ihnen die Versicherung geben wolte, daß sie bey ihren alten Rechten, Herkommen und Freyheiten bleiben solten, ließ zwar eine Müntze mit seinem Bildnüß in Majestätischer Gestalt und dem Reichs-Wappen schlagen; damit ihnen aber dieselbe nicht alzu fremde vorkommen könte, gebrauchte er sich eines ihnen schon gar bekannten Frantzösischen Reverses. Seine Gemahlin die mit der schönsten Ausrüstung von den geschenckten Ländern Besitz nahm, wird sonder Zwei-

fel

sel gar viel dieser goldnen Pfennige mit bekommen haben, theils zum verschencken und sich Freunde damit zu machen, theils auch sie sonsten durch nöthige Zahlungen unter die Leute zu bringen; damit auch die Holländer bey deren Anblick einander fragen könten: wes ist das Bild und die Uberschrifft?

Der Herr Cantzler hält billig diese goldne Müntze Kayser Ludwigs des IV. um deswillen vornehmlich sehr hoch, weil auf derselben zu erst der zweyköpffigte Reichs-Adler vorkömmt. Ludwig nennet sich auf derselben einen Römischen Kayser, da er vor der Römischen Krönung sich in seinen Diplomatibus gewöhnlicher maßen nur einen Römischen König schreibet. Wann er als Römischer König würde haben diese Müntze schlagen laßen, würde er auch nur einen einköpffigten Adler geführet haben. Es ist also besonders merckwürdig, daß da man in dieses Kaysers Majestät-Siegeln weder einen Adler mit einen Kopffe, noch mit zwey Köpffen, antrifft, daß er doch den letzten auf eine Müntze gesetzet. Es ist aber die Ursache diese, daß die Kayser damahls noch nicht in ihren Siegeln Wappen geführet, welches Carl der IV. erstlich angefangen. Die zwey Adler, die man zu beeden Seiten des Throns in Kayser Ludwigs Siegeln siehet, geben gar keinen Beweiß zum zweyköpffigten Adler. Denn sonst müsten auch die ihm zu beeden Seiten gestellten Löwen auf seinen goldenen Bullen den Bayerischen Löwen zweyköpffigt machen, der doch in den ältesten Wappen allemahl nur einen Kopff hat. Es sind auch beede Thier nur eine Thron-Zierrath. K. Ludwigs Contra-Sigill oder Ruck-Siegel, mit dem einköpffigten Adler und der Umschrifft: IVSTE. IVDICATE. FILII. HOMINVM. ist kein Haupt-Siegel. Jedoch ist aus einem kleinen Insiegel dieses Kaysers, so an seinem Mandat an die Wetterauischen Ständte de An. 1332. hänget in Privilegiis & Actis der Reichs-Stadt Franckfurt am Mayn Tab. III. ad p. 19. in fine zu ersehen, daß in selbigen nur ein einköpffigter Adler stehet, ob gleich die Umschrifft also lautet: S. SECR. LVDOVICI. DEI. GRA. ROMANOR. IMPERATORIS. S. A. Daß man aber die Accuratesse beym Gebrauch des einköpffigten und zweyköpffigten Adlers in dem Kayserlichen Siegeln damahls noch nicht so genau beobachtet, ist auch daraus abzunehmen, daß K. Wentzel Tab. V. ad p. 245. und 250. in gedachten Franckfurtischen Privilegien-Buch in seinem Haupt-Siegel, nur REX ROMANORVM genennet wird, auch der darinne zu seiner rechten gestellte Wappen-Schild nur den einköpffigten Adler führet, in dem Rück-Siegel hingegen der zweyköpffigte Adler stehet.

Obschon nun diese Müntze K. Ludwigs in allen Werth und Würden bleibet, so habe ich doch noch zwey andere und ältere Müntzen angetroffen, auf welchen der zweyköpffigte Adler zu sehen. Die erste ist eine gantz kleine Müntze, in der Größe einer Land-Müntze, von Kayser Wilhelm den IVten dieses Nahmens unter den Grafen zu Holland, auf deren ersten Seite stehet der zweyköpffigte Reichs-Adler ohne alle Umschrifft, auf der andern ist der Holländische Wappen-Schild; von der Umschrifft ist aber das Wort HOLLA, alleine noch leserlich. Es ist dieselbe auf der XVIII. Tafel des Alkemade befindlich, und eignet er sie p. 49. K. Wilhelmen, Grafen in Holland mit allen Recht zu. Denn es hat sonsten kein Graf in Holland auf seine Müntze weder einen einköpffigten, noch zweyköpffigten Adler zuprägen pflegen.

Die andere goldene Müntze mit dem zweyköpffigten Reichs-Adler ist Ludwigs, Grafens von Flandern, die Kayser Ludwigens Müntze im Gepräge, und Größe vollkommen gleich komt. Auf der ersten Seite siehet man den Grafen gekrönt, mit einem bloßen Schwerd, und mit der lincken Hand einen neben stehenden Schild mit dem zweyköpffigten Adler haltend, auf einen gethürmten Thron sitzen, mit der Umschrifft: LVDOVICVS DEI GRA. COMES. Z. DNS. FLAD. das Wort GRA. ist eben auch unter dem Thron-Schemmel befindlich, wie auf Kayser Ludwigs goldnen Pfenning. Die andere Seite deßelben enthält eben ein solches, mit eben so viel Klee-Blättern am Enden beziertes Kreutz, in gleicher zierlicher Einfassung, auch mit der Umschrifft. XPS: VINCIT. XPS: REGNAT: XPS: IMPERAT. Es ist derselben Abdruck zu sehen in einem Holländischen Müntz-Buch in 8. das den Tittel führet: D'ögbevalveer de gauden ende zelveren Munte/ van diverschen Conigrijcken/ Hertogdommen/ Graafschappen/ Herrliikheden, Landen, ende Steden, ghedruckt tegbend/ bey Joos Lambrecht, Lettersnider Anno XC^c. LI. und zwar auf deßen Blat A. iiij. Wann also diese Flandrische goldene Müntze von Graf Ludwigen dem andern herkommt, so ist sie älter als die Kayserliche. Denn dieser Graf kahm zur Regierung A. 1322. und blieb A. 1346. in der Schlacht bey Cressy. Will man sie aber seinem Sohn Ludwigen III. letzten Grafen in Flandern zueignen, der von A. 1346. biß 83. regieret, so ist sie doch zum wenigsten in gleichen Alter mit der Kayserlichen; und ist auch dieses nunmehro dargethan, daß Kayser Ludwigs goldne Müntze nicht die eintzige ist, welche zu selbiger Zeit den zweyköpffigten Adler aufweiset. An angeführten Ort ist noch eine goldne Müntze von Graf Ludwigen zu sehen, die vollkommen mit der vorigen accordiret, außer daß der Graf mit der lincken Hand den Flandrischen Wappen-Schild hält. Diesen beeden goldnen Müntzen ist daselbst beygezeichnet: Deze twee Lowizen weghen etsick iij. inghe. dats iij. pen. xiij. greinen.

Einen einköpffigten Adler haben schon auch die Kayser Heinrich der VI. und Friedrich II. auf ihren Müntzen geführet, wie aus des Cæsaris Antonii Vergaræ *Monete del Regno di Napoli Tavola V. p.* 13. und *Tavola VI. p.* 15. zu ersehen.

Ubrigens mag sich der Herr Cantzler immerhin mit dem ausgedachten Ursprung des zweyköpffigten Adlers aus den beeden Marck-Brandenburgischen Adlern noch so sehr brüsten, und mit demselben die ungemeine Anzahl der seiner Rechnung nach von ihm ans Licht gebrachten Tausend vorhero keinem Menschen bekandten Warheiten voll machen, so verlaße ich doch nicht den Hauffen dererjenigen Gelehrten Männer, die doch auch sehr viele Warheiten durch ihren grossen Witz und Fleiß entdecket haben, ob sie schon selbige eben nicht auf ein Kerb-Holtz allemahl aufgeschnitten, noch sonsten so grosses Aufheben davon gemacht haben, und die aus den Zeugnüßen der alten Scribenten, und andern unzweiffelhafften Denckmahlen, überzeiget worden, daß unser einköpffigter und zweyköpffigter Reichs-Adler vielmehr von dem Grichischen Römischen Kayserthum entlehnet worden, und in demselben Reiche in Gebrauch gewesen, ehe man noch an die Marck-Brandenburg in Teutschland gedacht. Der im Sec. XI. schreibende Guilielmus Appulus *in Poëmatis de rebus Normannor. in Siciliæ &c. gestis Libro* III. *in Leibnitii Script. rer. Brunsv. T. I. p.* 600. meldet, daß der A. 1072 von den Türcken in einer Schlacht mit den Persern gefangen genommene Griechische Kayser, Romanus Diogenes, sey an dem auf dem Brust-Harnisch geführten goldenen Adler erkant worden:

Sed plures prædæ, quam militibus feriendis,
Intenti Persæ faciunt evadere multos:
Indiciis aquilæ (quod plus dabat omnibus armis)
Aurea conspicuum Cloricæ iannexa nitorem
Græcorum dominus cognoscitur.

Nun aber hat der Frey-Herr von Gundling in der *Dissertatione de origine Marchionatus Brandenburgensis* aus Diplomatibus erwiesen, daß die Marggrafschafft Brandenburg unter K. Conrad III. ohngefehr A. 1144. erstlich errichtet worden. Georgius Acropolita in *Chronographia de rebus in Imperio Constantinop. gestis* ab A. 1203. usque ad A. 1261. c. 40. & 82. und Georgius Pachymeres

meres in der Historia der beeden Kayser Michaelis und Andronici Palæologi von A. 1206. biß A. 1308. sagen einstimmig daß το βασιλικὸν σημεῖον ἀετοὶ, oder daß das Kayserliche Zeichen, oder Wappen, Adler gewesen wären. Sie sagen in Numero plurali Adler, weil sie den zweyköpffigten Adler für einen zweyfachen oder gedoppelten Adler hielten, wie man sonsten auch insgemein also unter uns zu reden pfleget. Die Marck Brandenburg aber kauffte K. Carl IV. A. 1373. von seinem Eidam Marggraf Otten, gebohrnen Hertzogen in Bayern. Ich sehe also nicht wie der Herr Cantzler mit dieser alle Ovidianische Verwandlungen weit übertreffender Metamorphosi der Brandenburgischen zwey Adler in den zweyköpffigten Reichs-Adler bestehen könne, und da nicht zwey sondern vier Marchiæ, deren vier Adler auch auf einem Nummulo n. 19. in Tabula I. in Appendice II. T. VII. Reliqu. Manuscr. zusehen, so müste der Reichs-Adler auch vier Köpffe haben, wann er von den Marchiis Brandenburgicis entstanden wäre. Es wird also diese abendtheuerliche Meynung den von dem Herrn Cantzler selbsten heraus gepriesenen entdeckten tausend vorhero gantz unbekandten Warheiten wol schwehrlich beyzuzehlen seyn, zumahl da auch dieselbe sowohl die Flandrische goldne Lowize, als die goldne Müntze K. Ludwigs, aufs augenscheinlichste wiederlegen, als auf welchen der zweyköpffigte Reichs-Adler längst zuvor zusehen, ehe solchen K. Carl IV. von der Marggrafschafft Brandenburg nehmen, und in das Reichs-Siegel, aus sonderbahren guten Andencken für dieselbe, setzen können.

Den Spruch: CHRISTUS VINCIT, CHRISTUS REGNAT, CHRISTUS IMPERAT. hat König Ludwig der VI. oder Dicke, der in Franckreich von A. 1108. biß 37. regieret, zu allererst auf einer goldnen Müntze geführet, die Mr. le Blanc in seinem *Traité historique des Monnoyes de France* p. 154. n. I. vorstellig machet, und sie für die älteste und schönste Müntze hält, die von der Capetingischen Königl. Familie vorhanden. Es solle dieser Spruch eine Losung in einem glückl. Treffen mit den Saracenen unter König Philippen I. gewesen seyn, dahero man ihn nachgehends gemeiniglich auf goldne Müntzen gesetzet. Jedoch ist dieses noch ungewiß, und brauchet einer grössern Untersuchung. David Blondellus, der so eine gelehrte Diatriben de Formulæ REGNANTE CHRISTO in veteris monumentis usu geschrieben, hat davon in selbiger nicht das geringste gemeldet.

Der Wöchentlichen
Historischen Müntz-Belustigung
28. Stück. den 11. Julii. 1731.

Eine sehr schöne MEDAILLE von den Schweitzerischen Eyd-Genossen und den sieben zugewandten Orten.

I. Beschreibung derselben.

Die erste Seite stellet eine mit einem hellen Schein umgebene rechte Hand dar, welche eine aus dreyzehen Gliedern bestehende und in einem Kreiß herum gelegte gedoppelte Kette, mit den beeden Enden zusammen hält, an welcher die Wappen der XIII. Haupt-Orthe oder Cantons, der Schweitzerischen Eydgenossenschafft veste gemacht, über welchen die Nahmen derselben auf Zetteln stehen;

Auf der andern Seite halten in der Mitten zwey Engel ein Creutz, auf welchem der Spruch aus dem Brief St. Pauli an die Römer VIII. zu lesen: SI. DEUS. NOBISCUM. QVIS. CONTRA. NOS: Ist GOtt mit uns / wer mag wider uns seyn? Umher stehen in zusammen gewundenen Zweigen und Bändern sieben Wappen von so viel zugewandten Orten mit beygefügten Zetteln von ihren Namen, wie aus folgenden mit mehrern zu ersehen seyn wird.

2. Historische Erklärung.

Die löbliche Schweitzerische Eydgenossenschafft ist nach ihren Wappen Schildern auf der ersten Seite dieser vortrefflichen Medaille vorgestellet, nicht wie die XIII. Orte sich nach und nach in den Eydgenoßischen Bund begeben, und zusammengefüget, sondern in der Ordnung, wie sie in ihrem unter sich verglichenen Rang, auf ihrer um St. Johannis angestellten Jahr-Rechnungs-Tagsatzung, in der Stadt Baden, sitzen, und ihre Stimmen wegen der allgemeinen Landes-Sachen ablegen.

Denn nach der ersten Ordnung müsten sie nach den Jahren also stehen: 1.) Ury. 2.) Schwytz. 3.) Unterwalden. A. 1315. 4.) Lucern. A. 1332. 5.) Zürch. A. 1351. 6.) Zug, und 7.) Glarus. A. 1352. 8.) Bern. A. 1353. 9.) Freyburg, und 10.) Solothurn. A. 1481. 11.) Basel / und 12.) Schaffhausen A. 1501. 13.) Appenzell. A. 1513.

Dieweil sie aber nach der andern Rang-Ordnung allhie vorgebildet werden, so will ich auch dieselbe in dieser historischen Erklärung befolgen.

I. Die Stadt Zürch, Lat, Tigurum, item Thuregum, und Thuricum, eine der ältesten und ansehnlichsten Städte in dem Schweitzer-Land, liegt an dem Ausfluß der Limmat aus dem Zürcher-See, welcher Fluß auch von derselben zwey ungleiche Theile machet. Ihre Erbauung ist ungewiß, dieweil man sich heut zu Tage mit der alten Fabel von dem in Abrahams Zeiten hinausgesetzten Könige Thurico, von welchem sie solte den Namen bekommen haben, nicht mehr abspeisen lässet. Das in selbiger Gegend aber wohnende Helvetische Volck, die Tigurini, ist noch vor Christi Geburt aus der Römischen Historie bekandt, als welches sich zu den Cimbrischen Heers-Zug gesellete, und den Römischen Burgermeister L. Cassium an den Allobrogischen Gräntzen auf das Haupt schlugen. So hat auch Cæsar dasselbe mit Gewalt wieder zurücke gewiesen, als es in Gallien eingebrochen, und sich in dem Lande der Santonier und Æduer setzen wolte. Nach Christi Geburt ist Zürch unter den Alemannischen Königen gewesen, und nach deren Uberwindung unter des Fränckischen Reichs Bothmässigkeit gekommen. Wie dann K. Carl der Grosse A. 769. den Bau des grossen Münsters soll vollbracht, auch sonsten derselben, wegen seines öfftern Aufenthalts daselbst, sehr aufgeholffen haben.

K. Lud-

K. Ludwig, der Teutsche, hat ein ansehnliches Frauen-Stifft daselbst aufgeführet, wovon die Frau-Münster-Pfarr-Kirch noch vorhanden, welchem sein Sohn, K. Carl der Dicke, grosse Gerechtigkeiten verliehen. K. Otto der Große gab ihr A. 936. Stadt-Recht, und die Herrschafft über den dabey liegenden von ihr benahmten großen See. Unter den folgenden Kaysern ist sie zu Schwaben gerechnet worden. Als Hertzog Bertholden von Zühringen das Hertzogthum Schwaben genommen, und Friedrichen von Hohenstauffen gegeben wurde, so fand man denselben endlich mit der Stadt Zürch und dem Thurgow ab. Wie aber dessen Geschlecht verloschen, so zog sie K. Friedrich II. A. 1218. wieder zum Reich, gab der Burgerschafft die Gewalt, das Stadt-Regiment selbsten zu besetzen, und ein Privilegium, daß sie weder solte können verpfändet, noch sonsten vom Reich verkauffet werden; worauf sie sich A. 1230. mit einem Wall und Graben noch mehr befestigte. K. Conrad der IV. wolte sie dem ohngeacht seinem Hertzogthum Schwaben einverleiben, darwieder sie sich aber hefftig setzte, und deswegen in die Acht gerieth, wovon sie aber A. 1264. K. Richard loß sprach, und ihre Reichs-Freyheit erneuerte, welche ihr auch die K. Rudolph I. und Adolph bestätigten. K. Albrecht setzte ihr zwar A. 1298. harte zu, ließ sich aber wieder durch die Tractaten zu Winderthur besänfftigen, daß er sie unangefochten ließ, worauf sie es auch eine lange Zeit mit den Hertzogen von Oesterreich gehalten, und so gar in der zwiespältigen Kayser-Wahl K. Friedrichs und K. Ludwigs aus Bayern, biß sie es ihrer Reichs-Freyheit für vorträglicher hielte A. 1331. auf K. Ludwigs Seite zu tretten, worauf sie aber viele Feindseeligkeit von dem Hause Oesterreich und dem solchen beystehenden herumliegenden Adel ausstehen muste, welches sie auch nöthigte A. 1351. zu End des Mayens in den vier Eydgenossischen Waldtstätter Bund zu treten, die sie zum Vor-Ort machten, nachdem sie allbereit gleich hundert Jahr vorhero auch mit Ury und Schwytz einen Schutz-Bund-Brief auf drey Jahr aufgerichtet. K. Carl wolte dieses nicht zugeben, und versuchte auch A. 1354. sie durch eine Belagerung von der Eydgenossenschafft wiederum abzubringen. Dieweil aber die dabey gebrauchten Reichsstädtischen Völcker, bey Erblickung des in der Stadt aufgesteckten Reichs-Panniers, gegen ihre Mitbrüder nicht recht anbeißen wolten, so lieff die Belagerung fruchtloß ab, und erfolgte zu Regenspurg A. 1355. ein Friede, wie auch so gar A. 1368. eine Kayserliche Bestätigung obgedachten Bundes.

Das Stadt-Regiment hat von A. 1100. biß A. 1336. aus 36. Personen bestanden, davon die eine Helffte Edelleuthe, und die andere Helffte Bürger waren, aus welchen 12. vier Monath lang dem Regiment vorgestanden. In letzt gemeldten Jahr aber kam es durch eine grosse se Unruhe zu einer gäntzlichen Regiments-Veränderung, welche noch heut zu Tage bestehet, und A. 1713. ist erneuert worden. Nehmlich die gantze Burgerschafft ist in XIII. Zünffte abgetheilet, die folgende Namen haben. 1.) Constafel in welcher die Edelleuthe. 2.) Saffran/ 3.) Meisen, 4.) Schmiden/ 5.) Weggen, 6.) Gerwi/ 7.) Wider, 8.) der Schumacher/ 9.) der Zimmerleuth, 10.) der Schneider/ 11.) der Schiffleuth/ 12.) Kämbel/ 13.) Waag. Aus diesen wird der Kleine und Große Rath erwählet. Der kleine Rath bestehet aus 50. Personen, unter welchen die vornehmsten die 2. Burgermeister, 4. Statthalter, und zwey Seckelmeister. In dem Großen Rath sind 162. Ehren-Glieder, unter welchen 18. von der Constafel, und aus jeder Zunfft 12. erwählet werden. Es ist diese Stadt zu allererst von der Römischen Kirche abgetreten, und hat die Reformation in geistl. Dingen vorgenommen.

Es gehören zu Zürch erstlich 37. Vogteyen, nemlich 19. Innere, die aus dem tägl. Rath alljährl. besetzet werden, und derer Ober-Vögte in der Stadt bleiben; und 18. äußere, welche die Land-Vögte auf 6, 9, biß 12. Jahr bewohnen. Ferner die freyen Städte Winterthur und Stein am Rhein. Winterthur hat Hertzog Sigismund von Oesterreich A. 1467. der Stadt verpfändet. Stein am Rhein aber hat sich freywillig A. 1484. an Zürch gegen erhaltene 8000 fl. ergeben.

Das Wappen von Zürch ist ein weiß und blauer übereck von der rechten zur lincken getheilter Schild.

II. BERN, von dieser löbl. und mächtigen Stadt ist allbereit im Ersten Theil der Hist. Müntz-Belust. n. 48. p. 377. gehandelt worden.

III. LUCERN, eine Stadt beym Ausfluß der Rüß, an dem Vier-Waldstädten-See, zwischen vielen Bergen, ist wol angebauet, und hat wegen der dadurch über den Gotthart gehenden Strasse nach Italien eine große Niederlage von Kauffmanns Gütern. Die Rüß machet von ihr zwey ungleiche Theile. Sie hat sonder Zweiffel ihren Namen und Anbau von einem in selbiger Gegend vor Alters gestandenen Leucht-Thurm bekommen, damit die Schiffleuthe bey Nachts sicher landen konten. Hernach hat zu ihrem Aufnehmen, das A. 697. daselbst errichtete Benedictiner-Stifft S. Leodegarii ein grosses beygetragen. Der Fränckische König Pipinus schenckte diese Stadt der Abtey Murbach im Elsaß, bey welcher sie auch geblieben, biß K. Albrecht I. solche A. 1298. gegen 4. beßer gelegene Dörffer abgetauschet: Wie es unter dessen Herrschafft derselben gar hart gieng, und sie absonderlich von den 3. Ländern Ury, Schwytz und Unterwalden, die im Feindschafft mit dem Hause Oesterreich stunden, gar hefftig angefochten wurde, so machte sie einen Frieden mit denselben, und ward von ihnen A. 1332. Sambstags vor Martini in den ewigen Bund aufgenommen. Sie ist beständig bey der

Catho-

Catholischen Religion geblieben, dahero auch der Päbstl. Nuntius, der Spanische und Savoysche Bothschaffter, daselbst zu wohnen pflegen. Es halten sich auch viele Adeliche Geschlechter noch in ihr auf. Das Stadt-Regiment ist Aristocratisch und bestehet aus dem kleinen und grossen Rath. Der kleine Rath ist von 36. Personen besetzet, darunter die vornehmsten die 2. Schultheissen, die Panner-Herrn, und Statthalter; die jährlich auf St. Johannis Tag umwechseln. In dem großen Rath sind 64. Personen, welche den Blut-Bann, und die Appellation, und die neuen Bürger annehmen. In dem Gebiethe von Lucern sind 15. Vogteyen, und gehören auch zu demselben die freyen Städtlein Willisau / Sursee / und Sempach. Ihr Wappen ist ein weiß und blau abwärts getheilter Schild.

IV. Das Land Ury liegt zwischen Bündten, Glarüs, den Gotthards-Berg, Unterwalden, Wallis, Schwytz, und den Vier-Waldtstätten-See, und wird in zehen Gnossame oder Theile abgetheilet. Der vornehmste Ort darinnen ist der Flecken Altorf. K. Ludwig der Teutsche hat A. 853. alle aus diesem Lande ihm zukommende Zinßen, Steuren, und Dienste zu dem Frauen-Münster in Zürch gestifftet, von welchen sie nachdem das Kloster Wettingen erhalten, davon sich aber gegen bezahlte 8468. Gulden A. 1362. die Landleuth gantz frey gemachet. K. Friedrich II. heisset sie auch schon A. 1240. in einem Privilegio, homines liberos, qui solum ad se & Imperium respectum habere debeant, qui sponte suum & Imperii dominium elegissent. Dahero er ihnen auch verspricht, daß sie zu keiner Zeit von dem Reiche wieder solten können abkommen. Wegen der Oesterreichischen Landvögte übermachten Gewalt, thätigkeiten, verband sich der Land-Mann, Walther Fürst, A. 1307. den 17. Oct. zu erst mit Wernern Stauffachern von Schweitz, und Arnolden in Melchthal von Unterwaldten, der untergedrückten Freyheit wiederum aufzuhelffen, und als dieses glücklich von statten gieng, so wurde A. 1315. Dienstag nach S. Nicolai, der Grund von obbemeldten dreyen Orten zu dem so mächtigen Eydgenossischen Bund geleget. Das Regiment ist in dem Lande Ury gantz democratisch eingerichtet, indem die höchste Gewalt bey der Lands-Gemeinde bestehet, dazu alle Manns-Personen gehören, wann sie das 16. Jahr ihres Alters erreicht haben. Dieselbe versammlet sich alljährlich zu Botzlingen, eine halbe Stunde oberhalb Altorf, am ersten Sontag im May-Monath unter freyen Himmel, und besetzet die Lands-Aembter, als da sind der Land-Amman, Statthalter, Seckelmeister, rc. und erwählet den Land-Rath von 60. Personen / aus den 10. Genoßamen. Er hat dieser Canton die Oberherrlichkeit zu Urselen am Gotthard, und bewohnet das A. 1466. von dem Hertzog zu Mayland erhaltene Livinerthal. Er ist Römisch-Catholisch, und führet zum Wappen einen vorstehenden schwartzen Urochsen-Kopff mit einem rothen Ring durch die Nasen im am Haggen, und Mittenberg / und ist seit dem gäntzlichen Brand von A. 1642. gantz schön wieder erbauet. Die dazu gehörige Landschafft gräntzet mit Glarus, Gaster, den Vier Waldtstätten, Zugger und Zürcher-See / und dem Urner-Lande. Diejenigen so die Schweitzer von den Svetis, Svecis, Sviten oder Svviten herleiten wollen thuen ihren Lands-Leuthen so viel Schande, als den Schweden Ehre, an, sintemahl sich es bey der Untersuchung gar leichte finden dürffte, daß der Schweitzerische Namen älter, als der Schwedische. Unter der trübseeligen Kirchen-Banns-Zeit K. Friderichs II. gelangte der Flecken Schwytz auch zu mehrerer Freyheit, als er vorhero gehabt hatte / in welcher denselben K. Rudolph I. auch ungestöret ließ, und vielmehro A. 1291. den Einwohnern eben deswegen / weil sie freye Leuthe waren, das Privilegium gab, daß sie auch nur freye Leuthe zu Richter haben solten. Der Auszug davon ist dieser:

Rudolphus D. Gr. Rom. Rex. prudentibus viris universis hominibus vallis in Suiz, *libera conditionis existentibus*. Inconveniens nostra reputat serenitas, quod aliquis servilis conditionis existens pro Judice vobis detur, propterea quod authoritate regia volumus, ut nulli hominum, qui servilis conditionis extiterit, de vobis de cetero judicia liceat aliqualiter exercere &c.

Wie sie zu Beschützung dieser alten Reichs-Freyheit in einen ewigen Bund mit Ury und Unterwalden geschlossen, ist albereit angeführt worden. Es trifft auch das Land-Regiment gantz und gar mit dem von Ury überein. Wer 15. Jahr auf sich hat ist ein Land-Mann. Der Land-Amman ist das Haupt des Landes auf 2. Jahr; die Lands-Gemein wird alljährlich am letzten Sontag im April gehalten; die Landschafft ist in sechs Viertheile abgetheilet, jedes Viertheil hat seine gewiße Familien, welche in demselben beständig als glebæ addicti bleiben müßen / und in kein ander Viertheil ziehen können. Dieser Canton bevogtet die so genandten Ding-Höfe am Zürcher-See; dergleichen geschahe auch mit Küßnacht, und mit der March, die Einwohner aber haben die Vogtey an sich gekaufft, und halten ihr eigen Gerichte, gehören jedoch zu der Landschafft des Cantons: die Religion ist in demselben Römisch-Catholisch / und dessen Wappen ein gantz rother Schild, welchem etliche in deßen obern lincken Winckel ein kleines weißes Creutzgen beysetzen, es ist aber dem Alterthum nicht gemäß.

VI. Das Land Unterwalden zwischen Ury, Lucern, und Bern, theilet der der Kern-Waldt in das Theil ob dem Wald, und in dem Theil Nid, oder unter dem Wald. Jeder Thal hat seine besondere Lands-Gemeine / seinen Land-Amman / und seine Gerichte, schicket auch seine Gesandten auf die Eydgenoßische Tagsatzung, jedoch haben sie nur eine Stimme. Der Thal ob dem Wald bestehet aus sechs Kilchgängen, darunter Sarnen der vornehmste. Der Thal Nid dem Wald hat eilff so genandte Urthenen, von welchem Stantz der Haubt-Ort; alle Manns-Personen von 14. Jahren erscheinen in der Lands-Gemeinde. Das Land ist durchgehends der Catholischen Religion beygethan, und hat keine besondere Vogteyen. Von der Aufrichtung des ewigen Bundes mit Schweitz und Ury ist oben gedacht worden. Das Wappen ist ein von roth und weiß zweygetheiltes Schild.

VII. Die Stadt Zug, unten am Zuger-Berge, und an dem drey Stunden langen Zuger See, hat ihren Namen und Erbauung von dem tapffern Tugunis, deren die Römischen Geschicht-Schreiber gedencken, und stößt mit ihrem Gebiethe an die Cantons Zürch, Lucern und Schweitz. Von dem Burgundischen Reiche kam sie an das Teutsche Reich / und von denselben erhielten sie die Grafen von Lentzburg, und nach deren Abgang A. 1172. bekamen sie die ihnen verschwägerten Grafen von Kyburg, und folglich die

Grafen von Habspurg, und nachmaligen Hertzoge von Oesterreich, welchen sie so lange treu geblieben, biß sie von denselben nicht mehr gegen die Eydgenoßen konnte geschützet werden, da sie dann durch Zwang einer harten Belagerung A. 1352. Mitwochs vor St. Johann sich in den Bund begeben muste Es bestehet dieser Canton aus der Stadt Zug und dem äusern Amt, welches die drey Gemeinden 1.) Egry, 2.) Baar, und 3.) Mentzingen in sich enthält. Die Stadt Zug hat 5. Vogteyen alleine unter sich, und ist das Regiment bey der Lands-Gemeinde, dazu alle Manns-Personen von 16. Jahren gehören. Bey den Land-Versamlungen hat die Stadt Zug anderthalbe Stimme. Alle und jede Landleuthe bekennen sich zu der Catholischen Religion. Das Wappen ist eine blaue Binde im weißen Feld.

VIII: Der Canton Glarus liegt zwischen Sargans, Graubündten, Schwytz und Ury, und ist allenthalben mit so hohen Gebürgen umgeben, daß er nur Nordwärts gegen dem Gaster und der Limmat etwas offen, wie er denn auch mit lauter hohen Bergen angefüllet. Es begreifft derselbe 15. Tagwen / wie man sie nennet, oder Gemeinden, in sich, darunter Glarus der Haupt-Flecken. Das Land hat vormals eigene Grafen gehabt, davon die letzten Ursus und Landolf dasselbe St. Fridlino einem durchreisenden Pilgram, geschencket, der es wiederum der Aebtißin zu Seckingen übergeben, deren Advocati die Römische Kayser gewesen, welche sie endlich den Grafen von Habspurg überlassen. Die von dem Hause Oesterreich erlittene viele Trangsalen, brachten die Glarner auch A. 1351. zu dem ewigen Bündnuß mit den Waldtstädten, jedoch mit Vorbehalt der Rechte des Kl. Seckingen, und der den Oestereichischen Hertzogen gebührenden jährl. Steuer von 200. Pfund. Von dem Kloster kaufften sie sich endlich A. 1395. loß, und K. Sigismund sprach ihnen auch A. 1415. die Oesterreichische Gerechtsame zu. Drey Viertheil von den Landleuthen sind reformirt, und ein Viertel Römisch-Catholisch, dahero auch die Häupter von der Democratischen Regierung von beeden Religionen also wechseln, daß der reformirte Land-Amman drey, und der Catholische zwey Jahr in dieser Würde bleibet. Ist der Land-Amman reformirt, so ist der Statthalter Catholisch, und dieses beständig also Wechsels-weise. Die andern Lands Aemter, als den Panner-Herrn, Seckelmeister, ꝛc. ersetzen jegliche Religions-Verwandte besonders vor sich. Bey den Lands-Gemeinden haben auch alle sechszehen Jährige Manns-Personen Sitz und Stimme. Die Reformirten Land-Leuthe bevogten die von Lucern A. 1517. erkauffte Grafschafft Werdenberg, und zum Theil die Herrschafft Wartau. Des Orts Wappen ist der schwartz gekleidete Pilgram S. Fridlinus, auf einem grünen Waasen im rothen Feld.

IX. Von der Stadt Basel, welche wegen der vielen Anfechtung und Plackeyeren/von dem umliegenden unruhigen Adel sich Ruhe und Sicherheit A. 1501. den 13. Julii, durch den Beytritt zu dem Eydgenoßischen Bund, geschaffet, werde ich bey anderer Gelegenheit umständl. handeln. Ihr Wappen ist ein schwarzer aufrechtstehender Fahe Stachel in weissen Feld.

X. Die Stadt Fryburg in Uchtland, liegt an der Sanen auf einem hohen Felsen, und die dazu gehörige Landschafft wird gantz von dem Canton Bern umschlossen. Sie ist von Berchtolsen IV. Hertzogen zu Zähringen A. 1179. angelegt worden, und hat von K. Friedrichen II. nach dieser Hertzoge tödlichen Abgang A. 1218. die Reichs-Freyheit erhalten. Sie nahm aber freywillig die Burgdorffischen Grafen zu Kyburg zu Schutz-Herrn an, und gelangte hiedurch nach dem unter die Habspurgische-Oesterreichische Gewalt; Weil sie es beständig mit der Stadt Bern, ihrer Schwester, und den andern Eydgenossen hielte / so hatte sie deßwegen viel Ungemach von Oesterreichischer Seite auszustehen, daher sie sich A. 1450. Hertzog Ludwigen zu Savoyen, ihrer Freyheit ohnbeschadet, zum Schutz-Herrn annahm, sich jedoch A. 1477. von demselben wieder loß kauffete, und A. 1481. in den Eydgenossischen Bund begab. Das Stadt-Regiment ist Aristocratisch, und wird von dem kleinen und grossen Rath verwaltet, der kleine Rath bestehet aus 24. Personen, ohne die zwey Schultheissen, welche alljährlich auf S. Joannis Baptistæ Tag abwechseln, und die vier Venner. Den grossen Rath machen 60. Ehren-Glieder, und 112. Burger aus. Dieser Ort ist gantz Catholisch, und hat nach Lucern unter den Catholischen Orten das gröste Land, welches in die sogenandten alte Landschafft von 12. Kirchspielen, und 16. Landvogtheyen eingetheilet ist. Das Wappen ist ein von schwartz und weiß mitten gespaltener Schild.

XI. Die Stadt Solothurn an der Aar hat ihren Nahmen von den alten Saliensibus, die in selbiger Gegend gewohnt, wie aus einer alten Römischen Inscription, beym Guillimanno, zu sehen, in welcher Salodurum vicus Saliensium genandt wird. Mit dem Burgundischen Reich kam sie an Teutschland, und ward nachdem den Hertzogen von Zähringen zutheil; nach deren Absterben gelangte sich durch Kayserl. Privilegia zur Reichs-Freyheit. Sie hat sich hierauf immer zu Bern gehalten, und in den Oesterreichischen Kriegen gar vieles ausgestanden, biß sie A. 1481. auch dem Bund der Eydgenossen einverleibet worden. Sie gräntzet mit ihrer Landschafft an das Berner, Bischöffl. Baselische, und Stadt-Baselische Gebiethe, welche in vier innere und sieben äussere Vogteyen abgetheilet ist. Die Burgerschafft bestehet aus XI. Zünfften, aus welchen der kleine und grosse Rath erwehlet wird. Der kleine Rath hat die 2. Schultheissen zu Häuptern, und 33. Mit-Glieder, davon XI. alt-Räthe und XXII. junge Rath heissen. Wann der grosse Rath zusammen kommt, so nimmt man aus jeglicher Zunfft noch 6. Personen, und also noch 66. Personen darzu. Die Religion ist durchgehends Catholisch, und das Wappen ein weiß und roth in die quer getheilter Schild.

XII. Die Stadt Schaffhausen an dem Nordl. Ufer des Rhein-Stroms gelegen, hat ihre Benennung und Aufkommen von der Schifflände, wegen des unweit daran befindlichen Rheinfalls, bekommen. Der Ort gehörte anfangs den Grafen von Nellenburg, welche auch A. 1052. ein reiches Benedictiner-Closter zu Allerheiligen daselbst gestifftet, und solchem die gantze Gegend übergeben. Nach dieser Grafen Absterben hat die Stadt durch Kayserliche Privilegia zu der Reichs-Freyheit nach und nach zu kommen getrachtet, und solche auch endlich erlanget. K. Ludwig aus Bayern hat sie zwar wiederum pfandsweise an Oesterreich gegeben/A. 1415. aber gelangte sie durch K. Sigmunds Hülffe wiederum zum Reich, und hat sich auch bey demselben durch der Eydgenossen Hülffe gegen alle Oesterreichische Anfälle erhalten, dahero sie sich endlich gar A. 1501. in den ewigen Bund begeben. Sie bekennet sich seit A. 1529. zur reformirten Religion. Das Stadt Regiment ist bey dem kleinen und grossen Rath, der aus den XII. Zünfften besetzet wird. Die erste und vornehmste Zunfft machen sechs Adeliche Geschlechter aus. Den Rath dirigiren 2. Bürgermeister. In dem kleinen Rath sind XII. Rathherrn und XII. Zunfftmeister, und in dem grossen Rath 84. Personen, nemlich aus jeglicher Zunfft sieben. Das Wappen ist ein schwartzer mit den beeden vordern Füssen in die Höh springender Widder mit einer goldnen Krone im grünen Feld.

XIII. Der Ort Appenzell unter den Boden-See gräntzt mit dem Rhein-Thal, St. Gallen und Toggenburg, und wird in die Innern und Ussern Roden abgetheilet. Jene bestehen aus sechs Gemeinden die alle Catholisch, darunter Appenzell, ein Flecken an der Sitter der Haupt-Ort; diese aber machen XIX. Reformirte Gemeinden aus, von welchen der Haupt-Flecken Herisau. Sie gehörten allesamt vor dem Abt zu St. Gallen, musten aber doch dem Kayser eine kleine Steuer jährlich geben. Als sie nachdem von des Abts Amtleuten gar hart bedrucket wurden, suchten sie Schutz bey den Eydgenossen, und machten schon A. 1432. ein ewiges Bündnuß mit den sieben alten Orten, welches A. 1513. von neuen mit allen XII. Orten geschlossen ward. Das Land-Regiment ist gantz Democratisch. Wegen des Unterschieds der Religion hat jeglicher Theil seinen eigenen Land-Amman, Land-Rath, und Lands-Gemeind. Zum Land-Rath kommen von jeglichen Rode 12. Mann. Das Land-Wappen ist ein aufgerichter schwartzer Bär mit rothen

Der Wöchentlichen Historischen Müntz-Belustigung

29. Stück. den 18. Julii. 1731.

Ein Thaler des Kayserl. gesinnten NEAPOLITANIschen MARCHESE del VASTO, von A. 1706.

I. Beschreibung deßelben.

Die erste Seite zeiget des Marquis del Vasto geharnischtes Brustbild, im blossen Haupte, mit einer Perruque, und dem umhangenden Toison, mit dessen umschriebenen Tittel: CÆS:ar. DAVALOS DE AQVINO DE ARAG:ona. MAR:chio. PIS:cariæ. ET VASTI D. G. Dei Gratia S. R. I. PR. Sacri Romani Imperii Princeps. d. i. *Cesar D'Avalos* von *Aquino* von *Aragona*, Marggraf von *Pescara* und *Vasto*, von GOttes Gnaden des Heil. Röm. Reichs Fürst.

Die andere Seite enthält dessen mit einem Fürsten-Huth bedecktes, mit der Ordens-Kette des goldnen Vließes umbgebenes, und mit vielen Armaturen, wegen der Würde eines Kayserl. General-Feld-Marschalls, beziertes Wappen, von vier Feldern, mit einem Mittel-Schild. Im ersten blauen mit einem von silber und roth gewürffelten Rand eingefasten Feld ist ein goldenes Castell, als das Geschlechts-Wappen der von AVALOS. Im andern quadrirten Feld ist das Wappen des Hauses von AQVINO, nehmlich im ersten und vierdten halb rothen und silbernen Feld ein eben so tingirter und getheilter aufgerichter Löwe, welchen Ceccus de Burgo, Comes de Montederiso und Marchio de Pescara geführet, dessen Erbtochter Franciscus d'Aquino geheyrathet; und im andern und dritten drey rothe rechte zwerch Streiffen im silbernen Feld, als das Wappen von Aquino. Im dritten Feld befinden sich neben einander die bekandten Wappen von Arragonien, Napoli, Ungarn, und Jerusalem. Im vierdten Feld stehet ein ausgerundtes und im Winckeln mit vier Adlern besetztes Creutz, auf welchem der gleich vorhero beschriebene Wappen-Schild vom Hause Aquino ruhet. Warum eigentlich dieses Wappen geführet werde, ist mir unbekandt. In dem goldenen Mittel-Schild ist der zweyköpffigte Römische Reichs-Adler befindlich, als ein Kayserl. Gnaden-Zeichen. Die Umschrifft ist: DOMINUS REGIT ME. ANNO. 1706. Der HErr regieret mich. Im Jahr 1706. Gantz zur rechten des Toisons stehet das Augspurgische Stadt-Zeichen, welches andeutet, daß dieser Thaler daselbst gepräget worden. Es hat dieser Thaler auch folgende Randschrifft: BEATVS VIR QVI NON ABIIT IN CONSILIO IMPIORVM. Wohl dem, der nicht wandelt im Rath der Gottlosen, aus Ps. I. 1.

2. Historische Erklärung.

Das Haus von AVALOS soll aus einer Königl. Familie in Engelland herkommen, und nahmentlich von Wilhelmo Avalone abstammen, der sich zu erst unter dem Könige Sanctio Abarcæ in Navarra niedergelassen, von dannen sich seine Nachkommen in Andalusien gezogen; unter welchen sich Lupus Fernandides de Avalos in den Kriegen gegen die Maranen in Granata unter den Königen in Castilien, Ferdinando IV. und Alfonso XI. dergestalt hervorgethan, daß er das Amt eines Alcaiden, oder Oberrichters und Statthalters in der Stadt Ubeda erblich erlanget. Seine eintzige Tochter, Mencia d'Avalos, ward eine Gemahlin Sanctii Ruiz de Baëza & Haro, und brachte alle väterliche Güter demselben zu, dahero sie auch ihrem Sohne, Roderico Lopez, den Zunahmen d'Avalos beygeleget.

Campanile und Sansovino führen eine alte Römische Inscription an, welche anitzo in der Haupt-Kirche zu Toledo aufbehalten wird, nach welcher dem Sanctio Avalo, von Calahorra in Alt-Castilien gebürtig, zu Zeiten des Römischen Proconsulis, M. Attili Reguli, und also 264. Jahr vor Christi Geburt, ein prächtiges Leichen-Begängnüß, in Beyseyn desselben, sey gehalten worden. Es lautet dieselbe also:

SANCIO.

SANCIO. AVALO. CALAGVRITANO
HOMINI
PRO. BONO. PATRIÆ. COMMVNI. TVTANDO
INVICTISSIMO.
S. P. Q. CALAGVRITANVS
FVNVS HIC PVBLICE CELEBRAVIT
ADSTANTE
M. ATTILIO REGVLO PROCONSVLE
CVM SECVNDA LEGIONE HONORIS CAVSA.

Es erkennet aber jederman diese Inscription nicht für so alt, dahero man auch den darinnen vorkommenden Sanctium Avalum für einen gantz unverwerfflichen Alt-Vater nicht halten kan.

Die gewiste Geschlechts-Historie derer von Avalos fängt sich mit dem grossen Roderico Lopez d'Avalos an, der ein Enckel des obengedachten Roderici Lopez, von seinem Sohn, Diego Lopez d'Avalos, gewesen, welcher den Nahmen von Avalos in einem andern Hause fortgepflantzet. Es ist derselbe A. 1357. gebohren gewesen, und hat sich dadurch zuerst einen grossen Nahmen erworben, daß er den Englischen Ritter, Johannem von Lancaster, der alle Edelleute in Portugall mit ungemeiner Großsprecherey zu einem Zweykampf aufgefordert, in einem Tournier zu Boden geworffen und erleget. Nachdem erlangte er so grosse Gunst und Gnade bey K. Heinrichen III. in Castilien, daß er ihn zum Connetable von Castilien, Statthalter in Murcia, und Grafen von Ribadeo machete. Nach dessen Tod aber A. 1418. da er es bey den innerlichen Reichs-Factionen unter dem jungen Könige Johanne II. mit dem Hertzog von Segorbien, Heinrichen aus Arragonien, hielte, hingegen Alvarus de Luna hoch ans Bret kam, so ward er durch desselben Mißgunst und Gewalt aller Würden entsetzt, und um alle seine grosse Güter gebracht. Durch das eifrige Bestreben erwehnten Henrici von Arragonien geschahe es zwar, daß er von dem begangenen Laster der beleidigten Majestät freygesprochen wurde, allein zu den abgenommenen Ehrenstellen, und Herrschafften konte er nicht weder ihm, noch seinen Kindern, wieder verhelffen. Sein Lebens-Ende erfolgte den 6. Januarii A. 1428. Er hat mit drey Gemahlinnen sieben Söhne und vier Töchter erzeuget, von welchen viele grosse Familien in Spanien und Italien ihre Abkunfft, theils mit Bestand der Warheit, theils fälschlich, herleiten. Von den vier Söhnen, Petro, Diego, Ferdinando und Roderico kommen alle Herren von Avalos in Spanien her, die vornehmlich in Toledo in grossem Ansehen gewesen; Unter des Diego Nachkommen ist Bernardinus de Ajala A. 1617. vom K. Philipp III. zum Grafen von Villalva gemacht worden.

Die Italiänische Linie derer von Avalos hat zum Stam-Vater Inicum, oder Inigo, den fünfften Sohn bemeldten Roderici Lopez d'Avalos, welchen ihm seine dritte Gemahlin, Constantia de Tovar, zur Welt gebahren. Er zog mit K. Alphonso V. A. 1442. in das Königreich Napoli, und ward sein vertrautester Minister, als der ihm um deswillen alle Förderung seines Glücks leistete, dieweil eben darum des Inici Vater um alle seine Güter gekommen war, daß er K. Alfonsi Bruder, Henrico, gedachter maßen Beystand geleistet hatte. Dessen Sohn, K. Ferdinand I. machte ihn zum Groß-Cämmerer und Schatzmeister, und vertrauete ihm alle seine Einkünffte an. Diese grosse Königl. Gunst und Ehrenstellen brachte ihm eine reiche Gemahlin zuwege, Antoniam d'Aquino, eine Tochter Bernardi Casparis d'Aquino, welche nach dem Tode ihres unverehlichten Bruders, Francisci Antonii d'Aquino, Conte di Lorito, e Marchese di Pescara, alle ihres Vaters grosse Ländereyen ihrem Gemahl erblich zubrachte. Er beschloß sein Leben den 2. Sept. A. 1484. und hinterließ 3. Töchter und 4. Söhne. Weil jede Tochter zwölff tausend Ducaten Heyrath-Guth hatte, welches zu selbiger Zeit für die allergröste Mitgifft gehalten wurde, so bekamen sie alle gar balde gewöhnlicher maßen grosse Männer. Die älteste, Constantia, ward eine Gemahlin Friderici del Balso, Principe d'Altamura; Die mittelste, Hippolytam, heyrathete Carolus d'Aragona, Marchese di Jerace, und die dritte, Beatricem, vermählte sich der grosse Capitain, Johannes Jacobus Trivultio, Marchese di Vigevano.

Der älteste Sohn Alphonsus bekam aus der Väterl. Erbschafft die Marggrafschafft Pescara, und die Güter Arpino, Aquino, und Lorito. Weil er mit König Ferdinand I. auferzogen worden, so liebte ihn derselbe gantz ungemein, zumahl da er auch demselben in dem Frantzösischen Kriege viele treue Dienste leistete und dabey auch A. 1495. sein Leben zusetzte. Denn als er die vor Napoli liegende Frantzösische Flotte wolte durch einen dazu erkaufften Mohren-Sclaven in Brand stecken lassen, und solchem des Nachts das deswegen versprochene Geld selbst einzuhändigen im Begriff war, so ward er von demselben ermordet. Er erzeugte mit seiner Gemahlin, Diana di Cardona, des D. Artale, Conte di Golisano Tochter, Ferdinandum Franciscum de Avalos und Aquino, Marchese di Pescara, den grossen Capitain K. Carls des V. der A. 1525. verstorben, und dessen Leben Paulus Jovius beschrieben.

Rodericus, der andere Sohn des Inici, war Graf von Montederiso, kam seinem Bruder in der Tapferkeit gleich, commandirte im Frantzösischen Kriege die Infanterie, und ward in einem Scharmützel bey Isola erschossen, ehe er sich verehliget.

Inici

Inici dritter Sohn gleiches Nahmens, führte den Tittel eines Marchese del Vasto, und war auch ein grosser Kriegs-Held, er trat bey der Verjagung K. Friedrichs in Napoli auf die Spanische Seite, defendirte die Insel Ischia gegen den Anfall der Franzosen, eroberte das Schloß zu Salerno, und würde noch grössere Kriegs-Thaten verrichtet haben, wann ihn nicht die Pest weggeraffet hätte. Er hinterließ von seiner Gemahlin Laura Sanseverina, einer Tochter des Principe di Salerno, einen Sohn in der Wiegen, Alphonsum, der gebohren A. 1502. den 25. May, und dem K. Ferdinand I. die von Petro Guevara unter den damahligen Kriegerischen Läufften eingenommene Marggrafschafft del Vasto wieder gab; wie er dann auch von seinem ohne Erben verstorbenen Vetter, dem berühmten Ferdinando Francisco Marchese di Pescara, diese Marggrafschafft, und noch vielen andern Reichthum mehr, erbete. Dieser hatte ihm auch K. Carls V. Gnade dergestalt zugewendet, daß er nach dem Tode des Antoni Leva Gouernator di Milano, und Capitano Generale über alle in Italien stehende Kayserl. Trouppen wurde. A. 1535. schiffte er mit dem Kayser nach Tunis, und A. 1540. gieng er als Kayserl. Ambassadeur nach Venedig. Nach seiner Zuruckkunfft ließ er A. 1541. die durchs Mayländische nach der Ottomannischen Pforte gehende zwey Frantzösische Gesandte heimlich niedermachen, und als daraus ein neuer Krieg entstand, entsetzte er A. 1543. die von den Frantzosen mit Hülffe des Türckischen See-Räubers Barbarossæ zu Wasser und Land belagerte Citadelle zu Nizza. Das folgende Jahr aber drauf war er den 14. April. bey Cerisoles in Piemont, gegen Franciscum von Bourbon, Herzogen von Engvien, in einer Schlacht dermassen unglücklich, daß 15000. der Seinigen erschlagen, und 2500. gefangen wurden. Er selbsten ward hart verwundet, und konte sich kaum in Bauern-Kleidern mit der Flucht retten, indem ihm die siegenden Franzosen, wegen der ermordeten Gesandten, würden übel mitgefahren haben, wann sie ihn auch in ihre Gewalt bekommen hätten. Er war vorhero allzu sicher und muthig gewesen, und hatte sich den Sieg so feste eingebildet, daß er auch etliche tausend Stück Ketten und Bande mit sich geführet hatte, um damit so gleich die gefangenen Franzosen zu fesseln, und auf die Galeeren zu senden. Durch diese Niederlage gerieth er in eine grosse Gemüths-Kranckheit, welche auch viele Leibes-Schwachheiten nach sich zoge; dahero, weil ihn dieselbe ausser Stand setzten, sich bey dem Kayser zu vertheidigen, so gewannen seine Feinde, worunter Joh. Jacobus de Medices der vornehmste war, die Oberhand, und schwärtzten ihn bey dem Kayser aufs ärgste an. Er kränckte sich darüber vollends so sehre, daß er zu Vigevano den 3. Martii A. 1546. seinen durch allerhand Verdruß sehr abgemergelten Geist, aufgab. Der Mayländische Historicus, Ripamontius, machet den

Lobspruch von ihm; daß er ein Mann von den allerbesten Sitten gewesen, von sonderbahrer Großmuth, der recht verschwenderisch zwar mit seinen Gütern umgegangen, jedoch keine Begierde gehabt fremdes Gut zu rauben. Es habe ihm an keiner Kriegs- und Friedens-Kunst gefehlet, und wann er die Seinigen zu etwas überreden wollen, so sey er allen alten Feldherrn an der Beredsamkeit gleich gekommen. Er hatte zur Gemahlin die so wohl sehr schöne, als in den vortrefflichsten Wissenschafften sehr erfahrne D. Mariam d' Aragona, Ferdinands Duca di Montalto Tochter, von welcher er ein Stamm-Vater aller anjetzo in dem Hause von Avalos lebenden Personen geworden, als welche ihm folgende fünff Söhne gebohren:

I. *Franciscus Ferdinandus* Marchese di Pescara e del Vasto, ward Gran Cammerlingo von dem Königreich Napoli, und brachte diese Würde auch erblich an seine Familie; Ferner wurde er General-Capitain der Trouppen dieses Königreichs, und endlich Vice-Re in Sicilien. Er starb A. 1571. Seine Gemahlin war Isabella Gonzaga, Friedrichs, Marggrafens von Mantua Tochter, von welcher er zween Söhne bekommen; Alphonsum und Thomam. Alphonsus, Marchese di Pescara e del Vasto, ward Spanischer General der Cavallerie in Flandern, und erzeugte mit seiner Gemahlin Lavinia di casa delle Rovere, Guidobaldi, Hertzogs von Urbino Tochter, einen Sohn, Franciscum, der jung vor ihm verstarb, und drey Töchter, davon Isabella ihren Vetter Inicum heurathete, und ihm alle Vätterl. Güter zubrachte. Thomas der andere Sohn Francisci Ferdinandi, ward aus Hochachtung gegen St. Thomam Aquinatem, aus dessen Geschlechte seine uralte Mutter abstammete, geistlich, und titularis Patriarcha zu Antiochia.

II. *Inicus d' Avalos*, ward Ritter von St. Jacob, Cantzler des Königreichs Napoli, endlich Cardinal A. 1561. und Bischoff zu Porto, und starb den 20. Febr. A. 1600.

III. *Cæsar*, folgte seinem Bruder Inico in dem Cantzler-Amte des Neapolitanischen Königreichs. Seine Gemahlin war Lucretia del Tufo, eine Tochter Joh. Hieronymi, Marchese de Lavello, und eine Wittwe Ludovici Carafæ, Principe di Stigliano. Sie gebahr ihm Inicum, Gran Cammerlingo in Napoli, und der mit seiner vermählten Baasen, Isabella den Tittel eines Marchese del Vasto, und di Pescara an sich brachte, und Johannem, der von seinem Vetter Carolo den Tittel eines Principe di Montesarchio erbte. Und diese sind die beeden Stamm-Väter der anjetzo in dem Hause Avalos florirenden zwey Haupt-Linien.

IV. *Giovanni* ward genennet Signor di Pomarico e di Monte scagioso, und hatte von seiner Gemahlin Maria Orsina, Joh. Andreæ, Herzogs, von Gravina Tochter, keine Kinder hinterlassen.

V. Ca-

V. *Carolus* erhielte den Tittel eines Principe di Montesarchio, welchen er obbemeldter massen auf seines Bruders Cæsaris Sohn, Johannem, vererbete.

Besagter *Inicus*, der so ein grosses Theil der vielen Stamm-Güter durch seine kluge Heyrath mit seiner Baasen wieder zusammen brachte, erzeugte mit selbiger zwey Söhne, Alphonsum und Diegum, davon jener unbeerbt verstorben, dieser aber mit seiner Gemahlin Francisca Carafa, Hieronymi II. Fürstens de la Rucella Tochter, das Geschlechte der Marchese del Vasto fortgepflantzet, denn dieselbe hat ihm zwey Söhne, Ferdinandum Franciscum, und unsern CÆSAREM gebohren, dessen Thaler ich anführe.

In dem Kayserlichen Diplomate, darinnen er zum General Feld Marschall d. d. Wien den 16. Dec. A. 1701. declarirt wird, führet dieser Cæsar folgenden weitläufftigen Tittel:

„Don Cæsar Michael Angelus d' Avalos, de Aquino, de Aragonia, Carafa, Marggraf zu Pescara und del Vasto, Fürst von Francavilla und der Stadt Isernia, Graf der Grafschafft Monte Odorisio, Scerno, Pollutro, Casale, Bordino, Gisso, Liscia, Lentiola, Casalanguida, Guilmo, Furco, Collemedio, und der Städte Alphonsina und Capello, Herr der Inseln Prochita, Binara, und San Martino, Serra Capriola, und Chieuto, der Stadt Lanxano, und derselben Flecken santa Maria, Petra Constantina, Stavazzo, Mozzagrogna und Scorciosa; Herzog von Montenegro, Monte Julio und Monte bello, Herr des Schlosses Taureno, und der Stadt Campomarano, Baron von Diliola und Feudo Riporso, immerwährender Gouverneur des Schlosses, Stadt und Insel Ischia, General unter den Curassiern, Herr des gantzen Hauses Davalos, Ritter des guldenen Vlüsses, und zweymahl Grande von Spanien von der ersten Classe rc.„

Es hat derselbe nach K. Carls II. in Spanien Absterben sehr viele und grosse Proben seiner beständigen Treue gegen das Ertzhauß Oesterreich abgeleget, und war einer von den allervornehmsten Herren, welche gerne das Königreich Napoli demselben in die Hände gespielet hätten; da aber alle deswegen gefaste Anschläge mißlungen, so muste er seine Sicherheit in Rom suchen. Jedoch blieb er auch daselbst nicht vor den hefftigen Nachstellungen der Anjouisischen Parthey frey. Denn als er A. 1702. schlaffen gehen wolte, entdecke ihm einer seiner Diener, wie derjenige Sclave, der diese Nacht mit ihm im Vorzimmer schlaffen solte, in willens sey, denselben zu ermorden, und habe also auch zu diesem Mord ihn mit anzureitzen gesuchet. Er ließ darauf so gleich so wohl den Anzeiger, als den Sclaven, von seinen Leuten binden, und in einen Keller versperren. Wie der Sclave den vorgehabten Meuchel-Mord nicht gestehen wolte, ließ er ihn mit einer brennenden Wachs-Fackel so lange betraufeln, biß er die abscheu-

abscheuliche That bekandte, mit dem Beysatz, daß er darzu von dem damahls in Rom befindlichen Cardinal, Janson de Fourbin, mit 1000. Pistolen erkaufft wäre. Dieses Bekäntnüß muste der Sclave, und der Diener selber schrifftlich aufsetzen, damit sie nachdem solches nicht wiederruffen könten. So bald alles dieses in Rom kund wurde, so muste der Marchese del Vasto der Päbstl. Justiz diese seine Bediente zu fernerer Criminal-Untersuchung ausliefern; die aber alsdann alles laugneten, unter dem Vorwand, daß sie durch die angethane Pein hätten bekennen müssen, was sie niemahls in Sinn gehabt hätten. Der Marchese del Vasto hingegen ließ überall in der Stadt folgende Zettel ausstreuen und an etliche Kirch-Thüren anschlagen:

„ Nachdem der Cardinal von Janson Fourbin einen nicht weniger unmenschl. als schändl. „ Anschlag gehabt, den Marchese von Pescara, in der Nacht, durch einen Sclaven, dem „ ein anderer, welcher in seiner Antichambre geschlaffen, hülffliche Hand leisten sollen, er„ morden zu lassen/und aber GOtt zugelassen, daß solches barbarische Beginnen, 2. Stun„ den zuvor, ehe er sich zu Bett gelegt, entdeckt worden; Als wird jederman kund und zu „ wissen gethan, daß man dieserwegen in der Kirche St. Andrea della Valle drey Tage nach„ einander das H. Sacrament aussetzen wird.

Es wolte aber mit dem angeschuldigten greul. Mord-Anschlag dieser Cardinal seinen Purpur keinesweges beschmitzen lassen, sondern führete deßwegen bey dem Pabst so hefftige Beschwerde, daß gegen dem Marchese del Vasto ein strenger Process von dem Päbstl. Criminal-Gerichte angestellet wurde. Es machte aber derselbe als ein Kayserl. General-Feld-Marschall und Vasall exceptionem fori, und begab sich zu seiner grösten Sicherheit in dem Pallast des Kayserl. Ambassadeurs, von welchem, wie auch von dem Cardinal Grimani, dem Pabste nachdrückl. Vorstellung geschahe/ gegen einem in Kayserl. Schutz und Pflichten stehenden so vornehmen Herrn behutsamer zu verfahren. Es halff aber alles nichts, sondern der beleidigte Cardinal Janson de Fourbin trieb seine Satisfaction so scharff, daß, nachdem der Marchese auf die dreymahlige Vorladung nicht erschienen, demselben wegen des Eingriffs in die Päbstl. Jurisdiction, und wegen der grossen Verläumdung wider besagten Cardinal, die Todes-Straffe und Einziehung der Güter zuerkandt wurde. Er begab sich hierauf, unter sicherer Begleitung, zu dem Printzen Eugenio ins Kayserl. Lager, und von dar nach Wien. Dieser Handel veranlassete eine grosse Zwistigkeit zwischen dem Kayserl. und Röm. Hofe, indem der Kayser sehr ernstlich verlangete, daß dieser Process möchte annulliret werden, welches auch alsdann erfolget, als die Kayserl. Waffen überall in Italien triumphirten, und dem Pabste selbsten in Rom bange macheten.

Wegen dieser erlittenen grossen Verfolgungen um die dem Durchl. Ertz-Hause Oesterreich schuldigst erwiesene Treue, machte K. Leopold den Marchese del Vasto zum Fürsten des H. R. Reichs/ welche Würde Kayser Joseph bestätigte, und mit dem Müntz-Recht verherrlichte/ dahero derselbe auch Thaler- und Gulden-Stück in Augspurg mit seinem Wappen und Bildnüß hat ausmüntzen lassen. Weil er aber mit Hippolyta seines Vetters Johannis d' Avalos, Principe di Troja Tochter, in unfruchtbarer Ehe gelebet; so sind alle diese Kayserl. Gnaden-Bezeugungen nur ein Personell-Werck gewesen.

Weil er sich so gleich, als Napoli unter den Hertzog von Anjou gekommen, zu der Oesterreichis. Parthey gehalten, so hat ihm diese Absonderung von der Frantzös. Faction Anlaß gegeben / die oben angeführte Worte aus dem ersten Psalm zur Handschrifft zu erwehlen; und zwar um so mehr, weil damahls sein Vetter von der andern Linie, Andreas Savallo, Principe di Montesarchio, gantz und gar Frantzösisch gesinnet war.

Vid. Jovius *in vita Ferd. Avali Pisc* Lib. I. Mariana *de reb. Hisp.* XX. 12. 16 Campanile *dell' Armi e discorsi d' alcune famiglie, così spente come vive del regno di Napoli* p. 161. Sansovino *delle famiglie illustri d' Italia* p. 28. Spenerus *Op. Herald.* p. II. L. I. c. 7. p. 41. Imhof *in corp. Hist. Genealog. Ital. & Hisp. n. VII.* p. 145. Theatr. Europ. T. XVI. *ad a.* 1702. p. 907.

Der Wöchentlichen
Historischen Müntz-Belustigung
30. Stück. den 25. Julii. 1731.

Eine MEDAILLE auf den berühmten CARDINAL, PETRUM BEMBUM.

I. Beschreibung derselben.

Dieselbe ist nur einseitig, und stellet des Cardinals Brust-Bild im rechts sehenden Profil vor, mit einem viereckigten Biretto auf dem Haupte, und in dem gewöhnlichen Cardinals-Habit, wie auch mit einem langen Barte, und der eingestochenen Umschrifft: PETRI BEMBI CAR:*dinalis* scilicet Effigies. d. i. des Cardinals *Petri Bembi* Bildnüß. Es sind dergleichen Medaillen von einer Seite, welche nur das Brust-Bild einer vornehmen Person vorstellen, vormahls viele von künstlichen Goldschmieden in Italien gemachet worden, als welche solche in Wachs abgeformet, und dann in Silber, oder Kupffer, abgegossen.

Dem von Ludovico Beccatelli, Ertzbischoff zu Ragusa, geschriebenen Leben des Petri Bembi ist vom Apostolo Zeno eine Kupfer-Leiste mit einer andern, und etwas grössern Medaille von demselben, vorgesetzet, welche auf der ersten Seite dessen Brust-Bild im lincks sehenden Profil, und der

der Umschrifft: PETRI BEMBI CAR. Auf der andern Seite aber den Pegasum, ohne Beyschrifft, vorstellet, wie er mit seinen hintern Füssen den Musen-Brunn eröffnet. Dieweil ich aber davon noch kein Original gesehen, so habe ich lieber diese einseitige Medaille zum Vorschein bringen wollen; kan auch nicht bejahen, daß eben dergleichen Gegenseite auch zu derselben gehöre.

2. Historische Erklärung.

Der Cardinal PETRVS BEMBVS ist von solchem Ansehen und Ruhme gewesen, daß viele gelehrte Leute sich eine grosse Ehre daraus gemachet, sein Leben entweder zu beschreiben, oder mit Lobreden der Nachwelt anzupreisen. Absonderlich ist er glücklich gewesen, daß drey seiner besten Freunde, Jo. Casa, Ertzbischoff von Benevento, Ludovicus Beccatelli, Ertzbischoff zu Ragusa, und Carolus Gualteructi, die ihn am besten gekennet, und am vertraulichsten mit ihm umgegangen sind, seine Lebens-Geschichte mit geschickten Federn so vortrefflich aufgesetzet haben, daß man die bey seiner Leichen-Bestattung gehaltenen Lobreden des Benedicti Varchi, und Speroni Speronii hätte entbehren können. Was Sansovino, Imperiali, Boissard, Thevet, und viele andere nachdem von ihm aufgezeichnet, das haben sie alles aus den angezeigten Brunnen geschöpffet.

Es war dieser Cardinal aus einer uralten Adelichen Familie in Venedig entsprossen, welche sich aus Bologna dahin, in den ältesten Zeiten, gezogen. Denn man findet, daß die Bembo schon A. 800. die Fundation der Abtey di san Giorgio Maggiore mit unterschrieben haben. Ingleichen so hat Leonardo Bembo und Marco Baduero im Nahmen der Gvarantia criminale A. 1298. dem Doge, Petro Gradenigo, die anitzo übliche Regiments-Form der Republic vorgeschlagen. Der Senatore, Marco Bembo hatte drey berühmte Söhne, Franciscum, Primicerium S. Marci, A. 1391. und Episcopum Castellanum A. 1401. und Petrum und Paulum, die grosse Gesandschafften verrichtet. Franciscus Bembo hat A. 1427. die Venetianische Flotte glücklich commandiret. Das Haus Bembo führet zum Wappen in einem blauen Schilde einen goldnen Sparren mit dreyen goldnen Rosen begleitet, nehmlich oben zwey und unten eine.

Des Cardinals Vater war Bernardo Bembo, ein sehr gelehrter und angesehener Senatore der Republic, dessen viele gelehrte Leute selbiger Zeit, als Marsilius Ficinus, Politianus, Sabellicus &c. mit vielen Lobe gedencken; als der absonderlich in der Rechts-Gelahrheit so weit gekommen, daß er auch in Doctorem promoviret, welche Würde eher einen Nobile di Venetia

netia fördert, als hindert, zu den grösten Aemtern zu gelangen, dieweil der Senat, nach dem Bericht des Amelots, dadurch verhindert, daß bey sich ereignenden Streitigkeiten in Familien und Staats-Sachen die Advocaten die Nase nicht eben in alle Geheimnisse stecken können, und sich vielmehro derselbe glücklich schätzet, aus seinem Mittel Männer zu haben, die das punctum Juris bey den vorfallenden wichtigsten Streithändeln so gut treffen können, als die habilsten Jureconsulti; dahero sich auch ein junger Edelmann, der was rechtschaffenes in Jure erlernet, und gar die Doctors-Würde angenommen hat, sich vor andern einer baldigen Beförderung gewiß zu versehen hat. Dieser Bernardo Bembo ist gestorben A. 1519. im 86. Jahr seines Alters. Seine Gemahlin war Helena Marcella, welche A. 1509. diese Welt verlassen. Von dieser ist der Cardinal den 20. Maji A. 1470. zu Venedig gebohren worden.

Im achten Jahr seines Alters nahm ihn sein Vater mit sich nach Florentz, als er mit Joh. Emo, in Gesandschafft der Republic, dahin gehen muste, damit er daselbst besser Italiänisch möchte sprechen lernen, als zu Venedig. Er sahe daselbst einsmahls ein unvergleichlich schönes Pferd vorbey führen, und sagte bey sich selbst: Beato me s'havessi quel cavallino, io sarei felice, nè vorei più altro al mondo. Bald darauf, als ihm noch im̃er der Anblick desselben in Gedancken vergnügte, kam ein Bedienter von dem Lorenzo de' Medici, und brachte eben dieses Pferd an der Hand geführet, mit vermelden, daß sein Herr dieses Pferd, welches ihm von einem vornehmen Herrn aus der Lombardie sey anitzo præsentiret worden, des Herrn Ambasciatore Sohn schencken wolte; welches unvermuthete Geschencke auch den kleinen Petrum so erfreuet, daß er sich annoch in dem grösten Alter mit gleichsam noch empfindlichen Vergnügen erinnert, daß dasjenige, was er so sehre gewünschet, so unverhofft und bald erfüllet worden.

Nach zweyen Jahren A. 1480. kam er mit seinem Vater zurücke nach Venedig, und erlernete von Jo. Alexandro Urticio die Lateinische Sprache. A. 1488. muste sein Vater nach Rom als Ambasciatore gehen, und hinterließ ihm einen Process mit Simon Goro zu soliciriren. Darüber wurde ihm aber dessen Enckel, Giusto Goro, so feind, daß als er ihm einsmahl auf der berühmten Brücke, Rialto, begegnete, ihm mit einem kurzen Haugewehre, welches die Italiäner una Storta nennen, den Zeigefinger an der rechten Hand so verletzet, daß er ihn Lebenslang nicht mehr hat brauchen können. Er war aber wider seiner Mutter Verwarnung an selbigem Tage an den Ort gegangen, als welcher das Unglück, das ihm begegnete, des Nachts zuvor im Traum eben so vorgekommen,

men, als wann sie es mit Augen wachend gesehen, dahero sie frühmorgens zu ihm gesprochen: Di gratia figliolo guardati, che non soglio sognare in darno. Die Vermessenheit der Jugend aber hatte diesen Traum für eitel gehalten, und alles Mütterliche Zureden nichts geachtet; welches er doch nachgehends sehre bereuet, indem er erkante, daß so leichte die Gurgel, als der Finger, hätte können getroffen werden.

Mit Erlernung der Lateinischen Sprache war aber die ungemeine Begierde zu guten Wissenschafften des muntern jungen Petri Bembi noch nicht gesättiget, sondern er verlangte auch eine Käntnüß von der Griechischen Sprache zu haben. Dahero er seinem Vater so lange gute Worte gab, biß er ihn A. 1492. nach Messina in Sicilien zu dem berühmten Constantino Lascari, in Gesellschafft des Angeli Gabrielli, schickte. Er rühmet diesen seinen Lehrmeister *Lib. I. ep. 4. Familiar.* also: Erudimur mira ipsius diligentia, tum amore prope paterno. Omnino nil illo sene humanius, nihil sanctius: Reliqua etiam omnia ex sententia. Als er wieder von dar A. 1495. zurück gekommen, schrieb er sein erstes Lateinisches Buch de Ætna ad Angelum Gabrielem, welches zu Venedig vom Aldo A. 1504. in 4. zu erst gedruckt worden. Es hat ihm aber dasselbe in seinem Alter selbst nicht gefallen, wie er denn auch darinne gewiesen, daß er zwar ein grosser Ciceronianer, aber ein schlechter Physicus sey. Baillet verstöst sich also um 3. Jahr, wann er in seinem Buche *des enfans celebres par leurs études n. 38.* meldet, daß Bembus in dem zwey und zwantzigsten Jahr seines Alters den Ætnam geschrieben, indem er damahls 25. Jahr auf sich gehabt.

Nachdem gieng er nach Padua, und lernete von Niccolo Leonico die Philosophie. Wie er daselbst auch absolviret hatte, so hätte sein Vater gerne gesehen, daß er sich nunmehero, wie andere junge Edelleute von seinem Alter, um einen Dienst in der Republic beworben, und verehliget hätte. Er wolte auch diesen Väterl. Willen befolgen, und suchte sich Patronos zu machen. Als ihm aber bey einer Competenz ein weit jüngerer, und gantz ungeschickter Mensch, in Ansehen seiner grossen Bluts-Freundschafft, vorgezogen wurde, so mißfielen ihm die Cabalen des Broglio dergestalt, daß er sich zu einer andern Lebens-Art entschlosse. Er wurde in dem Vorsatz bestärcket, daß als er in eine Kirche gegangen war, umb GOtt umb dessen Leitung anzuruffen, ihm bey Verlesung des Evangelii in der Messe die Worte: Petre, sequere me, sonderlich zu Hertzen giengen, daß er sich vornahm in den geistl. Stand zu treten; womit endlich sein Vater auch zufrieden war, weil er noch einen Sohn hatte, den er zum Dienst der Republic wiedmen wolte, der aber frühzeitig verstarb.

A. 1496. ward sein Vater von der Republic als Vicedomino nach Ferrara geschicket, und nahm unsern Petrum mit sich, welcher dann wegen seiner ungemeinen Gelehrsamkeit, und artigen Umgang an dem Hofe Hertzogs Herculis von Este, seines Sohns Alphonsi, und dessen Gemahlin, Lucretiæ Borgiæ, sehr beliebt wurde. Er fieng daselbst an, gli Asolani, oder Liebes-Gespräche zu schreiben, und sie dem Hofe zur grösten Belustigung vorzulesen, welche so betittelt worden, weil er solche nachdem in der kleinen Stadt Asoli, Lat. Aceli, in der Provintz Trevisano, von neuen übersehen, und gäntzlich vollendet. Er hat solche auch gedachter Hertzogin d. d. 1. Aug. 1504. dediciret, und zu Venedig zu erst von Aldo A. 1505. in 4. drucken lassen. Dieses Werck ward damahls in Italien so hoch gehalten, daß keiner für galant und gelehrt gehalten wurde, der solches nicht gelesen.

Wie aus seinen Briefen abzunehmen, so muß seine Zurückkunfft von Ferrara nach Venedig A. 1500. geschehen seyn. Dieweil aber daselbst sein Glücke nicht blühen wolte, zumahl da bey Republiquen niemand hoch geachtet wird, als wer sich zu Diensten derselben wohl gebrauchen lässet, so begab er sich A. 1506. an den Hof des letzten Hertzogs zu Urbino, Guidobaldo, der gelehrte Leute überaus gerne um sich hatte. Es befand sich an selbigen schon sein Nachfolger, Erbe, und Schwester-Sohn, Franciscus Maria della Rovere, ein Nepote P. Julii II. welcher Bembo nicht weniger günstig wurde, und ihn seinem Vetter, dem Pabst, bekandt machte. Es war auch dieser Hof ein Auffenthalt der aus Florentz dazumahl verjagten Mediceer und ihrer Anhänger, dahero Bembus Gelegenheit hatte auch deren Zuneigung zu mercken. Er hat nach dem Tode dieses Hertzogs und seiner Gemahlin, Elisabeth von Gonzaga, zur Danckbarkeit ihnen eine schöne Lobschrifft verfertiget, welche unter dem Tittel: Ad Nicolaum Teupolum de Guido Vbaldo Feretrio, deque Elizabetha, Vrbini Ducibus, Liber, zu Venedig per Jo. Antonium ejusque fratres Sabios A. 1530. in 4. das erstemahl durch den Druck gemein gemacht worden. Absonderlich wird darinne die Hertzogin biß an den Himmel erhoben, und allen Nonnen, und andern heiligen von Manns-Personen gantz abgesondert gelebten Weibern, weit vorgezogen, daß sie bey einem zum Kinderzeugen unvermöglichen Ehemann doch semper Virgo geblieben; absonderlich gebraucht er hiervon diese nachdenckliche Worte p. m. 238. und 239. in Opusculis Bembi ex edit. Gryphiana de A. 1532. in 8. Cum facere divortium lege posset, homini enim ad conjugium exercendum minime habili nupserat, plane noluit. Itaque cum suscipiendæ prolis ac liberorum spei, quam jam animo conceperat, - tum iis, quas ex conjugio feminæ in tota vita capiunt voluptates, pudicitiam castitatemque forti atque constanti animo - ita prætulit, ut tametsi illas ipsas voluptatum illecebras atque invitamenta quotidie ante oculos atque in ipsis ulnis haberet, a viro enim, quo ita melius rem celarent, nullo tempore divellebatur, vinci tamen se, frangique ab iis nunquam sineret; nunquam animum induceret, ut, cum simulatæ voluptatis specie singulis prope noctibus pertentaretur, veram semel voluptatem vellet tandem, qualis esset, experiri.

Von Urbino nahm ihn A. 1512. Giuliano de' Medici, ein Bruder des Cardinals Johannis de' Medici, der hernach Pabst wurde, mit sich nach Rom, woselbst ihn, und den Jac. Sadoletum der Ertz-Bischoff zu Salerno, Fridericus Fregoso, zu seinen Haußgenossen machete, und dieser beyden vortrefflichen Männer Gelehrsamkeit uud gute Qualitäten überall heraus strich. Wie nun nach P. Julii II. Tod, der Cardinal de' Medici, als Leo X. A. 1513. den 11. Martii zum Pabst erwehlet wurde, so ernannte er, ehe er noch aus dem Conclave gieng, Petrum Bembum, und Jacobum Sadoletum zu seinen geheimen Secretariis, und gab einem jeden eine Besoldung von 3000. Gold-Gülden. Es sind dahero Libri XVI. epistolarum Leonis X. P. M. nomine scriptarum von ihm vorhanden, welche zu Venedig A. 1536. in folio zu erst gedruckt worden. Jedoch gebrauchte ihn der Pabst nicht zum blossen Brief schreiben, sondern auch zu andern wichtigen Staats-Geschäfften, und schickte ihn als Nuntium A. 1514. an die Republic Venedig, um ihr das damahls vorseyende Bündnüß mit Franckreich zu widerrathen.

Weil nachdem bey diesem sehr unmüßigen Amte seine Gesundheit grossen Schaden litte, so bath er sich vom Pabst die Erlaubnüß aus die Lufft zu verändern, und anderwärts in mehrerer Ruhe Artzeney zu gebrauchen. Er begab sich dahero A. 1519. nach Padua, indem ohnweit davon Villabozza, ein seiner Familie von Alters her zugehöriges Land-Gut gelegen war. Weil auch P. Leo X. den 1. Dec. A. 1521. diese Welt verließ, so meinte er aus dem ungestümmen Meere in den sichersten Hafen gekommen zu seyn, und hatte dahero in willens, niemahls nach Rom wieder zurücke zu kehren, sondern sich in stiller Einsamkeit nun gantz alleine mit dem Studieren zu beschäfftigen. Er ließ dahero seine schöne Bibliothec und Antiquitäten-Sammlung dahin bringen, und weil er ein sonderbahrer Liebhaber von der Botanica war, so legte er sich einen grossen Kräuter-Garten an. In seiner Bibliothec hatte er vornehmlich drey uralte geschriebene Bücher vom Terentio, Virgilio, und des Ptolemæi Geographia, die nunmehro die gröste Zierde der Vaticanischen Bibliothec sind. Unter seinem Antiquitäten-Schatz aber war das vornehmste Stücke die gantz unvergleichliche

liche Tabula Isiaca, welche nachdem Laurentius Pignorius mit einem sehr gelehrten Commentario erläutert. Aldus Manutius rühmet gar sehr in der Dedication des Pindari und Virgilii, wie sehr ihm die Codices Bembi genutzet, und nennet ihn dahero Decus eruditorum ætatis suæ, magnæ spem alteram Romæ. A. 1525. gieng zwar Bembus, wegen des Jubel-Jahrs, wieder nach Rom, kam aber von dar balde zurücke, und gab in eben selbigem Jahr zu Venedig in folio heraus le Prose, nelle quale si ragiona della volgar lingua, divise in III. libri, welches Werck Jo. Tacuinus druckte. Er war also der erste, der etwas von seiner Mutter-Sprache seinen Lands-Leuten vorlegte. Es hatte zwar vorhero A. 1516. Jo. Franciscus Fortunius *Regole grammaticali della volgar lingua* ans Licht gestellet, aber Bembus beschuldiget ihn offenbahr Vol. III. Lib. II. seiner Italiänischen Briefe in einem Brief an Bernardum Tassum eines plagii, und will sich den Ruhm nicht nehmen lassen, daß er die ersten Regeln von der Italiänischen Sprache aufgesetzet. Salviati, Varchi, und Lauzoni sagen, daß diese so grosse Käntnüß in derselben Bembus seinem Auffenthalt in der Stadt Florentz in seiner Jugend zu dancken habe. Wie kan aber ein Knabe von 8. biß 10. Jahren die Haupt-Gründe von der Beschaffenheit, Richtigkeit, und Schönheit einer Sprache ergründen?

In eben dieser Muße sammlete er mit grosser Mühe und Unkosten die Leben und Gedichte der Italiänischen Poeten, welche Bücher er Libri Provenzali betittelte; die aber nicht zum Vorschein gekommen, sondern in den Händen seines guten Freundes, des Ludovici Beccadelli, geblieben.

Als Andrea Navagero, als Gesandter der Republic Venedig in Franckreich A. 1529. verstorben, welchem dieselbe aufgetragen hatte, ihre Historie zu schreiben, so wurden die Augen deswegen auf Bembum geworffen / daß er nunmehro darinne die Feder ansetzen, und anfangen solte, wo Sabellicus aufgehöret hatte. Er übernahm auch solche löbliche Arbeit dem Vaterlande zu Liebe und Ehren, und schrieb in Lateinischer Sprache Libros XII. Historiæ Venetæ sub Ducibus, Augustino Barbadico und Leonardo Lauredano, von A. 1486. biß 1513. welche aber nach seinem Tode von Jo. Casa zu Venedig A. 1551. in folio zu erst ist ans Licht gegeben worden. Lipsius hat *Cent. II. ep. misc. 57.* und *in not. ad Lib. I. Polit. c. 9.* an derselben vieles auszustellen, und zwar meistentheils was die Schreibart anbetrifft. Absonderlich spöttelt er sehr darüber, daß Bembo, so einen Ciceronianischen Stylum in selbiger affectirt habe, dahero er niemahls Dux sagen wollen, sondern allemahl Rex Urbini, Rex Mantuæ, Rex Mediolani, ingleichen nicht fides, sondern persuasio, nicht Excommunicatio, sondern aqua & igni interdictio, ferner, daß er stets recht heydnisch von Diis immortalibus rede ꝛc. Mr. Clerc hat aber *T. I.* der *bibliotheque choisie Articl. VII. p.* 317. und 335. Bembo trefflich das Wort geredet, und gesagt, daß man Bembi Historie doch noch verstehen könne, Lipsii Historische Bücher aber müsse man wegen der von Tacito und Seneca angenommenen dunckelen Schreibart verbrennen. So hat auch Casp. Scioppius in seinem *Judicio de stylo Historico* dem Lipsio viele Barbarismos, Solœcismos und Novitates gezeiget, und ihm mit ärgerer Müntze bezahlet. Scipion du Pleix *T. III.* der *Histoire generale de France p.* 234. und Bodinus *in methodo hist. c.* 4. beschuldigen Bembum, daß er allzu partheyisch vor seine

Republic

Republic geschrieben. Das ist aber die Erb-Sünde aller Geschichtschreiber, daß sie ihrem Vaterlande allzugewogen verbleiben, deren Ausbrüche bey den Franzosen am handgreifflichsten warzunehmen. Daß aber Bembo dennoch ein aufrichtiger Historicus gewesen, der die Fehler seiner Republic nicht verschwiegen, noch grossen Familien in selbiger geheuchelt; davon köñten viele Proben angeführet werden, wenn es die Enge des Raums litte. Wie er denn auch von den Päbsten Alexandro VI. und Julio II. ohngescheut geschrieben, was die Warheit erfordert. Hätte er nur fleißig die Jahre hinzugesetzet, in welchen die erzehlten Sachen geschehen, da er doch öffters die Monats-Tage anführet, so würde seine Historie keinen Haupt-Gebrechen haben.

Bembo lebte also eine ziemliche Zeit von Rom entfernet, biß ihn endlich P. Paulus III. A. 1539. den 24. Martii zum Cardinal machte, und ihm erstlich das Bisthum zu Ogubbio, und dann das zu Bergamo verliehe. Er trug anfangs lange Bedencken die Cardinals-Würde anzunehmen, wie er aber warnahm, daß es die Signoria gerne sahe, wenn einer von ihren Edelleuten mit dem Cardinals-Purpur prangen köñte, so unterwarff er sich dem Päbstl. Willen.

Als er Päbstl. Secretarius worden, und noch ehe er die Ordines majores bekommen, verliebte er sich in eine schöne adeliche Dame aus dem Hause Morosini von 16. Jahren, welche A. 1535. den 6. Aug. im 38. Jahr ihres Alters verstorben, mit welcher er 2. Söhne und 1. Tochter erzeuget. Er hat dieses gantz nicht verholen, sondern seine Kinder sehr wohl erziehen lassen. Der älteste Sohn Lucilius ist jung A. 1532. verstorben. Der jüngste Sohn, Torquatus, hat ein Canonicat in Padua bekommen; und die Tochter, Helena, die eine gute Italiänische Poetin abgegeben, hat ein vornehmer Edelmann zu Venedig, Pietro Gradenigo, geheurathet.

Bembo ist sonsten übel beschryen wegen des verächtlichen Urtheils, so er von den Briefen des Heil. Apostels Pauli solle gefället haben, welches Scipio Gentilis in Comment. *ad ep. Pauli ad Philemon p.* 40. am ersten von ihm ausgebreitet. Mr. Clerc urgirt aber *l. c. p.* 345. wohl: Scipion Gentil auroit dû dire à qui, & quand Bembe dit, ou écrioit une semblable chose, & en donner de bonnes preuves. Car il y a dans ces paroles, non seulement de l'impieté, mais aussi une si grande imprudence, qu'on a de la peine à se persuader, que Bembo, qui étoit Italien, & qui connoissoit le monde, l'ait pû commettre.

So ist es auch ein ungewiß Histörgen, daß Melch. Adamus *in vita Melanchth. in vitis Theolog. p. m.* 360. ohne seinen Mann zu sagen, von wem er es habe, anführet, daß Bembo Georg. Sabinum solle unter andern gefraget haben, was Melanchthon von der Unsterblichkeit der Seelen und Auferstehung der Todten halte? und als Sabinus geantwortet: daß die Gewißheit seiner Meynung von beyden Glaubens-Artickeln aus dessen Schrifften würde zu sehen seyn, Bembo solle gesagt haben: Er hielte ihn für klüger, wenn er beydes nicht glaubete.

Bembo hat sonsten das Lob eines Christl. und ehrbaren Prälatens, in dessen Schrifften auch nichts gottloses und ärgerliches anzutreffen. Jedoch sind dessen Gedichte davon auszunehmen, in quibus, nach Thuani Urtheil, multa licentiosius (ut temporum nequitia, & Domini, cui serviebat, mores ferebant) scripta extant. Wie selten trifft man aber auch grosse Poeten in allen Sprachen an, die dergleichen Sünden der Jugend nicht begangen?

Er hatte seinen Tod von einem Pferde, das mit ihm an die Wand lief, und ihn hart druckte, wodurch er in eine Kranckheit fiel, daran er A. 1547. den 18. Januar. zu Rom im 77. Jahr seines Alters seinen Geist aufgab. Er liegt daselbst in der Kirche S. Mariæ super Minervam begraben. Er war ein sehr wohlgemachter Mann, von sehr lebhafften Angesicht, und hat sich den langen Bart, mit welchen er auf der Medaille zu sehen, erstlich in seinem 70sten Jahre wachsen lassen. Vid. Beccatelli & Casa *in vita Bembi.* Apost. Zeno *in not. ad eand.* Imperialis *in museo p.* 19. Pope-Blount *in censura Autt. p.* 554.

Der Wöchentlichen
Historischen Münz-Belustigung
31. Stück. den 1. Augusti 1731.

Eine MEDAILLE auf den berühmten CONNESTABLE in Franckreich, ANNAS von MONTMORANCY.

1. Beschreibung derselben.

Die erste Seite stellet dessen Brustbild im rechts sehenden Profil, und blossen Haupte mit einem starcken Barte vor, und der Umschrifft: ANNAS MOMMORANCIVS MILITIÆ GALLICÆ PRÆF:ectus. d. i. Annas von *MONTMORANCY*, des Frantzösischen Krieges-Heers Oberster Feldherr.

Auf der andern Seite sind die drey Haupt-Tugenden eines grossen Capitains zu sehen, nemlich wie die Vorsicht die Tapferkeit und das Glücke mit beeden Armen umfasset und hält, mit der Umschrifft: PROVIDENTIA DVCIS FORTISS:imi AC FOELICISS:imi. d. i. die Vorsicht des tapfferſten und glücklichſten Generals. Daß dieſer Revers ſich aber gar ſchlecht auf ihn ſchicke, wird aus folgenden zu erſehen ſeyn.

2. Hiſtoriſche Erklärung.

ANNAS von MONTMORANCY hat es zwar um die Gelehrten nicht verdienet, daß ſie ſeiner in ihren Schrifften viel gedencken ſolten. Denn er hatte ſelbſten nicht nur nichts gelernet, ſondern auch ſeine groſſe Unwiſſenheit und daher rührendes wildes Weſen trieb ihn zu einen groſſen Haß gegen alle an, die ſich guter Wiſſenſchafften befliſſen, daß er lieber einen Hengſt wiehern, als einen Gelehrten diſcurriren, hörete. Jedoch können ſich die Gelehrten an ſolchen brutalen Kriegs-Gurgeln nicht beſſer rächen, als wann ſie ſolche der Nachwelt zum Abſcheu als Leute vorſtellen, die nur als halbe Menſchen gelebet, und ſolche Ungeheuer, wie nach den Fabeln der Griechen, die Centauri, geweſen, die weiter nichts gekont, als nur ſich mit den Lapithis herumſchlagen. Hingegen was bringt das dem Alexandro M. dem Pyrrho, und den beeden Scipionen, für einen unſterblichen Ruhm, daß ſie einen von allen Sachen wohl urtheilenden Philoſophum, wie den Calliſthenem, einen klugen und beredten Redner, wie den Cyneam, einen ſinnreichen Poeten, wie den Ennium, und einen vortrefflichen Geſchichtſchreiber, wie den Polybium, in ihren groſſen Feldzügen gerne um ſich gehabt, und ſich bey allen ihren ungemeinen Helden-Thaten mit deren lieblichen Geſprächen, und wohl aufgeſetzten Schrifften ergötzet. Der für den gröſten Wütterich, und die ſchärffſte Geiſſel der Welt ausgeſchryene Attila ſelbſt war nicht ſo barbariſch, ſondern gönnete mitten unter dem ſtarcken Getöſe ſeiner ſchnell fortlauffenden Waffen dem Geſang der Helden-Lieder ein geneigtes Gehör. Der grämiſche Annas von Montmorancy konte eben auch nicht in der letzten Todes-Stunde den Zuruff eines an ſeiner verſtockten Seele treulich arbeitenden Franciſcaners leiden, ſondern wieß ihn mit dieſen trotzigen Worten von ſich weg: **Ob er meinte/ daß er in achzig Jahren/ die er gelebt/ nicht hätte eine Viertel-Stunde ſterben gelernet?** Ohngeacht er die Hände noch voller Hugenotten-Blut hatte, ſo machte doch ſeine ſoldatiſche Ruchloſigkeit ihm den Ubertrit aus dieſer Zeitlichkeit in die Ewigkeit ſo leichte, als ob er mit dem Tode einen Bund gehabt hätte. Ich weiß zwar wohl, daß insgemein dieſe Rede, als ein groſſes Zeichen einer recht ſeltenen Unerſchrockenheit vor dem Tode, die er ſich durch eine lange Vorbereitung zu demſelben zuwegebracht, angegeben wird; und es iſt auch an dem, daß wann einem Sterbenden ſein eigenes durch Chriſti blutiges Verdienſt verſöhntes Gewiſſen nicht ſelbſten beruhiget, ſo wird ihm das ungeſtümme Ohrenſchreyen der Umſtehenden in dem letzten Todes-Kampff

einen

einen schlechten Muth geben. Alleine obwohl der Connestable in seinem Leben im höchsten Grad bigot war, so wird jederman doch aus seiner bald zu meldenden Art, das Pater noster zu beten, schlüssen können, daß ihm mehr eine angewohnte Vermessenheit, mit dem Tode alleine den letzten Gang zu wagen, als ein getroster Muth einer von den Banden des Leibes sich freudig loß reissenden Seele, angetrieben, den armen zusprechenden Pater so abzuweisen. Da er auch keinen gelehrten Mann, er mochte nun geistl. oder weltlichen Standes seyn, hatte in seinem Leben um sich leiden können, so war es ihm auch beschwerlich, einen Geistlichen in seinem Sterben, da einem so alles noch verdrießlicher fället, um sich zu sehen.

Bey den vornehmsten Umständen von dem Leben dieses sonst sehr berühmten Connestable ist es aber nicht nöthig, etwas von dem uralten Hause MONTMORANCY, aus welchem derselbe entsprossen, vorher zu melden, indem weltkündig, daß dasselbe mit der Losung pranget: Dieu ayde au premier Chrestien! und daß es so ansehnlich gewesen, daß Annas schon der dritte aus demselben war, welcher die höchste Würde eines Connestable von Franckreich bekleidet; sondern ich melde gleich, daß desselben Eltern gewesen, Wilhelm, Herr von Montmorancy, d'Escouen de Chantilly, Damville, Conflans, &c. der A. 1531. verstorben, und Anna Pot Guidonis, Grafens von St. Pol, Tochter, welche A. 1484. vermählet worden, A. 1510. dieses Zeitliche gesegnet, und diesen ihren Sohn A. 1487. an diese Welt gebohren.

Er war von einem muntern Geist und grosser Hertzhafftigkeit, welche ihn gar bald antrieb die Kriegs-Rüstung anzulegen. Seine erste Dienste that er freywillig in Italien unter dem Gaston de Foy, Hertzogen von Nemours, und wohnte A. 1512. der Schlacht bey Ravenna bey. Als A. 1515. der neue König in Franckreich, Franciscus I. mit einer starcken Armée ins Mayländische einbrach, so befand sich Annas unter selber, und half die hochmüthig gewordenen, und das Königl. Lager bey Marignano anfallende Schweitzer, mit Verlust von zehntausend Mann, zurücke schlagen. A. 1521. war er in der belagerten Vestung Mazieres, welche K. Carl V. angegriffen. A. 1522. bekam er ein Commando Schweitzer in Italien, und lag in dem unglücklichen Treffen bey Bicoca eine ziemliche Zeit unter den Erschlagenen, biß ihm ein guter Freund wieder aufhalf, und zum flüchtigen Hauffen brachte. Als er von seinen Wunden genesen, schickte ihn der König nach Venedig, um das Bündnüß mit selbiger Republic zu verlängern, und ehe er noch von dar zurücke kam, so machte er ihn zum Marschall von Franckreich. Er führte A. 1523. den Vorzug, als der König unter dem Bonnivet eine frische Armée nach Italien schickte, und als der König A. 1525. selbsten nachkam, so ward er mit demselben in der Schlacht bey

Pavia von den Kayserl. gefangen. Der König bath sich ihn zum hin und wieder schicken nach Franckreich aus, dahero er auch mit demselben wieder in Freyheit kam, und gleich darauf am Hofe Grand-Maitre und Gouverneur von Languedoc wurde. A. 1527. muste er als Ambassadeur nach Engelland gehen, und A. 1530. holte er, als Gevollmächtigter, die für zwölf hundert tausend Reichs-Thaler ausgelösten zwey Königl. Printzen, und die Königin Eleonora von den Spanischen Gräntzen ab. Beym Einbruch des Kaysers in die Provence A. 1536. erklärte ihn der König zu seinen Lieutenant-General, da er sich dann von Avignon an längst der Durance so wohl postirte, daß er die Kayserl. Armée, durch Abschneidung der Lebens-Mittel vor Menschen und Vieh, gar balde zum Rückzug nöthigte. Einige Generale waren zwar der Meinung gewesen, daß er dem Feind biß an die Alpen hätte entgegen rücken sollen, womit er dann den Einbruch verwehret hätte. Es schien ihm aber zu gefährlich mit einer neu geworbenen Infanterie, die noch keine Lunte gerochen, sich so alten und siegreichen Regimentern im Weg zu legen; zumahl da er auch noch nicht die Helffte seiner Armée beysammen hatte, als die Kayserlichen schon über die Alpen gegangen waren, dahero getrauete er sich auch nicht denenselben hitzig bey der Rückkehr nachzusetzen. Es meinten damahls jedoch etliche Kriegs-Verständige, wenn Montmorancy nicht so gar schüchtern gewesen, sondern der fast gar verhungerten Kayserl. Armée recht in die Eißen gegangen wäre, so würde kein Mann davon wieder aus Provence gekommen seyn. Weil er auch nachdem die Kayserl. aus den engen Thälern von Susa vertriebe, so brachten ihn seine langwierige Kriegs-Dienste endlich A. 1538. die Würde eines Connestable zuwege, welche seit der Entweichung des Hertzogs von Bourbon ledig gewesen war.

Nach diesem erlangten Solstitio honorum wendete sich die Glücks-Sonne des Montmorancy wiederum zum absteigen. Denn er hatte den König beredet, daß er auf das blosse mündliche Versprechen, einem von den Königl. Printzen das Hertzogthum Mayland abzutretten, dem Kayser A. 1540. aus Spanien nach den Niederlanden einen freyen und sichern Weg verstattet hatte, um den Ausruhr in Gent zu stillen. Als nun nachdem deswegen der Kayser seine Entschuldigung machte, so fiel darüber der Connestable in die Ungnade, und muste den Hof meiden, indem seine Feinde ihn beschuldigten, er habe sich etliche tausend Spanische Doublonen lassen die Augen blenden, daß er des Königs wahren Nutzen nicht so beobachtet, wie der Cardinal de Tournon, welcher dem König den Rath gab, den Kayser nicht eher durch Franckreich reisen zu lassen, bevor er entweder das Hertzogthum Mayland würcklich eingeräumet, oder deswegen eine schrifftliche Versicherung von sich gestellet. Der König blieb auch gegen demselben so zornig, daß als A. 1544. bey einem neuen Einbruch des Kaysers in Franckreich der Dauphin den König bath, daß er den Connestable bey der Armée ihm an die Seite setzen möchte, der König dieses Verlangen sehr übel aufnahm.

So bald aber K. Franciscus I. A. 1547. die Augen geschlossen, und sein Sohn Heinrich II. auf den Thron gelangte, so zog er seinen vorhin so sehr geliebten Connestable wieder nach Hofe / machte ihn zum Grand-Maitre, und überließ ihn alle Staats- und Kriegs-Geschäffte, die biß anhero in den Händen des Cardinals de Tournon, und des Admirals Annebaut gewesen waren. Das Jahr darauf empörte sich gantz Guienne wegen der Gabelle, oder des Saltz-Aufschlags, welcher unter K. Francisco I. aufgekommen, und nun continuiret wurde. Der gröste Aufflauff geschahe in Bourdeaux, woselbst auch der Gouverneur, Tristan de Monneins, war von dem wütenden Pöbel umgebracht worden. Der König schickte demnach den Connestable und den Duc d'Aumale mit etliche tausend Mann dahin, um diesen Tumult zu stillen, und das widerspänstige Volck zum vorigen Gehorsam zu bringen. Als demnach der Connestable vor Bourdeaux ankam / so kroch zwar die Bürgerschafft so gleich zum Creutze, und flehete die Gnade des Königs sehr demüthigst an; Alleine der Connestable ließ, nach seiner angebohrnen Strenge, dem Recht den Lauff, und 30. Ellen lang die Stadt-Mauer niederreissen, durch welche Oeffnung dann er mit seinen Trouppen, als wie in einer durch Sturm eroberten Stadt, über die Breche seinen Einzug hielte. In dem darauf angestellten Blut-Gerichte, welches Estienne de Nuilly, Maistre des Requetes, dirigirte, der eben ein so hefftiger und unbarmhertziger Mann war, als der Connestable, wurde das Parlament, und alle Obrigkeitliche Personen abgesetzt, funffzig Personen das Leben abgesprochen, und alle Glocken weggenommen, weil man damit Sturm geschlagen. Ferner muste die Bürgerschafft alle ihre Gewehre von sich geben, ihre Privilegia mit eigner Hand öffentlich verbrennen, den Leichnam des entleibten Gouverneurs mit den Nägeln, ohne Hacken und Schauffeln, aus der Erde graben, ihm in der tieffsten Trauer ein grosses Leichen-Begängnüß halten / und den Soldaten 200tausend Pfund zum Abzug zahlen. Es mißfiel aber dem König diese scharffe Execution, dahero er das folgende Jahr die Stadt Bourdeaux wieder völlig begnadigte, in alle Ehre, Würde, und alte Gerechtigkeiten wieder einsetzte, und ihr so gar, gegen ein anders verwilligtes grosses Jahr-Geld, die so verhaste Gabelle wegnahm.

Die folgende Jahre hatte er die Armée, so wohl in Teutschland, als in den Niederlanden commandirt, und ausser dem, daß er die Reichs-Städte Metz, Toul und Verdun mit List weggenommen, dabey eben nicht grosse Thaten verrichtet; jedennoch verließ sich der König auf ihn dergestalt, daß als A. 1553. der Connestable in dem Feldzug erkranckte, der König lieber alle schon erhaltene Vortheile wieder aus den Händen ließ, und sich mit der Armée zurücke zog, als daß er mit solcher weitere Progressen, ohne dem Connestable, gemachet hätte. Jedoch dauerte dieser so grosse Credit nur biß auf den von ihm vorgenommenen unglücklichen Entsatz von St. Quintin A. 1557. Denn man beschuldigte ihn vieler grossen Fehler / die er dabey begangen, 1) daß er sich wider alle Kriegs-Regeln, da er so nahe an den Feind gerücket, am hellen Tage und im Angesicht desselben, wieder in aller Eil zurücke gezogen, 2) daß er nicht zu der mit dem Commendanten in der Vestung abgeredten Zeit eingetroffen. 3) Daß er alle seine bagage mit sich geschleppet; und 4) daß er nicht besorgt gewesen, bey seiner Retirade den nachsetzenden Feind nur mit etwan 1200. Arquebusiers und einiger leichten Reuterey aufzuhalten, und dieselbe verlohren gegeben hätte; sintemahl dadurch er würde haben Zeit gewonnen, sich mit den übrigen Trouppen in gute Sicherheit zu setzen. Aber so geschahe es durch sein Versehen, daß zum wenigsten von den Frantzosen 5000. Mann, und darunter viele Generals und hohe

Officiers, erschlagen, und eine gleiche Anzahl gefangen wurden. Unter selbigen befand sich der durch einen Pistolen-Schuß an der Hüffte verwundete Connestable selbsten, und sein Sohn, der Duc de Montpensier, der Marechal de Saint André, der Duc de Longueville, und noch 100. andere grosse Herren. In seiner Abwesenheit suchten sich zwar die Guisen empor zu schwingen, die Flügel waren ihnen aber doch noch alzu schwach, und der Connestable brachte es bey den Spaniern dahin, daß sie ihm erlaubten A. 1558. zum König zu gehen, um ihn zum Frieden zu lencken. Der König empfieng ihn zwar anfangs sehr kaltsinnig; der Connestable aber, der alle Zugänge zu des Königes Hertze sehr wohl kante, erlangte bey demselben gar balde wieder die vorige Gnade; dahero er sich und seinen Sohn mit 66000. Gold-Gulden rantzionirte, und denn, durch Beyhülff des Hertzogs von Savoyen, den für Franckreich so schimpfflichen, als schädlichen Frieden zu Château Cambresis A. 1559. bewürcken half, in welchen vor die vier schlechten Oerter, St. Quintin, Ham, le Catelet, und das Gebiethe von Terouenne, welche die Spanier damahls inne hatten/ ihnen 198. Städte, Schlösser und Oerter, die Franckreich in diesem achtjährigen Kriege denselben in Italien und den Niederlanden abgenommen hatte, wiedergeben muste.

Nichts destoweniger galt er nach seiner Zurückkunfft bey dem König eben so viel, als wie zuvor, und ließ sich sehr angelegen seyn, seine Mitbuhler, die Guisen, demselben verhast zu machen, und vom Hofe zu schaffen. Um ihre grosse Ambition dem König zu entdecken, stellete er ihm ihre Anforderungen auf Anjou und Provence vor, und daß sich der Cardinal zu Rom den Tittel des Cardinals von Anjou eigenmächtig gegeben habe; ingleichen, daß bey des Königs Einzug in Angers der Guise habe durchaus den Hertzog von Anjou repræsentiren wollen, dahero ihnen auch der König, noch als Dauphin, versprechen müssen, wann er zur Krone gelangen würde, besagte Länder abzutreten. Die Guisen hingegen hatten auch keinen Heel zu sagen: Daß der Connestable, wegen seines vielfältigen Versehens bey Saint Quintin, verdient hätte, daß man ihn den Kopf vor die Füsse legte, zumahl da er durch den so eifrig darauf bewürckten Frieden diese Schande nur vergrössert hätte. Er blieb aber dennoch feste in des Königes Gnade biß an dessen Ende, mit welchem sich abermahls sein Hof-Glücke gar sehr änderte.

Anfangs überlegte zwar die Königl. Wittwe, Catharina de Medices, lange, ob sie es nach ihres Gemahls Tod mit den Guisen, oder mit dem Connestable, halten solte? Weil sie aber voraus sahe, daß derselbe, ohne Hülffe der Printzen vom Geblüthe, sich nicht würde in seiner Macht und Ansehen erhalten können, diese aber mit ihr das Regiment nicht theilen wolten, so schlug sie sich lieber zu den Guisen, als nächsten Schwägern des Königes. Dahero befahl sie so gleich, daß der Connestable als Grand-Maistre die Königl. Leiche, gewöhnlicher massen, 30. Tage biß zur Beysetzung bewachen solte; wodurch man ihn so gleich vom Hofe entfernte. Indessen mahlte sie ihn dem König ab als einen strengen und herrischen Mann, welcher ihn würde unter der Zucht halten, als ein Kind. Sein hohes Alter mache ihn auch so wunderlich, daß er fast allen Leuten unerträglich wäre. Wie darauf der Connestable seine Aufwartung wieder dem König machte; so sagte er ihm, daß er die Verwaltung der Reichs-Geschäffte seinen Schwägern anvertrauet hätte. Er wolte ihn jedoch dabey im Rath behalten; wann er sich aber solte Alters halben übel auf befinden, so könte er auf seinen Gütern seiner Ruhe und Gesundheit pflegen, und nach Hofe wieder kommen, wann es ihm beliebte. Der Connestable verstand diese Stimme wohl, und antwortete dem König: daß er deswegen hergekommen, um die Erlassung seiner Dienste zu bitten, theils weil man ihn als einen alten grämischen Mann beschrieben, der dem König mit seinen Diensten mehr schadete, als nützte, theils weil es ihm sehr empfindlich wäre, denenselben nu[r]

mehr

mehro zu gehorchen, denen er vormahls zu befehlen gehabt hätte. Die Königl. Mutter begegnete ihm noch härter, und warf ihm vor, daß er ihre Ehre damit bey ihrem Gemahl angegriffen, daß er zu ihm einsmahls gesagt: wie keines von seinen 10. ehlichen Kindern ihm gleich sehete, als wie die unehlichen, die ihren Vater nicht läugnen könten, insonderheit die Diana de Valois. Der Connestable wolte aber dergleichen anzügliche Worte nicht gesprochen haben, und da von diesem sauertöpfischen Mann niemand jemahls ein schertzhafftes oder beissendes Wort vernommen hatte, sondern er sein Mißfallen über eine Sache allemal mit lauter Poltern und Schelten, ohne Ansehen der Person, zu erklären pflegte, so hielte man diese Beschuldigung für erdichtet. Er begab sich demnach nach Chantilly, und versöhnte unter der Hand die Printzen vom Geblüthe mit einander, damit sie mit mehrerer Einigkeit sich der so jähling überhand nehmenden Gewalt der Guisen widersetzen möchten; ingleichen machte er es, daß K. Heinrich in Navarra nach Hof gieng. Man empfieng denselben aber daselbst mit so schlechten Ehren-Bezeugungen, und gab ihn so wenig gute Gesichter, daß er es sattsam mercken konte, was er für ein unangenehmer Gast wäre. Da es auch kund wurde, daß er auf Anrathen des Montmorancy den Hof mit seiner Gegenwart belästiget hätte, so nöthigte man ihn, das Amt eines Grand-Maitre niederzulegen, wie ihm dann die Guisen sonst noch vielen andern Tort anthaten.

Es kam ihm sehr schwer an dieses alles zu erdulten. Auf Absterben K. Francisci II. aber, als K. Carl IX. das Reich A. 1560. antrat, ließ sich alles besser für ihn wieder an. Denn weil die Hugenotten sehr überhand nahmen, und sich auf den ihnen beygetretenen König in Navarra sehre steiffeten, der Connestable aber jederzeit einen recht grossen Religions-Eifer bezeiget hatte, und darinnen von seiner Gemahlin, der Magdalena von Savoyen, gestärcket wurde, so hielten es die Guisen sich für zuträglich, denselben wiederum an sich zu ziehen. Es wurde demnach zwischen dem Hertzog von Guise, dem Marechal de St. André, und ihm ein Verbündnüß zu Ausrottung der Reformirten geschlossen, welches ihre Feinde das Triumvirat nennten, und als daraus die hefftigen und langwierigen innerlichen Kriege mit denselben entstanden, so wurde er in der ersten Schlacht mit dem Hertzog von Condé, bey Dreux A. 1562. in den Kinbacken geschossen, daß er am Blute fast erstickt wäre, und muste sich darauf gefangen geben. Weil in eben dieser Schlacht der Hertzog von Condé auch des Duc de Guise Gefangener wurde, so wurden sie gegen einander abgetauscht; und nahm er A. 1563. den Engelländern Havre de Grace ab.

A. 1567. in dem angegangenen andern Hugenottischen Kriege unterfiengen sich der Printz von Condé und der Coligny mit gar wenig Volcks Paris zu blocquiren, in welcher sich der Connestable mit etliche tausend Mann alter Trouppen befande. Ob nun schon es den Parisern an keinen Lebens-Mitteln fehlte, so hielten sie es sich doch für schimpflich, von einer Hand voll Hugenotten eingeschlossen zu sehen, und nöthigten dahero den Connestable, wie er nach seiner gewöhnlichen Art lange zaudern wolte, durch das starcke Murmeln, daß er es mit seinen Anverwandten dem Coligny hielte, den 10. Nov. zu einen Ausfall, in welchen er bey St. Denys mit 15000. Mann Fußvolck, worunter 6000. Schweitzer waren, und 3000. Reutern, 1700. Fußgänger und 600. schlechte Reuter die Hugenotten angriff. Er schonte dabey seiner so wenig, daß er mitten unter die Feinde geriethe, und nachdem er einen Schlag von einer Streit-Kolben auf dem Kopffe, und fünff Hiebe ins Gesicht bekommen, endlich von Robert Stuart mit 2. Pistolen-Kugeln zwischen die Schultern verwundet ward. Er fiel zwar darauf zur Erden, wie ihn aber gemeldter Stuart gefangen nehmen wolte, so stieß er ihm noch mit seinem Degen-Gefässe drey Zähne aus dem Munde, darüber kamen noch etliche von seinen Reutern herbey, erretteten ihn von des Feindes Gewalt, und brachten ihn halb todt wieder in Paris, worauf er den folgenden Tag, als den 11. Nov. im 80. Jahr seines Alters in seinem Pallast starb. K. Heinrich II. hatte befohlen, daß man desselben Hertze zu seinem Hertze in die Cölestiner-Kirche zu Paris legen solte, welches auch geschahe, woselbst dahero folgendes Epitaphium zu lesen:

Cy dessous gist un cœur plein de vaillance,
Un cœur d'honneur, un cœur qui tout sçavoit;
Cœur de vertu, qui mille cœurs avoit,
Cœur de trois Rois & de tout la France;
Cy gist ce cœur, qui fut nostre asseurance,
Cœur, qui le cœur de justice vivoit,
Cœur, qui de force & de conseil servoit,
Cœur, que le ciel honora dés l'enfance,
Cœur non jamais, ny trop haut, ny remis,
le cœur des siens, l'effroy des ennemis,
Cœur, qui fut cœur du Roy Henry son Maistre,
Roy, qui voulut, qu'un sepulchre commun
les enfermast après leur mort, pour estre
comme en vivant deux mesmes cœurs en un.

d. i.

Ein Hertz, von Muth und Krafft liegt unter diesem Stein,
Ein Hertz, das Ehr und Ruhm, und Preiß der Weißheit zierte;
Ein Hertz, ein Tugend-Schatz, der tausend Hertzen führte;
Das dreyer Könige, ja Franckreichs Hertz, kont seyn.
Diß Hertz, samt unsrer Ruh, schließt dieses Grab nun ein;
Diß Hertz, deß Leben man auch im Gerechtseyn spührte;
Diß Hertz, von Jugend auf gottsfürchtig, heilig, rein,
Diß Hertz, das weder Stoltz erhebt, kein Unglück beugte,
Das, als der Seinen Hertz, den Feinden Schrecken zeigte,
Diß Hertz, so selbst das Hertz, des andern Heinrichs war,
Diß stellt in eigner Grufft nunmehr sein König dar,
Und will im Tode auch mit ihm in einer Höle,
So wie im Leben, seyn: Ein Hertz und eine Seele.

Es hatte dieser Annas von Montmorency fünff Königen in Franckreich fünff und funfftzigjährige Kriegs-Dienste geleistet, und dahero auch seinem Hause die Ehre erworben, daß es A. 1551. zu einem Hertzogthum und Pairie erhoben worden. Ohngeacht er auch zu der höchsten Würde eines Connestable gestiegen, so hat er doch vom Glück im Kriege, und Neid bey Hofe unaufhörlich so viel Widerwärtigkeiten auszustehen gehabt, daß er von den acht Haupt-Treffen, die er geliefert, kein einziges gewonnen, und doch allemahl entweder gefangen, oder verwundet, worden. Er war von sehr ernsthafften, mürrischen und strengen Wesen, konte kein gutes Wort ausgeben, sondern fuhr alle Leute mit der größten Hefftigkeit an, und meinte, er habe lauter Musquetiers vor sich. Wann er auch sein Pater noster betete, so unterbrach er solches öffters mit vielen Scheltworten, und den schärffsten Befehlen, die Leute zu prügeln, zu hengen, zu rädern, oder Dörffer zu plündern und anzuzünden, daß es zu einem Sprüchwort in Franckreich wurde: Dieu nous garde de la Pater nostre du Connestable! Er war der erste, der die reformirten Prediger aus Paris vertrieb, und ihre Predigt- und Kirchen-Stühle öffentlich in seiner Gegenwart verbrennen ließ, dahero ihn dieselben zum Spott le Capitaine de Brule-banc nannten. Dem Geitz war er überaus sehr ergeben, und schämete sich nicht, seines Königs Gnaden für grosses Geld zu verkauffen, davon viele Specialia anzuführen wären, wann mich nicht der Mangel des Raums die Feder niederlegen hiesse. vid. Thuanus *ad h. a. impr. lib.* XLII. *p.* 832. Laboureur *in additions aux memoires de Castelnau*, Bellajus Comment. *Lib.* X. Mezeray T. II. & III.

Der Wöchentlichen
Historischen Münz-Belustigung
32. Stück. den 8. Augusti 1731.

Eine MEDAILLE auf den so berühmten Kayserl. ADMIRAL, ANDREAM DORIA.

1. Beschreibung derselben.

Die erste Seite zeiget des Andreæ Doria Brustbild im lincks-sehenden Profil, blossen Haupte, von kurtzen Haare und langen Barte, und im Röm. Habit, mit umgehängten goldnen Vlüeß, nebst der dreyzanckigten Gabel des Neptuni hinter dem Rücken, und einem Delphin unter der Brust mit der Umschrifft: ANDREAS DORIA P.P. d. i. Pater Patriæ. zu Teutsch: *Andreas Doria*, der Vater des Vaterlandes.

Auf der andern Seite stehet eine im Meer gehende Galeere mit der Kayserl. Flagge, bey welcher in einem Both 2. Personen auf einen Menschen zurudern, der auf einem Felsen sitzet, und die Hände nach ihrer Hülffe ausstrecket.

Luck *p.* 139. führet fast eben diese Medaille an, jedoch trifft man dabey auf deren Revers diesen Unterscheid an, daß 1) die Galeere zur rechten seegelt, 2) auf dem Mastbaum so wohl als der Seegelstange keine Flagge stehet, 3) die auf dem Both befindlichen Personen einen Menschen, den ein Wallfisch verschlingen will, mit einem Stricke denselben aus den Rachen reissen, und 4) auf selbigem die Umschrifft zu lesen: NON DORMIT, QVI CVSTODIT, aus Psalm CXXI, 4. Der dich behütet, schläffet nicht. Luck setzet sie in das Jahr 1550. und erkläret sie von dem eroberten Raubnest, Mahadia, in Africa. Ich halte aber dafür, daß dadurch die Errettung der Stadt Genua aus der Frantzösischen Dienstbarkeit vorgestellet werde.

2. Historische Erklärung.

Der unvergleichliche See-Held, ANDREAS DORIA, ist in der Stadt Oneglia, welche seiner Familie zum Theil zugehöret, A. 1468. den 30. Nov. am Tage St. Andreæ, zur Welt gebohren. Sein Vater, Ceva, hatte zur Gemahlin Caracosam, die mit ihm aus dem alten und adelichen Geschlechte Doria entsprossen. Der fähige und aufgeweckte Geist, der schon in seiner Kindheit hervor leuchtete, war zwar sehr fleißig in Erlernung guter Wissenschafften, jedoch bezeigte er grössere Begierde zu Kriegs-Sachen, absonderlich zum Seewesen, wie er dann von der ersten Galeere, die er in dem Hafen von Oneglia erblickte, nicht anders, als mit Gewalt, konte wieder heim gebracht werden, indem er durchaus auf selbiger schlaffen wolte, ohngeacht er noch in der zärtesten Jugend war.

Im 19. Jahr seines Alters, nach seiner Eltern Tod, A. 1487. begab er sich zu seinem Vettern, Dominico Doria, nach Rom, der Oberster über P. Innocentii VIII. Leib-Guarde zu Roß von schwerer Rüstung war, und nahm unter selbiger die erste Kriegs-Dienste an; Da aber nach dessen Absterben unter P. Alexandro VI. sich alles sehr übel anließ, so gieng er eine Weile an dem Hof Hertzog Friedrichs zu Vrbino. Dieweil er keinen Hof- sondern einen Kriegs-Mann abgeben wolte, so verfügte er sich, auf Einrathen gedachten seines Vettern, ferner nach Napoli, und ward bey Lebzeiten K. Ferdinands I. von dessen ältern Printzen, Alphonso, Hertzogen von Calabrien, über eine Compagnie Curaßirer bestellet. Er hielte bey demselben auch das Jahr über, als er König war, ohngeacht fast alle seine andern alten Diener von ihm absetzten, und begleitete ihn biß auf die Galeere, so ihn nach Sicilien übersetzte, woselbst er aus Verdruß ein Olivetaner-Mönch wurde. Unter diesen Neapolitanischen Troublen that Andreas Doria eine Wallfarth zum Heil. Grabe nach Jerusalem, und fand bey seiner Zurückkunfft, daß sich die Spanier und Frantzosen, nach Vertreibung des unglücklichen K. Friedrichs, um das Königreich Napoli herum schlugen. Er führte dahero Joh. Rovere, dem Gouverneur in der Stadt Napoli, der es mit dem Frantzosen hielte, 25. mit seinen Kosten ausgerüstete Reuter zu, und ward von selbigen zum Commendanten des Schlosses Rocca di Gulielmo gemacht. Als er daraus die Spanier mit Ausfällen sehr belästigte, so belagerte solches Gonsalvus de Corduba. Doria aber nahm nicht nur den Obersten der Vor-Trouppen, Petrum Mursiam, gleich beym Anzuge gefangen, sondern wehrte sich auch darinne so lange, biß A. 1501. der Stillstand kund gemacht wurde. Gonsalvus bewunderte diese ungemeine Tapferkeit gar sehre an diesem jungen Commendanten, und hätte denselben, unter grossen Versprechungen, gerne an sich gezogen; Er blieb aber bey Johanne de Rovere, der mit seiner Gemahlin, Johanna, das Hertzogthum Vrbino bekommen hatte, und ward von ihm zum Vormund über seinen Sohn, Franciscum Mariam, ernennet, welchen er, nebst seiner Mutter, durch die Flucht aus den Händen des regiersüchtigen Cæsaris Borgiæ klüglich rettete, und ihn bey seinen väterlichen Ländern, so wohl gegen desselben, als seines Vetters, des Cardinals Juliani, Gewalt und List, mit grossem Eyfer erhielte.

Weil bald darauf A. 1503. gedachter Cardinal unter dem Nahmen Julii II. Pabst wurde, und sich sehr zornig gegen den Doria deswegen erzeigte, so begab er sich nach Genua. Es war damahls diese Stadt, durch Hülffe der Adurni, unter K. Ludwigs XII. in Franckreich Botmäßigkeit, und hatte mit den rebellischen Corsen alle Hände voll zu thun. Dem Dominico Doria wurde zu erst aufgetragen dieselben zu bändigen, hernach gieng auch Andreas nur mit 200. Mann Fuß-Volck und 40. Reutern nach Corsica, jagte mit dieser Hand voll Volcks den Haupt-Rädelsführer, Rinutium Roccam, aus der Insul, und brachte dieselbe in kurtzen zum Gehorsam. Als A. 1511. die Fregosi wiederum die Oberhand in Genua gewonnen, und die Adurni mit den Frantzosen daraus zu weichen nöthigten, so ward Doria, der es mit dem Fregosi gehalten hatte, zum Capitain über alle Galeeren der Stadt ernennet. Ob er nun wohl dazumahl noch nicht verstand, was zur Verwaltung eines so wichtigen Amts gehörte, so war ihm doch dieses eine Gelegenheit, sich in dem See-Commando so sehr zu üben, daß ihn nachmahls jederman den Vorzug vor allen seines gleichen zugesprochen. Er machte sich anfangs sehr an die Türckischen See-Räuber, und erlernte in den vielen Gefechten mit ihnen alle diejenige Geschicklichkeit und Erfahrung, die ein grosser See-Capitain haben soll.

Wie aber damahls bald die Adurni, bald die Fregosi, einander aus der Stadt vertrieben, und dieselbe Wechsels weise dem König in Franckreich, und dem Römischen Kayser als Schutz-Herrn unterwarffen, so ward Doria dieser so grossen Unruhen überdrüßig, und trat A. 1522. in K. Francisci I. in Franckreich Dienste, mit sechs eigenen Galeeren, welche mit sehr guten Schiffs-Volck besetzet waren, dahero er auch von demselben so gleich die Ober-Gewalt über seine Flotte bekam. Er wolte anfangs, daß der König die von dem Türckischen K. Solymann mit gröster Macht angegriffene Insul Rhodis entsetzen solte, weil doch viele edele Frantzosen Johannitter-Ritter wären, und es der Christenheit sehr verträglich seyn würde, diese Vormauer zu behalten. Er fand aber kein Gehör, indem der König gerne sahe, daß sich Solymanns Macht, dem Kayser zu mehrern Abbruch, ausbreitete; so verhinderten es auch einige Räthe, die den Adumi gewogen waren, daß Doria auf einmahl nicht so gar groß werden möchte. Wie ihm also verwehret ward, sich an die Türcken zu machen, so griff er die Kayserl. Flotte von 18. Galeeren bey Nizza an, und streuete dieselbe auseinander, fieng den aus Spanien nach Genua gehenden Philiberten, Printzen von Orenge, zur See auf, entsetzte das von dem Kayserl. Admiral, Hugone Moncada, belagerte Varaggio, ohnweit Savona, nahm ihn selbsten gefangen, und versorgte das von dem Hertzog von Bourbon vergeblich belagerte Marseille mit aller Nothwendigkeit, an Volck, Ammunition und Proviant. Nach der Schlacht bey Pavia und Gefangenschafft des Königs schiffte er den nach Napoli mit einem starcken Corpo gesandten Hertzog von Albanien im Hafen St. Steffano, auf der Sienischen Küste, wieder ein, und brachte ihn glücklich nach Provence. Wie Lanoi den gefangenen König zur See nach Spanien führte, so wolte Doria mit demselben ein See-Gefechte wagen, um seinen König wieder in die Freyheit zu setzen. Derselbe aber, weil es dabey um sein Leben am allergefährlichsten stehen würde, verboth ihm der Spanischen Flotte näher zu kommen, und wolte also seine Befreyung von den Händen des tapfern Doria selbsten nicht haben.

Da unter währender Gefangenschafft des Königs von dessen Ministris die Flotte schlecht versorget ward, so wolte er auch Franckreich nicht länger dienen, sondern ward A. 1526. Päbstl. Admiral, mit einer Besoldung von 35 tausend Ducaten, blocquirte, mit Zuziehung Venetianischer und Frantzösischer Galeeren, Genua, und eroberte Telamone und Porto Hercole. Das Jahr darauf aber ward Rom von der Kayserl. Armée mit Sturm erobert, und Pabst Clemens VII. durch eine langwierige Einschliessung in der Engelsburg genöthiget, allen Bündnüssen gegen dem Kayser zu entsagen. Dahero überließ er wieder den Doria dem König in Franckreich,

der

der auch noch selbiges Jahr, durch Abschneidung aller Lebens-Mittel, ihm Genua unterwürffig machete, und dagegen von ihm zum Admiral und Ritter vom St. Michaels-Orden declariret, und mit der Grafschafft Martigues in Provence beschencket ward. Um die Liebe seiner Mitbürger zu gewinnen, machte er nicht nur gute Veranstaltung, daß dem grossen Mangel in der Stadt an allen Nothwendigkeiten balde abgeholffen würde, sondern vermählte sich auch daselbst mit Peretta, Gerhardi Usodimari Tochter, und Alphonsi di Caretto, des Marchese von Finale, Witwe, welche eine Schwester-Tochter P. Innocentii VIII. gewesen.

Die wieder in seine Gewalt gebrachte Stadt Genua machte K. Francisco einen Muth, noch grössere Dinge gegen den Kayser in Italien auszuführen, dahero ließ er durch den Lautrec Napoli nochmahls anfallen, Doria aber muste mit einer Flotte von 36. Galeeren, auf welchen sich 3000. Mann befanden, die See-Küsten beunruhigen, und durch andere Unternehmungen die Kayserl. Macht zu zertheilen suchen. Anfangs trieben die auf der Flotte befindliche viele vertriebene Sicilianer den Doria an, sich an Sicilien zu machen; Man muste aber so lange auf das Einschiffen der Trouppen warten, daß darüber die gelegenste Zeit verstrich. Hierauf galt es Sardinien, und ward das Castell Arragonese belagert, die ungesunde Lufft verursachte aber grosse Kranckheiten unter den Soldaten, daß man von dar unverrichteter Sache aufbrechen muste. Die Venetianischen Galeeren zogen sich hierauf nach Livorno zurücke, und einige von den Frantzösischen wurden durch einen grossen Sturm nach der Küste von Provence zurück geschlagen, dahero riethen einige dem Doria, er solte sich mit den übrigen nach Tunis wenden, sich daselbst mit frischen Lebens-Mitteln versorgen, und von daraus den Anfall auf Sicilien unternehmen. Doria aber wolte sich dem ungläubigen König nicht anvertrauen, und weil ohnedem das Boots-Volck und die Soldaten sehr durch die Kranckheiten geschmoltzen waren, so hielte er es für besser sich zurücke zu ziehen, und die Flotte aufs neue zu versorgen. Die Stadt Genua verlangte auch, wegen der neuen innerlichen Unruhe, seine Zurückkunfft, dahero gieng er persönlich mit einer Galeere dahin, schickte aber seinen Vetter, den Contra-Admiral, Philippinum Doria, mit 8. Galeeren nach Napoli, um dem daselbst stehenden Lautrec hülffliche Hand zu bieten.

Der Kayserl. Admiral, Moncada, rüstete gegen denselben eine grössere Anzahl mit vielen Volcke besetzter Schiffe aus, und setzte sich ihm bey der Insel Capri entgegen. Philippinus aber erfuhr, daß er auf gedachter Insul sich mit den Kayserl. Generalen in der grösten Sicherheit, auf allerhand Art und Weise/ belustigte/ und einem Einsiedler zuhörete, der in seinen Predigten die Franzosen, als die ärgsten Barbaren herunter machte; Dahero griff er die Kayserl. Schiffe unvermuthet an, schosse nach einem harten Gefechte 2. Galeeren in Grund, eroberte zwey/ und zerstreuete die übrigen. Moncada und der Kayserl. General, Cæsar Feramusca, büsseten ihr Leben dabey ein, und der Marchese del Vasto, und die beyden Generale von der Cavallerie, Ascanius und Camillus, aus dem Hause Colonna, wurden gefangen.

Dieser Sieg gab dem Doria Anlaß zum Kayser überzutreten. Denn der König verlangte durch den Lautrec, daß ihm die gefangenen Kayserl. Generale solten überliefert werden/ von welchen aber Doria selbsten ein grosses Löse-Geld ziehen wolte. Dieweil auch der König der Stadt Genua mit Abforderung unerschwinglicher Geld-Summen hart zusetzte, zur Abnahme und Schaden derselben den Hafen zu Savona in bessern Stand setzte/ solchen befestigte, und alle Handlung dahin ziehen wolte/ deswegen auch kein von dem Doria gethanes Bitten und Vorstellen statt finden ließ, so bewog solche angedrohete gänzliche Unterdrückung seiner Vater-Stadt diesen eifrigen Patrioten deren Rettung, und sein Glücke, endlich beym Kayser zu suchen. Die bey sich habende Kayserl. Gefangene stärckten ihn in dem Versatz, und versicherten ihn, daß der Kayser seine grossen Verdienste weit besser, als der König in Franckreich/ erkennen und vergelten würde. Zu gleicher Zeit vergrösserte sich der Ruff von einer unter Handen seyenden Friedens-Handlung zwischen dem Kayser und Franckreich, in welcher alles in den Zustand in Italien solte gesetzet werden, wie es vor dem Neapolitanischen Feld-Zug des Lautrec gewesen; Diesem nach wäre auch Antonietto Adurno zu seiner vorigen Gewalt in Genua wiederum gelanget, dahero hielte Doria für nöthig dieses auf alle Art und Weise zu hintertreiben. Dazu kam ferner, daß die Sicilianischen Exulanten ihn beym König sehr angegossen hatten, als ob er versäumet habe in Sicilien zu landen. Ingleichen hatte der Gouverneur, Theodorus Trivultio, unverzüglich nach Hofe berichtet, was Doria für harte und verdächtige Reden wegen der Geld-Aufflagen und der Befestigung des Hafens zu Savona habe gegen den König schiessen lassen/ und daß, allem Ansehen nach, derselbe mit einer sehr nachtheiligen Veränderung umgienge. Der König schickte dennoch Anton von Rochefoucault und Barbesieux mit zehn Galeeren nach Genua, um sich der Person des Doria in Zeiten zu versichern; Dieser war aber von guten Freunden gewarnet worden, und hatte sich mit seinen Galeeren und Kayserl. Gefangenen noch vor desselben Ankunfft nach Porto Venere begeben. Von dar schickte er dem König das Ordens-Zeichen von St. Michael zurücke, beruffte seinen Vettern, Philippinum, aus dem Neapolitanischen Gewässer, mit grossen Verdruß des Lautrec, zu sich, und schiffete darauf im Julio A. 1528 mit 12 Galeeren nach Gaeta, woselbst er von dem Cardinal von Colonna mit grösten Freuden angenommen wurde. Er half darauf so gleich die vom Lautrec belagerte und fast ausgehungerte Stadt Napoli mit Lebens-Mitteln versorgen, und als er wahrnahm, daß ihm die aus 18 Schiffen bestehende vereinigte Frantzösische und Venetianische Flotte gerne zu einem Treffen gebracht hätte, blieb er bey der Insul Ischia so lange sicher liegen, biß sie der Mangel und grosse Sturm-Wetter gäntzlich aus einander trieb. Die Verlassung des Doria gieng R. Francisco so nahe/ daß er öffentlich sagte: Es schmertze ihm dieses eintzigen grossen Mannes Verlust mehr, als der Verlust des gantzen Königreichs Napoli, wie denn auch des Kaysers See-Macht durch diesen sehr erfahrnen See-Capitain so sehr gestärcket/ als die Frantzösische geschwächet, wurde.

So bald als die feindliche Flotte von der Neapolitanischen Küste zurücke gewichen, eilete Doria mit seinen Galeeren so sehr, als er nur konte/ nach Genua, eroberte diese Stadt ohne einen Mann zu verliehren, schlosse den Frantzösischen Gouverneur, Trivultio, mit seiner übrigen wenigen Mannschafft in das daselbst neuerbaute Schloß ein, und nöthigte ihn endlich zur Ubergabe und Abzug/ nachdem er auch den annoch bey Pavia mit einer Frantzösischen Armée stehenden Grafen von St. Pol tapffer zurücke gewiesen. Ob nun wohl Doria sich über seine aus der feindlichen Gewalt, mit solcher Tapfferkeit und eignen Kräfften, errettete Vater-Stadt hätte zum Herren machen können, wie auch solches der gröste Theil von seinen Mit-Bürgern verlangte/ und auch des Kaysers Wille war, ihn zum Hertzog von Genua zu erklären; so zog er doch die wiederum erhaltene und bestätigte Freyheit derselben seinem eigenen Vortheil großmüthig vor, und hielte dieses für den glorreichsten Nachruhm, daß die Nachwelt von ihm sagen könte; er habe das Regiment und gemeine Wesen also angerichtet, wie es noch auf den heutigen Tag stehet. Der neue Rath machte dannenhero den 7. Octobris A. 1528. den ewig gültigen Schluß, daß jährlich der 12. Septembris zum ewigen Gedächtnüß der von dem Doria wieder hergestellten Freyheit solte hochfeyerlich begangen, und demselben eine aus Ertz gegossene und vergüldete Bild-Säule auf dem Rathhause gesetzet werden, an deren Postement ihm der unsterbliche Ehren-Tittel eines **Vaters des Vaterlandes und Befreyers** beygeleget. Ingleichen solte sein Pallast, so lange er bey dem Hause Doria bliebe, von allen bürgerlichen Abgaben beständig befreyet bleiben. Doria eroberte noch selbiges Jahr auch Savona, und machte den Hafen durch Versenckung einiger alten mit Stein beladenen Schiffe gantz unbrauchbar.

Den ersten Dienst leistete Doria dem Kayser, als er ihn mit 14. Galeeren von Barcellona A. 1529. nach Italien zu der Lombardischen und Römischen Krönung überführte. Es mißriethen zwar einige argwöhnische Spanier dem Kayser gar sehre, seine Person einem solchen falschen Italiäner und neuen Diener anzuvertrauen. Der Kayser faste aber gleich bey dem ersten Anblick eine solche gute Meinung von dem Doria, daß er gantz kein Bedencken hatte, mit ihm nach Genua zu schiffen. Er machte ihn zum Groß-Admiral, zum Fürsten zu Melfi im Neapolitanischen, und Rittern des goldenen Vliesses, und nannte ihn allemahl seinen Vater, wann er ihn anredete. Er nahm hierauf A. 1532. den Türcken die Vestung Coron in Morea weg, und entsatzte solche auch, als sie A. 1534. dieselben wiederum belagerten. Das folgende Jahr commandirte er die Flotte in des Kaysers Zug nach Tunis, und erhielte dazu vom P. Paulo III. ein geweihtes Schwerd und Hut. A. 1536. bey des Kaysers Einbruch in Provence und vergeblichen Versuch auf Marseille, kreutzte er zwar beständig mit seinen Galeeren auf selbiger Küste herum, dieweil aber die Frantzosen dieselbe sehr wohl besetzet hatten, so konte er dem Kayser mit der Zufuhre schlecht helffen. Den 7. Febr. A. 1537. kam das grosse Bündnüß zwischen dem Kayser, dem Pabst, und Venedig, zur Defension Italiens, gegen den bedrohlichen grossen Türckischen Anfall, zu Stande, welche eine vereinigte Flotte von 200. Schiffen unter dem Haupt-Commando des Doria abhalten solte; jedoch die Uneinigkeit der hohen Officiers verhinderte den davon gehofften Nutzen

Die unaufhörliche Plage von den Türckischen See-Räubern, welche die Küsten von Napoli und Sicilien gantz wüste macheten, bewog endlich den Kayser ihr Haupt-Nest, Algier, A. 1541. anzugreiffen. Weil der Aufbruch dahin erstlich im September geschehen konte, so suchte solches Doria dem Kayser, wegen der späten und wegen der öfftern Stürme sehr gefährlichen Jahrs-Zeit, und nach durch allerhand Vorstellungen auszureden; Derselbe antwortete aber: man solte ihm einmahl, als Kayser, seinen Willen lassen. Daher als ein erschrecklich Ungewitter fast die gantze Kayserl. Flotte zu Grunde richtete, und den Zug vergeblich machete, so erkannte der Kayser zu spath, wie vorsichtig und gut es Doria gemeinet hatte, und sagte mit weinenden Augen zu ihm: Mein lieber Vater, mein Ungehorsam gegen euch ist an alle diesem Unglück schuld!

Wie in dem darauf neu angegangenen Kriege Doria sich auf allerhand Weise gegen Franckreich brauchen lassen, ist allzu weitläufftig anzuführen. Nach dem Frieden zu Crespi, als er ein wenig zu Genua der Ruhe pflegte, suchte ihn Jo. Ludovicus Flisco in einem A. 1547. den 2. Januarii erregten Aufruhr ums Leben zu bringen, und Genua dem K. in Franckreich wieder in die Hände zu spielen. Jedoch als derselbe ausgebrochen, und Flisco des Nachts ohne Licht auf eine Galeere steigen wolte, fiel er, aus des gerechten GOttes wunderbahren Schickung, ins Meer und ersoffe; Doria hingegen gewann Zeit durch die Flucht dem angedroheten Tod zu entgehen; jedoch büste dabey sein tapfferer junger Vetter, Giannettino Doria, sein Leben vor ihn ein. Weil der Aufrührer Anschläge nach des Flisco, ihres Anführers unvermutheten Unfall, also zu Wasser worden waren, so war es dem Doria leichte Genua wieder zu beruhigen, und sich an seinen nunmehro offenbahr gewordenen Feinden durch deren gäntzliche Vertreibung zu rächen. Nicht weniger mißlung es auch Julio Cibo, als er ein gleiches, durch Hülffe der Frantzosen, gegen den Doria ausführen wolte. Denn als seine eigene Mutter dessen gefährliches Unternehmen entdecket: so ward er zu Mayland gefangen genommen, und nach harter ausgestandener Marter, in welcher er alle vorgehabte Verrätherey bekandte, mit gebührender Todes-Straffe beleget. Wegen dieser vielen Meutereyen wolten die Spanier durchaus eine Citadelle in Genua anlegen. Doria wolte aber dieses Joch seiner in Freyheit gesetzten Vater-Stadt nicht anlegen lassen, und weil die Spanier ihn auch glimpflich halten musten, so stunden sie endlich auch von diesem Vorhaben ab. Die letzte merckwürdige That des Doria war, daß er mit Verjagung der Frantzosen aus Corsica diese Insel der Republic Genua A. 1554. wieder unterwarff. Sein hohes Alter, und die daher rührende Abnahme aller Kräffte nöthigten ihn nachdem sich zur Ruhe zu begeben, und seinem Vetter, Joh. Andreæ Doria, das See-Commando zu überlassen, welcher auch, und nicht der alte Andreas, A. 1560. das grosse Unglück bey der Insel Gerbe, im Golfo von Tripoli, von der Türckischen

Flotte

Flotte erlitten hat. Denn daß er etliche Jahr vor seinem den 25. Novembris A. 1560. im 92. Jahr seines Alters zu Genua erfolgten Lebens-Ende keine See-Dienste mehr gethan, ist auch daraus abzunehmen, daß K. Philipp auf erhaltene Nachricht von seinem Absterben gesagt: Es sey ein todter Mann gestorben. Ingleichen meldet Thuanus, daß weil ihm ein so grosses Alter zu allen Geschäfften zuletzt gantz untauglich gemachet, so sey er verächtlich geworden, und habe unter den Lebendigen aufgehöret zu seyn, ehe er gestorben.

Er hatte, als ein Soldate, eine ungemeine Gottesfurcht, und unterließ auch bey den nöthigsten Geschäfften keine Religions-Ubung. Ohngeacht er das Seewesen erstlich lernen müssen, als er etliche Galeeren zu commandiren bekommen, so machte er sich doch darinne so vollkommen durch die unaufhörliche Ubung, daß er viele Vortheile im Schiffbau erfunden, und für den erfahrnsten und glücklichsten See-Helden seiner Zeit, ja für einen andern Neptunum, gehalten wurde. Er ließ jederzeit eine grosse Sanfftmuth von sich blicken, und wann ihn auch der Zorn übereilte, so war er doch balde vorüber, und hat nicht leichte auch einem Boots-Knechte übel begegnet. Er verabscheuete den Zorn so sehre, daß er öffters zu sagen pflegte, daß keine Gemüths-Bewegung dem Menschen schädlicher wäre, weil sie seinen Leib einem Hunde, und die Seele dem Teuffel ähnlich machte. In seinem Umgang war er überaus freundlich, leutselig und schertzhafft, und hatte jederman einen freyen Zutritt zu jeder Zeit zu ihm. In seinen Rechtshändeln gab er allemahl nach, und litte lieber das Unrecht, als daß er seinen Wiedersachern hätte weh thun lassen. Seine Worte waren lauter Wahrheiten, und konte er nichts weniger als Aufschneidereyen leiden, dahero man auch im schertzen keine Falschheit jemahls von ihm vernommen. In Essen und Trincken bezeigte er eine so grosse Mäßigkeit, daß er auch bey Gastmahlen nur zweymahl tranck, und zwey Drittel Wasser unter den Wein mischte, dahero auch nicht zu verwundern, daß er sein sonst so vieler Gefahr ausgesetztes Leben fast auf hundert Jahr gebracht. Sein Vaterland liebete er über die massen, und zohe dessen Freyheit und Wohlfarth aller Hulde und Gunst-Bezeigungen der mächtigsten Monarchen vor. Er erwieß sich darinne großmüthiger gegen dasselbe, als Octavius Augustus gegen die überwältigte Stadt Rom, und hielte den hulreichen Nahmen eines Vaters und Erlösers des Vaterlandes höher, als eines Uberwinders und Herrn [illegible] selben. In seiner äusserlichen Aufführung war er sehr prächtig, führete einen grossen [illegible] bauete schöne Palläste, und füllete dieselben mit dem kostbarsten Haußrath an. Als er das [illegible] mahl den Kayser in Genua, bey seiner Durchreise nach Bononien, bewirthete, waren seine [illegible] nicht nur mit den schönsten von Gold, Silber, und Seiden gewürckten Tapeten ausgeziert, [illegible] dern auch alle Tafeln mit einer so grossen Menge goldner und silberner Gefässe besetzet, daß die neidischen Spanier auf die Gedancken kamen, er müsse alle entlehnte Schätze der Städte [illegible] und Mayland zusammen gebracht haben. Um aber das Gegentheil ihnen zu weisen, schenckte [illegible] dem Kayser alle diese Kostbarkeiten, der sie aber nur mit dem Beding annahm, daß sie alle [illegible] Pallast bleiben solten, damit er sich derselben jedesmahl gebrauchen könne. Bey alle dem [illegible] und Aufgang war er doch nicht begierig nach anderer Leute Gut und Geld, foderte auch [illegible] gar nicht seine Rentmeister und Verwalter der Güter zu scharffer Rechenschafft, daß er mit [illegible] zufrieden war, was sie ihm von seinen Einkünfften jährlich zahlten, sie mochten ihn dabey betrügen, wie sie wolten.

Einige schlüssen daraus, daß er doch rachgierig gewesen, weil er den Ottobono Flisco, einen Bruder seines abgesagten Feindes, Joh. Ludovici, als er ihn nach etlichen Jahren in seine Hände bekommen, habe in einen ledern Sack einnehen, und ins Meer werffen lassen. So giebt man ihm auch Schuld, daß er mit dem Barbarossa in einem heimlichen Verständnüß gelebet, und dahero niemahls den Türckischen See-Räubern recht zu Leibe gegangen sey, damit sie sich beyde bey ihren Kaysern unentbehrlich machen möchten. Welches jedoch andere entweder für eine Behutsamkeit ansehen, oder aber es damit entschuldigen, daß er wegen der allzu vielen Verrichtungen nicht allenthalben habe gegenwärtig seyn können, sondern wider Willen etwas versäumen, nachläßigen müssen. Das Frauenzimmer hat er nicht gehasset, jedoch sich durch deren [illegible] von seines Amts-Geschäfften niemahls abhalten lassen: vid. Sigonius *de reb. gest. Andr. Doria*, Jovius *in elog. Lib. VI p.* 570. Thuanus *lib. XXVI. ad a.* 1560. Leti *in vita Caroli V. Imp.*

Der Wöchentlichen
Historischen Müntz-Belustigung
33. Stück. den 15. Augusti 1731.

Eine MEDAILLE auf die Königin in Franckreich/ CATHARINAM, aus dem Hause MEDICES, und ihre drey Printzen, die einander auf dem Königl. Thron gefolget, von A. 1574.

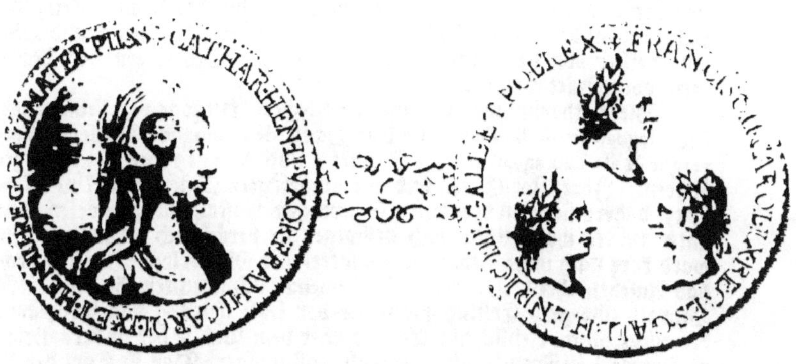

1. Beschreibung derselben.

Auf der ersten Seite ist der Königin Brustbild im lincks sehenden Profil im Witwen-Habit, mit der Umschrifft: CATHAR:ina HEN:rici II. VXOR FRAN:cisci II. CAROL:i IX. ET HEN:rici III. REG:um. GALL:iæ. MATER. PIISS:ima. d. i. Catharina/ Heinrichs des andern Gemahlin/ Francisci des andern/ Carls des neundten/ und Heinrichs des dritten, der Könige in Franckreich/ frömmste Mutter.

Die andere Seite enthält die drey Köpffe von den drey Königen in Franckreich, die von der Catharina gebohren worden, und zwar stehet oben K. Franciscus II. und unter demselben gegen einander über K. Carl IX. und Heinrich III. mit der Umschrifft: FRANCISC:us II. CAROL:us IX. REGES GALL:iæ. HENRIC:us III. GALL:iæ ET. POL:oniæ REX. d. i. Franciscus II. Carl II. Könige in Franckreich. Heinrich III. König in Franckreich und Pohlen. Es scheinet also, daß diese Medaille gleich zu Anfang der Regierung K. Heinrichs III. A. 1574. geschlagen worden, weil ihm auf selbiger der Tittel eines Königes in Pohlen auch gegeben wird.

2. Historische Erklärung.

Brunechild, K. Sigeberts I. in Austrasien, und Fredegund, K. Chilperichs zu Soissons, Gemahlin, und unsere Catharina, sind drey Königinnen von Franckreich, welche wegen ihrer Herschsucht, Grausamkeit, Unzucht und andern vielen Lastern als drey abscheuliche Furien und Höllen-Geister von den Frantzösischen Geschicht-Schreibern der Nachwelt vorgestellet werden.

Die Catharina war Laurentii de Medices, Hertzogs von Urbino, und der Magdalenæ de la Tour, aus dem Hause de Boulogne, Comtesse d'Auvergne & de Lauraguais eintzige Tochter, und A. 1519. den 13. April gebohren. Ihre Vor-Eltern sind aus beygefügter Ahnen-Tafel zu erkennen, dahero sie eben von keiner so geringen Abstammung gewesen, wie unter andern ihre Feinde auch deßwegen sie verächtlich gehalten. Sie ward kurtz nach ihrer Geburt eine Vater- und Mutterlose Wayse; jedoch das Ansehen ihres Vetters, P. Clementis VII. brachten ihr eine grosse Heyrath zuwege. Erstlich wolte sie der letzte Hertzog von Mayland, Franciscus Sfortia, ehlichen; Es war aber dem Pabste der andere Printz K. Francisci I. in Franckreich, Heinrich, anständiger. Daß K. Carl der V. solte um sie auch gebuhlet haben, wie von einigen gesagt wird, kan um deswillen wohl nicht seyn; weil derselbe allbereit A. 1529. sich vermählet hatte, und zur selbigen Zeit die Catharina auch noch zu jung war. König Franciscus I. suchte aber damahls die Freundschafft des Pabsts gar sehr, um desto eher sein Vorhaben in Italien ausführen zu können, und brachte daher diese Heyrath seines Sohnes, des Hertzogs von Orleans, mit der Printzeßin von Urbino im Vorschlag. Es geschahe dieses so unvermuthet, daß es vielen dazumahl unglaublich vorkam, daß sich das hohe Königl. Frantzösische Hauß so sehr erniedrigen, und eine Gemahlin von so gar ungleichen und niedrigen Herkommen, dem Hertzog von Orleans

leans aussuchen solte; wie denn auch dieses das erstemahl war, daß Königliches und Mediceisches Geblüthe mit einander vermischet ward, indem die Töchter aus der Familie de Medices, ohngeacht ihres grossen Heyrath-Guths, sich bißhero doch nur mit den Rossi, Pazzi, Ridolphi, Salviati und Strozzi, so ihres gleichen waren, hatten begnügen müssen. Die Staats-Absicht setzte aber auch hier alles aus den Augen, und zwang den König, etwas wider seine eigene Meynung zu thun, wenn er nur dadurch einen festen Fuß, dem Kayser zum Verdruß und Schaden, in Italien bekommen konte. Der Kayser merckte auch gar wohl, warum es dem König hauptsächlich dabey zu thun wäre, dahero suchte er diese Vermählung aufs eifrigste zu hintertreiben; Er rieth dahero dem Pabst an, seine Niecé oder Muhme lieber dem Hertzog zu Mayland beyzulegen, und versprach ihm dabey grosse Vortheile. Dieweil aber der Pabst von einem Concilio nicht hören konte, welches der Kayser damahls durchaus wolte angesetzet haben, so gab er lieber demselben eine abschlägliche Antwort in der ersten Sache, damit er ihn auch in der andern nicht mehr behelligen möchte. Wie es also völlig richtig war, daß die Printzeßin von Urbino eine Gemahlin des Hertzogs von Orleans werden solte, so setzte sich mit ihr der Pabst zu Pisa in eine Galeere, und brachte sie selbsten nach Marseille, woselbst den 4. Oct. A. 1533. die Vermählung mit grossem Gepränge, in Beyseyn des Königes, geschahe. Der Pabst steuerte sie mit hundert tausend Thalern aus, udd versprach ihr noch darzu alle Jahre 30 tausend Thaler zu zahlen, weil sie auf die väterliche Landes-Erbschafft Verzicht gethan htate.

Weil diese Printzeßin halb aus Italiänischen und halb aus Frantzösischen Geblüte entsprossen, und im gleichen Alter mit dem Hertzog von Orleans war, so hatte jederman die Hoffnung, daß es eine höchst vergnügte und gesegnete Ehe seyn würde. Alleine dieselbe blieb gantzer zehn Jahr unfruchtbar, und gerieth darüber in so grosse Ungunst, daß es an dem war, daß eine Ehescheidung geschehen solte, zumahl da der Dauphin, Franciscus, A. 1536. den 12. Aug. mit Tode abgegangen; und ihr Gemahl, Heinrich, nunmehro Dauphin geworden, der an verschiedenen Maitressen zeigete, daß er Kinder zu zeugen nicht ungeschickt wäre. Madame la Dauphine nahm in dieser Noth ihre Zuflucht zu GOtt, und tröstete sich mit Lesung der heiligen Schrifft, sie brachte auch ihren Gemahl durch ihre liebreitzende Art dahin, daß er fleißig den 128. Psalm absang, und GOtt recht hertzlich anruffete, es möchte seine Frau ein fruchtbarer Weinstock werden, und er ihn Kinder, wie bie Oel-Zweige, bescheren. Es erzehlet dieses mit vielen Umständen Villemadon, ein Cavallier der Königin von Navarra, in einem an die Catharina de Medices d. d. 26. Aug. A. 1559. abgelassenen Schreiben, welches in *Recueil des choses memorables faites & passées pour le faict de la religion & etat de ce Royaume depuis la mort du Roy Henri II. T. I. p.* 501. befindlich. Es geschahe auch endlich durch guten Rath und Anweisung des vornehmsten Königl. Leib-Medici, Jean Fernel, daß die Catharina fruchtbar wurde. Denn der Dauphin redete ihn einsmahls also an: Monsieur le Medecin, ferez vous bien des enfans à ma femme? Fernel gab ihm aber nach seiner grossen Bescheidenheit zur Antwort: C'est à Dieu, Monseigneur, à vous donner des enfans par sa benediction: c'est à vous à les faire; & à moi, à y aporter ce qui est de la Medecine ordonnée de Dieu pour le remede des infirmitez humaines. Als hierauf der Dauphin verlangte, daß Fernel ihm mit einem consilio Medico dienen solte, wie der bißherigen Unfruchtbarkeit seiner Gemahlin abzuhelffen wäre, so fiel ihm eine alte Regel des Hippocratis bey, welche er dem Dauphin anrieth, deren Ausübung auch so glücklich anschlug, daß die Catharina de Medices nachdem zehn Kinder zur Welt brachte, und zwar fünff Söhne, und eben so viel Töchter, darunter K. Franciscus II. A. 1543. der erstgebohrne war.

Ich trage Bedencken dem Frauenzimmer, so sich das Vergnügen, und mir die Ehre, giebt, diese Müntz-Bögen bey einem Schälgen Caffée zu lesen, eine Röthe auszutreiben, sonsten würde ich melden, worinne der gute Medicinische Rath bestanden. Ich will also nur anzeigen, daß davon Antonius Menjotius *in Dissertat. pathologic. P. III. p.* 23. und Varillas in der *Histoire de Francois II. Lib. I. p.* 75. mehrern Bericht geben, damit, wenn ja jemand so curieus wäre, alle Umstände zu wissen, man solche sich leichte von einer Person, mit der man in mehrer Vertraulichkeit lebet, aus gemeldten Büchern, könne erzehlen lassen.

Die Königin Catharina war so erkenntlich gegen den Fernel, daß so offt sie mit einem Kinde niederkam, ihm allemahl 10tausend Reichs-Thaler schenckte. Da er nun A. 1557. gestorben, und dieselbe A. 1556. zu allerletzt 2. Printzeßinnen als Zwillinge brachte, so hat die verursachte erfreuliche Fruchtbarkeit der Königin ihm allein hundert tausend Thaler Wiegengeld eingetragen / daß also bey ihm das: Dat Galenus opes, wohl zugetroffen.

Als Heinrich II. den väterlichen Thron bestiegen, so ließ er diese seine Gemahlin A. 1549. den 10. Junii in der Kirche zu St. Denys krönen, und als er den Feldzug A. 1551. in Teutschland antrat, und Tull, Mez und

Verdun wegnahm, so machte er sie in seiner Abwesenheit zur Regentin, und gab ihr den Admiral Annebaut zu. Sie wuste sich überaus wohl in sein Gemüthe zu schicken, und konte mit grosser Gelassenheit die Maitressen desselben, und darunter vornehmlich die Duchesse de Valentinois, klüglich vertragen; Dahero ihr auch der König Zeit Lebens gar geneigt blieb, und ihr öffters auch die geheimsten Staats-Sachen eröffnete.

Nach ihres Gemahls Tod suchte sie äussersten Fleisses das höchste Ansehen im Reiche zu behalten, und beunruhigte dadurch so wol ihr Gemüthe, als dasselbe durch allerhand erregten Zanck u. Streit unter den Grossen unaufhörlich. Denn bald brachte sie nach ihrem Gutdüncken eine Faction in die Höhe, und unterdrückte eine andere. Bald schlug sie sich nach ihrer Arglist zu dem schwächern Theil, aus Furcht, damit nicht der stärckere sie gantz überwältigen möchte. Erforderte es die Nothwendigkeit, es mit dem stärckern Hauffen zu halten, so that sie es auch, und wann sie sich im Stande sahe, der stärckern Parthey so wohl gewachsen zu seyn, als der schwächern, und beyde zu Gebothe zu haben, so blieb sie lieber neutral; niemahls aber kam ihr in den Sinn sie gäntzlich auszurotten. Sie hatte eine rechte natürliche Neigung und Geschicklichkeit die Gemüther der Grossen zu erkennen, und allerhand Mißtrauen und Mißhelligkeiten unter ihnen zu erregen. Sie stellete sich gantz offenhertzig an, und wuste dabey die Leute so auszunehmen, und ihnen die Zunge dergestalt zu lösen, daß sie auch die innersten Heimlichkeiten des Hertzens erforschete, und heraus lockete. Das Gesichte, die Augen, die Rede, die Geberden richtete sie nach den Neigungen derer Personen ein, mit welchen sie zu thun hatte. Dahero sahe sie bald ernsthafft und sauer aus, bald bezeigte sie sich sehr holdselig, freundlich, und gesprächig. Bald gab sie lauter gute Worte aus, trachtete absonderlich die Hartnäckigen und Widerspänstigen recht mit vielen Bitten, Thränen und allerhand Liebkosung zu gewinnen; Andere, die furchtsam waren, überwältigte sie mit scharffen und entsetzlichen Drohungen. Sie hielte überall Spione, und bestach die Bediente der grossen Herren, die ihr alles verrathen und zutragen musten, was sie in ihrer Herren Häuser sahen und hörten. Ohngeacht sie sich also unsägliche Mühe gab zu regieren, so hatte sie doch kein Geschicke darzu. Schlimm und listig war sie gnug, aber von keiner rechten Fassung und Stärcke etwas grosses auszuführen. Vielmehro beherrschte sie bey wichtigen Unternehmungen die Furchtsamkeit und der Aberglaube, der mehr auf Astrologische Wahrsagerey, als auf einen rechten und festen Grund, alles Vorhaben setzte; Mithin konte sie zwar ein recht tüchtiges Werckzeug seyn, das einem andern die Herrschafft zuwege brachte, sie aber selbsten konte sie niemahls so vollkommen und beständig in die Hände bekommen, wie sie wünschte.

Um die Vormundschafft K. Francisci II. zu behalten, welche ihr die Printzen vom Geblüte streitig machten, gesellte sie sich zu den Guises, und unterwarff sich gäntzlich ihren Willen, jedoch bezeigete sie dabey dem Admiral Coligny und den Hugenotten sehr freundlich, aus Beysorge die Printzen vom Geblüte möchten sich sonst mit ihnen verstärcken. Nachdem, als ihr die angemaste allzu grosse Gewalt der Guises, die so gar dem Printzen von Condé nach dem Kopffe grasete, verdächtig worden, und K. Franciscus II. gestorben war, so entzog sie sich von ihnen, und trat zum Admiral. Ferner machte das zwischen dem Guise, Montmorancy, und Saint André errichtete Triumvirat, daß sie den Printzen von Condé bewegte den ersten innerlichen Krieg anzufangen.

Als derselbe nicht nach ihrem Wunsch ablieff, so sahe es mit ihr nach der Schlacht bey Dreux sehr schlimm aus; jedoch als balde darauf der Hertzog von Guise durch Meuchelmord in der Belagerung der Stadt Orleans umkam, so wurde sie dadurch aller Furcht befreyet, und gelangte zu voriger Autorität. Nach dem Frieden zu Orleans war zwar ihre Meynung, daß bey den einmahl gar sehr gegen einander erbitterten Gemüthern der Catholischen und Hugenotten ein Schwerd das andere in der Scheiden halten solte, und suchte sie besonders die letztern einzuschläffern; alleine dieselben traueten ihr gar nicht, weil sie schon zweymahl waren von ihr betrogen worden. Die ersten sechs Jahre in der Regierung K. Carls IX. hatte sie das Hefft völlig in Händen, und muste sich alles nach ihrem Winck und Befehl richten: Wie aber derselbe das achtzehende Jahr erreichet, wolte er ihr nicht länger alle Gewalt lassen; sondern selbsten König seyn. Dieses verdroß sie nicht wenig, deswegen hieng sie sich an dessen jüngern Bruder, Heinrichen, Hertzogen von Anjou, und machete, daß er beym Volck mehr beliebt ward, als der König. Dieser gab sich dahero grosse Mühe, daß derselbe durch die Pohlnische Königs-Wahl der Mutter von der Seite geschaffet ward. Sie hatte dahero eine unbeschreibliche Freude, als dieses ihr liebstes Schoß-Kind die Pohlnische Krone mit der Frantzösischen so willig vertauschte, und ihr alle vorige Herrschafft gäntzlich wieder einräumte. Jedoch wurde sie dadurch sehr gekräncket, daß die Guisen sich immer mehr und mehr heraus nahmen, und nach dem Tode des Hertzogs von Alençon, ihres fünfften Sohnes, durch die so viele Unruhe erregende Liga, nach dem Scepter von Franckreich trachteten, den sie doch ihren Enckel, dem Hertzog von Lothringen, zugedacht hatte, und daß der König auf das verächtlichste und spöttlichste von ihnen tractiret wurde. Einige sagen daher, sie habe demselben angerathen, alle Guises mit List und Gewalt aus dem Wege zu räumen, und habe also ihre Hinrichtung zu Blois zuvor gewust. Ja man will so gar wissen, daß sie diese Worte zum König deswegen gesprochen: Il s'en faut dépecher, c'est trop long tems attendu: Mais donnez si bon ordre à vos affaires, que vous ne soyez plus trompé comme vous les fustes à Paris. Andere hingegen versichern, daß der König auch angefangen habe ein groß Mißtrauen in sie zu setzen, wegen ihrer an sie auch verspürten grossen Arglist und Falschheit, dahero er sein Vorhaben auf das heimlichste vor ihr verborgen.

Die Entleibung der Guises brachte dieselbe auch ums Leben. Denn Heinrich, Hertzog von Guise, ward den 14. Dec. A. 1588. über ihrem Zimmer niedergestossen. Sie hatte sich damahls noch nicht völlig von einer schweren Kranckheit erhohlet, und muste auf ihrem Bette den Tumult und das Winseln und Aechzen des in seinem Blut verzappelnden Hertzogs mit Entsetzen anhören. Sie machte sich zwar kurtz hernach über Vermögen auf, und wolte dem zu gleicher Zeit in Verhafft gebrachten Cardinal de Bourbon in der Todes-Furcht einen Trost zusprechen. Dieser aber, so bald als er sie nur vor der Thüre stehen sahe, rieff ihr mit starcker Stimme zu: Ah! Madame, est-ce ainsi que vous nous avez amenez à la boucherie? Diese so hertzrührende Anrede trieb sie gleich voller Bestürtzung zurücke, daß sie weiter an keine Unterredung mit ihm gedachte, sondern sich wieder aufs Bette warff, und von demselben auch nimmer auffstand. Als die Hinrichtung geschehen, kam der König voller Freuden zu ihr gelauffen, und brachte ihr selbsten davon die erste Nachricht mit diesen frolockenden Worten: Madame, je suis Roy à cette heure; le Duc de Guise ne vit plus; Sie gab ihm aber diese weit aussehende Antwort: Qu'elle prioit Dieu, qu'il s'en trouvait bien; mais quelle avoit peur, qu'il n'en fust pas là, où il pensoit.

Sie verschied also etliche wenige Tage darnach den 5. Januarii 1589 im 70. Jahr des Alters. Mezeray setzt zwar, sie sey eben an dem Tage verschieden, da ihr Vetter, Alexander de Medicis, der erste Hertzog zu Florentz A. 1537. wäre von seinem Vetter, Laurentio, erstochen worden, allein dieses geschahe den 6. Januarii. Es ist ein starcker Ruff gegangen, daß sie in der grösten Verzweifflung gestorben wäre; Ihre Bediente aber haben solches beständig widersprochen, und nur erzehlt, daß sie kurtz vor ihrem Ende immer geseuffzet, gewehklaget, und sich sehr ängstlich bezeiget, daß sie von dem Einfall eines Hauses überschüttet werden. Ihre Wahrsager, dergleichen von allerhand Gattungen eine grosse Anzahl stets um sie waren, hatten ihr prophezeyet, daß sie von einem Hause und bey St. Germain würde erschlagen werden; Dahero hatte sie in Gewohnheit, daß sie alle Häuser, in die sie kam, vorhero wohl durch Bau-Leute visitiren ließ, ob sie ja nicht baufällig wären. Sie vermeidete auch an alle Orte zu kommen, die den Nahmen Saint Germain führten, dergleichen in Franckreich viel sind, und weil ihr Palais des Tuilleries in der Paroisse de St. Germain de l'Auxerrois gelegen war, so bauete sie ein anderes in der Paroisse de St. Eustache, um sich von dem ihr fürchterlich gemachten Nahmen, St. Germain, ja zu entfernen. Man machet aber nachdem die Auslegung von dieser Prophezeyung also, ſo, daß der Untergang des Hauſes von Guiſe ihren Tod beſchleuniget, und daß der Biſchoff zu Nazaret und Abbé de Chalis, der ihr die letzte Oelung gegeben, und ſie mit Gebet beym Abdrücken vertreten, Laurent de St. Germain, geheiſſen. Ihr Leichnam iſt in der Haupt-Kirche zu Blois zwanzig Jahr unbeerdigt ſtehen blieben, biß er endlich in die koſtbahre Begräbnüß-Capelle zu St. Denys gebracht worden, die ſie vor ihren Gemahl und ſich hatte erbauen laſſen.

Sie war von mittelmäßiger Gröſſe, aber dick und ſtarck, hatte ein breites Geſichte, einen aufgeworffenen Mund, ſehr weiße Farbe, freundliche, jedoch groſſe Augen, die ſich ſehr geſchwind gegen alle Seiten herum dreheten, und wie wir zu reden pflegen, recht liebäugelten. Ihre groſſe Dicke machte, daß ſie nicht zweyhundert Schritt gehen konte, ohne daß ihr der Schweiß über den gantzen Leib gelauffen wäre. Ihr Verſtand war ſehr ſubtil, wuſte ſeine Anſchläge und Gedancken ſehr wohl zu verdecken, trachtete immer nach Ehre, Hoheit und Herrſchafft, ſanne, um ſolche zu erlangen, tauſend Räncke und Künſte aus, konte ſich in alle Leute unvergleichlich ſchicken, und ſehr wohl verſtellen. Wo es ſchwer hergieng, gebrauchte ſie eine unglaubliche Gedult durchzudringen, und war überaus fertig im Nothfall gleich allerhand Mittel auszufinden, die einander förderen konten. Sie ließ ſich auch keinen widrigen Zufall gleich abhalten, um dennoch den Weg fortzugehen, der ihr zu Gelangung ihres Endzwecks am nächſten und bequemſten ſchiene. Aeuſſerlich war ſie, zum wenigſten dem Schein nach, ſehr freundlich und gütig, dabey ſehr genereus und magnific. Sie bauete verſchiedene prächtige Palläſte und Gärten, liebte nicht nur die Bau- und Bildhauer-Kunſt, und Mahlerey, ſondern favoriſirte auch ſehre gelehrten Leuten, und ließ ihnen zu gefallen viel alte Griechiſche und Lateiniſche geſchriebene Bücher, aus Griechenland und Italien nach Franckreich bringen. Alle Frembden empfieng ſie mit ſonderbahrer Höfflichkeit, und ihre Bediente konten ihren groſſen Glimpf und Sanfftmuth nicht gnugſam rühmen. Sie liebte allerhand Luſtbarkeiten überaus ſehr, wann ihr auch noch ſo groſſe Staats-Geſchäffte auf dem Halſe lagen; Dahero ihr auch vorgeworffen wird, daß ſie die Wollüſte in Franckreich gebracht, und daß durch ihre Anleitung alle züchtige und erbare Sitten, abſonderlich bey dem Frauenzimmer, faſt verlohren gegangen. Sie war nach der Blanca von Caſtilien, K. Ludwigs des VIII. Gemahlin, die erſte Königin, die das Reichs-Ruder wieder in die Hände bekam, und damit ſie es fein lange behalten könte, lauter Uneinigkeit unter den Groſſen anrichtete, und beſtändig unterhielte. Sie ließ ſich von niemand dergeſtalt einnehmen, daß er ſich hatte rühmen können, er habe ſie völlig regieren können, ob ſie wohl dem Cardinal von Lothringen, dem Biſchoff zu Valence, dem Cantzler de l'Hôpital, und dem Ertz-Biſchoff zu Bourges de Samblancy viel Gehöre gab.

Bey den Hugenotten war ſie, wegen der Pariſiſchen Blut-Hochzeit, überaus verhaſt, dahero ſie ſolche in allerhand Schrifften auf das abſcheulichſte abmahlten, wie abſonderlich aus der Legenda Sanctæ Catharinæ Mediceæ, Reginæ Matris, zu erſehen. Sie machten ihr zu ſchlechten Ehren dieſes ſehr wohlgerathene Anagramma:

CATHARINA DE MEDICIS, REGINA MATER.

per Anagramma:

IN ME REGNAT DIRA CIRCE, MEDEA, THAIS.

Sie fand auch einsmahls dieſes Epigramma unter ihrem Teller geleget:

Tres Erebi Furias poſthac ne credite, Vates,
Addita nam quarta eſt his Catharina tribus.
Quod ſi tres Furias de ſe dimiſerit Orcus,
Hæc Catharina tamen pro tribus una foret.

Sie konte aber alle dergleichen paſquinaden mit der gröſten Unempfindlichkeit leſen und anhören, und achtete es gar nicht, das Volck mochte von ihr noch ſo hefftig und übel reden. In einer andern Schandſchrifft war ſie une grande coleuvrine genennet worden; Als ſie ſich nun darüber in Schertz beſchwerte, daß man ſie eine groſſe coleuvrine geheiſſen, da ſie doch klein wäre, und einen Cavallier fragte, warum dieſes geſchehen wäre, ſo gab derſelbe ihr zur Antwort: Madame, parce qu'elle avoit le calibre plus grand & plus gros que les autres: d. i. weil ſie auch einen gröſſern Zorn, Grimm und Boßheit, als andere Schlangen, hätte, welches ſie lächlend anhörte.

Sie

Sie sahe die Prophezeyung zwar auch erfüllet, daß dreye von ihren Söhnen Könige werden würden; jedoch war dieses mehr ein Unglück, als Glück, weil sie alle ohne männliche Erben abstarben, und die Krone ihrem Feind hinterlassen musten. Vid. Thuanus passim in pr. *Lib. XLII*. p. 255. Varillas *dans l'histoire de Henry II. de Francois II.* & de *Henry III.* Brantome *dans l'Eloge de Catherine de Med.* Mezeray *dans l'histoire de France* Tom. II. p. 1151. & Tom. III. p. 4. it. p. 743.

Ahnen - Tafel.

Catharina de *Medices*, geb. 13. Apr. 1519. vermählt mit Heinrichen II. nachmahligen K. in Franckreich d. 4. Oct. 1533. gekrönt 10. Junii 1549. starb zu Blois d. 5. Jan. 1589. alt 70.	1. Laurentius de *Medices*, geb. 12. Sept. 1492. Hertzog von Vrbino 1516. † 4. May 1519.	1. Petrus de *Medicis*, † 1504.	1. Laurentius de *Medices*, Magniticus, Herr zu Florentz / † 9. Apr. 1492.	1. Petrus de *Medices*, Gonfaloniere zu Florentz, † 1470.
				2. Lucretia de *Tornabuoni*.
			2. Claricia *Vrsini*	3. Latinus *Vrsini*, Cardinal und Bischoff zu Bari, † 1477.
				4. - - - - - - - - - - -
		2. Alfonsina *Vrsini*.	3. Robertus *Vrsini*, Connestabie und Graf zu Alba.	5. Carolus *Vrsini*, Herr zu Bracciano.
				6. Hieronyma Paula *Vrsini*.
			4. Violanta *Sanseferina*.	7. - - - - - - - - - - -
				8. - - - - - - - - - - -
	2. Magdalena de la Tour d'*Auvergne*, verm. 1518. † 28. Apr. 1519.	3. Johannes, C. d'*Auvergne* & Boulogne † 1501.	5. Bertrand II. Gr. v. *Auvergne* und Boulogne.	9. Bertrand I. Gr. v. *Auvergne* und Boulogne, Hr. de la Tour d'Auvergne.
				10. Jacobina de *Peschin*, verm. 1416.
			6. Aloisia de la *Tremoille*, verm. 1444.	11. Georg, Herr de la *Tremoille*, C. de Guines, † 1446. d. 6. Maji.
				12. Johanna, Gr. d'*Auvergne* und Boulogne, A. 1416.
		4. Johanna de *Bourbon*, C. de Vendome, verm. 1494. † 1511.	7. Johannes de *Bourbon*, C. de *Vendome*, † 6. Jan. 1477.	13. Louis de *Bourbon*, Comte de *Vendome*, † 20. Dec. 1447.
				14. Johanna de *Montfort* & de Laval, verm. 1424. † 1468.
			8. Isabella de *Beauveau*.	15. Louis de *Beauveau*.
				16. - - - - - - - - - - -

Der Wöchentlichen
Historischen Münz-Belustigung
34. Stück. den 22. Augusti 1731.

Eine MEDAILLE auf König Heinrichen III. in Franckreich, von A. 1577.

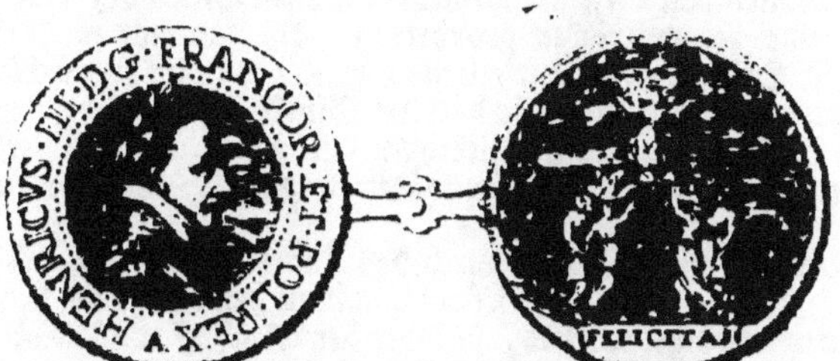

1. Beschreibung derselben.

Die erste Seite führet dessen geharnischtes Brustbild im lincks sehenden Profil mit einem Lorbeer-Krantz auf dem Haupte, und den umher stehenden Tittel: HENRICVS. III. D:ei. G:ratia. FRANCOR:um. ET. POL:onorum REX, A. d. i. Heinrich, der dritte/ von GOttes Gnaden/ der Frantzosen und Pohlen König. Das A. deutet den Nahmen des Medailleurs an, der mir unbekandt. Unter dem Brustbild ist die Jahrzahl 1577.

Die andere Seite zeiget in einem Lorbeer-Krantze einen empor schwebenden geflügelten Genium, welcher in jeder Hand eine Königliche Krone hält. Unter demselben befindet sich ein Reihen von fünf Jungfrauen, welche um eine auf einem hohen Stengel blühende Lilie, mit zusammen geschlossenen Händen herum tantzen, und die andern Hände in die Höhe heben. Im Abschnitt stehet das Wort: FELICITAS.

2. Historische Erklärung.

Franckreichs weltberuffener Sardanapal, König Heinrich III. wird auf dieser schönen Medaille von seinen Schmeichlern glückselig gepriesen, weil ihm zwo Kronen, nehmlich die von Pohlen, und die von Franckreich, bald hinter einander zu Theil geworden. Hertzog Albrecht V. in Oesterreich erkante es nicht minder für eine höchst gütige göttliche Schickung, daß er nach seines Schwähers, Kaysers Sigismunds, Absterben, binnen Jahres-Frist, drey Kronen, von Ungarn, Böhmen und dem Römisch-Teutschen Kayserthum, auf seinem Haupte sehen konte. Jedoch gleichwie sich dieser selbsten von diesem ungemeinen grossen Glücke bey seiner letzten Krönung keine Langwierigkeit prophezeyte; also kan man wohl auch sagen, daß K. Heinrichen seine erhaltene zwo Kronen zum unglückseligsten Printzen gemachet, indem er die höchsten Glücks-Güter, Ehre, Reputation und guten Nahmen, wie auch Reichthum und Leben, dadurch verlohren, welche alle nicht in Gefahr gelauffen wären, wenn er Hertzog von Anjou geblieben.

Als der Pohlnische Thron durch den Hintritt K. Sigismundi II. Augusti, des letzten Jagellonischen Königs, männlichen Stamms, den 7. Julii A. 1572. war erlediget worden, so lobte der Bischoff von Valence, Monluc, als Königl. Frantzösischer Ambassadeur, den Hertzog von Anjou der Pohlnischen Nation an, als den verständigsten, geschicktesten und tapffersten Printzen, der von Jugend auf sich in Staats- und Kriegs-Sachen hervor gethan, der schon etliche Schlachten gewonnen, der die Kunst habe, sich in alle Gemüther zu schicken, der mit allen Leuten wohl umzugehen wüste, der sein Versprechen auf das genaueste erfüllete, der gutem Rath folgete, und nichts liebers um sich hätte, als weise und erfahrne Männer ꝛc. Es zeigte sich aber derselbe den Pohlen gantz anders als König; Er wolte die Clausel in dem Wahl-Vergleich von Festhaltung des den Religions-Dissidenten gegönten Friedens, auf Anstifften der Bischöffe, nicht genehm halten. Ein Reformirter Edelmann, Nahmens Firley, aber ergriff darauf die Krone, und wolte sie aus der Kirche tragen, dahero der neue König diesen Punckt zwar abschwöhren muste, jedoch demselben die Limitation eigenmächtig beysetzte: Salvis tamen juribus regni, ohnbeschadet der Reichs-Rechte, wie er denn auch ferner sich erklärete, daß er einen König, und nicht ein Mancipium legum Polonicarum, einen Sclaven der Polnischen Gesetze, abgeben werde. Wie er sich öffters nachdem mit zwey oder drey Favoriten in sein Cabinet versperrete, und niemand von den Magnaten vor sich lassen wolte, so applicirten sie den biblischen Spruch auf ihn: Qui facit malum, odit lumen: **Wer Arges thut/ hasset das Liecht**, und hielten es eben für ein solches Unglück, wann ein König nur etlichen wenigen Günstlingen seine Gewogenheit alleine zuwendete, als wann eine solche Unordnung in dem natürlichen Lauff des Gestirns entstünde, daß die Sonne nur zwey oder drey Länder bescheinete. Die Nachrede wurde noch schlimmer, als er kurz drauf, nachdem er den 20. Febr. A. 1674. gekrönt worden, auf die von seines Bruders K. Carls IX. den 20. May selbigen Jahres erfolgten Absterben, den 20. Junii an einem Sonntag erhaltene Nachricht, die folgende Donnerstags-Nacht, als den 24. besagten Monats, bey Nacht und Nebel aus dem Königreich entflohe, um sich der Französischen Krone zu versichern, ohne einmahl die zwo ersten Sylben des Valesischen Nahmens, wie Zaluski redet, den Senatoribus regni zu hinterlassen. Sie legten ihm dahero diese so heimliche und schimpfliche Entweichung für die gröste Undankbarkeit und Unhöflichkeit aus, daß, da ihn das Reich mit so grossen Ehrenbezeigungen, als seinen König angenommen und empfangen, er nun dasselbe mit solcher Leichtsinnigkeit und Mißtrauen verlassen habe. Die meisten Landbothen brachen daher bey ihrer ersten Versammlung in diese Worte aus: Et quæ sunt illæ querimoniæ? Justene doleamus eum Regem abiisse, qui nos reliquisse non doluit, in dubio est. Importuna populi temeritas sit, velle ab eo regi, qui sibi omnino nolit imperare. Deseruit regnum Rex, deseratur ille à regno, ni hanc rempublicam datam illi abeligente populo credimus, non illum reipublicæ. Sat sufficit ad æstimationem virtutis Polonæ, deseruisse non a nobis, sed profectum ab Henrico. Nec operæ pretium est expectare, ut qui semel abiit, abeat sæpius, cum tanto nostrûm capitum periculo. - - In Henrico mores a nobis alieni, lingua, habitus, omnia diversa; demum non nostrum amisimus, nec quare periclitemur, videmus. Er hätte nachdem gerne Polen bey Franckreich behalten, und von daraus regieret. Die Polen aber sagten dazu mit vernehmlicher Stimme: Nein, und schrieben unter andern an ihn den 18. Sept. Omnes Te hic Regem requirebamus, sed quem alloqui, intueri, quocum agere possemus, habuimus neminem, quasi igitur sine rege essemus: Non vult Polonia cum suo malo experiri, te longum tempus expectando. Vis igitur Rex noster esse, venias, quam primum in Regnum hoc. - - Regem habeamus oportet aut te, aut alium, quem nobis fata & Deus jam dudum prospexerunt. Sie setzten ihm dabey den 12. May A. 1575. zum letzten Termin; würde er biß dahin nicht wieder zu ihnen kommen, so wolten sie zu einer andern Königs-Wahl schreiten/ welche auch erfolgete.

Nachdem Heinrich zur Französischen Krone gelanget, sagte jedermann von ihm, was Tacitus *Hist. Lib. I. c.49.* von dem Kayser Galba geurtheilet: Major privato visus, dum privatus fuit, & omnium consensu capax imperii, nisi imperasset; als er noch ohne einzigen Stand und Amt gewesen, so habe man ihn höher, als ein Privat-Persen, geachtet, und nach einstimmiger Meinung, sey er für fähig und geschickt zum Kayserthum gehalten worden, wann er selbiges nicht überkommen. Man sahe es als eine übele Vorbedeutung an, daß ihm bey der Krönung die Krone vom Haupte gefallen, daß man kein Salböl in dem H. Fläschgen gefunden, und daß die Hoff-Capelle vergessen hatte, gewöhnlicher massen das TE DEVM LAVDAMVS anzustimmen. Er wolte sich damit eine grössere Hochachtung, als seine Vorfahrer zuwege bringen, daß er sich auf Verreitzung seiner Mutter, ihrer Hoff-Dames, und seiner drey Favoriten, nicht mehr wolte so offte öffentlich sehen lassen, sondern sich meistens mit denselben in seinem Cabinet verschlosse, und gar selten jemand vor sich ließ. Dahero er auch, wann er ja bey den grösten Solennitäten öffentliche Tafel halten muste, befahl, daß die Tafel mit Schranken muste umfangen werden, welche noch auf dem grossen Saale im Louvre zu sehen. Denn die drey Mignons beredeten ihn, Monarchen müsten wie GOtt seyn, der machte, daß man ihn empfinden müste, ob man ihn gleich nicht mit Augen sehen könte. Die Morgenländische Könige hätten sich eben dadurch, daß sie sich dem öfftern Anblick ihrer Unterthanen entzogen, bey denselben in recht göttliche Ehrfurcht und Scheu gesetzet; hingegen hätten die vorigen Könige in Frankreich durch den steten Umgang mit den ihrigen ihre Majestät gar sehr verkleinert. Die grossen Reichs-Beamte, ja das gantze Volk, waren aber mit dieser Eingezogenheit, und verborgenen Aufenthalt des Königs bey obbenandten Personen, so übel zu frieden, daß man folgende Verse einsmahls an einem Thor des Louvre angeschlagen fand:

Puis qu' Henry Rois des Francois
N'en ayme que quatre ou trois,
Il faut que ces trois ou quatre
Allent ses ennemis combatre.

das ist:

Weil dreye oder vier nur sind ans Königs Seiten,
So mögen diese auch alleine für ihn streiten.

Was für Verachtung, Schmach, Spott und Schande ihn die Guises und die Ligisten angethan, das ist gantz unbeschreiblich. Sie nöthigten ihn aus Paris zu weichen; er muste einen Vergleich nach ihren

Wil-

Willen eingehen und unterschreiben, ja sie giengen damit um, es eben mit ihm, wie vormahls Pipin mit dem faulen Childerich, zu machen, und ihn in ein Closter zu stecken; wie dann schon die Herzogin von Montpensier das goldne Scheergen vielen guten Freunden zeigete, mit welchen sie Heinrichen die Platte scheeren wolte, wann dessen Kopff der Cardinal von Guise würde zwischen seinen Füssen haben. Wie auch der König hatte auf eine Medaille drey Cronen setzen lassen, davon zwey auf der Erden lagen, die dritte aber in dem geöffneten Himmel zu sehen war, mit der Devise: MANET VLTIMA COELO. d. i.

Die lezte in dem Himmel/
Nach diesem Welt-Getümmel.

So veränderten seine Feinde die Umschrifft also: MANET VLTIMA CLAVSTRO. d. i.

Die lezte bleibet dir
Im Kloster/ nach Gebühr.

Der Herzog von Guise soll auch selbsten auf eben dieses Simbild das Epigramma gemacht, und öffters im Munde geführet haben:

Qui dederat binas, unam aufert, altera nutat,
Tertia tonsoris est facienda manu.

Zwo Kronen gab ihm GOtt: die erste gieng verlohren/
Die andre wanket schon/ die dritte wird geschoren.

Am meisten zeiget folgender schimpflicher Tittel, welchen sie ihm gaben, wie viel König Heinrich an seiner Ehre eingebüsset: Henry par la Grace de sa Mere inutile Roi des Francois, imaginaire de Pologne, Concierge de Louvre, Marquillier de saint Germain l'Auxerrois, Bateleur des Eglises de Paris, Genre de Colos, Ganderonneur des collects de la famine, & Friseur de ses Cheveux, Mercier du Palais, Visiteur des esclaves, Gardeur des quatres Mandarins, Pere conscript de blancs Battus d'Avignon, & Protecteur des Capucins.

Wie sich K. Heinrich schon sehr verhast und verächtlich gemacht hatte, so suchte er durch ausserordentliche äusserliche bezeigte grosse Devotions-Ubungen den Parisern die Meinung von sich beyzubringen, daß er ein rechtschaffener Catholischer Christ, und ein sehr andächtiger Prinz wäre. Er that Gelübde und Wallfahrten, er begab sich in die Brüderschafften der Geißler, der Fratrum Minimorum, der Hieronymitaner-Mönche, die er aus Spanien kommen ließ, und der Bußfertigen Brüder, die er von Avignon hohlete: Er wohnte allen von ihnen gehaltenen Umgängen in einem härenen Buß-Kleide bey, und hatte am Gürtel eine blutige Geissel hangen, und in den Händen ein ellenlanges und von lauter kleinen Todten-Köpffen zusammen gesetztes Chapelet. Jederman wuste es aber, daß es nur lauter Gleißnerey und Heucheley war. Er schwärmte in der Masque herum, und verübte allen Unfug bey den Fastnachts-Lustbarkeiten, biß an hellen Morgen der Aschen-Mittewoche, da er in wenig Stunden drauf als ein Geißler mit hengenden Kopffe und niedergeschlagenen Augen aufgezogen kahm. In Processionen hatte er am Halse an einem Band ein Körbgen hengen, voller kleinen Händgen, auf welche er alle Jahr nach den einstimmigen Anschlag aller Historicorum hundert tausend Reichsthaler verwendete. Pierre Matthieu in seiner *Histoire des derniers troubles* p. 15. führet die Worte des frommen Religiosen Poncet an, mit welchen er A. 1583. den 27. Martii in einer Predigt, folgendermassen gegen diese Scheinheiligkeit geeiffert; nachdem er diese Bruderschafft eine Gesellschafft der Heuchler und Atheisten öffentlich gescholten: J'ay esté adverti de bon lieu, que hier au soir, qui estoit le vendredy de leur precession, la broche tournoit pour le souper de ces gros pœnitens, & qu'apres avoir mangé le gras chappon, ils eurent pour collation de nuict le petit tendron, qu'on leur tenoit tout prest. Ah! malheureux hypocrites, vous vous mocquez donc de Dieu soubs le masque, & portez par contenance un fouët a vostre ceinture? Ce n'est pas la de par Dieu où il le faudroit porter: c'est sur votre dos & sur vos espaules & vous en estriller tres-bien, il n'y a pas ún de vous qui ne l'ait bien gaigne.

Nicht weniger meinte K. Heinrich bey den Gelehrten sich einen guten Nachruhm zu machen, wann er Wissenschafften nicht nur liebete, sondern auch selbige erlernete. Er ließ den Ronsard, Pibrac und andere berühmte Leute dann und wann zu sich kommen, und ergötzte sich mit ihren gelehrten Unterredungen. Er ließ sich von dem Doron in der Lateinischen Sprache unterweisen. Es brachten ihm aber seine Grammaticalischen Lectiones so wenig Ehre, daß der sinnreiche Marillac darüber in folgenden Epigrammate spöttelte:

Gallia dum passim civilibus occidit armis,
Et cinere obruitur semi-sepulta suo,
Grammaticam exercet media Rex noster in aula,
Dicere jamque potest vir generosus Amo.
Declinare cupit, vere *declinat* & ille,
Rex bis qui fuerat, fit modo Grammaticus.

das ist:

Da Franckreich hier und dar durch bürgerliche Waffen
Liegt todt und halb verscharrt in seinem Aschen-Hauff/
So macht der König sich am Hofe viel zu schaffen
Mit der Grammatica, und saget Amo auf.
Er will recht decliniren; der decliniren muß;
Der zweymahl König war, und wird Grammaticus.

Bey

Bey dem Frauen-Zimmer hat K. Heinrich endlich auch alle Hochachtung, Gunst und Ehre verlohren, weil er in eine weit abscheulichere Brunst gerathen, davon ich nur die heimliche Anzeigung des Mezeral im *Abrege Chronolog. de l' Hist. de France T. V. p.* 251. anführen will, weil derselbe am allerverdecktesten davon redet: Depuis la mort de la Princesse de Conde Henri III. avoit eu peu d' attachement pour les femmes, & son avanture de Venise lui avoit donné un autre attachement. In dem vortrefflichen Dialogues des morts entre les modernes des Fenelon, wirfft im XIV. Dialogue K. Heinrich IV. diesem seinen Vorfahrer vor: Ils vous faloit des scelerats, qui vous inventassent de nouveaux plaisirs, qui fussent capables des crimes plus noirs, & devant les quels rien ne vous fit souvenir ni de religion ni de la pudeur violées.

Ferner kahm K. Heinrich auch bey seiner zweymahl erhaltenen Königlichen Würde um allen seinen Reichthum. Der Bischof von Valence versicherte bey der Polnischen Königs-Wahl, daß derselbe acht erbeigene so schöne Länder besitze, daß in selbigen 9. Bisthümer, 200. Abteyen/ ohngefehr 1000. Priorate, und sehr viele Pfleg-Aemter wären, davon jährlich das Einkommen 400000. Gulden ohngefehr betragen würde. Dieses war den eigennützigen Polen eine angenehme Lock-Speise, sie setzten also in die Pacta conventa, daß K. Heinrich von seinen Einkünfften aus Frankreich jährlich 160000. Gulden nach Polen bringen, alle Schulden K. Sigismundi Augusti bezahlen, und 100. junge Edelleute auf seine Kosten entweder in Cracau oder Pariß studieren lassen solte. Jedoch währte diese Zubusse nicht lange.

Als aber Heinrich König in Frankreich geworden, so gieng er eben so verschwenderisch mit dem Gelde um, als wie vor dem Kayser Heliogabal nimmermehr. Nicht nur allein waren täglich bey Hofe Turniere, Auszüge, Balets, Mascuraden, Musicken, Gastmahle und andere abwechslende Lustbarkeiten, welche wegen ausgedachter neuer Pracht und Kostbarkeit unsägliche Geld-Summen wegnahmen, sondern der König verlohr auch zum öfftern im Spiele auf einem Sitz 80000. Reichsthaler. Er zog die erste Bande Italiänischer Comoedianten nach Paris, die sich li Gelosi nannten, die ihm mehr als ein grosses Corpo tapfferer Soldaten zu halten kosteten, und die doch so ärgerliche Schand-Possen in Worten und Werken trieben, daß alle ehrbare Leute dafür einen Abscheu bezeigten, und das Parlament sie als Verderber guter Sitten wegschaffen wolte. Seine Favoriten bereicherte er auch dergestalt, als vor ihm noch kein König gethan. Er richtete deren einem, nehmlich dem Herzog von Joyeuse, seine Hochzeit aus, die 6. Wochen in aller nur ersinnlichen Wollust u. Verschwendung währete, worauf noch 17. Festinen von den Prinzen von Geblüthe, andern grossen Ministern und Anverwandten der neuen Eheleute folgeten/ davon jedes mehr als 100000. Pfund gekostet/ und dem König alleine über 4. Millionen Pfund dabey aufgegangen; sintemahl er den ersten Hochzeit-Tag ein Kleid und Mantel angehabt, auf welchen 1000 Ellen goldne Spitzen gebrämt gewesen, und 10000. Thaler zu stehen gekommen. Man that ihm zwar die Vorstellung, daß er sich durch dergleichen übermässige Ausgaben ruiniren würde/ seine Antwort aber war darauf, daß er nachdem schon klug und haußhältig seyn wolte, wann er seine beede Kinder würde ausgeheyrathet haben. Kurz drauf verlangte der Gesandte von den Schweitzern die rückständigen Jahr-Gelder für seine Lands-Leute, und da man ihm zur Gedult wieß, weil in der Schatz-Kammer kein Geld wäre, so sagte er nach der angebohrnen Freymüthigkeit: Es wäre unglaublich, daß ein so verständiger und kluger Prinz 1200000. Thaler solte zu seinen Vergnügen auf die Hochzeit eines Edelmanns verwendet haben, wann er nicht noch viel grössere Geld-Summen, zu Bestreitung der Reichs-Ausgaben in seinen Coffern liegen hätte. Wie auf solche Weise die ordentliche und unter seinem Vater und Brüdern schon sehr gesteigerte Reichs-Einkünffte zu des Königs so unabgemessenen Ausgang nicht mehr zulänglich waren/ so wurden die Unterthanen mit allerhand neu-erdachten Schatzungen und Auflagen biß aufs Blut ausgesauget, und da also auch dieselben nichts mehr übrig hatten, als das armseligste Leben, so suchte man sich durch die Verkauffung aller öffentlichen Aemter und Ehrenstellen an die meistbiethenden Geld zu machen; Endlich wolte man auch die Königl. Domaines veräussern, es wolten aber die Reichs-Stände solches durchaus nicht verwilligen.

Endlich büste K. Heinrich auch bey der Frantzös. Krone sein Leben gewaltsamer und jämmerlicher Weise durch das Mord-Messer des Frere Jacques Clement eines Dominicaners, ein, dessen versetzte Nahmens-Buchstaben anzeigen, daß er eine rechte Höllenbrut gewesen/ denn sie lauten also: C'est l'enfer qui m'a creé. Dieses entsetzliche Unglück würde ihn nicht betroffen haben, wann er König in Polen geblieben wäre; wie sich dann auch damit der Polnis. Gesandte, der Bischoff von Posen, Konerski, in der Anrede an ihn groß machte/ daß er auf einem Thron sitzen würde/ der biß auf diese Stunde von keinen Meuchelmörder was gewust, noch solchen zu fürchten gehabt. Er konte es allerdings als eine Vorbedeutung seines blutigen Todes achten, daß bey seiner Durchreise zu St. Veit in Kärnthen, als er in der Pfarr-Kirche frühmorgens die Messe hörete, der Todten-Kopff unter dem Crucifix, vor welchem er kniete, mit solcher Gewalt herunter fiel, daß er fast von denselben sehr beschädiget worden wäre. Das ärgste dabey war, daß es die Ligisten gantz nicht verheleten, daß sie diese verfluchte That angestifftet hätten. Es ist noch die Relation vorhanden, die sie davon haben durch den Commandeur de Diou P. Sixto V. überreichen lassen, in welcher sie diesen Königs-Mord, eine durch GOttes Hand gewürckte Helden-That nennen. Sie melden, daß des Mörders letzte Worte gewesen, als man ihm niedergestossen: Je louë Dieu de mourir si doucement, car je ne pensois pas passer de cette vie ainsy & en estre quitte a si bon marché. Sie beobachten als was sonderliches/ daß die Mordthat den 1. Aug. als am Gedächtnis-Tag von Petri-Ketten begangen worden. Denn gleichwie GOtt dazumahl habe den H. Apostel aus des Wüterichs Herodis, und der tobenden Juden Händen, befreyet, so könten auch alle Catholische sagen/ daß sie GOtt von den Joch eines solchen Königs erlöset, der die gantze Christenheit bey längern Leben würde verwüstet haben. Der Pabst war mit ihnen gleichsinnig, und lobte in seiner Oratione Consistoriali, die Entleibung des Königes, als: Rarum insigne, & memorabile facinus, facinus non sine Dei O. M. particulari providentia & dispositione, & Spiritus Sancti suggestione designatum; facinus longe majus, quam illud sanctæ Judithæ, quæ Holofernum é medio sustulit.

Es wollen es zwar einige für ein falsches Vorgeben der Hugenotten halten, daß K. Heinrich an eben dem Orte/ in eben dem Zimmer, an eben dem Tage, ja in eben der Stunde, sey umgebracht worden/ wo er habe helffen die Parisische Blut-Hochzeit A. 1572. beschlüssen. Alleine die aufrichtigen Catholis. Geschicht-Schreiber von Frankreich, Jean de Serres und Mezeray, melden dieses auch ohne einzige Widerlegung.

Nach den erzehlten Umständen bleibt demnach dabey, daß K. Heinrichen III. seine zwo Kronen mehr Schande als Ehre/ mehr Schaden als Gewinn, und den Tod eher als ein langes Leben, mithin also mehr Unglück als Glück gebracht, ohngeacht er auf dieser Medaille das Wort FELICITAS zur Losung führet.

Daß auch auf derselben eine sehr wohlgewachsene Lilie zu sehen, dazu hat das Französische Wappen, und die Worte Christi Matth. VI. 28 Considerate lilia agri, quomodo crescunt, Anlaß gegeben, als welche bey seiner Polnischen Krönung, und darnach noch öffters auf ihn appliciret worden sind. Vid. Thuanus *Lib. XCVI ad a.* 1589. T. *II. p.* 301. Mezerai. *T. III. Hist. de France. p.* 795. Journal des choses memorabl durant tout le regne de Henri III. *Lettres de Pasquier.* Fredro *in gest. Polonor. sub Henr. Vales.*

Der Wöchentlichen
Historischen Münz-Belustigung
35. Stück. den 29. Augusti 1731.

Eine rare Brabantische Silber-Müntze, welche bey der grossen Niederländischen Unruhe A. 1584. von den Ständen dieses Hertzogthums geschlagen worden.

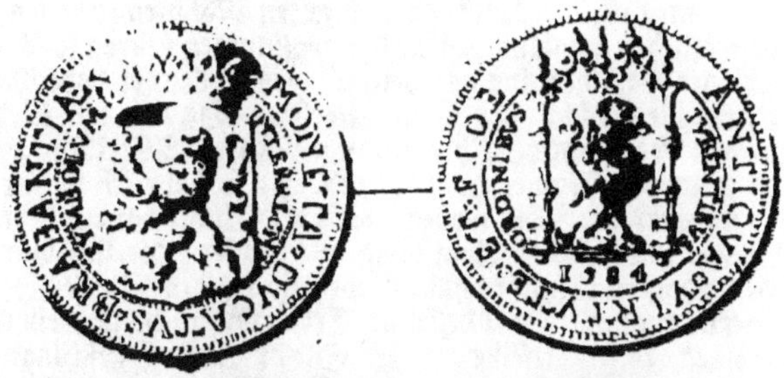

1. Beschreibung derselben.

Auf der ersten Seite stehet der mit einem Hertzoglichen Huth bedeckte Wappen-Schild des Hertzogthums Brabant, welcher einen aufgerichteten goldnen Löwen mit ausgeschlagener rother Zunge, und dergleichen Klauen, im schwartzen Feld führet. Um selbigen ist eine gedoppelte Umschrifft. Die innere lautet: SYMBOLVM INTERREGNI; d. i. das Zeichen der Zeit, da kein König ist; und die äussere: MONETA. DVCATVS. BRABANTIÆ; d. i. Müntze des Hertzogthums Brabant.

Auf der andern Seite sitzet ein Löwe zwischen zweyen nach alter Gothischer Art gemachten, und oben mit einem zierlichen Gehäng zusammen gefügten Säulen, und hält mit der lincken Pfoten die lincke Säule; Unten stehet die Jahrzahl 1584. und in einem Umfang zu beyden Seiten:

ORDINIBVS. IVBENTIBVS. d. i. Auf Geheiß der Stände. Aussen herum ist zu lesen: ANTIQVA VIRTVTE ET FIDE. d. i. Mit alter Tapferkeit und Treue.

Auf Ludwigs, Grafens von Flandern, goldner Noble, und Hertzogs Philipps des gütigen so genandten goldnen Löwen, kommt fast eben so ein zwischen zwey oben zusammen gehengten Bogen sitzender Löwe vor, welchen dann die Stände sonder Zweifel, um der guten Zeit unter ihren vorigen Herren sich dabey zu erinnern, damahls beybehalten haben.

2. Historische Erklärung.

Ich habe in der Vorrede zum ersten Theil dieser Historischen Müntz-Belustigung gemeldet, daß ich jederzeit ein scharffes Auge auf diejenigen Müntzen und Medaillen haben würde, welche Joh. Jacob Luck in seiner belobten Sylloge Numismatum elegantiorum Seculi XVI. der Welt theilhafftig gemachet, um desselben Unschuld und guten Nahmen zu retten, weil er damit von etlichen ungläubigen und eigensinnigen Leuten so schlechten Danck verdienet, daß man ihn gar beschuldigen wollen, er habe Müntzen vorgestellet, die niemahls in der Welt gewesen. Da mir nun wiederum eine dergleichen vorgekommen, die sich in gedachtem Wercke p. 297. befindet, und in meiner Numerirung die 312. ist, so habe ich sie hier abermahl um so mehrers vorstellen wollen, weil erstlich die darauf befindliche Jahrzahl 1584. in des Luckii Abbildung ausgelassen, die sich aber doch muß auf dem Original befunden haben, weil sie Luck in selbiges Jahr setzet, und hernach auch ich mit desselben Erklärung nicht übereinstimme. Denn er meinet, es sey dieselbe von der Stadt Antorff geschlagen worden, als sie im bemeldten Jahre von dem Hertzog zu Parma hart belagert wurde, und sich auch endlich demselben das folgende Jahr den 17. Aug. ergeben muste. Er siehet den auf derselben vorkommenden Löwen vor den Holländischen an.

Mr. Bizot in der *Histoire metallique de la Republique de Hollande* praesentiret diese Müntze zweymahl, nehmlich in der Amsterdammischen Edition von 1688. in 8. das erste mahl in T. I. entre page 62. & 63. wo er sagt, daß sie A. 1586. auf Befehl der Staaten von Brabant bey Ubergabe der Stadt Antorff sey geschlagen worden; und siehet den Revers für das Wappen von selbiger Stadt an. Das andere mahl kommt sie vor in dessen *Supplement* fig. oder tab. 17. beym Jahr 1584. p. 85. und ist auch auf dem Revers das bemeldte Jahr gesetzet, welches im ersten Kupferstich weggelassen.

Luck und Bizot thun aber unrecht, daß sie solche den belagerten Antörffern zueignen, indem nicht das geringste Anzeichen auf selbiger zu finden, welches entweder die Stadt Antorff oder eine Belagerung andeuten könte. Bizot hält zwar den auf dem Revers prächtig inthronisirten Löwen für das Stadt-Wappen von Antorff, daß aber solches vielmehro ein gevierdtes silbernes Castell mit so viel Thürmen, und über solchen zwey Hände, im blauen Felde sey, ist eine so bekandte Sache, daß sie keines Beweises bedarff.

Mich wundert auch recht sehre, daß zwey so grosse Kenner und Liebhaber von Medaillen dieses Stück für dasjenige, das es ist, nicht haben so gleich erkennen können, da es doch selbst mit klaren Worten saget, für was man es halten solle, nehmlich für eine solche Müntze, die zu selbiger Zeit geschlagen worden, als die Niederländer, worunter auch damahls noch die Staaten von Brabant vornehmlich waren, dem König in Spanien den Gehorsam aufgesaget hatten, und ihn nicht mehr für ihren Herrn erkennen wolten; welches aus folgenden noch mehrers erhellen wird.

Das Hertzogthum Brabant hat, wie andere Niederländische Provintzien, sich grosser Privilegien und Freyheiten zu erfreuen gehabt, davon es die schrifftlichen Urkunden von A. 1273, 1324. 54, 71, 72, und 73. hat aufweisen können. Diese enthielten unter andern in sich, daß der Hertzog von Brabant seinen Unterthanen ein guter und getreuer Herr seyn solle, der auf keinerley Weise eigenen Willen und Macht an ihnen beweisen wolte; der mit ihnen nicht ohne Gericht und Recht umgehe; der den geistlichen Stand, ohne Verwilligung des Adels und der Städte, nicht verbessere noch vermehre; der keine andere Amtleute, als eingebohrne, setze; der, ohne Verwilligung der Städte und Lande, keinen Krieg vornehme, kein fremd Kriegs-Volck ins Land bringe, keine Müntze schlage, keine neue Gefälle aufbringe, sondern mit seinem Einkommen zu frieden sey; der außerhalb Brabant die Staaten nicht versammle, auch selbsten nichts beschlüsse. Solte er aber wider diese Freyheits-Briefe handeln, so solten alsdenn alle Vasallen und Unterthanen aller ihrer Pflicht entschlagen seyn; es wäre dann, daß er solches wiederruffete, und von seinem Vorhaben abstünde.

Die Land-Stände waren die Geistlichen, nehmlich 14. Aebte, 18. Freyherren, und der Adel, und die Städte, worunter die vier Haupt-Städte waren, Löven, Brüssel, Antwerpen und Hertzogenbusch, welche auch die Staaten genennet wurden.

Als nun König Philipp II. von Spanien in den Niederlanden die Inquisition auf Spanische Weise einführete, und drey neue Ertz-Bißthümer, und 15. neue Bißthümer anlegete, und solchen die reichsten und ansehnlichsten Abtheyen einverleibte, so entstund darüber das erste Mißvergnügen unter den Staaten. In Brabant wurde Mecheln zum Ertz-Bißthum gemacht, und demselben die Bißthümer Antwerpen, Gent, Brüg, Ypern, Hertzogenbusch und Rürmond unterworffen. Zu Mecheln wurde Affligem, die allerreichste Abtey in Brabant, welche bey 50tausend Carls-Gulden jährlichs Einkommen hatte, zum Bißthum Antorff die Abthey St. Bernards, zu Hertzogenbusch, die Abthey Tungerlo, geschlagen. Die Staaten beschwerten sich sehre hierüber, daß man diese Neuerung ohne ihre Verwilligung angefangen, die alten Stifftungen hiermit abgeschaffet, die Klöster ihrer Hoheit entsetzet, ihre Güter andern eingeräumet, und sie, die Staaten, in ihren Versammlungen durch diese neue Bischöffe überstimmet wären, dazu auch fremde Männer ernennet würden.

Sie regten sich auch gegen die Einführung der Inquisition und grosse Schärffe der Religions-Verbothe, mit der Vorstellung, daß in den letzten Kriegen unter dem ins Land geführten vielen Teutschen Kriegs-Volck, auch reformirte Religions-Verwandte wären mit hinein gekommen, davon viele nachdem nicht nur ansäßig geworden, sondern weil man ihnen auch ihre Prediger zugelassen hätte, so hätten andere Leute auch von ihrer Lehre Unterricht bekommen, und sich solche gefallen lassen. Die Handwercke, Künste, und der Kauff-Handel habe auch viele dergleichen ins Land gezogen, die sehr nahrhaffte Unterthanen abgäben, und in ihrem täglichen Handel und Wandel zeigeten, daß sie aufrichtige und ehrliche Leute wären, und eine grosse Liebe gegen GOtt und ihren Nächsten von sich spühren liessen, die aber keinesweges für so schädliche Ketzer und Sectirer könten angesehen werden, die sich auf böse Practicken legten, und den Staat durch allerhand Unordnungen und Unruhen zerrütteten, noch weniger aber, wie die Spanischen Inquisitores sie fälschlich ausschryen, ärger als ihre Mohren, Saracenen, und Jüden wären, sintemahl sie ja einerley Christliche Glaubens-Bekänntnüß hätten, und sich der heil. Tauffe und des heil. Abendmahls gebrauchten, und also von der Römisch-Catholischen Religion nicht so weit abwichen, daß man sie deswegen mit solcher Strenge verfolgen, und die Freyheit und gantzen Staat des Landes verändern solte; die Staaten könten dahero auch diese Königl. Edicta keinesweges approbiren.

Weil

Weil hierbey der Rath der Staaten auf des Landes Wohlfarth und Ruhestand, der Königl. geheime Rath hingegen, mit dem Finanz-Rath, welche beyde der Cardinal Granvella gäntzlich dirigirte, lediglich, mit Beyseitsetzung alles andern, auf die gäntzliche Vollziehung des Königl. Willens sahe, so erhub sich zwischen solchen ein groß Mißverständnüß, welche das heimlich glimmende Feuer der innerlichen Unruhe immer je mehr und mehr anbliesse, biß es endlich in volle unlöschliche Flammen ausbrach.

Wie die Abtheyen mit Bitten, Vorstellen, und Gesandschafften nichts mehr ausrichten konten, so kaufften sie endlich ihre Einverleibung mit gewissen den neuen Bischöffen verwilligten jährlichen Renthen von etliche tausend Gulden ab, und die reiche Stadt Antorff fand endlich auch Mittel, es dahin zu bringen, daß die Einführung ihres neuen Bischoffs einen Anstand bekam.

Jedennoch aber erhielte A. 1565. im December die Regentin und Hertzogin von Parma von dem König den ausdrücklichen Befehl, daß sie 1) alle alte und neue Religions-Mandata ohnverzüglich zur Execution bringen, 2) den Inquisitorn in Verwaltung ihres Amts, zu Erhaltung der alten und Ausrottung der neuen Religion, mit allen Kräfften beystehen, und 3) alle Verordnungen und Schlüsse des Concilii von Trento einführen helffen solte. Den Staaten von Brabant wurde derselbe den 31. Decembris zu wissen gemacht, und dabey anbefohlen, in jegliche Stadt einen Rathsherrn zu erwehlen, der alle 6. Monath solte abgewechselt werden, dessen Obliegenheit wäre acht zu haben, wie diesem Königl. Befehl nachgelebet würde, und deßwegen wenigsten von drey Monathen allemahl an den geheimen Rath Bericht zu erstatten.

Die Städte in Brabant, und sonderlich die Stadt Antorf, beklagte sich deßwegen beym Kayser, weil sie wegen der wider ihre Privilegia lauffenden Inquisition nun sonsten kein Mittel wüsten, der bevorstehenden allgemeinen Empörung vorzukommen, und begehrten den König für das Cammer-Gericht zu laden, und sie daselbst gegen denselben zu hören, warum sie, vermöge der dem Lande Brabant A. 1349. gegebenen goldnen Bulla, und des zu Augspurg A. 1548. gemachten Reichs-Abschieds, die Inquisition und Execution des Tridentinischen Concilii nicht dulten könten. Die Niederlande wären nach dem A. 1546. zu Augspurg gemachten Contract ein Glied des Heil. Römischen Reichs, müsten zu den Reichs-Anlagen so viel, als zween Chur-Fürsten, beytragen, also müsten sie auch des Reichs Privilegien, Freyheiten, und sonderlich des Religions-Friedens, geniessen.

Um diese grosse Beschwehrden abzustellen, erklärten sich die Regentin und die Land-Räthe den 24. Martii A. 1566. schrifftlich, daß des Königes Meinung nicht anders wäre, als daß nur die Inquisition, wie sie sonst gewöhnlich gewesen, ohne neue Beschwehrung, solte beybehalten, und des Concilii zu Trient Satzungen, mit Restriction der Landes-Freyheiten, solten ausgeübet werden. Die Staaten von Brabant verlangten darüber Brief und Siegel von der Regentin ins Königs Nahmen, wie auch eine Linderung der strengen Religions-Befehle. Da sie aber darauf keinen Bescheid bekamen, jedoch hier und dar grosse Auflauffe geschahen, und es sich anließ, daß alles bald über und über gehen würde, so machten 400. Edelleute unter sich ein Bündnüß, in welchem sie sich verpflichteten, die Einführung der Inquisition zu verhindern/ jedoch mit der ausdrücklichen Protestation, daß sie hiemit nicht gedächten gegen des Königs Hoheit etwas anzufangen, sondern nur nach ihrem Vermögen allen Aufruhren und Blutvergiessen zu wehren. Sie übergaben darauf auch sämtlich den 5. Aprilis A. 1566. der Regentin eine hefftige Klagschrifft, und wurden zwar von dem Herrn von Barlemont verächtlicher Weise nur ein Hauffen Geusen oder Bettler geheissen, jedoch versprach ihnen die Regentin, ihr Ansuchen an den König gelangen zu lassen, die Inquisition und Verordnungen der Religions-Placate aber könte sie indessen nicht aufschieben; sie wolte aber den Inquisitorn und Amtleuten befehlen, daß sie allen behutsamen Unterscheid gebrauchten, und zu keiner Unordnung Anlaß gäben. Es gieng auch darauf der Marggraf von Bergen, und Herr von Montigni, beede Ritter des goldnen Vlüesses, nach Spanien, stelleten dem König die Landes-Gefahr vor, und bathen um Linderung der Königl. Befehle, gegen die sich zwar der König erklärte, daß in den Niederlanden keine andere, als die sonst üblich gewesene Bischöffl. Inquisition solte gebraucht werden; so solten auch die Religions-Placate gemildert werden, jedoch ohne Abbruch des Catholischen Glaubens, und der Königl. Autorität; Ingleichen wolte er auch den verbundenen Adel wieder zu Gnaden annehmen. Jedoch, da man aus Spanien grosse Kriegs-Zurüstungen vernahm, und die neuen Bischöffe allenthalben mit vielen Drohungen aussprengten, wie übel obgedachte beyde Bottschaffter wären abgefertigt worden, so wuchsen durch diese üble Nachricht und Geschrey das Mißtrauen, die Spaltungen und Zerrüttungen immer stärcker an. Die Reformirten hielten in freyem Felde Predigten in Waffen, mit grossem Zulauff; es geschahen von ihnen viele Bilderstürmereyen, und weil der König keine General-Staaten-Versammlung zulassen wolte, so stellete der verbündte Adel eine

Zusammenkunfft zu St. Gertruden an. Dieses alles brachte endlich die Regentin dahin, daß sie demselben den 25. Aug. A. 1566. einen offenen Versicherungs-Brieff ausstellete, in welchem sie versprach, die Inquisition aufzuschieben, ein neues gelinders Religions-Mandat zu machen, die Reformirten Predigten zu verstatten, und daß den Edelleuten, wegen ihrer Supplication, Verbündnüß, und alles deß, so bißhero daraus erfolget, nichts solte verwiesen oder aufgemessen werden; Dagegen gelobten sie auch an, daß sie, als getreue Vasallen und Unterthanen, allen Aufflauff, Zerrüttung und Getümmel verhindern helffen, und verschaffen wolten, daß niemand weiter was unrechts angethan würde.

Weil aber der König heimlich dieses alles mißbilligte, so wurde bald darauf von neuen der reformirte Gottesdienst von der Regentin aufs schärffste verbothen, und in Antorff gäntzlich abgestellet. Das folgende 1567. Jahr, ward auch der blutgierige Hertzog von Alba mit einem starcken Krieges-Heer in die Niederlande geschicket, welcher mit den Einwohnern nicht anders umgieng, als mit Leuten, die durch die grösten Mißethaten, aller ihrer Freyheiten und Gerechtigkeiten verlustig geworden, ja Leib, Leben, und Güter verwürcket hätten. Hierdurch aber wurde nur Oel ins Feuer gegossen, und eine so grosse innerliche Kriegs-Unruhe erreget, welche kaum nach 80. Jahren hat können gedämpfet werden.

Das erste mahl wurde solches A. 1576. den 8. Nov. durch die Pacification zu Gent versuchet, nachdem allbereit zu selbiger Zeit der Niederländische Krieg dem König in Spanien über 24. Millionen Ducaten gekostet hatte, und die Niederländer sich nach Franckreichs und Engellands Hülffe umsahen. Diese enthielt in sich: Daß alle Beleidigungen und Beschädigungen, so sich bey währenden Kriegs-Handel bißhero begeben, vergeben und vergessen seyn solten; daß alle Spanische und andere in Königl. Diensten stehende fremde Völcker aus dem Lande gezogen werden solten; daß die Versammlung der General-Staaten wieder ins Werck gerichtet werden solte, und daß alle Religions-Mandata und Criminal-Ordnungen des Hertzogs von Alba aufgehoben seyn solten rc. Die Staaten von Brabant, Flandern, Artois, Hennegau rc. ingleichen von Holland und Seeland, versammleten sich hierauf in Brüssel, und schlossen unter sich den 9. Jan. A. 1577. eine ewige Vereinigung zu Erhaltung der Religion, zu einhelliger Austreibung der Spanier und ihres Anhangs, und zu Erhaltung aller und jeder Privilegien, unter dem Gehorsam des Königs. Gemeldte beyde Tractaten hielte der König zwar auch durch das so genandte ewige Edict den 12. Febr. besagten Jahres genehm, und bestätigte solche aufs feyerlichste; Alleine der neue Gubernator, Don Juan d'Austria, hatte doch geheimen Befehl, mit dem übrigen Teutschen Kriegs-Volck die vornehmsten Städte einzunehmen. Dahero als dieses durch die Einnahme der Stadt Namur, und dem vergeblichen Anfall auf Antorff, kund wurde, so gieng der Krieg aufs neue an, und würckte endlich eine solche Verbitterung in den Gemüthern der Niederländer, daß sie bey einer General-Staaten-Versammlung im Haag den 26. Julii A. 1581. dem König gäntzlich entsagten, und ihm alle Treue und Gehorsam auffkündigten.

In dem deshalben überall kund gemachten Ausschreiben, setzen sie zum Voraus / daß die Unterthanen nicht ihres Fürsten halben, sondern der Fürst der Unterhanen wegen, verordnet wäre, ohne welche er auch kein Fürst sey; Dahero er dieselben mit Recht und Billigkeit regieren, ihnen wohl und getreulich vorstehen, und sie lieb haben solle, wie ein Vater seine Kinder, und ein Hirt seine Schafe. Thue er anders, so sey er kein Fürst mehr, sondern ein Tyrann, welchen die Unterthanen, nach vorher gegangenen Landtags-Schluß, wohl verlassen könten. Dieses sey absonderlich in den Niederlanden gültig, als die allezeit regieret worden, nach dem abgelegten Eyd des Fürstens beym Antritt seiner Regierung, die er unter der Bedingung überkommen, daß er die Lands-Privilegia aufrecht erhalten wolle. Bräche er den Eyd/ so sey er auch, nach Ausweisung der Lands-Rechte, der Länder und Herrschafften verlustig. Darnach erzehlen sie, was der König bißhero gegen sie unternommen, und wie er/ unter dem Deckmantel der Religion, sie um alle ihre Gerechtigkeiten und Immunitäten zu bringen gesuchet. Hierauf erklären sie, aus höchster Noth gezwungen, den König von Spanien, in Krafft dieses, von aller seiner Herrschafft, Gerechtigkeit, und Erbschafft vielgedachter Länder ipso jure verfallen zu seyn, und daß sie hinfüro keines Sinnes seyen, ihn in einigen Sachen, Fürstl. Hoheit, Jurisdiction und Herrschafft der Niederlande belangend, für einen Lands-Herrn zu erkennen, oder dessen Nahmen dazu zu gebrauchen; entledigten auch deshalben alle Amtleute, Obrigkeiten, Vasallen und Unterthanen des Eydes/ den sie K. Philippo in Spanien, als ihrem gewesenen Ober-Herrn, gethan hätten. Es solten dahero auch keine Siegel desselben mehr gebrauchet werden. Zuletzt verordneten sie, daß hinfüro keinerley Müntze mehr unter ihnen solte geschlagen werden mit dem Nahmen, Tittel und Wappen vorgedachten Königes, sondern daß ein neuer Schlag und Form dazu ausersehen werden solte.

Es wurde darauf zwar Franciscus von Valois. Hertzog von Alencon, K. Heinrichs III. in Franckreich jüngster Bruder, zum Herrn angenommen, und würcklich zum Hertzog von Brabant und Grafen von Flandern A. 1582. erkläret. Es war aber auch seine Regierung den Staaten nicht lange anständig, weil er weiter um sich greiffen wolte, als sie es vertragen konten; Dahero muste er gleich das folgende Jahr seinen Abschied wieder nehmen/ und war also A. 1584. ein vollkommenes Interregnum, als die Staaten von Brabant nach obiger Verordnung diese Müntze prägen liessen. Dieselben waren auch in dem Jahr so standhafftig, den König in Spanien nicht mehr für ihren Herrn zu erkennen, noch wiederum anzunehmen, daß, als die von Brügg und Vrye, nach erhaltener Reconciliation mit dem König, auch die Stadt Gent zu überreden suchten, ihnen beyzutreten, und sich demselben wieder zu unterwerffen, weil sie ja gnugsame Königl. Zusage hätten wegen Freystellung des Gewissens in der Religion, und Ausschaffung des fremden Kriegs-Volcks, so liessen sie, nebst denen von Holland denselben anzeigen, daß dergleichen Particular-Friedens-Handlung in keinem Weg zu einigen Frieden gereichen, sondern vielmehr das gegen den gemeinen Feind ausgezogene Schwerd gegen die Freunde und Brüder kehren würde.

vid. Meteran *Lib. I. - XII.* Haræus *annal. Brabant. T. III.* Grotius *Annal. Belgic. Lib. I. - IV.* Strada *de B. B.*

Der Wöchentlichen

Historischen Münz-Belustigung

36. Stück. den 5. September 1731.

Zwey Thaler von Ertzherzog Leopolden in Oesterreich, K. Ferdinands II. andern Bruder von A. 1624. und 28.

I. Beschreibung des ersten Thalers.

Die erste Seite præsentirt des Ertzherzogs Brustbild im lincks sehenden Profil, blosen Haupte, und bischöfflichen Habit. Unter der Schulter stehet die Jahrzahl 1624. und umher dessen Tittel: LEOPOL-

DVS. D. G. ARCHIDVX. AVS; triæ. DVX. BVR. ET. SAC: ræ CÆS: areæ M.ajestatis.ET.

Die andere Seite enthält dessen mit dem Ertzherzogl. Hut bedeckten vierfeldrigten Wappen-Schild mit einem Mittel-Schild; Im ersten Quartier ist das Hungarische / im andern das Böhmische / im dritten gespaltenen zur rechten das Oesterreichische, und zur lincken das Burgundische, und im vierdten gleichfalls gespaltenen das Tyrolische / und Habspurgische Wappen / und in der Spitzen, das Wappen von der Grafschafft Pfirt. Im Mittelschild ist das Wappen von Elsaß. In der Umschrifft wird der auf der ersten Seite abgebrochene Tittel also fortgesetzet: RELIQ: uorum. ARCHID: ucum GVBERNAT: or. PLEN: arius ET COM: es. TIR: olis. LAN: dgravius. ALS: atiæ. d. i. Leopold, von Gottes Gnaden Ertzherzog zu Oesterreich / Hertzog zu Burgund / und der Kayserl. Majestät / wie auch der übrigen Ertz-Hertzoge zu Oesterreich gänzlicher *Gubernator*, und Graf in Tirol / Landgraf in Elsaß.

2. Beschreibung des andern Thalers.

Dessen erste Seite stellet des Ertzherzogs geharnischtes und mit dem Ertzherzogl. Hut bedecktes Bildnuß biß auf den halben Leib vor, im lincksehenden Profil, in der rechten Hand einen Scepter, und mit der lincken das angegürtete Schwerd haltend. Zur lincken Seite herab stehet die Jahrzahl 1628. und umher deßen Tittel: LEOPOLDVS. D. G. ARCHIDVX. AVSTRIÆ.

Die andere Seite zeiget deßen Wappen, welches von dem auf dem ersten Thaler stehenden nur darinne unterschieden, daß im vierdten gespaltenen Feld die Wappen von den gefürsteten Grafschafften Habspurg und Görtz / und in der Spitzen, das alte Oesterreichische Wappen mit den fünff Lerchen, vorkommet; die Umschrifft ist: SAC: ræ CÆS: areæ MA: jestatis. ANT: eriorum PROVINC: iarum PLEN: arius. GVB: ernator. d. i. Leopold, von Gottes Gnaden Ertzherzog zu Oesterreich / der Kayserl. Majestät bevollmächtigter *Gubernator* der vordern (Oesterreichischen) Lande.

2. Historische Erklärung.

Ertz-Hertzog Leopold zu Oesterreich wird auf diesen beeden Thalern in geistlicher und weltlicher Gestalt vorgestellet, weil er den zu erst angenommenen geistlichen Stand nachdem, zu mehrerer Fortpflantzung seines Durchlauchtigsten Ertz-Hauses, wieder abgeleget; und wolte GOtt, daß

noch

noch mehrere Ertzhertzoge entweder hohe geistliche Würden nicht angenommen, oder doch sich solcher wiederum bald begeben, und es wie Ertz-Hertzog Leopold gemacht hätten, so würde die Nachkommenschafft in gedachtem Ertzhause zahlreicher geworden seyn. Sie hätten auch Königreiche, und Fürstenthümer gnug gehabt, in welche sie sich hätten ausbreiten können.

Es war Ertzherzog Leopold Ertzherzog Carls zu Oesterreich in Steiermarck, und Mariä, Herzogin in Bayern, sechster Sohn, und also unter K. Ferdinands II. jüngern Brüdern der vierdte. Er ward gebohren zu Grätz A. 1586. den 9. Octobris um 11. Uhr Mittags, wie der Graf Khevenhiller zweymahl anmercket, aus welchem die andern Genealogisten zu corrigiren, die insgemein den 8. Octobris ansetzen, und Hübner, der den 5. angiebt, und ward den 23. hernach von Johann, Bischoffen zu Laibach, getaufft, und durch Ertzhertzog Matthiam, den Bischoff von Seckau, an statt des Bischoffs zu Saltzburg, und durch Felicita, Gräfin von Eberstein, welche die Hertzogin Dorotheam zu Braunschweig vertretten, aus der Heil. Tauffe gehoben. Seine Studia hat er in seiner Geburts-Stadt, in dem von seinem Vatter A. 1572. gestiffteten, und an seinem Geburts-Tag zu einer hohen Schul erhebten Collegio der Gesellschafft JEsu rühmlichst absolviret. Er ward zum geistl. Stand gewidmet, und erlangte also durch Hülff K. Rudolfs noch gar jung die Coadiutorien in den Hoch-Stifftern Passau und Straßburg. Er folgte demnach in dem Bißthum Passau A. 1598. Urbano von Trenbach, und in dem Bißthum Straßburg A. 1607. dem Cardinal, Carln von Lothringen. Nach dem Bißthum Passau strebte damals der Hertzog von Mantua vor einen seiner Söhne, durch Interposition Ertzherzog Ferdinands, K. Rudolf schlug es ihm aber ab, weil ein statutum Capituli vorhanden, daß kein Ultramontanus, nec alterius Nationis, sed solum Germani usque ad Coloniam & Tridentinam Diœcesin könten in Passau zu Canonicaten gelangen, wieder welches er nicht disponiren könte. Da auch schon A. 1601. Ertzherzog Ferdinand sich die Unkosten erleichtern wolte, und verlangte, daß Ertzherzog Leopold in Passau residiren, und von dem Hochstifft Besitz und Unterhalt nehmen solte, wolte dieses K. Rudolf auch nicht zugeben, weil es nicht nur wieder die Compacta liefe, die mit Vorwissen der Kayserl. Comissarien vor der Wahl gemachet, und von den Oesterreichischen und Bayrischen Gesandten sub Juramento approbirt worden, sondern auch dem Ertzhause Oesterreich verkleinerlich wäre, und bey den Stifftern im Reich, insonderheit aber bey dem Stifft Straßburg, ein solches Ansehen haben würde, als wann der Kayser mit den Capitulo wieder ihre Statuten procediren wolte, worauf dieses biß zu Ertz-Hertzog Leopolds mehrern Jahren, vermöge gedachten Accords, verschoben wurde, und hat Ertzhertzog Ferdinand diesen seinen Bruder inzwischen mit aller Nothdurfft, seinem Stande nach, versehen müssen.

Im Jahr 1608. und 9. begab sich Ertzhertzog Leopold an den Kayserl. Hof nach Prag, und wuste sich durch seine Lebhafftigkeit und vortreffliche Qualitäten bey dem Kayser so wohl, als bey den Ministris und Land-Officiren, in solche Gnade und Gunst zu setzen, daß sie allesamt des Sinnes wurden, ihm zum Königreich Böhmen, und hernach zur Römischen Königs-Würde, zu verhelffen. Denn der Kayser lebte in grosse Wiederwillen mit seinem Bruder, Matthia, von welchem keine Kinder im herannahenden Alter zu hoffen waren, weil er in seinen jüngern Jahren keine gehabt. Die andern Kayserl. Brüder bezeigten vor sich keine Lust zur Succession, und waren auch alt und abgematt. Insonderheit war Ertzherzog Albrecht mit den Niederlanden und den dabey erhaltenen Stillstand gar wohl zu frieden. Man war dabey versichert, daß die Churfürsten und Böhmischen Stände Ertzherzog Leopolden gar gerne gedachte zwo Cronen gönnen würden, weil dadurch die bißherige ordentliche Nachfolge auf beeden Thronen unterbrochen würde, und sie nicht allezeit denjenigen zu erwählen hätten, der sonsten der nächste rechtmässige Erbe des abgehenden Kaysers wäre. So hielte man auch dafür, weil Ertzhertzog Ferdinand wegen der Religions-Reformation in seinen Erb-Landen sich so verhaßt bey den Evangelischen Churfürsten zu Pfaltz, Sachsen und Brandenburg gemacht hatte, so würden sie bey einer Römischen Königs-Wahl schwehrlich auf ihn stimmen. Sie meinten also den Mittel-Weg zu gehen, und Ertzherzog Leopolden dazu behülfflich zu seyn. Allein die Ertzherzoge, Matthias nnd Ferdinand, waren sehr übel mit diesen Anschlägen zu frieden, weil solche ihrer nahen Erb-Gerechtigkeit höchst nachtheilig waren, und hingegen der Böhmen ihrem eingebildeten Wahlrecht sehr favorisirten, dahero sich auch Ertz-Herzog Ferdinand sehr angelegen seyn ließ A. 1610. einen Vergleich zwischen dem Kayser und seinem Bruder, dem Herzog Matthia, zu treffen.

Der Kayser unterließ jedoch nicht Ertzherzog Leopolden eine Gelegenheit zu machen, dabey er seinen Muth und Geschicklichkeit in Staats- und Kriegs-Sachen zeigen könte, indem er ihn zu seinem Commissario in der vorhabenden Sequestration der zur strittigen Jülichischen Succession gehörigen Hertzogthümer und Landen A. 1609. ernante. Es verfügte sich auch derselbe in aller Stille und Geheim, als ein Diener verkleidet, nach Düsseldorff, zu den daselbst schon befindlichen Kayserl. Ministris, Johann

Georgen, Grafen von Hohenzollern, und den Obristen, Johann Richard von Schönenberg. Als er unterwegens in einem Wirthshause sein Pferd nicht recht aufzäumen konte, und ihm der Haus-Knecht helffen muste, so fuhr ihn dieser dabey also an: Botz Schlapperment, ihr habt noch wenig Roß gestriegelt, weil ihr so zarte Hände habt, und so schlecht mit dem aufzäumen umgehen könnet. Als er jedoch, nach überstandener mancherley Gefahr erkandt zu werden, glücklich daselbst angekommen, that er öffentlich kund, daß er vom Kayser bevollmächtiget sey, die Hertzogthümer Jülich, Cleve und Berg, so lange in Besitz zu nehmen, biß ein rechtmäßiger Successor durch Kayserl. Oberrichterl. Ausspruch ernennet wäre. Er ließ zugleich ein Kayserl. Mandat anschlagen, darinnen allen Kriegs-Leuten, hohen und niedrigen, und zwar den auswärtigen bey Lebens-Straffe, und den einheimischen bey der Acht, geboten wurde, sich in keine Dienste bey den possedirenden Fürsten von Brandenburg und Neuburg zu begeben. Er brachte auch den Gouverneur der Festung Jülich, Johann von Rauschenberg, auf seine Seite, daß er sich vor den Kayser erklärte, und ihm dieselbe überlieferte; nicht minder eroberte er das feste Schloß Bredenbeuth. Dieweil aber Brandenburg und Neuburg auf die Gedancken geriethen, daß der Kayser selbsten ein Auge auf die Jülichischen Lande hätte, wegen der vortheilhafften Lage gegen die Niederlande, und also durch die justificirte Sequestration dieselbe in seine Gewalt zu bringen trachtete; so setzten sie sich auf alle Art und Weise darwieder, ließen die publicirten Kayserl. Mandata überall abnehmen, und appellirten a Cæsare male informato ad melius informandum, und an die Churfürsten, Fürsten und Stände des Reichs. Der Frantzösische Historicus, de Serres hat im *Inventaire general de l' Histoire de France ad a.* 1609. gar irrig vorgegeben, der Kayser habe die Jülichischen Länder vor heimgefallene Reichs-Lehn gehalten, und sie Ertzhertzog Leopolden verehrt, welches aber die vor Augen liegende Acta publica wiedersprechen. Gedachte Fürsten liessen dem Kayser auch die besetzte Festung Jülich nicht lange in Händen, sondern belagerten dieselbe mit Holländischen und Frantzösischen Hülffs-Völckern im Julio A. 1610. Der Ertzhertzog wolte sich darinne nicht einschliessen lassen, sondern begab sich wieder nach Prag, hinterließ aber doch alle sein Silber-Geschirre, welches zu Bezahlung der Soldaten von dem Commendanten zerschlagen wurde, er sich auch wehrete biß den 1. Sept. da er capituliren muste, und mit 1500. Mann nach Mastricht abzoge; worauf auch die andern bißhero von den Ertzherzoge inne gehabten Oerter nicht konten erhalten werden.

Es hatte zwar auch der Erzherzog im Bißthum Straßburg durch

Franzen, Freyherrn von Crichingen, vieles Volck anwerben laßen, um solches in dem Jülichischen Handel zu gebrauchen; Als aber daßelbe wegen der schlechten Bezahlung viele Plünderung und Gewaltthätigkeit an andern im Elsaß befindlichen Reichs-Ständen verübte, und insonderheit der Stadt Straßburg sehr beschwehrlich fiel, so nahmen sich die Unirten Fürsten und Stände derselben an, rückten A. 1610. mit einem starcken Corpo unter dem Commando der Marggrafen von Anspach und Baden Durlach, und des Herzogs von Würtemberg in Elsaß, schlugen die Bischöffl. Völcker überall, wo sie solche antraffen, jagten sie in die festen Schlößer, Dachstein, Molsheim, und Benefeld / und eroberten auch selbige. Nachdem also der Krieg 6. Monathe gewähret hatte, so kam es, auf Vermittelung des Herzogs von Lothringen und Grafens zu Hanau, in Wildstädt zu einem Vergleich, nach welchen beederseits Kriegs-Volck, so zu nöthiger Defension des Stiffts Straßburg nicht gehörig, auf den 27. Augusti abgeführet, das Land mit dergleichen Kriegs Anstalten ins künfftige verschonet, und die eingenommenen Oerter beederseits wiedergegeben werden solten.

Nicht weniger brachte der Ertzherzog zu selbiger Zeit etliche tausend Mann zu Roß und Fuß in dem Bißthum Passau zusammen, worauf auch viele Augen gerichtet waren. Die im Besitz der Jülichischen Länder sich befindende Fürsten meinten nicht anders, als daß dieselben auch gegen Sie solten geführet werden, und machten dahero zu guter Gegenwehr alle Anstalt. König Matthiä und Ertzherzog Ferdinanden aber schiene der Weg allzuweit zu seyn, und glaubten auch nicht, daß solche der Hertzog in Bayern und andere Reichs-Stände so ungehindert durch ihre Länder würden ziehen laßen, wie dann auch die Bayrischen Gräntzen derhalben starck besetzet wurden; dahero sie sich besorgten, daß sie von denselben einen Anfall zu erwarten hätten, weil ihnen solches kund geworden, was man für ein Absehen am Kayserl. Hofe zu Prag führete. Es bildeten sich auch die Oesterreichischen Stände sub utraque ein, daß diese Völcker wieder sie würden gebrauchet werden, weil der Ertzherzog ihren neuen Religions-Privilegien sehr zuwieder gewesen war, und mit grossen Eyfer die Sperrung ihrer Kirchen verlangt hatte.

Endlich brach es doch aus, daß derselbe mit diesem Volck dem Kayser wieder zu seinen von K. Matthia abgetrungenen Ländern verhelffen, und dadurch die Böhmische Crone auf sein Haupte bringen wolte. Wie übel aber dieser A. 1611. unternommene Böhmische Zug abgeloffen / das ist aus dem 11. Stück der Historischen Münz-Belustigung vom Jahre 1730. p. 86. zu ersehen.

Daß der Kayser den Ertzherzog hiezu angefrischet, auch das Geld zur Werbung hergegeben, ist aus allen Umständen deutlich abzunehmen. Es schmertzte demselben sehre, daß sein Bruder Matthias so unbrüderlich und gewaltsam mit ihm verfahren. Er trachtete sich daher auf alle Weise an demselben zu rächen, und ihm die erworbene Vortheile wiederum abzujagen. An seinem Vetter / Ertzherzog Leopolden, fand er einen feurigen, und regiersüchtigen Printzen, den er dazu gebrauchen konte. Der hatte aber die Mittel nicht, alleine aus seinem Beutel eine Armée von 9000. Mann zu Fuß, und 4000. Pferden, mit einer dazugehörigen schönen Artillerie, ins Feld zustellen. Die Einkünffte des gar eng bezirckten Bißthums Passau reichten dazu nicht. Dieses waren dazumahl die grösten Kräffte eines Churfürstenthums. Was der Ertzhertzog aus dem reichen Bißthum Straßburg zu erheben hatte, das hatte er daselbst auch schon auf ein starckes Corpo Soldaten verwendet, welches von den Unirten war ruinirt worden. Der Respect vor dem Kayser war gar zu groß bey dem Ertzherzog, als der ihm durch seine Autorität

mit

mit zweyen so ansehnlichen Reichs Bißthümern versorget, und nun auch bedacht war, zur Böhmischen und Römischen Königl. Würde zu befördern, als daß er sich an der geheiligten Majestät seines allerhöchsten Oberhauptes und allergrösten Wohlthäters, den er auch als seinen allergütigsten Vater zu veneriren hatte, hätte so vergreiffen/ und ihn in seiner Residenz so gar anfallen und beunruhigen sollen. Er hatte auch als ein sehr verständiger Printz so viel Klugheit/ daß er voraus sehen konte, wie König Matthias und sein eigener Bruder, Ertzherzog Ferdinand, hierbey nicht stille sitzen würden/ und daß er alleine mit seinen Kräfften deren vereinigter Macht gar nicht gewachsen wäre. Also muste er einen grössern Hinterhalt wissen, sonst hätte er dergleichen nimmermehr unternommen, auch seine Person selbsten so sehr gewagt, daß er nach Prag gegangen wäre, wann solches des Kaysers Wille nicht gewesen wäre, der also gedachte, auch mit gewaffneter Hand den Böhmen zu verwehren, daß sie sich nicht auch an seinen Bruder hängen solten. Der gantze Handel war aber zu sehr übereilet, und das Kayserliche Ansehen bey den Böhmischen Standes-Herrn schon so sehr geschwächet, daß, wie der Graf Khevenhiller *T. VII. Annal. Ferdinand p.* 346. frey meldet, der Frau Obrist Cantzlerin Poplin von Lobwitz Ausspruch der Sache ein weit grösseres Gewicht geben kunte, obgleich der Ertzherzog sich so sehr demüthigte, daß er sie selbsten besuchte, dahero es denn, als es am nöthigsten war, an dem besten Nachdruck fehlete, und also der gantze Anschlag mißlung. Es hat zwar der Ertzherzog viele böse Nachreden erdulten müssen, weil sein Kriegs-Volck damahls in Böhmen so übel gehauset. Er bezeigte aber nachdem diese Gerechtigkeit, daß er dem Obrist Rome, der über dasselbe das Commando geführet, und demselben allen Muthwillen verstattet hatte, weil er sieben zum Frühmahl geladenen Adelichen Hauptleuten zu Budweiß, aus Argwohn, als ob sie hätten mit Königs Matthiä Trouppen accordiren wollen, unschuldiger Weise hatte enthaupten laßen, hinwiederum A. 1613. zu Anfang des Aprils den Kopff herunter schlagen ließ. Es hat bey dem Uberfall des Ratschins und der kleinen Seite von Prag jederman mit Erstaunen angesehen, wie sehr sich dabey der Ertzherzog in das gröste Feuer gewaget, und daß absonderlich, als er die alte Stadt von dem Rathschin mit 14. Stucken beschießen laßen, und er daben sich auf des Kaysers gar lieben Pferde, Resta in casa genandt, tapfer herum getummelt/ ihm mehr als eine aus der alten Stadt abgeschoßene Kugel vor den Kopff vorbey gesauset.

Nachdem ist er mit K. Matthia und seinem Bruder Ertzherzog Ferdinand aufs beste wieder vertragen worden, der ihn auch/ als er A. 1619. nach Franckfurth zu der Kayserl. Wahl verreiset, die Landes Regierung aufgetragen, und in Wien indessen zu verbleiben verordnet/ da er dann nicht nur die ohnedem sehr schwürige Burgerschafft daselbst, wegen der damahligen gefährlichen Läuffte, entwaffnet, sondern auch die Mährischen Stände, als sie sich des Regiments unbefugt unterfangen, zu schuldigen Gehorsam und Beobachtung ihrer pflichtmässigen Unterthänigkeit in Schreiben ernstlich angewiesen. Als der Kayser wieder zurück nach Wien gekommen, und in der umliegenden Gegend viele feindl. Völcker herum schwermeten, schlug er sich nicht ohne grosse Gefahr mitten durch sie durch, und erreichte glücklich Passau. Darauf ernandte ihn der Kayser noch selbiges Jahr zum Gubernator in Tyrol und denen Vorländern, und wie A. 1621. der Krieg wegen Valtelin mit den Graubündtern angieng, eroberte er, in gröster Geschwindigkeit, und ohne einiges Blutvergiessen/ Bretigau, Meyenfeld, Ober- und Unter Engadin, Münsterthal, Chur, Ober-Chiavenna, führte die vertriebene Catholische Religion überall wieder ein, und behielte die eingenommene Oerter so lange besetzt, biß durch gütliche Unterhaltung alle entstandene Streitigkeit abgethan wurde.

Bey

Bey den ausgebrochenen dreyssigjährigen Kriege hat er sich A. 1622. den aus der Rhein-Pfaltz in Elsaß einbrechenden Grafen von Mansfeld mit seinen daselbst zusammengebrachten Kriegs-Volck äusserst wiedersetzet, wozu ihn der König in Spanien aus Mayland 4000. Mann zu Fuß mit 400. zu Roß zu Hülffe gesendet, mit welchen er im May Hagenau/ anfangs zwar vergeblich belagert, jedoch darauf im Junio diese Stadt, nebst Weissenburg, Landau, Speyer, Seltz, Hagenbach und Germersheim eindekommen, und dem Mansfelder nebst den Halberstädter aus selbiger Gegend gäntzlich vertrieben.

Als durch Absterben Ertzherzog Ferdinands in Tyrol A. 1595. und Ertzherzog Albrechts A. 1621. so wohl die Maximilianische/ als Ferdinandische/ Linie im Ertzhause Oesterreich verloschen, und dero Lands-Portiones an K. Ferdinanden II. und an seine Brüder, die Ertzhertzoge, Leopolden/ und Carln, zurück gefallen waren, so verglichen sie sich A. 1623. den 19. Nov. am heiligen Leopolds-Tag/ bey einer Zusammenkunfft in Wien, zu einer Freund-Brüderlichen Theilung folgender Gestalt, daß erstlich Ertzherzog Leopolden nicht allein der ohne das bey den Ober und Vorder Oesterreichisen Landen gebührende dritte Theil, sondern auch derjenige dritte Theil an selbigen, welchen der jüngste Bruder Ertzherzog Carl Kayser Ferdinanden, unter gewissen Conditionen, völlig cedirt hatte, eigenthumlich verblieb, und zum andern Kayser Ferdinand, den daran selbst angehörigen und gebührenden dritten Theil demselben ihm auch/ aus Brüderl. wohlgemeinter Affection, zur Administration auf Lebens lang überliesse. Dagegen liesse Ertzherzog Leopold dafür alle seine aus den Königreichen Ungarn und Böhmen, wie auch aus Oesterreich ob und unter der Enß, prætendirte jährl. Deputata und Assignationes allerdings fallen und schwinden; daraus also zu ersehen, warum derselbe auf seinen Thalern den Tittel eines GUBERNATORIS ANTERIORUM PROVINCIARUM S C M. führet. Der Kayser bestimmete dabey, auf die einkommende Relationes, die Theilung; die Wahl und Erkiesung aber der Ihm zukommenden drittheile that Ertzherzog Leopold.

Hierauf entschloße sich derselbe A. 1625. den geistlichen Stand aufzugeben und sich zu vermählen. Der Kayser sahe aber solches nicht gerne/ und gab dahero seinem Bothschaffter an dem Königl. Spanischen Hofe, dem Grafen von Khevenhiller, geheimen Befehl, die von dem Ertzherzog bey dem König von Spanien hiezu gesuchte Einwilligung zu verhindern, und es dahin zu bringen, daß der König dem Ertzherzog das Portugiesische Guberno überliesse. Weil aber der Spanische Bothschaffter am Kayserl. Hofe, Balthasar de Zuninga, demselben so herrliche Qualitäten beygelegt hatte, daß er leichte das ihm anvertraute Königreich an sich ziehen könte, so wurde des Kaysers Verlangen nicht erfüllet, obwohl der König in Spanien sein Mißvergnügen über die Theilung der Oesterreichischen Länder bezeigte, und lieber gesehen hätte, daß sie alle zusammen bey den Oesterreichischen Majorat geblieben wären. Wegen Erlangung der Päbstl. Dispensation zu Abtrettung der Bisthümer verfügte sich der Ertzherzog im bemeldten Jahr selbsten nach Rom, und ward von dem Pabst in den Vaticanischen Pallast aufgenommen. Wann er von den Pabst zu Gaste geladen ward, so speiste er auf einem andern Tisch zu nächst an der Päbstl. Tafel. Von Rom schickte er seinen geheimen Rath, und Statthalter der vordern Oesterreichischen Länder, Conraden/ Freyherrn von Bemelberg, mit gnugsamer Gewalt nach Florentz, und ließ die Heyrath mit der zwey und zwantzig jährigen Printzessin, Claudia de Medices, des Großherzog Ferdinands mit Christina Hertzogin von Lothringen erzeugten jüngsten Tochter, und des letzten Erb-Printzens von Urbino Witwe/ schliessen. Das Beylager erfolgte A. 1626. den 19. Aprilis zu Inspruck, woselbst er auch nachdem beständig residiret, und befanden sich bey selbigem allein 150. Grafen und Herren. Er erzeugte mit selbiger 2. Ertzherzoge, und drey Ertzhertzoginnen; und war die A. 1676. verstorbene Kayserin Claudia Felicitas, K. Leopolds andere Gemahlin, seine Enckelin, von seinen ältern Sohn Ferdinand Carln, und auch die letzte der von ihm wieder angefangenen Tyrolischen Linie. Er empfieng erstlich A. 1631. das goldne Vlüeß, und starb an einem langwierigen Catharr A. 1633. den 3. Septembris, im 47. Jahr seines Alters, zu Inspruck, woselbst er auch begraben liegt.

Er ist ein sehr magnifiquer Herr gewesen, der vieles auf allerhand Pracht, als Ritter-Spiele, Ballette, Panquete, und andern Fürstlichen Splendeur verwendet. Wie er dann auch viele schöne Thaler hat müntzen lassen von allerhand Gepräge/ davon auch drey Sorten von A. 1620, 21, und 32. in Mellens *Sylloge nummor. uncial. Impp. & Archiduc. Austriæ p.* 176. 178. & 180. zu sehen. Vid. Khevenhiller *in Annal. Ferd. ad.* cit. *aa.* & P. I. der Conterfet p. 89. Lundorp. *in Sledano contin* &c. Theatr. Europ. *ad h.* *l.* Guilliman. de Episcop. Argentorat.

Der Wöchentlichen
Historischen Müntz-Belustigung
37. Stück. den 12. September 1731.

Ein Thaler von dem Römischen, Ungarischen und Böhmischen König Ferdinand I. mit dem sonderbahren Tittel eines Ertzherzogs in Kärnthen.

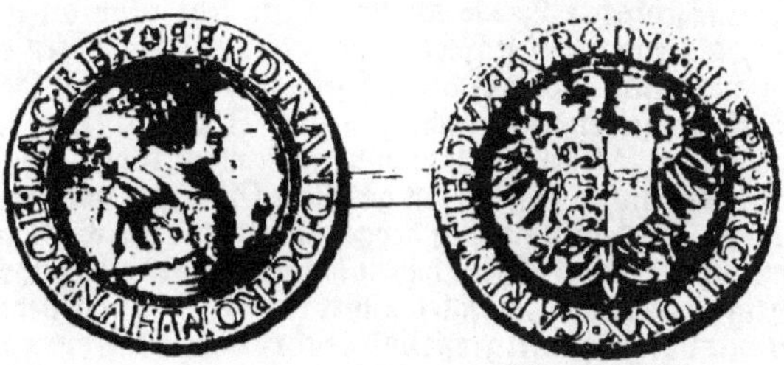

I. Beschreibung desselben.

Auf der ersten Seite stehet K. Ferdinands I. gekröntes und geharnischtes Bildnüß mit gantz jungen Gesichte, im lincks sehenden Profil, biß am halben Leib, in der rechten Hand den Scepter, und mit der lincken das angegürtete Schwerd haltend, mit der Umschrifft: FERDINAND. us D. G. ROM. anorum, HVN. gariæ, BOE. miæ. DAC. iæ. REX. d. i. Ferdinand/ von GOttes Gnaden Römischer, in Ungarn, Böhmen/ und Dacien, König.

Auf der andern Seite erscheinet der einköpffigte Römische Reichs-Adler, und hat auf der Brust einen gespaltenen Schild, in welchem zur rechten sich das Wappen von Kärnthen, und zur lincken das Wappen von Oesterreich befindet. Die Umschrifft setzet den auf der ersten Seite angefangenen Tittel also fort: INF. ans. HISPA. niæ ARCHIDVX. CARINTIE. DVX. BVR. gundiæ. d. i. Infant von Spanien/ Ertzherzog in Kärnthen/ Herzog in Burgund.

2. Historische Erklärung.

Es werden viele dencken, daß eben an diesem Thaler nichts sonderbahres zu sehen sey, dahero sie auch dergleichen gar vielmahls ausgegeben hätten, mithin hätte ich wohl damit zu Hause bleiben können. Ja einige werden gar Anlaß nehmen zu muthmassen, daß es mit dem Müntz-Vorrath, zu dieser wöchentl. Müntz-Belustigung nunmehro gar schlecht-aussehen müsse, weil ich mit einem solchen gemeinen Thaler endlich aufgezogen käme. Alleine ich hege von demselben ganz andere Gedancken. Ich gebe zu, daß König Ferdinands Thaler mehr und öffters durch die Hände gehen, als andere; und daß auch von diesem Thaler das Gepräge eine schlechte Parade mache. Ich sehe aber diesen Thaler hier nicht an, als einen blosen Ferdinands-Thaler; ingleichen richte ich meine Augen auch nicht bloß auf die auf selbigem stehende Bilder. So bringe ich auch denselben nicht deswegen zum Vorschein, weil ich etwan Mangel an Thalern, Medaillen, und andern Müntzen litte. So arm bin ich GOtt Lob! noch nicht. Sondern göttliche Güte, die mir Lebenslang in allen meinem Vorhaben gnädig beygestanden, und die, wenn mich auch andere daran auf allerhand Weise haben hindern wollen, mir doch allenthalben mächtig fortgeholffen, eröffnet immer einen Schatz nach dem andern, und erwecket mir überall so viel große und reiche Müntz-Patronen, daß auch diejenigen, so anfangs gar sehre an sich gehalten, sich nunmehro so milde, gütig, und willfährig bezeigen, daß ich gleich auf einmahl sechzig der schönsten, und noch niemahls illustrirten Thaler, und wol noch eine grössere Anzahl von allerhand schönen Medaillen, und anderen merckwürdigen Münzen könte ins Kupffer bringen lassen, wann nur die historische Erklärung dazu auch so bald fertig wäre, und andere wichtigere Geschäffte es zuliessen, die auch ihre Ausführung verlangten. Es gehet aber mein Haupt-Absehen bey diesem Thaler auf den darauf befindlichen Tittel eines Ertzherzogs in Kärnthen, wie ich allbereit in der Rubric dieses Bogens angezeiget. Nun ist zwar auch in Jacobs von Mellen offt belobter *Sylloge nummor. uncial. Impp. & Archiduc. Austr. p.* 60. unter K. Ferdinands I. Thalern n. VIII. ein 72. Kreutzerstück, mit dergleichen Tittulatur, zu finden, welchem eine kurtze Illustration beygefüget; Ich will aber noch ein wenig genauer den Grund dieses Tittels untersuchen, und kürtzlich zeigen, wie derselbe sey auf- und ab-gekommen.

Des löblichen Landes Kärnthen autorisirter Geschicht-Schreiber, Hieronymus Megilerus, behauptet in seinen *Annalibus Carinthiæ T. I. Lib. VI.*

c. 14.

c. 14. und 93. daß selbiges Land Kayser Carl der grosse, wegen der grossen Treue und Tapfferkeit, so desselben Einwohner im Kriege gegen die Hunnen erwiesen, A. 791. zu einem Ertzherzogthum erhöhet, und gemacht habe, daß es sich dieses Tittels, und aller der beygefügten Freyheiten, zu ewigen Zeiten, gebrauchen könne, worauf auch alsobald Ingvon, ein edler Fränckischer Herr, zum ersten Ertzherzog zu Kärnthen von ihm sey investiret worden. Weil Lazius in seinen geschriebenen Collectaneis dafür gehalten, daß Kärnthen des Tittels eines Ertzherzogthums, durch Herzogs Conrads gegen seinen Schwäher K. Otten I. A. 955. erregte Empörung, wiederum wäre gänzlich beraubet worden, so behauptet er dagegen, daß weil dieser Tittel dem Lande, und nicht dem Fürsten, eigenthumlich gegeben worden, so wäre solcher dem Lande geblieben, obgleich Herzog Conrad des Lands entsetzet worden, zumahl da das unschuldige Land seines übeln Fürstens Mißhandlung nicht hätte können oder sollen entgelten. Daß auch demselben der Tittel eines Ertzherzogthums nicht sey genommen worden, sondern dasselbe solchen biß auf unsere Zeit erhalten habe, will er vornehmlich aus vorhandenen unzehlichen Schrifften und Urkunden von vielen Kaysern und Erzherzogen zu Oesterreich erweisen, in welchen Kärnthen zu mehrmalen ein Ertzherzogthum genennet worden. Er berufft sich insonderheit auf etliche in der Lands-Handveste von Kärnthen befindliche Diplomata von Ernesto Ferreo, Herzogen zu Oesterreich von A. 1414. und K. Friderico III. von A. 1444. in welchen dieser Tittel eher noch von Kärnthen vorkommt, als er A. 1453. von gedachten Kayser Oesterreich solenniter verliehen worden. Er scheinet dahero fast des Jacob Spiegels Meynung beyzupflichten, daß von den alten abgegangenen Ertzherzogen in Kärnthen die Herzoge in Oesterreich sich den Erzherzogl. Tittel zugeeignet hätten.

Mich bedüncket aber, Megiserus eigne mit sehr schwachen Gründen dem Lande Kärnthen einen so alten Tittel zu. Denn in welchem bewährten alten Geschichtschreiber von dem Leben und Thaten K. Carls des grossens wird dann des Fränckischen Herrns, Ingvons, gedacht? und wo stehts geschrieben, daß ihn gedachter Kayser zum Ertzherzog von Kärnthen erkläret. Megiserus antwortet: Ich habe solches in einem alten Kärntherischen Verzeichnüß gelesen. Ich versetze dargegen: das ist mir nicht gnug Beweises, denn wie alt ist dieses Verzeichnüs gewesen, und wer hat es verfertiget? Man trägt fast von allen Ländern und grossen Städten ein Hauffen alter Chronicken herum, in welchen vieles einfältiges Zeug zusammen geschmieret. Wer wolte demnach alles für wahr halten, was darinne vorkomt? Die Sache selbsten schicket sich auch nicht

 zu

zu den Zeiten dieses Kaysers. Megiserus sagt, daß nach Herzog Thassilons in Bayern Verstossung ins Closter der Francke Ingvon über Kärnthen sey vom Kayser gesetzet worden. Eginhard aber meldet *de vita Caroli M. cap. XI.* Tassilo ad regem vocatus, neque redire permissus, neque provincia, quam tenebat, ulterius Duci, sed Comitibus, ad regendum commissa est. d. i. Der zum König beruffene Thassilo, wurde nicht wieder heim gelaßen, so wurde auch sein Land weiters keinem Herzog, sondern Grafen, überlassen. Wann also nach der Absetzung Thassilonis Ingvon Kärnthen bekommen, daß zu desselben Landen gehöret, so hat er es als ein Graf, und nicht als ein Ertzherzog, erhalten. Der Kayser, der keinen Herzog mehr dulten wollen, hätte einen Ertzherzog machen sollen? das ist unglaublich. Es ist auch das Wort Ertzherzog, Archidux, in der Carolingischen Zeit unerhört. Man findet dasselbe zu erst in der alten Lebens-Beschreibung des Erzbischoffs zu Corlu, Brunonis, eines Bruders K. Ottens I. denn so stehet daselbst in Leibnit. *Scriptor. Brunsv. T. I. p. 279.* Fratrem suum Brunonem occidenti tutorem, & provisorem, &, ut ita dicam, Archiducem, in tam periculoso tempore misit. Der vortreffliche Chronographus, Sigebert von Gemblours nennet eben diesen Erzbischoff gar ad A. 959. Archiducem Lotharingiæ. Aelter wird man wohl dieses Wort nicht antreffen. Jedennoch ist es bey beeden Scribenten mehr eine Oratorische Expression, als daß es in dem Stylo Curiæ schon dazumahl wäre gebraucht worden, dieweil weder K. Otto seinen Bruder, noch dieser sich selbsten, jemahls einen Ertzherzog von Lothringen betittelt.

Ferner kan ich auch um deßwillen dem von Megisero ausgeglaubten alten Ritter, Ingvon, mit dem neurlich aufgesetzten Erzherzogl. Hut nicht passiren lassen, weil nach dem, so offt eines Herzogs in Kärnthen gedacht wird, derselbe nur als Dux Carenthanorum von den bewährtesten Historicis angeführet wird. So heisset auch Kärnthen niemahls ein Erzherzogthum, wann desselben in alten Documenten gedacht wird. Megiserus producirt selbsten Lib. VI. c. 55. ein von K. Carlmannen dem Closter Oßiach A. 879. gegebenes privilegium, in welchem Kärnthen nicht einmahl ein Herzogthum heisset. Niemand würde sich mit dem Erzherzoglichen Tittel mehr gebrüstet haben, als Arnolf, erwehnten K. Carlmanns unächter Sohn, der von seinem Vater Kärnthen als ein Erbgut bekommen hatte, als er Kayser Carln dem dicken die Teutsche Crone mit List und Gewalt entrisse, wann auf Kärnthen die Erzherzogliche Würde gehafftet hätte. Alleine so sagt von ihm ganz schlechtweg der alte Regino *ad A.* 880. Ludovicum Rex concessit Arnolpho Caranthanum, quod ei pater jam pridem concesserat, me, und Otto, Bischoff zu Freisingen, nennet Kärnthen nur ein Herzogthum, wann er eben diese Schenckung erzehlet *Lib. VI. Chronic. c. VII. p.* 122. Ludovicus Arnolpho Ducatum Carenthani cum castro Moseburk tradidit.

Aber was kan man denn zu den dreyen Urkunden Herzogs Ernstens zu Oesterreich von A. 1414. sagen, auf welche sich Megiserus beruffet? Meine Meynung deshalben ist, daß zwar so wohl ermeldten Herzogs zwey Lehn-Briefe, als die Confirmation über einer ersamen Landschafft des Herzogthums Kärnthen fürgebrachte Freyheiten und Lands-Handvesten, für ächte und unverwerffliche Schrifften zu achten, jedoch glaube ich, daß dieselben in dem prædicat des darinnen so offtgedachten **Ertzherzogthums** interpolirt seyn. Sie wurden A. 1610. gedruckt, da der Erzherzogliche Tittel in Oesterreich schon recipirt. Die Landschafft Kärnthen, die ebenfalls so grosse privilegia hatte, als Oesterreich, hegete die Meinung, und zwar mit Recht, wie gleich soll gesagt werden, daß sie eben so wohl den Erzherzoglichen Tittel annehmen könte, dahero geschahe es, daß man bey Copirung und Edirung gedachter Documenten für Herzogthum, Erzherzogthum schreiben und setzen ließ. Hätte Kärnthen den Tittel eines Erzherzogthums längst zuvor, und von den ältesten Zeiten her, gehabt, wie Megiserus vorgibt, so würden die Römischen Kayser solchen auch demselben in ihren diplomatibus beygelegt haben; das ist aber niemahls geschehen. In K. Rudolfs I. für Graf Meinharden zu Tyrol Lehnbrief von A. 1286. stehet: quatenus Principatum sive Ducatum terræ Carinthiæ, quo ipsos investivisse recolligimus &c. Ingleichen in K. Ludwigs aus Bayern Lehnbrief von A. 1335: daß wir unsern lieben Oheimb - - verlieben habend das **Hertzogthum** zu Kärnthen. K. Friedrich III. schreibet sich selbsten noch in der Confirmation gedachter Handveste seines Vatters, Herzog Ernstens, von A. 1443. nur einen **Hertzog** zu Oesterreich / zu Steyer / zu Kärnthen, 2c.

Es kan also der Ertzherzogliche Tittel des Herzogthums Kärnthen unmöglich älter seyn, als das Privilegium K. Friederichs III. von A. 1453. durch welches Kärnthen, Steyer, und Crain nicht minder, als Oesterreich, desselben theilhafftig geworden. Denn so lauten die Worte desselben; „Wir wollen, meynen, und setzen, auch von der obberührten „ unserer Römischen Kayserl. Macht, ernstlich und vestiglich gebietend, daß „ die bemeldten Fürsten unsers Haus Oesterreich, und unser, und ihre „ Erben und Nachkommen, die die Fürstenthum, Steyer, Kärnthen „ und Crain, je zu Zeiten inne haben und regieren werden, nun hinführo „ **Ertzherzogen** genennt und geheissen, dabey ewiglich bleiben, und „

„, von unsern Nachkommen am Reich, und allen andern Churfürsten, und „, Fürsten / also genennt und geheissen, und dafür gehalten werden sollen. Es haben dahero nachdem die Oesterreichischen Ertzherzoge ihren Tittel also geführet / als gedachter Kayser Friedrich in dem Privilegio, von A. 1470. daß die Grafen von Leiningen von der Jurisdiction des Kayserl. Hof-Gerichts zu Rothweil und andern Landgerichten eximirt seyn sollen: Ertzherzog zu Oesterreich, zu Steyer, zu Kärnthen, zu Crain, Herr der Wendischen Marck / und zu Portenau / Graf zu Habspurg / zu Tyrol. Jngleichen dessen Bruder Albrecht, und Vetter Sigismund, in verschiedenen Briefen von A. 1462, und 88. Kayser Maximilian nahm aber die erste Veränderung vor, und trennete, durch den eingeschalteten Tittel eines Herzogs von Burgund, Lothringen, und zu Brabant, von dem Tittel eines Ertzherzogs zu Oesterreich die sonst gleich auf Oesterreich folgende Länder, Steyer, Kärnthen, und Crain, wie aus dessen Diplomatibus zu sehen, die alleine in der Lands-Handvest des löbl. Erzherzogthums Kärnthen p. 28, 33. vorkommen, nehmlich: Wir *Maximilian* von GOttes Gnaden Römischer König / zu allen Zeiten Mehrer des Reichs rc. Ertzherzog zu Oesterreich / Herzog zu Burgund, zu Lothrick / zu Braband / zu Steyer / zu Kärndten / zu Crain, zu Lützenburg / und zu Geldern / Grafe zu Flandern / zu Habspurg / zu Tyrol / rc. Denn weil die mit seiner Gemahlin Maria erhaltenen Herzogthümer Burgund und Brabant ebenfalls von großer Würdigkeit waren, so setzte er sie in seinem Tittel gleich nach Oesterreich, und über Steyer, Kärnthen, und Crain. Weil die Lande, Burgund und Brabant, aber nur den Herzoglichen Tittel führeten, so wurde von den folgenden Landen Steyer, Kärnthen, und Crain, der mit Oesterreich vormals gemeinschafftlich gehabte Erzherzogliche Tittel nicht wiederholet, sondern nur der herzogliche continuiret, indem es sich nicht würde geschickt haben, wann Erzherzogthümer den Herzogthümern hätten nachstehen sollen; jedoch büsseten dieselbe durch diese Absonderung von Oesterreich, und Inserirung anderer Länder, ihr altes höheres Prædicat ein. K. Carl der V. gebrauchte sich eben des Tittels, wie sein Anherr. Jedoch nennet er noch in der Ratification der Erbhuldigung in Kärnthen, d. d. 25. Oct. A. 1520. daßelbe ein Erzherzogthum. Ja er leget in der unter eben diesem dato ausgefertigten Bestättigung aller verneuerten Freyheiten und Lands-Handvesten demselben solchen Tittel bey, da er doch seinen Bruder Ferdinanden nur einen Herzog zu Kärnthen nennet: denn so sagt er daselbst: Wir Carl der fünffte - bekennen - für uns auch den Durchlauchtigsten Fürsten, Herrn Ferdinanden / Erzherzogen zu Oester-

Oesterreich / Herzogen zu Steyer / Kärnthen und Crain / Infanten zu Hispanien / unsern lieben Bruder Als uns unser lieb getreue Dienst-Herrn / Ritter / Knecht / und die ganze Landschafft unsers Ertzhertzogthums Kärnthen glaubwürdig fürgebracht haben. rc.

Aus jetzt erzehlten ist also klar, daß der Ertzhertzogliche Tittel dem Lande Kärnthen allerdings aus K. Friedrichs III. angeführten Privilegio gebühre, und daß auch solcher, nach desselben Innhalt Kärnthen öffters und so lang sey gegeben worden, biß K. Maximilian seinen Tittel geändert und vermehret. Ob nun gleich auch seine beeden Enckel, Carl und Ferdinand, und alle Nachfolger desselben, gleiche Titulatur in ihren Diplomatibus beybehalten, und sich von Oesterreich nur alleine Ertzherzoge, von Kärnthen aber nur Herzoge, geschrieben haben; so hat doch K. Ferdinand I. in der der Landschafft Kärnthen A. 1521. gegebenen Müntz-Freyheit derselben befohlen, daß sie Ihm, auf ihren Müntzen einen Ertzhertzog zu Oesterreich und Kärnthen nennen solle. Zu mehrerer Erläuterung unsers Thalers will ich dieselbe gantz beyrücken:

Wir Ferdinandus von GOttes Gnaden / Printz in Hispanien, Ertzhertzog zu Oesterreich / Hertzog zu Burgund / Steyer / Kärnthen und Crain / rc. bekennen offentlich mit diesem Briefe / daß wir unserer ersamen Landschafft in Kärnthen gnädiglichen vergönnt und erlaubet haben, vergönnen und erlauben auch hiemit wissentlich, in Krafft dits unsers Brieses / also daß sie hinfüro / biß auf unser Wolgefallen / an unser Statt / von der grossen Müntz biß auf die klain / nemlich Ducaten / Rheinisch Gülden, Leopolder einen auf 4. Kreutzer, 2. Kreutzer / Pfenning / und Heller / auf das Korn und Prob / wie unser lieber Herr und Anherr / Kay. Maximilian rc. hochlöblicher Gedächtnüß, die Ordnung in seiner Kay. Maj. Müntz-Haus zu Wien aufgericht / müntzen, und auf die Ducaten, Gülden, Leopolder / und zwey Kreutzer / auf der einen Seiten / unser erbliche Wappen / so wie bey einander gewondlichen / in einem Schild führen / und auf der andern Seiten den Schild in Kärnthen / und auf die Pfenning und Heller / den Oesterreichischen Schild schlagen / und die Schrifft drauf machen lassen, also lautend: *FERDINANDVS, DEI GRATIA, PRINCEPS HISPANIARVM, ARCHIDVX AVSTRIÆ ET CARINTHIÆ:* und in solchen Müntzen treulich handlen / auch bey den Müntzen bestellen, und darob seyn / daß dieselbe Müntz fleissig gemacht werde / und sonst in solchem allen / was die Müntz betrifft / fleissiglichen handeln sollen: inmassen sich zu thun gebühret / ohn geferde / mit Urkund dits Briefs / geben in unser Stadt Grätz am 12. Tag Monaths Julii/ nach Christi unsers lieben HErrn Geburt/ im funffzehen hundert und im ain und zwanzigsten Jahr,

Ferdinandus.

Ad mandatum seren. Domini
Principis Archiducis proprium
Gabriel Salamanca.

Nach diesem Privilegio ist um so mehr zu verwundern, daß auf unsern Thaler die Landschafft Kärnthen so gar auch Oesterreich bey K. Ferdinands Tittel in der Umschrifft weggelassen hat. So ist auch in selbiger, wieder Gewonheit, der Ertzherzog zu Kärnthen über den Herzog zu Burgund gesetzt.

Auf dem Revers eines andern Thalers vom K. Ferdinand I. stehen sieben Wappen-Schilder, davon das mittelste von Kärnthen, das oberste vom Römischen Reich, und das unterste von Crain, darneben zur rechten Seite stehen übereinander die Schilder von Ungarn und Oesterreich, und zur lincken von Böhmen und Steyer, mit der Umschrifft: ARCHIDVX AVST.riæ ET. CARINT.hiæ. D.ux.STIRIÆ CARNI.olæ. d. i. Ertzherzog zu Oesterreich und zu Kärnthen/ Herzog in Steyer/ Crain rc. die Abbildung von diesem gantz sonderbahren Thaler soll auf einem Supplement-Bogen künftig folgen, weil er mir jetzo zu spåth zu Gesicht gekommen. Die Landschafft Kärnthen hat sich auf demselben die Ehre angethan, daß sie ihr Wappen in dem mittelsten und honorablesten Platz gesetzet; und dasselbe mit dem Ertzherzoglichen Hut ganz allein bedecket, da die andern 5. Schilder von Ungarn, Böhmen, Oesterreich, Steyer und Crain ohne dergleichen Zierde erscheinen. Sie hat auch eine so grosse Eyffersucht wegen des Ertzherzoglichen Tittels bezeiget, daß sie sich nur und Oesterreich denselben beygeleget, hingegen Steyer und Crain davon ausgeschloßen, und Herzogthümer betittelt, da doch, nach obangeführten Kayserl. Privilegio, und der alten Observanz, vor den Zeiten K. Maximilians, von Steyer und Crain die Ertzherzogliche Benennung ebenfalls ist gebraucht worden.

Jedermann wird nunmehro erkennen, daß unser Thaler nicht so geringschätzig sey, als man wohl geglaubet habe, sondern daß er allerdings zu Bestärckung der Hoheit und Vorzugs des Landes Kärnthen gar sehr diene.

Ubrigens bin ich doch der Meynung des Jesuiten Reiffenstuhls, der in *Germania Austriaca p.* 68. schreibet: Certissimum est, prærogativam hujus tituli hac tempestate obsolevisse, cum in nullo Cæsareo diplomate peculiaris hic Archiducis titulus, intuitu Carinthiæ, usurpetur.

Der Wöchentlichen
Historischen Müntz-Belustigung
38. Stück. den 19. September 1731.

Ein Thaler von Carln, Hertzogen von Südermannland in Schweden von A. 1595.

I. Beschreibung desselben.

Die erste Seite zeiget des Herzogs geharnischtes Bildnüß im halben Leib, und bloßen Haupte, im lincks sehenden Profil, mit vor sich stehenden und von der lincken Hand gehaltenen Helm. Umher ist dessen Tittel: CAROLVS. D. G. HÆRED. itarius PRIN. ceps SVETIÆ. DVX. SVD. ermanniæ. d. i. Carl, von GOttes Gnaden Erb-Printz von Schweden, Herzog in Südermannland.

Auf der andern Seite stehet deßen von einer offnen Krone bedecktes, und von einem Löwen und Greiffen gehaltenes, Wappen von fünff Feldern, mit einem Mittelschild. Im ersten Feld ist des Wappen von Schweden, im andern von Gothland, im dritten von Sudermannland, nehmlich ein aufgerichter schwartzer Greif im goldnen Feld, im vierdten von Nericien, als zwey übereinander Creutz-weiß gelegte Pfeile im silbern Feld, mit vier rothen Rosen in Winckeln besetzt; und im fünfften von Wermeland, ein einfacher Adler. Der Mittelschild enthält das Wappen des Hauses Wasa. Unten befindet sich die Zahl 95. und umher der Spruch: DEVS. SOLATIVM. MEVM. d. i. GOtt, mein Trost.

2. Historische Erklärung.

Es ist weder in des Lehmanns Hamburgischen Historischen Remarquen, noch in der darauf folgenden Hamburgischen Thaler-Collection von 108 Stücken, ein Thaler von K. Carln IX. in Schweden anzutreffen; so sind auch in des Herrn Lilienthals vermehrten auserlesenen Thaler-Cabinet in der IX. Classe n. 105. 106. und 107. nur drey Stücke angezeiget worden, dahero es keine überflüssige Arbeit seyn wird, wann ich auch einen Thaler von diesem vortrefflichen, und um Schweden so hoch verdienten Könige anführe, und zwar einen weit ältern, als Herr Lilienthal besitzet.

Es war K. Carl IX. des grossen Königs Gustavs Wasä sechster und allerjüngster Sohn, und zwar von seiner andern Gemahlin, Margaretha, der fünffte. Diese war eine Tochter Erich Abrahamsons von Leyonhufwud / oder Lewenhaupt, Ritters, Reichs - Raths und Statthalters in West-Gothland, und der Ebbä Wasä, welche er sich nach A. 1535. den 23. Sept. erfolgten Absterben der ersten Gemahlin Catharinä, einer gebohrnen Herzogin von Mecklenburg, und Mutter des ältesten Sohnes K. Erichs XIV. in Stockholm A. 1536. den 1. Octobris ehlich beygeleget, den 6. Tag besagten Monaths zu Upsal krönen lassen, und nach einer fruchtbahren Ehe von 10. Kindern, als fünff Söhnen, und eben so viel Töchtern, A. 1551. den 16. Augusti, im drey und dreyssigsten Jahr ihres Alters, und 15. des Ehestands / durch den Tod verlohr. Auf ihrem Grabmahl zu Upsal wird folgender Lobspruch von Ihr gelesen:

Hic quoque Gostavi conjunx jacet altera Regis,
MARGARIS, ætatis gemma nitorque suæ;
Quæ genus ex veteri deduxit stirpe *Leonum*,
quæ *capita* in clypeo non sine laude gerit;
Cujus in illustri formosa modestia vultu,
& pudor & probitas, fulsit & alma fides.
Quæ sermone gravis, misero non dura clienti,
pauperibus columen præsidiumque fuit.
Quæ dilecta viro, & patriæ fœcunda saluti
bis quater est thalami pignore facta parens,
Tres siquidem natos, & natas quinque reliquit,
pro quorum in cœlo vota salute facit.

Nach

Nach dieser Grabschrifft hätte die Königin Margaretha nur acht Kinder, nehmlich drey Söhne und fünff Töchter zur Welt gebracht: alleine es werden zwey in der Kindheit verstorbene Söhne von dem Verfasser derselben nicht mit gezehlet. Denn Loccenius, Chythræus, Ornhielm, und Peringskiöld führen diese Reihe-Kinder von Ihr an:

1. Johannes III. König in Schweden, gebohren zu Steckeborg in Ost-Gothland A. 1537. den 21. Decembris.
2. *Catharina*, gebohren zu Stockholm A. 1539. den 6. Januarii, ward mit Ezarden, Grafen von Ost-Frießland, vermählt A. 1558. den 1. Octobris.
3. *Cæcilia*, gebohren zu Stockholm A. 1540. den 6. Nov. ward A. 1564. den 11. Novembris, eine Gemahlin Christophs, Marggrafens zu Baden, und starb A. 1627.
4. *Magnus*, gebohren A. 1542. den 25. Julii, Fürst in Ost-Gothland, starb A. 1595. d. 20. Jun. in Blödsinnigkeit zu Konungsbrog.
5. Stero/ gebohren A. 1544. und gestorben A. 1549.
6. Anna, gebohren A. 1545. den 18. Junii, ward vermählt A. 1563. den 26. Oct. an Georgium Johannem, Pfaltz-Grafen bey Rhein zu Veldentz, und starb A. 1610. den 3. Martii.
7. Carl, gebohren und gestorben A. 1546.
8. *Sobia*, gebohren A. 1547. den 29. Oct. ward eine Gemahlin Magni. III. Herzogs zu Sachsen-Lauenburg A. 1568. den 4. Julii, und starb A. 1591.
9. Elisabeth, gebohren A. 1549. ward mit Herzog Christophen zu Mecklenburg verehliget A. 1581. und starb A. 1597. den 19. Nov.

Das zehende und letzte Kind war demnach Carl, nachmals der neundte dieses Namens unter den Königen in Schweden, welcher das Licht dieser Welt zu erst erblicket A. 1550. den 4. Octobris. Der Vater hinterließ Ihm in seinem A. 1559. auf dem Reichs-Tag bestättigten Testament, Sudermannland, Nericien, und Wermland, als ein Herzog zu regieren, der zwar die landsherrliche Hoheit hätte, jedoch lehnbahr von der Kron Schweden bliebe, in dessen allgemeinen Reichs-Angelegenheiten nichts vor sich nach eigenen Gutdüncken vornähme, und nichts von den eingeraumten Landen verpfändete oder veräuserte; wie dann auch, wann er ohne Männliche Nachkommenschafft absterben solte, gedachte Provinzien den nächsten Anverwandten zufallen solten. Unter gleichen Bedingungen hatte der ältere Bruder, Johannes, Finnland, und der nachfolgende, Magnus, Ost-Gothland, auch von dem Vater empfangen; dem ältesten Bruder, Erich/ aber blieb das Königreich.

Nach des Vatters K. Gustavs Tod aber verfuhr K. Erich gar übel mit seinen Brüdern. Er räumete zwar den beeden ältern, Johanni und Magno, ihre Länder ein, jedoch weil der grosse Neid ein nicht kleines Mißtrauen gegen sie erregte, musten sie zuvor auf dem Reichs-Tag zu Arboga A. 1561. den 14 Aprilis folgende Puncten eingehen, wodurch ihre Gewalt sehr eingeschränckt wurde:

1.) Welcher Fürst würde überwiesen werden, daß er dem König, oder deßen Kindern / am Leib und Leben bößlich nachgestellet, wann auch die That nicht erfolgt wäre, der solte sein Herzogthum und Erbrecht zum Königreich verlohren haben.

2.) Die Unterthanen in dem Herzogthum solten alleine dem König huldigen, jedoch unbeschadet der dem Herzog gebührenden Steuern; wer anders schwöhren würde, der solte um Leben und Güter kommen.

3.) Wann jemand, wes Standes und Würden er auch seyn möchte, wieder den König etwas heimlich oder öffentlich vornähme, den solte der Königl. Amtmann feste setzen können, ohne daß der Herzog was dagegen zu reden hätte.

4.) Der Fürst, welcher in Unterhaltung der ihm zugetheilten Manschafft nachlässig sich erzeigte, oder ein wenigere Anzahl Soldaten hätte, als des Reichs und der Läuffte Nothwendigkeit erforderte, der solte eben der Strafe unterworffen seyn, als derjenige, der sich der Reichs-Kriegs-Dienste entzöge. Zu Friedens-Zeit solte er ein zulängliches Geld dafür zahlen. Hätte der Herzog keine Mittel Soldaten zu unterhalten, so wolte der König selbsten solche werben.

5.) Das Geleite eines an den Königl. Hof kommenden Fürstens, solte nicht stärcker, als hundert Pferde, seyn; das übrige Gefolg solte von dem Hofmeister zurücke gewiesen, und die Ungehorsamen solten nach Hof-Gesetzen bestrafet werden.

6.) Keinem Fürsten solte erlaubet seyn, eine Zusammenkunfft aller seiner Unterthanen anzustellen, und mit Auswärtigen Krieg zu führen, Frieden und Bündnüß zu schlüssen, ohne Vorbewust des Königes.

7.) Zu den ausserodentlichen Reichs-Schatzungen, solten die Herzoglichen Unterthanen das ihrige beytragen.

8.) Dieselben solten auch den Königl. Gebothen und Satzungen die Religion, den Ackerbau, die Schiffart, und Handlung betreffend, gehorchen.

9.) Kein Herzog solte die Gewalt haben Edelleuthe zu machen, Güter auf ewig weg zu geben, Ausländer in hohe Würden und Aemter zu setzen, Kron- oder Geistliche Güter an sich zu kauffen, wann er nicht zweymahl so viel von seinen Erbgütern verliehren wolle.

10.) Wel-

10.) Welcher Fürst Müntze schlagen würde, welche an Schrot und Korn mit der Königl. nicht übereinträfe, derselbe und seine Nachkommen solten das Müntz-Recht verlohren haben.

11.) Keinem Herzoge solte frey stehen den gesetzten Zoll zu erhöhen oder Bischöffe und Land-Richter zu setzen.

12.) Die Herzoge solten die Appellation der Unterthanen an den König nicht verwehren.

13.) Alle drey Jahr wolte der König in den Hertzogthümern ein Land-Gericht, welches nach allen zu fragen befugt wäre, halten lassen.

14.) Der König und seine Bediente solten in Reichs-Geschäfften einen freyen Durchzug und Fuhren durch die Herzogthümer haben, und alle Schlösser daselbst derselben offne Häuser seyn.

15.) Uber den in den Herzogthümern befindlichen Adel solten die Fürsten keine Gerichtbarkeit haben, noch auch jemand dulten, der etwas dem König oder seinen Unterthanen zuwieder gethan, oder ohne Urlaub aus Königl. Diensten getretten.

Ferner weigerte der König bey Theilung des hinterlassenen Vätterlichen Geldes sich die großen Summen abziehen zu lassen, welche auf seine Englische Brauterey vergeblich waren gewendet worden. So wolte er auch nicht von den Land-Gütern den Brüdern was zukommen lassen, weil sie der Geistlichkeit vormahls gehöret hätten, die solche von den Königen geschenckt bekommen, dahero sie nunmehro an die Krone zurück gefallen wären. Unser Carl muste sich wegen seiner Minderjährigkeit damahls alles gefallen lassen. Bey König Erichs Crönung den 29. Junii zu Upsal besagten Jahres, stand er nebst seinen zweyen Brüdern, Herzog Johanne und Herzog Magno, mit dem Herzogs-Hut auf dem Haupte, ganz demüthig vor dem Königl. Thron, und leistete mit selbigen zu erst die Huldigung. Nachdem bezeigte K. Erich mehr Liebe und Zuneigung gegen Ihn, als gegen seine andern Brüder, dahero er ihn gerne um sich hatte, und als er um die Königin Elisabeth zu heyrathen nach Engelland reisen wolte, A. 1561. mit sich zu Schiffe nahm. Als er den gefangen gesetzten ältern Bruder, Herzog Johannem in Finnland, des Reichs verlustig erkläret hatte, und der auf denselben folgende Herzog Magnus närrisch geworden, so wolte er ihn A. 1565. zu seinen Nachfolger im Reich von den Ständen erklären lassen, diese zuckten aber damahls noch die die Achseln dazu.

Bey der grossen Mißhelligkeit so zwischen K. Erichen und gedachten Herzog Johanne entstund, darüber dieser auch in ein Vierjähriges Gefängnüß gerieth, hielte es Herzog Carl zwar äusserlich mit dem König, jedoch bejammerte er heimlich gar sehre das grosse Unrecht, so mit solcher Gewalt demselben angethan wurde, dahero konte ihm nichts erfreulichers wiederfahren, als daß derselbe A. 1567 seine vorige Freyheit wieder erhielte. Wie bald darauf der König diesen seinen beeden Brüdern wiederum gar sehr gehässig wurde, und, um sie aus dem Reiche zu entfernen, ihnen ihre Schwedische Herzogthümer mit Liefländischen Ländereyen abtauschen wolte, Ihnen aber solche Verwechselung nicht anständig war, trachtete er, sie bey dem mit seiner bißherigen Concubine, Catharina, eines Trabanten-Corporals Tochter, den 4. Julii A. 1568. angesetzten Beylager hinzurichten, die Brüder hielten aber getreulich gegen diesen Wüterich zusammen, und stiessen ihn den 29. Septembris besagten Jahres vom Throne ins Gefängniß.

Weil Herzog Carl ein besserer Soldate war, als Herzog Johannes, und dahero auch von den Kriegs-Leuten höher, als dieser, geachtet wurde / so hatte er ihm versprochen, daß, wann er es mit ihm treulich in dem Kriege gegen K. Erichen halten würde, so wolte er ihn, wann die Sache glücklich ablauffen solte, zum Mitregenten machen. Es hatten die beede Brüder diese Versicherung einander unter einem Eichbaum in freyen Felde gegeben, dahero auch ihre Diener lange Zeit zum Andencken Eichenlaub auf den Hüten trugen. Als aber Johannes Meister von Stockholm war / so gedachte er gantz und gar nicht mehr an diese Abrede, sondern wolte seinen Bruder eben so hart halten / als wie er von K. Erichen war gehalten worden, dahero dann das Brüderliche gute Vernehmen gar balde aufhörete. Er räumte ihn zwar A. 1568. den 9. May die im Välterlichen Testament zugedachte Landschafften ein, jedoch behielte er sich die Oberherrschafft über selbige gäntzlich vor. Der gröste Wiederwillen zwischen beeden entstund, als König Johannes die Catholische Religion wieder einführen wolte, und von Herzog Carln verlangte, daß er seine Priesterschafft zu der vorgeschriebenen Liturgie der Schwedischen Kirche anhalten solte. Er gab ihm aber A. 1576. den 9. Martii zur Antwort / daß die Religions-Aenderung wieder den letzten Välterlichen Willen liesse, und also möchte er ihn mit dergleichen Zumuthen verschonen; wie denn auch die ihm beygethane Priesterschafft A. 1579. den 17. Sept. in einer Versammlung zu Nyköping sich zusammen verschwuhr, auf immer und ewig besagte Liturgie zu verwerffen, und der mit solcher List und Gewalt ins Reich eintringenden Catholischen Religion sich aufs äuserste zu wiedersetzen. Der König hingegen behauptete eifrigst, daß Ihm der Herzog mit seinen Landen auch in Religions-Sachen gäntzlich unterworffen wäre, und dahero sich gäntzlich nach seinem Willen und Befehlen zu richten, und absonderlich den allgemeinen Reichs-Tags-Schlüssen zu gehorchen hätte. Herzog Carl hatte sich bey dieser Religions-Unruhe Churfürst Ludwigs zu Pfaltz Tochter, Annam Mariam, A. 1579. ehelich beygeleget, welches K. Johanni auch nicht wohl gefiel, und dahero überall aussprengen ließ, es würde sein Bruder die damahls so sehr verhasten Calvinisten durch diese Heyrath ins Reich ziehen. Dieses geschahe zwar nicht, jedoch bekahm hierdurch Herzog Carl Gelegenheit, mit etlichen Teutschen Fürsten, und den Königen von Navarra, Engelland, und Dännemarck A. 1583. zu Heydelberg einen Bund zu Behauptung der Evangelischen Religion in Schweden zu schlüssen.

Alle diese Mißhelligkeiten brachen doch noch zur Zeit zu keinen Kriege aus, sintemal solchen so wohl die Königin, als des Herzogs Gemahlin aufs äuserste hintertrieben, und die beederseits erhitzten Gemüther immer zu besänfftigen suchten. Nachdem aber der König A. 1586. mit den Russen und Dänen Friede gemachet, so gieng er Herzog Carln schärffer zu Leibe, absonderlich als derselbe den Bischoff zu Streguetz ohne Königl. Einwilligung gesetzet hatte, und citirte ihn / da sie sich in der Güte durch die hin- und her-geschickte Gesandschafft mit einander nicht setzen konten, A. 1587. auf dem Reichs-Tag

nach

nach Wadstena zur Rechenschafft wegen seines bißherigen Unternehmens. Damit das gemeine Volck, welches Hertzog Carln sehr beygethan war, durch dessen Gerichts-Ladung nicht möchte auf ungleiche Gedancken gebracht werden, so befahl der König den Geistlichen demselben vorzutragen, daß es damit nur das Absehen habe, daß man dem Hertzog auf dem Reichs-Tag das Väterliche Testament erklären, und nach dessen Vorschrifft alle bißhero vorgefallene Streitigkeiten abthun wolle. Hertzog Carl gieng schwehr daran dem König zu trauen, indem er sich an dem Exempel K. Erichs spiegelte/ mit welchem derselbe gar unbarmhertzig umgegangen war, und ihn endlich gar hatte an einer Gifft-Suppe erwürgen lassen, und wolte dahero nicht erscheinen, sondern des Königes gewaltsamen Angriff erwarten. Ein alter Hauptmann aber machte ihm damit einen guten Muth, daß er ihn versicherte, daß die gantze Reichs-Armée sich vor ihn, und gegen den König, erklären würde, wann ihm das gegebene sichere Geleite nicht gehalten werden, und was widriges wiederfahren, solte. In der Zuversicht reisete er also getrost nach Wadstena, begab sich aber nicht in die Stadt, sondern hielte sich in einem nahe dabey gelegenen Dorffe auf. Die mit dem König gepflogene Unterhandlung lieff aber dahinaus, daß er sich zu dem Arbogischen Vertrag von A. 1561. von neuen verbinden, und den König aufs demüthigste wegen des bißhero vorgegangenen um Verzeihung bitten muste. Der König würde noch härter mit ihm verfahren seyn, woferne nicht die Hertzogin durch ihre Thränen und wehmüthiges Vorstellen dessen Zorn ziemlich gebrochen hätte. Wegen des Religions-Puncts schob der Hertzog alle Schuld auf die Geistlichkeit, und bath auch den König, daß er dießfalls alles auf einen Synodum möchte lassen ankommen; jedoch hatte er dabey keine Scheu, sich öffentlich zu erklären, daß er für seine Person nimmermehr von dem Augspurgischen Glaubens-Bekäntnüß abweichen würde. Er stimmete auch nachgehends seine Geistlichkeit also, daß sie auf dem Synodo zu Stregneß gleicher Meinung mit ihm war, und von der aufgedrungenen Liturgie und Kirchen-Ordnung weder wissen/ noch hören, wolte, welches der König zwar als eine grosse Hartnäckigkeit und Widerspänstigkeit aufnahm, jedoch die deswegen gegen sie gefaste Ungnade nicht so gleich auslassen konte.

Denn noch eben selbigen Jahres ward K. Johannis damal eintziger Sohn, Sigismund/ wegen seiner Mutter, der Catharina Jagellonica, die ihn auch deswegen in der Catholischen Religion hatte erziehen lassen, zum König in Pohlen erwehlet, welche wichtige Sache dem König und gantz Schweden viel zu schaffen machete. Die Pohlen verlangten unter andern grossen Anforderungen vor diese Ehre, daß Schweden ihnen Esthland abtreten solte. Wie Hertzog Carl deswegen zu Rathe gezogen wurde, so wünschte er zwar seinem Vetter alles Glück zur erlangten Krone, zu der Höflichkeit aber gegen die Polacken wolte er sich nicht verstehen, daß er seine Einwilligung zu der so grob begehrten Cession von Esthland gegeben hätte. Er halff auch getreulich dazu, daß der aus Schweden gehende junge K. Sigismund dem Reichs-Rath eine so verbindliche Versicherung aushändigen muste/ die ihm hernach am allermeisten den Weg zum Schwedischen Thron bahnete.

Nachdem alles dieses vorbey war/ stürmete A. 1588. K. Johannes von neuen auf des Hertzogs Priesterschafft wegen seiner verworffenen Liturgie loß, und erklärte sie für Ketzer und Rebellen, welche er ächten wolte, wenn sie nicht bald anders Sinnes werden würde. Der Hertzog hegete sie aber, und versprach ihr allen Schutz/ dahero sie ihre Unschuld schrifftlich rettete, und dem König dabey nichts verschwieg. Dieser sahe wohl, daß dieselbe von dem Hertzog gesteiffet würde, dahero er gerne seinen Sohn aus Pohlen wieder daheim gehabt hätte, um alsdenn die Sache gantz anders anzugreiffen. Dieses gieng aber nicht an, obschon der König deswegen selbsten eine beschwehrliche Reise nach Reval that, um ihn von dar abzuhohlen, weil die Pohlen ihren König nicht von sich lassen, und die Schweden ihn auch selbsten nicht gerne wieder haben wolten.

Ob sich nun schon Hertzog Carl währender Abwesenheit des Königs gantz stille und ruhig gehalten hatte, so ward er doch von dem Fuchsschwäntzer, Hogenschild Bielcke, angegossen, als ob er indessen habe eine Empörung anrichten wollen. Wie aber dem Könige bey seiner Zurückkunfft das Gegentheil kund wurde, so kam er auf die Gedancken, daß der Sturische Anhang nach der Schwedischen Krone strebte, und dahero allerhand Mißhelligkeit in der Königl. Familie anzurichten trachtete, um im trüben fischen zu können. Man stieß demnach die beyden Bielcke, Hogenschild und Thure, den Erich Gustavson, und Gustav Banner, die von der Bande waren, ins Gefängniß, und würden sie haben die Köpfe lassen müssen, wann nicht Hertzog Carl selbsten auf das inständigste vor sie gebethen, doch musten sie biß nach des Königes Tod sitzen bleiben. Hingegen söhnte sich der König mit Hertzog Carln so vollkommen aus, daß er ihn zu seinen Reichs-Gehülffen annahm, und die harte Arbogische und Wadstenische Verbindung gäntzlich aufhub. Zu dieser hergestellten Brüderlichen Vertraulichkeit halff das meiste, daß Hertzog Carln von seiner verstorbenen ersten Gemahlin kein Sohn beym Leben blieben war, und er auch Mine machte, daß er keinesweges zur andern Ehe zu schreiten gesonnen wäre, dahero der König meinte, sein Sohn K. Sigismund in Pohlen, würde künfftig einen gantz unverfälschten Freund und Retter an demselben finden. Der Hertzog wurde jedoch darnach anders Sinnes, und vermählte sich A. 1592. den 27. Augusti mit der Holsteinischen Printzeßin Christina, womit er bald wiederum den Brey verschüttet hätte. K. Johannes lebte aber darauf nicht lange, sondern starb den 17. Novembris drauf.

König Sigismunds Stief-Bruder, Johannes, war dazumahl noch ein dreyjähriges unmündiges Herrlein, dahero auf Hertzog Carln, als den ältesten in dem Kön. Hause, die Reichs-Verwaltung so lange fiel, biß K. Sigismund selbsten ins Reich kommen, und andere Anordnung machen konte. Der Hertzog setzte sich bey den Grossen dadurch in Liebe und gutes Vertrauen, daß er obgedachte gefangene Magnaten so gleich loß ließ, und nichts ohne des Reichs-Raths Vorwissen vorzunehmen versprach. K. Sigismund bestätigte ihn selbst A. 1593. den 9. Jan. schrifftl. in der Würde, und wieß die Reichs-Räthe zu allen Respect gegen denselben an. Den 30. Sept. kam er selbsten nach Schweden, und wie er den Ständen in dem Religions-Punct keine Freyheit und Sicherheit versprechen wolte, so trugen einige Hertzog Carln die Krone an. Der weigerte sich aber solche anzunehmen, und versuchte selbsten den 7. Febr. in einer mündlichen Unterredung den König auf mildere Gedancken zu bringen. Sie verfielen aber dabey in so heftige Disputen, daß es zwischen ihnen zur Thätlichkeit gekommen wäre, wann nicht die umstehenden Cavalliere sie abgehalten hätten. K. Sigismund muste aber doch endlich nachgeben, sonst würde die Krönung den 19. Febr. nicht vor sich gegangen seyn. Wie er den 14. Julii wiederum nach Pohlen gieng, so bestellte er zwar wieder Hertzog Carln zum Regenten, jedoch unter einer solchen Vorschrifft, die den Ständen nicht anständig war: Dahero sie eine andere Regiments-Form machten, und den 22. Oct. A. 1595. auf dem wider Willen des Königes gehaltenen Reichs-Tag zu Südercöping ihn solenniter zum Reichs-Gouverneur bestelleten. Wie es weiter gegangen, soll in folgenden Bogen gemeldet werden, vid. Messenius in *Scondia illustrata T. VII. & XII.* Loccenius *hist. Svec. lib. VII.*

Der Wöchentlichen
Historischen Münz-Belustigung
39. Stück. den 26. September 1731.

Eine Klippe von Carln, Hertzogen in Südermannland von A. 1598.

1. Beschreibung derselben.

Die erste Seite enthält die drey Anfangs-Buchstaben von dem herzoglichen Tittel: C. D. S. d. i. CAROLVS. DVX. SVDERMANNIÆ unter einer Krone, darunter stehet der Werth der Klippe I. M. d. i. eine Mark.

Auf der andern Seite befindet sich die gekrönte Garbe, als das Wappen derer von Wasa, nebst der in die vier Winckel ausgetheilten Jahrzahl 1598.

In des Luckii *Sylloge Numismat. elegantior. p.* 377. ist die Abbildung von einer andern Klippe dieses Herzogs befindlich, auf deren ersten Seite stehet der Name Jehovah mit hebräischen Buchstaben in einem großen Glanze von vielen Strahlen, und sind in den vier Ecken die vier Zahlen von der Jahrzahl 1599. ausgetheilet. Auf der andern Seite ist die Korn-Garbe zwischen den zu beyden Seiten und unten gesetzten Buchstaben C. D. S. zu sehen.

2. Historische Erklärung.

Die Enge des Raums hat mich in den vorigem Bogen heissen die merckwürdige Geschichte Hertzog Carls in Südermannlane kurz zusammen fassen, und endlich gar abbrechen, dahero ich nun dieselbige bey Gelegenheit einer noch andern Münze von ihm anjetzo ausführlicher fortsetzen will.

Als der, zu Ubernehmung des Königreichs Schweden, aus Pohlen, auf einem zu Danzig gedüngten Schiffe, den 30. Sept. in Stockholm glücklich angelangte K. Sigismund in Pohlen sich sehr harte gegen seine neue Unterthanen bezeigte, und seinen Geistlichen und Pohlen in allen folgete, die ihm die schädliche Staats-Regel beybrachten, daß er in seinem Erbreich nach eigenen Belieben zu schalten und zu walten hätte, und sich nicht dürffe in der Regierung die Hände von den Ständen binden lassen, so führte sich anfangs Herzog Carl ganz unpartheyisch auf, und wolte es erstlich, so wol von dem König, als den Ständen, recht lassen an sich kommen, ehe er sich in ihr mißliches Spiel legte. Er empfieng also zwar den König, bey dem Aussteigen aus dem Schiffe, aufs demüthigste, er gieng aber gleich wieder heim nach Nyköping, und ließ sich die Zwistigkeiten eine weile ganz und gar nicht anfechten, die zwischen dem König und den Ständen entstanden. Dieweil diese jedoch versichert waren, daß der Herzog sich nicht von ihnen trennen würde / so behielten sie auch den Muth, nicht nur dem König alles abzuschlagen, was ihnen zu wieder war, sondern auch dasjenige auf das inständigste von demselben zu begehren, das ihm verdrießlich seyn konte.

Da sie nun, ohne einen Mittelsmann, mit dem König unmöglich zu vereinigen waren, so ersuchten sie endlich durch einige abgeschickte ansehnliche Männer Herzog Carln, er möchte nach Upsal kommen, und sich ihrer annehmen. Er that dieses den 19. Januarii 1594. zu erst schrifftlich, und bath den König um die Erfüllung des Versprechens, das er vor seiner Ankunfft gethan hätte, nehmlich den Ständen vor seiner Krönung alle ihre alte Rechte und Freyheiten, mit der freyen Religions-Ubung nach der Augspurgischen Confession, zu bestättigen, so würde viel übels dadurch verhütet werden. Der König nahm dieses Begehren des Herzogs gar nicht übel auf, sondern speisete ihn in der Antwort mit vieler Höflichkeit ab, wobey er ihn zugleich warnete, dem Reichs-Rath und Ständen nicht zu viel zu trauen, als die öffters mehr den Schaden, und so gar auch den Untergang, als den Nutzen und das Leben, und Wohlergehen der Königl. Familie gesucht hätten. Er verlangte auch, daß er sich möchte die Absetzung des Erz-Bischoffs Abrahams zu Upsal gefallen laßen. Herzog Carl war aber nicht gewohnet, sich ein Hälmlein durchs Maul ziehen zu lassen, dahero wiederlegte er in einem andern Schreiben des Königs Antwort auf das gründlichste, und machte Anstalt mit einer starken Anzahl guter Mannschafft zu Upsal zu erscheinen. Der König wolte auch mehr Volcks als seine Leib-Guarde mit sich dahin nehmen. Gustav Baner stellete aber dem König vor, daß es daselbst an Lebens-Mitteln für eine so große Menge Menschen fehlen würde, dahero endlich der König den 31. Januarii nur mit jener zu Upsal ankam,

kam, und Herzog Carl auch sein Volk etwas zurück hielte, und nur mit wenigen Gefolge den folgenden Tag daselbst eintraf. Das erste, so alsdann vorgieng, war K. Johannis solennes Leichen-Begängnüß. Viele Persohnen hatten dabey um das Königl. Grabmahl viele Blutstropffen wargenommen, und diese als eine Vorbedeutung angesehen, daß es wegen der Uneinigkeit zwischen K. Sigismund und Herzog Carln blutige Köpffe setzen würde. Nach dieser Cerimonie ließen die Stände, nach ihren Classen, ihre Anforderung wieder an den König gelangen, der sich darauf erklärte, daß wo er Ihnen zu willen seyn solte, so solten sie auch von der Gefälligkeit seyn, und angeloben, daß wann sie einen bessern Unterricht von der Catholischen Religion bekommen würden, sie auch künfftig dieselbe im Reiche dulten wolten. Wie dieses die Stände abschlugen, so weigerte sich auch der König, ihre Privilegia zu confirmiren. Es kam also dazu, wie ich allbereit in vorhergehenden Bogen angeführet, daß die Stände sich gar geneigt finden ließen mit Verwerffung K. Sigismunds entweder dessen jüngsten Bruder, unter Herzog Carls Vormundschafft, oder diesen, zum König auszuruffen. Herzog Carl wiederrieth aber diese Ubereilung, und redete selbsten den 7. Febr. dem König ernstlich zu, den Ständen ihr billiges Begehren zu gewähren, dabey es aber fast von Worten zum Streichen gekommen wäre; wann nicht die dazu kommende Hofleute alle Thätlichkeit unterbrochen, und wiederum eine Versöhnung unter ihnen gestifftet hätten.

Wie demnach der König nicht auf mildere Gedanken zu bringen war; so schloß Herzog Carl den 11. Febr. mit den Ständen ein Bündnüß zu Behauptung der Religions-Freyheit, und ließ seine Völker biß auf wenige Meilen gen Upsal anrücken. Die Stände stießen gegen die Pohlnischen Magnaten auch große Drohungen aus; dahero diese endlich, und der Päbstliche Nuntius, dem König sagten: Er solte sich nicht länger weigern den Ständen alles zu versprechen, was sie nur verlangten, indem er doch hernachmals nicht gehalten wäre, daßelbe zu erfüllen, dieweil er erstlich darzu gezwungen worden, und fürs andere solches wieder GOtt und sein Gewißen liefe. Der König folgete diesem Rath, worauf die Krönung den 15. Februarii ihren Fortgang hatte, dabey Herzog Carl demselben zu erst huldigte. Jacob Typotius meldet, daß auf Anstifften des Päbstlichen Nuntii und der Pohlnischen Herrn, Herzog Carl hätte sollen bey der Krönung gefangen genommen, und einige Reichs-Räthe durch die Pohlen mit Pfeilen erschoßen werden; es habe aber K. Sigismund dieses Vorhaben höchstens gemißbilliget. Messenius und Loccenius hingegen erzehlen, daß dem Tag nach der Krönung Herzog Carl [illegible] einem zu Hofe angestellten Trauer-Spiele habe sollen umgebracht we[illegible]re ihm aber dieser Mord-Anschlag

schlag von Hieronymo Strozzi, einem Italiäner entdecket worden; dahero er von dem Schauplatz weggeblieben, sich gleich darauf wiederum in Südermannland begeben, und den König nicht mehr gesprochen.

Die Pohlen trungen nachdem gar sehre auf des Königs Abreise nach Pohlen, welche auch den 14. Julii vor sich gieng. Kurz vor derselben ließ der König durch Erich Steenbock sich bey Herzog Carl erkundigen, unter was Bedingnüßen er die Reichs-Verwaltung über sich zu nehmen gesonnen sey, und ob er deßwegen eine besondere Versicherung seiner beständigen Treue ausstellen wolte. Herzog Carl gab so wohl einen Vorschlag, wie das Reichs-Regiment in Abwesenheit des Königs solte geführet werden, als eine sehr verbindliche Angelobung seiner Pflicht demselben mit. Die Reichs-Räthe wusten von diesem Antrag des Königes ganz nichts, und bathen dahero den 15. Julii den Herzog gar sehre, daß er nunmehro die Hand an das Regierungs-Ruder legen möchte, weil sie wie Schafe ohne Hirten wären. Er bezeugte ihnen dagegen, daß er lieber von der Beschwehrung wolte befreyet bleiben, weil so viel Reichs-Schulden vorhanden, die Hoffnung eines Friedens mit den Russen noch zweiffelhafft sey, und man auch noch keine Königl. Anweisung der Regierung vor sich hätte, jedoch wolte er, als Erb-Printz, das thun, was ihm zukähme, und sich der Reichs-Angelegenheiten getreul. annehmen, der Reichs-Rath solte ihm nur auch guten Beystand leisten.

Den 23. Julii lief darauf die vom König übersandte Regierungs-Form des Innhalts ein: Herzog Carl und der Reichs-Rath solten, biß zu des Königs Wiederkunfft, das Reichs-Regiment führen, jedoch solten sie keine Macht haben Bündniße, Verträge und Frieden mit benachbarten zu machen, Krieg zu führen, Reichs-Täge zu halten, neue Reichs-Satzungen und Gesetze abzufassen, neue Schatzungen und Steuern aufzulegen, grosse Lehn zu vergeben, jemand von hohen Aemtern abzusetzen, oder erledigte Würden und Bedienungen zu vergeben. Dieses alles solte mit Vorwißen und nach Gefallen des Königes geschehen. Auch solte jederman die Appellation an denselben freygelaßen seyn. Mit kurzem: es wurden ihnen die kleinen Reichs-Geschäffte zu besorgen überlaßen, was aber irgends von einiger Wichtigkeit war, das behielte sich der König bevor. Weiters als diese Regiments-Form mit sich brächte, solte auch niemand dem Herzog, und dem Reichs-Rath zu gehorchen schuldig seyn; dabey verlangte der König eine neue Versicherung, daß Herzog Carl ihm oder seinen Erben das Reich allemal wieder überliefern wollte.

Diese so sehr eingeschränkte Regierungs-Form wolte Herzog Carl durchaus nicht annehmen, und bedankte sich also beym König für die aufgetragene Reichs-Verwaltung, deren er ganz wohl entbehren könte, der Reichs-

Rath

Rath unterwarff sich derselben auch nicht, weil sie des Königes Krönungs-Eid zu wieder liefe; und beruffte dahero den 9. Aug. den Hertzog nach Stockholm, um mit ihm von einer neuen Administrations-Weise zu berathschlagen. Es erklärte sich aber derselbe zum voraus, daß er nicht leiden würde, daß der Reichs-Rath mit ihm gleiche Gewalt hätte, und daß in den Haupt-Provintzen, als Finnland, West- und Ost-Gothland, Schmaland, und Upland, die vom König gesetzte besondere Statthalter blieben.

Nach seiner Ankunfft geschahe, was er erlangte. Die Königl. Regiments Formul ward den 14. Sept. verworffen; die Catholischen wurden aus allen Bedienungen gesetzet, und darunter der Statthalter und Castellan zu Stockholm, Erich Brahe; die wieder angerichtete Catholische Religions-Ubung wurde untersaget, und H. Carl richtete alles nach seiner Willkühr ein. Zu Ausgang des Jahrs den 9. Dec. früh morgens um 8. Uhr bescherte ihm Gott von seiner Gemahlin einen Sohn, den nachmals so groß gewordenen Gustav Adolfen, nach deßen Tauffe er den 1. Januarii 1595. allen grossen Herrn des Reichs ein großes Gastmahl ausrichtete, und sie dabey auf das feste ste an sein Interesse verband.

Es geschahe ferner nach seinem Wunsch/daß den 18. May zu Narva der Friede mit den Russen zu stande kam, in welchem Schweden für das demselben wieder gegebene Kexholm Esthland behielt, und seine Gräntzen in selbiger Gegend gesichert sahe.

Ferner wolte er sich bey der zuführenden Reichs-Verwaltung auch nicht alleine auf den Reichs-Rath verlassen, sondern sich auch des Wohlwollens der gesamten Reichs-Stände versichern. Dahero schrieb er einen Reichs-tag in Süderköping aus, welcher einer der allermerkwürdigsten von allen Reichs-Tägen ist, so lange dieselben üblich gewesen, und von welchem alles nachfolgende Weh und Wohl, so Schweden betroffen, hergekommen. Er berichtete zwar den König, wie nöthig es wäre, daß derselbe gehalten würde; der würdigte ihn aber keiner Antwort, und verboth den Ständen dabey zu erscheinen, mit der vorläuffigen Protestation, alles geschloßene für ungültig zu erklären. Dieselben kahmen aber in ziemlicher Anzahl zusammen, und setzten den 21. Octobr. die Evangelische Religion nach der Augspurgischen Confession so feste, daß sie noch heut zu Tage auf diesem Schluß unveränderlich bestehet; hingegen wurde die Catholische Religion auf ewig abgeschaffet. Den folgenden Tag machte man Verordnungen in weltl. Sachen, und bestellte Hertzog Carln zum Reichs-Gubernator, und empfahl ihm alle Reichs Geschäffte, mit Zuziehung des Reichs-Raths, ohne einige Ausnahme, abzuhandeln. Ingleichen wurde beschlossen, daß keine Streit-Händel beym König solten angebracht, sondern sie solten im Reich von den hohen Gerichts-Höfen abgeurtheilet werden. Wolte einer mit dem Spruch nicht zu frieden seyn, so solte er seine Appellation verspahren, biß der König wieder ins Reich kommen würde. So solten auch alle aus Pohlen kommende Königl. Befehle erstlich von dem Hertzog und dem Reichs-Rath untersuchet werden, ob sie mit des Reichs Grund-Gesetzen überein kähmen, ehe sie kund gemachet würden. Um aber doch allen Verdacht zu vermeiden, als ob sie von dem König gar abzufallen gedächten, so versicherten die Stände denselben ihrer beständigen Treu und pflichtmäßigen Gehorsams, so lange er auch den Krönungs-Eyd beobachten würde. Diejenigen aber erklärten sie für untreue und des Reichs Ruhe stöhrende Leute, welche ohne trifftige Ursachen diesen Reichstags-Schluß nicht unterschreiben, oder von demselben abgehen wolten. Jedennoch waren viele, so von der Reichs-Versamlung weg blieben, und sich vor der Königlichen Ungnade fürchteten.

Um nochmehr die Gemüther zu theilen, ließ der König das folgende Jahr 1596. sehr gnädige Schreiben an die Upländer abgehen, und verboth ihnen, Steuern und Anlagen hinführo ohne seinen Befehl, zu bezahlen, noch Frohn-Fuhren zu thun. Um auch allen fernern Unruhen vorzubauen, fertigte er eine ansehnliche aus etlichen Pohlnischen und Schwedischen Herren bestehende Gesandschafft nach Schweden ab, welche den 16. Augusti daselbst ankahm. Sie konten aber nicht eher ihre obhabende Befehle ausrichten, biß alle Reichs-Räthe zusammen gekommen waren, welches erstlich den 26. Septembris geschahe. Sie gaben zuvörderst alsdann des Königes grosses Mißfallen über die zu Süderköping gehaltene Reichs-Versammlung, und die abgeschaffte Königl. Regiments-Form, denselben zu erkennen, und beschwehrten sich unter andern auch, daß die Stände unter andern, als des Königes Namen hätten Geld schlagen lassen. Die Pohlen redeten hart, und bedrohlich, die Schweden hingegen glimpflicher, und gelinder, Hertzog Carl unterbrach der Pohlen ihre Rede, mit der Anfrage: Quid ergò commerui? Was habe ich dann verschuldet? und gab ihnen seine Antwort auf ihre Beschuldigung schrifftlich, in welcher er meldete, daß er zur Ansetzung des Reichs-Tags befugt gewesen; daß die Königl. Regierungs-Form nicht nach dem Königl. Krönungs-Eid, und den Landes-Privilegien eingerichtet gewesen, und daß ja vielen Fürsten und Städten, unbeschadet der höchsten Majestäts-Rechte, das Münz-Recht frey verliehen worden. Dem ohngeacht suchten nunmehro fast die meisten Reichs-Räthe den Kopf aus der Schlinge zu ziehen, und die gröste Schuld in allen dem Könige mißfälligen Dingen dem Herzog beyzumeßen. Es war kurz vorhero schon ein Wiederwillen zwischen beeden entstanden, weil der Reichs-Rath nicht zugeben wolte, daß der Herzog dem Gouverneur in Liefland, und des Königes beständigsten Anhänger, Claus Flemming, so harte zu Leibe gehen wolte. So verdroß es auch demselben sehre, daß der Herzog alle Reichs-Geschäffte nach seinem Gutdünken verwaltete, ihn selten um was befragte, und deßen Stimmen nur als einen guten Rath ansahe, dem er folgen, und nicht folgen, konte. Der Herzog hingegen schalt sie als herschsüchtige und eigennützige Leute, welche des Reichs Einkünffte auf alle Weise bezwackten.

Dieser Verdruß bewog den Herzog, seine Reichs-Statthalterschafft den 2. Novembris niederzulegen, in der Meynung, daß ihn der Reichs-Rath bitten würde, solche zu behalten. Da dieses aber nicht geschahe, so nahm er solche den 10. Novembris wieder über sich, und schrieb auf den 18. Februarii folgenden Jahrs einen Reichstag, nach Arboga aus. Der Rath hingegen, um des Königes verscherzte Gnade wieder zu erlangen, zohe die Hände von allen Reichs-Geschäfften gänzlich zurücke.

Auf den von seinen zurück gekommenen Gesandten abgelegten Bericht entsetzte der König den Herzog A. 1597. den 13. Febr. der angemaßten Reichs-Verwesung, und übergab sie dem Reichs-Rath. Ferner verboth er die ausgeschriebene Reichs-Versammlung zu Arboga. Der Reichs-Rath, der sich nunmehro vornahm, dem König alleine, und nicht dem Herzog, zu gehorchen, that desgleichen. Viele von den Ständen kehrten sich aber an beedes nicht, und beschloßen den 5. Martii zu Arboga, daß es in der Religions-Sache bey der vormahligen Erklärung zu Upsal und Süderköping verbleiben, und daß Herzog Carl

allein

allein für des Reichs Gubernator zu erkennen und ihm niemand im Regiment an die Seite zu setzen sey. Dabey wollen sie dem König treu und gehorsam seyn, und ihn durch eine Gesandtschafft ersuchen, bald möglichst wieder ins Reich zukommen, und alle Mißhelligkeiten abzuthun. Hierauf ließ der Herzog die Reichs-Räthe befragen, ob sie hierinne übereinstimmig wären, oder nicht? An statt einer Antwort aber, gieng einer nach den andern, aus Furcht für Herzog Carls Zorn, aus dem Reiche, und zum Könige nach Pohlen. Herzog Carl unterließ zwar auch nicht demselben von der immer grösser werdenden Unruhe im Reich einen Bericht nach dem andern zu erstatten. Der König antwortete ihm aber gar nicht, sondern schrieb an die noch übrigen Reichs-Räthe, daß es nunmehro hohe Zeit wäre, sich des Herzogs Frechheit mit gewaffneter Hand zu wiedersetzen, und die Königl. Autorität aufrecht zu erhalten. Diese waren aber hiezu zu schwach, und folgeten alle ihren Collegen nach, biß auf dreye, nehmlich Axel Lewenhaupt, und die beyden Brüder Bielcke, Hogenschild und Claes. Durch ihre Entweichung bekahm der Herzog alle feste Oerter völlig in seine Gewalt, und hielt im Junio abermahls eine Reichs-Versammlung zu Stockholm, befahl nach deren Schluß denen ausgewichenen Reichs-Räthen wiederum nach Schweden zu kommen, und wegen vieler angeschuldigten Verbrechen sich zu verantworten, und bemächtigte sich des Schlosses zu Abo, und nahm alle Schiffe von dar mit weg nach Stockholm, welche mit vielen gefangenen wiederspänstigen vornehmen Finnen beladen wurden.

Es war endlich kein Mittel übrig die Zerrüttung des Königreichs zu hemmen, als daß K. Sigismund selbsten A. 1598. wiederum nach Schweden gieng, nachdem auch seine voraus geschickte Gesandtschafft nichts fruchtbahrliches hatte ausrichten, und auch nicht einmahl die Schiffe zum Abholen erhalten können, weil sie nicht hatte versprechen wollen, daß er nichts feindliches gegen das Reich vornehmen würde. Er nahm demnach in Danzig mehr als hundert Kauffmans-Schiffe im Beschlag, besetzte solche mit 6000. Mann, und kam den 31. Julii vor Calmar an. Der Commendant daselbst, Georg Clauson, sahe mehr auf den König, als den Herzog, und öffnete demselben so gleich die Thore, ohne vorhero die anbefohlene Versicherung zu empfangen; muste aber dennoch ins Gefängnüß wandern, weil der Herzog dem Königl. Castellan daselbst eben so mit gefahren war. Dahin waren auch die Brandenburgischen, Mecklenburgischen, und der Hanseestädte Gesandten, gekommen, um, als Mittels-Persohnen, die Zwistigkeit mit dem König und Herzog Carln beyzulegen. Es ließ sich aber dazu ganz und gar nicht an, denn der König publicirte ein Manifest, in welchem er den Herzog nicht anders, als einen Feind des Vatterlands, Stöhrer der allgemeinen Ruhe, und arglistigen und ihm nach der Krone strebenden Prinzen, abmahlete; und befahl ihm den Tittel eines Gubernatoris fahren zu laßen, und seine Völker abzudanken. Der Herzog hingen entschuldigte sich in etlichen Schreiben bey demselben, und wolte alle Mißhelligkeit auf einen Reichs-Tag von obbemeldten Teutschen Gesandten entschieden wissen, ehe könte er nicht sein Kriegs-Volck der Dienste entlassen. Weil die West-Gothen und Schmaländer, ingleichen auch die Priesterschafft, zu jedermanns erstaunen, dem Könige zufielen, und der König gar balde Stockholm in seine Gewalt bekahm, so sahe es anfangs nicht zum besten vor den Hertzog aus. Von den Reichs-Räthen war nur der eintzige vom König geächtete Axel Lewenhaupt auf seiner Seite. Jedennoch machte alles dieses den Hertzog nicht jaghafft, sondern er ruckte mit seinen Völckern von Linköping auf die Ebene Menn unter Süderköping, die nur eine halbe Meile von Stegeburg war, wohin sich der König mit seinem Volcke gezogen hatte. Daselbst kahm es den 9. Sept. zu einem Treffen, in welchem, als der König und Foerensbach vorn einbrachen, und Johann Weier die Hertzoglichen Trouppen von hinten anfiel, dieselben eine gäntzliche Niederlage würden erlitten haben, wann es dem König selbsten nicht gejammert hätte, seine Schweden von den fremden Soldaten so niedermetzeln zu sehen, dahero er lieber einen vollkommenen Sieg aus den Händen ließ, und die seinigen von fernern schlagen und verfolgen der Hertzoglichen abhielte.

Man arbeitete darauf wieder an einem Vergleich, jedoch vergeblich, weil der König dem Hertzog keine solche Versicherung ausstellen wolte, wie er solche verlangte. Dahero die Teutschen Gesandten wieder heim zogen, und die Sache achtzehn von beeden Theilen ausgesuchten klugen Männern zu entscheiden übergeben wurde. Der Hertzog begehrte vornehmlich, daß dem neuen Vertrag dieser Caution solte beygesetzet werden: Daß den Ständen erlaubet seyn solte, gegen denjenigen die Waffen zuergreiffen, der denselben nicht halten würde. Der König aber wolte darein durchaus nicht willigen, dahero sich der Hertzog auch nicht säumete, von neuen denselben anzugreiffen, ehe die Finnen zu demselben stiesen. Dann wie abermal nichts aus dem Vergleich wurde, so hielte sich der König nicht sicher genug zu seyn in Stegeburg, sondern begab sich in aller Eil den 21. Sept. nach Sudköping, und von dar nach Lindköping. Der Hertzog besetzte erstlich Stegeburg, und folgte hernach dem König auf dem Fuße nach. Dieser hatte seine Völcker vor Linköping auf einem Felde, über dem Fluß Motala, bey Stangbroo, in Schlacht-Ordnung gestellet, und bey 24. Stunden den Angriff von dem Hertzog erwartet. Als aber derselbe nicht erschienen, so musten sie sich den 25. Sept. grösten theils wieder in die Stadt begeben, und bliebe nur einiges Fuß-Volck daselbst bey den 7. Feld-Stücken stehen. Der Hertzog befand sich in der Nähe, und war anfangs zweiffelhafft, was er thun solte. Als ihm aber, nach dem heimlichen Verständnüß, so er mit dem Bischoff in der Stadt hatte, von demselben mit Läutung einer Glocke ein Zeichen gegeben wurde, wie es mit des Königs Armee stünde, so ruckte er mit anbrechenden Tage unter einem Nebel unvermuthet herbey, schlug die Vorwachten, und das bey den Stücken befindliche Fuß-Volck. Die Königlichen Trouppen eilten zwar hierauf aus der Stadt den ihrigen zu Hülffe. Weil aber auf einer Seite die Brucken abgeworffen, und auf der andern die Mühle angezündet war, so konten sie nicht anders, als durch schwimmen / über den Fluß kommen, wobey viele ums Leben kahmen. Als der König sahe, daß er auf solche Weise schwerlich über den Hertzog obsiegen würde, so hielte er die seinigen von weitern Übersetzen und Anfall ab, und bath durch einen Herold seinen Vetter um Frieden. Dieser begehrte damahls nichts mehr, als daß ihm sogleich die fünff Reichs-Räthe, Ericus Sparre, Gustav und Steno Baner, Thuro Bielike, und Georg Posse, die alle dieses Unheil angestifftet hätten, möchten ausgehändiget werden, hernachmahls wolte man über die andern Puncte sich auch balde vereinigen. Als dieses geschehen, so nahm der Hertzog auch seinen Abzug. Er hatte bey dem Treffen nur 40. Tode und 200. hart verwundete bekommen, und von dem König 7. Stücke und 6. Fahnen erobert, der auch 2000. von den seinigen eingebüsset.

Unter diesen Kriegs-Troublen hat der Hertzog dergleichen Klippen, als eine auf diesem Bogen abgebildet stehet, aus seinem Silber-Geschirre, zu Bezahlung seiner Soldaten, müntzen laßen.

Hierauf kahm es zwar den 28. Sept. zu einem Vergleich, wie ihn der Hertzog wünschte, und den Tag drauf besprach er sich mit dem König aufs freundlichste. Der König aber wolte nach verlohrnen Spiele nicht länger in Schweden bleiben, ohngeacht er noch 5000. Mann guter Trouppen bey sich hatte, sondern begab sich den 3. Oct. von Küncoping nach Stegeburg, und von dar zu Schiffe über den Barresund nach Calmar, woselbst er den 17. Oct. heimlich und in aller Eil nach Pohlen überschiffete, und den 30. Oct. zu Dantzig in gröster Confusion ankahm. Das Ende von dieser so grossen Revolution in Schweden soll im nächsten Müntz-Bogen erzehlet werden. Vid. Messenius *T. VIII*, Loccenius *Lib. VIII.* Chytræus et Thuanus *ad h. a.*

Der Wöchentlichen
Historischen Münz-Belustigung
40. Stück. den 3. October. 1731.

Ein dreyfacher Thaler von Herzog Carln in Südermannland, als designirten König in Schweden/ von A. 1606.

I. Beschreibung desselben.

Die erste Seite stellet den König in ganzer Positur stehend vor, geharnischt, mit einem Lorbeer-Kranz auf dem Haupte, im Talar, in der rechten Hand ein bloßes Schwerd, und in der linken, den Reichs-Apffel haltend, zur rechten stehet: 20. M. S. d. i. 20. Mark Silber-Geld; und zur linken liegen auf einem Tische die Reichs-Kleinodien, als die Krone, der Scepter, und der Schlüssel. Uber dem Königlichen Bilde ist der Name Jehovah mit Ebräischen Buchstaben in Strahlen. Die Umschrifft ist zweyerley. Die erste und innere enthält den Königl. Wahl-Spruch: JEHOVAH. SOLATIVM. MEVM. d. i. GOtt mein Trost. Die andere und äusere ist der Königl. Tittel: CAROLVS. D. G. REGnorum. SVEC. orum. GOTH. orum. VAND. alorum DESIG. natus REX. PR. inceps. HÆR. editarius. DVX. SVDERM. anniæ. NER. iciæ 2 & VERM. iæ. d. i. Carl/ von GOttes Gnaden der Reiche Schweden, Gothen und Wenden ernandter König, Erb-Prinz, Herzog in Südermannland/ Nericien und Wermland.

Die andere Seite enthält den mit der Königl. Krone bedeckten grossen vierfeldrigten Königl. Wappen-Schild, mit einem Mittel-Schild. Im ersten und vierdten blauen Quartier sind drey goldne Kronen, oben zwo, unten eine, wegen des Königreichs Schweden, und im andern und dritten goldnen Quartier sind drey blaue Wellen-weiß gestalte linke Schräg-Balken, und über denselben ein aufgerichteter, gekrönter, rother Löwe, wegen des Königreichs der Gothen. Im Mittelschild ist die Garbe des Hauses Wasa. Zu beyden Seiten der Krone stehet die Jahrzahl 1606. umher befinden sich in einem zweyfachen Kreiß 29. kleine Provinzien-Wappen, und zwar im ersten Kreiß 14. als:

1.) Von Uppland, ein goldner Reichs-Apffel im blauen Feld.

2.) Von West-Gothland, ein halb blauer / und halb goldner aufgerichteter Löwe in einem mit eben solchen Farben schrägs-links wechsels-weiß getheilten Felde.

3.) Vom Königreich der Wenden, ein rother geflügelter Lindwurm, oder Drache, im goldnen Feld.

4.) Von Schmaland, ein aufgerichteter Löwe mit gespannter Armbrust und darauf gelegten Polzen.

5.) Von Ost-Gothland, ein aufgerichteter Greiff.

6.) Von Dalekarlien, zwey Creutz-weiß übereinander gelegte Pfeile zwischen welchen oben eine offene Krone im silbern Feld.

7.) Von Westmannien, drey brennende Berge.

8.) Von Tavasthien, ein Luchs oben mit 3. Sternen und unten mit 3. Rosen im rothen Feld.

9.) Von Carelien, zwey geharnischte wieder einander streitende Arme, deren einer einen Säbel und der andere ein Schwerd hält, zwischen welchen oben eine offne Krone stehet.

10.) Von Narva, ein quadrirter Schild, in dessen ersten und vierdten Quartier eine Burg, und in dem andern und dritten zwo Kugeln, mit einer durch beede Quartier schräg links gehenden Fahne / sich befindet.

11.) Von Esthland, drey übereinander gehende blaue Löwen.

12.) Von Süd-Finnland, ein goldner offner und gekrönter Helm über zwey Creutz-weiß gelegte Fahnen.

13.) Von Nord-Finnland, ein aufgerichteter Bär mit einem Säbel, und zur Seiten gesetzten Sternen.

14.) Von Finnland, ein gekrönter Löwe, der mit der rechten Tatze über sich ein blosses Schwerd, und mit der linken unter sich einen Säbel hält. Andere sehen dieses für die Scheide an, mit eingestreuten neun Rosen.

Im andern Kreiß befinden sich die Wappen

1.) Von

1.) Von Nericien, zwey Creutzweiß gelegte und mit vier Rosen in Winckeln besetzte Pfeile.

2.) Von Wermeland, ein einfacher aufgerichter rechts sehender Adler, mit ausgebreiteten Flügeln.

3.) Von der Insel Aland, zwey übereinander stehende Rennthiere.

4.) Von Dalien ein stehender Büffel-Ochs.

5.) Von Bothnien, ein Rennthier mit grossen Geweihen.

6.) Von Savolax, ein gegen dem rechten obern Winkel gekehrter, und gespannter goldner Bogen, mit dergleichen drauf liegenden Pfeile, im schwarzen Feld.

7.) Von Nyland, ein goldner Kahn zwischen zweyen Flüssen.

8.) Von Lappland, ein wilder Mann mit einer Käule.

9.) Ein aufgerichteter Löwe von einer unbekandten Provintz.

10.) Von Cajanien sechs in drey Reihen übereinander gehende Füchse.

11.) Von Melpadien, zwey silberfarbene Flüße.

12.) Von Gestricien, ein Rennthier.

13.) Von Bothnien, ein Rennthier.

14.) Von Angermannien, drey Salmen.

15.) Von Helsingen, ein Steinbock.

2. Historische Erklärung.

Es verdroß Herzog Carln in Südermannland nicht wenig, daß nach der Erzehlung im vorhergehenden Bogen, K. Sigismund ihm so unvermuthet nach Pohlen entwischet war, ehe er noch alles mit ihm hätte völlig abthun können; noch mehr aber schmerzte es ihn, als er bald darauf erfuhr, daß er vom König hinter das Licht war geführet worden, und daß derselbe an kein geschehenes Versprechen wolte gebunden seyn. Es bestand aber der zwischen dem König und dem Herzog zu Linköping den 28. Sept. A. 1598. geschlossene neue Vertrag aus folgenden Puncten:

1.) Der Herzog, und alle die von seiner Parthey wären, solten dem König aufs neue huldigen, der König hingegen wolte alles vergeben und vergessen, womit er bey dieser Unruhe war beleidiget worden.

2.) Wolte der König, nach einem Krönungs-Eyd und den Reichs-Gesetzen, hinführo seine Regierung führen, und binnen vier Monathen einen Reichs-Tag halten, zu welchem man Kayserl. Königl. und Churfürstliche Commissarios einladen wolte, daß sie alle obwaltende Streitigkeiten des Königes und des Herzogs mit den Unterthanen entscheiden solten. Jedoch wolte der König und der Herzog einander vor selbigen nicht verklagen, sondern ihr Fehde solte ganz ein Ende haben. Die ausgelieferten Reichs-Räthe aber solten vor diesem Richterstuhl zur Rechenschafft gefordert, indessen aber doch wohl gehalten werden.

3.) Solten die Soldaten, biß auf das Königl. Leib-Regiment, von beeden Seiten abgedanket, und die fremde Mannschafft zu Stockholm und Calmar aus dem Lande geschaffet werden.

4.) Die von dem Herzog bißhero gesetzte Commendanten und Amtleute solten bleiben biß auf den Reichs-Tag, indeßen aber doch dem König den Eid der Treue schwören.

5.) So bald der König nach Stockholm kommen würde, solte ihm der Herzog alle Schlösser, Zeughäuser, Schiffe, und das gantze Reich wieder überantworten.

6.) Die Königliche und Herzogliche Beamte solten überall sicheres Geleit haben.

7.) Aller Orten solten die Feindseligkeiten nunmehro aufhören.

8.) Der Vergleich solte im ganzen Reich kund gemachet, und der Herzog von allen bißherigen Auflagen freygesprochen werden.

9.) Solte den Ständen erlaubet seyn, so wohl gegen den König, als gegen den Herzog sich feindlich zu erklären, wann einer von ihnen nur den geringsten Punct von diesem Vertrag nicht erfüllen würde.

Herzog Carl hatte zwar also seiner Ehre und Sicherheit in diesem Vergleich gnugsam vorgesehen, alleine aus des Königes so geschwinder Entweichung nach Pohlen, ohne den versprochenen Reichs-Tag zu halten, konte er leichte abnehmen, daß alles nur leere Worte waren, und er ihn äffen wolte. Er gedachte also wohl an die Rede, die ein Ungarischer Priester zu ihm, nach der Unterredung mit dem König in freyem Felde, gethan hatte, daß er zwar als ein tapfferer Held seinen Feind ritterlich überwunden hätte, er wüste sich aber seines Sieges nicht recht zu gebrauchen. Denn er habe bey Linköping zwey Kronen in seiner Hand gehabt; nunmehro aber sey es ungewiß, ob er eine davon behalten würde. Jedoch tröstete sich der Herzog damit, daß dem Könige seine Hoffnung mißlungen, ihn als einen Gefangenen mit sich nach Pohlen zu schleppen, als welche so groß gewesen war, daß er allbereit, vor seiner Abreise nach Schweden, in Marienburg ein wohl verwahrtes Zimmer hatte zubereiten lassen, welches denselben hätte beherbergen sollen, wann er ihn besiegt hätte. Man hatte aber einen Kefich eher angeschaffet, als man den Vogel dazu bekommen.

Der König entschuldigte in einem Brief an den Herzog seine so jählinge Fortreise nach Pohlen damit, daß solche die daselbst entstandene Unruhen erfodert hätten, die ohne seine Gegenwart nicht hätten können abgethan werden; er wäre auch nunmehro näher Teutschland, aus welchem er die verglichene Schiedsleute auf den Reichs-Tag in Schweden schicken könte, bey welchen es eben nicht nöthig wäre, daß er persöhnlich erschiene, indem

auf

aufselbigen nur eine Untersuchung vorgenommen, die gänzliche Entscheidung aber ihm müste überlaßen werden. In andern zu gleicher Zeit an einige Europäische Könige und Fürsten abgelaßenen Schreiben, klagte er den Herzog als einen Rebellen und Verräther an, der ihm den Linköpischen Vertrag abgenöthiget, und abgedrungen habe, welchem er dahero nachzukommen nicht verbunden sey; vielmehro wäre in willens, wegen der ihm zugefügten Schmach denselben und deßen Anhänger auf das härteste zu bestraffen. Ferner besetzte er von Danzig aus Calmar noch mit 400. Mann, und ermahnte die Finn- und Est-Länder ihm getreu zu bleiben.

Der Herzog ließ derhalben seinen Zorn zu erst an des Königes Dienern und Clienten aus, worunter der Castellan zu Stockholm, und der Erz-Bischoff Abraham zu Upsal die vornehmsten waren, welche alle in die Gefängnüße wandern musten, und ihre Güter verlohren. Hernach hielte er einen Reichs-Convent in Jenköping, auf welchem den 5. Martii A. 1599. beschloßen wurde:

1.) Dem König alle Beschwehrden zu übersenden, mit dem Ersuchen bey dem Linköpingschen Vergleich zu bleiben/ und entweder selbsten wieder ins Reich zu kommen, oder seinen Prinzen Vladislaum hinein zusenden, den man Evangelisch, unter der Vormundschafft des Herzogs, wolte erziehen laßen. Geschähe dieses nicht, so würden die Stände nicht zu verdenken seyn, wann sie sich nach einen andern König umsähen.

2.) Solte man die wieder den Linköpingschen Vergleich in Calmar gelegte, und der umliegenden Gegend so beschwehrliche fremde Mannschafft im guten oder bösen fortschaffen.

3.) Solte den 24. Maji abermahls ein Reichs-Tag zu Erörterung aller Streitigkeiten gehalten werden, wann der König seinem Versprechen nicht nachkähme.

4.) Solte der Herzog indeßen Reichs-Regente seyn.

Dieser rückte hierauf so gleich vor Calmar, eroberte die Stadt mit Sturm, und hungerte das Schloß aus. Die darinne gefundene auswärtige Soldaten kahmen mit dem Leben davon. Alle vornehme gebohrne Schweden aber musten von des Scharffrichters Hand sterben, und zwar Johann Sparre, Christoph Andersen, und Lorenz Ralang durch das Schwerd, andere von geringern Stande durch den Strick.

Dieses war ein trauriges Vorspiel auf den zu Stockholm den 24. Julii gehaltenen Reichs-Tag, dessen Schluß war:

1.) Daß man König Sigismundo allen Gehorsam auffsagete, weil er wieder das Groß-Vätterliche Testament, seinen Krönungs-Eid, und den Linköpingschen Vertrag, gehandelt.

2.) Daß sein Sohn Vladislaus an seine Stelle König werden solte, wann er binnen Jahr und Tag in Schweden kommen, und die Evangelische Religion annehmen würde, geschähe dieses nicht, so solte er und seine Nachkommen auch nicht an die Krone gedenken dürffen.

3.) Daß man die wiederspänstigen Finnen und Esthländer mit Gewalt der Waffen dazu bringen solte, daß sie mit einhielten.

4.) Der Proceß der gefangenen Reichs-Räthe solte biß auf den nächsten Reichs-Tag verschoben werden, dazwar zur Verhör die fremden Gesandten könten gezogen werden; die Verurtheilung aber solte ihnen nicht zugestanden werden.

5.) Solte der Herzog in seinem Reichs-Regiment bestättiget seyn, und auch die Macht haben in selbigem seinen Nachfolger durch ein Testament zu benennen.

Dieser Schluß ward dem König so gleich zu wissen gemacht; es erfolgte aber darauf keine Antwort. Der Herzog säumete sich also nicht die Finnen anzufallen, und war glücklich, indem er den Axel Kürcke, ihren Obristen, der ihm das Anlånden verwehren wolte, in die Flucht trieb, und Abo und Wiburg ohne sonderbahren Wiederstand einbekam. Die Uberwundenen wurden nicht anders, als Rebellen, gehalten, und musten viele ihre Köpffe lassen. Er rückte ferner fort in Esthen, und brachte Narva zur Ubergabe. Vor Reval aber muste er still halten, und nach einigen vergeblichen Versuch wieder heim ziehen.

Der Erfolg von diesem glücklichen Feld-Zug war A. 1600. im Februario der Reichs-Tag zu Linköping, zu welchem, als Zeugen, Herzogs Joh. Adolfs zu Holstein Gesandte beruffen worden. Unter den auf selbigen vorgetragenen zwölff Puncten, war der achte der hauptsächlichste, nemlich das Blut-Gerichte, welches über die gefangene Reichs-Räthe solte geheget werden. Der Herzog erließ die von den Ständen hierzu erwählten Richter ihrer Pflicht, damit sie desto unpartheyischer sprechen könten, und klagte sie aufs schärffste an, als Leute, die durch ihre Abweichung von dem Süderköpingschen Reichs-Tags-Schluß, und dem Upsalischen Concilio, Ursache an aller der Unruhe und Blutvergiessen gewesen wären, welches Schweden bißanhero betroffen. Etliche von ihnen, als Erich Abrahamson Löwenhaupt, Claudius Bielke, Christiern Clauson Horn, und Georg Poße, krochen zum Creutze, und wurden nach vielen Flehen und Vorbitten begnadiget; Erich Sparrern aber, den beeden Bielcken, Stenoni und Thuroni, und Gustav Banern, wurden, alles procedirens ungeachtet, den 20. Martii die Köpffe vor die Füsse geleget.

Ingleichen wurde den 19. Martii von den Ständen K. Sigismunden und seinem Sohn Vladislao, obschon die ihm gesetzte Zeit, zu seiner Ankunfft in Schweden noch nicht verflossen, weil alle Hoffnung, daß er kommen würde, vergebens schiene, das Reich nachmahls abgesprochen. So hielte man auch nicht für rathsam den Königl. Halb-Bruder Herzog Johanni in Ost Gothland das Reich anzuvertrauen, weil er nicht nur allein nur 12. Jahr alt war, sondern auch möchte leichte von K. Sigismund können, zum Schaden des

Reichs,

Reichs, eingenommen werden. Hingegen blieb man feste dabey, daß Herzog Carl die einmal übernommene Regierung fortführen, und auch auf seinen Prinzen Gustav Adolfen vererben solte. Verstürbe dieser auch ohne männliche Erben, so solte zwar Herzog Johannes, oder sein Erbe, auch zum Regiment gelangen, jedoch solte er sich von aller Freundschafft K. Sigismunds und dessen Nachkommen loß sagen.

Nach diesem Reichs-Tag gieng Herzog Carl im Augusto mit einer starken Armée nach Reval, und machte sich Meister fast von ganz Liefland, indem er Dörpt, Pernau, Wolmar, Irel, Wenden, Amsel, Kockerhausen, Oberpalen, Salis, Felin und Laib in kurzen einbekahm, und endlich vor Riga rückte. Dieses brachte K. Sigismunden auf, daß er mit einem großen Kriegsheer A. 1601. herbey eilete, bey deßen Annäherung Herzog Carl sich wieder nach Reval begab, und von dar seinen Ruckweg durch Finnland / Ost- und West-Bothnien wieder nach Schweden nahm. Die Pohlen hingegen eroberten etliche Oerter wieder / und darunter Kockenhausen.

A. 1602. hielte Herzog Carl abermahls einen Reichs-Tag in Stockholm, deßen Schluß war / weil der dem Königl. Prinzen Vladislao gegebene Erscheinungs-Termin nunmehro verstoßen, so wolte man denselben noch verlängern biß auf den 1. Augusti, nachdem würde man sich nach einen andern König umsehen. K. Sigismund schwieg aber zu allen diesen Beginnen stille, als ob er nicht mehr in der Welt gewesen wäre. Es verstrich auch das 1603te Jahr, ohne daß sich jemand gereget, oder sich was merckwürdiges zugetragen hätte; außer daß K. Sigismundo sein Kammerdiener davon lief, und wieder nach Schweden kam. Weil nun Georg Poße nach seiner Begnadigung und Entlaßung, dennoch es heimlich mit dem König gehalten, und ihm alles überschrieben hatte, was Herzog Carl vornahm, und in Schweden geschahe, so besorgte er, durch diesen Kammerdiener würde sein heiml. Verständnüß entdeckt werden, und er einen übeln Lohn zu gewarten haben; dahero machte er sich auch aus dem Staube, und entkam glücklich nach Pohlen. Herzog Carl bereuete gar sehr, daß er ihm nicht auch den Kopff hatte abreißen laßen, so würde diese Schlange nimmer gezischet haben, zumahl da Poße dem König rieth, der Russen falschen Demetrium gegen den Herzog aufzuhetzen.

Dieses brachte auch den Herzog dahin, daß er bey der den 6. Febr. A. 1604. zu Norköping gehaltenen Reichs-Versammlung des so gefährlichen Amts eines Gubernatoris verlangte überhoben zu seyn, und den Ständen anriethe, entweder sich mit dem mehr als einmal von ihnen abgesetzten K. Sigismund wieder auszusöhnen, oder deßen Halb-Bruder, Herzog Johannem, zum König anzunehmen, dem er getreulich beystehen wolte. Die Stände thaten das letztere, und verlangten von Herzog Johann, daß er ihr König seyn möchte. Dieser aber gab ihnen zur Antwort; daß er dem Herzog, seinen Vetter, vor unzehliche Wolthaten verbunden sey, unter welchen nicht die geringste / daß er in der Römisch-Catholischen Religion nicht wäre erzogen worden, dahero wolte er demselben lieber die Schwedische Krone gönnen. Uber dieses müste bey dem itzigen verworrenen Zustand das Reich einen tapffern und klugen Mann / und kein feiges und unverständiges Kind / zum König haben, dahero schicke sich der Scepter auch beßer für denselben, als für ihn. Diese Erklärung wurde gar gerne angehöret und angenommen, daher sie ohne fernere Weitläufftigkeit den 22. Martii Herzog Carln zum König ernanten, mit dem Beysatz, daß

1.) nach seinem Tode sein Sohn Gustav Adolf ihm auf den Thron folgen, und wann der ohne männliche Erben abgienge, der andere Sohn, Carl Philipp, gleichermaßen die Krone haben solte, und wann auch von diesem keine Söhne kämen, so solte alsdann auf Herzog Johannem und seine Nachkommen das Reich fallen. 2.) Daß

2.) Daß alle diejenigen / so diesen Schluß zu wieder wären, für Reichs-Feinde [illegible] werden, samt Weib und Kindern, wann sie davon Wissenschafft gehabt. Würden aber die Kinder ihre Eltern verrathen / so sollen sie das Leben und die Güter behalten.

3.) Daß der zu Linköping abgestrafften Reichs-Räthe Kinder aller Ehren und Würden sollen unfähig seyn und bleiben.

4.) Daß die zum König nach Pohlen Entwichene, nochmals solten vorgeladen werden. Stelleten sie sich nicht ein, und man würde ihrer sonsten habhafft; so solten sie das Leben verwürkt haben.

5.) Daß zum Krieg gegen König Sigismunden 9000. Mann solten gestellet, und drey Jahr unterhalten werden.

6.) Daß nach Abgang der Männlichen Nachkommenschafft vom K. Gustavo, die Weibliche, und unter derselben die Älteste Tochter im Reiche folgen, jedoch sich mit einem Evangelischen Fürsten vermählen solte.

7.) Daß ein Schwedischer Erb-Printz, der schon Herr von einem auswärtigen Königreich wäre, Schweden nicht bekommen solte.

Hertzog Carl nahm demnach den Tittel eines ernandten Königes in Schweden an, wie auch auf diesem ungemein schönen Thaler-Stück zu sehen / welches Beywort er nicht eher, als biß nach seiner A. 1607. den 15. Martii geschehenen Krönung weggelassen.

Nach dieser Königl. Declaration begab er sich so gleich nach Liefland, und grief Weissenstein an, er ließ aber davor drey tausend Mann vergeblich sitzen. Bey seiner Heimkunfft entdeckte er, daß einige Große heimliche Unterhandlung mit K. Sigismundo gepflogen hätten; dahero A. 1605. die Köpfe gewaltig springen musten. Im Augusto selbigen Jahrs brache er wieder mit einer schönen und starken Manschafft nach Liefland auf, und hatte in willens Riga zu belagern. Er bekam aber die Nachricht, daß der Feind sich gantz nahe bey Kerckholm gesetzet hätte, und eilte dahero bey Nacht, ohngeacht des unaufhörlichen Regens dahin ihn anzugreiffen. Weil aber durch diese jählinge Reise die Soldaten sehr abgemattet waren, so wurden sie von den Pohlen beym ersten Angriff zurücke getrieben, und aufs Haupt geschlagen, wobey K. Carl mit genauer Noth sich aus des Feindes Hand retten konte. Die A. 1606. in Pohlen entstandene große Unruhen verhinderten K. Sigismunden gnugsamme Früchte von diesem herrlichen Sieg einzusamlen, welche dahero auch K. Carl mit möglichsten Fleiße unterdrückte.

Auf den eben selbiges Jahr im Martio zu Oerebrog gehaltenen Reichs-Tag bekam der Scharfrichter wieder alle Hände voll zu thun mit den entdeckten Anhängern K. Sigismunds, wobey jedoch Jacob de la Gardie gantz unschuldig bald wäre um sein Leben gekommen.

K. Carl konte nicht anders als mit solchem vielem Blutvergiessen, seinen sehr wankenden Thron befestigen, dabey er keines Menschen schonete. Die Priester, welche bey dieser Zerrüttung den Mantel wohl nach dem Winde zu richten gewust hatten / und bald kalt, bald warm, bald laulicht gewesen waren, behielten zwar ihre Aemter, kamen aber um alle Ehre, Würde, und Freyheit, und musten doch selbsten gestehen, daß wann K. Sigismund solte die Oberhand behalten haben / so würde es um die Evangelische Religion in Schweden geschehen gewesen seyn; daß also diese daselbst erhalten und bestättiget worden, das ist K. Carl zu danken. Er wolte auch A. 1609. auf dem Reichs-Tag zu Stockholm das Gesetze machen, daß welche junge Edelleute nicht so viel lernen würden [illegible] Künsten und Wissenschafften, als zum Nutzen und Dienst des Vatterlandes erfordert würde, die solten ihren Adel, und ihre Erbschafft verlohren haben; die Stände wolten aber nicht darein willigen, weil der Adel sonsten gar dünne würde geworden seyn. Wolte GOtt aber / daß dieses heilsame Gesetze überall eingeführet wäre! vid. Chytræus. Thuanus *ad h. aa.* Messenius T. VII. *Scondiæ.* Loccenius *Lib. VII. & VIII hist. Svec.*

Der Wöchentlichen
Historischen Münz-Belustigung
41. Stück. den 10. October. 1731.

Ein Thaler von Herzog Johann Friedrichen zu Würtenberg von A. 1623.

1. Beschreibung desselben.

Die erste Seite enthält des Herzogs Brustbild im links sehenden Profil, bloßen Haupte, und Römischen Habit, mit dem umherstehenden Tittel: JOHANN. es. FRID. ericus. D. G. DVX. WIRTEMB. ergensis. ET. TECC. ensis d. i. Johann Friedrich, von GOttes Gnaden Herzog zu Würtemberg und Teck.

Auf der andern Seite befindet sich das Fürstl. Würtembergische Wappen in einem zierlichen, ovalen, und mit einer offnen Krone bedeckten Schilde. Zu dessen beeden Seiten die Anfangs-Buchstaben von dem Namen des Münzmeisters stehen C. T. In der Umschrifft, wird der, auf der ersten Seite angefangene herzogliche Tittel also fortgesetzet: COM. es, MONT. isbelligardi. DOM. inus. IN. HEIDENHEM. 1623. d. i. Graf zu Mömpelgard und Herr in Heidenheim.

2. Historische Erklärung.

Der Würtembergische Titus, Herzog Johann Friederich, war der erstgebohrne von Friedrichs des sechsten, regierenden Herzogs zu Würtemberg, acht Söhnen, welche ihm seine Gemahlin Sibylla, Fürsts Joachim Ernsts zu Anhalt Tochter, zur Welt gebracht, und zu Mömpelgard im Jahr 1582. den 5. May gebohren. Er ward gar sehr jung an seines A. 1593. verstorbenen Vetters, Herzog Ludwigs zu Würtemberg, Hof in Stuttgard gethan, und ferner bey stärkern Jahren von seinem Vatter selbsten in das Collegium illustre zu Tübingen geführet, wo er öffters perorirt und disputirt, dieweil es dazumahl noch üblich war, daß die Fürsten-Kinder nicht nur allein zu wahrer Erkäntnüß und Furcht GOttes erzogen, sondern auch zu Erlernung guter Künste, Wissenschafften und Sprachen auch in öffentl. Schulen, fleissig angehalten wurden. Dabey nahm er auch in allen, einem Fürsten anständigen, nützlichen und geschickten Leibes-Ubungen zu. Er hatte daselbst zu Præceptoribus, Drebern, Beringern, und Hennern, und zu Hofmeistern den von Mandlishof, Bellin, Grienthal, und Huvitten. Unter diesen war einer noch gar jung, der jedoch an Gelehrsamkeit und Klugheit manchen weit ältern übertraf; den suchten aber ihm einige junge freche Edelleute, eben wegen der grossen Jugend, gar sehr verächtlich zu machen; alleine er wiese diese verführerische Teuffels-Brut mit diesen Worten ab: und wann mein Vatter mir einen Stock hingestellet, den ich als einen Hofmeister achten, und ihm gehorchen solte, so wolt ich ihn doch respectiren. Er ward dabey von der Universitæt Tübingen A. 1596. zum Rectore Magnificentissimo erwählet.

A. 1600. trat er seine Reisen an, und zwar erstlich in Italien, dann A. 1602. in Franckreich, A. 1604 durch Teutschland, und in Dännemark, und A. 1606. in die Niederlande; von dar kam er wieder nach Teutschland, durchreisete Bayern, Oesterreich, Ungarn, Mähren, Böhmen und Schlesien, gieng ferner in die Marck Brandenburg, hielte sich eine lange Zeit bey Churfürst Joachim Friederichen zu Coeln an der Spree auf. Auf diesen Reisen setzte er sich in grosse Gnade und Gewogenheit bey K. Rudolfen II. K. Heinrichen IV. in Frankreich, und K. Christian IV. in Dännemark, gleichwie ihm auch in den Niederlanden, so wol Printz Moritz von Oranien, als der Marquis de Spinola, allen guten Willen erzeigeten.

Zu Anfang des 1608ten Jahres langte er wieder zu Stuttgard an, und zwar kurtz zuvor ehe sein Vatter, Herzog Friederich den 29. Januarii schnell an einem Schlagfluß verstorben war, und trat darauf so gleich den 30. Januarii im 26. Jahr seines Alters die Landes-Regierung an. Dieweil

weil er noch vier jüngere Brüder am Leben hatte, als Ludwig Friedrichen / Julium Friedrichen / Friedrich Achillem / und *Magnum*, so schloß er mit ihnen, wegen der Landes-Theilung und ihrer Abfindung und Versorgung, zu Stuttgard A. 1617. den 28. May einen brüderlichen Vertrag, in welchem abgehandelt und verglichen ward, daß

1.) Er, als der erstgebohrne und älteste, das Herzogthum Würtemberg und Teck samt allen denen Graf- und Herrschafften, Ein- und Zugehörungen ꝛc. für sich und seine eheliche männliche Leibes-Erben, behielte, und hingegen die Abfertigung beeder Schwestern, der Fräulein Agnes / und Fräulein Anna, über sich nahm.

2.) Herzog Ludwig Friedrichen die Fürstl. Grafschafft Mümpelgart, samt dazugehörigen inn und ausser der Grafschafft Burgund gelegenen Herrschafften; desgleichen beede Graf- und Herr-Schafften Horburg und Reichenweiler im Elsaß, mit allen ihren Landes, Fürstl. hohen Regalien, insonderheit, Stand und Stimme wegen Mümpelgard im Reich, erblich überlaßen wurde.

3.) Herzog Julius Friedrich der drittgebohrne Herzog zu Würtemberg, ein jährliches Deputat von 15000. Gulden, auf den Gütern Weiltingen und Brenz / und der Ansitz auf selbigen, nebst dazu nöthigen Hausrath und Fahrnüß, bekam.

4.) Dem vierdten und fünfften Herzog, *Friderico Achilli*, und *Magno* auch ein Deputat, und zwar jedem zehen tausend Gulden am Geld, samt einer Fürstl. Residenz, und nothwendigen dazugehörigen Hausrath und Fahrnüß, wie auch Brennholtz, bestimmt wurde, und zwar jenem das Haus zur Neustad / und diesem das Haus zu Neuenburg, doch ohne einige Jurisdiction, ausser was ihre besoldete Diener belanget.

5.) Herzog Friedrich zwey Drittheil, und Herzog Ludwig Friedrich ein Drittheil, den andern dreyen Brüdern, zu so viel Silber-Geschirr, als zu einer Fürstl. Tafel ohngefähr gehörig, und auf drey tausend Gulden werth, geben wolte.

6.) Alle und jede bey der Augspurgischen Confession zu verbleiben, und nicht außer dem Fürstlichen Stand sich zu verheyrathen angelobten, auch gleiches Titels und Wappens sich gebrauchten.

Also ist Herzog Johann Friedrich ein Stiffter der regierenden jüngern Stuttgardischen Linie, Herzog Ludwig Friedrich der Mümpelgardischen / und Herzog Julius Friedrich der Julianischen, geworden. Herzog Friederich Achilles und Herzog Magnus blieben beede unvermählt.

Wegen der damahls für die Evangelischen Religion sich sehr gefährlich anlaßenden Zeit begab sich Herzog Johann Friedrich A. 1610. in die Union, nachdem er vorhero lange sich beschwehret hatte, daß man ihn als Kreiß-ausschreibenden Fürsten / bey der Donawertischen Achts-Execution übergangen, und dieser unterdruckten Stadt Restitution in integrum, nebst andern Protesirenden Fürsten und Ständen, vergebens gesuchet hatte. So trat er auch A. 1614. in die mit Holland geschloßene Allianz, schleiffte mit dem Churfürsten zu Pfalz, und dem Marggrafen von Durlach A. 1618. die auch dem Schwäbischen Kreiß zum Schaden neu angelegte Festung Udenheim, oder Philippsburg, und setzte als Kreiß-Obrister den Schwäbischen Kreiß durch angeworbene starke Manschafft in gute Sicherheit. Jedoch war er bey den allen mehr zum Frieden, Ruhe, und Freundschafft mit den benachbarten, als zu Krieg, Unruhe Zank und Streit geneigt. Dahero schlichtete er A. 1619. die Streitigkeit wegen des Bißthums Straßburg zwischen dem Cardinal von Lothringen, und Marggraf Johann Georgen zu Brandenburg, verließ A. 1621. die Union, schloß mit Herzog Maximilian in Bayern ein Bindnüß, suchte den geächteten Churfürsten zu Pfalz bey dem Kayser auszusöhnen, und ließ sich absonderlich angelegen seyn, daß den Schwäbischen Kreiß das damahls weit um sich greiffende Kriegs-Feuer nicht erreichen möchte.

Der Evangelischen Religion war er sehr eiferig ergeben, ließ A. 1611. die Formulam Concordiæ aufs neue zum Gebrauch seiner Geistlichen drucken, ermahnete dieselben öffters und ernstlich GOttes Wort rein und lauter zu predigen, und mit einem unsträflichen Leben ihre Gemeinen zu erbauen, hielte die berühmten Theologos, Matthiam Hafenerffern, und Jacobum Reihing, in großen Werth und Ehren. Jedoch verabscheuete er allen Gewißens-Zwang, verstattete jederman, der sich stille in seinen Landen eine weile aufhalten wolte, die Gewissens-Freyheit, und pflegte öffters zu sagen: daß er lieber tausendmahl sterben / als einen des Glaubens wegen aus dem Lande jagen / und am Bettelstab bringen wolte.

Die Kirchen, Klöster und Schulen ließe er sich sehr empfohlen seyn, und von ihren Renten und Einkommen nichts entziehen, oder zu was anders verwenden, wie er dann auch einsmahls sagete: **Er wolle sich eher in Stücken zerhauen lassen, als ein einiges Kloster von seinen Landen weggeben.** Die Landes-Stände beschwehrten sich bey Ihm durch seine Mutter, daß so große Einkünffte auf das Fürstliche Collegium zu Tübingen verwendet würden; er möchte es also lieber wider eingehen laßen; Er gab ihnen aber zur Antwort:

Den

Den Grund zu dem Fürstlichen Collegio hat Hertzog Christoph geleget; den kostbahren Bau desselben hat Herzog Ludwig vollführet; und Herzog Friedrich, mein Vatter, hat daßelbe zu vollkommenen Stand gebracht. Warum solte ich dasjenige nicht unterhalten, was dieser drey grossen und frommen Fürsten Klugheit und Mildthätigkeit zum allgemeinen Besten gestifftet? Ich wolte mir eher an meiner Tafel und ordentlichen Fürstl. Kost abbrechen, als dessen Pflege und Unterhaltung in dem geringsten schmählern und verringern lassen.

Gelehrten Leuten war er überaus hold und gnädig, und sahe gerne wann sie ihm ihre schöne Schrifften dedicirten, wie Goldast mit seinen Reichs-Händeln, und Lansius mit seiner angenehmen Consultatione de Principatu inter Provincias Europæ thaten. Absonderlich hat der gelehrte Grieche Metrophanes Hieromonachus Kritopulus seine Freygebigkeit gar sehre genoßen.

Zu seinem Wahl-Spruch hatte er in Lateinischer Sprache die Worte: Consilio & Constantia, und in Teutscher: Schlecht und Recht, erwählet.

Zu seinen Regierungs-Geschäfften hatte er täglich gewiße Stunden bestimmet, in welchen er mit seinen Räthen für seines Landes Wolfahrt unverdroßen arbeitete, gerne guten Rath annahm, und denselben ohne allen Eigensinn ins Werck setzte. Den Unterthanen verstattete er allemahl zu sich einen freyen Zutritt, hörete jedermann mit Lands-vätterlicher Gedult und Freundlichkeit, und ließ niemand ohne Trost von sich gehen.

Ohngeacht der großen und vielen Beschwehrden, worunter Teutschland damahls seufzete, und des hefftig ausgebrochenen Böhmischen Kriegs, welcher sich in das ganze Reich nachmahls ausbreitete, blieb er doch beständig in des Kaysers Devotion, und ließ sich dusserst angelegen seyn, das so sehr unterbrochene gute Vernehmen zwischen des Teutschen Reichs-Haupt und Gliedern, wieder herzustellen, und allem Mißvergnügen mit Patriotischen Rath und That möglichster massen abzuhelffen.

Wie endlich doch die allenthalben triumphirende Ligistische Armée auch den Schwäbischen Kreiß anzufallen drohete, reisete er den 11. Julii A. 1628. nach Göppingen, um dieses Unheil durch gütliche Unterhandlung abzuwenden. Er erkranckte aber daselbst so sehre, daß man ihn kaum nach Stuttgard zurücke bringen konte, woselbst die Krankheit so überhand nahm, daß er den 18. Julii im 46. Jahr seines Lebens und 20sten seiner löblichen Regierung, seelig verschieden, und daselbst in die Fürstliche Grufft in der Stiffts-Kirchen begraben wurde. Mit Jhm ist auch alles Wohlseyn von Würtemberg zu Grabe getragen worden, indem nachgehends daßelbe von dem großen Teutschen Krieg gänzlich überschwemmet, und hart mitgenommen worden.

Mit seiner Gemahlin, Barbara Sophia, einer Tochter Joachim Friedrichs, Churfürstens zu Brandenburg, und Catharinä, auch gebohrner Marggräfin zu Brandenburg, hat er 18. Jahr in der Ehe gelebet, als welche er sich A. 1609. den 5. Novembris zu Stuttgard vermählet, und mit ihr neun Kinder erzeuget, welche gewesen:

I. HENRIETTE, gebohren A. 1610. den 12. Dec. und gestorben A. 1623. den 13. Februarii.

II. FRJEDRJCH, gebohren zu Urach A. 1612. den 15. Martii, starb noch selbigen Jahrs den 12. Junii.

III. ANTONIA, gebohren A. 1613. den 24. Martii, welche sich sehre in der Hebrdischen Sprache und Cabbala geübet, und zu Stuttgard A. 1679. den 1. Octobris unvermählt verschieden.

IV. EBERHARD III. und achter regierender Herzog zu Würtemberg, gebohren A. 1614. den 16. Decembris, und gestorben A. 1674. den 2. Julii.

V. FRJEDRJCH, Herzog zu Würtemberg und Stiffter der Neustädtischen Linie, gebohren A. 1615. den 19. Decembris, und verstorben A. 1682. den 24. Martii.

VI. ULRJCH, Herzog zu Würtemberg, gebohren A. 1617. den 15. May, bekahm zu seinem Unterhalt Neuenburg angewiesen, war ein groſser Kriegs-Held, der der Republique Venedig, dem Churfürsten in Bayern, den Königen in Spanien und Frankreich, und endlich dem Kayser und Reich gedienet. Er war auch Ritter des Dänischen Elephanten-Ordens, und starb A. 1671. den 4. Dec. zu Stuttgard. Von seinen zwo Gemahlinnen hat er nur zwey Töchter gehabt, die alle beede schon längst verstorben.

VII. ANNA JOHANNA, gebohren A. 1619. den 13. Martii, liebte sehr die Mathematic, und andere schöne Wissenschafften, und starb A. 1679. den 5. Martii.

VIII. SJBYLLA, gebohren A. 1620. den 4. Decembris, ward A. 1644. den 22. Nov. an Herzog Leopold Friederichen in Würtemberg in Mömpelgard vermählet, und Wittwe A. 1662. den 15. Januarii,

lebte

lebte alsdann auf dem Schloße Hericourt, war sehr erfahren in der Historie und Genealogie, gieng letztens nach Stuttgard am Fürstl. Hof, woselbst sie A. 1707. den 21. May verstorben.

IX. EBERHAL, gebohren A. 1623. den 4. Sept. starb A. 1624. den 9. Januarii.

Herzogs Johann Friedrichs Wittwe hielte sich nach ihres Gemahls Absterben in ihrem Wittwen-Sitz zu Brackenheim auf, muste sich aber von dar wegen des Kayserlichen Einfalls A. 1634. nach Straßburg flüchten, woselbst sie auch A. 1636. den 13. Februarii diese Zeitlichkeit gesegnete. Man findet, daß sie in die Stamm-Bücher diese sechs Buchstaben bey ihrem Namen geschrieben:

M. V. S. I. C. A.

welche Spener also erkläret:

Mein Vertrauen Stehet In Christo Allein.

oder:

Mein Vester Stein Ist Christus Allein.

vid. Lansii *Titus Wirtembergicus in Mantissa Consultat. & Orat. p. 696.* Spenerus *in Sylloge Genealog. p. 585.* Lairiz. *in histor. Genealog. Palmwald ad Tab. IX. c. III. § XII. p.* 488. Pregitzer im Würtemb. Cedern-Baum *p. I. Tab. XIX. p. 19.*

Ahnen-Tafel.

Johann Friedrich lebender regierender Herzog zu Würtemberg geb. A. 1582. den 5. May kam zur Regierung A. 1608 den 30. Januarii, und starb A. 1628. den 18. Julii.

- 1. Friederich regierender Herzog zu Würtemberg † 1608.
  - 1. Georg Graf zu Würtemberg und Mümpelgard † 1558.
    - 1. Heinrich Graf zu Würtemberg und Mömpelgart † 1519.
      - 1. Ulrich der Vielgeliebte Graf zu Würtemberg † 1480.
      - 2. Elisabeth Herzogin in Bayern † 1451.
    - 2. Eva Gräfin zu Salm † 1521.
      - 3. Johann VI. Graf zu Salm † 1451.
      - 4. Johanna Freyin von Sirck.
  - 2. Barbara Land-Gräfin zu Hessen † 1597.
    - 3. Philipp Landgraf zu Hessen † 1567.
      - 5. Wilhelm der Mittlere Landgraf in Hessen † 1509.
      - 6. Anna Herzogin zu Mecklenburg.
    - 4. Christina Herzogin zu Sachsen † 1549.
      - 7. Georg der Reiche Herzog zu Sachsen † 1539.
      - 8. Barbara Königliche Prinzessin in Pohlen † 1534.
- 2. Sibylla Fürstin von Anhalt † 1614.
  - 3. Joachim Ernst Fürst zu Anhalt † 1586.
    - 5. Johannes Fürst zu Anhalt Zerbst † 1551.
      - 9. Ernst Fürst zu Anhalt. † 1516.
      - 10. Margaretha Herzogin zu Münsterberg † 1530.
    - 6. Margaretha Chur-Prinzessin zu Brandenburg † 1543.
      - 11. Joachim I. Churfürst zu Brandenburg † 1535
      - 12. Elisabeth Königl. Prinzessin aus Dänemark † 1555.
  - 4. Agnes Gräfin zu Barby † 1569.
    - 7. Wolffgang Graf zu *Barby* † 1565.
      - 13. Burckhard II. Graf zu *Barby* † 1506.
      - 14. Magdalena Herzogin zu Mecklenburg † 1533.
    - 8. Agnes Gräfin zu Mansfeld † 1558.
      - 15. Gebhard Graf zu Mansfeld † 1558.
      - 16. Margaretha Gräfin zu Gleichen.

Der Wöchentlichen
Historischen Müntz-Belustigung
42. Stück. den 17. October. 1731.

Eine sehr rare Römische Müntze von A. 946.

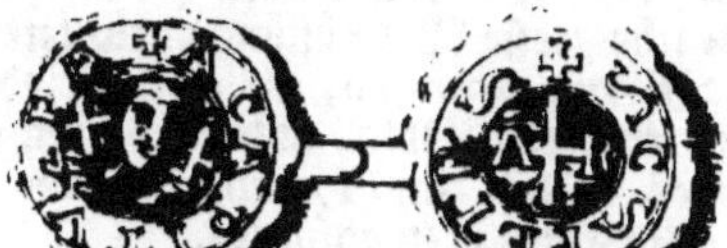

1. Beschreibung derselben.

Die erste Seite zeiget des Pabstes zu Rom, Agapiti II. Brustbild mit völligen Gesichte, jedoch wegen der Ungeschicklichkeit des Stempel-Schneiders, nach damahliger sehr elenden Zeiten Beschaffenheit, in gar heßlicher und unförmlicher Gestalt, in der rechten das Creutz, und in der linken einen Schlüßel haltend, mit der Umschrifft: AGAPITVS. PA. pa. d. i. Agapitus Pabst. Dieser Pabst ward erwählet A. 946. und starb A. 955.

Die andere Seite enthält die durch ein Creutz vereinigte Buchstaben A. L. B. R. oder das Monogramma, d. i. den verzogenen Namen des Römischen Patricii und Fürstens ALBERICI. Umher ist zu lesen: SCS. Sanctus. PETRuS. Petrus. der heilige Peter.

2. Historische Erklärung.

In der historischen Erklärung dieser Münze muß ich von dem Römischen Fürsten Alberico hauptsächlich, und nicht von dem Römischen Pabst Agapito II. reden, weil ich nicht nur alleine beweisen will, daß derselbe, und nicht dieser, diese Münz habe schlagen laßen, sondern auch die Käntnüß deßelben vornehmlich nöthig ist.

Es war Albericus einer von den dreyen Söhnen Alberici, des Römischen Bürgemeisters, welche er mit der so berüchtigten Marozia, die aus folgenden besser wird bekand werden, erzeuget hatte. Derselbe hat unter Pabst Johanne X. A. 915. die Saracenen aus der Festung Gariliano zurücke geschlagen, wie Leo Ostiensis *in Chronico Casinensi Lib. I. c. 22.* erzehlet. Als er aber durch diesen Sieg sehr hochmüthig ward, und mit den Römern allzu gewaltsam und herrisch verfuhr, so jagten sie ihn aus der Stadt. Er setzte sich hierauf in die Stadt Orta in Etrurien, befestigte dieselbe, nahm den Tittel eines Marggrafens an, und lockte den Römern zum Tort, Trotz, und Schaden A. 925. die weit und breit herum streiffende Ungarn ins Land, welche eine sehr grosse Verwüstung anrichteten. Nach ihren Abzug aber fielen die Römer Albericum, als einen Feind und Verräther des Vaterlandes an, eroberten Orta, und erschlugen ihn, wie dieses Flavius Blondus *in Decad. II. Lib. II. p.* 179. und Sigonius *de R. J. Lib. VI. ad A.* 925. *p.* 156. aus alten Chronicken anführen.

Justus Fontanini *in Antiquit. Horta Lib. II. c.* 7. ziehet dahero die Worte des Panegyristen des Kaysers Berengers *Lib. II. in* Leibnitii *T. I. script. Brunsvv. p.* 243. auf desselben Hinrichtung:

- - - - - - - - Nec segnis abibat
Albricus, Tiberine tuas nunc sanguine lymphas
Qui fraude infecit, quingentaque robora belli
Educit patriis horrentia viribus, atque
Francigenis olim duris exercita ludis.

Der Muratori aber *in Antichita Estensi P. I. c. 23. p.* 23. wendet sehr wohl dagegen ein, daß man erwehnte Verse auch so verstehen könne, daß Albericus das Tyber-Wasser nicht mit seinem, sondern der Feinde Bluth, gefärbet habe. Ferner beobachtet er, daß diese Lob-Schrifft noch bey dem Leben K. Berengers I. ums Jahr 916. oder 917. sey verfertiget worden, wie alle Umstände es zeigen, und insonderheit weil sie sich mit der Beschreibung der Kayserl. Krönung des Berengarii zu Rom endiget, als welche am Heil. Ostertag, der in besagten 916. Jahr nach Christi Geburt auf den 24. Tag des Martii gefallen, vollbracht worden; dahero könne auch des Alberici Blut mit dem Tyber-Strom vor der Zeit nicht seyn vermischt worden, weil auch Fontanini selbsten saget, daß nach K. Berengers Ermordung Albericus sey umgebracht worden, diese aber geschahe nach Flodoardi Bericht im Chronico A. 924.

Meines Erachtens hat auch der sonst so vortreffliche und in Untersuchung der Alterthümer und Prüfung der Gewißheit der Geschichte so wol

geübte

geübte Fontanini besagtes anderes Buch des Panegyrici Berengariani nicht recht eingesehen, geschweige dann gelesen; denn sonst würde er gefunden haben, daß solches die Schlacht beschreibe, welche Herzog Wido von Spoleto mit Berengern A. 889. gehalten, bey welcher ein Albericus auf Berengers Seite gestanden, und handelt es also keines weges von dem Alberico, der nach den zurück gewichenen Ungarn von den Römern massacrirt worden.

Nicht weniger irren Baronius *in ann. ad. A.* 915. *n.* 2. Fiorentini *in memoriis Comitissæ Mathildis L. III. p.* 34. und noch andere, welche Albertum den andern und reichen Marggrafen in Thuscien, der A. 917. verstorben, und die Bertham, K. Lotharii des Jüngern in Lothringen Tochter, zur Gemahlin gehabt, für unsers Alberici Vatter ausgeben; welches deßwegen unmöglich seyn kan, weil dieses Sohn, Marggraf Wido, der unzüchtigen Maroziæ Gemahl ganz unlaugbar gewesen; und doch niemahls dergleichen Blutschande der Maroziæ, obschon sonsten an ihr kein gut Haar gewesen, von den Scribenten ist vorgerucket worden. Obige gelehrte Männer sind sonderlich dadurch in diesen Irthum gerathen, daß sie in dem Liuthprando nicht besser nachgesehen, denn weil sie in selbigem *Lib. II. c.* 13. diese Worte gelesen: Genuit Marozia ex Alberto Marchione Albericum, qui nostro tempore Romanæ Urbis Principatum usurpavit, so haben sie solche auf den Marggraf Albertum in Tuscien gedeutet, da doch im folgenden *Lib. III. c.* 12. Liutprand eben diesen Albertum Albericum nennet, und also schreibet: Habuerat sane Marozia filium, nomine Albericum, quem ex Alberico, Marchione, ipsa genuerat. Albertus und Albericus waren bey den Italiänern einerley Nahmen.

Des Jüngern Alberici Mutter war obbesagter massen Marozia, deren Vatter man zwar nicht weiß, aber wol ihre Mutter, die durch ihre gräßliche Hurerey sich ein schändliches Andenken gemacht. Es war dieselbe Theodora, eine aus einer ansehnlichen Rathsherrn Familie zu Rom entsproßene, und also sehr vornehme Weibs-Persohn, von vortrefflichen Verstand und Schönheit, die aber ihre Klugheit zur Herschsucht, und ihre gute Gestalt zur Wollust anwendete, damit auf geschickte Weise den grossen Herrn von Rom das Seil über die Hörner zu werffen wuste, und sich so wohl ihrer Macht, als ihrer Leiber bemächtigte, wie sie wolte. Der Historicus Albericus nennet sie doch eine Wittwe, sonst solte man glauben, daß sie außer dem Ehestand ihre zwey Töchter, Maroziam und Theodoram, gebohren habe, die ihr am Gemüthe und Leibe vollkommen gleich kahmen, und dahero auch zu eben diesen üblen Handwerk, das sie Zeitlebens getrieben, von ihr gar zeitlich abgerichtet wurden. Sie brachte es auch so weit, daß sie die

Herrschafft von Rom, da kein rechter Römischer Kayser war, vollkommen in ihren Händen hatte, und recht männlich führete. Der zu selbiger Zeit lebende Levita Ticinensis, Liutprand bezeuget dieses Lib. II. hist. c. 13. mit folgenden Worten: Theodora, scortum impudens, hujus Alberici, qui nuper hominem exuit, avia, (quod dictu etiam fœdissimum est) Romanæ civitatis non inviriliter Monarchiam obtinebat. Sie brachte es also durch ihre Gewalt und Ansehen dahin, daß der leichtfertige Cardinal Sergius, ein gebohrner Graf von Tuscoli, der schon A. 891. Pabst zu werden affectiret hatte, aber von seines Gegners, des Formosi, Anhang war aus der Kirche geprügelt worden, Pabst Christophorum A. 908. ins Gefängnüs stieß, und sich des Päbstl. Stuhls durch die Waffen seines Anverwandten, des Marggrafs Alberti in Tuscien, bemächtigte. Seine üble Sitten und beschriene Geilheit, die ihm vormahls niedergedruckt hatten, daß er bey P. Formosi Wahl nicht hatte empor kommen können, hatte er aber noch nicht abgeleget. Dahero scheuete er sich auch nicht als Pabst, seiner so grossen Patronin ältere Tochter, die in aller Frechheit erzogene Maroziam, zu seiner Beyschläfferin zu gebrauchen, und mit ihr einen Sohn, Johannem, zu erzeugen.

Söhne und Töchter zeugen wird von Päbsten in den Historien nicht so offte gelesen, als wie von den Alt-Vättern der Jüden in dem ersten Buche Mosis. Dahero muß ich deswegen einen tüchtigen Zeugen beybringen. Dieser ist der öffters angeführte Liutprand der l. c. saget: Marozia ex Papa Sergio - Joannem - nefario genuit adulterio.

Jedoch die Schändlichkeit der Sache erfordert noch einen Zeugen von gleicher Würde; der ist auch in der Bereitschafft, nemlich der alte Chronographus Farfensis Monasterii von selbiger Zeit *in DuChesne T. III. Script. rer. Franc. p.* 669. schreibet: Theodora quoque Romanæ civitatis monarchiam obtinebat. Hujus filia, nomine Marozia, ex Papa Sergio genuit filium, nomine Joannem, qui post Stephanum septimum Romanus Pontifex efficitur.

Nach Pabst Sergii III. A. 911. zu Ausgang des Augusti erfolgten Absterben verliebte sich der Römische Bürgemeister, und nachmahliger Marggraf zu Orta in die Maroziam, und hatte von ihr unehlich nicht nur unsern Albericum den Jüngern, sondern noch zwey Söhne und eine Tochter. Denn daß eine ordentliche Ehe zwischen Ihnen wäre gemacht worden, kan ich aus des Liutprands Erzehlung nicht abnehmen.

Leo Ostiensis sagt zwar *Lib. II. c. 62. Chr. Cassin.* daß auch oberwehnter Johannes, den die Marozia von dem Pabst Sergio III. empfangen hatte, auch vom Alberico hergekommen sey: Joannes XI, natione Romanus, Alberici,

rici,

ici, Romanorum Consulis, filius, sind seine Worte; Alleine obangeführte Zeugniße wiederlegen demselben aufs gründlichste

In einem Schenckungs-Brief des Klosters SS. Andreæ & Gregorii ad Clivum Scauri, welchen der Jüngere Albericus gegeben, und welchen uns Ughelli *in Tomo I. Italia sacra p.* 1026. *noviss. edit.* aus dem Original mitgetheilet, treffen wir dieses Huren-Geschmeiß zusammen an; denn dessen Anfang also lautet: Nos *Albericus*, Domini gratia humilis Princeps, atque omnium Romanorum Senator, atque *Sergius*, humilis Episcopus S. Nepesinæ Ecclesiæ, nec non & *Constantino* illustri viro, atque *Berta* nobilissima puella uterina, & germanis fratribus, *Marocha* quondam Romanorum Senatricis filii &c.

Nachdem Albericus der ältere oberwehnter massen umgebracht worden, so verehligte sich die Marozia mit dem vorhin schon angeführten Widone, Marggrafen in Tuscien, und zwar nach seiner ersten Gemahlin Absterben, einer Tochter Anscarii, Marggrafens von Ivræa. Durch denselben brachte sie es dahin / daß ihr von dem Pabst Sergio III. bekommener Sohn, Johannes, A. 931. Pabst wurde. Denn Päbste ein- und absetzen konte sie und ihre Mutter meisterlich.

Diese hatte einen jungen Geistlichen von Ravenna, Johannem, welchen sein Ertzbischoff, Petrus, nach Rom gesandt, zu ihrer unziemlichen Liebe gereitzet / welchen sie nachgehends zum Bischoff von Bononien, ferner zum Ertzbischoff von Ravenna, und endlich A. 912. zum Römischen Pabst gemachet, der den Namen Johannis des zehenden geführet. Diesen Galan ihrer Mutter stieß die Marozia, durch Hülffe ihres Gemahls, vom Stuhl, und setzte dagegen A. 928. Leonem VI. darauf.

Herr D. Valentin Ernst Löscher, der auch von diesem Römischen Huren-Regiment eine Historie geschrieben, meldet *Lib. II. §. 3. p.* 37. Man „ habe damahls in der Welt eine gemeine Sage geführet, welche ein be- „ wehrter Historicus selbiger Zeit, nemlich Liutprand *Lib. II. c.* 13. vor „ wahr aufgezeichnet habe, daß Pabst Johannes X. nicht des Lando, sondern „ vielmehr des Pabsts Sergii und der Maroziæ, Sohn gewesen sey, und wä- „ re die Boßheit dieser Rotte um so viel entsetzlicher, wenn die verboste „ Mutter Theodora mit ihrer eigenen Tochter Kind dergleichen Schand- „ that verübet. Er hat aber den Liutprand ganz und gar nicht verstanden, der ganz an verschiedenen Orten von den beeden Päbsten handelt, als von Johanne X. in dem allbereit gemeldten Orte, und von Johanne XI. *Libro III. c.* 12. dahero dann auch der fleissige Albericus in Chronico ad A. 911. dieses besser gefasset, und also gantz deutlich und ordentlich erzehlet: Per idem tempus, Petrus Ravennæ sedis pontificatum tenebat, qui dum clericum suum Johannem sæpius & iterum domino dirigeret Papæ, Theodora, quæ Principatum tenebat Romæ, in hujus speciei decorem vehementer exarsit, & secum scorto compulit. Interea Bononiensis Episcopus moritur, & Johannes isti loco eligitur. Paulo post ante diem ejus consecrationis, nominatus Petrus, Ravennas Archiepiscopus mortem obiit, locumque ejus Johannes idem, Theodoræ instinctu, Bononiense ecclesia derelicta, sibi usurpavit, Romam quippe adveniens mox Ravennæ ecclesiæ ordinatus Episcopus. Hic est *Johannes*, qui post fuit Papa, & dictus est *Johannes decimus*. Marozia vero, Theodoræ filia, Sergio Papæ per adulterium peperit illum *Johannem*, qui duobus interpositis post prædictum Johannem Ravennatem fuit Papa, & dictus est *Johannes* undecimus. Jedoch auch ohne diese Auslegung des Alberici redet Liutprand in der vom Herrn D. Löscher angeführten Stelle ganz deutlich vom Johanne X. und XI. also: Quo tempore venerandæ Romanæ sedis Joannes, Ravennas, summum Pontificatum tenebat. *Item*. Marozia ex Papa Sergio - Joannem, qui post Joannis Ravennatis obitum sanctæ Romanæ ecclesiæ obtinuit dignitatem.

Man muß keiner Hure auch mehr nachsagen, als man beweisen kan, noch der alten Historicorum Worte, Sinn und Meynung, nach den vorgefasten Haß, zu verdrehen suchen, wenn man nicht einen Irthum über den andern begehen, und die Welt lauter falsche Sachen bereden will. Die schändliche Theodora war zwar in ihrer Geilheit ganz unersättlich, daß aber eine alte Vettel hätte noch in ihrem 50. Jahre von der Frechheit seyn, und ihren jungen und frischen Enkel mißbrauchen sollen, das lautet gar zu gräßlich, und ist unter den unflätigsten Heyden niemahls geschehen.

Pabst Johannes X. zohe sich dadurch der Maroziæ und des Widonis Ungunst zu, daß er seinen Bruder, Petrum, in allzu große Würden setzte, und mit ihm gleichsam das Kirchen-Regiment theilte; dahero ließen sie denselben in dem Lateranensischen Pallast durch Soldaten überfallen, den Bruder vor dessen Augen niederhauen, ihn in das Gefängnüß schleppen, und ihn selbst mit einem Kopfküßen ersticken. Ihm folgte Leo VI. der nur 6. Monath und 15. Tag lebete; worauf Stephanus VIII. Pabst wurde, und diese Würde einen Monath, und etliche Tage über zwey Jahre führete. Darauf A. 931. Johannes XI. dazu gelangete.

Bald darauf starb Marggraf Wido, und weil die Marozia voraus sahe, daß sie sich schwehrlich ohne einen mächtigen Beystand in der bißherigen Gewalt über die Stadt Rom würde erhalten können, so warf sie ihre geilen Augen auf ihres verstorbenen Gemahls Halb-Bruder, Hugonem, einen gebohrnen Grafen in Provence, welcher A. 926. König in der Lombardie oder Italien geworden. Es war derselbe ein Sohn Theutbaldi, oder [illegible] taldi, Grafens in Provence, und der Berthæ, Königs Lotharii des jüngern in Lothringen Tochter, welche sich nach dieses ihres ersten Gemahls Ableben, zum andernmahl mit Alberto II. und reichen, Marggrafen in Tuscien vermählete, und von ihm eine Mutter des Widonis wurde. Marozia aber setzete die nahe Anverwandtschafft ganz bey Seite, dahero auch Liutprand sagt, sie wäre eine andere Herodias gewesen, und both K. Hugoni mit ihrer Ehe auch die Herrschafft über Rom an, welches beedes derselbe A. 936. blindlings annahme, und einen prächtigen Einzug in Rom hielte. Die Marozia hatte an der Tyber die Engelsburg noch mehr befestigen lassen, und meinte, daß so lange sie solche in ihrer Gewalt hätte, so würde sie und ihren neuen Gemahl niemand aus Rom treiben können. Aber ein jählinger Zufall wieß das Gegentheil.

Der junge Albericus muste seinem Stief-Vater bey der Mahlzeit die schuldige Ehrbezeugung machen, und ihm das Hand-Wasser aufgiessen. Als er nun, nicht lange nach desselben Ankunfft, etwas unvorsichtig bey dieser Bedienung war, und zu viel Wasser ausschüttete, so bekahm er von dem Stief-Vater eine derbe Maulschelle. Diese Schmach brachte diesen jungen Cavallier dergestalt auf, daß er die vornehmsten Bürger zu Rom zusammen beruffte, und ihnen mit nachdrücklichsten Worten vorstellete: wie weit nunmehro die Herrlichkeit der so alten und glorreichen Stadt Rom verfallen wäre, daß sie anitzo einem Bluthschänder gehorchen müste, und daß die Burgunder, so sonsten der Römer Knechte gewesen, nunmehro ihre Herren geworden. Da K. Hugo, da er noch kaum erwarmet, und nur noch für einen Gast zu halten wäre, ihn, seinen Stiefsohn, schon ins Gesichte geschlagen hätte, was würde er ihnen für Schimpff und Schaden zufügen, wann er länger bey ihnen bleiben und einwurzeln solte. Ob sie die fressige und stolze Weiß der Burgunder nicht mehr kenneten? oder solche nun mit ihrem Untergang erfahren wolten? Hiedurch erregte Albericus eine allgemeine Empörung in der Stadt gegen König Hugonem, daß die erhitzten Römer alle Anstalt machten die Engelsburg zu stürmen. K. Hugo sahe sich also gezwungen, wiederum aus Rom Abschied zu nehmen, und sich in grosser Angst bey Nacht über die Mauer der Engelsburg an einem Strick herunter zu laßen, und wieder zu den seinigen in die Lombardie zu begeben. Die Römer nahmen hierauf die Engelsburg ein, besetzte[illegible] mit starker Manschafft, und erwählten über sich zum Herrn den Al[illegible] Dieser trauete darauf auch seiner Mutter und seinem Halbbru[illegible] hanni XI. nicht, die mit diesem Verfahren übelzufrieden waren[illegible] te sie beede nicht lange darnach in ein Gefängnüß. Wie F[illegible] nico. ad A. 935. erzehlet.

K. Hugo rückte zwar noch selbiges Jahr mit einer Armée vor Rom, und suchte sich dieser Stadt durch eine Belagerung zu bemächtigen. Es schlug sich aber der damahls nach Rom zu Pabst Leoni VII. gehende heil. Odo, Abt von Clugny, ins Mittel, und vertrug K. Hugonem mit Alberico, welcher auch dem Alberico seine Tochter Aldam beylegete. K. Hugo hatte sich nur um deswillen so leichte laßen zu einem Vergleich mit Alberico finden, damit er durch die Vermählung seiner Tochter Albericum einschläffern, und doch endlich Rom in seine Gewalt bringen möchte.

Der schlaue Albericus merkte aber alle seine Tücke, und war auf seiner Huth. Dahero er seinen Schwieger-Vater weder einen Fuß in Rom setzen ließ, noch auch zu demselben kam. Hingegen funden alle mit K. Hugone mißvergnügte Italiäner bey Alberico sichern Auffenthalt, und wurden von ihm aufs beste versorget. Hierüber ward K. Hugo von neuem zornig, daß er alle Jahre das Römische Gebiethe mit Brand und Plünderung verheerete. Dahero endlich Pabst Stephanus IX. den heiligen Odonem, Abten zu Clugny, A. 942. wiederum nach Rom ruffete, um einen neuen Frieden zwischen diesen beyden zu stifften, welcher denselben auch glücklich zu Stande brachte.

Albericus blieb demnach Herr und Besitzer der Stadt Rom von A. 936. biß A. 954. in welchem er verstarb, und die Herrschafft und den Besitz von Rom seinem Sohn Octaviano, einem Geistlichen, hinterließ, der nach Agapiti II. Tod von den Römern unter den Nahmen Johannis XII. A. 956. zum Pabst gemacht wurde; wie aus folgenden Worten des Frodoardi erhellet, der zwölff Jahr darauf gestorben: Alberico Patricio Romanorum, defuncto, filius ejus Octavianus cum esset Clericus, principatum adeptus est, quique postea, defuncto Agapito, suggerentibusque sibi Romanis, Papa urbis efficitur. Nach des Frodoardi Bericht hätte Albericus die Obergewalt über Rom unter den vielsagenden Tittel eines Römischen Patritii geführet. Alleine daß er sich dieses Tittels nicht gebrauchet, weiset obige Charta donationis beym Ughelli, die er also unterschrieben: Albericus Princeps atque omnium Romanorum Senator. Die fünff Zeugen, welche solche unterschrieben, betitteln ihn auch also. Also nennete er sich einen Fürsten und Raths-Herrn der Römer. Wie er mit den Päbsten geschaltet und gewaltet, davon könte noch viel gesaget werden, wann es der Raum litte. Von seiner Oberherrschafft über dieselbe zeiget auch gegenwärtige Münze, als welche vollkommen mit dem Gepräge übereinkommt, wie die Münzen zu Zeiten der Carolingischen Kayser in Rom geschlagen worden, als die auf einer Seite des Kaysers, und auf der andern entweder des heil. Petri, oder der Stadt Rom, oder des Pabstes Namen, führeten, wie aus des Mr. le Blanc *dissertation historique* über dergl. Münzen zu ersehen, der auch beweiset, daß nicht der Pabst, sondern der Souverain von der Stadt Rom, solche habe als Geld schlagen laßen.

Der Cardinal Baronius, wann er in seinen Annalibus Ecclesiasticis auf diese greuliche Zeit im zehnden Jahrhundert komt, ist zwar so aufrichtig, daß er eben das aus dem Luitprand, Frodoardo, und andern alten Historicis anführet, was ich erzehlet habe, und absonderlich eingestehet in anni 908. n. V. tunc ita invaluisse meretricum imperium, ut pro arbitrio legitime creatos dimoverent Pontifices, & violentos ac nefarios homines illis pulsis intruderent. Er tröstete sich aber auch dabey damit, daß damahls die Verheißung Christi eingetroffen: Matth. XVI. Und die Pforten der Höllen sollen sie nicht überwältigen. Natalis Alexander spricht ihm dieses nach T. XV. H. E. p. 101. mit der beygesetzten Application eines Dicti ex Cant. I. 5. auf den damahligen Zustand der Römischen Kirche: Nigra sum, sed formosa. vid. Liutprandus *l. c. & L. IV. c. 1. V. 1.* Frodardus & Albericus *in chron.* Sigonius *de R. I. &* Baronius *ad h. aa.*

Der Wöchentlichen
Historischen Münz-Belustigung
43. Stück. den 24. October. 1731.

Ein schönes und rares Schaustuck von der Reichs-Stadt Ravenspurg von A. 1624.

1. Beschreibung desselben.

Auf der ersten Seite ist die Abbildung der Stadt Ravenspurg zu sehen, wie sie sich von der Seite des Frauenthors præsentiret. Über derselben sind zwey nebeneinander stehende Schildgen unter der Kayserl. Krone, über welche zur rechten ein Palm- und zur linken ein Lorbeer-Zweig hervor raget. In dem Schildgen zur rechten ist das Reichs-Wappen, der zweyköpffigte Adler; in dem Schildgen zur linken das Stadt-Wappen, ein blaues Thor mit einem Schutzgatter, zwischen zweyen Thürmen mit Zinnen von gleicher Farbe, im weissen Feld; Unter den Wäpplein stehet in einer Einfaßung die Jahrzahl MDCXXIV. Unter der Stadt ist in einer zierlichen Einfaßung zu lesen: RAVENSPVRG.

Die andere Seite ist mit lauter Wappen der Raths-Herrn angefüllet; davon ihrer fünff in der Mitten mit den Schilds-Füßen zusammen gesetzet, welche auch mit Helmen und deren Kleinodien bezieret. Rings umher stehen zehen Schildlein ohne Helme. Wie aber dazumahl diejenigen geheißen, denen diese Wappen zugehöret, das ist mir unbekand, zumahl da noch keine Ravenspurgische Chronick vorhanden, in welcher man dieselben hätte können aufgezeichnet finden, so sind sie auch nicht in dem großen Nürnbergischen Wappen-Buch unter den Ravensburgischen Geschlechten zufinden.

2. Historische Erklärung.

Die Reichsstadt Ravenspurg im Algau liegt in einem lustigen mit Weinbergen umgebenen Thal, von welcher einen Büchsenschuß weit, beym Unterthor hinaus, der Fluß Schüß vorbey fliesset. Sie hat vordem den so alten, angesehenen, und reichen Welphischen Grafen von Altorf gehöret, von welchen ohnweit davon der Flecken Altorf, und das berühmte Benedictiner-Kloster Weingarten noch vorhanden. Ausserhalb derselben auf dem St. Veitsberg haben diese Grafen ein Schloß gehabt, die Gravensburg genant, welches anitzo ein Oesterreichisches Land-Haus ist, und zu der Stadt Anbau soll Gelegenheit gegeben haben/ dieweil unter demselben schon ein Flecken, die Gravenau, gewesen, der nach und nach an Einwohnern und Häusern so zugenommen, daß er endlich Stadt-Recht erlanget, A. 1100. mit Mauern umschlossen worden, und den Namen von obbemeldten alten Schloß Gravensburg behalten, von welchen man in gemeinen Reden und Schreiben mit der Zeit das G. weggelaßen. Einige sagen zwar, sie habe vorzeiten Rachenburg geheißen, ihr Beweiß hat aber weniger Wahrscheinlichkeit.

Nochweniger kan dargethan werden, daß der große Kayser Friedrich I. daselbst gebohren worden, sintemahl von dessen Geburt so wenig von Ottone Frisingensi und andern zu dessen Lebens-Beschreibung dienlichen Historicis, aufgezeichnet worden, daß wir auch deßen Geburts-Jahr eigentlich nicht wissen. Er war zwar von einer Welphischen Mutter gebohren, jedoch besaß dazumahl die alten Welphischen Güter um den Boden-See ihr Bruder Herzog Welf VI.

Es ist auch ungewiß, wann Ravensburg eine Reichsstadt geworden. Crusius und Zeiler meinen zwar K. Friedrich der erste habe sie zum Reich gebracht. Alleine dieses sind Meynungen ohne allen Beweiß, auf welchen man heut zu Tage nicht gerne fußet.

Ich beseuffze sehr offt, daß es in der Historie des so edlen und grossen Schwaben-Lands noch so düster aussiehet. Es war vor dem eines der

ansehn-

ansehnlichsten Herzogthümer unsers Reichs; dem Schwäbischen Rechte hat sich halb Teutschland unterworffen; es ist anitzo mit vornehmen geistlichen und weltlichen Reichsständen angefüllet, von deren Ursprung, Wachsthum, und Aufnehmen, ein gründlicher Unterricht den Liebhabern der Teutschen Reichs-Geschichte höchst nöthig wäre. Es will aber kein Crusius und Zeiler mehr aufstehen, und die Hände an ein so nützliches Werk legen. Man soll sich nur mit dieser beeden Männer Schrifften behelffen, die aber einem öffters nur das Maul aufsperren und nichts hinein geben, daß man so hungrig bleibet, als man zuvor gewesen.

Woran liegt es aber, daß man bey dem itzigen allgemeinen Eifer unsers Vaterlandes Geschichte in ein grössers Licht zu setzen, daran ganz nicht gedenket? Man kan nicht sagen, daß es in Schwaben an gelehrten Leuten fehlet; die Wissenschafften sind daselbst wie eigenthümlich und erblich. Es wäre auch niemand anitzo geschickter, eine solche vortreffliche Arbeit zu übernehmen und auszuführen, als der Würtembergische Regierungs-Rath und Professor Juris bey dem Fürstl. Collegio zu Tübingen, Herr Johann Jacob Moser von Filseck und Weilerberg, der hat Verstand, Belesenheit, Aufrichtigkeit, Muth, Fertigkeit und Fleiß gnug dazu, wie sein erläutertes Würtemberg, seine Bibliotheca Scriptorum de rebus Würtembergicis, und seine andern ausbündigen Schrifften, jederman sattsam zu erkennen geben.

Ich glaube aber, das ist die vornehmste Ursache, daß es so schwehr, ja fast unmöglich scheinet, eine tüchtige und ausführliche Historie von Schwaben zu schreiben, daß die vielen Reichsstände daselbst Bedenken tragen, die Schlüssel zu ihren Archiven an einen Rinck zu geben. Die verschiedenen Gerechtsamme und Absichten, und am meisten die leidige Zwiespalt in der Religion, erreget hiebey ein unaustilgliches Mißtrauen. Wenn man erwägete, daß ein rechtschaffener Historicus, bey einer solchen zu übernehmenden allgemein nöthigen und nützlichen Arbeit, sich so aufführete, als ob er als des Archimedis Stuben-Geselle an einem Orte ganz außer der Welt lebete, und gleichsam ohne alle Religion Affecten und Interesse wäre, so würden viele schädliche Vorurtheile und falsche Meynungen auf einmahl wegfallen. Der Reichsstände alte Gerechtsamme, und wohl hergebrachte Freyheiten sind nunmehro so feste gegründet, daß keines Geschichtschreibers noch so geschickte Feder einen Strich durchmachen kan. Dergleichen Nodum Gordium auflösen, kan nur alleine die starke Faust des Alexandri M. mit dem Hieb eines scharffen Schwerds thun. Dessen Seele belebet aber niemanden mehr; das Faustrecht ist GOtt Lob in unsern Reiche auch aufgehoben, und der Majestätische Schutz unsers großmächtigsten Kaysers, die wohl abgefaßten Reichs-Gesetze, und die vereinigten Kräffte unsers unüberwindlichsten Reichs erhalten jeden grossen und kleinen Stand desselben bey ungestört-ruhigen Besitz desjenigen, was ihm von GOtt und Rechts wegen gebühret. Unser Vaterland gleichet keinem großen Welt-Meere, in welchem der große Fisch seines gleichen zu überwältigen trachtet, und den kleinern nach Appetit verschlinget.

Aber noch etwas fällt vielen bedenklich. Aller Anfang ist insgemein schlecht. Man will nicht gerne das Eylein beleuchten lassen, aus welchem ein nunmehro sich so hochschwingender Vogel hervor geschloffen. Der Cedernbaum, unter deßen Schatten anitzo so viel Menschen leben, will aus keinem Saamkörnlein aufgeschoßen seyn. Wann die endlich den größten Theil der damahls kundbahren Welt beherschende Römer auch so gedacht hätten, so würden Dionysius von Halicarnasso, Livius, und Florus nicht haben der Nachwelt umständlich melden dürffen, daß die ersten Erbauer ihrer Vaterstadt Findelkinder gewesen, und die ersten Einwohner und Bürger aus einem zusammen gelauffenen liederlichen Gesindel bestanden; das war jedoch eben kein so ehrliches Herkommen. Aber ein geringer und kleiner Ursprung verunedelt niemand. Die Altväter der Juden waren Hirten, und stammeten doch Könige von ihnen ab, die sich ihrer Vor-Eltern nicht schämeten.

Jedoch das sehnliche Seuffzen nach einer vollständigen und richtigen Schwäbischen Historie bringt mich fast ganz von meinen Gedanken ab; dahero ich solche wieder auf Ravensburg lenken muß.

Man solte zwar glauben, daß dieselbe in dem langwierigen Interregno bey der Zutrümmerung des Herzogthums Schwaben zu der Reichs-Freyheit gelanget, weil sie kein älteres Privilegium, als von K. Rudolfen I. aufweisen kan; aber dieser Schluß gilt nicht. Wie viel Reichsstädte können mit ihren Privilegiis nicht höher, als auf K. Friedrichen II. kommen, und das weit höhere Alterthum ihrer Reichs-Unmitelbarkeit ist doch unläugbahr, und aus andern unverwerfflichen Urkunden, und Zeugnüßen der alten Scribenten zuerweisen. Brand, Plünderung, Auffruhr, Untreue und Nachläßigkeit der Bedienten in Bewahrung der alten Schrifften, haben sie um ältere Kayserl. Privilegia vorlängst gebracht. Sie sind und bleiben deswegen doch weit ältere Reichs-Städte, als ihre jungen Privilegia, die sie aufzuweisen haben. Das durch Feuers-Brunst so offt verwüstete Reutlingen kan sich anitzo nur von K. Carln IV. an mit Kayserl. Privilegiis schützen, und gleichwohl findet sich es anderwärts, daß sie längst vorhero zum

Reich

Reich gehöret. Unter dem Adel sind diejenigen die jüngsten, die ihre Adels-Briefe vorlegen können. Je rostiger der Ritterliche Schild, je weniger braucht man denselben mit Pergament zu überziehen. Das reimt sich gar wohl auch auf die Reichs-Städte.

Uber dieses sagt K. Rudolf in dem Privilegio von A. 1276. daß die Bürger zu Ravinsburch, seinen Vorfahrern im Reich, den Kaysern und Königen, getreulich angehangen, und sich von ihrem Dienst nicht gewendet hätten, mithin ist ja dieses von Kaysern und Königen zu verstehen, die vor dem Interregno regiert haben. K. Rudolf verspricht ihnen also, sie vom Reich weder zu veräusern, noch zu vertauschen, befreyet sie von allen fremden Gerichten eines Herzogs, Grafens, und andern Rechtes; verwehret allen Edelleuten und Mönchen ein Hauß in der Stadt an sich zu bringen, und wann es auch einem Mönch um GOttes willen gegeben würde, so solte er doch gehalten seyn, es binnen Jahr und Tag zu verkauffen. Ferner soll kein fremder Schutz-Verwandter, Homo advocatitius, ein Vogtman, wie es in andern Urkunden gedolmetschet wird, so lange er in Ravensburg bleibet, gehalten seyn, seinem Schutzherrn seiner Person wegen einigen Dienst zu leisten; Ingleichen: Wer ein Landguth kauflich oder erblich an sich bringet, und es ein Jahr und Tag ruhig besetzen, daß es von niemand indessen angesprochen worden, der soll es fernergeruhiglich behalten. Wann auch einer von den Bürgern noch jung mit seinen Eigenthum von seinem Eltern ist abgesondert und nachdem haußässig geworden, und geheyrathet hat, aber ohne leibliche Erben verstirbt, so soll dessen Erbschafft auf seinen Vater oder Mutter fallen, oder wann keine mehr verhanden, auf die nächsten Erben. Es ist auch der Kayserl. Wille, daß alle und jegliche Innwohner der Stadt bey allen Vorfallenheiten gleiche Lasten mit den Bürgern tragen sollen. Das Privilegium ist gegeben zu Basel den 15. Junii A. 1276.

Zehen Jahr darnach A. 1286. war K. Rudolf persöhnlich in Ravenspurg, bekräfftigte nicht nur obiges Privilegium den 10. Januarii, sondern gab ihr auch einerley Freyheit mit der Stadt Uberlingen zu geniessen, und die Gerechtigkeit einen Mark wöchentl. alle Samstag zu halten. Wie sie denn auch von folgenden Kaysern so schöne Privilegia verdienet, daß sie allen ihres gleichen nicht viel nachgeben wird. Diese Privilegia confirmirten ihr A. 1293. den 27. Januarii K. Adolph, A. 1299. K. Albrecht I. A. 1310. K. Heinrich VII. A. 1321. K. Friedrich von Oesterreich. A. 1330. ertheilte ihr K. Ludwig aus Bayern eben diejenige Freyheiten, welche die Stadt Ulm hatte. A. 1337. gab ihr eben derselbe das Privilegium, daß ihre Bürger der Abt und Convent des Gottes-Hauses in der Minrenowe nicht vor das geistliche Gericht laden, sondern so jemand dieselben zu Recht triebe, so solt er sie vor ihren Amman in der Stadt verklagen. Eben dieser Kayser wolte in einem Gnadenbrief von A. 1339. daß alle Leut, wie die genant wären, die in ihren Ettern und in ihren Baun Güter liegen hätten, mit den Bürgern Bett und Steur geben solten.

K. Carl IV. hat dieselbe auch verschiedentlich begnadiget. A. 1354. gab er derselben die Gerichte zu richten über schädliche Leute mit alle den Rechten, wie die Bürger zu Ulm von dem Reiche hätten. Wäre demnach, daß jemand für das eigene Gerichte der Stadt einen Dieb oder Rauber brächte, mit der Hab, die er gestohlen, oder geraubet habe, so solte der Kläger behalten auf den Heiligen, daß er sein Dieb oder Rauber, oder daß er sein und des Landes schädlicher Mann sey, darnach solten zweene Männer auch schwöhren zu den Heiligen, daß des Klägers Eyd reine sey und nicht unreine. Wäre aber, daß der Dieb oder Rauber vor Gericht gebracht würde ohne die Deube (das gestohlene Guth) oder Raub, so solte der Kläger schwöhren zu den Heiligen, daß er sein Dieb oder Räuber, oder daß er sein und des Landes schädlicher Mann sey; und darnach sollen sechs Männer auch zu den Heiligen schwöhren, daß des Klägers Eyd reine und nicht unreine sey; also solte ein redlicher Mann vor dem Gerichte seinen Dieb und Rauber ewiglichen gewinnen. In einem andern Brief von eben diesem Jahre verbiet dieser Kayser, bey Strafe zehen Marck Goldes, keinen Burger zu Ravenspurg weder vor das Hof-Gerichte, noch vor ein Land-Gerichte, zu laden. A. 1355. geboth er Ulrichen, Grafen von Helffenstein, Landvogten in Schwaben, daß er dieselben bey allen Kayserl. Gnaden wider alle, die sie daran hindern oder beschädigen wolten, von Reichs wegen schützen solte. A. 1358. versprach er, daß die Vogthey, die Steur, das Amtmannamt, das Ungeld, und der Zoll daselbst, und was dazu gehöret, nicht höher solte versetzet werden, als zu dieser Zeit geschehen.

K. Wenzeslaus vergonte dieser Stadt A. 1396. alle und jegliche Aechter, in was Gerichte die geächtet worden, aufzunehmen, zu enthalten, und allerley Gemeinschafft mit ihnen zu haben, ohn damit gegen den Kayser, und das Reich gefrevelt zu haben, noch daß ihr dieses einen Schaden inwendig und auswendigen Gerichts in einige Weise zuziehen zönte, jedoch also bescheidentlich, daß sie einem jeglichen Kläger, der da zu solchen Aechtern von ihr in der Stadt rechtes soderte, eines vollkommenen und unverzogenen Rechten beholfen seyn solte. In eben diesem Jahre ertheilte er ihr denn Bann über das Bluth zu richten, und A. 1400. erlaubte er ihr, das Wasser, das von derselben in den Bodensee abrinnet, und daß man nennet die Schüssen, dazu zu fügen, zu ordnen, zu bauen, zu machen, daß es ein geladen Schiff biß in dem Bodensee ertragen möge, nach allen Städten, und ob sie darin mehr Wassers ober- oder unterhalb ihrer Stadt bringen, graben, und geleiten könten, daß möchten sie auch wohl thun. Ob sie mit der Versammlung dieses Wassers jemand auf oder ab biß in den Bodensee Schaden thäten an Äckern, Wiesen, an Steg oder Weg, an Mühlmann oder in andern Sachen, so solten sie das mit Pfenningen, oder in andere Wege, ablegen und wiederkehren, nach redlicher Erkäntnüß biderler Leute, die jedweder Theil dazu geben solle.

Von K. Friedrichen III. bekahm Ravenspurg A. 1460. die Macht Manns- und Frauens-Persohnen, die sonst keines Herrns, noch Edelmans eigen wären, ob die auch nicht in ihrer Rinck-Mauer säßen, zu Bürgern aufzunehmen; so hob auch derselbe A. 1464. auf ihr Anbringen und Beschwehren den Wochen-Marck zu Altorf wieder auf, und versprache, daß hinführo inner einer Meil von Ravenspurg, im Zirkelweise weit und breit, einigen Marck-Flecken oder Dörffern Stadt-Recht, Gräben zu machen, Jahr- oder Wochen-Märck zu halten, nicht solte erlaubet werden. A. 1472. erlaubte er ihr einen Verweser des Reichs-Ammans aus ihren Bürgern zu

setzen,

setzen, wann dieser aus erheblichen Ursachen, das Gerichte nicht abwarten könte, und bestärtigte ihr A. 1478. das Ober Forstmeister Amt, und jährlich zuhaltendes Wald-Gerichte wegen des Altorfer Reichswalds. So solte auch nach einen andern Gnaden-Brief dieses Kaysers von A. 1481. in klärlich mit Briefen erwiesenen, und in den Stadt-Buch bekandten und aufgeschriebenen Geldschulden, keine Appellation mehr statt haben.

K. Maximilian erneuerte A. 1512. das Privilegium, daß alle diejenige, sie wären geistlich oder weltlich, so nicht Bürger, und doch in der Stadt Ravenspurg, oder, derselben ettern, und Gezircke gelegene Güter hätten, oder künfftigl. überkähmen, in was Gestalt das geschähe, und damit nicht Bürger werden wolten, solche Güter, innerhalb Jahrs Frist, nächst nach den Bürgern verkauffen solten; so aber jemand dieselben Güter in der obbestimmten Zeit nicht hingeben, sondern die höher achten wolte, so solten Bürgermeister und Rath durch erbare unpartheyische von beeden Theilen dazu verordnete Persohnen dieselben Güter nach den Werth, wie sie in der Steuer liegen, anschlagen und schätzen lassen, und alsdann der Besitzer schuldig seyn, solche Güter was sie geschätzt seyn, zu verkauffen, oder aber Ihme derselben Anbau niedergelegen werden, es wäre dann, daß der Rath einen solchen Besitzer solche Güter länger in zu haben vergönnte, so solte derselbe doch diese Güter jährlich zwiefach versteuren. A. 1516. gab dieser Kayser auch der Stadt Ravenspurg eine Befreyung von den Hof-Gerichte zu Rothweil, von dem Westphälischen Gerichte, und allen andern Land, und andern Gerichten, wie die genannt seyn.

K. Carl der V. ertheilte A. 1530. den Rath zu Ravenspurg das Privilegium wegen des Abzug-Geldes, daß nicht nur alle und jegliche Persohnen/ so ihm nicht unterworffen, in was Würden, Stand, oder Wesen die wären, niemand ausgeschlossen, die von den Bürgern und Einwohnern einig Haab oder Gut, liegend oder fahrend, viel oder wenig, erben, oder durch Gemächt, Geschäfft, oder in andere Wege überkommen würden, entweder die nächsten nacheinander folgenden zehen Jahr, bey dieser ererbten, oder obgedachter massen überkommenen Haab und Gütern wohnhafft sitzen, und das Burger-Recht übernehmen, und davon tragen solten, wie andere Bürger oder Innwohner; oder aber von diesen Gütern durchaus den zehenden Pfennig für Abzug bezahlen solten, sondern auch, daß derselbe von der benachbarten Stadt und Obrigkeiten Bürgern und Unterthanen, so von den Ravenspurgern mehr dann den zehnden Pfennig nähmen, auch so viel, als dieselben nehmen könte.

Eben dieser Kayser ließ A. 1551. aus trefflichen hohen Hafften, beweglichen Ursachen/ zu Beförderung des gemeinen Nutzens, und Aufrichtung eines beständigen Regiments, und sondern Aufnehmen und Gedeyen der Stadt, durch seine insonderheit dazu verordnete Commissarios den Rath daselbst verändern, denselben mit andern tauglichen Persohnen wieder besetzen, auch daneben die Zunfft-Häuser und Zünffte aufheben, und eine besondere Ordnung und Satzung kund machen, wie es hinführo mit Bestellung und Besetzung des zeitlichen Regiments daselbst gehalten werden solte. Dieweil aber die Burgerschafft ihren erbauten Wein nicht zusammen verkauffen und verführen kan, sondern allein mit der Maas ausschencken muß, so erlaubte der Kayser A. 1555 auf der Burgerschafft Ansuchen, daß die vormahls bey der Commission gesperten Trinck-Häuser wieder aufgethan wurden, jedoch daß keine Zunfft, oder sonst andere unziemliche und verbottene Zusammenkunfft der Burgerschafft, gestattet würde.

Wegen der so schädlichen Judenschafft brachte der Rath zu Ravenspurg A. 1559.

sich

sich von Ferdinand I. einen Freyheits-Brief zu wege, daß kein Jud, den Burgern, Inwohnern, Unterthanen, und Hintersaßen, noch derselben Weibern, Kindern, und Dienstbothen, weder auf liegende, noch fahrende Güter, wie die Nahmen haben, ohne des Raths Vorwissen und Erlaubnüß, weder mit, noch ohne, Wucher, weder wenig, noch viel, sondern auch sonst nichts überall, mit oder ohne Pfand, nicht leihen, oder fürstrecken, auch mit ihnen nichts tauschen, handlen, wechseln, noch einigen Contract, wie der Nahmen haben möchte, umb was Sachen das wäre, vornehmen solte, welches alles nichtig, und kraftloß, und das Hauptguth, mit samt daraus folgender Schuld, dem Rath verwürckt und verfallen seyn solte. K. Matthias begnadigte denselben A. 1615. mit rothen Wachs zu siegeln.

Weil in dem Westphälischen Friedens-Instrument Articulo V. §. 3. & 11. unter andern auch der Stadt Ravenspurg sonderbahre Vorsehung beschehen, wie es bey derselben hinführo in politicis & ecclesiasticis gehalten werden solle; so wurde durch eine von des Schwäbischen Creyses ausschreibenden Fürsten, dem Bischoffen zu Constanz, und den Herzogen zu Würtemberg, in Lindau niedergesetzte subdelegirte Executions-Commission den 4. Junii 25. May A. 1649. in Beyseyn eines von beeden Religionen, sowohl der Catholischen, als Augsp. Confessions Verwandten, gemachten, und von Ravenspurg dahin, um Beförderung der Sache willen erforderten vollmächtigen Ausschuß, dieses nachfolgender Gestalt ins Werck gesetzet:

1.) So viel die Politica und sonderlich Anfangs die Einführung deren in dem Instrumento pacis verglichenen Paritæten betrifft, ward verabschiedet, daß hinführo das kleine oder tägliche Raths-Collegium in XVI. Persohnen, als 2. Bürgermeister, 4. Geheimen, und 10. andern Personen; das Stadt-Gericht aber in 12. Assessorn neben einen Stadt-Amman; so dann der gemeine Rath aus 22. Personen bestehen, und in allen dreyen wie auch allen andern gemeinen Stadt-Aemptern eine durchgehende Gleichheit zwischen beyden Religions-Verwandten gehalten, und in gleicher Anzahl ersetzet werden solten.

2.) Wegen des Stadt Amman Amts vereinbahrte man sich dahin, daß von jeder Religion einer geordnet, und zwischen denselben alle 4. Monath dergestalt alternirt werden, daß wenn ein Catholischer Bürgermeister in Amt, alsdann ein A. C. Verwandter das Stadt-Amman Amt führen, und solches so reciproce gehalten werden solte.

3.) Wegen der Præcedenz und Session wurden zwey Bänke und die Alternation angeordnet.

4.) Bey Anlegung Extraordinair-Steuren solte eine durchgehende proportionirte Gleichheit gehalten werden.

5.) In Ein- und Aufnehmung neuer Bürger solte kein Unterscheid der Religion gehalten werden.

6.) In Ecclesiasticis wurde alles nach der Possession von A. 1624. eingerichtet, und absonderl. wegen der Carmeliter Kirche und des neuerbauten Kirchleins zum heil. Creutz.

Nachdem beklagte sich die Evangelische Burgerschafft zu Ravenspurg bey den zu Göppingen subsistirenden Kayserl. subdelegirten Commissariis, daß von der Catholischen Burgerschafft etlicher durch den zu Lindau aufgerichteten Executions Recess erörterten Puncten keine völlige Befolgung geschehen, dahero von denselben eine neue Untersuchung angestellet, und den 16. 26. Junii A. 1650. alles völlig abgethan wurde.

Von den alten Grafen von Werden- und Heiligen-Berg hat Ravenspurg Smalenck für eine Herrschafft erkauffet, es stehet aber dieser Ort unter der hohen Obrigkeit der von Oesterreich besessenen Landvogtey Schwaben.

Der Stadt einfacher Reichs-Anschlag auf einen Römer-Monath ist drey zu Roß, 40. zu Fuß oder 196. fl. und Jährlich anitzo zum Unterhalt des Cammer-Gerichts in den erhöhten Zielern 366. Rthl. 18½. Kr.

Vid. Crusius passim, Zeilerus in Chronic. parvo Sveviæ p. 350. 617. & in Topogr. ejusd. Lunig in Teutsch Reichs-Archiv. Part. Spec. Cont. IV. p. II. n. 38. p. 210.

Der Wöchentlichen
Historischen Müntz-Belustigung
44. Stück. den 31. October. 1731.

Eine schöne MEDAILLE von Henrico Julio, Herzogen zu Braunschweig-Wolffenbüttel, von A. 1612.

I. Beschreibung derselben.

Die erste Seite zeiget den Herzoglichen eilf-feldigen Wappen-Schild; wie solcher nach allen Feldern albereit in dem 21. Stuck des andern Theils der Wöchentlichen historischen Münz-Belustigung p. 161. ist beschrieben worden, mit dem von Silber und roth von oben herab gleich gespaltenen Mittel-Schild des Bisthums Halberstadt, und dem umherstehenden Tittel: HENRICVS JVLIVS D. G. P. ostulatus E. piscopus. H. alberstadiensis. DVX. BRVN. svicensis. E. t. L. uneburgicus. d. i. Heinrich Julius, von GOttes Gnaden *postulirter* Bischoff zu Halberstadt, Herzog zu Braunschweig und Lüneburg. Unter des Schildes Fuße stehen die Anfangs-Buchstaben von dem Namen des Medailleurs: H. R. F. MDCXII, d. i: Heinrich Reiz *fecit*.

Auf der andern Seite stehet ein frucht-tragender Palm-Baum, um welchen unten herum vier Frösche, und fünff Schlangen kriechen. Im Prospect ist eine bergigte Gegend mit zweyen Schlößern, mit der Umschrifft: INVIDIA ASSECLA INTEGRITATIS. d. i. Der Neid ist ein Nachtretter oder Gefehrde der Aufrichtigkeit oder Frömmigkeit.

2. Historische Erklärung.

Wie unter allen Fürstlichen Häusern im Teutschen Reiche die Herzoge von Braunschweig und Lüneburg das meiste und schönste grobe Geld haben schlagen lassen; also hat sich unter solchen auch Heinrich Julius, postulirter Bischoff des Stiffts Halberstadt, und Herzog zu Braunschweig-Lüneburg in Wolffenbüttel, von dem mitlern Hause Braunschweig, damit insonderheit hervor gethan, und einen unsterblichen Namen gemachet, wie dann seine Thaler und Schaustücken, wegen der darauf befindlichen Sprüche und Sinnbilder, womit derselbige absonderlich das Andenken von seinen zugestoßenen Wiederwärtigkeiten, wie auch von seiner dabey bezeugten recht exemplarischen Fürstlichen Großmuth, Aufrichtigkeit, und Rettung gegen alle Verunglümpffung, hat verewigen wollen, ein gar schönes Ansehen haben.

In dem andern Jahr seiner Regierung A. 1590. ließ er auf seine Thaler um das Wappen die Umschrifft setzen: HONESTUM PRO PATRIA. d. i. Was ehrlich ist / das ist vor das Vaterland zu thun. Man hat von den Thalern mit diesem Spruche dreyerley Gepräge. Das erste und rareste ist auf der ersten Seite mit deßen Brust-Bild und der Jahrzahl 1590. davon stehet eine Abbildung in der Hamburgischen Thaler-Collection Tab. XVI. p. 44. das andere ist mit dem Wilden Manne und der Jahrzahl 1598. auf dem Avers, und das dritte mit S. Andreæ völligen Bildnüß, um welches gedachter Spruch mit der Jahrzahl 1601. zu lesen.

Nachdem hat der Herzog den Wahl-Spruch auf Thalern geführet, CONSUMOR PRO PATRIA. d. i.

Für des Vaterlandes Ehr
werd ich verzehrt je mehr und mehr.

davon finden sich dergleichen drey Sorten, wie von obigen, darunter die mit dem Herzoglichen Brust-Bild am seltensten zu sehen.

A. 1593. bekahm der Herzog mit etlichen von seinen Adelichen Landsaßen, den von Saldern / Steinberg / Strochen, und Aßeburg viele Verdrießlichkeit, und ließ darauf den anitzo so genandten Rebellen-

Thaler schlagen, auf dessen Revers die gegen Mosen und Aaron aufrührerische, und von der Erden verschlungene Rotte, Kore, Dathan und Abiram zu sehen, dessen Abbildung und Beschreibung in den Hamburgischen Hist. Remarquen A. 1703. P. V. p. 153. zu sehen. Der von Salder waren drey Brüder, Burkhardt / Curdt, und Hildebrand, welche auf dem Landtag zu Saltzthalen A. 1595. den Wolffenbüttelischen Amtman, als er der Stadt Braunschweig Secretarium gefänglich wegführen wollen, durch einen Stoß auf die Erden niedergeworffen, demselben alsdann den Secretarium entrißen, und unter Begleitung ihrer Diener wieder nach Braunschweig gebracht haben. Jngleichen hatten dieselben durch zwey öffentliche Anschläge in der Stadt Braunschweig, alle diejenige, die ein von ihrer Schwester Jlse von Salder, Fritzens von Schulenburg Wittwe, gemachtes Schand-Lied singen, spargiren / referiren, und nicht unterdrucken würden, für ehrlose, verlogene, meuchelische Verleumbder und Ehren-Diebe erkläret, und hierauf den Herzog beschuldiget, als ob er dergleichen gethan. Derselbe besetzte darauf ihre Häuser und Güter mit Manschafft, und es breitete sich auch ein Gerüchte aus, daß er habe zwey von den Saldern gefänglich lassen nach Lemgau in Westphalen führen, wo sie elendiglich in dem Gefängnüß umkommen wäre. Jngleichen wurden von den Saldern und Consorten noch viele andere übele Dinge von dem Herzog fälschlich ausgesprenget, welches denselben bewog, den andern symbolischen Thaler schlagen zu lassen, welcher der Lügen-Thaler heisset, auf welchem ein liegender Löwe zwischen den beeden vordern Füßen einen Steinbock, als das Wappen derer von Steinberg, hält, über welchem in der Lufft ein fliegender Engel mit einem Lorbeer-Krantz schwebt, wobey auf einigen die Jahrzahl 1596. Jnwendig herum ist zu lesen: TANDEM BONA CAVSA TRIVMPHAT. d. i. Endlich eine gute Sach obsiegt / und auswendig:

HVETE DICH FüR DER TADT.
DER LVGEN WIRD WOL RADT.

besiehe die Hist. Remarques l. c. p. 161.

Jn dem Lied von 66. Gesetzen, das der Herzog von seiner gehabten Verdrießlichkeit und Unruhe mit den von Saldern und der Stadt Braunschweig gemachet, beklagt er sich über die Saldern und Consorten nach der Randschrifft mit diesen Worten:

17.
So giengs mir frommen Fürsten
auch in meinm Regiment,
wiewohl mich stets thät dürsten

Justitz durch alle Stand
treulich zu promoviren,
und sehen niemand an
die Waage gleich recht führen
in meinem Land jedermann.

18.
Doch haben sich gefunden
auch unruhige Leut
den solches war ein Wunden,
weils ihnen gab kleine Beut.
Drum thäten sie sich schmücken
mit ihren Lügen gschwind,
mich gar zu unterdrücken
wie man gnug urkund find.

19.
Dadurch mir abzustehlen
meinen Fürstlichen Nahm
das GOtt ich muß befehlen
weil mir unrecht gethan.
Unruh thut viel vermessen
der Teuffel schläfft auch nicht,
nichts rohs dran ist gefressen,
denn GOtt sie schon gericht.

Nach dem Inhalt dieses Gesangs ist auch der dritte emblematische Thaler A. 1597. geprägt worden, welchen man den Warheits-Thaler nennet, weil selbiger die auf der Lügen und Verleumdung stehende Warheit vorstellet, mit der Beyschrifft: VERITAS VINCIT OMNIA. CALUMNIA. MENDACIUM. d. i. Die Warheit überwindet alles. Die Verläumdung. die Lügen. Die andere Seite enthält den Spruch: RECTE FACIENDO NEMINEM TIMEAS. d. i. Thue recht/ scheue niemand. Besiehe die Hist. Remarqv. l. c. p. 169.

Nicht weniger hat auf obige böse Rotte auch der vierdte symbolische, und so genandte Mucken-Thaler von A. 1599. gezielet. Denn dieser zeiget einen sitzenden Löwen / wie er mit den vordern Füssen ein vor ihm liegendes Wespen-Nest zerstöret, aus welchem sechs Wespen zur rechten, und viere zur linken Seite auf ihn zufliegen. Es hält aber ein über ihn schwebender Adler einen Lorbeer-Krantz über ihn, und bestrahlet ihn auch zur rechten Seiten die Sonne. Besiehe Hist. Remarqv. l. c. p. 177.

Der Herzog hat sonder Zweiffel damit am Tag legen wollen, daß obschon gemeldter Schwarm unruhiger Köpffe auf ihn loß gehen, und ihn zu verletzen suche, so sey er doch so wohl durch den Göttlichen, als Kayserlichen Schutz gegen alle antringende Feinde sicher gestellet.

Zum Andenken der mit seinen drey unverehlichten Brüdern, Herzog Philippo Sigismundo, Joachimo Carolo, und Julio Augusto gepflogenen beständigen Einigkeit und Freundschafft, ließ er A. 1599. den Eintrachts-Thaler schlagen, auf dessen Revers ein Bär und Löwe einen starck zusammen gebundenen Büschel Pfeile halten, mit der Umschrifft: VNITA DVRANT. d. i. Vereinigte Dinge dauern; vid. Hist. Remarqv. l. c. p. 185. Im obbemeldten Liede bezeiget der Herzog seine friedfertig- und Eintracht-liebendes Gemüthe also:

11. Nach

11.

Nach Frieden thät ich streben,
Auch Ruh und Einigkeit
in meinem ganzen Leben
auch Zucht und Erbarkeit.
Das Glück so mir GOtt geben
gfiel aber andern nicht
die haben mir daneben
viel Zanck auch zugericht.

Im angezeigten Jahr kam auch der sechste symbolische Thaler zum Vorschein, welcher nun der *Patrioten*-Thaler heisset: Es führet derselbe auf der Gegen-Seite einen Pelican im Neste, welcher um seine von den Schlangen gebißene drey Jungen von Giffte zu befreyen, seine Brust aufhacket, und ihnen sein Blut zu trinken giebt. Umher sind die vier Worte zwischen so viel Gebund Pfeile zu lesen: PRO ARIS ET FOCIS. d. i.

Für die Kirch und Vatterland
Soll mein Blut seyn angewandt.

Mit der Stadt Braunschweig ist Herzog Heinrich Julius von A. 1595. in großen Streit und Unfrieden gerathen, welcher nicht nur einen schweren Process am Kayserl. Cammer-Gericht veranlasset, sondern auch zu offenbahrer Feindseligkeit und großen Krieg endlich ausgebrochen; wie solches die damahls gewechselten vielen und weitläufftigen Streit-Schrifften ausweisen. Der Herzog hat davon auch Gelegenheit genommen, verschiedene gantz besondere Schaustücken prägen zu lassen. Als die Stadt Braunschweig verweigerte demselben die Huldigung zu leisten, und auf Landtägen zu erscheinen; so ließ er A. 1600. eine Oval-Medaille, im Gold von 6. Ducaten, mit seinem Bildnüß machen, auf deren andern Seite ein Mann zu sehen war, welcher mit einer Kolbe und brennenden Fackel einen sieben-köpffigten Drachen bestritte, mit der Devise: COMPELLE INTRARE. d. i. Treibe ihn hinein zugehen.

Bey ausgebrochener Feindseeligkeit sprengte der Rath zu Braunschweig in ganz Teutschland ungescheut und vermessentlich, so wohl schrifftlich, als mündlich, aus, der Herzog habe in willens, die Stadt ganz umzukehren, die Burgerschafft um ihre Ehre, Leib, Leben, Haab, Güter, Freyheit, Gerechtigkeit, und Privilegien zu bringen, und sie ganz zu leibeigenen Sclaven zu machen, die itzigen Einwohner und Bürgerschafft gänzlich auszurotten, und die Stadt mit andern Leuten zu besetzen. Ingleichen ward der Herzog von selbiger schröcklich ausgetragen, als wann er um nichtiger Ursach willen habe Leute henken und umbringen lassen; Er habe sich verschwohren, nach Eroberung der Stadt Braunschweig alles nieverhauen, und das Kind in der Wiegen, und im Mutterleib nicht leben zu laßen / und habe die Stadt mit gifftigen Kugeln beschossen. Er habe einen Spiritum familiarem; Henker und Zäuberer wären desselben beste Geselschafft, und müsten ihm täglich weissagen; obschon einer ihm einmahl geprophezeiet, daß er noch würde von Land und Leuten verjagt werden. Es geschahe dahero auch/ daß ein Hauffen schmähliche Lieder, Pasqville, und Relationes von des Herzogs Beginnen gegen Braunschweig allenthalben spargiret wurden. Der Herzog vertheidigte sich aber wegen dieser gröbl. Verleumdungen nicht nur in großen Schrifften, sondern bezeugte auch seine Unschuld und Großmuth durch etliche Medaillen. Auf einer von 7½. Loth Silbers stehet eine brennende Lampe gegen einen mit Schilff bewachsenen Teich, aus welchem die auffsteigende Frösche gegen das einen grossen Glantz von sich werffende Licht zu quacken aufhören, und verstummen, mit der Umschrifft: PELLIT MENDACIA VERUM. d. i.

Der klaren Warheit Grund
Verstopfft den Lügen-Mund.

Ein kleineres Schaustück enthält im Avers einen Salamander mitten in Flammen, mit der Umschrifft: CONSTANTER ET SINCERE. d. i. beständig und aufrichtig. Auf dem Revers aber ist diese Schrifft zu lesen:

Die Unschuld niemand dämpffen kan,
ob sie schon muß am Creutze stan:
Gleichwie der Salamander stets
im Feuer bleibet unverletzt.

Hieher gehöret auch die auf diesem Bogen vorgestellte Medaille, davon noch ein Gepräge vorhanden, da die Gegen-Seite mit dieser Erklärung angefüllet:

Gleichwie die Frösch und Schlangen nagn
dem Palmbaum bringt keinen Schadn:
Also auch Neid und Abgunst zwar
nagt fromme Leut, doch ohn Gefahr.

Wie sehr aber die vielen Diffamationes dem Herzog zu Gemüthe gegangen, das ist aus seinem Liede auch abzunehmen:

12.

Verläumdung must ich leiden
Auch viel Nachred im Land
von unruhigen Leuten
daß ich Laster und Schand
Ernstlich hab straffen lassen
wie kund ist jedermann,
darum bin ich dermassen
unschuldig griffen an.

13.

Als daß ich hätt vergossen
viel unschuldiges Blut,
Ihr viel umbringen lassen
aus rachgierigen Muth.
Und hätt all solchen Sachen
auch selber beygewohnt
der mich theilhafftig machen
und gar niemand verschont.

14. Welche

14.

Welchs warlich mir zu Hertzen
weiß GOtt, gestiegen ist,
darzu mir grosse Schmertzen
gemacht zur selben Frist.
Doch thu ich mich des freuen
daß alles ist erdicht
und wird die noch gereuen
so mir das angericht.

15.

David must auch viel leiden
doch nicht alles verschuldt
Warum solt ich dann meiden
und haben nicht gedult?
Drum GOtt ichs muß befehlen,
der ins Herz sehen kan
Vor dem mit Leib und Seelen
vor Gricht wir müssen stahn.

Wieder die Stadt Braunschweig führet er ferner besondere Beschwehrde in folgenden Versen:

57.

Dran hat noch kein Benügen
gehabt dein falsches Herz,
sondern must mir zufügen
noch vielmehr Pein und Schmerz.
Mich greulichst diffamiret
fast durch die ganze Welt,
und fälschlich traduciret
drauf du ein tapffer Held.

58.

Und hast mir zugemessen
daß ich wär für eim Jahr
des Fürhabens gewesen
dich umzukehren gar.
Das Kind im Mutterleibe
auch lassen leben nicht
thust solchs auch von dir schreiben
ist aber alls erdicht.

59.

Und sey dir Trotz geboten
daß dues beweisen kanst
drum bleibens lahme Zoten
und magst es gleuben sonst,
Daß es können geschehen,
als ich den Wall inhat
und das Wasser thät gehen
fast durch die ganze Stadt.

Zu eben selbiger Zeit ward noch eine schöne Medaille gepräget, auf der einen Seite mit dem Braunschweigl. Helm und desse Zierde und der Umschrifft des Herzogl. Tittels, und umher in einem Laubwerk stehenden 14. kleinen gekrönten Provinzien Wappen; und auf der andern mit einem Pelican, durch deßen Brust ein wohl gefiederter langer Pfeil gehet, mit der Devise: BIS PEREO: d. i.

Ich muß zweyfach mich verderben
Und mir selbst den Tod erwerben.

Ein anderer Schlag von dieser Medaille enthält auf der andern Seite diese Erklärung des Sinnbilds:

Diesn Pfeil hab selbst gefidert ich,
der böslich izt verwundet mich
das ist der Lohn, so in der Welt
für erzeigte Wolthat gefellt.

Daß

Daß dieses Bild der Undankbarkeit auf die Stadt Braunschweig ziele, erkläret der Herzog im angeführten Liede folgender massen:

26.

Und das alls zu dem Ende
daß sie will seyn gar frey
aus meim Ghorsam sich wenden
nun Reichs-Stadt seyn dabey.
Schäm dich der grossen Schande
auch der Undankbarkeit,
die du doch aus meim Lande
hast alle Vermügenheit.

27.

Daß du hindan gesetzet
und nicht einmahl betracht,
dein Gwissn und Seel verletzet
wer dich so groß gemacht
und anfangs hat erbauet
erweitert und befest,
begnadigt und bemauret,
begütert auf das best.

28.

Du kanst ja nicht verneinen
wofern noch in dir ist
ein Bluts-Ader so reine,
und nicht gar voller List.
Daß von meinen Vorfahren
du alle Wohlfahrt hast
vor etzlich hundert Jahren
mit ihrer grossen Last.

29.

Dessen du dich thust rühmen
ist einzig und allein
von ihn aus Gnaden kommen
du kanst nicht sagen nein.
Solchs hastu alls belohnet
mit Undank, Trotz, und Spott
und sie dazu verhönet
verfolgt biß in den Todt.

30.

Du hast sie hindergangen
offtmahls gar listiglich,
dazu auch unterstanden
und hoch beflissen dich.
Sie um ihr Erb zu bringen
aus Stolz und Ubermuth
von ihr Hoheit zu dringen,
von Leib und allem Guth.

Es hat Herzog Heinrich Julius noch andere Medaillen mit schönen Devisen schlagen laßen, ich habe aber nur diejenigen Thaler und Medaillen von ihm alhier anführen wollen, die einige Verwandtschafft mit der auf diesem Bogen vorkommenden haben. Ich war anfangs willens, dasjenige Lied, in welchem der Herzog seine Streitigkeiten und Unruhen mit den von Saldern und den Braunschweigern kläglich beschrieben, wieder drucken zu laßen, und es mit deßen Thalern und Münzen zu erläutern. Weil es aber aus 66. Versen, oder Strophen, bestehet, so würde es mit den Anmerkungen sich über einen Bogen im Druck belauffen haben; dahero ich nur das allernöthigste zur illustration der Palmbaums-Medaille habe daraus anführen wollen. vid. Historischer Bericht von Braunschw. Handl. und Rehtmeier in Braunschw. Lüneburg. Chronick. *P. III. c.* 63.

Der Wöchentlichen

Historischen Münz-Belustigung

45. Stück. den 7. November. 1731.

Ein rarer Ducate des Bischoffs zu Breßlau, Caspars von Logau, von A. 1562.

1. Beschreibung desselben.

Auf der ersten Seite stehet der heilige Johannes der Tauffer in gantzer Gestalt, mit dem GOttes-Lämmlein auf dem linken Arm, und der Umschrifft: MVNVS CÆSAR.is. MAXIMILIA.ni.

Die andere Seite stellet zwischen der getheilten Jahrzahl 1562. das Bischöffliche Wappen vor, in einem drey-feldigten Schilde, in deßen ersten das Wappen des Bisthums Breßlau, 6. weiße Lilien im rothen Feld, im andern das Wappen des Fürstenthums Neuße, der Schlesische schwartze Adler mit einem silbern gehörnten Mond auf der Brust im goldnen Feld. Unter diesen im dritten ist das Stamm-Wappen derer von Logau, nemlich ein Feld von blau und weissen Rauten, durch welches von der linken zur rechten ein schräger rother Balken gehet. Den gantzen Schild bedecket die Bischöffliche Inful. Umher ist zu lesen: CASPAR. LOGVS. D. G. Dei Gratia. EPIS. copus. WRATIS. laviensis. d. i. Caspar Logau, von GOttes Gnaden Bischoff zu Breßlau.

2. Historische Erklärung.

Obschon Herr Dewerdeck nach seinem rühmlichen Fleiß und Accuratesse sich alle Mühe gegeben, in seiner schönen Silesia Numismatica alle merkwürdige Münzen, so in Schlesien verfertiget worden, anzuführen und vorzustellen,

zustellen, so hat er doch diesen Bischöffl. Breßlauischen Ducaten nicht zu Gesichte bekommen, dahero ich kein Bedencken getragen, solchen allhier zu præsentiren, und folgendes von ihm anzumerken.

Caspar von Logau, der XXVIIIste Bischoff zu Breßlau, war aus einer alten Adelichen und wohl angesehenen Familie in Schlesien, und zwar aus dem Hause Altendorff, im Fürstenthum Schweidnitz, entsprossen. Schickfuß nennet ihn fälschlich einen von Lochau; denn diese also genante Edelleuthe sind in der Marck Brandenburg, in dem Herzogthum Magdeburg, und in der Nieder-Lausnitz, anzutreffen, und führen im Wappen drey mit Hüten bedeckte Köpffe im blauen Felde. Derer von Logau Wappen aber ist nach einer alten Beschreibung: „Ein blau und weiß geweckter Schild mit einen dadurch gehenden rothen Strich. Auf dem „Helm, wie in Schild, oben darauf ein weisses Ey, die Federn schwarz, „die Helmdeck roth und weiß.

Er war A. 1524. gebohren. Sein Vatter hieß Matthias von Logau, und war in K. Carls V. und König Ferdinands I. Kriegs-Diensten. Bey etwas erwachsenen Jahren kam er unter K. Ferdinands Edelknaben, und darnach eine kurze Zeit im Krieg. Dieweil er aber einen besondern Trieb zu Erlernung der Sprachen und Wissenschafften bey sich spührete, so quittirte er das Soldaten-Leben, und legte sich auf das studiren. Um dazu alle dienliche Mittel zu erlangen, und demselben in rechter Ruhe und Bequemlichkeit obzuliegen, begab er sich in geistlichen Stand, und erhielte nachdem auch in etlichen Stifftern seines Vaterlandes einträgliche und ansehnliche Präbenden. Seine erworbene große Gelehrsamkeit, und die angenehme Fertigkeit viele Sprachen zu reden, ingleichen sein tugenhaffter Lebens-Wandel machten Ihn dergestalt an König Ferdinands Hofe bekandt, daß ihn derselbe seinem jüngsten Erzherzog, Carln, zum Præceptor gab; dabey er sich noch größern Ruhm und Ehre durch die geschickte Unterweisung dieses jungen Printzens erwarb.

Wie es aber an dem war, daß ihm K. Ferdinand zu Vergeltung dieses seines treuen Dienstes das Bisthum Neustad in Oesterreich geben wolte, so starb A. 1562. den 20. Januarii der Bischoff zu Breßlau, Balthasar von Promnitz; dahero ihm der gütigste K. Ferdinand lieber zu dieser Fürstl. Würde verhalff, und ihn durch seine Commissarios, Herzog Georgen zu Brieg, und D. Georgen Mehl, den wählenden Capitularen dergestalt einloben ließ, daß den 16. Febr. die Wahl auf ihn so ausfiel, wie der Kayser verlangt hatte. Er wurde darauf den 12. May zum Bischof geweihet, und erhielte auch nachdem die Ober-Hauptmanschafft im Ober-

und

und Nieder-Schlesien. Noch selbiges Jahr begab er sich am Kayserl. Hof um seinen Dank persöhnlich abzulegen, und wohnte Ertzherzogs Maximilians II. Ungarischer Krönung A. 1563. mit bey, bey welcher er auch alle an denselben gerichtete Anreden im Namen deßelben auf das beredeste beantwortete. Als auch noch zu Ausgang selbigen Jahrs K. Maximilian II. nach Breßlau kam, und die Huldigung von den Schlesischen Ständen annahm, so hat er, als das Haupt derselben, seine Schuldigkeit dabey auf das beste beobachtet. In seiner Regierung hat er sich damit ein gutes Gedächtnüß gestifftet, daß er, auf Ansuchen der Städte Neiße, Patschkau, Ottmuchau, Ziegenhals, und Weydenau, A. 1567. den 12. Sept. seines Vorfahrers, Bischof Wenzels, bisher bey Erbfällen im Gebrauch gewesenes, aber von Kayserl. und Sächsischen Recht sehr abgehendes Privilegium, welches man insgemein das alte Kirchen-Recht genennet, gäntzlich abgeschaffet, und eine bessere Successions-Ordnung publiciret. Denen Evangelischen ist er nicht alzugeneigt gewesen, und hätte ihre Ausbreitung gerne mehrers verhindert, wann er nur längere Hände gehabt hätte.

Ohngeacht er von jederman, als ein gelehrter und kluger Herr, beschrieben wird, so war er doch auch sehr eigensinnig, und wolte absonderlich den Medicis in den Curen nicht folgen, die sie an seinem mit mancherley Krankheiten behaffteten Leib vornahmen. Er tadelte ihre Kunst, er veränderte die vorgeschriebene Diæt, er brauchte das hundertste ins tausende, gab allen herum lauffenden Quacksalbern, und nasen-weissen Kräuter-Weibern Gehör, und brauchte ihre Tränke und Pulver zuversichtlicher, als die wol nach seinen Zustand eingerichteten Artzneyen seiner ordentlichen Leib-Medicorum. Er fieng auch endlich selbst an allerhand Panacæen zuzubereiten und in die Apothecker Kunst zu stimpeln, über welches alles der berühmte Kayserliche Leib-Medicus, Joh. Crato von Krafftheim, große Klage geführet. Er beschleunigte sich auch damit derselbe seinen Tod, als welcher den 4. Junii A. 1574. zu Breßlau auf dem Thum erfolgete. Bey seiner Secirung fand man die Magen-Häutle ganz schwarz, welches Crato dem vielen Gebrauch des Magisterii Perlarum Schuld gab. Sein Leichnam ward nach Neiße in seine noch bey seinem Leben gebauete Grab-Städte abgeführet, welche seine Brüder mit dieser Inscription bezieret:

CASPARUS A LOGAW.
Splendore generis, ingeniique præstantia
belli pacisque artibus ab adolescentia
inter
æquales pueros regios nobilissimos

semper conspicuus,
omnium bonarum disciplinarum
diversarumque lingvarum scientiæ
cultor insignis
virtutum vero gloria domi forisque clarus,
magno incluti ac potentissimi Regis Ferdinandi
desiderio
serenissimi Archiducis Caroli filii
charissimus Præceptor:
Dein Antistes Neapoli Austriæ designatus,
mox Wratislaviensis Episcopus rite postulatus,
annos XII. Ecclesiæ ac Patriæ,
tam Episcopalis dignitatis,
quam supremi per utramque Silesiam Capitaneatus
munere,
singulari fide, prudentiæ, ac pietate, summaque cum laude
feliciter præfuit.
Vixit annos XLIX. Menses X. diem I.
Moritur placide magno piorum luctu & desiderio,
Viribus corporis morbi diuturnitate plane exhaustis,
Vratislaviæ,
IV. die Mensis Junii, anno reparatæ salutis humanæ
MDLXXIV.
Hic sepultus quiescit in spe resurrectionis
& vitæ sempiternæ,
cui
Matthias Swidnicensis & Jaurensis Præfectus,
Georgius in Frid- & Kinsberg,
Henricus Capitaneus provincialis in Bechaw,
Gottfried in Skotschaw & Schwazwass.
Fratres germani,
mutuæ benevolentiæ gratia
hoc monumentum P. P.

In dem ersten Jahre also seiner Bischöfflichen Regierung hat Caspar von Logau unsern Ducaten schlagen lassen, auf welchem wir zu erst das Bildnüß des heil. Johannis, des Tauffers, erblicken. Denn einige von den alten Bischöffen waren von der Bescheidenheit und Demuth, daß sie auf ihre Münzen nicht sich, sondern ihren Schutz- und Stiffts-Heiligen, vorstellen.

ten. So siehet man auf den Halberstädtischen Münzen den heil. Stephanum, auf den Magdeburgischen St. Mauritium &c.

Zu Schlesiens ersten und vornehmsten Schutz-Patron ist, von Anfang des Christenthums daselbst, der heilige Johannes der Täuffer angenommen worden. Demselben hat man die erste Stiffts-Kirche zu Smogra, und hernach noch sehr viele andere Kirchen, und fast unzehliche Altäre, in Schlesien geweihet. Einige Schlesische Herzoge hielten denselben so hoch, daß sich die beeden Brüder, Heinrich der bärtigte, und Boleslaus, in ihren Ausschreibẽ, DEI ET BEATI JOANNIS GRATIA DUCES betittulten. Desselben Bildnüß führet das bischöffliche Official-Siegel, ingleichen das Siegel der Stadt Neuß, und den Kopff in der Schüßel hat die Stadt Breßlau ins Wappen gesetzet. Wie das grobe Geld in alten Zeiten noch nicht so gäng und gäbe war, und man nur Groschen prägete, so wurden von den Königen in Böhmen, als Herzogen in Schlesien, und den Breßlauischen Bischöffen, eine Menge Groschen mit St. Johannis des Tauffers Bildnüß geschlagen, die man dahero die Johannes-Groschen geheißen, von welchen Gottfried Rhonius Historicam Exercitationem zu Breßlau A. 1693. in 4. drucken lassen. Die Umschrifft auf einigen ist: S. JOHANNES BAPTISTA PATRONUS. auf andern: S. BAPTISTA SUCURRE N. obis.

Bischof Caspar hat dergleichen Umschrifft bey dem Bilde St. Johannis Baptistæ weggelassen, und dagegen umher gesetzet: MUNUS CÆSAR. is MAXIMILIANI. d. i. Ein Geschencke / oder Vergönstigung Kayser Maximilians / und dieses zwar nach der Vorschrifft des Kayserl. Privilegii, welches den Bischöffen zu Breßlau das Recht goldne Münzen zu schlagen verliehen. Es lautet dasselbe also:

Maximilianus, divina favente clementia, Romanorum Imperator, semper Augustus &c. Ad futuram rei memoriam. Cum Imperatoriæ Majestatis ea potissimum gratia in Romani Imperii culmine constituta sit, ut circumquaque aciem considerationis suæ dirigens, quos promereri digne animadverterit, singularibus gratiis ac libertatum prerogativis pro cæteris extollat, in eo tamen omnium maxime debet intendere, ut priscorum Romanorum, ab ipsis pe. Urbis initiis & fundamentis cœptam religionem, & deinde successione ab Imperatoribus christianorum sacris imbutis ad verum cultum redactam, & postremo a Germanis, in quos Imperium translatum est, ad hanc reverentiam, qua undique per latitudinem ipsius Imperii celebratur, perductam non modo fundaverint, auxerint, & conservaverint, ac manutenuerint, sed etiam amplioribus auxerint incrementis? Hinc nos Predecessorum nrorum vestigiis inhærentes ad ea precipue, quæ ad statum felicem & honorabilem, conservationemque pontificalium dignitatum ac eorum estimationem attinent, cura intendimus diligentiori: Cum itaque nobis pro parte venerabilis Joannis Turzo, Epi. Wratislaviens. Principis devoti nobis dilecti, expositum sit, quod licet ejus ecclesiæ, & predecessores sui Epi. jamdudum, ab olim divis Romanorum Imperatoribus & Regibus, antecessoribus nostris, singularibus sint gratiis, pretogativis, & libertatibus donati, ipsum tamen ejusque ecclesiam hoc regali, splendidissimoque monete scilicet auree cudendæ Privilegio & facultate carere: & cum non sit inter ipsas S. Imperii cathedrales ecclesias minima, & perpauce sint, quæ non gaudeant & insignite sint hoc imperiali munere, humiliter nobis supplicatum extitit, ut eidem Episcopo & successoribus suis hanc potestatem & facultatem, Privilegium & concessionem ex singulari nra. Clementia elargiri dignaremur. Nos igitur moti justis precibus prefati Episcopi, attentisque suorum prædecessorum meritis, ac ipsius sincera fide, & animi promtitudine, quibus nos & sacrum Imperium prosequitur, autoritate nostra Cæsarea, ex certa scientia, motu proprio, & de plenitudine nre potestatis præfato Joanni Turzo Epo, & omnibus ejus in dicta Eccla. Wratislavien. successoribus in Eppatu dedimus & concessimus, sicuti tenore præsentium damus, concedimus, atque elargimur omnimodam & plenam autoritatem, potestatem & facultatem cudendi, fabricandi, & faciendi legales & bonos, veros & indubitatos, & justos in materia & pondere, ducatos aureos & florenos, *in quorum latere uno exprimi debet S. Johannis Baptista effigies, in altera vero insignia dicti Epatus, que sunt, ut accepimus, lilia sex, ita tamen, quod in altero latere inscribantur hac verba:* MVNVS CÆSARIS MAXIMILIANI: *& in altero ponatur nomen Epi. pro tempore existentis.* Mandantes idcirco universis ac singulis nostris Principibus, tam ecclesiasticis, quam secularibus, Archi-Epis, Epis, Ducibus, Marchionibus, Comitibus, Baronibus, Militibus, Clientibus, Capitaneis, Vicedominis, Advocatis, Prefectis, Civium Magistris, Scabinis, Judicibus, Sculteris, Questoribus, Procuratoribus ærariorum publicorum, magistris monetarum, monetariis, Compositoribus, Mutuariis, ac quorumcunque locorum aliorum, terrarum, civitatum ac communitatum Officialibus, & ærariorum Præpositis, cæterisque nostris & S. Imperii fidelibus dilectis, ut hujusmodi ducatos, & aureos florenos, sicut permittitur, rite & debite, & legaliter, tam in materia, quam graves ac pondere confectos & excussos, per prefatum Joannem Turzum ac ejus successores existentes Epos Wratislav. ex nun. in antea futuris perpetuis temporibus, dummodo non inciderint, quod absit in crimen lege Majestatis & rebellionis, & falsos scienter adhibuerint monetarios, sine repulsu & omni impedimento, ac contradictione, pro legalibus, communibus & currentibus ducatis & florenis aureis numerent, accipiant, levent, & committant, ac ab aliis numerari, recipi & levari,

vari, & commutari permittant, & faciant, in quantum indignationem nostram gravissimam, & penam quinquaginta marcarum auri puri, pro medietate fisco sive ærario nro imperiali, pro reliqua vero medietate injuriam passis, aut passorum usibus applicandarum, quam contrafacientes ipso facto, toties quoties contravenerint, noverint se irremissibiliter incursuros, harum testimonio literarum sigilli nostri appensione munitarum. Datum in oppido nostro Insprugg die ultima mensis Augusti Anno domini MDXV, Regnorum nostrorum Romano XXX. Hungariæ vero XXVI.

Es möchte aber jemand denken, wie K. Maximilian I. habe dem Bischoff von Breßlau ein solches Privilegium Ducaten und Gold-Gülden zu schlagen, geben können, da derselbe kein Reichs-Fürst gewesen, auch nicht unter ihm, sondern unter dem König in Böhmen, gestanden? Ich habe aber eben um des willen das gantze Kayserliche Privilegium mit beysetzen wollen, indem daraus erhellet, daß der Kayser ihn allerdings für einen Teutschen Reichs-Fürsten erkannt, ob er schon dem Reiche nicht unmittelbahr unterworffen gewesen. Böhmen ist unstreitig ein zu dem Teutschen Reiche gehöriges und demselben lehnbahres Königreich. K. Carl IV. hat A. 1355. Schlesien demselben, mit Vorwissen und Einwilligung der Reichs-Stände, einverleibet, und also ist daselbe auch ein Reichs-Land und der Kayserlichen Hoheit unterworffen worden. Nun findet man nicht, daß die Könige von Böhmen, nach der Vereinigung des Landes Schlesien, mit Böhmen, den Schlesischen Hertzogen das Müntz-Recht jemahls gegeben hätten, sondern sie hatten solches schon, wie sie sich zur Cron Böhmen, mit ausdrücklichen Vorbehalt aller ihrer alten Rechte, Gerechtigkeiten und Freyheiten, wandten. Zum Beweiß deßen dienen nicht nur dero noch vorhandene alte Müntzen, sondern auch ihre erste von dem König Johanne und Carolo IV. empfangene Lehn-Briefe. Denn so lautet es unter andern in K. Johannis Hertzog Boleslao III. in Liegnitz ertheilten Lehn-Brief: Gelobin mit unsin Erewin on alle Arglist von unser Erbin und Nachkomlingen zu lassin und behaldin gegen alle meiniclich bey allin eren Rechten und bei allin Freyheit und Nutzen, als sy oben sten, und in welcher Weyse das an sy kommen und pracht ist von ihren Vorfahren, und nicht hindir ez sey an Manschafft, Gilde, Zinsen, Zollen, Gerichten dem Obristen und dem nydiesten in Burgen, Steten, Dörffern und auf den Landen, allirhand Berg-Werk an Golde, Silber, Bley, Zin, adie wy das Ertz genannt sy, Münzen / Pfaffen, Clostern, Monchhetten, Kirchen-Lehn, Juden adir Witban. Wann demnach ein neues Müntz-Recht in Schlesien aufkommen solte, so muste dieses der Kayser, und nicht der König in Böhmen, geben.

Nun bin ich zwar gantz und gar nicht in Abrede, daß vor K. Maximilians Zeiten die Bischöffe von Breßlau auch schon haben Geld schlagen laßen, denn man hat ja Johanns-Groschen von eben dem Bischoff, Johanne Turzone, schon von A. 1506. Es wollen auch Hancke und Dewerdeck, und jener zwar, daß Hertzog Henricus II. Pius, dieser aber, daß Hertzog Henricus IV. oder Probus, A. 1240. den Bischoffen zu Breßlau, mit dem eingeraumten Jure ducali, auch das Müntz-Regal gegeben

geben habe. Alleine das Recht Gold zu prägen hatten sie doch nicht, sondern dieses muste Bischoff Johannes erstlich von dem Kayser bittlich erhalten. Dieses war so eine ansehnliche Gerechtigkeit, daß sie auch einige Chur-Fürsten nach der goldnen Bulle noch nicht hatten. So gab K. Sigismund Chur-Fürst Rudolphen zu Sachsen A. 1415. einen Freyheits-Brief eine guldene Müntz zu schlagen mit Graden und Gewichte, gleich andern unsers und des Reichs Chur-Fürsten. Woraus abzunehmen daß die Freyheit zu müntzen überhaupt, nicht insonderheit die Macht Ducaten zu schlagen, in sich begriffen. Ich könte dieses mit noch mehrern Exempeln bestärcken, wann es der Raum litte. Wann Bischoff Johannes den Ducaten- und Gold-Gülden-Schlag hätte vom König in Böhmen erlangen können, so würde er solchen nicht von dem Kayser begehret haben. Wir finden auch nicht, daß sich der König von Böhmen deswegen gereget. Die vom Kayser vorgeschriebene Umschrifft der Bischöfflichen Ducaten, machte jedermann kund, daß dieselben zu prägen ein Kayserlich Gnaden-Geschenck wäre.

Bischoff Caspar richtete sich auch nach des heiligen Römischen Reichs Müntz-Ordnung, und ließ deßhalben auf einen andern Ducaten von A. 1571. IMPERATORIS FERDINANDI DECRETO, wie es auf dem nach den Reichs-Fuß geschlagenen Gelde stehen solte, darauf setzen. Herr Dewerdeck sagt zwar, er könne nicht ergründen, warum dieser Bischoff allein seine Müntzen denen Reichs-Müntzen habe gleich geprägt wissen wollen, und warum er dergleichen Merckmahl gebraucht habe, welches die Reichs-Stände zu führen pflegten, als ein Anzeichen, daß sie von dem Kayser ihr Müntz-Recht erlanget, da doch unstrittig die Bischöffe solches vom Hertzog Henrico Probo erwiesener maßen empfangen. Wann er aber auf das Recht Gold zu müntzen seine Augen genauer gerichtet hätte, so würde er den Grund gar leichte gefunden haben.

Die Worte MUNUS CÆSARIS MAXIMILIANI haben die folgende Bischöffe zu Breßlau beständig auf ihre Ducaten setzen laßen, biß auf Ertz-Hertzog Carln von Oesterreich, der A. 1608. zum Bischoff zu Breßlau erwählet wurde, und solche weggelaßen, und eine andere Devise erwählet; dergleichen seine theils aus Königl. theils aus Ertzhertzoglichen Hause entsproßene Nachfolger, Carl Ferdinand, Leopold Wilhelm, und Carl Joseph, auch gethan. Bischoff Sebastian aber, eines Grobschmids Sohn von Grotgau, der sich durch seine große Gelehrsamkeit / und gute Qualitäten die Bischöffliche Insul aufsetzte, hat sich der alten Gebühr wieder erinnert, und das MUNUS CÆSARIS MAXIMILIANI auf seinen Ducaten wieder gebraucht. Vid. Schickfus *Lib. III. c. 2. Chron. Siles.* Fibiger *ad Henel. Silesograph. c. VIII. §. 48. p. 138.* Dewerdeck *in Silesia numismat. L. II. c. 1. §. 6. p. 208.*

Der Wöchentlichen
Historischen Münz-Belustigung
46. Stück. den 14. November. 1731.

Herzog Wilhelms zu Jülich, Cleve/ und Berg, Thaler, mit dem Spruch: CHRISTVS SPES VNA SALVTIS von A. 1578.

I. Beschreibung desselben.

Die erste Seite zeiget des Herzogs geharnischtes Bildnüs biß auf den halben Leib im links sehenden Profil, und bloßen Haupte, in der linken Hand einen Streit-Kolben haltend, mit dem umherstehenden Tittel: GVILI. elmus. D. G. JVLIA. ci. CLIVOR. um. Z. & MONT. ium. DVX. d. i. Wilhelm, von GOttes Gnaden zu Jülich / Cleve / und Berg Herzog.

Auf der andern Seite stehet dessen Wappen, nehmlich ein in der Mitten getheilter Schild obē von dreyen, und unten von zweyen Feldern. Oben im ersten goldnen Feld, ist ein aufgerichteter schwarzer Löwe, wegen des Herzogthums Jülich, im andern rothen sind acht goldne Lilien-Stäbe, welche aus einem silbernen Schildlein in Form eines gemeinen und Andreas-Creutzes hervorgehen, wegen des Herzogthums Cleve, im dritten silbernen

bernen ist ein rother Löwe, wegen des Herzogthums Berg. Unten im ersten goldnen Feld ist ein aus drey von roth und Silber geschachten Reihen bestehender Quer-Balken, wegen der Grafschafft Mark, und im andern silbernen sind drey rothe Sparren, wegen der Grafschafft Ravensberg. Auf dem Schilde stehen drey Helme, davon der mittelste mit einem rothen und in der Nasen einen silbern Ring habenden Büffels-Kopff, mit silbern Hörnern, und einer goldnen Krone, deren Reiff von Silber und Roth geschacht, gezieret ist, wegen des Herzogthums Cleve, und der Grafschafft Marck. Auf dem zur rechten ist ein goldner wachsender Greiff, der ein roth Halsband, und schwartze Flügel hat, wegen des Herzogthums Jülich, und der zur linken gekrönte führt einen Pfauen-Schwantz, wegen des Herzogthums Berg. Umher ist zu lesen: CHRISTVS SPES VNA SALVTIS A. 1578. d. i.

Christus soll ja nur allein
Unsers Heiles Hoffnung seyn.

2. Historische Erklärung.

Unter denjenigen Reichs-Fürsten, welche Kayser Carln dem V. seine Regierung nicht wenig sauer gemacht haben, die er aber doch endlich auch zu seinen Füßen liegen gesehen, war Herzog Wilhelm von Jülich, Cleve, Geldern, und Berg, nicht der geringste; der auch ausser dem wegen seiner auf 53. Jahr gebrachten Landes-Regierung, unter vier Kaysern, als Carln V. Ferdinand I. Maximilian II. und Rudolphen II. unter die merckwürdigsten Teutschen Fürsten des sechzehnden Jahrhunderts verdient gezehlet zu werden.

Es war derselbe Herzog Johannis III. und Friedsamens in Cleve einiger Sohn, welchen er mit der Erb-Prinzessin von Jülich und Berg, Maria, erzeuget hatte. Die Geburt geschahe am Tage Pantaleonis oder den 28. Julii, Nachmittags um 4. Uhr A. 1516. zu Cleve, und ward er von dem frommen Erz-Bischoff zu Coeln, Hermannen, Grafen von Wied, aus der heil. Tauffe gehoben. Er bekam zu seinem Informatorem den berühmten D. Conrad Hersbach, der alles dasjenige bey ihm glücklich zu Werke gerichtet, was er in den wolgeschriebenen Buch von der klugen Erziehung eines Printzens weitläufftig gemeldet; welches dahero auch abzunehmen gewesen, daß Herzog Wilhelm, ob er schon die meiste Zeit seines Lebens mehr den Degen, als die Bücher, in die Hand genommen, dennoch gelehrten Leuten beständig geneigt und hold geblieben, dieselben gerne um sich gehabt, und reichlich beschenkt, schenket, wie dieses Erasmus, Sturmius, Molinæus, Cassander, und andere berühmte Leute selbiger Zeit mehr, gar sehre von ihm rühmen. Je mehr die Prinzen sonst in ihrer Jugend zum Studiis angehalten werden, je abgönstiger werden sie denselben, wann sie nun zu einem solchen Alter gelangen, daß man sie dazu nicht mehr nöthigen kan. Das komt aber eben daher, weil ihnen die Pedanten den sonst so angenehmē und leichten Weg zur Gelehrsamkeit mit lauter Dornen und harten spitzigen Steinen dergestalt bestreuet haben, daß darauf unmöglich fortzukommen gewesen. Solchen Fürsten, die dergleichen übele Anführer gehabt, verursachet die öfftere Erinnerung des so unbillig zugefügten Ungemachs, nichts als lauter Haß und Abscheu für die Wissenschafften, und allen denjenigen, die mit solchen umgehen, welcher denenselben hernachmals schwer zu benehmen.

A. 1539. den 6. Februarii, nach dem Absterben seines Vaters, trat Herzog Wilhelm die Regierung an, und bekam so gleich mit K. Carln V. wegen der Geldrischen Succession vieles zu streiten. Es hatte ihm Herzog Carl von Egmond, der mit dem Burgundischen Hause wegen des Herzogthums Geldern schon so vieles zu fechten gehabt, welches hier aber zu weitläufftig zu erzehlen, als seinen nahen Anverwandten, zum Erben dieses Herzogthums eingesetzet, und ihm auch das Jahr zuvor schon dessen Verwaltung übergeben, in der Hoffnung, daß er solches, wegen der guten Gelegenheit, am besten gegen den Kayser würde behaupten können, jedoch mit dem Vergleich, daß er ihm gleich 6000. Brabantische Gülden bezahlte, davon die Helffte Geldern, und die andere Helffte Cleve, tragen muste. Ferner solte er jährlich aus Cleve Lebens-lang 25000. Gülden Brabantischer Münze zu erheben haben. Herzog Wilhelm nahm darauf an S. Blasii Tag mit 300. Reutern von Niemägen Besitz, und die Huldigung von den Ständen ein. Zu allem Glück starb auch den letzten Junii selbigen Jahres Herzog Carl, und durffte also Herzog Wilhelm kein ausbedungenes Jahr-Geld bezahlen. Auf dem A. 1539. zu Franckfurt am Mayn gehaltenen Reichs-Tag übergab er den Reichs-Ständen eine ausführliche Schrifft von seinem auf das Herzogthum Geldern habenden wol-gegründeten Rechte, und erwieß, daß Arnold von Egmond, Herzog Carln von Burgund, Geldern nicht habe verkauffen können; so hatten auch die Burgunder alle Bedingnüßen nicht erfüllet. Er erboth sich zugleich denselben alles Geld wieder zu geben, was sie deswegen bezahlet, und bath die Reichs-Stände, sich seiner beym Kayser in dieser Sache anzunehmen, und denselben auf einen gütlichen Weg zu bringen, damit er in dem ruhigen Besitz dieses Landes möchte gelassen werden. Die Zuversicht zu seiner guten Sache machte ihm so gar das

 Hertze,

Herze, daß er A. 1540. in Person nach Brüssel zu dem Kayser kahm, und sich zu einem billigen Vergleich erboth. Er fand aber daselbst schlecht Gehör, und die Kayserlichen Räthe wiesen ihn mit seinem Gesuch dergestalt ab, daß keine Hoffnung übrig blieb, daß der Kayser hierinne von seinem auf Geldern erlangten Rechte was würde fahren lassen.

Mit einem so mächtigen Kayser also deswegen zu kämpffen, der allemahl so viel tausend Mann ihm entgegen setzen konte, als er hundert Mann würde ins Feld stellen, hielte er sich zu ohnmächtig, und bewarb sich um Frankreichs Beystand. Er begab sich also A. 1541. an statt auf dem Reichs-Tag nach Regenspurg zu kommen, allwo die Geldrische Sache solte verabhandelt werden, und der Kayser auf die zu Frankfurt übergebene Clevische Schrifft antworten wolte, in aller Stille am Französischen Hof, und ward vom König mit beeden Händen aufgenommen, als welcher nichts mehr suchte, als die Teutschen Fürsten dem Kayser abspenstig zu machen, und in sein Interesse, zu Erregung neuer Unruhen in Teutschland, zu ziehen. Der Herzog glaubte auch, die Liebes-Seile würden ihn am stärcksten mit dem König verbinden, dahero bewarb er sich umb des Königs Schwester-Tochter, die Königliche Prinzessin Johanna von Navarra, zur Gemahlin, welche ihm auch den 15. Junii solenniter angetrauet wurde, dieweil sie aber noch nicht mannbahr, und nur im 11. Jahr ihres Alters war, so wurde das Beylager verschoben, und die vermählte Prinzessin verblieb bey ihrer Mutter, der Königin Margaretha.

Der Kayser entrüstete sich sehr darüber. Der Herzog hatte kurz vorhero um die Kayserliche Baase, die Dähnische Königliche Prinzessin Christinam und junge Herzogl. Mayländische Wittwe, angehalten, man hatte Ihm aber solche eben wegen des Geldrischen Handels nicht versprechen wollen. Dem Kayser schmerzte nichts mehr, als wann sich ein Teutscher Reichs-Fürst zu seinem geschwohrnen Haupt-Feind, dem König in Frankreich, schlug, sich von demselben in allen Ungehorsam stärken, und zu einem Reichs-Krieg waffnen ließ. Dahero klagte er den Herzog zu Jülich auf besagten Regenspurgischen Reichs-Tag den 3. Julii fast als einen offenbahren Reichs-Feind im offentlichen Reichs-Rath an, und überlieferte denselben eine gedruckte scharffe Vertheidigung des Burgundischen Rechts auf Geldern, mit Darthuung der ungegründeten Jülichischen Anforderung und gewaltsamen Occupirung gedachten Herzogthums. Die Jülichischen Gesandten wolten zwar ihrem Principal das Wort reden, so bald sie aber das Maul aufthun wolten, stand der Kayser mit zornigen Geberden von dem Thron auf, und gieng weg. Dem ohngeacht wageten es die Reichs-

Stände,

Stände, und bathen den Kayser er möchte sich wegen der Geldrischen Successions - Sache in eine gütliche Unterhandlung einlaßen. Er ließ ihnen aber durch seinen Ministrum, Johannem Navium, zur Antwort wissen: Er habe nun schon so viele Jahr hindurch so verschiedene Reichs-Täge zu Beruhigung, und Befestigung des Wohlstandes im Teutschen Reiche gehalten, und noch niemahls so viele Fürsten und Stände zu solchen wichtigen Berathschlagungen zusammen bringen können; da aber nun eine wiederwärtige Sache gegen ihn aufs Tapet gebracht worden wäre, so hätten sie sich gar zahlreich einfinden können, um gegen ihn desto stärker agiren zu können. Er verwunderte sich also gar sehre, daß, da es so schwer hergienge, in des Reichs Wolfahrt und Ruhestand betreffenden Sachen so viele Köpffe unter einen Hut zu bringen, sie sich doch anitzo in einer privat-Sache gegen Ihn so balde vereinbahret hätten; Sie solten aber wissen, daß von nichts solte nunmehro im Reichs-Rath gehandelt werden, als von denjenigen Sachen, um welcher willen derselbe angesetzet worden.

Wie der Kayser nach diesem Reichs-Tag wieder nach Spanien gieng, so trug er den Chur-Fürsten und Pfalz-Grafen beym Rhein auf, mit Zuziehung der andern Chur-Fürsten, dem Herzog wegen der Abtrettung des Gelder-Landes, ernstlich anzustehen. Dieser aber schützte sein gültiges Erb- und Possessions-Recht vor, und bestättigte auch solches in einer auf dem Reichs-Tag zu Speyer A. 1542. ausgetheilten Widerlegungs-Schrifft der obigen Kayserlichen Replic.

Die darauf eingelangten Nachrichten von des Kaysers unglücklichen Zug nach Algier machten so wohl Frankreich, als den Herzog muthig, in offenbahren Krieg gegen den Kayser loß zu brechen. Der ins Jülichische mit einem starken Corpo gesandte Französische General Longavall fiel in Brabant ein/und würde Löwen und Antwerpen bekommen haben/ wann es ihm nicht an Artillerie gemangelt hätte. Der Herzog hätte hingegen gerne die von den Kayserlichen stark besetzte Oerter, Heinsberg, Süstard, und Düren in seine Gewalt gebracht, alleine er konte nur Düren, und zwar im härtesten Winter, erobern.

Die Niederländische Gesandte, Ulrich von Criechingen, und Viglius Zwichem, beschwehrten sich dahero sehre A. 1543. auf dem Nürnbergischen Reichs-Tag, und begehrten mit der Reichs-Hülffe den Herzog zu Ersetzung alles Schadens, und der Räumung von Geldern anzuhalten. Der Churfürst zu Sachsen und Land-Graf zu Heßen schlugen sich aber ins Mittel, und brachten einen Waffen-Stillstand zuwege. Granvella bewilligte solchen nicht anders, als daß es in des Kaysers Belieben stehen solte,

 bey

bey seiner Wiederkunfft in Teutschland, denselben entweder anzunehmen, oder zu verwerffen; so solte auch in Süstard die Kayserliche Besatzung unangetastet verbleiben. Der Clevische Gesandte war anfangs mit diesem Stillstand wohl zu frieden; da indeßen aber, ehe er völlig zu Stande kam, der Herzog die Kayserlichen Trouppen, welche Heinsberg proviantiren wolten, den 24. Martii bey Sistard, gänzlich geschlagen hatte, so wolte er sich auch zu solchen weiters nicht verstehen; zumahl, da ihn die Franzosen beredet hatten, den bey dem großen Ungewitter vor Algier umgekommenen Kayser hätten schon längst die Fische gefressen, daß er sich also für deßen eisernen Zepter nicht mehr zu fürchten hätte. Der Herzog blieb auch so feste in dem falschen Wahn, daß er des Kaysers Wiederkunfft in Teutschland nicht eher glaubte, als biß er mit der Armee in seinem Lande stand. Es war des Kaysers seine erste Sorge bey dem mit Frankreich indessen neu angegangenen Krieg zuvörderst auf den Herzog loß zugehen, und denselben in solchen Stand zu setzen, daß der König weiters auf ihn nicht zu reflectiren hätte. Und das geschahe auch ganz leichte. Das gar balde mit Sturm eroberte und verbrandte Düren brachte das Land in solches Schrecken, daß sich Jülich und Rürmond ohne viele Weitläufftigkeit ergaben, worauf man vor Venlo ruckte.

Nunmehro schiene es Zeit zu seyn, daß Herzog Wilhelm, das stark entbrandte, und mit aller Macht forteilende Zorn-Feuer des siegreichen Kaysers durch fußfällige Abbitte unverzüglich aufhielte, ehe dasselbe ihn und alle sein Land gänzlich verzehrete, und ins äuserste Verderben setzte. Er fand sich demnach auf ausgebethene Erlaubniß, nebst Herzog Heinrichen von Braunschweig, und den Chur-Cölnischen Gesandten, als seinen Vorbitter, im Kayserl. Lager ein, that dem Kayser einen Fuß-Fall, und versprach demselben schrifftlich 1.) die Catholische Religion in allen seinen Landen nicht abzuschaffen, 2.) dem Französischen und Dähnischen Bündnüß gänzlich zu entsagen, 3.) sich Geldern und Zütphen gänzlich zu verzeihen, 4.) das Schloß Aremberg, und Ammersfort wieder zugeben, 5.) die Herrschafft Ravenstein als ein Brabantisches Lehn zu erkennen. Der Kayser hingegen verziehe ihm 1.) alles bishero vorgegangene gänzlich, 2.) verlangte er keine Wieder-Erstattung weder der in diesem Kriege zugefügten Schäden, noch der genoßenen Einkünffte von Geldern, und Zütphen, 3.) gab er ihm das eingenommene Herzogthum Jülich wieder, bis auf die Festung Sistard und Heinsberg, weil er doch dem von Frankreich so sehre gefeßelten Herzoge noch nicht völlig trauete, und raumete ihm 5.) auch die Herrschafften Ravenstein und Winendal unter gemeldter Bedingung wieder ein. Was in der Eil damahls den 7. Sept. A. 1543. vertragen worden, das wurde A. 1544. den 2. Januarii zu Brüßel in einer neuen Unterhandlung noch weiters ausgemachet: Herzog Wilhelm bekahm dabey Heinsberg und Sistard wieder, ingleichen zahlte ihm der Kayser ein Darlehn von 26036. Goldfl. wieder, jedoch muste er die K. Maximiliano I. geliehene 42000. Goldfl. anlaßen. Die Ravensteinische Befestigung ward geschleiffet; Uden, Herpen, Ravenstein, und die Helffte von Millen, Gangelten, und Wichten, als Brabantische Lehn erkant.

Wegen dieser erzwungenen Aussöhnung mit dem Kayser verlohr der Herzog die Freundschafft vom König in Frankreich, und noch dazu seine Gemahlin, die würklich vermählte Königl. Prinzessin von Navarra, Johannam. Sie hatte zu dieser Heurath, mehr aus Zwang und Respect gegen dem König, ihrem Onkel, als aus Liebe und Zuneigung, Ja gesaget. Es mißfielen dieser jungen Prinzessin der Teutschen Sitten, Gebraüche und Lebens-Art allzu sehre. Der Herzog hatte einen sehr starken Bart, und ließ sich denselben nicht so offt putzen, als die Franzosen, daß er auch appetitlich ausgesehen hätte. Er lachete mit so starker Stimme, daß die Prinzessin allemahl in einander fuhr, und besorgte, sie möchte dabey einmahl um ihr Gehör kommen. Noch mehr mißfiel ihr an des Herzogs Hofleuten das erschröckliche Sauffen, welches nicht eher ein Ende nahm, als biß sie gänzlich von Sinnen kahmen, und als todt in die schönsten Betten niederfielen, die sie dann auf das ärgste besudelten; so hatte sie auch kein Belieben an den Bocks-Sprüngen, welche die Teutsche in ihrem Tanzen macheten. Mit kurzen, die Teutschen waren ihr so verhast, daß sie sagte, sie wolte lieber mit einem schlechten Französischen Edelmann sich aufs Stroh, als mit einem Teutschen Prinzen ins Bette, legen.

Dieweil es aber doch weder in der Prinzessin Eigensinn, noch in des Königs Willkühr, bloß einzig und allein bestunde, eine würkl. geschloßene und durch Priesterl. Einsegnung gar zu einen heiligen Sacrament der Römischen Catholischen Kirchen gemachte Ehe so platterdings aufzuheben und zu vernichtigen, indem solcher gestalt mancher Mann sich seiner Frau, und noch eher eine Frau sich ihres Mannes, nach jählingen Einfall und närrischen Belieben, entledigen könte, so muste man den heiligen Vater P. Paulum III. deswegen angehen, daß er nach der Päbstlichen Allmacht, dasjenige möglich machete, was sonsten ohne gröstes Aergernüß und Ubelstand nicht geschehen könte. Man spahrete daher kein Geld zu Ubermachung grosser Wechsel nach Rom, woselbst alles ums Geld gleich ohne alle Schwürigkeit zu haben ist, zumahlen in Ehe-Sachen grosser Herren; indem man nicht mehr so einfältig ist, und ein ganzes fettes Königreich, wie Engelland, umb einer verweigerten Ehe-Scheidung willen, wie zu Zeiten K. Heinrichs VIII. von der Römischen Kirche sich abtrennen lässet, sondern lieber der Maxime P. Sixti V. folget, der gesaget: Eine Frau wäre so viel nicht werth, daß die Kirche ihrentwegen ein ganzes Königreich einbüßen solte, und man solte eher zugeben, daß ein König so viel Weiber und Kebs-Weiber, als Salomon, sich zulegete, oder wie der Groß-Sultan ein ganzes Seraglio

anrich-

anrichtete, ehe man sich um den Peters-Groschen brächte, und gestattete, daß sich ein König um dergleichen Ursache von dem Gehorsam gegen den Päbstl. Stuhl entzöge. Man erhielte also ohne Schwierigkeit ein Päbstl. Breve zu Aufhebung dieser Ehe, zumahl, da die Prinzessin endlich behauptete, daß sie einen beständig äusersten Wiederwillen gegen diese Verehligung geheget, und dazu wäre recht gezwungen worden. Weil nun auch die ehliche Beywohnung nicht war vollzogen worden, so machte man sich kein Bedenken, mit den Flederwisch darüber hinzufahren, und wurden also Herzog Wilhelm, und die Prinzessin weit eher geschiedene, als zusammen verbundene Leute.

Wie auf der Welt nichts leichters ist, als eine Frau zu bekommen, so haben dieses Glück auch Könige und Fürsten mit den geringsten Leuten gemein. Der Weiber-Schinder K. Heinrich VIII. in Engelland hatte zwey Weiber verstoßen, und zweyen die Köpfe vor die Füße legen laßen, die er zuvor mit so viel tausend Küßen inbrünstig beehret. Dieses grausamme Verfahren schreckte gleichwol keine Prinzessin ab, sich ferner an seine Seite zu legen, und diesen wütenden alten Ehebrecher mit Auskämmung seines grauen Barts zu liebkosen. Und also fehlete es auch Herzog Wilhelmen nicht an einer andern Königl. Prinzessin zur Gemahlin, ob ihm gleich die Königl. Navarrische Prinzessin verschmähet hatte. Er vermählte sich A. 1546. den 26. Julii zu Regenspurg mit des Römischen, Böhmischen und Ungarischen Königs Ferdinands Tochter, Maria, die ihn mit der heiligen siebenden Zahl von Kindern beglückte; worunter zwey Prinzen waren, davon auch der jüngste Joh. Wilhelm, dem Vater in der Regierung folgete, jedoch der letzte Zweig, seines durchlauchtigen Stammes war.

Da er also K. Carls V. Bruders Tochter zur Gemahlin hatte, so geschahe es leichte, daß ihm derselbe die Gnade und Freyheit gab, daß wann er keine Mänliche Leibs-Erben überkähme, alsdann alle seine Fürstenthum, Land, Leute, auf seine Töchter, oder deren nachgelaßene ehliche mänliche Nachkommenschafft, kommen solten, wodurch die schon längst erhaltene Sächsische Expectanz auf diese Herzogthümer vernichtiget wurde. Sein Schwäher, K. Ferdinand, bewilligte A. 1559. daß die Fürstenthum und Lande Jülich, Cleve, und Berg, Mark und Ravensberg, so lange die Succession seiner Erben und Nachkommenschafft in absteigender Linie währen würde, zusammen vereiniget, und gänzlich bey einander ungesondert und unzertrennet bleiben solten. K. Carl V. gab ihm auch A. 1546. das Privilegium de non appellando unter 400. Gülden Rheinisch, welches K. Maximilian II. auf 600. Gülden erweitert.

Die beeden vorgewesenen Reformationes im Ertz-Stifft Cöln, so wohl unter dem Ertz-Bischoff Herman, als Gebharden, machten unsern Herzog auch sehr viel zu schaffen, davon ich aber aus Mangel des Platzes, keine Umstände beybringen kan; zu geschweigen was ihm, als einen Nachbar, der angegangene Niederländische Krieg für unsägliche Sorge und Verdruß erreget.

Er starb A. 1592. den 25. Januarii Nachts um zehn Uhr im 76 Jahr seines Alters zu Düßeldorff, und liegt auch daselbst in der Stiffts-Kirche begraben. *vid.* Sleidanus, Pontus Heuterus, Thuanus, Pontanus *ad h. a.* Paulus Jovius, *de B. Juliacensi ap.* *Schard.* Teschenmacher *in annal. Cliv.* *P. II. Sect. II. p. 331.*

Der Wöchentlichen
Historischen Münz-Belustigung
47. Stück. den 21. November. 1731.

Ein Thaler von Bischof Johann Georgen zu Bamberg.

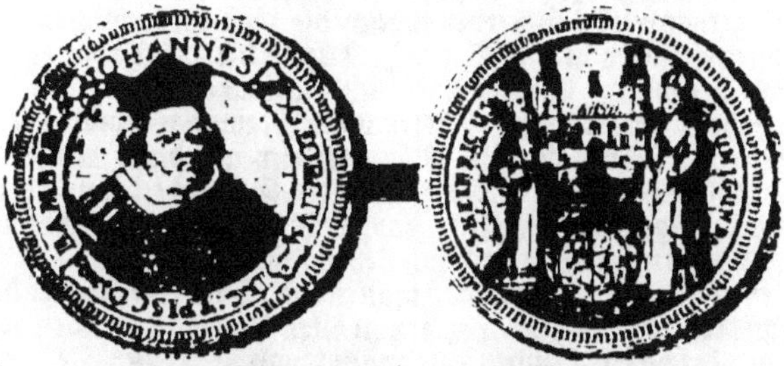

I. Beschreibung desselben.

Die erste Seite zeiget des Bischofs Brustbild mit völligem Gesichte; dergleichen selten zu sehen, und mit einem Baret auf dem Haupte. Umher stehet zwischen den vier Wäpplein von seinen Ahnen, als von Fuchs/ Echter/ Grumbach/ und Adolzheim, der Tittel: JOHANNES. GEORGIVS. D. G. EPISCO. pus. BAMBERG. ensis. d. i. Johann Georg/ von GOttes Gnaden Bischof zu Bamberg.

Die andere Seite stellet Kayser Heinrichen den Heiligen, und seine Gemahlin, die heilige Kunigunden, vor, wie sie die von ihnen gestifftete, und mit vier Thürmen bezierte, Dom-Kirche zu Bamberg auf den Händen tragen. Unter derselben befindet sich das mit einer Kayserl. Krone bedeckte Bischöffl. Wappen von vier Feldern, davon das 1. und 4. das Wappen des Hoch Stiffts, und das 2. und 3. das Geschlechts-Wappen des Bischoffs, nehmlich einen rothen Fuchs im goldnen Feld, enthält. Hinter demselben befindet sich zur rechten das Creutz, und zur linken der Bischofs-Stab. Umher bey dem Kayser und der Kayserin stehen ihre Namen: S. HENRICVS. S. KVNIGVNDA.

2. Historische Erklärung.

Wann von dem Kayser, und den Chur-Fürsten, Fürsten und Ständen des H. R. Reichs, nach dero hochpreißlichsten Sorgfalt für das allgemeine Beste, den täglich immer je mehr einreissenden Münz-Gebrechen, absonderlich den so sehr überhand nehmenden Prägen einer so unsäglichen Menge geringhaltiger Scheide-Münzen, durch einhelligen Schluß und Ernst, mit zusammen gesetzter Macht, und Nachdruck, nicht bald gesteuert, und Einhalt gethan wird, so werden endlich die länd-verderblichen Juden noch allen alten Thalern in den Schmelz-Tägeln die Hälse brechen, und solche in schlechte Münz-Sorten und leichte Kreutzer, um 25. pro Cento Gewinn zu haben, verwandeln. Ein frommer Mann hat neulich in einem Discurs das so verfallene Teutsche Münz-Wesen allerdings mit für eine nicht der geringsten Land-Strafen des gerechten GOttes/ die nun mit aller Macht auf uns antringen wollen, ganz wohl angesehen, welches in kurzen noch weit mehrers Unheil nach sich ziehen wird.

Dieweil es sich also anläßet, daß man es endlich für eine Raritæt halten darff/ wann man einen Reichs-Thaler von alten Schrot und Korn zu Gesichte bekömt, der bösen Händen entgangen, und noch einen Zeugen von der alten Teutschen Treue, Redlichkeit, und genauen Beobachtung der Reichs-Münz-Ordnung, abgiebt/ so habe ich auch diesen guten Bambergischen Thaler mit anführen wollen, damit doch dessen Abbildung und Gedächtniß möchte erhalten werden, wann er endlich auch uns aus dem Gesichte verschwinden solte.

Johann Georg, der XLIXste Bischof zu Bamberg, der solchen in den härtesten Kriegs-Zeiten hat schlagen lassen, war aus dem uhralten Reichs-freyen und unmittelbahren Adelichen Geschlechte der Füchse von Dornheim. Der Herr Canzler von Ludwig meldet, daß dieses Haus Bucelinus beschrieben habe. Alleine es sind die Füchse von Fuchs-berg in Oesterreich/ von welchen Bucelinus handelt/ welche mit den Fränkischen keine Anverwandschafft haben. Nachdem der Bischoff Johann Gottfried von Aschhausen A. 1622. den 29. Decembris verstorben, so blieb Sedes vacans nur etwas über einen Monath, und ward A. 1623. den 13. Februarii dieser Johann Georg, Fuchs von Dornheim, an dessen Stelle erwählet; der sechs Jahr drauf auch Dom-Probst zu Würzburg wurde.

Das vom Kayser publicirte Restitutions-Edict stärckte auch seinen Eyfer pro communi bono rei Catholicæ, dahero er bey der Gelegenheit, da es hieß, wie die Jesuiten zu Dillingen selbsten sagten: Aut nunc, aut nunquam, i(n)-

sonderheit vieles wieder zu seiner Diœces herbey zu bringen suchte / was derselben, so wohl vor, als nach dem Passauischen Religions-Vertrag / ware entzogen worden. Er übergab dahero A. 1631. und 33. dem Kayser und Reich zwey Schrifften, die noch in den von dem Lundorp zusammen getragenen Reichs-Actis befindlich, in welchen er absonderlich seine Beschwehrden gegen Marggraf Christian zu Culmbach führete, und behauptete darinnen erstlich, daß weil Marggraf Albrecht den Passauischen Vertrag nie angenommen, und von demselben, wie er öffentlich bezeuget, nichts wissen, noch hören wollen, so wäre auch dessen Landschafft des Religions-Friedens unfähig gewesen und geblieben, und müste sich also der Catholischen Religion und Fürstl. Bambergischen Juri diœcesano völliglich wieder untergeben. Fürs andere, wann man auch damit nicht hinaus langen solte, so habe man Fürstl. Culmbachischer Seits, wegen prætendirter Lands-Fürstl. Obrigkeit, nach dem Religions-Frieden, 81. Pfarren, und 62. schlechte Pfründen der Bambergischen geistlichen Jurisdiction entzogen; dabey er deutlich den Unterscheid ausgeführet, der sich in Franken unter dem Jure diœcesano, der Cent oder hohen Fraisch, der Vogtheylichkeit, der Landgerichtl. Geleitlichen, und Lehnherrlichen Obrigkeit, und der gemein-Herrschafft, befindet / und dabey angezeiget, welcher darunter das Jus reformandi zukomme. Nachdem aber die Ankunfft des Königs in Schweden Gustavi Adolfi, und die bald erfolgte erste siegreiche Leipziger-Schlacht die so ernstlich angefangene Execution des Kayserl. Restitutions-Edicts hemmete, so konte auch der Bischof nicht zu demjenigen gelangen, was er mit diesen seinen exhibirten Schrifften so eifrigst gesuchet. Vielmehr trachtete derselbe, bey Annäherung der sich jähling durch ganz Teutschland ausbreitenden Schwedischen Waffen, mit dem König einen Vergleich zu treffen. Der herbey eilende Tilly aber, und des Königes Zug nach den Rheinstrom, veränderten bey ihm diesen Entschluß.

Der König empfand dieses so übel / daß er das folgende Jahr 1632. dem General Horn Befehl gab, ins Bambergische einzufallen. Der Bischof hatte schon vorhergesehen, daß dieses herumziehende Wetter endlich auch auf ihn loßbrechen würde, und hatte sich dahero in seine in Kärnthen liegende Landschafften, nebst allen seinen Kostbarkeiten, geflüchtet; dergleichen hatten auch die Dom-Herrn gethan, und anderswo ihre Sicherheit gesuchet. Horn eroberte zwar also im Januario ohne grosse Schwierigkeit Forchheim und Bamberg; er verlohr aber zu Ausgang des Februarii, zu nicht geringen Verlust seines Königes / Bamberg gar bald wieder. Denn auf Ansuchen des Bischofs schickte der Chur-Fürst in Bayern den Tilly mit

20. tausend Mann dahin, welche ihn daraus mit grossem Verlust vertrieben, ehe er noch hatte das umb die Stadt gemachte Retrenchement zu Stande bringen können: Dem ohngeacht kam der Bischof nicht wieder in seine Residenz, sondern verstarb den 19. 29. Martii A. 1633. im Spital am Pirn in Oesterreich an der Ens, wohin er sich aus Devotion begeben. Er hielte sehr scharff über gute Policey, als wodurch das Wohlseyn eines Landes, und der Reichthum der Unterthanen, gar sehr befördert wird. Zu dem Ende promulgirte er A. 1628. ein erneuertes Mandat, Befelch und Ordnung, wie es in Kleidungen, Anstellung der Heyraths-Täge, Hochzeiten, Kind-Tauffen, Begräbnißen, Kirchweyhen, Gastungen, und andern Zusammenkünften, zu Abschneidung des hochverderblichen Mißbrauchs und Uberfluß, in seinem Stifft und Fürstenthum Bamberg solte gehalten werden. Dieser guten Verordnung muste auf das genaueste nachgelebet werden, und würde dadurch vieler Nutzen geschaffet worden seyn, wann nicht die leidige Kriegs-Unruhe alle Gesetze ungültig gemachet hätte. Sein Vorfahrer hatte die Jesuiten zu erst in Bamberg gebracht, dahero er denselben zu ihrem fernern Aufkommen daselbst alle Förderung mildiglichst bezeigete.

Die auf diesem Thaler vorkommende Wappen seiner Ahnen bestättigen die uralte, und biß auf die neuern Zeiten fort dauernde Gewohnheit, die Edelsten im Volcke zur Bischöfl. Würde zu befördern. Ja in den Capitularibus der alten Fränkischen Könige und Kayser finden sich verschiedene Satzungen, daß man Leute von geringen Herkommen nicht einmahl zur Priesterl. Weih gelassen. Juxta sacros ordines, sagt der Kayser Ludovicus Pius, vilis persona manens sacerdotii dignitate fungi non potest. Es gereichte dieses noch mehr zum Ansehen der Bischöfe, wann dieselbe aus edlen Häusern entsprossen. Sie sassen den Königen in den Reichs-Versamlungen an der Seite, und hatten den Vorsitz vor allen weltlichen Reichs-Ständen. Es würde also dieselben gar sehr geschmerzet haben, wann Männer von schlechter Herkunfft ihnen wären vorgezogen worden. Theganus beschwehret sich *de gestis Ludovici Pii Imp. c. XX.* nicht wenig, daß die übele Gewohnheit damals aufkommen wollen, daß man die geringsten Knechte zu Bischöfen gemachet. Er sagt, es gienge zu, wie zur Zeit des K. Jerobeams in Israel, der die Priester des Herrn, die Kinder Aaron, und die Leviten ausgestossen, und von den geringsten im Volke Priester gemachet. Dergleichen Leute, wann sie auf dem Bischöfflichen Stuhl erhoben worden, würden gleich zornig, zänkisch, bekähmen ein böses Maul, wären hartnäckig, beschimpfften und bedroheten alle unter ihnen stehende, und suchten sich dadurch fürchterlich und belobt zu machen. Ihre schändlichste Anverwandschafft trach-

trachteten sie von dem Joch der schuldigen Dienstbarkeit loß zu reißen, und in Freyheit zu setzen. Etliche davon liessen sie in den freyen Künsten unterweisen, andere verknüpften sie mit Adelichen Frauen, und nöthigten der Edelleute Söhne ihre Bäßlein zu heyrathen. Es könte kein Mensch neben ihnen wol leben und auskommen, als die alleine, so mit ihnen in dergleichen Verbindung stünden. Ihre Vettern aber, wann sie etwas gelernet, verlacheten und verachteten den alten Adel, trügen die Nase hoch, wanketen bald dort, bald dahin, wären unverschämt u. s. w. Im Lateinischen klingt diese Lamentation noch nachdrücklicher also: Jamdudum illa pessima consvetudo erat, ut ex vilissimis servis summi Pontifices fierent, & hoc non prohibuit, qvod tamen maximum est malum in populo Christiano, sicut testatur Regum historia de Jerobeam, filio Naboth, qvi erat servus Regis Salomonis. - - Refert enim scriptum de eo in hæc verba: Non est reversus Jeroboam de via sua pessima, sed e contrario fecit de novissimis populi Sacerdotes excelsorum, & propter hanc causam peccavit domus Jeroboam, & eversa est, & deleta de superficie terræ. Postquam tales culmen accipiunt, nunqvam sunt, sicut antea, tam mansveti, & sic domestici, ut non statim incipiant esse iracundi, rixosi, maliloqui, obstinati, injuriosi, & minas omnibus subjectis promittentes, & per hujusmodi negotia cupiunt ab hominibus timeri, & laudari. Turpissimam cognationem eorum a jugo debitæ servitutis nituntur eripere, & libertatem imponere. Tunc aliqvos eorum liberalibus studiis instruunt, alios nobilibus feminis conjungunt, & propinqvas eorum filios nobilium cogunt accipere. Nullus cum eis æqvanimiter vivere potest, nisi hi soli, qvi talem conjunctionem habent; cæteri vero cum maxima tristitia, gemendo, flendo, ducunt dies suos. Propinqvi autem supra dictorum, postqvam aliqvid intelligunt, senes nobiles derident & despiciunt, sunt elati, instabiles, inverecundi &c. In dem 44sten Capitel stellet er nachdem den Bischof zu Rheims, Hebonem, der aus einer knechtischen Familie gebohren, als einen solchen schlimmen und hochmütigen Mann vor, der sich so gar an dem Kayser, seinem Herrn, vergriffen, und zu seiner Absetzung am meisten geholffen, da ihm vielmehro eine Peitsche auf den Rücken gehöret hätte. Nicht nur alleine aber bey den Franken sahe man scharff darauf, daß ein Bischof adelichen Geschlechts wäre, sondern auch bey andern Völkern, war Edel gebohren zu seyn mit die vornehmste Eygenschafft eines Bischofs die ihn vor andern recommandiren konte.

Wann Sidonius Apollinaris den neu erwählten Bischof zu Bourges, Simplicium, recht heraus streichen will Lib. VII. ep. 9. p. 423. so rühmt er gleich zu allererst, daß er vornehme und adeliche Eltern gehabt, und meinet daran nicht unrecht zu thun, weil auch S. Lucas in dem Lobspruch St. Johannis des Tauffers zu anfangs gemeldet, daß er aus Priesterlichen Stamme entsprossen, und also eher seine edle Herkunfft, als sein edles und tugendhafftes Leben, gepriesen: Benedictus Simplicius, schreibt er, si natalibus servanda reverentia est, quia & hos non omittendos Evangelista demonstravit: (Nam Lucas laudationem Johannis aggressus, præstantissimum computavit, qvod sacerdotali de stirpe veniebat, & nobilitatem vitæ prædicaturus, prius tamen extulit familiæ dignitatem) parentes ipsius, aut cathedris, aut tribunalibus, præsederunt. Illustris in utraqve conversatione prosapia, aut Episcopis floruit, aut præfectis, ita semper hujusce majoribus, aut humanum aut divinum dictare jus usui fuit.

In unserm Reiche ist der Adel bey einem Bischof so unentbehrlich geachtet worden, daß man auch solchen von allen Dom-Herren erfordert, dieweil nach dem von dem Pabst dem Kayser entrißenen Recht die Bischöffe einzusetzen, bey einer sich ereignenden Vacanz, der neue Bischof unter ihnen ist. Ferner war nicht genug, daß ihr Vatter und Mutter für Edelleute von jederman gehalten wurden, sondern es solten auch die Vor-Eltern von Vätterlicher und Mütterlicher Seiten untadelhafften Adelichen Geblüts gewesen seyn. Man muste dahero anfangs nur vier Ahnen beweisen. Diese schienen bey dem Anwachs des neuen Adels nicht mehr zulänglich zu seyn, dahero forderte man acht Ahnen; endlich kam es so gar auf sechzehen, damit der alte Adel seinen grossen Vorzug behauptete. Bey vielen Hoch-Stifftern kahm es auch auf, daß man nur Personen von der Reichs frey-unmittelbahren Ritterschafft und die vor alters schon in solchen aufgeschwohren, aufnahm, und wie bey den Turniern, nur den Adel aus den vier Landen, für gültig und stiffts-mässig hielte. In dem Straßburgischen Bisthum ist die Ahnen-Probe vormals am allerschärffesten gefordert, und auf 32. Ahnen gesetzet worden, in welchen lauter Fürstliche und Gräfliche Häuser vorkommen musten, welche Sitz und Stimme auf dem Reichs-Tage haben; dahero auch dieses Bisthum das Edelste ist genannt worden. Nachdem aber dieses so alte und angesehene Hoch-Stifft dem Teutschen Reiche ist entrissen, und nach dem Statuto Capituli von A. 1687. der dritte Theil der Canonicate gebohrnen Franzosen zu Theil worden, diese aber wegen der vielen und greulichen Blut-Würste in ihren Familien, mit dergleichen vortrefflichen und hohen Ahnen nimmermehr aufkommen können, so hat man auch die so scharffen Aufschwöhrungs-Statuta, ob wohl zu der Franzosen schlechten Ehren, ändern müßen.

Diejenigen Reichs-Adelichen Geschlechter aber, die absonderlich in den Respective hohen Erz- und Hoch-Stifftern Maynz, Trier, Bamberg, Würz-

Würtzburg, Aichstädt, Constanz, Paderborn, Münster, Speyer, Worms, Fulda, ꝛc. aufgeschwohren, hat auf Befehl des Chur-Fürstens zu Maynz, und Bischoffs zu Worms, Georg Friedrichs, Georg Helwig, Vicarius zu Maynz, mit unermüdeten Fleiß, treulich zusammen getragen, welche Georg Friedrich Greiffenclau, Freyherr zu Vollraths, Churfürstlicher Maynzischer geheimer Rath, und Ober-Amtman der Grafschafft Königstein, in ordentl. Stamm- und Ahnen-Tafel gebracht, und in sehr vielen vermehret, und endlich Johann Maximilian Humbracht, edler Geschlechter zu Franckfurt, biß auf seine Zeit fortgeführet, in ein Buch verfasset, und unter dem Tittel: **Die höchste Zierde Teutschlandes und Vortrefflichkeit des Teutschen Adels**, zu Franckfurt A. 1707. in folio heraus gegeben.

Nicht minder hat auch Herr Damian Hartard von und zu Hattstein, Hochfürstl. Fuldischer Geheimer Rath, Ober-Stallmeister, und Ober-Commendant von der Leib-Guarde, wie auch Brigadier und Lands-Obrister, nach funfzehn-jähriger Arbeit, ohnlängst ein dergleichen schönes und nutzbahres Werk in folio zu Fulda ans Licht gestellet, so betittult: **Die Hoheit des Teutschen Reichs-Adels, wodurch derselbe zu Chur- und Fürstlichen *Dignitaten* erhoben wird**, in welchem 690. Ahnen-Tafeln, jede von 16. Ahnen, mit beygedruckten Haupt- oder Stamm-Wappen, vorkommen.

Müntz-Neuigkeit.

Herr D. Johann Christian Kundmann, berühmter Medicus in Breßlau, und der Kayserl. Academiæ Naturæ Curiosorum Mit-Glied, hat in 16. daselbst bey Michael Hubert dieses Jahr in Quarto gedruckten Bögen, und beygefügten 5. auf halbe Bögen gestochenen Kupffer-Platten, in folio, colligirte Nummos singulares, oder sonderbahre Thaler und Müntzen, beschrieben, so offt wegen einer kleinen Marque, oder theils curieusen Historie, theils fabelhafften Mährgen, von denen Müntz-Liebhabern hochgeschätzet, und deswegen in Müntz-Cabinettern vor andern aufbehalten worden. Er hat dabey einen besondern Fleiß, Curiosität, Belesenheit, Accuratesse und Geschicklichkeit, rühmlich erwiesen, und gar sehr viel dienliche, und vorher noch nicht bekandte Anmerkungen beygebracht. Insonderheit hat er gezeiget, daß er keines weges zu den einfältigen, und abergläubischen Müntz-Liebhabern gehöre, die öffters aus einer Mucken einen Elephanten machen, und sich allerhand lächerl.

und nur von alberer Einbildung herrührende Histörgen von dieser oder jener Münze von den Münz-Wurm-Schneidern auf den Ermel hefften lassen. Ich glaube dahero auch, wann er an des Herrn Rath Mosers 31. Anmerkung über des Herrn Canzlers von Ludwig Einleitung zu dem Teutschen Münz-Wesen mittler Zeit gedacht, und das 27. Stück der Historischen Münz-Belustigung von diesem Jahre, zuvor gelesen gehabt hätte, er würde Tab. IV. n. 55. einen guten, gerechten, und ganz gewissen Heller der Reichs-Stadt Buchhorn in Schwaben nicht mit des Herrn Canzlers von Ludwigs Vergrösserungs-Brille für einen erdichteten und falschen Hirten-Heller angesehen, und ihm eine Stelle unter andern weit curieusern Münzen vergönnet haben. Vor allen andern aber ist merkwürdig, was er p. 31. von Johann Reinhold E--- einen Medailleur und Petschier-Stecher zu Breßlau, nunmehro offentlich für ein Schelm-Stück erzehlet, davon man dazumahl, als ich in Breßlau gewesen, nur heimlich gemurmelt, nehmlich, daß derselbe den Hessischen Philipps-Thaler mit der Umschrifft: Besser Land und Leut verlorn, &c. ferner den Schweitzerischen Bunds-Thaler, ingleichen Herzog Christians zu Braunschweig Thaler mit der Umschrifft: GOttes Freund &c. mit dazu auf das Schwerd gesetzten Baret, betrüglicher Weise nachgeschnitten, gepräget, und gewinnsüchtig distrahirt habe. Welches böse Stück aber ein andrer ehrlicher Breßlauischer Medailleur und Petschier-Stecher, Johann K--- pflichtmässig dem Magistrat entdecket, worauf sich aber der schalckhaffte Medailleur E--- in Zeiten noch aus dem Staube gemachet, und in aller Eil nach Stetin begeben, wo er A. 1713. gestorben. Seine Stempel und Präge-Zeug ist nachdem in Hamburg verkaufft worden. Es hat also eingetroffen, was Herr Ferdinand Ludwig von Breßler und Aschenburg, ein vornehmer und gelehrter Rathsherr zu Breßlau, dazumahl von diesem Mann zu mir gesagt, da er zwar seine künstliche Hand und neue Inventiones lobete, jedoch ihm auch dabey in starken Verdacht hielte, daß er mit nachgeprägten raren Thalern die Welt zu betrügen suchte: nehmlich, er würde mit diesem heimlichen Kunst-Stücke noch endlich zum offentlichē Schelm werden, und da er mit Nachprägung alter falscher Thaler anfienge, endlich mit neuen falschen aufhören, und sich die Finger verbrennen. Dergleichen unächten Christians-Thaler mit dem auf das Schwerd gesteckten Baret, habe ich nur neulich in dem vortreffl. Müllerischen Cabinet in Nürnberg, nebst dem rechten und ächten Stück, angetroffen.

❁)o(❁

Der Wöchentlichen
Historischen Münz-Belustigung
48. Stück. den 28. November. 1731.

Eine schöne MEDAILLE vom Erz-Herzog MATTHIA in Oesterreich.

I. Beschreibung derselben.

Auf der Haupt-Seite befindet sich des Erz-Herzogs sehr wolgemachtes Brustbild im links sehenden Profil, blosen Haupte, gekröselten Kragen, geharnischt, mit umhangenden goldnen Vlueß und Gewand. Umher ist zu lesen: MATHIAS. D. G. ARCHID. ux. AV.striæ, D. ux. B.urgundiæ. C.omes. TIR.olis. d. i. Matthias, von GOttes Gnaden Erz-Herzog in Oesterreich, Herzog in Burgund, Graf in Tyrol.

Die Gegen-Seite zeiget einen um sich sehenden, und auf einem mit dem zweyköpffigten gekrönten Reichs-Adler bezierten Schild stehenden Kranich, der mit dem rechten aufgehobenen Fuß einen Stein hält, zu dessen beeden Seiten allerhand Armaturen und Fahnen liegen, mit der Uberschrifft: AMAT VICTOR.ia CVRAM. d. i. Der Sieg will besorgt, oder beobachtet, seyn. Im Prospect ist eine Stadt mit einem Berg-Schloß. Die Medaille wiegt im Silber 3½. Loth.

2. Historische Erklärung.

Erz-Herzog Matthias war von Kayser Maximilians des andern, mit der Infantin Maria, K. Carls des V. Tochter, erzeugten fünff erwachsenen Söhnen, der dritte in der Geburts-Folge, und zu Wien A. 1557. den 24. Februarii am St. Matthiä Abend zur Welt gebohren, dahero man ihm auch aus Ehrerbietung gegen diesen heiligen Apostel dessen Namen beylegete. Er hatte mit K. Carln dem V. seines Anherrn Bruder zwar gleichen Geburts-Tag, jedoch nicht gleiche Grösse des Gemüthes und des Glückes, welches zwar viele glaubten, daß beedes bey Ihm auch seyn würde / jedoch hernachmals sahen, daß ihre Muthmassung nicht eintraff, und daß zu einem andern grossen Carln den fünfften noch mehr, als eben der Geburts-Tag in Calender, gehörte. Wie K. Maximilian ganz ungemein vor die gute Erziehung seiner Erz-Herzoge sorgete / also hatte auch Matthias in seiner Jugend die vortreffliche Unterweisung des so berühmten Augerii Gislenii Busbecks zu geniessen, der sich sorgfältig nach seiner Gemüths-Beschaffenheit richtete, und wie ein anderer Chiron einen Achillem aus ihm zu machen suchte. Er fand bey Ihm eine grosse Zuneigung zum Soldaten-Wesen, und weil sich nun der Türken-Krieg dazumahl immer gefährlicher anließ, so vermeinte er, es solte mit der Zeit Ungarn einen wiederbelebten Mathiam Corvinum an diesem Prinzen bekommen, sintemahl an desselben Namen die Türken noch mit grösstem Schrecken gedachten. Je fleissiger also und aufmerksamer sich Matthias in Erlernung dienlicher Sprachen und Wissenschafften bezeigete, je mehr durffte er reiten, fechten, die Pique spielen / schiessen, Türken-Köpffe abhauen, und in andern ritterlichen Künsten sich üben; wiewohl er doch zu den letztern mehr Lust, als zu dem ersten äusserte. Er würde demnach ohne allen Zweiffel einen grossen Feld-Herrn abgegeben haben, wann ihn nur sein ältester Bruder, K. Rudolph, hätte eine Armée untergeben wollen. Alleine so bezeigte sich der Kayser so wiederwärtig, argwöhnisch, und gehäßig gegen denselben, daß er ihn eher zu erniedrigen und zu unterdrucken, als zu erhöhen, trachtete.

Wie also Matthias alle Hoffnung zu seinem Aufkommen am Kayserlichen Hofe verlohren sahe, so ließ er sich von dem Herzog von Arschott, seinem Bruder dem Marggrafen von Havre, und andern vornehmen Niederländischen Herrn, welche gegen die anwachsende Macht des Prinzens von Oranien eifersüchtig waren, durch den abgeschickten Herrn von Maelstede verleiten,

leiten, daß er A. 1577. den andern Octobris nach den Niederlanden aufbrach, woselbst ihn die Stände das folgende Jahr den 20. Januarii zu ihren Obersten Gubernator annahmen. Es geschahe dieses ohne Willen und Wissen so wohl des Kaysers, als des Königes in Spanien, dahero sich der Erzherzog bey beeden die gröste Ungnade zuzog, indem er bey ihnen, wie der Graf Khevenhüller redet, als ein unruhiger, und grosser Herrschafften begieriger Herr, in Verdacht gerieth, und sie es nicht anders ansahen, als ob er sich habe zum Haupte der von dem Hause Oesterreich abtrünnig gewordenen Niederländer aufwerffen wollen. Indignabantur Austriaci, schreibet der eifrige Paul. Piasecius *in Chronico gestor. in Europ. p.* 21. quod rebellibus Austriacorum Austriacus, isque Catholicus hæreticis militaret. Der Obrist Rueber, so bey ihm in Ansehen gewest, hatte den Erz-Herzog, der Staaten Antrag anzunehmen, am ersten persvadiret; er war aber doch nicht selbsten mitgereiset, sondern es hatten denselben nur die zwey Cämmerer, Ernst von Eck, und Caspar von Tonawitz, begleitet. Als seine Abreise kund wurde, so hätte ihn der Kayser gerne unterweges anhalten, und zurücke bringen lassen, wie dann deswegen an einige Reichs Fürsten und Stände Kayserl. Rescripta ergangen waren. Er hatte aber seine Reise ohne viele Weitläufftigkeit, und so geschwinde fortgesetzet, daß man ihm den Weg nimmer verlegen konte. Warum aber die Niederländer auf ihn gefallen, mit was für Artickeln sie Ihm das Guberno aufgetragen / was sonsten mit ihm in solchen posto vorgegangen, und wie wohl der schlaue Prinz von Oranien dabey mit der Masqve zu spielen gewust, das will ich bey anderer Gelegenheit umständlich erzehlen.

Beede Theile wurden jedoch einander balde überdrüssig, zumal da die Verbitterung der Niederländer gegen Spanien immer grösser wurde, daß sie sich auch endlich nach einem andern Lands-Herrn begontẽ umzuschauen, dahero Erz Herzog Matthias in einer durch dẽ Prinz von Espinoy den Staaten den 22. Julii A. 1580. übergebenen Schrifft sein Guberno lieber selbsten aufgab, jedoch erstlich das folgende Jahr den 29. Oct. seinen Abschied von Antorff nahm, und wieder nach Oesterreich zurück kehrte. Dieweil er den Kayser so hoch durch seinen bisherigen Auffenthalt bey den Niederländern beleidiget hatte, so ließ er durch seine Frau Mutter bey demselben um Verzeihung anhalten, mit der Vorstellung / daß er es nicht so böse gemeinet habe, als es ihm von seinen Abgönstigen sey ausgedeutet worden; indem er nur gesuchet habe, Niederland in dem Gehorsam gegen den König in Spanien zu erhalten, und zu verhüten, daß die Catholische Religion nicht gänzlich daselbst ausgerottet würde. Der Kayser ließ den deswegen abgeschickten

ten Cammer-Herrn erst nach dreyen Tagen vor sich, und erklärte sich zwar endlich, seinen Bruder wiederum zu Gnaden anzunehmen, jedoch solte er nimmermehr nach Prag kommen, sondern seine Residenz in Linz nehmen, wie dann auch sie beede einander niemahls mehr gesehen. In Linz muste er sich mit einer geringen Hofstatt behelffen, und hatte nicht die Gewalt, daß er auch nur einen Gärtner, ohne Kayserl. Einwilligung, hätte ein- oder absetzen können. Wie auch die von den Staaten ihm verheissene Jährliche 50. tausend Gulden gar balde ausblieben, so gieng es öffters an seinem Hofe gar knapp her.

A. 1587. kam er nach dem Tode K. Stephani Batori mit in Vorschlag, König in Pohlen zu werden, es wurde ihm aber sein Bruder, Erz-Herzog Maximilian, vorgezogen. Damit er nicht gar in der Einsamkeit und Ruhe erkranken möchte, so thät er unter seinem Bruder Erzherzog Ernsten etliche Feld-Züge in Ungarn, und machte sich bey dieser Nation so beliebt, daß da derselbe A. 1594. das Gouvernement in den Niederlanden antretten muste, sie ihn mit einhelliger Stimme von dem Kayser zum Obersten Feld-Herrn verlangten. Derselbe gewährete sie auch ihres Begehrens, und schickte Matthiam mit einer frischen Armée nach Ungarn. Bey dem gehaltenen Kriegs-Rath solte derselbe nach der Kayserl. Generale, des Hardecks und Qveinspergs, die jüngst von den Türken abgenommene Oerter, Vesprin, und Palota, so gleich wieder angreiffen; alleine der Palfy hielte dafür, daß an diesen Oertern wenig gelegen wäre, vielmehro solte man sich wieder an Novigrad machen, wovon man wegen des vorigen harten Winters hätte abziehen müssen. Durch die Eroberung dieser Vestung könte man nicht nur alleine die Berg-Städte bedecken, sondern auch sich den Weg zur Belagerung von Ofen bahnen. Der Erzherzog folgte also demselben, und fieng schon im Martio besagten Jahres an Novigrad zu belagern. Die Türken hatten sich es nicht versehen, daß die Christl. Armée so früh ins Feld rücken würde; dahero sie den nicht mit allen gnugsam versehenen Ort gar balde übergaben. Wie er nachdem eine Armée von 50. tausend Mann, theils Teutschen, theils Ungarn, beysammen hatte, so belagerte er auch Gran, mit welcher Stadt es aber härter hielte, indem sich die Belagerung, ohngeacht alles sehr scharffen Zusetzens, vom April bis in Junium verzog, und doch endlich aufgehoben werden muste, weil der Sinan Bassa mit 60000. Mann zu Ofen ankahm, um den Ort zu entsetzen. Einige Obristen wolten zwar in den Abzug nicht willigen; jedoch wolten sie doch auch dem Erz-Herzog nicht folgen, als er sich vornahm dem Sinan Bassa unter die Augen zu ziehen.

Als der Erzherzog demnach zurücke gewichen, so rückte der Sinan Bassa vor Raab, beunruhigte das ohnweit davon jenseits der Donau stehende Christl. Lager durch tägliche starke Anfälle. Der Erzherzog versahe Raab mit einer starken Besatzung unter den Graf Ferdinand von Hardeck, und begegnete den ansetzenden Türken und Tartarn eine ziemliche lange Zeit mit tapffern Wiederstand. Den 29. Aug. am Tag Johannis Enthauptung, den die aberglaubischen Türken sonderlich für glückl. halten, schlugen dieselben jehling eine Brücke über die Donau, und setzten mit der stärksten Gewalt an das Christl. Lager, daß sie endlich die Wagenburg durchbrachen, bey 2000. Mann niederhieben, das übrige Kriegs-Volk gänzlich auseinander streueten, und alle Gezelt, Wagen, Proviant, Geschütz, Munition, Canzley, Kriegs-Cassa erbeuteten, wobey sich der Erz-Herzog schwehrlich nach Ungerisch Altenburg salvirte, worauf auch den 29. Sept. der Graf von Hardeck Raab übergab, das folgende Jahr aber dafür den Lohn von dem Scharffrichter bekahm. Sinan Bassa machte sich darauf auch an Comorra. Der Erzherzog zog aber 20. tausend Mann frischer Völker aus Böhmen und Mähren an sich, und nöthigte denselben, in gröster Eyl die Belagerung aufzuheben. Isthuansius meinet, es hätten mit der zusammen gebrachten Armée, die sich endlich, als die Ungarn wieder dazu gestossen, auf 40. tausend Mann belauffen, noch grössere Dinge können ausgerichtet werden, zumal wann man den mit gröster Confusion forteilenden Feind in die Eisen gegangen wäre. Er setzet aber hinzu: Sed ubi virtutes Imperatoriæ ac felicitas desunt, casuqve magis ac fortuna, qvam virtute & consilio, res geruntur, & magnæ copiæ oneri magis, qvam auxilio, sunt, & frustra suscipi omnem laborem oportet. Er schmählet darauf sehr, als ein Ungar, der niemahls von den Teutschen gut reden kan, über die in den Winter-Quartieren liegen gebliebene Teutsche Hülffs-Völker, und sagt, daß sie vollends aufgezehret, was der Feind übrig gelassen, und die armen Einwohner sehr harte mitgenommen hätten. Adeo immani licentia, schreibt er, peccandiqve impunitate, ut ex militibus immanissimi latrones effecti, miserorum hospitum pecora, quibus se & parvos liberos sustentare, variaqve onera, ad varias publicas privatasqve necessitates obire solebant, non qvotidiana duntaxat ingluvie mactata vorare & consumere, sed raptu & in longinqvas terras abactu divendere consuevissent, & recondita penuariis fruges & vina, & quicquid esset ejus generis obsonii, e faucibus complorantium crudeliter extorqvere: desectas vero tempore messis, & in acervos compositas in suos & eqvorum usus non vererentur: & deniqve freti nimia impunitate miseris hominibus, si qvi facultatum suarum rapinis prohibendis paulo contentiosius restitissent, impias & crudeles manus inferrent, nec ea, qvam obtinebant, regione contenti, in remotas etiam partes sæviendo, & abditissima qvæqve loca perscrutando, rapiendoqve truculentissime grassarentur: postremo segniter imperata facientibus, nisi notabilis tributi pecunia sese & pauculas substantiæ reliqvias redemissent, omnem cædis & incendiorum cladem denunciare atqve inferre non dubitarent, atqve adeo uno ejusmodi grassantium prædonum agmine discedente, alii æqve crudeles & flagitiosi, nullo miseriarum fine, subinde succederent. Dieses lautet zwar sehr garstig von den Teutschen Soldaten, die als die unbarmhertzigsten Rauber ausgeschrien werden; jedoch muß er auch gestehen, daß dieselbe gar keinen Sold bekommen hätten. Wann man aber erwäget, daß die tapffern Teutschen sich hätten sollen umsonst für die Ungarn tod schlagen lassen, so wird jederman die Unbilligkeit dieser unnöthigen Klage, und harten Beschuldigung, erkennen. Es ist jedermann bekandt, daß die Ungarn alleine nicht im Stande gewesen sich gegen die Türken zu retten. Die Teutschen musten ihnen also zu Hülffe kommen, damit sie nicht gänzlich von den Ungläubigen überwältiget wurden. Hingegen war der Ungarn Schuldigkeit ihre Helffer und Erretter nicht nur zu besolden, sondern auch zu unterhalten. Das erste geschahe nicht, und wann dann auch dieselben nur mit einer Maul-Fülle wolten zu frieden seyn, und dafür ihre Freyheit, Leib und Leben für ein fremdes Volk dahin geben, so versagte man auch diese ihnen. Es hält bey den Kriegs-Leuten harte ohne Geld zu leben, noch härter aber ohne Brod. Weil also die Ungarn so unerkäntlich waren, und den Teutschen Soldaten für ihr edles Blut keines von beeden gutwillig geben wolten, so nahmen sie solches selbsten. Wann bedürfftige und durch Undank beleidigte Soldaten selbsten die Geld-Kasten, Scheuern, und Keller auffsperren müssen, so gehet es freylich nicht gleich zu. Sie nehmen alsdann mehr, als ihnen gebühret, indem insgemein die Augen grösser als der Bauch. Es haben sich aber diese Gewaltthätigkeit diejenigen selbsten zuzuschreiben, die sie dazu gereitzet. Gewiß ist es, daß dieses der Teutschen allgemeine und beständige Klage gewesen, so lange ein Türken-Krieg geführet worden, daß die Ungarn ihnen ihre Zugehör niemahls geben wollen, und daß alsdann, wann sich die Teutschen selbsten versorget, umb nicht gar das Leben, so ihnen der Feind nicht nehmen können, durch unleidentl. Hunger zu verliehren, mehr Geschreyes davon gemachet worden, als die Sache in der That verdienet.

In dem folgenden 1595ten Jahre trug zwar der Kayser, aus unaufhörlichen Wiederwillen gegen dem Ertzherzog, dem Fürsten Carln von Mansfeld das Commando in Ungarn auf, der den Feld-Zug mit der Belagerung von Gran eröfnete. Als aber derselbe im Lager verstorben, so muste doch der Ertz-Herzog dieselbe fortsetzen, der auch so glücklich war und nicht nur diese Vestung, sondern auch Vissegrad, eroberte, und die Türken/mit Verlassung auch der Stadt Waitzen, biß nach Ofen zurücke zu weichen nöthigte. Er hätte auch gerne Ofen angegriffen; der Kayser wolte aber seinen Willen nicht dazu geben, damit nicht Matthias allzuviel Ehre in dem Ungarischen Krieg davon tragen möchte, die er ihm mißgönnete, dahero er ihm auch den Commando-Stab wiedernahm, und solchen dem jüngern Bruder, dem Erz-Herzog Maximilian, übergab.

Mich bedüncket also, es habe Erz-Herzog Matthias gegenwärtige Medaille zum Andenken seiner Ungarischen Kriegs-Thaten schlagen lassen, um zu bezeigen, wie er allemahl dabey besorgt gewesen, der über den Feind erhaltenen Vortheile sich wol zu gebrauchen. Obschon es scheinet, daß Isthuansius in den oben angeführten Worten denselben eben für keinen grossen Capitain erkennen wollen, so macht er ihm doch in einer andern Stelle ein solches Elogium, als ob er diese Medaille vor Augen gehabt: Matthias, suscepta Pannonici exercitus cura, postqvam bellum cum Turcis contractum, indies magis ac magis exarsisset, nihil antiqvius habuit, qvam victorias, toties & tam feliciter partas, virtute & industria sua proseqvi, ac priusquam hostium vires, ut fama ferebat, in Græcia, & ultramarinis Asiæ partibus colligi jussæ adventarent, ardua quæque & difficilia, qvod illa essent tum decora, tum plena laudis militiæ exercitamenta, primo qvoqve tempore experiri. Er ist auf der Medaille mit dem goldnen Vlüeß zu sehen. Denselben bekahm er von dem König in Spanien A. 1596. nach des Grafens von Khevenhüller Bericht. Vorhero kan also dieselbe nicht seyn geschlagen worden. Unter den mancherley Waffen, so um den wachsamen Kranich herum liegen, sind auch Türkische zu sehen, daß also alles ganz wol mit einander überein trifft. So scheinet mir auch dieses gar bedenklich, daß der Kranich auf dem Kayserlichen Schild mit dem Fuße stehet.

Man hat noch mehr Medaillen von diesem Erz-Herzog, welche bezeigen, daß er ein Liebhaber davon gewesen. Auf einer ist er zu Pferde zu sehen, mit der Umschrifft: MATTHIAS. D. G. ARCHID. AVSTR. SVPER EXERC. BELL. IN HVNG. Die andere Seite stellet ein Lager vor mit der Devise: MILITEMVS 1601.

Auf einer andern stehet sein Brust-Bild im Ungarischen Habit mit der Umschrifft: MATTHIAS II. D. G. REX. HVN. DESIGN. IN REG. BOHE. Die andere Seite stellet ihn zu Pferde mit einem bloßen Schwerde vor, dabey zu lesen: COELESTI NVMINE SVRGO.

Noch eine andere præsentiret ihn wieder in Ungarischer Tracht mit seinem

seinem Tittel, auf der andern Seite aber ist er in ganzer Figur zu sehen, in der einen Hand den Scepter, in der andern einen Palm-Zweig haltend. Neben ihm liegen zwey Kronen auf der Erden, als die Ungarische und Böhmische; die dritte und Kayserliche Krone aber ist über Ihm in Himmel, mit der Beyschrifft: MANET VLTIMA COELI. Welches meines wenigen Erachtens aber gar unschicklich, indem ja Matthias die Kayserliche Krone noch auf der Welt gefunden.

Vid. Isthuansius *Lib. XXVIII. & XXIX. hist. de rebus Vngaricis.* Khevenhüller *in annal. Ferd. ad h. aa. & in T. I. der Conterfet. p. 32.* Meteran. *Lib. VII. & X.*

Münz-Neuigkeit.

Von Rom den 20. *Octobris:*

Der Sign. Abbate Valesio ein Römer, von welchem seine eigene Lands-Leute sagen: E un Dio nell' Erudizione & un Angelo ne' costumi, und also einer der gelehrtesten Männer allhier, welcher insonderheit von der alten und neuen Historie seines Vaterlandes ganz ausserordentliche Wissenschafft besitzet, ist im Werk begriffen, alle Schau-Münzen der Römischen Päbste von Martino V. an, bis auf itzige Zeit zu beschreiben, und mit gelehrten Anmerkungen aus der Historie zu illustriren. Man wird in diesem Werke viele besondere Dinge antreffen, so weder in Molinet, Bonnani, noch auch bey denen, so der Päbste Leben beschrieben haben, zu finden sind. So sollen auch keine Medaillen darinne recensirt werden, als solche, die würklich in den Cabinetten vorhanden sind. Dahero werden viele, davon die Figuren in Bonnani stehen, aber nur Current-Münzen, oder aus Typotii Symbolis genommen sind, weg bleiben; hingegen eine ziemliche Menge, so in obangeführten Autoribus fehlen, allhier zum erstenmahl zum Vorschein kommen. Zu Anfang eines jeden Pabsts Medaillen, wird eine Leiste eingedruckt werden, worinnen 2. Medaillen, als eine mit dem Portrait und Wappen, die andere mit einem curieusen Revers, erscheinen. Der Abbate ist in der Beschreibung und Collection schon ziemlich weit gekommen, und wünschet ihn jederman, der davon gehöret, Leben und Gesundheit, dieses schöne und nutzliche Werk bald ans Liecht zu bringen.

Der Wöchentlichen
Historischen Müntz-Belustigung
49. Stück. den 5. December. 1731.

Der Königin in Franckreich/ Mariä von MEDICES, goldne Krönungs-Müntze von A. 1610.

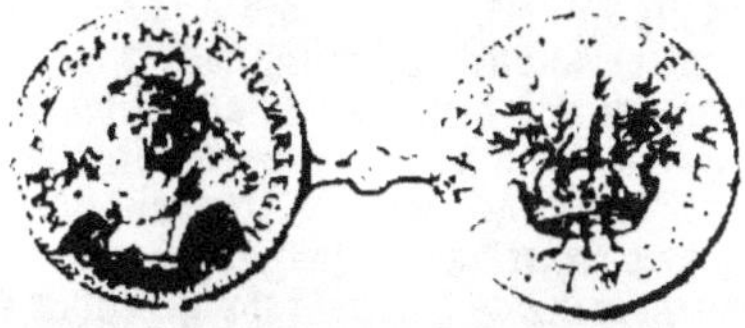

1. Beschreibung derselben.

Die erste Seite enthält der Königin Brustbild, wie sie in ihrem fünf und zwanzigsten Lebens-Jahre ausgesehen, im rechts sehenden Profil, mit der Krone auf dem Haupte, in damahliger Tracht, mit einem erhabnen und mit ausgekappten Spitzen bebrämten Hals-Kragen, mit der Umschrifft: MARIA DEI. GRA. tia. FRANC. iæ. ET NAVAR. ræ. REGINA. d. i. Maria, von GOttes Gnaden Königin in Franckreich und Navarra.

Die andere Seite zeiget eine Königl. Krone, durch welche ein Palm-Zweig zwischen zweyen Lorbeer-Zweigen gestecket. Umher stehet: SECVLI FÆLICITAS 1610. Die Glückseeligkeit der Zeit.

2. Historische Erklärung.

Als mir neulich diese schöne und rare goldne Müntze von einem grossen Beförderer dieser Historischen Müntz-Belustigung aus seinem auserlesenen Cabinet gezeiget wurde/ sahen wir sie so gleich für diejenige an, die sie auch war. Wir befanden auch, daß wir in dieser Meinung nicht geirret hatten, als wir des Godefroy *Ceremoniel Francois* aufschlugen, und daselbst *T. I. p.* 576. diese Erzehlung und Beschreibung davon antraffen: Aussi tost, qve la

Messe fut finie, les Herauts estans au Jubé crierent Largesse, jettans de poignées des pieces d'argent monnoyées, en l'une des faces des qvelles estoient empreintes l'image de la Reyne courronnée, auec l'inscription: *Maria Dei gratia Francia & Navarra Regina.* Et au revers une couronne, qui iettoit un espi, & deux branches d'olives, avec ses mots: *Saeculi felicitas.* Ces pieces valoient enuiron huit sols chacune: Il s'en fit aussi d'or de pareil poids & facon, qvi furent données à quelque Seigneurs de la Cour, & a Messieurs du Conseil, comme aussi aux Ambassadeurs. Weil also nach diesen Bericht dergleichen silberne Krönungs-Münzen ausgeworffen, die goldnen aber nur an die vornehmen Herrn des Hofs, an die Königl. Räthe, und Ambassadeurs verschenkt worden, so lernten wir unsern goldnen Pfenning noch so werther halten.

Es wird demnach meinem Leser nicht unangenehm fallen, wann ich aus den Königl. Ordonnancen, und vier Relationen von den Krönungs-Ceremonien der Königin Mariae de Medices, K. Heinrichs des IV. in Frankreich anderer Gemahlin, hier einen kurzen Auszug gebe:

Obwohl binnen ihrer in das zehnde Jahr gehenden Ehe K. Heinrich, und diese seine Gemahlin nicht eben so einträchtig und vergnügt miteinander gelebet hatten, sondern es fast immerwährenden Streit, Mißhelligkeit und Wiederwillen unter ihnen gesetzet hatte, dieweil die Königin, als eine eifersüchtige Italiänerin, gar nicht vertragen konte, daß der König, als ein Prinz der viele Gefälligkeit für das Frauen-Zimmer hatte, seine Liebe mit so viel Maitressen theilete, so suchte sie doch der König, in Erwegung, daß sie ihm den Dauphin, und noch zwey Prinzen, und drey Prinzeßinnen zur Welt gebracht hatte, damit zu begütigen, als er seine Augen von neuem auf die schöne Montmorency geworffen, die er wie eine Diana gekleidet, bey einem Ball erblicket, und ihr zum mehrern Schand-Deckel den Prinzen von Condé zum Gemahl gegeben hatte, daß er Ihr, bey dem vorhabenden grossen Heeres-Zug gegen Teutschland und das Erz-Haus Oesterreich, die Reichs-Verwaltung, jedoch mit etlichen an die Seite gesetzten Räthen, auftrug. Weil nun diese eingeschränkte Gewalt ihrem Liebling, dem Concini, gar nicht anständig war, so gab er Ihr den Einschlag, daß Sie dem König bey einer angenehmen Stunde liebreitzend vorstellen solte, wie höchst nöthig es wäre, daß er Sie vor seinem Feld-Zug noch solenniter krönen liesse, weil sie alsdann, als eine gekrönte Königin, mehr Ehrfurcht und Ansehen im ganzen Reiche haben würde. Dem König fiel zwar diese Bitte höchst beschwehrlich. Der Feld-Zug solte nunmehr eilends angetretten werden. Ein grosser Theil Völker war schon an die Gränze von Champagne gerücket, die Feld-Artillerie war allbereit auch voraus gegangen. Man

hatte

hatte nunmehro keine Zeit zu versäumen/ das so lang überlegte Vorhaben auszuführen, und konte der Verschub nur auf einige Tage dasselbe krebsgängig machen. Uber dieses erforderte die Einrichtung einer solchen Ceremonie viele Sorge, Unruhe und Zeit/ und noch mehr Geld, welches man besser auf die Unterhaltung der gegen Teutschland anrückenden drey Armeen hätte wenden können, die dem König monathlich nach dem gemachten Uberschlag 1250000. Livres kosteten. Jedoch da die Königin nicht abließ, Tag und Nacht mit ihrem Gesuch ihrem Gemahl anzuliegen, und man bey demselben mit Importunität und Anhalten endlich alles erlangen konte, so willigte er endlich doch in ihre Krönung, und ließ sich also dieser sonst fort-eilende Mars von der liebkosenden Venus aufhalten, und machte dabey, wider alles Vermuthen/ dem verfluchten Ravaillac Gelegenheit, ihm ein zweyschneidiges Messer ins Hertz zu stossen. Aber so gehts, wann sich ein Mann von den ungestümmen Weibern, in unnöthigen und unbilligen Dingen übertäuben lässet. Es entstehet allemahl ein gewißes Unglück daraus. Hätte K. Heinrich seiner Gemahlin kein Gehör gegeben, sondern seinen Feld-Zug angetretten, Ravaillac würde ihm nicht nachgereiset seyn.

Der König ließ demnach im April durch seine Ceremonien-Meister dem Parlament zu Paris andeuten, auch sonst überall kund machen, daß er entschlossen wäre, seine Gemahlin den 13. May, Donnerstags in der Woche vor Ostern, zu St. Denis krönen zu lassen, worauf den Sontag, als den 16. ihr Einzug in Paris mit aller Pracht erfolgen solte. Das Parlament, und die Vorsteher der Kauffmanschafft, bathen zwar sehre, daß der Einzug biß zu Ende gedachten Monaths möchte verschoben bleiben, weil sie mit der Zurüstung nicht fertig werden könten. Der König gab ihnen aber kurtz zur Antwort: Sie möchten nun fertig werden können, oder nicht, so solte doch sein Wille geschehen. Sic erat in fatis!

Die vornehmste Anstalt hierzu ward in der Kirche zu St. Denis gemachet, in welcher man das grosse eiserne Gütter vor dem Chor wegnahm, um mehrern Platz zu bekommen, und daselbst eine Bühne aufführete, die 9. Schuh hoch, 28. lang, und 21. breit war, auf welche man auf 16. Stuffen stieg; in deren Mitte stund auf einem noch etwas erhabnen Orte der Königin von blauen Sammet mit goldenen eingewürkten Lilien überzogener Thron. Die Bühne selbst war mit rothen und mit Gold gestickten Sammet bedecket. Zu beeden Seiten des Throns befanden sich Stühle für die Prinzen und Prinzessinen vom Geblüthe, und andere hohe Anwesende.

Als dieses und noch vieles andere zum grösten Ausbutz der Kirche angeordnete

geordnete in gröster Bereitschafft sich befand, geschahe den 12. May als Mittwochs, von dem König und der Königin die Abreise nach St. Denis. Die Königin nahm ihren Auffenthalt in des Abts, und der König in des Priors Zimmern. Bey anbrechenden Krönungs-Tag eilete eine unzehlbahre Menge Volks zur Kirche, in welcher man ein grosses Amphitheatrum vor die Zuschauer rings herumb, mit vielen übereinander gehenden Sitzen, so wohl und bequem aufgerichtet hatte, daß jeder alles sehen, und auch von allen konte gesehen werden; jedoch wurde keine Dienst-Magd, noch eine Frau mit einer schlechten Tuch-Haube eingelassen. Desto schöner war also der Anblick, da man so ungemein viele wohl-gekleidete Personen umher und übereinander sitzen sahe. Es kam aber niemand so früh zur Kirche, daß er nicht den König darinnen angetroffen hätte, um noch allerhand Anstalten darinnen zu machen, und wird als ganz gewiß erzehlet, daß er selbigen Morgen sich so geschäfftig erwiesen, daß er funfzehen mahl ab- und zu gegangen, damit nur alles in vollkommener Einrichtung seyn möchte. Als er das letzte mahl hinein kahm, und eine so unbeschreibl. Anzahl Menschen in der gröstē Stille beinander sahe sprach er zu den zur Seiten gehenden Cammer-Herrn: **Er gedächte hierbey an das letzte und große Welt-Gerichte, GOtt solte ihm und allen Anwesenden Gnade verleihen, daß sie sich recht darzu vorbereiten möchten.** So regt sich doch immer, mitten unter der Eitelkeit der Welt, das nicht allemahl zu stillende Gewissen in den Gewaltigen auf Erden, daß sie an den ohne Ansehen der Person alle Welt dermahl einst richtenden GOtt, mit einem heiligen Schauer, auch wieder ihren Willen, gedenken müßen. Nur ist zu bedauern, daß sie dergleichen gute Regungen nicht gerne lange empfinden, sondern wann zumahl ein Felix eine freche Drusillam an der Seite hat, er das weitere Nachdenken von der Keuschheit und dem zukünfftigen Gerichte, biß auf eine bequemere Gelegenheit verspahret, die er doch öfters nicht mehr bekomt, sondern, nach vieler gereitzten Langmuth GOttes, mitten in seinen Sünden, von dem erschröcklichen Zorn Gerichte GOttes ergriffen, und jähling weggeraffet wird.

Um 11. Uhr ließ sich die Königin in ihrem Audienz-Zimmer angekleidet finden, mit einem Habit von blauen Sammet, der reich mit goldnen Lilien gestickt, und mit Diamanten, Perlen, und andern Edelgesteinen häuffig besetzt war. Der Kopf war mit Haaren aufgesetzt, und mit dem kostbahrsten Schmuck bezieret. Sie hatte auch einen Königl. Mantel um von blauen Sammet, der über und über mit gestickten goldnen Lilien besäet, mit Hermelin gefüttert, und mit einer Agraffe von Diamanten auf der Brust befestiget war. Madame ihre Tochter, die Prinzessin Elisabeth, die

Königin

Königin Margaretha, von Valois, die der Maria durch die Päbstl. Ehescheidung im Königl. Ehebette Platz gemachet hatte, und welches höchl. zu verwundern, sie nun, ohne alle Mißgunst und Haß, mit der grösten Gelassenheit, bey der Krönung wol bedienen helffen; ingleichen alle Prinzessinen vom Geblüthe, alle Herzoginnen des Reichs, und alle Hof-Damen, erschienen vor ihr in den kostbahrsten Kleidern von Gold und silbern Stück, und mit Kronen und Geschmuck nach jeglicher Stand und Würde, und nach einer vorgeschriebenen Kleider- und Rang-Ordnung. Die Cardinäle de Gondy und de Sourdis kamen in ihren völligen Cardinals-Habit, die Königin abzuholen; worauf denn der Fortgang in die Kirche in folgender Ordnung geschahe.

Den Anfang machte die Königliche Leib-Guarde der Schweitzer, die dazumahl alle neu in der Königin Liberey gekleidet war, und stellete sich in zwey Reihen zu beeden Seiten von der Abtey biß in die Kirche. Auf diese kamen die 200. Edelleuthe von dem Königlichen Hause. Diesen folgten die Kammer-Junker, die Kammer-Herrn, die Capitaines; und andere vornehme Hofleute. Nach diesen erschienen die Trommelschläger und Hautboisten, ferner die Trompeter und Heerpaucker. Dann traten einher die Herolde; nach welchen die Ritter der Königlichen Orden mit ihren Officiers giengen, die alle ihre Ordens-Ketten um hatten. Ihnen folgten die Prinzen von Frankreich, paar und paar, als le Chevalier de Guise, der Herzog von Guise, die beeden Vendosme, der Ritter und Herzog, so beede natürliche Söhne des Königes von der Herzogin von Beauford waren, und der Prinz de Conty. Dann kahmen der Graf von St. Paul, als Grand Maître, mit einem grossen Stab, und der Duc d' Elboeuf, als Grand Chambellan, neben einander, der das Küssen trug, worauf die Königin bey der Krönung kniete. Der Graf von Soissons hatte sollen, als Grand Maître, die Bedienung haben, weil man aber seiner Gemahlin nicht dergleichen Kleidung und eine so lange Schleppe, hatte dabey verstatten wollen, wie sie verlanget hatte, so war er aus Zorn davon geblieben, und weil der Duc d' Esguillon war unbaß worden, so muste der Duc d' Elboeuf seine Stelle vertretten. Auf alle diese erschien endlich die Königin, in mehr als Majestätischen Geberden, und steurte sich auf obbemeldte beede Cardinäle. Zu ihrer rechten Seiten gieng der Dauphin, und zur linken ward der Herzog von Orleans, als ein drey jähriges Prinzgen, von einem Cavallier auf dem Arm getragen, beede hielten den Königl. Mantel. Neben her waren die beeden Capitains von der Königl. Leib-Guardes, de Vitry und de Praslin, und Mr. de Chasteau vieux, der Königin Chevalier d'honneur, zu welchem die Königin sagte: daß sie mitten unter dem Gepränge an nichts mehr, als an ihren Tod, gedächte, und daß sie vielleicht nach wenig Tagen in eben dieser Kirche, zu welcher sie anjtzo mit solchem Pomp geführet würde/ könte begraben werden. Die zehen Ellen lange Schleppe von dem Königl. Mantel trugen die verwittibte Prinzessin von Condé, die Prinzessin von Conty, und die Herzogin von Montpensier; und deren Schleppen von fünff Elen trugen der Marquis de Noirmonstier, der Mr. de Bassompierre, und der Graf von Fiesque. Nach der Königin folgete die Madame ihre Prinzessin, deren Mantel-Schleppe von sieben Ellen der Herzog von Longueville, und der Mr. de Montmorency nachtrug. Dieser trat die Königin Margaretha nach, und wurde ihre Schleppe am Mantel von gleicher Länge von dem Grafen von Curson und de Rochefoucaut getragen. Hierauf kamen die andern Prinzessinen und Hof-Dames. Den Schluß machte ein Lieutenant von der Gardes mit einigen Trabanten, umb das Antringen der Leute abzuhalten.

Als die Königin in dieser Begleitung in die Kirche gekommen, kniete sie vor dem grossen Altar nieder, wo ihr der Cardinal de Joyeuse in Pontificalibus ein Creutz und Reliqviarium zu küssen darreichete. Nach verrichtetem Gebet, begab sie sich nebst den Cardinälen, ihren Prinzen, den Prinzessinen, und andern Dames, auf die Bühne, und setzte sich auf ihren Thron. Nach einer kleinen Weile aber führten sie die Cardinäle mit obigen Gefolg wieder nach dem grossen Altar, wo sie sich wieder auf die Knie legete, und mit tief nieder gebeugten Haupte die von dem Cardinal de Joyeuse abgelegten Gebete anhörte. Nach deren Vollendung nahm derselbe das Oel-Fläschgen, goß daraus etwas auf einen goldnen Teller, der ihm von einem Bischof dargereichet ward, und salbete damit die Königin auf dem Haupte, und auf der Brust, welche ihm die Königin Margaretha eröffnete. Hierauf übergab er der Königin, die bey seits auf einem Tischgen liegende Reichs-Kleinodien/ so ihm allemahl von einem Bischof præsentiret wurden, als den Ring, den Scepter, und die Hand der Gerechtigkeit. Endlich setzte er derselben die von dem Bischof zu Paris gegebene grosse Krone auf, welche der Dauphin und der Herzog von Orleans hielten; Sie wurde aber gleich wieder abgenommen, und dem Prinzen von Conty übergeben; An deren statt setzten ihr der Dauphin und der Herzog von Orleans eine kleinere, und von Diamanten und Edelgesteinen ungemein schimmernde Krone auf, welche sie aufbehielte; den Scepter und die Hand der Gerechtigkeit aber gab sie den beeden de Vensdome. Dieses alles geschahe unter gesprochenen gewissen Gebeten.

Nach vollbrachter Krönung begab sich die Königin im vorigen Gefolg.

und

und mit Vortragung der Reichs-Kleinodien, wieder auf ihren Thron, und gieng die Meße an. Als das Credo kam, stund die Königin auf, und opfferte ein vergoldtes und versilbertes Brod, Wein, und eine Wachs-Kerze, an welcher sich 13. Goldstücke befanden. Hierauf setzte sie sich wieder auf den Thron biß zu der Elevation, da sie sich wieder auf die Knie niederließ. Hierauf hohlte der Cardinal de Gondy den Friedens-Kuß von dem Cardinal Joyeuse, und gab ihn der Königin auf die Wangen, die darüber wie eine Relation bey dem Godefroy p. 566. meldet, ganz roth wurde. Als dieses geschehen, wurde die Königin in voriger Ceremonie zur heiligen Communion geführet, die sie aus den Händen des Cardinals de Joyeuse kniend empfieng. Nach dem kehrte sie wieder zurücke auf den Thron, und hörete mit sonderbahrer Andacht die ganze Messe aus. Nach Endigung derselben warff ein Herold die silbernen Krönungs-Pfennige unter das Volk, und die Königin ward unter obiger Begleitung wieder aus der Kirche in die Abtey mit vorgetragenen Reichs-Insignien geführet. An statt der beeden Cardinäle, die in der Kirche blieben, führten sie der Dauphin und der Herzog von Orleans.

Der König hatte der ganzen Krönungs-Handlung auf einem vergitterten Chor vom Anfang biß zum Ende zugesehen, nebst einen von seinem Beicht-Vatter, dem P. Cotton, zugegebenen Geistlichen, der ihm alle Ceremonien erklärete. Er gieng aber eher aus der Kirche, als die Königin, und sahe ihren Rückzug aus einem Fenster zu. Als dieselbe vorbey gieng, besprengte er sie aus Scherz mit etlichen Tropffen Wasser, gieng ihr aber entgegen, empfieng sie unten an der Stiegen mit vielen Küssen, und führte sie in das Zimmer. Die Königin beurlaubte alsdann alle ihre Gefolg, ließ sich auskleiden, und speisete Nachmittags um 4. Uhr mit dem König und ihren Kindern ohne alles weitere Festin. Nach der Tafel begaben sie sich noch selbigen Abend wieder nach Paris ins Louvre.

Alle Fremden fast von allen Nationen, so dieser Krönung beygewohnet, musten bekennen, daß sie dergleichen Pracht, Kostbarkeit, und Reichthum, noch niemahl gesehen, und daß der Einzug der Königin in Spanien, in Ferrara, wobey doch Italien und Spanien alle ihre Schätze zusammen getragen hätten, diesem Gepränge bey weiten nicht gleich gekommen.

So groß aber diese Freude damahls war, ein so grosses Leid folgte bald darauf, indem der König, als er den Tag darauf, nehml. den 14. May und Freytags, die zu dem den 16. May angestellten Einzug der Königin in Paris aufgerichtete Triumph-Bögen beschauen wolte, in seinem Wagen von dem Ravaillac ermordet ward, und also die auf dem Krönungs-Auswurff-Pfennig gerühmte Glückseeligkeit der Zeit in Frankreich gar ge-

schwinde

schwinde in die gröste Unglückseeligkeit verwandelt wurde; und aus der Krone nicht mehr Palmen und Lorbeer-Zweige, sondern Cypressen-Aeste und Dornen hervor rageten. Es traf also ein, was ein Nativität-Steller, dergleichen es dazumahl viele in Frankreich gab, und der dem Duc de Mayenne die Ermordung seines Bruders, des Duc de Guise, desgleichen die verlohrne Schlacht bey Yvry, auch vorher gemeldet hatte, der Königin ohne Scheu ins Gesichte gesaget: es würde sich ihr Krönungs-Fest mit Blut und Thränen endigen. Als sie sich über des Königes Entleibung sehr betrübt und bestürzt bezeigte, und immer schrye: Ey der König ist tod! so redete ihr der Canzler mit diesen Worten zu: Euer Majestät vergeben mir; in Frankreich sterben die Könige nicht. Sie sehen sich vor/ daß ihre Thränen nicht verursachen/ daß man unsern Zustand noch mehr beweinen muß. Sie verspahren ihre Thränen biß auf eine andere Zeit. Es sind gnug Leute/ die so wohl euer Majestät, als ihrentwegen weinen und heulen. Einer Königin komt nunmehro zu die Unterthanen aus aller Noth und Gefahr zu retten; und wir haben anizo keiner Thränen/ sondern Rath und Hülffe vonnöthen.

Ich kan es nicht glauben, was einige der Königin beymessen, ob solte sie selbsten ihres Gemahls Mord angestifftet haben. Es wäre dieses der allerabscheulichste Undank gewesen, der jemahls in der Welt erhöret worden. Ich will nicht sagen, daß der König seinen zu dem vorhabenden Krieg gesparten Schatz von 41. Millions livres wegen der Krönungs-Unkosten hatte angegriffen, und daß er die Zeit versäumet mit seinen Desseins loßzubrechen; sondern ich will nur melden, daß er unsägliche Mühe mit Einrichtung dieser Handlung gehabt, indem bald diesem, bald jenem, das Ceremoniel nicht anständig war. Es ist erstaunlich wenn man die vielen Ordonnancen von den particulieren functionen so vieler Personen lieset, die bey der Krönung zu thun gehabt, auf was für vorgeschriebene Kleinigkeiten man acht gegeben, und wie man alle Schritt und Tritt abgemessen. Und weil man dabey absonderlich mit hoffärtigen Frauen-Zimmer zu thun hatte, deren Kleidung, Putz, und Geschmuck, nach verschiedenen Stand und Würden, zu reguliren war, so hat es mancherley Gezänke nur über das gegeben, wie viel Ellen lang die Schleppe am Ober-Kleid seyn solte. Vid. Relations 1. 2. 3. 4. *en* Godefroy *l. c.* Thuanus *contin. Lib. III. p.* 69. Mezeray *dans l'hist. de France T. III. p.* 1209.

✱)o(✱

Der Wöchentlichen
Historischen Münz-Belustigung
50. Stück. den 12. December. 1731.

Eine vortrefliche MEDAILLE von der Königin in Frankreich, MARIA DE MEDICES, als Wittwe.

I. Beschreibung derselben.

Die erste Seite zeiget der Königin Brustbild im links sehenden Profil, in damahliger Tracht, mit einem prächtigen erhabnen, und mit breiten ausgekappten Spitzen verbrämten Hals-Kragen, und der Umschrifft: MARIA. AVG. usta. GALL. iæ. ET. NAVAR. ræ. REGIN. a. d. i. Maria, die durchlauchtigste Königin von Frankreich und Navarra. Unter dem Arm stehet des Medailleurs Name. G. DVPRE F.

Auf der andern Seite befindet sich der Königin Wappen in einer sehr zierlichen Cartouche, welche mit der Königl. Krone bedeckt, und mit der

 geknüpf-

geknüpften Wittwen-Schnure umgeben. Der von oben herab gespaltene Schild, enthält in der rechten Helffte das eben so getheilte Königl. Französische Wappen, und in der lincken Helffte, das mit dem Oesterreichischen quadrirte Mediceische, dieweil der Königin Mutter, eine gebohrne Ertz-Herzogin von Oesterreich gewesen. Umher ist zu lesen: CRESCVNT DVM FLORENT. d. i. Sie wachsen, indem sie blühen. Mit welchen Worten auf die Lilien sonder Zweiffel gezielet worden.

2. Historische Erklärung.

Nach K. Heinrichs IV. im vorigen Müntz-Bogen erzehlten, und gleich auf seiner Gemahlin Krönung erfolgten Entleibung, ward dieselbe von dem Parlament zur Regentin A. 1610. den 14. May ernennet, jedoch mehr aus Furcht und Zwang, als aus Hochachtung, Liebe, und Willkühr. Sie ließ ihr Verlangen durch den Duc d' Epernon demselben mehr bedrohlich, als bittlich, hinterbringen, und die Manschafft so um das Augustiner Kloster gestellet wurde, binnen der Zeit, als daselbst das Parlament seinen Sitz hielte, schiene alle Freyheit der Stimmen aufzuheben. Man versahe sich von einer Italiänerin und fremden Prinzessin wenig gutes, die schlecht in Staats-Sachen geübet, jedoch voller Hochmuth, Eigensinn, und Herschsucht war, und dabey sich ihrer Cammer-Frau Galigai und deren Mann Concini gänzlich überließ. Dieses liebe Ehe-Paar wuste sie auch bald durch die angenehme Vorstellung der nunmehro in die Hände bekommenen Königl. Gewalt zu trösten. Ihre erste Verrichtung war, daß sie den jungen neun-jährigen König Ludwigen XIII. seinen ersten Lit de Justice halten, und darauf den 17. Oct. noch selbiges Jahr krönen ließ. Man rieth ihr zwar sich durch einen aus sehr wenig Personen bestehenden Staats-Rath die Regiments Sorgen zu erleichtern; dieweil aber die Wahl ihr schwer war, die Prinzen vom Geblüthe, wegen ihres Geburts-Rechts, vornehmlich eine Stelle darinne haben musten, und andere grosse Herren, als der Connetable de Montmorency, der Cardinal de Joyeuse, das Haus von Guise, die Herzoge von Nevers, von Longueville, von Vendosme &c. sich auch nicht wolten davon ausschliessen lassen, so nahm sie endlich hinein, wer nur hinein verlangte, um nur niemand vor den Kopff zu stossen. Dieses gab aber nicht nur Gelegenheit zu vielen Intrigues und Jalousies, sondern die Berathschlagungen von den wichtigsten Sachen konten auch nicht verschwiegen bleiben. Die Königin behielte sich anbey doch bevor, die grösten Staats-Angelegenheiten mit ihren Favoriten ganz alleine zu dirigiren, wann sich der Staats-Rath lange genug darüber gezanket hatte. Sie unterhielte in der Absicht auch auf das sorgfältigste die

Mißhel-

Mißhelligkeiten unter den Magnaten, damit sie sich nicht so leichte gegen sie vereinigen könten. Nach dem Concini galt am allermeisten bey Ihr der Duc d' Epernon, welchem sie alle ersinnliche Ehre erwiese, und so gar ein Quartier im Louvre einräumte.

Wie viele alte Königl. Räthe das Maul zu weit aufgethan, und ihr Mißvergnügen bezeiget, daß ihnen die neuen Regierungs-Anstalten gar nicht gefielen, und in sehr vielen von den Maximen des ermordeten Königs abwichen, so bekahmen sie alsobald ihren Abschied, darunter war vornemlich der Duc de Sully. Der wolte nicht Geld gnug zu der Königin unnöthigen Ausgaben, und unmässigen Beschenkungen ihrer Lieblinge, hergeben. Weil er nun auch ein Hugenotte war, und die Königin grossen Eifer in ihrer Religion bezeigte, so wolte sie sich dadurch auch in der Gunst des Pabstes feste setzen, daß sie einen Mann von einer wiedrigen Religion nicht länger am Hofe dultete. Er war König Heinrichs IV. vertrautester Minister gewesen, und diese Ehre hatte ihm viele Mißgönner und Feinde zugezogen; dahero als er in der Gunst der Königin zu wanken anfienge, so gaben ihm seine Feinde der Canzler, der Villeroi, und der Parlements Præsident, Jeanin, einen Stoß über den andern, daß er endlich fallen muste, wodurch sie den Vortheil bekahmen, daß ihr Ansehen grösser wurde. Er ware ein Mann von sehr ernsthafften Wesen, und konte der Königin gar nicht so reden, wie ihr die Ohren juckten, dahero sie auch um des willen sich seiner entledigte. Nachdem aber gar balde der von ihrem Gemahl durch des Duc de Sully gute Anstalten gesamlete und hinterlassene Schatz verschwendet war, so gebrach es am Gelde in der Schatz-Kammer, und entstand eine solche Unordnung in dem Finanz-Wesen, daß jedermann den in Cameral-Sachen ganz unvergleichlichen Duc de Sully vermissete.

Hingegen wurde alsdann der Concini alles in allen, und schaffete vom Hofe, wer ihm nicht anstand. Er kauffte die Stadt Ancrè in der Picardie, und erhielte von der Königin deswegen den Tittel eines Marqvis. Er zog die einträglichste Gouvernements an sich; wer etwas von der Königin zu erhalten und empor zu kommen suchte, der muste es bey ihm zu erst suchen, und sich vor ihm schmiegen und biegen. Selbst der König in Spanien wuste sich dieses Hamans wol zu Nutzen zu machen, und durch ihn die zwiefache Heyrath, zwischen seinen Infanten Philipp, und K. Heinrichs IV. ältesten Tochter Elisabeth, und ihren Bruder K. Ludwig den XIII. mit der Infantin Anna anzuzetteln, und zwar mit solchen Conditionen, die dem wahren Intresse Frankreichs sehr zuwieder waren. Der Prinz von Conde beschwehrte sich darüber A. 1613. in einem Schreiben an die Königin höchlich / und warff derselben die immer mehr und mehr zunehmende Verachtung der Prinzen des Geblüths, und die Abschaffung wohl verdienter alter Diener sehr empfindlich vor; wie auch das bißherige übel geführte Regiment. Ihre Antwort aber war: daß er ein unruhiger Kopff wäre, der nur tadelte, was nicht nach seinem Sinn wäre. Er solte vielmehro darauf denken, was seine Pflicht und Schuldigkeit gegen den König wäre. Sie machte auch ihm zum Trotz A. 1614. den so vertrauten Marqvis d' Ancre zum Marechal de France und Gouverneur von Amiens, welche unverdiente Erhebung eines so schlechten und ausländischen Mannes unzehliche Schmäh-Schrifften zum Vorschein brachte.

K. Ludwig XIII. erreichte unter diesen Mißhelligkeiten den 27. Sept. A. 1614. sein 14. Jahr, und ward den 1. Oct. bey einem Lit de Justice für Majorenn in dem Parlament erkläret, die Königin behielt aber doch noch mit ihrem Liebling die völlige Hand beym Ruder; dahero wolte die gleich darauf erfolgte grosse Versammlung der Reichs-Stände die bißherige Gebrechen bey der Regierung abgestellet wissen. Dieweil aber der König wegen seiner Jugend, noch alles muste den alten Trapp gehen lassen, so bekahmen dieselben zur Antwort: die gemachten Ausstellungen wären lauter Verleumdungen zur Unruhe geneigter Leute, und man hätte dem König keine Gesetze vorzuschreiben, worauf auch des Königs Heyrath mit der Spanischen Infantin, die der Prinz von Conde so mißbilligte, den 21. Febr. 1615. vollzogen wurde.

Dieser Prinz ergriff deswegen die Waffen, und weil er von dem Volk, als ein Vertheidiger des Reichs Wohlfahrt, angesehen wurde, so bekam er grossen Zulauff. Dieses bewog zwar die Königin mit ihm den 13. April 1616. einen Frieden zu treffen. Dieweil ihm aber doch der Marqvis d' Ancre ein Dorn im Auge blieb, und von ihm ein neuer Anschlag gegen denselben entdecket wurde, so ließ sie ihn in die Bastille setzen. Alle Fürsten von seiner Parthey, als die Herzoge von Bouillon, du Maine, de Vendome &c. entwichen darüber aus Paris, und fiengen einen neuen innerlichen Krieg an. Der Marqvis d' Ancre sprach dagegen dem König einen Muth zu, und versprach ihm aus eigenen Beutel zu dessen Diensten 6000. Mann zu Fuß, und 800. zu Pferde auf vier Monat zu zuführen. Ein Fürstliches Erbiethen von einem Menschen, der als ein armer Lauserumpff in Frankreich gekommen, und dadurch daselbst sich in die Höhe geschwungen, daß sein Weib, eine Schreiners Tochter zu Florenz, der Königin Mädgen in der zarten Jugend noch gewesen. Der Schimpff war einem König von Frankreich noch niemals begegnet, daß seiner Majestät von einem vormahligen Bettler wäre Schutz angebothen worden. Dieser Ubermuth beschleunigte auch dessen Untergang.

Den

Den des Königs Günstling, Luines entdeckte demselben endlich beym Spiel, wie übel es in seinem Reiche aussähe, und wie verächtlich er bey allen seinen Unterthanen würde, daß er so lange unter der Vormundschafft seiner Mutter stünde, die mit dem Ancre durch die erregten großen innerlichen Unruhen noch das Reich gar zu Grunde richten würde. Er ermahnte ihn dahero, nunmehro doch, da er ein gebohrner König sey, dergleichen auch einmahl abzugeben das würde aber nimmermehr eher geschehen köñen, biß er sich die Mutter und den mit ihr vertraulich lebenden Ancre von der Seite geschaffet. Dem König giengen hiedurch die Augen auf; Ancre ward den 24. Apr. 1617. auf seinen Befehl, beym Eintritt ins Louvre, von dem Hauptmann der Leib-Wacht, Vitri, niedergemachet, und wie die Königin seine Mutter darüber böse seyn wolte, so nahm er ihr ihre Guardes weg, und ließ sie durch die seinige bedienen. Dieses sahe dieselbe an, als ob sie eine Gefangene abgeben solte, und bath dahero durch den Bischof von Lucon, Richelieu, um Erlaubnuß, sich nach Moulins en Bourbonnois, oder nach Blois, binnen drey Tagen zu begeben, daß man ihr daselbst ihr Einkommens richtig bezahlte, und daß sie noch vor ihrer Abreise den Trost haben möchte, den König zu sehen. Der König war froh, daß sie selbsten sich entschlosse vom Hofe zu gehen, damit er sie nicht fortschaffen dürffte, und verwilligte ihr alles. Bey der Abreise kahm der König noch in ihr Vor-Zimmer. Es war aber vorher schon ausgemachet, was die Complimente seyn solten. Die bestunden in wenig Worten, einer Umfangung und verstellten Kuß; worauf der König seiner Mutter einen tiefen Reverenz machte, ihr den Rucken zukehrte, und wieder fort gieng, sie aber sich nach Blois begab. Der König würde es doch noch nicht haben über sein Hertze bringen können, seine Mutter von sich zu entfernen, wann ihm nicht endlich der Luines die Furcht beygebracht, daß es dieselbe, wann er sich ihrer nicht bald entledigte, machen würde, wie die K. Catharina de Medices, welche K. Carln IX. mit Gifft fort geschaffet, damit ihr Schoß-Kind Heinrich III. auf den Thron gekommen, indem es ja der Augenschein gäbe, daß sie auch dem jungen Gaston, als des Königs Bruder mehr Affection, als dem König bezeigte. Es war derselbe sehr leichtglaubig und furchtsam, dahero hatte diese Vorstellung bey ihm denjenigen Nachdruck, welchen der Luines wünschte.

So bald der verhaßte Ancre aus der Welt und die Königl. Mutter vom Hofe geschaffet waren, fanden sich alle bißhero mißvergnügte, und ausgetrettene Fürsten und Herrn bey Hofe wiederum ein, und bezeugten dem König ihre Unterthänigkeit. Der Prinz de Conde muste aber doch noch ein Gefangener bleiben, weil es dem Luines nicht dienlich deuchte, daß der erste Prinz vom Geblüthe, wieder so bald sich bey Hofe darstellete; jedoch bekam er einen gelindern Auffenthalt im Schloß zu Vincennes, und seine Gemahlin die Erlaubnuß, ihm daselbst Gesellschafft zu leisten.

Wie es in das zweyte Jahr gieng, wurde die Königl. Mutter ihres Auffenthalts zu Blois überdrüssig, und ließ die gröste Sehnsucht von sich verspühren, einmal wieder ihre Kinder zu sehen. Sie suchte dieses durch allerhand Künste zu bewerkstelligen. Der Luines machte aber den König unerbittlich, ob sie wohl sich öffters verlauten ließ: Wen der König hoch schätzte, den schätzte sie auch hoch. Weil der Luines den Bischof von Lucon, Richelieu, der bey ihr als Surintendant de la maison zu Blois befand, im Verdacht hielte, daß er ihr allerhand Anschläge zu Ausführung ihrer Gedanken nach seinem listigen Kopff gäbe, so muste er auf Königl. Befehl in sein Bißthum, und von dar weiter nach Avignon sich begeben. Diese Absonderung ihres vertrautesten Raths schmertzte dieselbe nicht wenig; jedoch durffte sie sich diesen Verdruß nicht merken lassen, damit man ihr nicht noch genauer auf ihr Vorhaben Acht geben möchte, zumahl da man sie mit lauter Kundschafftern besetzet hatte. Wie gar kein Bitten und Flehen ihr die Vergönstigung nach Hofe wieder zu kommen verschaffen konte, so stellte sie dem König vor, wie es ihre Andacht und Gesundheit erfordere, eine Walfahrt und Spazier-Reise zu thun. Der König schrieb ihr eigenhändig wieder: Es wäre ihm gantz lieb, sie könte sicher reisen, wohin es ihr beliebte. Wann es seine Reichs-Geschäffte litten, so würde er sich eine Freude machen, sie zu begleiten, so wolte er es aber nur schrifftlich thun. Es war dieses aber nur verstelltes Wesen, und war schon anbefohlen, ihr die Abreise unter allerhand Vorwand zu verwehren, wann sie hätte geschehen sollen. Sie erfuhr auch dieses, dahero ersuchte sie endlich ihren alten Confidenten, den Hertzog von Epernon, sie in Freyheit zu setzen. Dieser erbarmte sich auch über sie, gieng wieder Willen des Königs von Metz weg, und half durch seine listige Veranstaltung derselben glückl. aus dem Schlosse zu Blois. Sie muste sich A. 1619. in der Nacht zwischen den 21. und 22. Febr. auf einer Strick-Leiter aus einem Fenster ihres Zimmers 10. Ellen tieff herunter in den Zwinger lassen; worauff sie sich vollends vom Wall herunter in Graben weltzte, wo sie der Comte de Brenne und du Plessis auffiengen, und ferner über den Graben zu einer Kutsche brachten, in welcher sie von dem Duc d' Epernon nach Angoulesme geführet ward.

Der König und seine Mutter schickten sich Anfangs beeder seits zum Krieg an. Der Luines hielte es aber für rathsamer einen Vergleich unter ihnen zu stifften. Diesen muste der von Avignon deshalben zuruck beruffene Bischof von Lucon, Richelieu, dahin vermitteln, daß der König seiner Mutter, über das Gouvernement von Anjou, die Stadt und das Schloß Angers, und le Pont de Ce, die Stadt und das Schloß Chinon in Touraine, einräumete, ihr verstattete, frey und ungehindert im Königreich herum zu reisen, ihre Hof-Haltung nach Gefallen zu bestellen, alle ihre Schulden bezahlete, und dem Duc d' Epernon, seinen Söhnen, und allen ihren Anhängern alle Gnade versprach. Von einer Verzeihung wolte derselbe nicht hören, als die vor einem Ubelthäter gehörte, dafür er aber nicht wolte angesehen seyn. Der König besuchte hierauf seine Mutter zu Tours, und der Luines brachte es auch dahin, daß der Printz de Conde endlich aus seiner Verhafft kam, damit er an ihm eine Stütze gegen die alte Königin haben möchte.

Denn diese spante nach den Vertrag mit dem König nunmehro alle ihre Kräffte an, ihn aus dem Sattel zu heben, und beschuldigte ihn eben der Verbrechen, derentwegen man dem Ancre gestürzt hatte. Absonderl. entrüstete sie sich sehr darüber, daß der Luines in das Königl. Rescript von der Loßlassung des Printzens de Conde hatte setzen lassen: Es wäre derselbe unrechtmässiger Weise von damahliger Regierung arrestirt worden. Daß ihn auch der König nach dem Vergleich zum Duc und Pair de France gemacht, zoge denselben auch grossen Neid und Haß zu. Als nun der König den Brief, worinne sie seinen Favoriten den Luines aufs ärgste abgemahlet, ihr uneröffnet wieder zurucke sandte, so hängte sie die Hertzoge von Longueville, d' Epernon, du Maine, de Vendome, und den Grafen von Soissons an sich, und fieng eine neue Unruhe an. Nachdem aber die Malcontenten A. 1620. bey Pont de Ce an der Loire von der Königl. Armée brave Schläge bekommen, muste Richelieu der Königin wieder einen Frieden zu Wege bringen, der den vorigen gantz gleich war; und der Luines ward endlich A. 1621. zu ihrer grösten Mortification gar Connetable de France.

Der König gewann damahls dadurch vornehmlich die Oberhand, weil Luines und Richelieu miteinander unter einer Decke lagen. Jener besorgte der Printz de Conde möchte ihm endlich ein Bein unterschlagen, wann er nicht die Königl. Mutter wieder unter des Königs Gewalt brächte; und dieser verlangte einen Cardinals Hut davon zu tragen, wann er solches bewürkete. Dahero vereinigten sie sich heimlich, die Parthey der Königl. Mutker so zu ruiniren, daß alles nach des Königs Willen gehen solte. Man hielte demnach die Königin mit den Frieden auf, welchen der König vor ihre Person völlig zugestand, ihr Anhang aber solte sich seiner Gnade unterwerffen. Bey dieser Unterhandlung spielte es Richelieu mit Fleiß dahin, daß der Bassompierre fünf tausend Mann von der Königin Leuten bey Pont Ce ertappete, und weil sie unter einen schlechten Commando waren, gänzlich auseinander trieb. Dieser Streich wurde der Königin so unvermerkt beygebracht, daß sie ihrem vermeintl. Nothhelffer, dem Richelieu, in einem heimlichen Artickel einen Cardinals-Hut auszuwürken, bey den Friedens Schluß ausbath, welchen er auch A. 1622. erhielte.

Nach des Luines Tod und des Canzlers de Sillerie Abdankung da sie wieder um den König am Hof war, brachte sie es durch allerhand Insinuationes dahin, daß der König den Cardinal Richelium A. 1624. im April zu seinen Conseiller d' Etat erklärte. Sie bekam aber nachdem grosse Ursache es sehr zu bereuen, daß sie demselben so auf die Beine geholffen, zumahl, nachdem ihn der König gar, dem Herzog von Orleans zum Tort, der ihn einen neuen Majorem domus (le nouveau Maire du Palais) einen Königl. Obrist-Hofmeister, betittelt, A. 1629. im November zum principal Ministre de son Etat machte; ja auch in Kriegs-Sachen zum Generalissimo.

Es war dem Cardinal nichts mehr zu wieder, als das Weiber-Regiment, da er also das Hefft völlig in die Hände bekam, so solten weder die Prinzessin von Conti, noch die Herzoginnen von Ornano und Elboeuf, noch auch die Königl. Mutter, wie zuvor, ein Wort bey Hofe zu reden habē, und behauptete er, daß in seiner Edition des N. T. von der Vulgata gelesen würde: Mulier taceat in aula. Wie er also die Königl. Mutter nicht mehr so wolte schalten und walten lassen, als vorhin, so legte sie dieses für eine grosse Undankbarkeit aus, faste einen tödl. Haß gegen Ihn, und gieng damit um, den König vom Thron ins Kloster, und ihren jüngern Sohn dem Herzog von Orleans durch erregte neue Unruhe im Reiche darauf zu setzen. Der Cardinal entdeckte alle diese Cabbale, und rieth dem König, daß weil Paris kein Ort wäre, wo er sich seine Mutter von Halse würde schaffen können, weil sie daselbst so sehr geliebt, als er gehast würde, so solte er sie unter einen Vorwand mit nach Compiegne nehmen, und wann sie daselbst ankommen, sich jehling wieder fort machen, und sie daselbst unter einer starken Guarde sitzen lassen. Dieses geschahe den 23. Febr. A. 1631. glückl. Der Marechal d' Etrees ward dahin mit 8. Compagnien von der Guardes postirt, und hatte Befehl sie zu bitten, wann sie etwann dem Hof folgen wolte, sie möchte sich gefallen lassen, des Königs Approbation darüber erst zu erwarten. Diese andere ausgelegte Entfernung von des Königes Augen sahe sie als eine gänzliche Gefangenschafft an, und ließ nicht nach, so offt und viel sich zu beschwehren, biß die Königl. Guarde wieder abgefordert ward.

So bald sie sich demnach wieder in Freyheit sahe, gienge sie des Nachts im Junio selbigen Jahrs eilends von Compiegne weg, nahm ihren Weg über Chappelle durch die Piccardie nach den Spanischen Niederlanden, und begab sich nach Brüssel zu der Infantin. Der Cardinal erfuhre zwar alsobald von seinen Spionen ihre Flucht, und hätte sie also ganz leichte aufhalten können. Alleine das war eben sein Absehen gewesen, die Königin aus dem Reiche zu bringen; dahero war es auch nicht schwehr dem König nun gänzlich zu bereden, daß seine Mutter biß anhero es heimlich mit den Spaniern gehalten, weil sie nunmehro auch ihre Zuflucht zu denselben genommen hätte. Der Herzog von Orleans hatte eben den Weg schon voraus genommen, und was er darauf für einen innerlichen Krieg in Frankreich angezettelt, in welchen aber doch der König triumphirte, das ist hier unmöglich anzuführen. Dieses ist aber vor andern zu melden, daß Mutter und Sohn einander in Brüssel das Leben durch continuirliche Zänkereyen so sauer machten, daß Monsieur endlich der Mutter gänzlich überdrüssig ward, und sich A. 1634. den 21. Oct. zu St. Germain dem König auf das demüthigste unterwarff. Die Königl. Mutter wäre ihm auch gerne nachgefolget, weil sie deutlich merken konte, daß ihr die Spanier auch nicht länger zu

essen

essen geben wolten; so offt sie aber bey dem König schrifftlich um einen Vergleich anhielte, so offt bekam sie keine andere Antwort, als daß wann sie sich zuvor aller ihrer bösen Rathgeber entschlagen würde, so könte sie wieder ins Reich kommen, wann sie wolte. Dieweil sie aber ihre alten getreuen Diener der Rachgier des unerbittlichen Cardinals nicht aufopffern wolte, so verschwand alle Hoffnung von der Versöhnung, der Cardinal ließ ihr antragen, daß sie in ihr Vaterland nach Florentz gehen solte, dahin wolte man ihr alle Einkünffte abfolgen lassen, allein das gefiel ihr auch nicht, und ihrem Frantzösischen Gefolg noch weniger.

Der bey ihr überhand nehmende Mangel brach endlich ihren harten Sinn; dahero als sie fast wenig mehr von ihren verkaufften Juwelen zu leben hatte, und der König in Spanien mit seinen Subsistentz-Geldern auch abbrach, so gieng sie endlich A. 1638 über Holland zu ihrer Tochter der Königin in Engelland. Daselbst bath sie den Frantzösischen Ambassadeur, Bellievre, dem König vorzustellen, wie sie durch das langwierige Unglück, so sie biß anhero ausgestanden, nunmehro gantz anders geworden. Der König möchte sie nur aus der äusersten Hungers-Noth reissen, und ihr einen Winkel in seinem Reich zur Wohnung anweissen, welcher ihm beliebte, sie wolte sich in keine Staats-Händel ihr Lebtag nicht mehr mengen, alle ihre Leute so dem König verdächtig wären, von sich jagen, und ihre übrige Lebenszeit in Devotion und Ruhe zubringen. Dem König war aber einmahl von dem Richelieu beygebracht, daß die Ruhe des Königreichs alleine durch die Abwesenheit seiner Mutter könte erhalten werden, und daß er solche zu erhalten mehr verbunden wäre, als derselben einige Gefälligkeit zu bezeigen.

Der Cardinal konte sie auch in Engelland nicht lange dulten, sondern nöthigte den König, daß er ihr A. 1641. einen höflichen Abschied gab. Weil sie nun auch die Holländer aus Furcht für den Cardinal nicht beherbergen wolten, so begab sie sich nach Coeln, woselbst sie in so nothleidenden Zustand gerieth, daß sie würde verhungert seyn, wann nicht die Jesuiten ihre milde Hand gegen sie aufgethan hätten. Daselbst erlangte sie auch endlich A. 1642. die Nacht zwischen den 2. und 3. Julii das erwünschte Ende ihres elenden Lebens. Der Päbstliche Nuntius Rossetti fragte sie auf dem Todbette: ob sie auch allen ihren Feinden, wie uns GOtt um Christi willen alle unsere Sünden vergäbe, verzeyhe? Sie gab zwar mit kläglicher Stimme zur Antwort: Ach ja! Wie er aber, als ein rechtschaffener Geistlicher, ohne Complimenten ferner fragte? *Madame*, auch dem Cardinal *Richelieu*? antwortete sie mit merklichen Ingrimm: Monsieur, vous me pressez trop. Mein Herr, ihr setzt gar zu hart in mich. Sonder Zweiffel aber hat sie in der darauf folgenden Beichte, ihr Hertz auch hierinne geändert. Von dem König in Franckreich urtheilete dazumahl die Welt doch nicht wohl, daß er seine leibliche Mutter in solchen Elend hatte verderben und sterben lassen, wie man unter andern aus folgenden 2. Epigrammatibus sehen kan, die zu selbiger Zeit zum Vorschein kamen:

Turca necat fratrem, Nero matrem, Gallus utrumqve;
Et qvid erit Gallus? Turca Neroqve simul.

❦ ❦ ❦

Tres mihi depulsæ donabant munera *Reges*
Aurum Castiliæ qvi pia sceptra tenet.
Qvi regit avulsos Romana sede Britannos
Argentum, *Myrrham* tu mihi, Nate, dabas.

Unsere recht vortreffliche Medaille die mir eben der Patron in Kupffer gütigst præsentiret, von welchem ich die auf vorhergehenden Bogen stehende goldne bekommen, ist ein Gnaden-Pfennig, welchen die Königin noch in ihrem blühenden Zustand in Gold, zum Tragen auf der Brust, ausgetheilet. Sie erscheinet darauf nicht als eine Wittwe in einem Trauer-Habit, sondern als eine sehr aufgeputzte Königin. Es wurde dieses ihr auch von ihren Feinden vorgeworffen, daß sie kaum das Trauer-Jahr vorbey hätte gehen lassen, als sie sich wiederum, als eine junge unvermählte Printzeßin, mit Perlen, Edelgesteinen und bunten Kleidern geschmücket; da doch die vorigen Königinnen, auch die Catharina de Medices selbst, Zeit ihres Lebens und Wittwen-Standes das Trauer-Kleid und den Wittwen-Schleyer nicht abgeleget hatten. Vid. Gramondus *Hist. de la Mere & du Fils par Mezeray. Memoires de la regence de Mar. de Med.*

Der Wöchentlichen
Historischen Münz-Belustigung
51. Stück. den 19. December. 1731.

Eine sehr rare Münze von König Manfreden in Sicilien, von A. 1255.

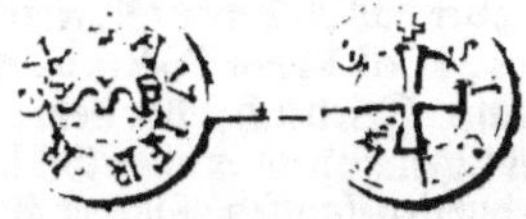

1. Beschreibung derselben.

Die Haupt-Seite enthält nur den Königlichen Namen, und zwar also, daß in der Mitten der Anfangs-Buchstabe desselben M. stehet, und umher die folgende Buchstaben zu lesen sind als: AVNFR.edus REX.

Die Gegen-Seite zeiget ein Creutz, mit dem umher stehenden Worte: SICILIE.

2. Historische Erklärung.

Unter K. Friedrichs II. zweyen natürlichen Söhnen, die er mit der Marggräfin Blanca von Lanzona erzeuget, war Manfred der jüngste, und A. 1232. gebohren. Ich schlüsse sein Geburts-Jahr daraus, weil der Haupt-Scriptor von seinem Leben, Nicolaus de Jamsilla, sagt, er sey 18. Jahr alt gewesen, als sein Vater A. 1250. den 13. Decembris verstorben. Weil obgedachter Geschicht-Schreiber, als ein Neapolitaner, die Teutsche Sprache nicht verstanden, so giebt er sich sehr viel Mühe den Namen Manfred recht auszulegen, und bringt mancherley Meynungen deswegen hervor. Anfangs sagt er, es heisse derselbe so viel als Manens Friderico, in qvo qvidem vivit Pater jam mortuus, dum paterna virtus in ipso manere conspicitur. d. i. Manfred bedeute so viel als einen, in welchem die väterl. Tugenden K. Friedrichs bleiben. Bald aber sagt er Manfredus, id est Manus Friderici, daß also Manfred so viel wäre, als ein Prinz, dessen Hand würdig wäre K. Friedrichs Scepter zu führen. Er ändert sich aber wieder und schreibt, Menfredus id est Mens Frederici, sive Memoria Frederici, qvasi in eo mens, vel per eum memoria Frederici perduret. d. i. Menfred sey derjenige in welchem das Gemüth, oder das Andenken K. Friedrichs fort dauere. Ferner komt er auf Minfredus, id est Minor Friderico, majori sublato succrescens. d. i. Minfred sey ein kleiner Friedrich, der dem ältern verstorbenen Friedrich nachwachse. Endlich nachdem er alle selbst lautende Buchstaben mit seiner Wort-Spielerey durch gelauffen, fället er auf Monfredus, id est Mons Frederici, in qvo videlicet Frederici nomen & gloria ultro usqve in Monte, sive Munitione excelsa, qvasi ad sepulchrum posterorum servata consistunt; Nehmlich Monfred sey ein Friedrichs-Berg oder Festung, in welcher K. Friedrichs Name biß auf die Nachkommen erhalten würde. Wir wissen aber daß Manfred so viel heisse, als ein Mänlicher Friede; d. i. ein beständiger und dauerhaffter Friede/ wie solches Pontus Heuterus *in vett. aliqvot Germanor. utriusqve sexus hominum propriorum nominum Etymis p. 226.* wohl erkläret.

Mathæus Paris erzehlet zwar ad A. 1256. p. 799. daß Manfreds todkranke Mutter dem Kayser bey einem Besuch, mit vielen Wehklagen und Thränen, und auch mit Vorstellung ihrer grossen Seelen-Gefahr/ so lange angelegen habe, biß er sich mit ihr habe durch einen Priester vor dem Bette ehlich zusammen geben lassen, wodurch dann auch Manfred legitimirt geworden, weil aber dieselbe das Lager überstanden, so habe man diese Sache sehr geheim gehalten. Alleine wann dieser Umstand wahr wäre, so würde nicht nachdem Manfred so offte einen schimpflichen Vorwurff seiner unächten Geburt haben ausstehen müssen; Er selbsten auch würde grossern Lerm von seiner durch die erfolgte Antrauung seiner Mutter geschehenen Legitimation gemachet haben, indem er ein Herr war/ der ganz und gar nichts verschwieg, noch verschlief, was ihm Nutzen bringen konte.

Er hatte eine so ungemein schöne Leibs-Gestalt, daß ihn der zu selbiger Zeit lebende Saba Malaspina den Lucifer der Kayserlichen Familie nennet, und weil er auch dem Vater am meisten gleich sahe, und eben so vortrefliche Gemüths-Gaben hatte, so liebte ihn der Vatter überaus sehre, und ließ ihn in den besten Wissenschafften auf das fleissigste unterweisen. In seinem Testamente bedachte er ihn mit dem Fürstenthum Tarento, und ob wohl Manfreds Feinde ausgesprenget, daß er seinem tödl. darnieder liegenden Vater, weil ihm die Seele nicht so geschwinde ausfahren wollen, als er gewünschet, mit einen Küssen erstickt hätte; so vertheidiget ihn doch wegen dieser erschröcklichen Verläumdung Pand. Collenutius *hist. Neap. Lib. IV. p.* 181. und beruffet sich auf die zu selbiger Zeit lebende geistl. Scribenten, wann er spricht: Id enim nec verisimile est, neqve ab eo fieri potuisset, & longe aliter scripsere, qvi eo tempore vivebant, ecclesiastici autores. Er zielet mit diesen Worten sonder Zweiffel auch auf den Nicolaum de Curbio welcher in vita Innocentii IV. c. 29. p. 381. meldet, daß K. Friedrich an der rothen Ruhr gestorben.

Nach seines Vaters Tod führte er die Regierung in Apulien biß K. Conrad IV. hinein kam, und sendete seinen Bruder Heinrich nach Calabrien und Sicilien, diese Länder in Ruhe zu erhalten. Da gleichwohl, aller Vorsorge ohngeacht, auf Päbstliche Verhetzung die Städte Capua, Napoli, Barletta und Foggia rebellirten, so eroberte er Barletta, und ließ ihre Mauern gänzlich nieder werffen. Er leistete sonsten dem Kayser allen Beystand, und findet man nicht, daß er sich mit solchem irgends um eine Sache entzweyet habe; Vielmehro erwiese er demselben die grosse Höflichkeit, daß er ihm öffters den Steigbügel hielte, wann er sich zu Pferd setzte. Als aber der Kayser an einem Fieber im Lager bey Lavello erkrankte, ließ er sich durch etliche Neapolitaner, die ihn lieber zum König haben wolten, verhetzen, daß er denselben durch Gifft hinrichtete. Weil sich der Kayser alle Speisen, Getränke, und Arzneyen credenzen ließ, so schien es fast unmöglich zu seyn, ihm beyzukommen. Es fand sich aber ein Medicus von Salerno, der für ein Stück Geld, dem Kayser anrieth ein Clystier zu gebrauchen, darunter that er zerstossenen Diamant, und gepülvertes Dyagridium oder Scammonea, welches ihn dergestalt das Eingeweide zerfraß, daß ganze Stücken von ihm giengen, und er also unter grossen Schmerzen seinen Geist aufgeben muste.

K. Conrad hatte zwar den sich bey ihm befindenden Bertholð Marggrafen von Hochberg indessen so lange zum Balio in dem Sicilianischen Reiche und zu seines in Teutschland seyenden einzigē Prinzens Conrads Vormund ernennet. Der sahe aber vorhero, daß er dieser Würde wohl vorzustehen keine gnugsame Macht hätte, zumahl da die meisten Grossen des Reichs schon auf Päbstlicher Seite hinkten, dahero wolte er lieber mit Ehren aus dem Spiel kommen, legte sein Amt nieder, begab sich zum P. Innocentio IV. nach Agnani, unterwarf sich demselben gänzlich, und empfahl sich und seinen Mündling zu des Pabstes Hulden auf das demüthigste.

Es hatte gedachter Pabst, schon nach K. Friedrichs II. Ableben, weil derselbe als ein Verbannter gestorben, das Königreich Sicilien für heimgefallen angesehen, und es dahero so wohl den beeden Engelländischen Prinzen, Richarden, Herzogen zu Cornwall / und Edmunden, Herzogen von Lancaster, als auch Carln von Anjou, Grafen von Provence, bißhero angebothen. Da aber K. Conrad daraus so gar schwer zu vertreiben war, so hatte es niemand wagen wollen, zumahl bey einer so grossen Entlegenheit, es anzunehmen. Wie also auch derselbe verschieden, so gieng er geschwind von Perugia nach Anagni, und machte alle Anstalten nunmehro gedachtes Königreich an sich zu ziehen. Die Zaghafftigkeit des Marggrafens von Hohenburg machte ihm hierzu noch grössern Muth, dahero er Manfreden, und die Sicilianischen Stände, als oberster Lehns-Herr, zu sich beruffte, um den Anfall aus seinem Munde zu hören. Diese stellten sich zwar ein, und tractirten funffzehen Tage wegen eines Vergleichs vergeblich; dieweil von beeden Theilen niemand dem andern nachgeben wolte. Nach ihrer Heimkunfft machten sie alle Anstalt zur tapffern Gegenwehr. Der Pabst wolte es jedoch nicht zum Blut-Vergiessen kommen lassen, sondern beruffte sie zu einer Zusammenkunfft. Sie erschienen aber nicht eher, als biß sich der Cardinal Wilhelm ins Mittel legte, und die besten Worte ausgab.

Sie kamen also im October A. 1254. zusammen in Capua. Manfred war zu erst da, und gieng dem Pabst biß Ceperano entgegen, und führte beym Einzug in die Stadt dessen Pferd beym Zaum, als wie sonsten ein Stall-Knecht. Er erklärte sich darauf gegen den Pabst, daß er ihm zwar das Königreich, als Obristen Vormund K. Conrads, überlassen wolte / jedoch ohne allen dessen Nachtheil, und auch seinem Rechte unbeschadet. Alleine so bald dem Pabste dieses eingeräumet war, so zeigte er sich nicht als einen Vormund und Reichs-Verweser, sondern als einen vollkommenen Herrn, der freye Macht zu schalten und zu walten hätte.

Manfred sahe eine weile zu, biß er mit einem vornehmen Herrn, Burello de Anglone, wegen der Grafschafft Alesina, die beede ansprüchig machten, in Streit gerieth, und derselbe darauf in einer Renconere von seinen Leuten erschlagen ward. Der Pabst nahm dieses als eine grosse Beleidigung seines Respects auf, und forderte Manfreden wegen dieser That vor sein Hof-Marschalls-Gerichte. Manfred entschuldigte sich anfangs

fangs aufs beste/ daß diese Entleibung nicht auf seinen Befehl und vorsätzlich, sondern ohne seinen Wissen und Willen und ungefähr geschehen wäre. Wie man aber dieses nicht glauben, noch ihm sichers Geleite versprechen wolte, hielte er es für gefährlich, sich vor einen solchen Richter-Stuhl zu stellen; sondern suchte seine Sicherheit bey den Saracenen in Luceria, die ihn gar gerne aufnahmen. Seine Entweichung aber verursachte, daß der Pabst sich vollends ganz Apulien unterwarff, und würklich in der Stadt Napoli residirte.

Jedoch das Blat wendete sich bald wieder. Manfred brachte zu Luceria geschwind eine ziemliche Armee zusammen, und schlug die Päbstl. in 4000. Mann bestehende Völker den 2. Dec. A. 1254. bey Foggia aufs Haupt. Es würden sich dieselben besser gewehret haben, wann sie nicht der Cardinal Octavianus de Ubaldinis commandiret hätte, der am ersten aber das Haasen-Pannier aufwarf. Saba Malaspina rechnet billig dieses dem Pabst für einen grossen Fehler aus, daß er einen so ungeschickten Heer-Führer einem so tapffern Prinzen entgegen gestellet, bekennet auch selbsten, daß sich für einen Geistlichen nicht schicke, den Degen zu führen, sondern es stünde ihm besser an, wann er ein Buch dafür in die Hand nähme: Cum arma non sedeant, sagt er, humeris Clericorum, nec expediebat, nec tutum erat, qvod præferretur iu tanto negotio Cardinalis gentibus bellicosis, & qvod præesset exercitui bellatori. Clericus qvidem nec se potest ad pugnam, nec alios animare, cujus exercitium liber est tantum, & ideo imprudenter capitaniæ recipit præsidium, & minus provide sibi militia committitur.

Der Streich gab dem tod-kranken P. Innocentio den 7. Dec. vollends den Rest, worauf alles was Päbstlich war, entweder selbsten zurücke nach Rom gieng, oder weggetrieben wurde. Manfreden hingegen fiel das ganze Land wieder zu, und er warff sich für des jungen Kayserl. Prinzens Conrad Vormund und Reichs-Verweser auf. Weil ihm nun P. Alexander IV. nichts anhaben konte/ so ließ er sichs äuserst angelegen seyn, K. Heinrichen III. in Engelland zu bereden, daß er seinen Prinz Edmund möchte lassen König in Sicilien werden. Es wurde aber daraus nichts, und Manfreden wuchse dagegen dergestalt der Muth, daß er nunmehro auch trachtete mit Verdrängung seines obgedachten Vetters das Königreich für sich selbsten zu behaupten. Er ließ demnach im̃er fälschlich ausstreuen, daß derselbe in Teutschland gestorben, und die von demselben nach Rom an den Pabst abgeschickten zwey Cavaliere, Croccum und Bonscianum, die ihn zu des Pabstes Gewogenheit empfehlen solten, durch Meuchel-Mörder aus dem Wege räumen. Nachdem er auch die grösten

See-Städte, als Napoli und Barletta, ingleichen Capua und Aversa, sich unterwürffig gemachet, und beständig den Ruff von seines Vatters Absterben unterhalten hatte, schiffte er nach Sicilien über, und ließ sich zu Palermo den 10. Aug. A. 1258. zum König krönen. Die gewissenhaffte Geistlichkeit wolte zwar nicht gerne dran, und erschien dahero gar in kleiner Anzahl bey dieser Solennitæt; jedoch die andern anwesende Bischöffe und Barones Regni bestättigten ihm das Reich mit einem ausgestellten weitläufftigen Diplomate.

Nach seiner Zurückkunfft griff er weiter um sich, unterwarff sich die Anconitanische Mark, ein grosses Theil von der Lombardie, worinne die Städte Pavia, Cremona, Brescia, Parma, Piacenza, und so gar die Stadt Florenz. P. Alexandro ward darüber so bange, daß er für Angst und Furcht, sich nun von des feindseeligen Manfreds Macht ganz umzingelt zu sehen, den 7. May A. 1261. zu Viterbo verstarb. So bald aber Urbanus IV. Pabst geworden, so ließ er gegen Manfreden einen neuen Bann-Strahl ergehen, und setzte nachmahls mit vielen Bitten an Carln von Anjou, das Königreich Sicilien anzunehmen, und dessen so verhassten Usurpateur, Manfreden, zu dethronisiren.

Ehe er aber das Ja-Wort von ihm erhalten konte, forderte ihn auch der Tod den 7. Oct. A. 1264. aus dieser Welt ab. An seine Stelle ward mit Fleiß von den Cardinälen der aus der Provence gebürtige Guido Fulcodii zum Pabst erwählet, damit die angefangenen Tractaten mit Carln von Anjou desto besser von statten gehen möchten, welches auch geschahe, indem endlich dieser neue Pabst Clemens IV. seinen alten Lands-Herrn überredete, sich zu einen Gegner K. Manfreds gebrauchen zu lassen. Er kam zu Schiffe im Januario glücklich A. 1265. nach Rom, ohngeacht ihm Manfred mit vielen Galeeren im Thyrrendischen Meere aufpassen lassen, die aber ein lang anhaltender grosser See-Sturm auseinander getrieben hatte; jedoch wurden seine Vor-Trouppen unter dem General Ferrerio von den Teutschen Völkern des Manfreds beym Anmarsch gänzlich geschlagen. Dem ohngeacht empfieng er zu Rom von zween Cardinälen die Sicilianische Krone, und brachte seine Haupt-Armee im December selbigen Jahres glücklich zusammen, worunter 5000. vortreffliche Reuter waren.

Hierauf brach er A. 1266. ins Neapolitanische ein. Manfred suchte ihn durch aufgeworffne und mit Mannschafft stark besetzte Linien von Capua an den Paß zu verwehren; alleine bey Ceperano kam K. Carl glücklich durch, griff darauf die Festung St. Germano an, in welcher Manfred

fred 2000. Saracenen, und tausend Reuter gelegt hatte, und eroberte dieselbe auch ohne sonderbahre Mühe. Manfred stellete sich dahero demselben mit seiner Haupt-Armee in der Ebene bey Benevento entgegen, da es dann zwischen beeden den 26. Februari, an einem Freytag, zu einem blutigen Treffen kam. Anfangs verwundeten die zehen tausend Saracenen von Luceria das Französische Fuß-Volk mit der Menge ihrer Pfeile überaus sehre, so bald aber die Französische Reuterey an sie ansetzte, so hielten sie länger keinen Stand. Hingegen brachen nun auf dieselbe tausend auserlesene Teutsche loß, welche für den Kern der gantzen Armee des Manfreds gehalten wurden, und machten den Franzosen so viel zu schaffen, daß sie gantz gewiß einen völligen Sieg würden erfochten haben, wann nicht die meiste Neapolitanische Manschafft dieselbe verrätherischer Weise verlasse hätte. Es waren darunter K. Manfreds Schwäger, die Grafen von Caserto, und Cerra, die vornehmsten: Wie demnach König Manfred die Schlacht gäntzlich verlohren sahe, so rannte er mit seinem getreuen General Theobaldo de Aniballis, einem Römischen Bürger, in dem grösten Ingrimm unter den Feind. Er stieß zu erst auf einen Ritter aus der Piccardie, der mit seiner Lanze das Pferd ins Auge stach, daß es sich in die Höhe bäumete und ihm aus dem Sattel warff, worauf ihn die gemeinen Soldaten mit unzehlichen Streichen zu tode hämmerten; so sagt Saba Malespina: ilico ribaldi cum innumeris ictibus mallearunt. Man wuste Anfangs nicht, daß Manfred erschlagen worden. Als aber eben der Picardon auf Manfreds Streit-Hengst den Tag drauf stolz einhertrapete, so sagten es die Gefangene aus, daß dieses das Pferd wäre, welches Manfred in der Schlacht geritten hätte. K. Carl erforschete von demselben so gleich alle Umstände, der dann weitläufftig erzehlte, daß er mit einem sehr wol-gestalten Ritter von mittelmässiger Statur dergestalt gekämpffet, als oben erzehlet worden, und denselben erleget hätte. Er zeigte hierauf auch den Ort, wo es geschehen, da dann auch die mitgenommene Gefangene, unter der Menge der erschlagenen Leichnamme, K. Manfreds antraffen, und neben demselben auch dessen biß in Tod getreuen Gefehrtens, Theobaldi de Aniballis. Die Franzosen huben denselben auf, und trugen ihm zu einer alten ohnweit davon stehenden eingefallenen Capelle, und warffen ohne ihn einmahl in die Erde zu scharren, einen grossen Hauffen Steine auf denselben, weil man einen vom Pabst Verbannten auch der Erde unwürdig achtete.

Dieses

Dieses war das jämmerliche Ende des so schönen, tapfern, verschlagenen, aber auch sehr ungewissenhafften und herschsüchtigen König Manfreds, welchem die göttliche Gerechtigkeit gleiches mit gleichen vergalt; und ihm das mit Unrecht und Gewalt seinem Vettern entrissene Königreich Sicilien, eben mit solcher Gewalt und Unrecht entreissen ließ. Er würde sich zum Herrn von ganz Italien gemachet haben, wenn der Pabst nicht endlich noch Graf Carln von Anjou gegen Ihn aufgebracht hätte.

Seine Feinde selbsten müssen ihm das Lob geben, daß er ein gütiger, großmüthiger, gelehrter, und freygebiger Prinz gewesen, der absonderlich die Kunst besessen aller Leute Gemüther an sich zuziehen. Jedoch schänden sie auch ihn wieder eben so sehre, und sagen: daß er ein recht Epicurisches Leben geführet habe, und der Geilheit so ergeben gewesen, daß er auch mit seiner an dem Grafen von Caserta vermählten Schwester Blut-Schande getrieben habe. Gegen die Geistlichkeit habe er sich so tyrannisch aufgeführet, daß er etliche, welche ihm als einem Verbannten, die Messe nicht lesen wollen, auf die Galeeren geschicket; und daß er sich von den Saracenen, seinen besten Freunden und Bunds-Verwandten, habe dergestalt zur aberglaubischen Astrologie verleiten lassen, daß er auch darüber die letzte Schlacht verlohren.

Vid. Nicolai de Jamsilla *de reb. gest. Imp. Frid. II. Manfredi & Conradini*; Saba Malaspina *de reb. Sicul.* Monachus Paduanus *ad h.*

Der Wöchentlichen
Historischen Münz-Belustigung
52. Stück, den 26. December. 1731.

Zwey Feld-Klippen Marggraf Albrechts des Jüngern zu Brandenburg-Culmbach, von A. 1553.

I. Beschreibung derselben.

Beede Feld-Klippen haben nur auf einer Seite einen kleinen Stempel mit einem kleinen Schildgen, in welchem der Brandenburgische Adler mit dem Zollerischen Wappen auf der Brust zu sehen. Uber denselben sind die Anfangs-Buchstaben von des Marggrafs Namen zu lesen: A.M.Z.B. d. i. Albrecht/Marggraf zu Brandenburg. Unten stehet in beyden Winkeln die Jahrzahl 1552. und 1553. Die grosse Klippe wiegt in Silber 2. Loth weniger 1½. Qv. und die kleine, so am Ecken abgestutzt 1. Qv. 1½. Solche kleine habe auch von Gold gesehen.

2. Historische Erklärung.

Marggraf Albrecht der Jüngere zu Brandenburg-Culmbach hat nicht leiden können, daß die Geschicht-Schreiber seiner Zeit von seinen Thaten und Kriegen dasjenige der Nach-Welt vermeldet, was wir anitzo davon wissen. Die Ursache davon ist leicht zu errathen, und wird von dem Mund der ewigen selbständigen Warheit an einem Orte in der Bibel bestättiget, der mir eben nicht beyfället, wo er stehet; den ich auch ohne Aufschlagung der Concordanz, die ich eben nicht bey der Hand habe, nicht zu finden, und anzuzeigen weiß. In seinem gemeinen Ausschreiben und kund gemachten Ursachen wegen des A. 1552. vorgenommenen Feld-Zugs wieder den Kayser beschwehret er sich unter andern höchlich über den Don Luis d' Avila, der eine Beschreibung von dem Schmalkaldischen Krieg ans Liecht gestellet hatte, und nennet diesen Ritter des Ordens von Alcantara, und Spanischen Kriegs-Obristen, im Angesicht des Kaysers, einen verlogenen Hispanischen Ertzbuben. Vid. Hortleder *T. II. Lib. V. c. 5. n. 15. p.* 1301. denn dieser hatte in besagter Historie andern Theil, wie beym Hortleder *T. II. Lib. III. c. 81. p.* 157. zu lesen, erzehlet, „ daß als Churfürst Johann Friedrich/sich nach seiner Zu„rückkunfft aus dem Reiche, in Meißner Lande gewaltig gereget, so habe „Marggraf Albrecht, der von dem Kayser dazumahl Herzog Moritzen zu „Hülffe geschickt war, Herzogs Johannsens zu Sachsen junge Wittwe zu „Rochlitz, mit tanzen, banqvetieren, und andern Freuden, wie es in Teutsch„land gewöhnlich sey, unterhalten, und ihr so viel Willen und Freundschafft „bewiesen, daß er dadurch seiner selbsten vergessen, und sich nicht so ämsig und „fleissig im Krieg erzeigt, wie wohl einen Obersten hätte gebühren wollen, „sondern wäre durch solche vielerley Freude und Wollust etwas hinlässiger „geworden, als vorhin beschehen.

Nichts weniger ist Marggraf Albrecht sehr übel auf den so sehr ehrlichen Historicum, Johannem Sleidanum, zu sprechen gewesen, daß er absonderlich den Inhalt von der Verantwortung und Ableinung des Raths der Stadt Nürnberg wieder sein Ausschreiben, auf Anstifften desselben, seinem Geschichts-Buche einverleibet habe. Er sagt dahero in seiner letzten Erklärung und Bericht beym Hortleder *T. II. Lib. VI. c. 27. n. 3. p.* 1643. „ Der„halben wir auch gemeldten Sleidanum (wer der seyn mag) hiermit gütlich

„ermah-

ermahnet haben wollen, dißfalls seinen (als wir noch achten) übel berich- „
ten Irthum, aus diesen unsern warhafften und beweißlichen Ausschreiben „
zu ändern, oder jetzt berührt unser Ausschreiben seinem in diesem Handel „
vorigen ausgegangenen Geschicht-Schrifften zu annectiren. Geschicht es „
von ihme, so hat es seine Wege; wo nicht, so sind noch mehr Leute, die auch „
schreiben, und mit der Warheit durchdringen werden. Als gleichwohl an- „
dere mehr hohe ehrliche Stände im Reich dieser seiner Historien nicht we- „
nig Beschwehrden tragen, daß auf andern ungleichen Bericht, den Sa- „
chen gröblich, zu wenig und zu viel, bißweilen gethan seyn, da es doch in so „
hohen und wichtigen Sachen, die noch unausgeführt, mit nichten zu scher- „
zen, auch deswegen diesem Sleidano wol fürzusehen vonnöthen seyn wird, „
daß er es also mache oder ändere, ne de apertissimis mendaciis convincatur, „
aut non historias, sed famosos libellos, temere conscripsisse videatur.

Der Rath zu Nürnberg hat aber den Ungrund dieses Vorgebens in dem mit den Bischöfen zu Bamberg und Würzburg A. 1556. herausgegebenen summarischen beständigen Gegen-Bericht und Verantwortung beym Hortleder *T. II. Lib. VI. c. 28. n. 57. p.* 1766. folgender massen dargeleget: „ Als er weiter uns von Nürnberg zumisset, als solten wir von ihm auf
den Canzlen und Universitäten zu predigen und zu declamiren, auch den be- „
namten Mann, Sleidanum, der in kurz Commentaria und Historien unserer „
Zeit ausgehen lassen, seine des Aechters Verhandlungen anzugreiffen, oder „
zu beschreiben angestifftet haben / daran, wie auch an allen andern, schrei- „
bet er selbst eigenen Willen und Gewalt, dann seine Thaten sonst im gan- „
zen Reich so ruchtbar, daß von unnöthen ist, andere Leut zu informiren „
und anzuschifften. Ist uns auch gedachter Geschicht-Schreiber anders „
nicht bekandt gewesen, denn was etliche seiner Bücher uns zu Handen kom- „
men. Wir haben aber aus diesem letzten Histori-Buch so viel befunden, „
daß er dißfalls halben viel weniger, dann zu Gedächtnuß, und eigentlichen „
Grund und Wissen der Nachkommen wohl vonnöthen, geschrieben hat / „
ohne Zweiffel aus der Ursach, daß er den geübten Handlungen weit entses- „
sen, und des Gegentheils unbefugte Handlungen nicht alle gewust. „

Dieweil aber Marggraf Albrechts in der Ewigkeit befindlicher Geist nicht mehr kan von den ihm so wiedrigen Historicis beunruhiget werden, so trage ich kein Bedenken seinen letzten Krieg kürtlich zu erzehlen, und zwar bey Gelegenheit der dabey von ihm geschlagenen Feld-Klippen.

Ich habe vielmahls schon gesaget / daß ich keine Münz würde vorbey lassen, wann sie mir im Original vorkähme, die beym Luckio befindlich, um dieses rechtschaffenen und um die Medaillen-Historie sehr verdienten Mannes

Ehre und Redlichkeit gegen den von ihm gehegten Argwohn zu retten. Da nun Marggraf Albrechts Feld-Klippen von dem Luckio p. 146. auch sind angeführt worden, so habe ich diese neue Probe von der Rechte uud Warheit der Luckischen Medaillen beyzubringen nicht unterlassen wollen. Dieses ist die warhaffte Ursache, warum ich diese Feld-Klippen anführe, indem ich sonsten gar gerne andern die Ehre überlasse, von Marggräfischen und Nürnbergischen Händeln zu schreiben.

Marggraf Albrecht mag aber nun noch so sehre den Historicis abhold gewesen seyn/ so ist doch sein letzter Krieg, den er gegen den Hochmeister des Teutschen-Ordens, die Bischöffe von Bamberg und Würzburg, und die Reichs-Stadt Nürnberg, angefangen, von beeden Seiten eben so hefftig mit der Feder, als mit dem Schwerd angehoben, fortgeführet, und vollendet worden, wie die vielen damahls gegen einander gewechselte Schrifften geschickter Männer ausweisen, welche Hortleder in dem sechsten Buch des andern Theils seines grossen Werks von Rechtmässigkeit, Anfang/ Fort- und Ausgang des Teutschen Krieges K. Carls des V. wieder die Schmalkaldische Bunds-Verwandte gesammlet, und darüber zu einen historischen Märtyrer worden, die dann den Historicis gründliche Nachricht gnugsam geben, von denselben ausführlich zu schreiben.

Der aber von mir schon ziemlich angefüllte Raum eines einzigen Bogens ist viel zu eng, weitläufftig von diesem Frankenland so entsetzlich verwüstenden Marggräfischen Kriege zu handeln, dahero ich alles nur kürzlich zusammen fassen, und so unpartheyisch erzehlen will, daß kein Wort in meiner Erzehlung vorkommen soll, welches nicht kan aus den hievon kund gemachten Schrifften wohl zehenmahl erwiesen werden. Ich werde aber jedoch nur hauptsächlich erzehlen, wie unsere liebe Stadt Nürnberg dabey, ganz unverschuldeter Weise, auf das hefftigste ist angefallen, und wie derselben, mit gänzlicher Verherung aller derselbigen zugehörigen Oerter auf dem Lande, durch Brand, Mord/ Plünderung, und Brand-Schatzung, ein ganz unwiederbringlicher Schaden zugefüget worden.

Es ist des Raths der Reichs-Stadt Nürnberg bey den unter K. Carln V. der Religion wegen enstandenen gefährl. und weit aussehenden Unruhen im Teutschen Reiche beständige Losung gewesen: GOtt und dem Kayser getreu zu verbleiben, und jeglichem zu geben, was ihm gehörte. Weil sich nun dahero derselbe niemahls überreden lassen, in dem Schmalkadischen Bund zu treten, so weigerte er sich auch beständig dem Bündnuß beyzupflichten, welches Churfürst Moritz zu Sachsen, und Herzog Wilhelm zu Hessen, mit dem König in Frankreich, vornehmlich zu Befreyung Landgraf Philipps zu

Hessen geschlossen, und dazu nach Augspurg die Reichs-Städte eingeladen hatten. Wie demnach A. 1552. im April dieselben mit ihrem Kriegs-Volk in Franken ankamen, so nöthigten sie ihn, zu Verhütung gemeiner Stadt und der Unterthanen auf dem Lande verderblichen Schadens, und für alle gethane beschwehrliche Forderung, vornehmlich zu Abstellung des Paß und Durch-Zugs, einhundert tausend Gülden zu bezahlen, jedoch daß dieses unvergreifflich der Pflicht und Gehorsams seyn solte, damit er dem Kayser und Reich zugethan, auch ohne alle fernere Adhæsion, Obligation und Confœderation; dagegen versprachen die vereinigten Chur- und Fürsten, die Stadt Nürnberg und ihre Landschafft unüberzogen, und allerding unvergewältigt zu lassen.

Dieses war aber Marggraf Albrechten nicht anständig, der sich vielmehr durch Wilhelm von Grumbach/ der hernachmals noch mehr Unheil angestifftet, verleiten ließ, ohne alle vorhergehende Entsagung oder geringste Anzeigung eines feindlichen Willens, die Stadt Nürnberg feindlich zu überziehen, dahero er ganz unversehens den 4. May besagten Jahers mit 19. Fahnen Fuß Knechten und mit zwey tausend Reutern vor Lichtenau rückte und den Pfleger, Ludwig Schnödt, durch Bedrohung dessen gefangenen Sohn henken zu lassen, und dessen neues Hauß in dem vorliegenden Mark-Flecken anzuzünden, dahin brachte, daß er ihm den folgenden Tag die Festung überlieferte. Hierauf schickte er den 6. May ein Schreiben an den Rath, und erklärte denselben für einen Feind zu halten, wann er sich nicht zu dem König in Frankreich und dessen Einigungs-Verwandten Chur- und Fürsten schlagen würde. Der Rath hingegen gab die schrifftliche Antwort: daß er sich zu allen Fried bedienlichen Mitteln, die ihm bey Kayserl. Majestät zu verantworten wären, erböthe. Damit war aber der Marggraf nicht zu frieden, und fieng nicht nur an die Stadt Nürnberg den 11. May zu belagern, sondern auch in deren Landschafft die erschröcklichste Feindseeligkeit zu verüben, 3. Klöster, 2. Städte, 19. Schlösser/ 75. Herren-Sitze, 17. Kirchen, 23. Hämmer, 28. Mühlen und 170. Dörffer zu verbrennen, die Teiche und Weyher in der ganzen Gegend abzugraben, und biß in drey tausend Morgen Reichs-Waldes anzuzünden. Der Rath berufte sich zwar auf den mit dem Chur-Fürsten zu Sachsen und Land-Grafen zu Hessen gemachten Vertrags-Brief; der Marggraf ließ auch solchen von dem Amtmann zu Erlangen, Zicken, besichtigen, alleine er konte dadurch nicht von seinen feindlichen Unternehmen abgebracht werden. Der Chur-Fürst zu Sachsen aber bezeugte schrifftlich/ daß ihm keines weges beliebte, was der Marggraf gegen Nürnberg vorgenommen, und daß er sich .. .r des Himmels Falls, dann dieses Beginnens, versehen. Er schrieb auch deswegen den Marggrafen ernstlich, und foderte seine Reuter wieder von ihm ab, mit Vermelden/ daß er ihn solche zu andern Dingen geliehen.

Es schlugen sich gleichfalls der zu Augspurg versammleten 17. Reichs-Städte Abgesandten ins Mittel, und suchten Frieden zu stifften. Der Marggraf aber spannete die Saiten hoch, und begehrte 1.) die Bezahlung 600. tausend Gold-Gülden 2.) daß ihm alle abgenommene Städte, Flecken, und Dörffer verbleiben solten, 3.) daß nimmermehr solte was gedacht, noch auf einige Weise gerochen werden, was er in diesem Kriege mit Feuer und Schwerd verbracht hätte. 4.) daß alle an der Reichs-Cammer zu Speyer abhängige Rechts-Händel abseyn solten. 5.) daß der Rath alles Kriegs-Volk abdanken, und dagegen einnehmen solte, was er ihnen an Reuter und Knechten einlegen würde. Der Rath hielte diese Capitulation für unmöglich, und gegen dem Kayser verweißlich, und wolte ehe die äuserste Noth versuchen/ als solche zu bewilligen.

Der Marggraf lag demnach in die siebende Woche vor Nürnberg, und hatte binnen der Zeit 1479. Schüsse in dieselbe gethan. Endlich kam es durch Vermittlung der Mecklenburgischen, Hessischen, und der 17. Reichs Städtischen Bothschafften zu einer neuen Unterhandlung, in welcher den 22. Junii abgeredet wurde, daß, zu Abstellung fernerer Verherung der Rath dem Marggrafen 200. tausend Gülden bezahlete, und sechs Stück grob Geschütz, und 400. Centner Pulver lieferte; dagegen trat der Marggraf dem Rathe alle und jede in diesem Krieg eingenommene und beschädigte Städte, Dörffer, Flecken, Schlösser, Klöster, Gehöltze rc. ohne alle fernere Beschädigung, und Aufzug wieder ab, und wurden auch beederseits Gefangene ohne Entgeld ledig gegeben. Wann man also diese Summen und alle erlittene Schäden, wie sie angeschlagen worden, zusammen rechnet, so hatte dieser kurze Marggräfische Krieg der Stadt Nürnberg und ihrer Landschafft eine Million, zwo Tonnen Goldes und 36. tausend neun hundert und 16. Gulden gekostet.

Eben dergleichen Anfall, Vergewaltigung und Verherung musten zu gleicher Zeit von Marggraf Albrechten die Bischöfe zu Bamberg und Würzburg ausstehen, und sich durch abgezwungene harte Verträge aus der Noth retten.

Dieweil aber derselbe den darauf erfolgten Passauischen Vertrag der vereinigten Chur-Fürsten, Fürsten und Stände mit dem Kayser durchaus nicht annehmen wolte, und fortfuhr einen Stand nach den andern feindlich anzufallen, und mit den grösten Gewalt Thaten zu beschwehren, so liesse sich K. Carl V. die grosse Noth und Beschädigung der bedrängten Stände reichs-välterlich zu Herzen dringen, und hub aus Kayserl. Gewalt, Vollkommenheit, und eigener Bewegnuß / alle der Kayserl. Majestät und dem Reiche nachtheilige, auch allen Rechten, und des Reichs-Ordnung und Landfrieden zuwieder lauffende Verträge mit dem Marggrafen auf. Die Cassation des Nürnbergischen Vertrags ist gegeben zu Augspurg den 25. Aug. A. 1552. und wurde auch nach der Aussöhnung des Marggrafens bey dem Kayser von demselben zu Brüssel den 20. Martii A. 1553. erkläret und bestättiget.

Ferner befahl der Kayser, de dato Etlingen den 17. Sept. A. 52. daß die Fränkischen Stände ein Bündniß miteinander machen solten, sich und ihr Land und Leute vor unbilliger Gewalt des Marggrafens zu schützen, welches auch den 13. Octobris erfolgte, und vom Kayser den 9. Nov. zu Dietenthofen bestättiget wurde. Wie denn auch derselbe unter eben dem Dato den Bayerischen, Schwäbischen und Rheinischen Crayß, ernstlich befahl, den Fränkischen Ständen alle Hülffe und Rettung zu thun.

Dem aber ungeacht überzog A. 53. der Marggraf Bamberg, Würzburg und Nürnberg aufs neue, und verherte auf das schrecklichste was von Brand und Plünderung des vorigen Jahres überblieben. Altorf brandschatzte er um 5510. Gulden, und Lauff um 6375. Gülden, und ließ doch darauf das arme Volk in beeden Städten samt ihrem Vieh einsperren, die Thore vermachen, und an vielen Orten, und insonderheit zu nächst bey den Thoren, den Ausgang und Ausfall dadurch zu verwehren, die Häuser anzünden.

In diesen neuen Trangsaalen rufften die hart mitgenommene Stände das Kayserl. und Reichs-Cammer-Gerichte um Schutz und Rettung an, und brachte von demselben Mandata de non offendendo aus, in welchen den Marggrafen, bey Poen des Landfriedens, und sonderlich der Reichs-Acht, gebothen wurde, von allen feindlichen Handlungen abzustehen, und sich ordentlicher Rechtens und Austrags zu bedienen. Derselbe kehrte sich aber hieran nicht; dahero das Cammer-Gericht den 1. May A 1553. die Reichs Stände ermahnte, den Bischöfen zu Bamberg und Würzburg, mit thätlicher Hülff eilends zu ziehen. Dieses bewegte K. Ferdinand in Böhmen, Chur-Fürst Moritzen zu Sachsen, und Herzog Heinrichen

richen in Braunschweig, nach allen ihren Vermögen denenselben beyzuspringen. Wie nun der Marggraf darauf sich jähling durch Thüringen ins Braunschweigische wendete, so kam es den 9. Julii, Sontags nach S. Kiliani, zwischen ihm und den Chur-Fürsten zu Sachsen und dem Herzog zu Braunschweig, bey Siversshausen, zu einer blutigen Schlacht, in welcher der Chur-Fürst zwar obsiegete, aber von einem tödlichen Schuß nach zweyen Tagen verstarb. Sein Bruder, Chur-Fürst August machte hierauf so gleich mit dem Marggrafen Friede, jedoch bezeigte darüber König Ferdinand grossen Wiederwillen, als der gerne gesehen hätte, daß zuvor auch die Bischöffe und die Stadt Nürnberg wären mit dem Marggrafen vertragen worden.

Nach dieser Niederlage suchte der Marggraf das wegen verzogener Bezahlung sehr schwürige, und aus 6000. Mann bestehende Braunschweigische Kriegs-Volk an sich zu ziehen; da aber dasselbe befriediget worden, so setzte es mit der grösten Freudigkeit den 12. Sept. eine halbe Meile vor Braunschweig an des Marggrafens aus der vorigen Schlacht übrig behaltene 2000. Reuther und angehengtes kleines häufflein Hacken Schützen, und jagte solche, mit Erlegung 600. der besten Reisiger, aus dem Felde. Die Fränkischen Vereinte eroberten Culmbach, Hof, Lichtenfels, Bareuth, und brachten endlich den 1. Decembris die Achts Erklärung gegen den Marggrafen von dem Cammer-Gericht zuwege. Der Marggraf beschwehrte sich darüber bey dem Kayser aufs höchste, er erhielt aber zur Antwort: daß er dem Rechte seinen Lauf billig lassen müste. Wie also dieser Handel zu einen sehr üblen Ausgang für den Marggrafen sich anließ / so wurde durch die vereinte Rheinische Stände, als Maynz, Trier, Pfalz, Würtenberg und Jülich, zu Rotenburg an der Tauber eine gütliche Unterhandlung angesetzet, nachdem zuvor zu Heidelberg und Franckfurt dergleichen vergeblich gesucht worden. Bamberg, Würzburg und Nürnberg erklärten sich, ihre Sache dem Kayser und Reich ganz unverdingt heim zu stellen, und darauf von allen fernern Kriege abzustehen; der Marggraf weigerte sich aber dergleichen zu thun. Dieses bewog den Kayser den 4. May A. 1554. einen Executions Befehl auf die an der Cammer erkante Acht wieder den Marggrafen an die Reichs-Krayse ergehen zu lassen.

Um den hoch beschwehrl. Krieg vollend auszuführen, so eroberten die Einigungs-Verwandte in Franken den 8 Aprilis 1554. Hohenlandsberg und schleifften es; ferner belagerten sie das von dem Marggrafen noch besetzte Schweinfurth. Indessen bekam derselbe sechzig tausend Gulden Ranzion von dem Französischen Herzog von Aumale, und warb damit in Sachsen vier Fahnen Reuter und 7. Fähnlein Knechte, und brachte sie den 10. Junii glücklich nach Schweinfurt. Dieweil aber kein Vorrath von Lebens-Mitteln darinne war, so konte er darinne nicht lange bleiben; sondern machte seinem Kriegs-Volk Hoffnung, daß er es in ein gutes volles Ort führen wolte, wo es in zwey Tagen solten bezahlt werden. Er zog auch dasselbe nächtlicher weile glücklich aus Schweinfurt. Die Bunds-Stände ereilten ihm aber den 13. Junii am Eulenberge bey dem Kl. Schwarzach, und nöthigten ihn zu der dritten Schlacht. Die Bund-ständische Reuter und Frey-Schützen setzten so hart in die Marggräfischen 7. Fahnen Reuter, daß sie flüchtig wurden, ehe noch das Fuß-Volk die Schlacht-Ordnung recht gemacht hatte / worauf dann dasselbe auch nicht lange Stand halten konte, sondern mit geringer Mühe ins Feder Holz getrieben wurde. Auf der Wahlstatt blieben ungefähr fünfhundert Personen tod, der Marggraf aber entkam mit 18. Pferden, und hat von dem Tage an kein Kriegs-Volk mehr aufbringen können. Acht Tag hernach muste sich auch Plassenburg an die Alliirte ergeben, und ward gänzlich ruinirt.

Hiermit

Hiermit hatte dieser Krieg seine Endschafft. Denn der Marggraf konte sich nicht wiedererholen, und hielte sich so lange in Frankreich auf, biß er auf dem Reichs-Tag zu Regenspurg sicher Geleit ausbrachte, das ihm aber nicht zu statten kahm, indem ihn der Tod A. 1557. den 8. Januarii zu Pforzheim, bey seinem Schwager Marggraf Carln zu Baden, übereilte, ehe er sein Land wieder sehen konte. Sein nächster Lehns Agnat Marggraf Georg Friedrich zu Anspach hielte hierauf bey K. Ferdinanden und den Reich um die Einräumung des Culmbachischen Fürstenthums an, welche demselben auch zuerkannt wurde. Als dabey das gesamte Chur- und Fürstliche Hauß Brandenburg, wegen der zersprengten Plassenburg, und andern zugefügten Schäden, eine grosse Forderung machte, so vermittelte es K. Ferdinand den 6. Oct. A. 1558. dahin daß die beeden Bischöffe zu Bamberg und Würzburg und die Stadt Nürnberg, zu Erhaltung des gemeinen Friedens, und Erneuerung guter friedl. Nachbarschafft, Marggraf Georg Friedrichen einmal hundert und fünf und siebenzig tausend Gülden Rheinisch, innerhalb sieben Jahrs-Fristen, jedes Jahr 25. tausend Gülden, in der Stad Rotenburg an der Tauber, auf St. Michaelis Tag, zu erlegen versprachen. Der Mönch im Kloster Theres setzet in seiner kurzen, aber recht gründlichen Historischen Beschreibung des ganzen Marggräfischen Kriegs, dem bey: Da es allenthalben gemangelt, und das Geld zerrunnen, so war Nürnberg der Nothhelffer.

Diese Feld-Klippen sind von dem Marggrafen aus dem Silber-Geschir und Kirchen-Geschmeid, so er theils zur Beute, theils an der Brand-Schatzung bekommen, gemünzet worden. Es wurde zu Anfang des Krieges des Marggrafens Statthalter, Wilhelm von Grumbach, von den Würzburgischen Dom-Herren und Räthen angesprochen: Warum doch sein Herr der Marggraf den Bischoff feindlich überziehen wolte? der dann ungescheut zur Antwort gab: Sein Herr müste Geld haben, wo mans nehmen wolt, denn bey denen die es hätten? Der Bischof von Würzburg könt wohl eilffmahl hundert tausend Gülden geben, darauf müst man bedacht seyn, der Teuffel wolt es also haben, es würde sonst dem Stifft übel gehen. Diese erschröckliche Antwort ist zweymahl beym Hortleder zu lesen *T. II. p.* 1759. *n.* 85. und *p.* 1891. *n.* 17. Es hat zwar der Marggraf in vielen Schrifften seine Handlungen durch seinen Canzler, Christoph Straffen, vertheidigen wollen; Es hat aber davon ein unbekannter Epigrammatist in des Thersybull Lepez Lib. II. hist. exponit de reb. gest. Georg. Lud. a Seinsheim p. 137. am Ende also geurtheilet:

Rem norunt omnes aliter, Germania tota
Plangit, & Alberti facta cruenta refert.

Daß auch Chur-Fürst Joachim II. zu Brandenburg des Marggrafs Unternehmen höchstens gemißbilliget, und ihn durch seinen Canzler Distelmeyern habe suchen auf andere Gedanken zu bringen, bezeuget Gundling im Leben dieses berühmten Staats-Ministri §. *XLVIII. p.* 162.

Der Wöchentlichen Historischen Müntz-Belustigung vom Jahr 1731.

Erster SUPPLEMENTS-Bogen.

Eine schöne MEDAILLE von dem so berühmten CARDINAL. PETRO BEMBO.

I. Beschreibung derselben.

Die erste Seite enthält des Cardinals ganz unvergleichlich schön gemachtes Brust-Bild, im links sehenden Profil, blossen Haupte mit einer Glatzen, und sehr langen Barte, im Roccetto, mit der Umschrifft: PETRI BEMBI CAR.dinalis.

Die andere Seite zeiget einen eben so schön formirten Pegasum, oder das in die Höh mit den beeden vordern Füssen springende geflügelte Musen-Pferd, ohne Beysatz einiger Schrifft.

Es ist diese MEDAILLE aus einen sehr wohl conservirten übersilberten küpffern Original vorgestellet, woraus abzunehmen, wie hoch der Besitzer derselben sie gehalten.

2. SVPPLEMENTA.

Zum 2. Stück A. 1729. p. 16.

Es ist mir in einem Nürnbergischen Cabinet noch eine kleinere Medaille von diesem MALATESTA gezeiget worden. Die auf der ersten Seite dessen Angesicht im rechts sehenden Profil, und blossen Haupte, bis an den Hals vorstellet, mit der Umschrifft: SIGISMVNDVS PANDVLFVS MALATESTA. Die andere Seite zeiget einen rechten angekleideten Arm, der in der Hand einen sehr gekrümmeten und dicken Palm-Zweig hält. Umher ist zu lesen: PONTIFICII. EXERCITVS. IMP.erator. MCCCCXLVII. d. i. Sigismund Pandulf Malatesta/ der Päbstlichen *Armee* Feldherr 1447.

Zum 12. Stück A. 1729. p. 90. und zum andern *SVPPLEMENTS*-Bogen besagten Jahres p. 427. wie auch zum ersten *SVPPLEMENTS*-Bogen A. 1730. p. 418.

Weil ich mir besondere Mühe gebe, die an bemeldten Stellen angeführten Juden-Geldstücke allezusammen zu bringen, so muß auch das Siebenzehnde anführen. Dieses ist von eben der Grösse, wie das vom K. Alberto II. und seiner Gemahlin Elisabeth, und stellet auf der ersten Seite in einer zierlichen Einfassung von Laub- und Blummwerk die Heil. Märtyrin und Jungfrau Margaris im halben Leibe und rechts sehenden Profil vor, welche in der rechten Hand ein zurück gelegtes Creutz und unter dem linken Arm ein Buch hält, mit der in alten Gothischen Buchstaben verabfasten Umschrifft: MARGARIS. OPPETIIT. FIDEI. PRO. DOGMATE. MORTEM. d. i. Margaris hat für die Glaubens-Lehre den Tod erlitten. Auf der andern Seite stehet die heil. Jungfrau Margaretha, in eben dergleichen Einfassung, im rechts sehenden Profil, mit der rechten Hand ein Buch vor sich haltend, und in der linken einen Palm-Zweig führend. Die Umschrifft ist: MARGRETHA. EST. FVLVO. LONGE. PRÆSTANTIOR. AVRO. d. i. Margareth ist weit vortreflicher, als das hochfärbigte Gold. Ich nenne also dieses Goldstück den Jüdischen Margarethen-Pfennig.

Zum 14. Stück A. 1729. p. 106. und zum andern *Supplements*-Bogen besagten Jahres p. 429.

Denen daselbst beschriebenen Greiffenfeldischen Medaillen ist diese in Silber von 1½ Loth beyzufügen, auf deren erster Seite vorgestellet wird, wie Greiffenfeld einen steilen Berg hinan klettert, und zur Seiten den

Neid stehen hat. Oben sitzet Apollo und reichet ihm eine gräfliche Krone und den Dähnischen Ritter-Orden, mit der Umschrifft: EN PRÆMIA DIGNA LABORVM. d. i. Siehe den würdigen Lohn deiner vielen Arbeit. Auf der andern Seite ist ein Wald voll schöner Bäume von verschiedener Höhe, mit der Devise: CRESCANT CVM TEMPORE HONORES; d. i. Es sollen mit der Zeit die Ehrenstellen wachsen.

Von dem Nacht-Eulen-Schau Pfennig hat man auch einige in Silber von 1. Qventlin mit andern Uberschrifften, als 1.) ZV SEHEN IST DAS BESTE IM SPIEL, 2.) JE ÆRGER SCHALK, JE BESSER GLVCK.

Zum 35. Stück *A. 1730. p. 273.*

Von diesem Bündnuß der Reichs-Stadt Straßburg mit Zürch und Bern hat mir ein vornehmer Freund folgenden Tractat communicirt: Ordentliche Beschreibung, welcher gestalt die nachbarliche Bündnuß und Verein der dreyen löblichen freien Stätt Zürich/ Bern, und Straßburg dieses gegenwärtigen 1588. Jars, im Monat *Majo*, ist erneuert/ bestättigt und vollzogen worden/ sampt etlichen Poetischen Glückwünschungen und sonsten nötiger Erinnerung und Vorred auch Figuren/ und der gemelten drey Stätt *Contra-Facturen.* Getrückt zu Straßburg durch Bernhard Jobin *Anno MDLXXXVIII. in 4to.* 9. Bogen.

Obschon kein Verfasser auf dem Tittel angezeiget, und das Werk von benandten Buchdrucker den abgeordneten Raths-Bothschafften und Gesandten gemeldter dreyen Städten dediciret wird; so ist doch die Vorrede sonder Zweiffel von einem gelehrten und in dem Straßburgischen gemeinen Stadt-Wesen wohl erfahrnen Manne/ und keines weges von dem Buchdrucker, aufgesetzet worden, als welche in sich enthält eine wohl-meynende „Erinnerung von Ursachen, Grund und Ziel aller Bündnüßen, und be-„vorab der dreyer Evangelischer Städte, Zürich, Bern und Straßburg„ woher, und wie vor langer Zeit, solche Stätt in unablässlichen nachbarlichen„ Verstand, und offt erholter Bunds-Einigung gestanden, und daher nicht„ befremdlich zu vernehmen, solche Bündnuß nun wiederum erneuert zu se-„hen. Dieweil nun also erzehlet wird, wie A. 1261. die Städte Straßburg, Zürich, und Basel ein Bündnuß miteinander gemachet; Jngleichen, daß sich A. 1303. Straßburg/ Zürich, Bern, Solothurn, Freyburg und Bühel miteinander verbunden. Ferner A. 1385. Straßburg und etliche dreyssig andere Reichs-Städte einen Bund mit etlichen Eydgenossischen Städten als Zürich, Bern, Solothurn und Zug gehabt. Weiter daß A. 1530. Straßburg mit beeden Städten Zürich und Bern abermahls in Bündnüß gekommen, und darauf für eine Verunglimpffung gehalten wird, wenn man den A. 1588. zwischen mehr gedachten drey Städten glücklich und rühmlich vorgegangenen bündlichen Verein für eine Neuerung anziehen wolle / so will ich auch meine deswegen p. 276. geäusserte Meinung daraus ändern und verbessern. Es ist auch p. 274. der Druckfehler in dem Namen Hans und Bartholomäi Aeschers zu corrigiren. Die wegen dieses erneuerten Bündnüsses so wohl von Zürich und Bern, als von Straßburg, damahls geprägte Gedächtnüß-Münzen sind mit Oeren und Ringen zum anhenken daselbst p. 19. auch gar sauber in Holzschnitt zu sehen, und wird dabey folgendes gemeldet: „ Mitwochs den 29. May vormittag, hat man (zu Zürich) zu Gedächtnus der Sachen, als wohl-meynende Freuden Zeichen / je nach Gelegenheit der Personen, güldine und silberne Münzen, und anders, immassen von den Herrn zu Straßburg zuvor auch geschehen, unter die abgeordnete Herren, und jenigen, so ihnen zugegeben worden, ausgetheilet: „ Seind solche Münzen, oder Denk-Pfenning hieben gesetzter vorgerissener Gestalt und Massen geprägt, bezeichnet, und umbeschrieben gewesen. „

Zum 1. Stück *A. 1731. p. 1.*

In des LVCKII *Sylloge Numismat. elegantior. p.* 10. sind drey Münzen auch von K. Philippen I. in Castilien anzutreffen. Die erste und gröste ist einseitig, und stellet das Bildnuß dieses Königes fast eben so vor, wie es auf unserer Medaille befindlich, jedoch ist daran der Unterschied in der Krone, in dem Gesichte, im Harnisch, in der Scepters-Spitze / und am Knopffe des Schwerds recht deutlich zu ersehen.

Die andere und kleinere darunter stehende von zwey Seiten, zeiget auf der ersten K. Philipps Bildnuß bis auf den halben Leib, mit zweyen Händen, und der Königl. Krone auf dem Haupte, und den umherstehenden Titel: PHILIPPVS. D. G. CAST.ellæ. E.t LEGI.onis ETC. REX. AR.chidux. Die andere Seite stellet den Thurnier-Ritter, mit der Devise: QVI. VOLET. vor. Luck meinet in der beygesetzten Erklärung es sey ein Nummus castrensis, der A. 1505. beym Geldrischen Kriege geschlagen worden, dieweil die Devise: QVI VOLET, eine Ausforderung zum Streit sey. Alleine K. Philipp hatte noch mehr andere Kriege, als den Geldrischen, zuführen, und also sehe ich nicht, warum diese Losung auf den Geldrischen alleine zu appliciren sey.

Die dritte ist ein goldne Current-Münze oder wie man sie damals nennete, ein Philipps-Gülden, auf deßen erster Seite stehet der heil. Apostel Philippus / mit einem Creutz in der rechten, und einem Buch in der linken Hand, mit dem vorstehenden mit dem Erzherzogl. Hut bedeckten Wappen-

Schild,

Schild, mit der Umschrifft: SE. Sancte PHE. Philippe INTERCEDE. PRO NOBIS. d. i. Heiliger Philippe bitte für uns. Auf der andern Seite ist ein Lilien-Creutz mit dem umher stehenden Tittel: PHS. Philippus DEI GRA.tia ARCHID.ux. AVS.triæ DVX. BG. Burgundiæ CO.mes HOL.landiæ.

In den Niederlanden hat man dreyerley Geld-Sorten von Ertz-Hertzog Philippen, nemlich die erste von A. 1482. biß 94. die sein Vater K. Maximilian und Er zusammen haben schlagen lassen, als er unter desselben Vormundschafft gestanden. Die Umschrifft auf selbiger lautet also: M. D. G. RO. REX. ET. PHS. ARCHIDVCES. AV. B. CO. HO. d. i. Maximilianus, Dei gratia Romanorum Rex, & Philippus Archiduces Austriæ, Burgundiæ, Comites Hollandiæ, oder: MO.neta AVREA. RO.manorum REGIS. ET PHI.lippi ARCHID.ucum AV.striæ. Burgundiæ. CO.mitum HOL.landiæ. Es stehen auch auf etlichen goldnen und silbernen Pfennigen allerhand Sprüche: als REFORMATIO. POST. GVERRA.m. PAX. 1488. Die Verbesserung nach dem Kriege ist der Friede. oder: REFORMATIO GVERRE PAX EST. 1489. Jngleichen: SALVV.m. FAC. POPVLV.m. TVV.m. DNE. Domine 1487. Hilff deinem Volk, HErr! oder auch: CVSTODI. NOS. DOMINE: Bewahr uns o Herr.

Die andere Geld-Sorte ist diejenige, worauf sein und seiner Gemahlin Name mit dem zusammen gesetzten Spanischen und Oesterreichischen Wappen stehet; dergleichen habe ich nur in Silber gesehen, mit der Umschrifft: PHVS. Philippus Z. & JOHANNA. DEI. GRA. REX. Z & REGIA. Regina CASTELLE. LEGOIS. Legionis Z. ARCDVC. Archiduces AVST.riæ Z. &c. 1505.

Die dritte Geld-Sorte hat er allein unter seinen Namen prägen lassen, auf welcher vielmahls der Heil. Apostel Philippus vorkomt, ingleichen die Sprüche zu lesen: SIT NOMEN DOMINI BENEDICTVM. Der Name des Herrn sey gelobet. SPES MEA ALTISSIMVS. Meine Hoffnung ist der Allerhöchste. DILIGITE. JVSTITIAM. QVI. JVDICATIS. TERRAM. Liebet Gerechtigkeit ihr Richter auf Erden. JNITIVM SAPIENTIÆ TIMOR DOMINI. Die Furcht des Herrn ist der Weisheit Anfangt AB. INIMICIS. LIBERA. ME. DOMINE. Von meinen Feinden erlöse mich Herr! OMNIS SPIRITVS LAVDET DOIMNVM. Alles was Odem hat lobe den HErrn. FIAT PAX IN VIRTVTE TVA. Es werde Friede durch deine Krafft. EQVA LIBRA DEO GRATA. Gleich Gewichte ist GOtt angenehm. BENEDIC HEREDITATI TVÆ. Seegne dein Erbtheil.

Zum 4. Stück p. 25.

Walther von Cronberg hat auch Thaler von gleichen Gepräge, wie diese seine grosse Medaille, schlagen laßen, davon eine Abbildung auf dem Tittel Blat n. 2. zu sehen.

Auf Befehl dieses Hochmeisters von dem p. 28. gedachten damals ausgestreueten Berichte von Preussischen Abfall ist ferner zu merken, daß derselbe aus 27. Stück Teutscher und Lateinischer hinc inde gewechselter Schrifften und Documenten bestehet, und daß solchen der Hochmeister Teutschen Ordens, Johann Eustachius, als die ersten Exemplaria aus dem Gesichte gekommen, zu Bezeigung, daß seine Forderung, und deren Execution wieder das Preussische Land noch im̃er in ihrem Vigor und Esse verharre, in Maynz A. 1629. durch Herman Maes hat wiederum auflegen laßen, mit einer sehr hefftigen Vorrede. Bey Errichtung des Königreichs Preußen, ward diese Schrifft mit dem Maynzische Exemplar von dem Ordens-Rath und Archivario, Johann Stephan Kheüll, zu Mergentheim den 11. Apr. A. 1701 aufs fleißigste collationirt, und in Würzburg bey Heinrich Engmañ im selbigen Jahr in 4to. aufs neue gedruckt.

Zum 5. Stück p. 34.

Das Bildnüß St. Johannis des Tauffers ist nach des Mr. le Blanc Bericht deswegen auf alle Gold-Gülden gesetzet worden; dieweil derselbe der vornehmste Schutz-Heilige der Stadt Florenz ist, in welcher dergleichen goldne Münze zu erst geschlagen worden.

Zum 10. Stück p. 73.

Es ist mir noch eine kleinere Medaille vom PETRO ARRETINO præsentirt worden, auf deren erster Seite desselben sehr wohl gemachtes Brustbild im rechts sehenden Profil, bloßen Haupte mit kurzen Haaren, und langen Barte zu sehen, mit der Umschrifft: DIVVS. P. ARRETINVS. FLAGELLVM. PRINCIPVM. Auf der andern Seite sind in einem Lorbeer-Kranze die Worte zu lesen: VERITAS. ODIVM. PARIT.

Zum 17. Stück p. 129.

Man hat auch zwey schön in Kupfer gestochene Portraits ohne und mit dem Barte von D. Ægidio Strauchen. Bey dem ohne Bart, das Nicolaus Haublin gestochen, ist oben zu lesen:

ÆGI-

ÆGIDIVS STRAVCHIVS

κατ' αναγρ.

HIC GRAVIS ET SVAVIS D.

und unten:

HIC GRAVIS ET SVAVIS DOCTOR. Quam Nomen & Ornen
conveniunt! GRAVIS est hostibus omnigenis.
Sed SVAVIS DOCTOR verbi. Confirmat id ipsum
Strauchiadem clypeus Lilia, Spina, Rosæ.

scribeb. J. G. M.

In dem andern von Andres Stechgemahlten, und Elia Hainzelmañ A. 1682. in Kupfer gestochenen Portrait mit dem Barte ist die Umschrifft: ÆGIDIVS STRAUCH, WITTEBERGENSIS. SS. THEOLOGIÆ DOCTOR PROF. P. PASTOR ET RECTOR GYMNASII GEDANENSIS, und die Unterschrifft:

J. E. S. C. G.

Pectore cœlesti, divino magnus & ore
& qvovis major turbine Strauchiades.
Si tibi vixisset qvondam Symmista, Luthere,
Fallimur, aut toto vinceret orbe fides.

Ich führe diese Epigrammata nur um deswillen an, damit ich denenjenigen wiederum ein süßes Holz in Mund geben kan, welche nicht wol verdauen können, daß ich D. Strauchen, als einen Dorn-Strauch, beschrieben, aus welchem ein Feuer gegangen, das die Cedern Libanon verzehren wollen. Wann sie aber nicht glauben wollen, daß ich secundum acta & probata von ihm geschrieben, so belieben sie doch nur unter seinen vielen Streit-Schrifften die einzige zu lesen, die er gegen ein Hoch-Ehrwürdiges Ministerium der Reichsstadt Nürnberg ausgehen laßen, so werden sie überzeuget seyn, daß ich habe keine Trauben von diesem Dorn-Strauch lesen können; sie laßen sich übrigens gleichwol deßen Härlinge mit meinen Profit gut schmecken.

Zum 18. Stück p. 137.

Von dem so grossen Canzler Oxenstiern hat man auch eine schöne Medaille, deren Abriß auf dem Tittelblat n. 3. zu sehen. Die erste Seite enthält dessen sehr künstlich gemachtes Brustbild im links sehenden Profil, blossen Haupte starken Barte, breiten mit Spitzen bebrämten Uberschlag, und umhangenen Gewand, mit der Umschrifft: AXELIVS. OXENSTIERN. RERVM SVECO. GERMANICARVM. ATLAS. d. i. Axel Oxenstiern, ein Mann auf welchem alle Last der Schwedischen Teutschen Sachen ruhet.

Auff

Auf der andern Seite stehet die Freyheit mit einem Hut bedeckt zwischen der Klugheit und Tapfferkeit, welche sie halten. Uber selbigen schauet das Bildnüs K. Gustav Adolfs in Schweden aus den voneinander getheilten Wolken hervor, um welches auf einen gewundenen Zettel diese Worte zu lesen: SIC DECUIT MEA FACTA SEQUI. d. i. So hat sichs geziemet, meinen Thaten nachzufolgen. Umher befinden sich diese Worte: PRUDENTIA & FORTITUDINE POST GUSTAVUM MAGNUM LIBERTATIS VINDEX. d. i. Durch Klugheit und Tapfferkeit nach dem grosen Gustav der Freyheit Erretter.

Zum 19. Stück p. 145.

Diese Auswurf-Münze bey K. Sigismunds III. in Pohlen und Schweden erster Vermählung mit der Erz-Herzogin Anna von Oesterreich ist auch im LUCKIO p. 331. anzutreffen, jedoch ist die Jahrzahl auf der ersten Seite ausgelassen. In des LUNDORPII *T. II. Contin. Jo. Sleidani Lib. XXII. A.* 1592. *p.* 866. ist diese Beschreibung davon zu lesen: Missilia qvoqve in vulgus spargebantur, nummi scilicet argentei, in qvorum uno latere, fluctus marini, & juxta fluctus ab utraqve parte palmi supra mare sese ad invicem inclinantes, cum Inscriptione: AMOR DISTANTIA JUNGIT, exprimebatur. Jn altero latere insignia domus Austriacæ & supra hæc Aqvila Jmperii, a sinistris Aqvila Poloniæ, cum Inscriptione: AST ANIMOS SOCIASSE JUVABIT. exhibebantur.

Es ist zu bedauern daß Herrn Georg Daniel Seylers Pohlnisch- und Preussisches Münz-Cabinet noch nicht zum Vorschein komen ist, woraus uns die Pohlnischen Schaustücke und Gedächtnüs-Münzen besser bekand werden würden. Nach dem von ihm A. 1720. in Danzig in 1. Bogen in 4to. publicirten Entwurff hätte die andere Oeffnung desselben bloß die Medaillen im Lande Pohlen und Preussen in sich enthalten und aus 9. Fächern bestehen sollen so viel nemlich als Könige von Sigismundo I. an regieret haben.

Im ersten Fach also haben sollen zu sehen seyn Medaillen vom K. Sigismundo I. und Alberto Herzogen in Preussen.

Im andern von K. Sigismundo Augusto, wie auch Johannis Dantisci, Episcopi Warmiensis.

Im dritten, so in 2. kleine Fächer abgetheilet 1.) die Anaglyphen von 2. Medaillen K. Heinrichs von Valois. 2.) die vom K. Stephano Bator.

Im vierdten K. Sigismundi III. die Münze von Belagerung der Stadt Thorn A. 1619. it. Joh. Zamoiski, Nicolai Firley &c. wie auch Erz-Herzogs Maximiliani Thaler den er A. 1603 als Ordens-Meister von Preussen schlagen lassen.

Im fünfften K. Vladislai IV. darunter beyläufftig eine auf den Tod Bogislai XIV. letzten Herzogs in Pommern, wie auch eine von Curland.

Im sechsten Silber und Goldstücke K. Johannis Casimirs, die auf das Danziger Gymnasium, auf den Olivischen Frieden, auf die Vestung Haupt, auf die Souverainetät von Preussen, auf das zweyte Jubilæum der Befreyung von den Creuz-Herren, auf den Fürsten Radzivil, Grafen Königsmarck, den Gr. Schaz-Meister Morstein &c.

In dem siebenden K. Michaelis.

In den achten die vom K. Johanne III. wie auch beyläufftig einige auf die Fürstin Radzivilia, Bischofen zu Cracau Trzebicki, Joh. Hevelium, D. Strauch &c.

In der neundten und letzten die unter des jetzigen Königs Regierung geschlagene Medaillen.

Der Wöchentlichen

Historischen Müntz-Belustigung

vom Jahr 1731.

Anderer und letzter SUPPLEMENTS-Bogen.

Ein Doppel-DUCATE von Herzog Johann Friedrichen zu Würtemberg von A. 1623.

1. Beschreibung desselben.

Die erste Seite stellet dessen Bildnüß zu Pferde vor / und zwar gegen die rechte Seite zu gallopirend, mit dem umher stehenden Tittel: JOHAN.nes. FRID.ericus. D.ei. Gratia. DUX. WIRTE.mbergicus. d. i. Johann Friedrich / von GOttes Gnaden Herzog zu Wirtemberg. Im Abschnitt stehet die Jahrzahl 1623.

Die andere Seite enthält drey neben einander stehende und ineinander geflochtene Kränze, und zwar oben 2. und unten 1. mit der Devise: HIS. ORNARI. AUT. MORI. d. i. Mit diesen gezieret zu werdē oder zu sterben.

2. SUPPLEMENTA.

Zum 21. Stück p. 121.

Diese MEDAILLE ist auch in prima magnitudine, sive maximo modulo, unvergleichlich schön vorhanden.

Zum 22. Stück p. 173.

Den sinnreichen Gedanken des preißwürdigsten Nestors unserer Stadt, und meines grossen Mecænats, Herrn C. F. ab H. in W. von den fünff Wahl-Buchstaben K. Friedrichs III. A. E. I. O. V. sind diese noch beyzusetzen, die er den nach seinem GOtt, dem Kayser, und der gemeinen Stadt besten ewig devovirten Geiste verfertigten Chronostichis in Annum MDCCXXXII. folgender massen beygefüget:

1.

GLorIa sIt Deo! feLICItas aVgVsto
et In terra paX hoMInIbVs.

2.

paX et fortVna eVropæ eX sanCtIone
pragMatICa penDent.

3.

ConserVetVr a Deo norIberga Vt Cæsarl
et IMperIo porro proVt antea
InserVIre possIt.

* * *

A. E. I. O. V.

Avgvstvs Est Ivstitiæ Optimvs Vindex
Artes Extollit Imperator Optimvs Universas
Archidvce Exhilarabit Imperatrix Orbem Vniversvm.

Zum 23. Stück p. 177.

Ein grosser Thaler-Kenner hat mich schrifftlich versichert, daß er diesen Thaler von K. Maximilian I. nebst den Bildnüssen seiner beeden Enkel auf der Gegen-Seite von A. 1518. für den allerraresten unter K. Maximilians I. Thalern halte, und ihn mit einem Goldstücke von gleichem Gewichte auswechseln wolte, wann er dessen könte habhafft werden.

Zum 28. Stück p. 217.

Ein guter Freund will zwar den so genandten Schweitzerischen Bunds-Thaler, dessen Abbildung in des Lehmanns Hamburg. Hist. Re-

marques P. VIII. A. 1706. *p.* 1. zu sehen, weit höher achten, als unsere schöne Medaille, dieweil die drey ersten Bunds-Männer darauf befindlich wären. Alleine erstlich ist sein so hochgehaltener Thaler eigentlich kein Thaler, sondern auch nur ein Schau Stück, welches eben so neu, als das unsrige. Fürs andere ist dasselbe mit groben Irthümern angefüllet, indem Wilhelm Tell keines weges unter den allerersten Eydgenossen gewesen, sondern nach dem einhelligen Bericht der ältesten und besten Geschicht-Schreiber von der Schweitz, waren solche Walther Fürst von Ury, Werner Stauffacher von Schwytz, uud Arnold im Melchthal von Unterwalden. Sie haben auch ihren ersten Bund nicht A. 1296. sondern den 17. Octobris A. 1307. geschlossen.

Zum 30. Stück *p. 240.*

Die daselbst angeführte grössere und zweyseitige Medaille von dem Cardinal Petro Bembo mit dem Pegaso, nebst noch einer kleinern wie er in seinen jüngern Jahren ausgesehen / und auf der andern Seite unter einem Lorbeer-Baum und an einem hervor qvellenden Wasser lieget und auf seine Asolani dichtet, hat mir in schönen Originalien in Kupffer ein grosser Patron aus seinem in Italien gesamleten vortreflichen Münz-Schatz großgünstig communicirt, welche also so wohl auf diesem Bogen, als auf den Tittelblat n. 4. vorstellig mache, und ihm dafür meinen verbundensten Dank bezeige.

Zum 33. Stück *p. 257.*

Auf einen ordentlichen Französischen Thaler, der mir jüngsthin in einem reich augefültē Nürnbergischen Cabinet gezeiget worden, stehet auf der ersten Seite der Königin Catharina de Medices ihr Bildnüß, wie es auf der im 33. Stück befindlichē Medaille zu sehē; mit der Umschrifft: KATHARI.na. REGIN.a. HENRI.ci. II. VXOR. FRANCIS.ci. ET CAROL.i. REGVM. MATER. d. i. Katharina, Königin / Heinrichs *II.* Gemahlin, der Könige *Francisci* und Carls Mutter. Auf der andern Seite ist das geharnischte Brust-Bild K. Carls IX. mit umgehangenen Gewand, und einem Lorbeer-Kranz auf dem Haupte, im links sehenden Profil, mit der Umschrifft: CAROLVS IX. GALLIARVM REX CHRISTIANISS. 1565. d. i. Carl der *IX.* allerchristlichster König in Frankreich. Dieser sehr rare Thaler ist ein sonderbahres Andenken der grossen Ehrerbietung, die K. Carl IX. im ersten Jahr seiner angetrettenen Regierung gegen seine Mutter bezeiget, daß er auch ihr Bildnüß noch auf sein Current-Geld schlagen lassen.

Weil ich p. 262. gedacht daß die Catharina de Medices allerley Wahrsagereyen sehr geliebet, so kan ich unangeführt nicht lassen, was ich jüngsthin davon in *Remarques sur le gouvernement du Royaume durant les regne de Henry IV de Louis XIII. & de Louis XIV. p. 15.* gelesen: L'on dit aussi, qve Catherine de Medicis se servit des enchentemens de ces devineurs pour savoir les Successeurs de la couronne de son fils, & qve par le moyen d'un miroir ils lui faisoient apparoitre, qvi devoit regner apres l'extinction de la race des Valois. Le premier, qvi parut, fut Henry IV. Mais elle concut une aversion & une haine implacable contre ce Prince, s'etant toujours efforcée de puis cette vüe de le perdre par tous les artifices imaginables Mais Dieu deliura ce Monarqve de toutes ses embuches. Apres le Roi Henry IV. le miroir lui fit paroitre Louis XIII. ensuite Louis XIV. avec une taille & un port plein de Majesté. Apres qvoi parut dans le miroir une troupe de Jesuites, qvi devoient a leur tour être les maitres absolus de la France. Elle n'en voulut pas voir d'avantage, & fut même sur le point de casser, le miroir. Mais il fit pourtant conservé, & plusieurs assurent, qv'il est encore a present dans le Louvre. d. i. „ Man sagt auch daß die Catharina von *Medicis* sich hat der Gauckeleyen „ ihrer Wahrsager bedienet, um ihres Sohnes Nachfolger an der Krone zu „ erfahren, und daß man vermittelst eines Spiegels, ihr hat erscheinen lassen, „ wer nach dem Untergang des Valesischen Stammes regieren solte. Der erste war K. Heinrich *IV.* Aber sie bekam einen solchen Abscheu und unversöhnlichen Haß gegen diesen Prinzen, daß sie sich immer äuserst bemühet, „ nach diesem Gesichte, denselben durch alle nur ausdenkliche Künste zu verderben. Aber GOtt hat diesen Monarchen aus allen diesen Nachstellungen „ befreyet. Nach K. Heinrich *IV.* ließ der Spiegel Ludwigen *XIII.* sehen. Auf „ ihn folgete Ludwig *XIV.* mit einer solchen Grösse und ansehnlichen Leibs- „ Gestalt, die voller Majestät. Nachdem erschiene im Spiegel ein Hauffe Jesuiten, welche solten nach der Reihe ungebundene Herren von Franckreich „ seyn. Sie wolte darauf nicht weiter hinein sehen, und es war andem daß sie „ den Spiegel zerschlagen hätte. Er ist aber doch noch aufbehalten worden, „ und viele versichern, daß er noch jetzo im Louvre sey.„ Wann ich etwas auf dergleichen Blendwerk und Hocus pocus hielte, so wolte ich sagen, daß der Ertz-Lügner von Anfang damahls wahr geredet hätte, und es anitzo eintraffe, was die Königin dazumahl gesehen. Da aber der grosse GOtt zukünfftige Dinge vorhero zu sagen unter seine Reservata zehlet, so ist dieses nur für ein listig ausgedachtes Historgen zu halten.

Zum 34. Stück *p. 265.*

Auf der andern Seite der Medaille befindet sich ein Reihen von acht Jungfrauen: Wann dieselben die Maitressen dieses Königes vorstellen sollen, weil zu allen Zeiten die abscheulichsten Laster wollen für Tugenden angesehen

seyn,

seyn, und man solche Kebsweiber bey leibe nicht das heissen darff, was sie in der That sind / so müste wohl ein Reihen von dreymal acht solcher Dirnen auf der Medaille erscheinen.

Der Raum hat auf besagten Stück nicht gelittẽ, daß ich angeführet hätte wie Thuanus K. Heinrichen den III. abgeschildert, weil jedoch seine Worte den Revers der Medaille, und meinen Discours sehr erläutern, so will ich sie anitzo aus dessen Lib. XCVI. T. III edit. Frft. p. 301. nachholen. Nusqvam tam magnam de Principe ullo præceptam omnium opinionem tam dispar eventus secutus est. Nam ex ephebis egressus statim exercituum Dux creatus est, partisqve anni fere curriculo ingentibus victoriis, Bassacensi & Montconturiana, felicissimi Imperatoris laudem meruit, dein fama crescente de matrimonio ejus cum Angliæ Regina actum, & res parum ab exitu abfuit. Postea cum Regina parens, ut prædicto sibi, sive suo, sive filiorum, fato, ex animi sententia defungeretur, neqve filios, alterum alteri in idem regnum succedentes, turbato naturæ ordine, adspicere cogeretur, per Franciscum Noallium ad Portam Othomanicam de Algeriæ regno in Africa, ei Selimi gratificatione concedendo, egit, ad qvod & Sardiniam proximam se addituram sperabat, qvam Philippus, pro regni Navarræ compensatione traditurus esset, & ipsa a Navarra aliis ditionibus in regno concessis permutationis titulo comparatum; sed inter hæc electo illo in regem Poloniæ negotium inchoatum omissum est, & ipse perhonorifice in Poloniam profectus, interveniente sub id Caroli fratris morte revocatus, festinato discessu, regnum, qvod Francisco, alteri fratri, servare poterat, minus honorifice amisit. Postremo ad tot regna seu destinatus, seu vocatus, vix paternum & avitum retinere potuit, ejusqve possessione pene tota a suis dejectus, anteqvam in illud restitueretur, ipsa qvoqve vita ab iisdem spoliatus est, hocqve iniqvo fato fuit, ut fere, qvæ cariora habebat, illi in perniciem verterent. Nam ab iis fere, qvos opibus & honoribus invidiose amplificavit, gravia damna accepit, & cum monachorum ordines præcipua veneratione semper coluisset, postremo a monacho, cum minus putabat, interfectus est. Raras cæteroqvin animi corporisqve dotes ignavo otio, & per desides turpesqve voluptates corrupit, & summo famæ ac regni detrimento turpissimum dignitatum primariarum & præfecturarum mercimonium instituit, abolitis virtutis præmiis, & porta per fœdas nundinationes ad proditiones, qvæ inde secutæ sunt, aperta. d. i. „ Niemals ist auf die vorher gefaste gute Meynung aller Menschen von einem Prinzen „ ein so ungleicher Ausgang erfolget. Er hatte kaum die Kinder-Schuh aus- „ gezogen, so ward er schon zu einem Heerführer gemachet, und verdiente fast „ binnen einer Jahers Frist, durch die grossen Siege bey Bassac und Montcontour „ das Lob des glücklichsten Feld-Herrens. Hernach, als sein Ruhm wuchs, „ ward von seiner Heyrath mit der Königin von Engelland gehandelt, und „ es fehlte nicht viel, daß sie wäre vollzogen worden. Nachdem, als die Kö- „ nigl. Mutter, damit sie entweder ihres, oder ihrer Söhne vorhergesagten „

„ Schicksaals nach Herzens Wunsch genösse, durch *Franciscum Noailles* bey der Ot-
„ tomanischen Pforte, wegen Einräumung des Königreichs Algier durch die
„ Gefälligkeit des Selims handelte, zu welchem sie auch das nah gelegene
„ Sardinien zu schlagen verhoffete, welches Philipp zu Vergütung des Kö-
„ nigreichs Navarra übergeben solte, und sie von dem König in Navarra
„ durch Einräumung anderer Länder im Reiche erhalten wolte, so wurde al-
„ les dieses angefangene Werk unterlassen, da indessen er wär zum König in
„ Pohlen erwahlet worden. Er reisete nach Pohlen mit der grösten Ehre,
„ ward aber durch den dazwischen gekommenen Tod seines Bruders Carls
„ zurücke beruffen, und verlohr mit schlechter Ehre durch seine eileuds ange-
„ stellte Abreise ein Königreich, welches er seinem andern Bruder *Francisco* hät-
„ te erhalten können. Letzlich da er zu so vielen Königreichen entweder be-
„ stimmt, oder beruffen war, hat er kaum das väterliche und großväterliche
„ behalten können, und ist von dessen Besitz von seinen Unterthanen fast ganz
„ vertrieben, und, ehe er in solches konte wieder eingesetzet werden, auch selbst
„ des Lebens von ihnen beraubet worden; und hatte den Unstern, daß was
„ er am liebsten hatte, ihm zum Verderben gereichete. Denn so wohl von den-
„ jenigen, welche er mit Reichthum und Würden so sehr groß gemachet, daß
„ man sie beneiden muste, wurde ihm der gröste Schaden zugefüget, als auch
„ von den Mönchen, die er in besondern Ehren allezeit gehalten; indem er zu
„ letzt von einem Mönche, als er es am wenigsten vermeinet, ist umgebracht
„ worden. Die seltenen Gemüths- und Leibs-Gaben hat er übrigens durch
„ den faulen Müssiggang, und die schändlichen Wollüste verdorben, und zum
„ höchsten Abbruch seines Ruhms und des Reichs den schändlichsten Verkauff
„ der vornehmsten Würden und Aembter angestellet, wodurch die Belohnung
„ der Tugend abgeschaffet, und durch die schändlichen Krämereyen die Thüre
„ zu den erfolgten Verrâthereyen ist aufgethan worden. „

Zum 35. Stück *p. 274.*

Des Mr. Bizot Histoire Metallique de la Republique de Hollande ist zu Paris 1687. in folio das erstemahl zum Vorschein gekommen, und enthält 162. Stück Medaillen oder Münzen In der neuen Edition zu Amsterdam A. 1690. in dreyen Bänden in 8. davon der dritte das Supplement, sind dieselben auf 222. vermehret worden. Mr. Clerc hat dieselben endlich in seiner schönen Histoire des Provinces unies de Päis-bas von A. 1477. biß A. 1716. bis auf 396. gebracht, jedoch in den letztern Zeiten einen Mich-Masch gemacht, der eben nicht viel taugt, hingegen verschiedene schöne Stücken ausgelaßen, die wol verdient hätten angeführt zu werden. So sind auch dieselben bey weiten nicht so schön gestochen, als im Bizot.

Zum 37. Stück *p. 296.*

Ich habe daselbst zwar versprochen, daß ich noch einen sonderbahren Thaler von K. Ferdinand I. wolte in diesem Supplements-Bogen in Kupfer-

Stich

Stich zeigen, auf welchem Kärnthen sich und Oesterreich ganz alleine den Erzherzoglichen Tittel beygeleget, mit Ausschliessung der andern Oesterreichischen Herzogthümer. Es ist aber eben itzo der gute Freund abwesend, daß ich solchen zum Abzeichnen nicht habe bekommen können, dahero ich mein Versprechen nicht erfüllen kan. Jedoch melde ich ferner daß mir seit der Zeit ein 72. Kreutzer-Stück auch von K. Ferdinand I. zu Gesichte kommen, dessen erste Seite desselben gekröntes und geharnischtes Bildnüß biß auf den halben Leib mit einem starken Barte, und umhangender Ordens Kette des goldnen Vlüesses vorstellig machet, mit der Umschrifft: FERDINAND.us. D. G. ROM.anorum. HVN.gariæ. BOE.miæ. D.almatiæ CR.oatiæ. REX. Wobey erinnere, daß auf dem Thaler des 37. Stucks auch muß gelesen werden DA.lmatiæ. C.roatiæ. REX. die andere Seite ist demselben auch in Wappen und der Umschrifft ganz gleich, ausser daß in diesem zu letzt die Jahrzahl 1557. stehet.

Man hat auch von Erz-Herzog Carln 60. and 30. Kreutzer-Stücken mit besagten Tittel, ingleichen auch Ducaten von verschiedenen Erzherzogen.

Zum 38. Stück p. 298.

Den Wahl-Spruch: DEVS SOLATIVM MEVM aus dem Psalm LXXIII. 26. genommen, hat K. Carl IX. in Schweden so wohl als Erb-Prinz, als auch als König, meistentheils auf seinen Münzen geführet. Auf einem Revers eines Oval-Schau-Stücks stehet in einem viele Strahlen von sich werffenden Glanze der Name Jehovah, und umher: IST. MEIN. TROST. Auf einer andern dergleichen etwas grössern Medaille zeiget der Revers eine Waage, darüber ein Schwerd und Lorbeer-Zweig Creutzweiß gebunden, und von dem Jehovah in einem Schein beleuchtet werden mit der innern Umschrifft die in einem Lorbeer-Kranz eingefast: TIME DEVM. DILIGE JVSTITIAM, PACEM QVÆRE, PATRIAM DEFENDE. d. i. Fürchte GOtt, liebe die Gerechtigkeit, suche Friede, vertheidige das Vatterland. Die äuserste Umschrifft dabey ist doch wieder das Haupt-Symbolum: JEHOVAH SOLATIVM MEVM.

Zum 41. Stück p. 321.

Der Doppel-Ducate, welchen Herzog Johann Friedrich zu Würtenberg in eben dem Jahr, in welchen der auf dem Bogen stehende Thaler geschlagen, hat prägen lassen, ist so schön geschnitten und zeiget seine Bildung in kleinen so accurat, daß er den künstlichsten Schau-Stücke gleich komt, dahero ich ihn auf diesen andern Supplement-Bogen præsentiren wollen. Er

ist

ist darauf im Commando zu sehen, und erkläret sich in der darauf gesetzten Devise, so für das Vaterland, für die Religion und seine Unterthanen zu streiten, daß er entweder die dreyfache Sieges-Krone ob patriam, religionem, & cives servatos zu erlangen, oder darüber sein Leben zu lassen hoffet.

Zum 43. Stück p. 357.

Ein vornehmer, von Ravensburg gebürtiger, und sehr diensthaffter, Freund hat mir auch eine kleine goldne Münze in Ducaten Grösse von der Reichs Stadt Ravenspurg gezeiget, die auch dazumal mit gleichen Gepräge auf der ersten Seite geschlagen worden, die andere aber enthält nur die innern fünff Wappen der vornehmsten Raths-Herren. Es haben jedoch durch seine gütige Bemühung in Ravenspurg selbsten die Namen derjenigen Personen nicht können ausfündig gemachet werden, mit welchen dazumal der Rath besetzet gewesen, dahero es mir in so grosser Entlegenheit und Mangel tüchtiger Nachrichten nicht zu verübeln seyn wird, daß ich die Signa sine signatis vorgestellet. Die guten ehrlichen Männer also die zu ihrem Symbolo: Malumus nesciri, geführet haben, mögen also immer in der ewigen Vergessenheit verscharret bleiben.

Zum 44. Stück p. 368.

Ich habe mit grosser Wehmuth erfahren müssen, daß mir der daselbst angeführte Philosophische Satz: Wie auf der Welt nichts leichters sey, als eine Frau zu bekommen, eine grosse Ungunst bey vielen vornehmen Frauen-Zimmer zugezogen, die meinen gering schätzigen Münz-Bögen die Ehre anthun, sie bey einem Schälgen Caffée zu lesen. Nun würde ich zwar mit recht Juristen-mässigen vielen und weitläufftigen allegatis der grösten Weltweisen aus allen Völkern, Zeiten, und Sprachen, erweisen können, daß dieses Urtheil nicht in meinem Gehirne zu erste gewachsen, sondern mit vieler Einstimmung schon von Paradiese her sey behauptet worden. Alleine dieweil der scharffe Verstand des Frauen-Zimmers mehr gründliche Ursachen, als eine blosse Autoritæt zum Beweiß verlanget, so will ich nur anführen, daß die wahre und eheliche Liebe eine Zuneigung des Gemüths zu demjenigen sey, durch dessen tugendhaffte Eigenschafften wir hoffen Vergnügen Ehre und Erleichterung unsers mühseligen Lebens in der Welt zu erlangen und in eheliche Verbindung unsers gleichen zu sehen. Sie wird dahero einen Magnet verglichen, der das ihm anständige und wohl beschaffene Eisen, bey der gehörigen Annäherung gleich an sich ziehet, und so feste hält, daß es ihm ohne Anthuung einiger Gewalt, so leichte nicht kan entzogen werden. Ein solcher innerlicher Trieb also einer Tugend zu der andern sich mit derselben zu vereinigen, zeiget keine Schwierigkeit von sich, sondern je mehr er nach seiner Vollkommenheit strebet, je geneigter und je williger äusert er sich gegen denjenigen, der gleiches Verlangen an Tage giebt. Ich könte auch das auf besagten Münz-Bogen angefügte Exempel zu Bestärkung des den Frauen-Zimer so unangenehmen Satzes nach seinen anscheinenden wiedrigen Umständen noch mehrers ausführen, wann es der Raum litte. Da aber jedoch gewiß, daß die dem Menschen unter allen Geschöpffen GOttes eigene Tugend die Schamhafftigkeit die bey dem weiblichen Geschlechte vornemlich hervor leuchtet, und dessen vornehmste Zierde ist, obbemeldeten natürl. Trieb öffters verheelet, und in seiner sonst leichten Würkung mit Gewalt zurücke hält, so will ich bey denjenigen die mit dieser Erklärung nicht zu frieden seyn wollen hiermit bester massen Abbitte gethan haben, damit es mir nicht auch gehen möge, wie dem armen Marot und Taubmann, zumahl da der Spruch des Virgilii erschrecklich in meinen Ohren erschallet:

- - - - manet alta mente repostum
Judicium Paridis - - - - - - -

Jedoch kan ich nicht umhin von Herzens Grund aufrichtig zu bekennen, daß ich aus schüchternen und nieder geschlagenen Gemüthe und bey einer sehr unberedten Zunge, lebenslang wohl würde ein verachteter und elender Hagestolze geblieben seyn, wann ich das Vergnügen des ehelichen Leben durch ein lang verweigertes und endlich fußfällig erbettenes Ja-Wort hätte erlangen müssen.

Zum

Zum 48. Stück p. 377.

Es ist aus einem berühmten Müntz Cabinet mir noch eine Medaille vom Ertz-Hertzog Matthia, in Grösse eines halben Guldens, aber sehr erhaben geschnitten/ und zwar auf der ersten Seite mit dessen Bildniß und Tittel, wie es auf der grossen Medaille zu sehen, zugesendet worden. Auf dem Revers aber ist das Corps verändert, jedoch das Lemma behalten worden. Nemlich es wird die Befreyung der an einen Felsen starck angefesselten Andromedæ durch den tapffern Perseum von dem See-Drachen darauf vorgestellet, mit der Umschrifft: AMAT VICTORIA CVRAM.

Zum 50. Stück p. 392.

Diese extra-schöne Medaille ist auch mit einem andern Revers vorhanden, auf welchen die Götter-Mutter Cybele erscheinet/ zu deren rechten Jupiter und Neptunus, und zur lincken Hercules, Juno, und Diana stehen, wobey unten im Abschnitt zu lesen: LAETA DEVM PARTV, d. i. Die durch die Geburt der Götter erfreute.

Die erste Seite dieser Medaille, mit der Königin Bildnüß, hat man auch sehr groß in Kupfer gantz unvergleichlich schön gemacht und gegossen, von eben diesen G. DVPRE, mit der beygesetzten Jahr-Zahl 1629.

Zum 52. Stück p. 410.

Auf diesem Bogen ist ein Fehler mit den Müntzen vorgegangen, indem der Künstler die von mir beschriebene kleinere Albertinische Medaillen mit einer grössern von einem unterschiedenen Stempel, die man ihm auch vorgelegt gehabt, verwechselt. Sed ne sic quidem male; nam felix error veniam meretur.

Item p. 416.

In einem aus lauter auserlesenen Stücken bestehenden Nürnbergischen Müntz-Cabinet habe ich auch eine grosse goldne Klippe Marggraf Albrechts von A. 1553. angetroffen, die noch deutlicher an den Tag giebt, daß sie aus lauter Kirchen- und Klöster-Geschmeide geprägt ist. Denn die erste Seite enthält seine gewöhnliche 5. Wäpplein, nehmlich eines in der Mitten, und 4. in den Ecken umher mit dem Spruch. SI DEus PRO NOBIS QVIS CONTRA NOS: Ist GOtt für uns/ wer mag wider uns seyn? den man auch auf seinen Thalern lieset. Auf der andern Seite ist allein zu lesen: ZV EREN MARGGRAF ALBRECHTEN VND ZV SCHANDEN ALLEN PFAFEN KNECHTE.n. Ich habe von dieser Klippe sonst niemahls was gehört.

Von dem Herrn Hof-MEDICO und Bürgemeister in Gotha D. Jacobs, ingleichen von dem Herrn SECRETARIO Lieben daselbst, sind nachfolgende sehr dienliche Anmerckungen zu diesem Wercke, nach verfertigten SUPPLEMENTS-Bögen, eingelauffen, die ich mit den Buchstaben J. und L. bemercke.

Zum 1. Stück p. 1.

Es ist wider Gewohnheit nicht gemeldet worden/ von was vor Metall diese Schau-Müntze sey. L. Antwort: Sie ist von sehr schlechten Silber gegossen.

Zum 3. Stück p. 18.

Die Wallensteinische Thaler und Ducaten finden sich von dreyerley Sorten:

Die ersten hat er nur als blosser Herzog von Friedland schlagen lassen. Dergleichen sind im Hochfürstl. Medaillen-Cabinet von 1626. 27. und 28. anzutreffen, und ist auf dem Revers das Wallensteinische Wappen der Brust eines einköpffigten Adlers, als des Friedländischen Wappens, einverleibet zu sehen; wiewohl das Hochfürstl. Cabinet von Ducaten nur ein einig Stück von 1628. aufzuweisen hat. Merckwürdig ist so wohl auf diesem als auf den meisten andern, die Sonne, so unter dem Kopffe des Wallensteiners anzutreffen, und der Auctor der historischen Remarquen für das Wappen der Münz-Stadt ansiehet/ da dieselben geschlagen worden, wohl aber nichts anders, als die Marque des Stempel-Schneiders seyn möchte.

Die andere Sorte stellet ihn als Herzog von Friedland und Sagan zugleich vor, und ist von A. 1628. und 29. Der Revers zeiget auf der Brust des einköpffigten Adlers nebst dem Wallensteinischen, das Saganische, Wappen. Weil er auf der ersten Sorte A. 1628. sich noch bloß einen Herzog von Friedland schreibet/ und in eben diesem Jahre auch den Tittel eines Herzogs von Sagan hinzu fügen lassen, so weiß man gewiß, daß er besagtes Jahr, und weder eher, noch später, das Herzogthum Sagan erhalten, welches der Auctor der historischen Remarquen, da er von unsern Thaler de A. 1628. nichts gewust, so eigentlich nicht determiniren können. Diese Sorte von 1629. stellet den Friedländischen Adler nebst seinem Brust-Schilde mit der Ordens-Kette vom guldenen Vlüsse vor, gleichwie solche

um

um das Wappen

Der dritten Sorte, dergleichen der angeführte Ducate ist, darauf er sich zugleich einen Herzog in Mecklenburg schreibt, anzutreffen ist. Dergleichen Thaler und Ducaten kan das Hochfürstl. Cabinet von 1629. biß 34. aufweisen, welches letzte Jahr deswegen merckwürdig, weil er im selben bald zu Anfang entleibet worden, daher in selbigen so viel nicht von ihm gepräget werden können. L.

Herr Dewerdeck in *Silesia Numismatica* p. 582. sagt auch, daß durch die Sonne die Müntz-Officin auf des Wallensteiners Gelde angedeutet worden. Jngleichen, daß auf etlichen seiner Münzen ein halber Greif, und ein S. anzutreffen seyn, welches er und Hancke von der Stadt Sagan auslegen.

Ausser den aus den Hamburgischen Remarques angeführten zwey Wallensteinischen Thalern finde noch einen, auf welches einer Seiten das geharnischte Brust-Bild im blossen Haupte vor sich sehend, mit kurtzen Haaren, und steiffen Kragen, mit der Umschrifft: ALBERTVS D. G. DVX FRIDLANDIÆ. Auf der andern Seiten ist das mit dem Fürsten-Huth bedeckte Wappen-Schild, denjenigen, so in gedachten Hamburgischen Remarquen A. 1702. p. 24. angeführet wird, ganz gleich: Die Umschrifft aber differirt, und ist hier: DOMINVS PROTECTOR MEVS. 1626. J.

Hieraus ist zu sehen, daß Wallenstein nicht alleine auf das Gestirne, und Conjunction der Planeten gesehen, und daher sein Heil, Schutz und Glücke herleiten wollen, wie man insgemein von ihm ausgegeben, sondern auch auf GOtt.

Zum 5. Stück p. 33.

In dem Hochfürstl. Cabinet ist eine merckwürdige Piece, so mir zwar vor kein Original auszugeben getraue, doch aber ein Abguß von einem Original seyn mag, und etwas grösser ist als die Solidi medii ævi zu seyn pflegen. Auf einer Seiten stehet ein bärtiger und mit einem Helm bedeckter Kopff, nebst der verkehrten Jahr-Zahl 85 21: Auf der andern die Chur-Schwerdter mit dem Rauten-Crantze nebst denen Buchstaben D. A. Ich kan mir aber kaum einbilden, daß diese Münze, die wegen der verkehrten Jahr-Zahl 1285. Alberto II. aus dem Ascanischen Stamme zugeeignet werden müste, so weit hinauf steigen solte, und wolte ich solchen eher vor einem Nummum restitutum halten, die in den neuern Zeiten nachgemachet worden. Denn daß auf dem Zollmannischen Bracteato des Bernhardi, Ducis Saxoniæ, die Buchstaben MOSI die Jahr-Zahl andeuten solten, ist noch unausgemacht, und dahero auf gegenwärtige Münze kein Schluß zu machen. L.

Zum 6. Stück p. 48.

Ausser denen von dem Herrn Dewerdeck angeführten Begräbnüß-Münzen des letzten Herzogs von Liegnitz, Georgii Wilhelmi, befindet sich von eben dem Medailleur S. K. der die übrigen gefertiget, noch eine Lötige, auf deren Revers ein Wald, nebst einen Schützen mit dem Bogen, so einen neben der Sonne fliegenden Adler durch einen Pfeil fället, wobey die Randschrifft: NON EST A VVLNERE TVTVS. L.

Zum 8. Stück p. 57. und 104.

Diesen Thaler, davon weder Herr Tentzel, welcher der von Luckio angeführten gleichmäßigen Klippe gedencket, noch sonst jemand seithero Meldung gethan, hat das Hochfürstl. Medaillen-Cabinet im Originali aufzuweisen, welcher, vor nicht gar langer Zeit, von hoher Hand eines benachbarten Hofes, dahin er aus eines Privati Händen gekommen, offerirt worden. L.

Zum 13. Stück p. 97.

Der angeführte Thaler des Cardinals Carls von Lothringen, Bischoffs zu Metz von A. 1557. kan nicht der allerletzte Bischöffliche Metzische Thaler seyn, indem sich noch einer von 1559. so den angeführten in allen gleich, ausser daß unter der Jahr-Zahl anstatt des B. der Buchstab C. stehet, in dem Hochfürstl. Cabinet befindet. L.

Zum 15. Stück p. 120.

Dergleichen grössere goldene Münze, aus Japon, Obani genant, ist auch im Hochfürstl. Cabinet anzutreffen. L.

Zum 18 Stück p. 137.

Auf dem Oxenstiernischen Thaler, ist wegen der Randschrifft des Brustbildes weder Fehler, noch sonst Schwürigkeit, indem die letzten Buchstaben. LEG. I. G. S. FOED. EV D. heissen LEGatus In Germania Supremus FOEDeris EVangelicorum Director. bey dem Worte FOED. ist kein hartes, sondern ein weiches D, gleichwie in dem vorgestellten Riß, so mit dem Original auf das genaueste überein stimmt, genugsam zu erkennen. L.

Zum 21. Stück p. 161.

K. Carl Gustavs auf die Passirung des gefrornen Belts geschlagene Me-

Medaille hat Karlstein nach weit grösser und schöner, als die angeführte ist, gemacht, indem sie in dem Hochfürstl. Medaillen-Cabinet auf 9½. Loth beträgt. Auf dem Revers stehet, ausser der Randschrifft, unten: TRANSITVS GLORIOSVS MARIS BALTICI. D. 7. FEB. A°. 1658. Nebst diesen Karlsteinischen befinden sich noch zwey von Brenern auf dieser Entreprise gemachte Medaillen in dem Hochfürstl. Cabinet, davon die erste 3½. die andere 5½. Loth wieget. Keine kommt den Karlsteinischen an Schönheit bey, stellen aber die gegen überliegende Insul Seeland noch deutlicher vor, als jene, indem auch so gar das Wort Seeland beygeschrieben zu sehen. L.

Zum 23. Stück p. 178.

Ihro Excellenz der Herr Geheime Rath von Eisenberg zu Altenburg, haben bey Durchlesung dieses Stückes remarquiret, daß in Erklärung der Randschrifft des Reverses das Wort AC und RE vergessen worden, und glauben, daß die gantze Schrifft heissen müsse: SVI NEPOTes CAROLus HISPANiæ Ac FERTInandus SICILIæ REges Ac Terrarum AV.striæ. B.urgundiæ (Domini) gleichwie solches auf der ersten Seite heist: Dominus TERrarum OCCI.dentis ORIentis. L.

Diese Erklärung ist so gründlich, daß keine bessere und geschicktere kan ausgedacht werden.

Zum 25. Stück p. 197.

Von K. Gustavi Adolphi in Schweden Begräbnüß-Müntzen ist noch ein schöner Doppel-Thaler vorhanden. Auf der einen Seite ist der geharnischte und gekrönte Königliche Leichnam liegend, mit vor sich geschlagenen Händen, abgebildet, dessen Seele von zweyen Engeln aufgenommen wird. Oben ist der strahlende Nahme Jehovah, und zwischen den Strahlen: Euge Serve fidelis. Im Prospect præsentiren sich eine Menge Reuter, mit 3. Etendarts, welche von einigen wenigen zu Fuß verfolgt werden, mit der Uberschrifft: Vel mortuum fugiunt. Die Uberschrifft ist: Gustavus Adolphus, Magnus, Dei Gratia Svecor. Gothor. et Vandalor. Rex Augustus &c. Der Revers præsentirt diesen König in Königl. Mantel auf einen Triumph-Wagen sitzend, so von 3. geflügelten Pferden geführet wird, in der rechten Hand ein Schwerd, in der lincken ein Buch, vor sich haltend, so von der Religion und Gerechtigkeit mit einem Lorbeer-Crantz gekrönt wird. Des Königs Bildnüß ist auf der rechten Seiten geharnischt, auf der lincken aber als ein Sceleton vorgestellet, und der Wagen fähret über einige Ungeheure hin. Die Umschrifft ist: Dux gloriof. Princ. pius. Heros. invict. Victor incomparab, Triumph, felix. et Germ. Liberaror, 1633. J.

Zum 26. Stück p. 201.

Von Kayser Ruprechten kan das Hochfürstl. Medaillen-Cabinet mehr als einen Gold-Gülden, und unter andern 2. schöne zu Franckfurt geschlagene, aufweisen. L.

Zum 27. Stück p. 209.

Diese goldne Müntze von Ludovico Bavaro ist auch bey uns sehr schön conservirt anzutreffen. In dem Hochfürstl. Altenburgischen Archiv sind auch unterschiedliche Diplomata von diesem Kayser mit seinen Insiegel, auf welchen er zwischen zweyen Adlern sitzet, und zu den Füssen 2. Löwen hat, welchem nach die p. 213. gemachte Remarque ihre Exception leidet. L.

Zum 32. Stück p. 249.

Zu des Andreæ Doriæ Medaille, ist im Hochfürstl. Medaillen-Cabinet noch ein andrer Revers, so nichts, als einen bärtigen Kopf, vorstellet, welchen anstatt der Randschrifft eine Kette, wie solche die Sclaven zu führen pflegen, umgiebt. L.

Zum 33. Stück p. 256.

Wann auf dem Revers dieser Medaille die Köpffe determinirt werden sollen, so giebt die Gegenhaltung anderer Medaillen von Francisco II. Carolo IX. und Henrico III. daß der oberste Kopff Henrici III. der andere zur rechten Hand ohne Bart Francisci II. und der dagegen stehende bärtigte Caroli IX. sey. Auf der vorgestellten Zeichnung ist der Bart weggelassen, da doch auf der Medaille, so wohl Carolus IX. als Henricus III. bärtig erscheinet, und Franciscus II. alleine eine glattes Kinn hat. L.

Diese Anmerckung trifft bey dem obersten Kopffe ein; bey solcher hat der Zeichner den Bart vergessen. Carl der IX. aber bleibt Hanß ohne Bart, indem ich keine Stoppeln, geschweige dann ein Härgen, auch mit dem Microscopio, um sein Maul auf dieser Medaille erkennen kan.

Zum 34. Stück p. 265.

Auf dieser Medaille sind nicht nur 5. sondern so viel Jungfrauen an der Zahl, als Musen, nemlich auf der einen Seite 5. und auf der andern 4, welche der in Lüfften schwebenden und die Frantzösische und Pohlnische Krone haltenden Figur, die Hände reichen. Ich solte fast nicht zweiffeln K. Henrici III. Liebe zu denen Studiis werde dadurch angedeutet. L.

K. Hein-

K. Heinrich III. sagte zwar freylich manchmahl:

Musæ noster amor, dulces mea gaudia Musæ,
Dicite, quæ potior, quæ major in orbe voluptas,
Quam Musas colere, et Musarum amplexibus uti,
Vivere apud Musas, doctis se tradere Musis.

Dem ohngeacht kan ich die 9. Fraüenzimmer nicht für die Musen halten; weil keine von denselben ihr Handwercks-Zeug oder Bey-Zeichen bey sich hat; denn es heist doch beym Ausonio:

Dulciloquis calamos Euterpe flatibus urget:
Terpsichore affectus citharis movet, imperat, auget,
Plectra gerens Erato saltat pede, carmine, vultu. &c.

Und sie werden auch allemahl so vorgestellet.

Ich habe zwar den Fehler von 5. Frauenzimmer p. 265. in dem andern Supplements-Bogen p. 428. mit 8. verbessern wollen; der Herr Secretarius Liebe hat aber doch noch ein schärffers Auge auf diese Frauenzimmer gehabt, und deren neune wahrgenommen. Aber es ist gar leichte, daß dem stumpfen Gesichte eines alten Mannes ein zartes Frauenzimmer-Köpffgen entwischt.

Zum 37. Stück p. 296.

Dieser Thaler von Ferdinando I. ist von A. 1532. und nebst noch einen andern von A. 1557. darauf Ferdinandus I. ebenfals Archidux Carinthiæ genannt wird, im Hochfürstl. Medaillen-Cabinet anzutreffen. L.

Von Ferdinando III. Imp. Rom. finde einen Thaler mit der Titulatur Archidux Aust. et Carinthiæ. D.B. &c. welche auch Herr Mellen in Sylloge Numismatum uncialium p. 130. abbildet und beschreibet. Wie denn auch derselbe von Ferdinando I. noch 2. Thaler mit obiger Titulatur p. 60. & 62. anführet. J.

Der Thaler p. 60. ist der von A. 1557. dessen Herr Secretarius Liebe gedacht.

Zum 38. Stück p. 298.

Im Hochfürstl. Cabinet ist ein Thaler von Herzog Carln von Südermanland von A. 1593. darauf um dessen geharnischtes Bildnus die Umschrifft: CAROLVS D. G. HÆREDIT. PRINC. SVETIÆ et DVX SVDER. Der Revers zeiget das Wappen eben wie auf den abgebildeten Thaler de A. 1595. nur daß an statt der Schildhalter das Wappen in einer zierlichen

chen Einfassung stehet. Die Umschrifft ist: DEVS. SOLATIVM MEVM. 1. 5. 9. 3. L.

Zum 39. Stück p. 305.

Im Hochfürstl. Münz-Cabinet ist auch eine grössere dergleichen Klippe von 4. Marck mit dem Jahre 1604. Auf der kleinern, die wir haben, stehet ohne Ausdruckung des Jahrhunderts 98. L.

Zum 40. Stück p. 313.

Der erste Thaler darauf sich Herzog Carl von Südermanland designatum Regem Sveciæ geschrieben, ist von A. 1604. und im Hochfürstl. Münz-Cabinet anzutreffen. Der Herzog stehet darauf in Lebens-Grösse hinter Kron und Schild, um welchen die Zahl 1604. Die Umschrifft heist: CAROLVS. D. G. DESIGN. REX SVECIÆ et PRINCEPS HAER. Auf dem Revers ist der Nahme Jehovah in Strahlen mit der innern Randschrifft: JEHOVA SOLATIVM MEVM. Die äussere ist: III. MARK SVENSKA. L.

Zum 41. Stück p. 321.

Von diesem Herzog haben wir eine schöne Klippe von 4. Loth, auf deren Revers der grosse Christoff mit der Umschrifft: STRENA EX ARGYROCOPEO VALLIS S. CHRISTOPH. Σ Unten stehet CIↃ IↃC. XXV. L.

Zum 46. Stück p. 361.

Ausser diesem recensirten Thaler habe noch einen von diesen H. Wilhelmo gefunden. Auf dessen einer Seiten des Herzogs Brust-Bild rechtwärts stehend, ein Baret auf dem Haupt habend, in einem mit Laubwerck gezierten Harnisch, vorgestellet wird, mit der Umschrifft: In Deo Spes mea. Gvilielmus D. G. Auf der andern Seiten ist das Wappen, nemlich ein in der mitten getheilter Schild, oben von 3. unten von 2. Feldern ohne Helme. Die Umschrifft ist die Continuation des Tittels: Dux Jul. Cliv. et Berg. Com. Mar. Ra: J.

Zu p. 363.

Wegen des Geldrischen Successions-Streits dieses Herzogs Wilhelms möchte folgender Thaler mit Platz finden, auf dessen einer Seiten ist des Herzogs geharnischtes Brustbild, rechtwärts sehend, ein mit einer Feder gezierte Baret auf dem Haupt habend, mit der Umschrifft in zwey Circuln. 1.) Gvilie. D. G. Dux. Julie. Gelrie. Clivie. ac Mont. Co. 2.) Mar.

Zut.

Zut. Z. in Raven, D. a. Raven. Auf dem Revers ist das Wappen mit dem Geldrischen vermehret, und die Umschrifft: In Deo Spes mea. J.

Zum 47. Stück p. 376.

Wird zwar der Thaler Christiani, Ducis Brunsvicensis, mit der auf das Schwerd gesetzten Jesuiter-Mütze, oder Baret, de A. 1622. mit der Devise: GOttes Freund ꝛc. von einem nachgemachten Stempel herrührend, und nicht vor genuin gehalten, und zwar zum Theil auf Veranlassung der von Herr D. Kundmann in seinem letzthin edirten Tr. von sonderbahren Thalern und Münzen p. 31. recensirten Historie. Weilen aber

1) Dieser Thaler von Herrn Rethmeier in dessen Braunschweigischen Historie fol. 1261. als welchem dergleichen in Originali zu sehen, vielleicht öffter Gelegenheit vorgestossen, vor genuin erkant worden:

2) Dergleichen Thaler, ingleichen Ducaten mit der Krone, oder Mütze, auf dem Schwerd, von zweyerley Sorten in hiesigen Hochfürstl. Münz-Cabinet befindlich sind:

3) Ich eine Copie oder Abguß dieses Thalers, so vor mehr als 60. biß 70. Jahren aus einer Erbschafft hergekommen, gehabt, so dem Original, welches ich besitze, in allen, auch so gar wegen des gesetzten und gesprungenen Stempels, accurat gleichförmig gewesen, und über dieses

4) Ein Original dieses Thalers in einem andern Privat-Cabinet, so vor mehr als 40. Jahren colligirt worden, vorgezeiget werden kan.

So will ich zwar gerne zugeben, daß einige Betrüger, und auch Reinhold E - - - in Breßlau, diesen Thaler-Stempel nachgemacht haben; Alleine hierdurch wird noch nicht erwiesen, daß gar keine dergleichen veritable Originalia zu finden seyn möchten, und könte die Gegeneinanderhaltung beederley Sorten der Sache noch wohl einen Ausschlag geben.

Sonsten ist bekant, daß von den Thalern des gedachten Herzogs Christiani mit obiger Devise, und dem geharnischten Arm mit dem Schwerd, ohne die Mütze zweyerley differente Stempel vorhanden, wovon der letzte auf Herzog Rudolphi Augusti Befehl gemacht worden; verdienet also obiger Thaler noch weiterer Untersuchung. J.

Es werden alle Thaler, und Münz-Liebhaber dem Herrn Hof-Medico, und Burgemeister D. Jacobs, grosse Obligation haben, für diese sehr dienliche Erinnerung. Dann seine Beweiß-Gründe von diesen beruffenen Thalern Herzog Christians zu Braunschweig, sind so trifftig, daß wohl nichts dagegen kan eingewendet werden. Wie beförderlich ist es doch zur Vollkommenheit der Wissenschafften, wann Gelehrte ihre Gedanken von dieser und jener Warheit zusammen tragen, und einander liebreich mittheilen! Ich schätze mich dahero recht glücklich, daß meine unternommene schlechte Arbeit die neuern Münzen zu illustriren, so viele grosse Patrone gefunden, welche dieselbe auf alle Art und Weise secundiren, meine Ubersehungen, Fehler, und Irthümer so glimpfflich corrigiren, und übrigens alles mit gröster Güte und Willfährigkeit beytragen, was zu einer mehrern und solidern Erkäntnüß der neuern Münzen gereichen kan. Dahero ich auch meine geringe Conatus zu Dero fernern hochschätzbahren Wohlwollen, scharffen Einsicht, und gründlichen Verbesserung, bey dem Schluß dieses Dritten Theils bester massen will ferner empfohlen haben.

S. D. G.

I. Register

über

die in der Ordnung einander folgende Münzen, Klippen, Medaillen, Ducaten und Thaler.

(Kkk) 2 10. Eine

28. Eine

II. Re-

II. Register

der vornehmsten in diesem Buche vorkommenden Sachen, nach dem Alphabeth.

Be-

Den-

Metzi-

Spes

S. D. G.